Rainer Koltermann

UNIVERSUM
MENSCH
GOTT

Rainer Koltermann

UNIVERSUM MENSCH GOTT

Der Mensch vor den Fragen der Zeit

VERLAG STYRIA

INHALT

MENSCH

GOTT

EINFÜHRUNG

Im Jahr 1974 erschien in achter Auflage das Buch „Gott, Mensch, Universum". Es geht zurück auf eine deutsche Übersetzung des französischen Sammelbandes „Essai sur Dieu, L'Homme et L'Univers", das Jacques de Bivort de la Saudée unter Mitarbeit von 16 französischen, englischen und deutschen Naturwissenschaftlern, Philosophen und Theologen herausgegeben hatte und das 1950 in erster Auflage (in Französisch) erschienen war.

Die deutsche Ausgabe wurde 1956 in erster Auflage publiziert und galt in der Bundesrepublik als Antwort auf das Buch der DDR „Weltall, Erde, Mensch", in dem in materialistischer Weise eine Welterklärung ohne jeglichen transzendenten Bezug, ja mit bewußter Leugnung und Ausschließung dieses Bezugs geboten wurde. Noch heute wird übrigens das Buch „Weltall, Erde, Mensch" jungen Menschen bei der Jugendweihe in den neuen Bundesländern überreicht. Die deutsche Ausgabe von „Gott, Mensch, Universum" hatte in wenigen Jahren insgesamt sechs Auflagen.

Wegen der großen Nachfrage nach dem inzwischen vergriffenen Werk wurde es 1963 in einer völlig überarbeiteten Neuauflage herausgebracht. An dieser Auflage wirkten verstärkt Autoren aus dem deutschen Sprachraum mit. Insgesamt wurden von der ersten und zweiten Fassung dieser Neuauflage über 18.000 Exemplare verkauft.

1974 erschien dann, weil die vorige Auflage jahrelang vergriffen war, die dritte Ausgabe. Inzwischen hatte das II. Vatikanische Konzil (1963–1965) stattgefunden, und die Konzilstexte und -ideen mußten berücksichtigt werden. Johannes Hüttenbügel übernahm die Herausgabe, an der 27 Autoren mitwirkten. Das Buch umfaßte 819 Seiten.

Veranlaßt durch mein Buch „Grundzüge der modernen Naturphilosophie" (1994) bat mich der Styria-Verlag, das Buch von Hüttenbügel mit einem neuen Konzept unter dem Titel „Universum, Mensch, Gott" neu herauszugeben. Nach einigem Zögern bin ich der Bitte nachgekommen und lege dieses Buch als Hilfe für Religionslehrer, für die Theologen, die in der Verkündigung stehen, für die Erwachsenenbildung, für interessierte Laien und für suchende Menschen vor. Dabei war es mir wichtig, die wissenschaftstheoretischen Unterschiede und Sprachspiele der einzelnen Disziplinen und ihre methodischen Grenzen zu beachten.

Der Aufbau des Buches ergibt sich schon durch den Titel. Auch heute ist weiterhin bei vielen Menschen die Frage nach der Synthese von naturwissenschaftlichen Erkenntnissen und denen des Glaubens weit verbreitet und für viele Menschen nicht gelöst. Deshalb wird sowohl die Frage nach dem Universum als auch die nach dem Menschen jeweils einzelwissenschaftlich angegangen, philosophisch hinterfragt und theologisch gedeutet. So wird z. B. der Mensch naturwissenschaftlich in seinem stammesgeschichtlichen Zusammenhang mit den übrigen Lebewesen und in seiner Sonderstellung zu ihnen aufgezeigt. Ferner werden die verschiedenen Menschenbilder in den psychologischen Wissenschaften kritisch geprüft, und es wird der Mensch als Gemeinschaftswesen in seinen soziologischen Bezügen dargestellt. Alle diese einzelwissenschaftlichen Ergebnisse werden dann philosophisch kritisch reflektiert und mit den Aussagen der Offenbarung konfrontiert. In dem Teil über Gott werden sowohl Atheismus wie auch Agnostizismus in den verschiedenen Varianten und Argumentationsformen diskutiert. Die Gottesvorstellungen der großen Weltreligionen Buddhismus, Hinduismus, Islam und Judentum werden von Fachleuten kompetent dargestellt. Da das Christentum eine Offenbarungsreligion ist, werden Probleme des christlichen Offenbarungsverständnisses diskutiert und einer Lösung zugeführt. Die theologische Entfaltung des dreifaltigen Gottes des Christentums, das innerste Geheimnis des sich offenbarenden Gottes, schließt das Werk ab.

20 Autoren haben sich an diesem Werk beteiligt, manche sogar mit mehreren Beiträgen. Vierzehn der Koautoren lehren an der Hochschule für Philosophie in München bzw. an der Philosophisch-Theologischen Hochschule Sankt Georgen in Frankfurt am Main. Allen Autoren sei hiermit für die gute Zusammenarbeit herzlich gedankt.

Frankfurt am Main, 30. Juni 1996 Rainer Koltermann SJ

UNIVERSUM

1.1 Weltentstehungstheorien

Hans-Dieter Mutschler

1. Vorneuzeitliche metaphysische Konzeptionen

Kosmologien beschäftigen sich mit der Welt im ganzen, ihrer Entstehung und Entwicklung. Im Gegensatz zur modernen physikalischen Kosmologie waren vorneuzeitliche Konzeptionen nicht frei von metaphysischen Einschlüssen. Kosmologie in diesem Verständnis antwortete nicht nur auf Sachfragen, z. B. wie die Bewegungen der Gestirne oder die Phasen des Mondes zustande kommen, solche Kosmologien legten zugleich die Stellung des Menschen im Gesamt der Dinge fest. So lebt z. B. die Kosmologie, die in *Dantes* „Göttlicher Komödie" vorausgesetzt wird, von der Interpretation der Vertikalen als axiologischer und metaphysischer Hierarchie: Im Erdinnern befand sich danach die Hölle, darüber das Fegefeuer, beides in sich wiederum hierarchisch gegliedert und den klassischen vier Elementen der Erde, dem Wasser, der Luft und dem Feuer korreliert. Über diesen Sphären befanden sich die sieben Planeten, zu denen neben Merkur, Venus und Mars, Jupiter und Saturn auch die Sonne und der Mond gehörten.

Der Mond markierte mit seinen wechselnden Phasen zugleich die Grenze zwischen dem Bereich des Veränderlichen, Irdischen und oberhalb seiner den Bereich des Göttlichen, zu dem außer den Planeten die Fixsterne und darüber die „Kristallsphäre" gehörten, ferner den äußersten Bereich des „primum mobile", das den Kosmos in Bewegung hielt, wobei diese Vorstellung aus der Aristotelischen Kosmologie mit christlichen Schöpfungsvorstellungen verbunden wurde.

Diese Kosmologie erklärte also nicht nur die Himmelserscheinungen, sie war zugleich eine Hintergrundfolie für das menschliche Handeln, das diesem Sinn verlieh. Eine solche handlungsleitende Bedeutung haben die modernen Kosmologien nicht mehr. „Je begreiflicher uns das Universum wird, desto sinnloser erscheint es auch" (1991, S. 163), sagt der Kosmologe *Steven Weinberg* und fügt hinzu, daß uns zwar die *Inhalte* der Forschung keinen Trost spenden, wohl aber die „Forschung selbst". Das heißt, für den modernen Kosmologen tritt eine Spaltung ein zwischen den sinnlos gewordenen Objekten seiner Theorie und dem Herstellen dieser Theorie selbst, was er als sinnvoll zu erfahren vermag.

Diese Spaltung, die der Preis für die Objektivierung der Naturprozesse ist, hat sich in einem langsamen historischen Prozeß herausgebildet und tritt wohl nirgends deutlicher in Erscheinung als in der Gestalt *Johannes Keplers* (1571–1630). Er ist einerseits ein typisch moderner Wissenschaftler, der mit der mathematischen Theorie in der einen und den konkreten Meßergebnissen in der anderen Hand jene Form der physikalischen Theorie hervorbringt, die das Unterscheidende der Neuzeit ausmacht. Andererseits ist sein Denken noch völlig durchdrungen von metaphysischen Vorstellungen, die direkt in die Objekte seiner Theorie hineinwirken, wie z. B. die Vorstellung, daß sich die Planetenbahnen mit Hilfe der Platonischen Körper quantitativ darstellen lassen. Für *Kepler* waren die mathematischen Verhältnisse im Universum in transzendenten Ideen begründet, die er als Sinnzusammenhänge begriff.

Es gab also bei *Kepler* einen direkten Konnex zwischen metaphysisch-transzendenten Vorstellungen und ihrer empirischen Konkretisierung im messenden und berechnenden Zugriff auf die Welt. Dem entsprach eine Konzeption von Kraft, die sich noch nicht von der alten *psyché*-Vorstellung gelöst hatte.

In der Aristotelischen Naturphilosophie gab es das Prinzip einer hierarchisch gegliederten Beseeltheit der Welt. Nicht nur der Mensch, auch die Tiere und Pflanzen hatten ein seelisches Prinzip in sich, auch die leblosen Körper waren mit Spontaneität begabt, die in *Aristoteles'* Beschreibung an die spontanen Bewegungen erinnert, die das Seelenprinzip als spezifische Leistung kennzeichnet. Von der menschlichen Seele sagte *Aristoteles*, sie sei „in gewisser Weise alle Dinge". Dies kann natürlich nur gesagt werden, wenn dem seelischen Prinzip, das den Menschen kennzeichnet, ein verwandtes Prinzip in der Natur entspricht. Auf jeden Fall gab es in dieser Konzeption keine Subjekt-Objekt-Spaltung und keine Entfremdung von der Natur, die das verwissenschaftlichte Weltbild kennzeichnet. Allerdings läßt sich mit der Aristotelischen Physik keine Technologie begründen, die mit der modernen vergleichbar wäre.

Bei *Kepler* kündigt sich, was den Begriff der „Seele" anbelangt, ein Umschwung an, indem er den Begriff der „anima" durch den der „vis" (= „Kraft") ersetzt. Zwar war es *Kepler* noch nicht gelungen, solche „Kräfte" zu berechnen, aber die Vorstellung von der mechanischen Wirksamkeit solcher Kräfte bereitete einer Auffassung vom Naturwirken Bahn, die dazu führte, sie präzise zu berechnen, was aber in der Konsequenz zu jener Entfremdung zwischen Mensch und Kosmos führt, die *Steven Weinberg* beschrieben hat. Es scheint dies der Preis für die Objektivierung von Natur zu sein, daß sich der Mensch in ihr nicht mehr wiederfindet. Entweder man lebt in einem „partizipatorischen" Universum, in dem sich Mensch und Natur entsprechen, dann treibt man keine strenge Wissenschaft, sondern Metaphysik, oder man versteift sich auf die strenge Wissenschaft, dann verliert man jene Mensch-Natur-Entsprechung aus dem Blick.

2. Neuzeitliche Kosmologie

Keplers Verwurzelung in einem tiefen christlich-protestantischen Glauben und in einer neuplatonischen Metaphysik sollte nicht darüber hinwegtäuschen, daß er faktisch an der Auflösung dieser traditionsreichen Hintergrundmetaphysik mitwirkte. Zum einen versetzte er den Menschen aus dem Zentrum des Weltalls an einen peripheren Ort, zum anderen band er die metaphysische Spekulation an empirische Überprüfungskriterien und bereitete so einer Konzeption von Wissenschaft die Bahn, für die metaphysische Hintergrundüberzeugungen nur noch heuristische Modelle sind, die in den eigentlichen Theorien verschwinden (Popper). *Kepler* hat drei später nach ihm benannte Gesetze gefunden:

1. Die Ellipsenform der Planetenbahnen, wobei die Sonne in einem der Brennpunkte dieser Ellipsen steht.
2. Den Flächensatz, wonach der Fahrstrahl der Planeten in gleichen Zeiten die gleiche Fläche überstreicht.
3. Ein Verhältnis der Proportionalität zwischen den zweiten Potenzen der Umlaufzeiten und den dritten der großen Halbachsen der Ellipsenbahnen.

Es gelang *Isaak Newton* (1643–1772), diese Gesetze und das Galileische Fallgesetz aus wenigen Axiomen und seinem Attraktionsgesetz abzuleiten. Damit war ein neuer Stand der Entwicklung erreicht, denn jetzt war es endlich gelungen, Naturkräfte exakt zu berechnen und die wesenhafte Differenz zwischen himmlischen und irdischen Erscheinungen aufzuheben.

Die Wirkung dieser Entwicklung kann nicht hoch genug eingeschätzt werden. Von alters her galten die Gestirne als göttliche Wesen. Nach *Aristoteles* herrschte in der Welt der Gestirne eine ganz andere Art von „Physik" als im Bereich der Erscheinungen „unter dem Mond". Bei *Newton* zeigte es sich plötzlich, daß die Gestirne denselben Kräften unterworfen waren, die auch einen Apfel zu Boden fallen ließen. Da das Newtonsche Gravitationsgesetz in beiden Fällen gleichermaßen wirksam ist, erschien Natur plötzlich als unhierarchische, sozusagen „demokratisierte" Größe. „Gleichheit vor dem Gesetz" gilt auch heute noch in der Physik. Diese Reflexionsform etabliert keine Wertstufen in der Natur mit einem eventuellen Verweischarakter auf ein „summum bonum". Es scheint, als wäre Gott aus der verwissenschaftlichten Welt verschwunden.

Newton war selbst ein gläubiger Christ, der viel mehr zur Theologie als zur Physik veröffentlichte, aber in seiner Physik kommt Gott nur noch als Lückenbüßer vor. So konnte *Newton* z. B. aufgrund seiner Theorie nicht erklären, warum alle Planeten die Sonne in demselben Drehsinn und in derselben Ebene umrunden. Er führte dieses für ihn unerklärliche Faktum auf die direkte Einwirkung Gottes zurück. Später gelang es *Laplace* (1749–1827), auch noch diese Eigenschaft des Sonnensystems auf mechanische Ursachen zurückzuführen. Auf die Frage *Napoleons*, wo in seinem System eigentlich Gott noch vorkomme, antwortete er: „Ich habe diese Hypothese nicht nötig" (F. Mauthner, 1922, S. 440).

Hierin zeigt sich eine prinzipielle Eigenschaft moderner physikalischer Theorien: In ihnen selbst läßt sich Gott nicht mehr lokalisieren. Alle Versuche, die seitdem unternommen wurden, Gott dennoch auf der Ebene physikalisch definierter Objekte dingfest zu machen, haben entweder dazu geführt, die Physik mit heterogenen Elementen anzureichern, oder dazu, Gott in ein physikalisches Datum zu verwandeln. Zeitgenössische Beispiele dafür sind etwa die Gespräche, die *Jean Guitton* mit den beiden Physikern *Grichka* und *Igor Bogdanov* geführt hat. Der Versuch des katholisch-konservativen Philosophen Guitton, Gott in der modernen Physik zu lokalisieren, verwandelt die Physik in einen schwammigen Neomythos. Umgekehrt verwandelt der Versuch des Kosmologen *Frank J. Tipler*, Gott im physikalischen Weltprozeß festzumachen, diesen in eine rein immanente und manipulierbare Größe.

Aus dieser Eigenschaft moderner Physik hat schon *Immanuel Kant* (1724–1804) den Schluß gezogen, daß sich die Physik überhaupt nicht auf die Wesensgründe der Welt, sondern auf bloße Erscheinungen bezieht. Seine Lehre, daß wir nur Erscheinungen, aber keine „Dinge an sich" erkennen, daß wir die Existenz von „Dingen an sich" aber voraussetzen müssen, daß die Substanzen der Welt nur ein „System von bloßen Relationen" seien usw., verliert viel von ihrem paradoxen Charakter, wenn man sie als Beschreibung dessen versteht, was moderne Physik leistet. Modernes physikalisches Erkennen artikuliert sich in mathematischen Gleichungen, die bloße Relationen darstellen. In ihnen kommen die Relate niemals direkt in den Blick. Noch *Newton* beklagte, daß er die Ursache der Schwerkraft nicht habe erkennen können. In diesem emphatischen Sinn von „Ursache" kann aber kein Physiker jemals die Ursache von irgend etwas anderem erkennen, denn eine solche „Ursache" würde in den Bereich der Wesensgründe führen, die der physikalischen Methode unzugänglich sind.

Auf eine heute noch zutreffende Weise hat *Kant* das Verhältnis von strenger Naturwissenschaft und Gotteserkenntnis bestimmt: Die Art, wie wir physikalische Gegenstände erkennen, taugt nicht, um über Gottes Existenz weder positiv noch negativ zu urteilen. Sie legitimiert also weder einen Gottesbeweis noch den Atheismus. Anderen Formen von Erfahrung hat *Kant* den konstitutiven Bezug auf Gott nicht abgesprochen, wie z. B. der sittlichen Erfahrung.

Wenn im folgenden über zeitgenössische Kosmologie die Rede sein wird, so sollte man sich immer dessen bewußt sein, daß die Methoden der Physik, mit deren Hilfe wir unsere Erkenntnisse über den Kosmos gewinnen, diesen Gegenstand präformieren. Der Kosmos ist kein Gegenstand wie die Erde, die wir mit dem Schiff umrunden oder vom Weltraum aus als Ganze erblicken können. Der Kosmos als Ganzheit ist uns nur als Korrelat physikalischer Gleichungen gegeben, nicht als eine dinghafte Größe, als Substanz.

3. Faktische Grenzen physikalischer Kosmologie

Solche methodisch bedingten Ausblendungen machen es unmöglich, den physikalisch interpretierten Kosmos direkt auf Gott zu beziehen. Es gibt aber noch eine weitere Reihe von Beschränkungen des Erkenntnisanspruchs, die man berücksichtigen sollte, wenn man den Kosmos als Ganzen zum Objekt macht. Das Universum als Ganzes ist kein Objekt wie ein Stuhl, eine Straße oder ein Haus. Bei solchen Objekten gibt es immer andere von derselben Art oder auch andersgeartete Objekte. Beim Kosmos gibt es beides nicht. Er existiert nur einmal, und er hat kein Außerhalb.

An sich erklären physikalische Theorien nur wiederholbare Prozesse. Der Kosmos, insofern es ihn nur einmal gibt, ist also unter dieser Rücksicht *überhaupt kein physikalisches Objekt*. Er ist es nur, insofern es wiederholbare Prozesse in ihm gibt.

Des weiteren ergeben sich gravierende Probleme bei der Übertragung physikalisch wohldefinierter Begriffe auf den Kosmos als Ganzen. Es ist damit wie mit den Antinomien aus der „Kritik der reinen Vernunft", wo Kant zeigen will, daß es zwar sinnvoll ist, vom Anfang eines empirischen Prozesses oder von seinen Grenzen zu sprechen, daß aber der Begriff des „Anfangs" auf Zeit überhaupt oder der „Grenze" auf das Weltall als Ganzes zu Widersprüchen führt.

In einem vergleichbaren Sinn verlieren harmlose Begriffe wie z. B. der des „Drehimpulses" ihre Bedeutung, wenn sie auf das Weltall als Ganzes angewandt werden. Der Drehimpuls des Weltalls ist deshalb kein sinnvoller Begriff, weil er sich nicht messen läßt – man bräuchte dazu einen Probekörper außerhalb. Im selben Sinn sind viele Physiker der Meinung, daß es sinnlos ist, von der Gesamtentropie des Universums zu sprechen oder von seiner Gesamtwellenfunktion. Es läßt sich nicht angeben, wie eine solche Gesamtwellenfunktion gemessen werden könnte. Dies macht erhebliche Schwierigkeiten in der Quantenkosmologie, wo dieser Begriff verwendet wird.

Weitere Probleme bereitet das Fehlen von wiederholbaren Experimenten. In der Kosmologie kann man eigentlich überhaupt nicht experimentieren; die Massen und Kräfte sind einfach zu groß. Man ist auf passive Beobachtung angewiesen, und manchmal ist selbst dies sehr schwierig. Je weiter die Physik in die Tiefen der Materie eintaucht, um so spärlicher werden die empirischen Belege. Von der „Superstringtheorie" glauben manche Physiker, daß sie gar nicht mehr empirisch testbar ist. (Die Superstrings sind ungefähr 10^{-33} cm groß, „normale" Atome 10^{-8} cm.) Je näher man an den Urknall herankommt, umso mehr gerät man in den Bereich solcher Superstrings. Nach *Paul Davies* müßte ein Beschleuniger, der die Superstringtheorie testbar machen würde, zehn Lichtjahre groß sein. Das ist völlig außer Reichweite. Die Physik stößt hier an eine faktische Grenze. Weil solche Grenzen in der Kosmologie besonders relevant sind, sind manche Kosmologen sehr bescheiden mit ihren Ansprüchen. *Hubert Goenner* vergleicht den jetzigen Zustand der Kosmologie mit der Epizyklentheorie des Ptolemäus (87–165) vor Erfindung des kopernikanischen Weltbildes. Leider sind die Physiker, die das Bild der Kosmologie in der Öffentlichkeit prägen, oft nicht so bescheiden.

Man sollte sich also immer bewußt sein, daß wir in der Kosmologie ein Konstrukt vor uns haben. Der Kosmos als Ganzer ist viel weniger ein konkretes Objekt als ein wissenschaftlicher Grenzbegriff. „Ich kann nicht leugnen, daß ich einen Anflug von Unwirklichkeit empfinde, wenn ich über die ersten drei Minuten in einer Weise schreibe, als wüßten wir wirklich, wovon wir sprechen" (1991, S. 18), sagt der Kosmologe *Steven Weinberg* über die ersten Minuten nach dem Urknall.

Die zeitgenössische Kosmologie

So bedeutend die Entdeckungen Keplers und Newtons auch waren, sie drangen nicht in die Tiefen des Kosmos vor, was erst Ende des 18. und dann verstärkt im 19. Jahrhundert geschah.

Einen Markstein der Entwicklung setzte *Friedrich Wilhelm Herschel* (1738–1822), der sich als erster bemühte, ein wirklichkeitsgetreues Abbild unserer Galaxis herzustellen. Da er keine Parallaxmessung zur Abstandsbestimmung der Fixsterne zur Verfügung hatte, ging er von der Voraussetzung aus, daß alle Sterne dieselbe Leuchtkraft haben, so daß ihre Helligkeit, von der Erde aus gesehen, ein Maß ihres Abstandes darstellt. Man sieht übrigens an diesem Beispiel, wie stark theoretische Vorannahmen für die Gegenstände der Wissenschaft bestimmend sind, denn hätte *Herschel* eine andere Prämisse unterstellt, dann wäre sein Bild von der Galaxis völlig anders ausgefallen.

1838 gelang es *Friedrich Wilhelm Bessel* (1784–1846) erstmals, die jährliche Parallaxe von Sternen aus der Milchstraße zu messen, was hauptsächlich durch die verbesserten Fernrohre ermöglicht wurde. Ab der Mitte des 19. Jahrhunderts standen Spiegelteleskope zur Verfügung, mit denen man Spiralnebel sichtbar machen konnte. Zur selben Zeit gelang es, die Emissionsspektren des Sternenlichts zu analysieren und die Stoffe zu bestimmen, von denen das Licht ausgegangen war.

Obwohl das 19. Jahrhundert eine sprunghafte Zunahme neuer Beobachtungen und Beobachtungsmöglichkeiten mit sich brachte, wurden die entscheidenden Veränderungen in der Kosmologie durch theoretische Überlegungen ausgelöst:

So konnte z. B. *Heinrich Wilhelm Olbers* (1758–1840) zeigen, daß unter der Voraussetzung einer Gleichverteilung der Strahlungsleistung von Sternen der Himmel eigentlich unendlich hell sein müßte. Dieses sogenannte „Olbers-Paradox" ließ sich nur auflösen, wenn man die damals herrschenden Vorstellungen vom Universum veränderte. Dieses Paradox tritt z. B. in einem mit hinreichend großer Geschwindigkeit expandierenden Universum nicht mehr auf. Allerdings kann es auch durch die Veränderung anderer damals als gültig unterstellter Prämissen zum Verschwinden gebracht werden. Es war zur Zeit von *Olbers* nicht üblich, den thermodynamischen Zusammenhang zwischen den strahlenden Sternen und dem sie umgebenden kalten Weltraum zu berücksichtigen. Das Paradox verschwindet aber auch dann, wenn man die Brenndauer der Sterne auf einen gewissen Wert verkürzt.

Die besondere Schwierigkeit kosmologischer Theoriebildung wird hier deutlich: Es lassen sich im Fall solcher verschiedener Kausalzusammenhänge keine Experimente durchführen, die es gestatten würden, mögliche Faktoren als relevant oder irrelevant zu taxieren, sondern man ist auf passive Beobachtung angewiesen.

Eine ähnliche Schwierigkeit ergab sich aus einem weiteren Paradox, das die Physiker *H. Seeliger* und *C. Neumann* aus dem Newtonschen Gravitationsgesetz ableiteten. Rechnet man das Gravitationspotential an einem bestimmten Ort des

Universums aufgrund einer Gleichverteilung der Massen durch, so divergiert es gegen Unendlich, d. h. so wie nach dem Olbers-Paradox die Strahlungsleistung an jedem Ort des Universums unendlich groß sein müßte, müßte auch das Gravitationspotential überall unendlich groß sein, im Widerspruch zur Erfahrung.

Man kann diese Schwierigkeit umgehen, indem man von einer inhomogenen Materieverteilung im Universum ausgeht. Dann setzt man das sogenannte „kosmologische Prinzip" außer Kraft, das die Physik bis heute annimmt. Das „kosmologische Prinzip" besagt, daß das Universum im großen zu einem bestimmten Zeitpunkt für jeden möglichen Beobachter gleich aussehen würde; es ist homogen und isotrop. Dieses Prinzip ist keineswegs bewiesen und wegen der Größe des Universums vielleicht niemals beweisbar, aber man unterstellt es bis heute als gültig.

Solche Prinzipien der Einfachheit gibt es als regulative Ideen in allen Bereichen der Physik. Man setzt voraus, daß die Natur im Grunde einfach aufgebaut ist. Diese metaphysische Annahme hat sich als Forschungsmaxime bewährt, ohne daß es gelungen wäre, sie exakt zu formulieren. Vielleicht hat auch hier wieder *Kant* den Sachverhalt zutreffend gefaßt. Nach ihm besitzt der Mensch ein besonderes Vermögen, nämlich die *Urteilskraft*, die nicht rechnet, wie der Verstand, sondern eben urteilt, wie man in der Politik urteilt. Diese *Urteilskraft* unterstellt zweckmäßigerweise, daß die Natur für uns verständlich sein muß, was nicht der Fall sein könnte, wenn sich ihre Wirkungen nicht auf wenige und einfache Prinzipien zurückführen ließen. Wichtig ist aber hier wiederum, daß diese metaphysische Unterstellung bloß unsere Urteilskraft und nicht etwa die Objekte der Physik selbst betrifft. *Wir* unterstellen zum Zwecke der Theorie, daß die Natur an sich einfach strukturiert ist. Ob es sich wirklich so verhält, können wir definitiv nicht entscheiden. Es könnte sich erweisen, daß die Natur bei näherem Zusehen immer komplizierter wird und daß wir daran verzweifeln müssen, sie aus einfachen Gesetzen zu erklären. Wichtig ist, daß *Kant* die Metaphysik, auf die die Physik zurückgreift, nicht wie bei *Kepler* in die Objekte verlegt oder in die materialen Voraussetzungen der Physik. Die Metaphysik der Physik ist subjektiv, nichtontologisch. Daher kann man, wenn man eine starke metaphysische Ontologie etablieren möchte, nicht auf die Physik zurückgreifen. Der Weg von *Jean Guitton* oder der gewisser New-Age-Physiker ist ungangbar.

Das Einfachheitspostulat, das sich im „kosmologischen Prinzip" ausdrückt, wurde dann auch nicht fallengelassen, als das Gravitations-Paradox auftrat. Man opfert solche fundamentalen Prinzipien immer erst ganz am Schluß. Innerhalb der Einsteinschen Relativitätstheorie ließen sich dann Probleme wie das Olbers- oder Gravitations-Paradox zwanglos auflösen. *Albert Einstein* (1879–1955) hatte zunächst kein Interesse an der Kosmologie. Seine umstürzenden Ideen über Raum und Zeit oder über den Zusammenhang zwischen der Geometrie des Raumes und der Massenverteilung standen zunächst in anderen systematischen Zusammenhängen.

In der Einsteinschen Systematik gibt es keine für das gesamte Weltall gleichförmig verfließende Zeit. Ein und derselbe Prozeß kann in einem Koordinatensystem als gleichzeitig, in einem anderen als zeitversetzt beschrieben werden, ohne daß sich ein Koordinatensystem auszeichnen ließe. Die gravierendste Veränderung, die *Einstein* gebracht hat, betrifft wohl die Aufhebung der euklidischen Geometrie für die Kosmologie und die Vorstellung, daß gravitierende Massen die Geometrie des Raumes verändern.

Diese Umwälzungen, die sich nur mittels sehr aufwendiger und unanschaulicher mathematischer Kalküle darstellen lassen, entziehen die Kosmologie der lebensweltlichen Anschauung und versetzen sie in einen abstrakten Raum, der von sich aus keinen Anschluß an die gewöhnlichen Denkkategorien und Anschauungsformen des Menschen hat.

Die Sachlage ist hier völlig anders als in der Biologie, wo die Objekte der Theorie zugleich lebensweltliche Objekte sind. Dadurch ist es dort möglich, szientistische Erklärungsmodelle durch andere Perspektiven zu ergänzen. So kann man gegen eine reduktionistische Biologie die Einsicht ins Feld führen, daß uns Lebewesen nicht nur als genetische Maschinen, sondern auch als moralrelevante Quasi-Subjekte gegeben sind. Diese Möglichkeit entfällt in der physikalischen Kosmologie. Der physikalisch berechenbar gemachte Kosmos hat keine normativen Konnotationen mehr.

Einstein ging zunächst von einem unbegrenzten, aber endlichen Universum aus, was in einer nichteuklidischen Geometrie kein Widerspruch ist. Er faßte dieses Universum als statisch auf, d. h. nach seiner Meinung gab es Bewegung nur im kleinen.

Dagegen konnte *Alexander Friedmann* (1888–1925) aufgrund der Einsteinschen Gleichungen zeigen, daß ein solches Weltall unstabil sein müßte, indem es nach kurzer Zeit, durch statistische Schwankungen verursacht, entweder expandiert oder kontrahiert.

Tatsächlich wurde einige Jahre später eine Beobachtung gemacht, die auf eine Expansion des Weltalls hindeutete. *Edwin P. Hubble* (1889–1953) stellte in den zwanziger Jahren fest, daß die Spektren der Galaxien überwiegend eine Rotverschiebung aufweisen, und zwar um so mehr, je weiter sie von uns entfernt sind. *Hubble* beobachtete eine Proportionalitätsbeziehung zwischen der Geschwindigkeit, mit der sich Galaxien von uns wegbewegen, und ihrer Entfernung. Den Proportionalitätsfaktor bezeichnet man seitdem als „Hubble-Parameter". Die Uneinigkeit unter den Astronomen führte zu einer Altersbestimmung des Kosmos zwischen 15 und 20 Milliarden Jahren. Neuere Messungen von fernen Galaxien mit dem Hubble-Weltraumteleskop postulieren ein viel jüngeres Universum, das nur 8 bis 12 Milliarden Jahre alt ist. Ein so junges Weltall steht aber im Widerspruch zu Forschungsergebnissen von Sternen, die bereits 14 bis 16 Milliarden Jahre im Kosmos leuchten. Diese Diskrepanz weist auf das astronomische Problem der Entfernungsmessungen von Galaxien hin, die bei der Berechnung der Hubblekonstanten zugrunde gelegt werden. Sein Zahlenwert ist allerdings bis zu einer Marge von 100 Prozent unbestimmt. Es ist klar, daß damit unsere Auffassungen vom Alter des Universums usw. genauso unzuverlässig sind.

Die Friedmannschen Gleichungen erlauben ganz verschiedene Lösungen, zwischen denen nur empirisch entschieden werden kann. Geht man von einer Expansion des Weltalls aus, so kann man auf eine Singularität des Anfangs rückschließen, in der die gesamte Materie auf engem Raum mit unglaublichen Temperaturen und Drücken konzentriert war. Die kosmische Entwicklung erscheint dann wie eine Explosion („Urknall", „big bang"). Allerdings ist bis heute unklar, was die Bedeutung der Anfangssingularität ist. Handelt es sich bloß um eine Rechengröße oder um etwas Wirkliches? Wenn in physikalischen Theorien Singularitäten auftauchen, ist es oft ein Anzeichen dafür, daß das entsprechende Problem noch nicht gelöst wurde und man darüber noch diskutiert.

Eine Alternative zur Urknalltheorie war die heute überholte „steady state"-Theorie. Danach entsteht mit der Expansion des Weltalls ständig neue Materie, so daß die mittlere Dichte konstant bleibt.

Als empirische Bestätigung der „big bang"-Theorie wurde die Entdeckung der kosmischen Hintergrundstrahlung im Zentimeterwellenbereich durch *Arno Penzias* und *Robert Wilson* (1965) angesehen, von der man annimmt, daß sie rund eine Milliarde Jahre nach dem Urknall ausgesandt wurde.

Für die zukünftige Entwicklung lassen die Friedmann-Gleichungen drei Möglichkeiten offen: Entweder das Universum fällt wieder in sich zurück („big crunch" am Ende der Zeiten); dann ist die tatsächliche Materiedichte im Kosmos größer als die kritische Dichte (zehn Wasserstoffatome pro m^3). Oder es expandiert in einen flachen euklidischen Raum, dann ist die tatsächliche Materiedichte gleich der kritischen Dichte, und das Universum strebt auf eine Maximalgröße zu, die es asymptotisch erreicht. Oder es expandiert in einen offenen hyperbolischen Raum; dann ist die tatsächliche Materiedichte kleiner als die kritische Dichte, und es expandiert weiter ohne Ende. Von dieser Möglichkeit geht man heute aus. Allerdings wissen wir nicht genau, wie groß die tatsächliche Materiedichte des Universums ist, um zwischen den drei Möglichkeiten zu entscheiden.

Die heutige Kosmologie geht über den von *Friedmann* gesteckten Rahmen der Allgemeinen Relativitätstheorie hinaus. Von den vier bislang bekannten physikalischen Kräften (Gravitationskraft, elektromagnetische Kraft, schwache und starke Wechselwirkung) berücksichtigt die Allgemeine Relativitätstheorie nur die Gravitationskraft. Das ist für die Kosmologie zunächst kein Schaden, weil die beiden Kernkräfte nur kurzreichweitig sind und weil sich bei der relativen Gleichverteilung positiver und negativer elektrischer Ladungen die Wirkung dieser Kraft im kosmologischen Maßstab aufhebt, so daß nur die langreichweitige Gravitationskraft bestimmend wird.

Es zeigt sich aber, daß bei der Annäherung an den Urknall Quanteneffekte eine nicht vernachlässigbare Rolle spielen, weshalb neuere Kosmologen wie *Stephen Hawking* oder *Frank Tipler* mit mathematischen Gleichungen arbeiten, die die Allgemeine Relativitätstheorie mit der Quantentheorie verbinden. Das Problem dabei ist, daß es bis heute keine allgemein anerkannte Synthese dieser beiden Theorien gibt. Die bereits erwähnte Superstringtheorie ist ein vieldiskutierter Ansatz, um eine

Synthese der mikroskopischen Welt der kleinen Dimensionen (Quantentheorie) mit der makroskopischen Weite des Universums (Allgemeine Relativitätstheorie) zu vollziehen. Die Superstringtheorie ist eine Kombination der Stringtheorie und der Supersymmetrie. Sie eröffnet die Möglichkeit, die in der Natur vorkommenden Kräfte als verschiedene Aspekte eines Prinzips zu betrachten. Die in der Natur vorkommenden Elementarteilchen resultieren demnach aus den verschiedenen Schwingungszuständen der einzelnen Strings, die wiederum in einem zehndimensionalen Raum als 10^{-33} cm lange eindimensionale Saiten eingebettet sind. Die sechs weiteren Dimensionen neben den uns bekannten drei Raumdimensionen und der Zeitdimension sind für uns unsichtbar. Erst bei einer Energie von 10^{19} GeV, der sogenannten Planck-Energie, und bei einer korrespondierenden Entfernung in der Größenordnung der Strings werden die sechs verborgenen Dimensionen sichtbar und ist die Vereinigung aller Kräfte einschließlich der Gravitation wirksam.

Man darf vermuten, daß sich unsere Vorstellungen von der kosmischen Entwicklung beträchtlich verändern werden, wenn die empirischen Ergebnisse in einen neuen theoretischen Rahmen eingefügt werden, in denen diese beiden Theorien auf konsistente Weise vereinigt sind. Es spricht nicht viel dafür, daß solche Veränderungen des theoretischen Rahmens auf eine „endgültige Wahrheit" hin konvergieren. Physikalische Theorien liefern immer nur hypothetisches, falsifizierbares Wissen, keine solchen „endgültigen Wahrheiten".

Nach dem jetzigen Stand der Kosmologie ist der Evolutionsprozeß ungefähr so verlaufen:

In der Zeit zwischen „big bang" und 10^{-43} Sekunden herrschten so hohe Temperaturen, daß man nicht weiß, wie die Materie sich unter solchen Bedingungen verhielt. Daher machen die meisten Wissenschaftler über diese Zeit keine Aussagen und „warten", bis sich die Urmaterie auf 10^{32} Grad „abgekühlt" hat, was nach diesem Zeitpunkt der Fall war. In der Zeit zwischen 10^{-43} und 10^{-33} Sekunden, der „Quark-Ära", bilden sich Quarks, Elektronen, Neutrinos, Photonen, Gluonen und X-Teilchen. Die Temperatur ist auf 10^{28} Grad abgesunken. Die X-Teilchen zerfallen in Quarks und Antiquarks mit einem leichten Überschuß an Quarks. Diese bilden den Stoff, aus dem sich später die Galaxien gebildet haben. In der Zeit von 10^{-33} bis 10^{-6} Sekunden, der „Hadronen-Ära", besteht das Universum aus einem heißen Plasma, aus Quarks, Gluonen, Leptonen und Photonen und kühlt sich bis auf 10^{14} Grad ab. In der Zeit zwischen 10^{-6} und 10^{-3} Sekunden, der „Leptonen-Ära", entstehen aus Quarks und Antiquarks Photonen, Elektronen und Positronen. Es bilden sich Protonen und Neutronen. Hätte es in dieser Epoche keinen leichten Überschuß an Quarks gegenüber den Antiquarks gegeben, dann hätten sich Teilchen und Antiteilchen gegenseitig vernichtet, und es wäre niemals zu dem uns jetzt sichtbaren Kosmos gekommen.

In der Zeit zwischen 10^{-3} und 100 Sekunden kühlt das Universum auf 10^{9} Grad ab. Jetzt wandeln sich Neutronen spontan in Protonen um, so daß der Neutronenanteil unter den der Protonen sinkt. Elektronen und Positronen reagieren jetzt miteinander und zerstrahlen zu Photonen.

In der Zeit zwischen 100 Sekunden und 30 Minuten ist die Temperatur auf 9×10^8 Grad gesunken. Es bildet sich Deuterium (= schwerer Wasserstoff) und aus diesem Helium. In der Zeit zwischen 30 Minuten und 10^6 Jahren nach dem Urknall entkoppeln sich die Photonen von der Materie. Die seit 1965 bekannte Hintergrundstrahlung stammt aus dieser Zeit.

Zwischen 10^6 und 2×10^9 Jahren nach dem Urknall geht das Universum von einem strahlungsdominierten in einen materiedominierten Zustand über. Es bilden sich Sterne, Galaxien, Planeten usw., und zwar aufgrund leichter Dichteschwankungen, die durch die Gravitationskraft zu Zusammenballungen führen. Die Materie besteht aber weiter hauptsächlich aus Wasserstoff und Helium. Es entstehen die komplexeren Elemente wie Sauerstoff oder Metalle; sie machen aber nur einen verschwindenden Teil aus. Auch heute noch besteht das Universum fast ausschließlich aus Wasserstoff und Helium. Dies sollte man bedenken, wenn man den Menschen als Randerscheinung im Universum ansieht. Das Universum besteht zum allergrößten Teil aus Stoffen, die so einfach aufgebaut sind, daß sich nur wenig ereignen kann.

Dieses kosmologische Standardmodell ist in seinen Grundzügen weitgehend akzeptiert und durch folgende experimentelle Befunde stark untermauert:

- Die beobachtete Expansion des Universums (Hubble-Gesetz).
- Die gemessene isotrope Mikrowellen-Hintergrundstrahlung (T = 2,76 K).
- Das von der Theorie geforderte Häufigkeitsverhältnis von Wasserstoff (H) und Helium-4 (^{4}He) von H zu ^{4}He = 3 zu 1 stimmt mit dem beobachteten gut überein.

Trotz der weitgehenden Akzeptanz bleiben einige fundamentale Probleme der Urknall-Theorie:

- Die beobachtete Materiedichte liegt recht nahe an der kritischen Dichte, so daß gemäß der Friedmann-Gleichungen das Universum einem stationären Zustand zustrebt. Möglich wären aber auch Abweichungen um viele Größenordnungen. Das Standardmodell kann für diesen Befund keine Erklärung geben. Da eine Dichte nahe bei der kritischen Dichte einen euklidischen Raum impliziert, spricht man vom „Flachheitsproblem".
- Die gemessene isotrope 3 K-Hintergrundstrahlung ist insofern bemerkenswert, als die gemessene Strahlung aus Raumgebieten stammt, die so weit voneinander entfernt sind, daß sie auch durch Lichtsignale keine Kommunikation besitzen konnten. Wie konnte also diese Homogenität des Raumes hergestellt werden („Homogenitätsproblem")?
- Beobachtungen weisen darauf hin, daß über 90 Prozent der Materie im Kosmos unsichtbar und von einer uns unbekannten Form sind.

Erweitert man das Urknallmodell um das Modell des inflationären Universums, das lediglich auf die frühe Entwicklungsphase des Universums (zwischen 10^{-43} und 10^{-33} Sekunden) einen Einfluß hatte, so werden damit das „Flachheitsproblem" und das „Homogenitätsproblem" gelöst. Aufgrund von örtlichen Quantenfluktuationen innerhalb einer Zeit von 10^{-35} Sekunden ist der Radius des

Weltalls um einen unvorstellbar großen Faktor gewachsen (10^{10^8}). Durch die schnelle Expansion wird der Raum geglättet (flacher Raum) und der sogenannte kausale Horizont, die Raumgebiete also, die durch Lichtsignale in Verbindung stehen, dehnt sich schneller aus als der Radius des Weltalls (Homogenität).

Kandidaten für die dunkle Materie sind entweder langsame schwere Teilchen, die beispielsweise von der Stringtheorie gefordert werden, oder schnell bewegte Teilchen, deren Masse nur etwa 20 eV beträgt. Im ersten Fall spricht man von kalter „dunkler Materie". Ein positiver Entscheid für die eine oder andere Möglichkeit muß erst noch durch entsprechende aufwendige Experimente geleistet werden.

4. Prinzipielle Grenzen physikalischer Kosmologie

Grenzen, die im Zeitlichen oder Räumlichen liegen, sind rein faktisch. Der Fortschritt der Wissenschaft hat es immer mit sich gebracht, daß solche Grenzen beliebig weit hinausgeschoben werden konnten. Darüber läßt sich a priori nichts entscheiden. Es lassen sich aber *qualitative* Grenzen angeben, die durch die spezifische Eigenart der physikalischen Methode bedingt sind. Viele Naturwissenschaftler sind sich dieser Grenzen bewußt und unterscheiden klar zwischen Wissenschaft und Weltanschauung. Bei anderen wiederum wird diese Grenze nicht klar gezogen, so daß es scheint, als ließen sich aus der physikalischen Kosmologie unmittelbar weltanschauliche Schlüsse ziehen.

Die hohe Suggestivkraft des Kosmos als einer Ganzheit verführt leicht dazu, letzte Fragen für physikalisch beantwortbar zu halten, wie z. B. die Frage nach dem Woher des Ganzen, nach der Totalität des Existierenden oder nach seinem Sinn.

Physikalisch ist die Frage nach dem Woher des Ganzen nicht zu beantworten, denn physikalische Theorien können immer nur bestimmte Zustände mit anderen Zuständen in eine gesetzlich geregelte Beziehung setzen, aber niemals die Frage nach der Herkunft von Zuständen überhaupt beantworten. *Harald Fritzsch* sagt zu Beginn seiner Kosmologie: „Alles entstand aus dem Nichts, zuerst ein sehr heißes Plasma aus Quarks, Elektronen und anderen Teilchen, zusammen mit Raum und Zeit" (1983, S. 9). Hier gerät die Physik an eine Grenze, jenseits derer sie nur das Nichts erblickt, denn alle Anfänge, die ein Physiker denken kann, sind Anfänge, die auch wieder Resultate anderer Anfänge sein könnten. Ein absoluter, erster Anfang, der nicht wieder von anderem verursacht wird, ist physikalisch undenkbar. Er kann auch nicht als das hypostasierte „Nichts" bezeichnet werden. Was hinter solchen Spekulationen steckt, sind neuere Theorien, wonach sich das Vakuum mittels Quantenschwankungen spontan in Materie verwandeln kann. Nach manchen Physikern ist sogar die Raumzeit einschließlich der Materie ein spontanes, unverursachtes Quantenereignis.

Das physikalische Nichts ist das physikalische Vakuum mit physikalisch (also meßbaren) Eigenschaften. Der heutige Vakuumbegriff ist wesentlich von der

Quantenmechanik und der Feldtheorie geprägt. Unter einem Vakuum verstehen Physiker ein Raumgebiet, das nichts mehr enthält, was sich mit experimentellen Methoden aus ihm entfernen läßt. Es ist die experimentell erreichbare Leere und somit der Zustand, in dem ein „leeres" Raumgebiet am wenigsten Energie enthält. Die Erzeugung einer absoluten Leere ist aufgrund des quantenmechanischen Effektes der Nullpunktschwingung nicht möglich. Theoretische Physiker und Experimentatoren zeigen: Selbst wenn aus einem Raumgebiet alle Materie und insbesondere Gase entfernt würden und darüber hinaus die noch existierende Temperaturstrahlung durch Abkühlung eliminiert würde, wäre das Vakuum trotzdem mit nichtthermischer Strahlung erfüllt. Diese sogenannte Nullpunktstrahlung bleibt selbst am absoluten Temperaturnullpunkt (–273° C) bestehen. Das Vakuum ist erfüllt von virtuellen Teilchen, die statistisch fluktuieren und aufgrund ihrer Kurzlebigkeit prinzipiell nicht direkt meßbar sind. Ihre energetischen Fluktuationen haben aber den physikalisch meßbaren Effekt der Nullpunktstrahlung zur Folge, die von der Begrenzung des Raumgebietes abhängt. Eine weitere Eigenschaft des physikalischen Nichts besteht darin, daß es bei starken äußeren Gravitationsfeldern oder elektrischen Feldern zur Erzeugung von reellen Teilchen „aus nichts", d. h. aus virtuellen Teilchen, kommen kann.

In all diesen Fällen wird der Begriff des „Nichts" in doppelter Bedeutung verwendet. „Ex nihilo nihil fit": Daß aus Nichts nichts werden kann, ist ein philosophischer Satz, dessen Gegenteil man nicht denken kann. Daß das Vakuum spontan zerfallen kann und Materie hervorbringt, ist ein physikalischer Satz und hat mit dem philosophischen Begriff von „Nichts" nichts zu tun. Denn philosophisch gesehen ist ein Vakuum, das diese Eigenschaft hat, nicht nichts.

Nach *Stephen Hawking* läuft die Zeit, je näher wir uns den Ursprüngen nähern, in sich zurück. Sie hat also keinen Beginn. Daraus schließt er, daß Gott als Schöpfer des Urknalls überflüssig geworden sei. Aber Gott ist nicht in demselben Sinn Ursache wie andere physikalische Ursachen, sonst müßte er ein endliches Seiendes sein. Tatsächlich ist die Frage nach Gott als einem „Anfang" die Frage nach der Kontingenz des Weltalls, und diese verschwindet auch dann nicht, wenn die Zeit in den Ursprüngen in sich zurücklaufen sollte. Auch wenn die Zeit keinen Anfang hat, kann immer noch gefragt werden, warum es überhaupt eine so geartete Zeit gibt, da sie auch nicht sein könnte. Die Frage nach Gott ist von der physikalischen Kosmologie her weder positiv noch negativ zu beantworten. Auch diejenigen, die sie von dorther positiv beantworten zu können glauben, müssen Gott in eine berechenbare Größe verwandeln. So bringt z. B. *Jean Guitton* in seinem Gespräch mit den Physikern *Grichka* und *Igor Bogdanov* ein kosmologisches Modell in direkten Zusammenhang mit Gott, wonach sich bei der Annäherung an den Urknall die Zeit unendlich in die Länge zieht. Man „müsse" in diesem Phänomen „eine wissenschaftliche Interpretation der göttlichen Ewigkeit sehen. Ein Gott, der keinen Anfang hat und kein Ende haben wird, befindet sich nicht zwangsläufig außerhalb der Zeit. *Er ist die Zeit selbst*, sowohl quantifizierbar als auch unendlich, eine Zeit, in der eine einzige Sekunde die Ewigkeit birgt" (1993, S. 36).

Hier wird Gott zur quantifizierbaren Größe. Es ist von Interesse zu sehen, daß ein Materialist wie *Bernulf Kanitscheider* genau von derselben Vorstellung ausgeht, aber die gegenteiligen weltanschaulichen Konsequenzen zieht. Nach seiner Auffassung kann die Welt nicht von Gott geschaffen worden sein, weil wir sonst am Anfang der Zeit Impulsbeträge feststellen müßten, die keine physikalische Ursache haben. Da wir keine solchen Impulsbeträge messen, schließt *Kanitscheider* auf die Nichtexistenz Gottes. Doch ob christlich-bejahend oder atheistisch und kritisch, die Vorstellung von Gott als einer physikalisch wirkenden Ursache verendlicht sein Schöpferwirken und macht es zu einem dinghaften Ereignis unter anderen.

Neben dem zeitlichen Anfang wurde Gott auch als „Anfang" im Sinn eines Urprinzips gesucht. Der Physiker *Werner Heisenberg* (1901–1976) griff z. B. die Metaphysik aus *Platos* „Timaios" auf: „Im Anfang war die Symmetrie." Damit spielt er auf Symmetrieprinzipien in der Physik an, die die Existenz von bestimmten Elementarteilchen erklärbar machen. Man muß aber deutlich sehen, daß solche Symmetrieprinzipien nichts zu tun haben mit den höchsten Erklärungsgründen der Platonischen Ontologie. *Plato* suchte eine Letztbegründung unseres Wissens. Eine solche Letztbegründung kann es in der modernen Physik nicht geben, da sie immer nur hypothetisches, überholbares Wissen liefert. Die letzten Voraussetzungen einer modernen physikalischen Theorie sind immer kontingent. Sie lassen sich, entgegen den Hoffnungen, die auf eine „Vereinigte Feldtheorie" gesetzt werden, niemals als letzte, endgültige begründen (vgl. P. Davies und J. R. Brown, 1992). Eine physikalische Theorie, die endgültig wäre, könnte empirisch nicht mehr falsifiziert werden – sie wäre unter der Hand zur Metaphysik geworden.

Der Begriff des „Anfangs", sowohl in zeitlicher als auch in „prinzipieller" Hinsicht, deckt also niemals das ab, was in der Philosophie als Frage nach dem „Anfang" gestellt wurde. „Warum ist überhaupt etwas und nicht vielmehr nichts?" Diese Frage nach der Kontingenz alles Seienden kann von der Physik her nicht beantwortet werden.

Eine zweite Grenze ergibt sich aus der Differenz zwischen dem physikalisch begriffenen Kosmos und dem philosophischen Begriff einer Totalität alles Existierenden. Diese beiden Begriffe sind nicht identisch, obwohl manche Physiker die Neigung haben, sie ineinanderlaufen zu lassen. Die physikalische Kosmologie bezieht sich zwar auf alles Existierende, aber nur unter einer bestimmten Rücksicht. Der Reflektierende kommt in ihr z. B. nicht vor, genausowenig wie das Lebendige.

Die Tatsache, daß es im Kosmos Leben und Intelligenz gibt, wird durch die physikalischen Gesetze nicht erzwungen, was gleichbedeutend damit ist, daß es aufgrund ihrer nicht erklärt werden kann. Der physikalisch begriffene Kosmos stellt für das Leben nur *notwendige* Bedingungen bereit, keine hinreichenden. Er ist gewissermaßen der allgemeine Rahmen, in dem das Weltspiel sich inhaltlich gestaltet. Es ist daher falsch, wenn der Physiker *Paul Davies* in Aussicht stellt, daß eine Vereinigte Feldtheorie eine „vollständige Theorie der Existenz" alles Gegebenen sein würde. Nicht nur die Kontingenz des Lebendigen gegenüber den physikalischen Gesetzen verhindert dies, im physikalischen Bereich selbst gibt es zu dieser Kontingenz ein Pendant: Neuere Untersuchungen lassen vermuten, daß die physikalischen Gesetze eine andere Gestalt annehmen würden, wenn das Weltspiel nochmals abrollen würde. Dies hieße, daß die Entwicklung des Kosmos im Grunde ein *geschichtlicher* Prozeß ist, an dem die gesetzlichen Zusammenhänge, die die Physik erforscht, nur ein Moment sind. Natur wäre also nicht wie in der kantischen Definition „Dasein unter Gesetzen", sondern Natur wäre primär ein nichtantizipierbarer geschichtlicher Prozeß, der nur *teilweise* berechenbar ist. Da physikalische Erklärung eine Erklärung aufgrund von Gesetzen ist, wäre die Physik auf den berechenbaren Aspekt des Universums beschränkt, sie beträfe nur ein Teilmoment am Ganzen, nicht dieses Ganze selbst.

Eine wesentliche Einschränkung muß auch für die Sinnfrage gemacht werden. Es ist, naturwissenschaftlich gesehen, noch nicht einmal möglich, sie negativ zu beantworten. Nach dem Molekularbiologen *Jacques Monod* (1910–1976) zerstört die objektivierende Art der wissenschaftlichen Erkenntnis „alle mythischen Ontogenien, auf denen für die animistische Tradition – von den australischen Ureinwohnern bis zu den materialistischen Dialektikern – die Werte, die Moral, die Pflichten, Rechte und Verbote beruhen sollten. Wenn er diese Botschaft in ihrer vollen Bedeutung aufnimmt, dann muß der Mensch endlich aus seinem tausendjährigen Traum erwachen und seine totale Verlassenheit, seine radikale Fremdheit erkennen. Er weiß nun, daß er seinen Platz wie ein Zigeuner am Rande des Universums hat, das für seine Musik taub ist und gleichgültig gegen seine Hoffnungen, Leiden oder Verbrechen" (1979, S. 151).

Aus der Tatsache, daß die moderne Naturwissenschaft keine Sinnperspektiven mehr enthält und daß ein naturwissenschaftlich erklärtes Universum keine unmittelbare Bedeutung mehr für den Menschen hat, darf aber nicht geschlossen werden, daß das Universum sinnlos ist. Es kann ja auch sein, daß die Naturwissenschaft die Sinnfrage methodisch ausblendet. Wenn in der Betriebsanleitung einer Waschmaschine an keiner Stelle der Ingenieur erwähnt wird, der das Gerät konstruierte, so schließen wir daraus auch nicht, daß es den Ingenieur nicht gibt, ja mehr noch: Wenn die Betriebsanleitung den Ingenieur enthielte, dann wäre sie insofern als Betriebsanleitung untauglich.

Daher ist die Beantwortung der Sinnfrage, sei es positiv oder negativ, keine Angelegenheit der Naturwissenschaft, und es ist genausowenig haltbar, wenn wiederum *Jean Guitton* diese Frage affirmativ beantwortet. Er sagt: „Die größte Botschaft der theoretischen Physik der letzten zehn Jahre ist die Tatsache, daß sie die *Vollkommenheit* am Ursprung des Universums aufzuspüren vermochte, ein Meer unendlicher Energie" (1993, S. 45).

„Energie" ist physikalisch gesehen das Vermögen, Arbeit zu leisten. Auch sehr große Mengen von Energie sind nichts anderes. In diesem Begriff wird nichts von „Vollkommenheit" mitgedacht, was vielleicht die göttliche „Energie" auszeichnen mag, aber im physikalischen Begriff nicht enthalten ist.

Es zeigt sich allerdings, daß auch Materialisten die Sinnfrage nicht ausblenden können. *Bernulf Kanitscheider* beendet seine Kosmologie mit einem kritischen Hinweis auf die genannte Vorstellung von *Jacques Monod*, wonach der Mensch ein heimatloser Zigeuner am Rande des Universums ist. Nach *Kanitscheider* ist diese Vorstellung zu korrigieren, denn insofern der Mensch das Universum erkenne, sei er imstande, seine Lebensspanne sinnvoll zu nutzen, wodurch das Universum für ihn zur „Heimat" werde.

Solche Spekulationen sind keine Ergebnisse der Fachwissenschaft. Die Frage nach der Stellung des Menschen im Kosmos übersteigt deren Kompetenz. Da sich solche Fragen aber gebieterisch aufdrängen, müssen sie sich auch beantworten lassen, und zwar in bezug auf die Ergebnisse der Naturwissenschaft, wenn sie nicht rein willkürlich bleiben wollen. Dies sei abschließend verdeutlicht am Beispiel des sogenannten „Anthropischen Prinzips".

Nachdem der Physiker *Paul Dirac* (1902–1984) die Vermutung aufgestellt hatte, daß die Gravitationskonstante vielleicht nicht konstant, sondern zeitlich veränderbar sein könnte, kamen die amerikanischen Physiker *John D. Barrow* und *Frank J. Tipler* auf den Gedanken, auch andere physikalische Konstanten wie die Lichtgeschwindigkeit oder das Plancksche Wirkungsquantum einem Variationsprozeß zu unterziehen. Das Ergebnis war sehr überraschend: Sogar die kleinsten Veränderungen der physikalischen Konstanten haben zur Folge, daß in Universa, die sich nur ein geringes von dem unsrigen unterschieden, Leben unmöglich würde. Sind nämlich die Konstanten um ein geringes verschieden, so kann man zeigen, daß in diesem Fall komplexere Atome, wie z. B. der Kohlenstoff, sich nicht entwikkelt haben könnten, womit die Grundlage für die Entstehung von Lebewesen wie den Menschen entfiele. Es sieht also so aus, als *müßten* die Naturkonstanten gerade die Zahlenwerte haben, die sie haben, *damit* der Mensch existieren kann. Dieses „damit" kann im zweifachen Sinn verstanden werden:

1. Entweder man möchte auf diese Art nur sagen, daß, wenn der Mensch existiert, die physikalischen Bedingungen zu seiner Existenz gegeben sein mußten: „Schwaches Anthropisches Prinzip".
2. Oder man will sagen, daß dieses „damit" final zu interpretieren sei. Die Naturkonstanten sind dann so, wie sie sind, zum Zwecke der Hervorbringung eines intelligenten Wesens. Diesen Zweck setzt man, weil sonst der unglaubliche Zufall unverständlich bliebe, warum die Konstanten gerade diese vorfindlichen Werte haben: „Starkes Anthropisches Prinzip".

Man hat das „Anthropische Prinzip" als Umkehrung der „desanthropomorphisierenden" Tendenz der modernen Physik verstanden und dementsprechend entweder begrüßt oder bekämpft. Tatsächlich hat die Entwicklung der modernen physikalischen Kosmologie den Menschen immer weiter aus dem Zentrum gerückt und schließlich zu einer vernachlässigbaren Größe gemacht. Das „Anthropische Prinzip" scheint ihm wieder eine zentrale Rolle zuzuspielen.

Solche vorschnellen weltanschaulichen Schlüsse sind jedoch nicht gerechtfertigt:

Das „schwache Anthropische Prinzip" ist, philosophisch gesehen, völlig harmlos. Es sagt einfach nur, daß zur Erklärung eines Phänomens (in diesem Fall des Menschen) die physikalischen Bedingungen gegeben sein müssen, die ihn erklärbar machen. Dazu ist nicht erforderlich, daß er in den Mittelpunkt des Weltalls gerückt wird. Das „Anthropische Prinzip" macht nicht den Menschen als Geistwesen zu seinem Objekt, sondern ausschließlich als physikalische Struktur mit entsprechend hoher Komplexität. Das „schwache Anthropische Prinzip" wäre auch damit verträglich, daß die Naturkonstanten anders wären und daß es dann niemanden gäbe, der über sie nachdenken würde.

Das „starke Anthropische Prinzip" geht über den physikalischen Befund hinaus. Es setzt im Grunde die Existenz eines intelligenten Welturhebers voraus, der den Menschen wollte. Unter dieser Voraussetzung können die Naturkonstanten als Mittel zu diesem göttlichen Zweck interpretiert werden. Die unglaubliche Zufälligkeit der Konstanten, die gar nicht anders sein dürften, wenn es den Menschen geben soll, *nötigt* aber nicht zu einem Schluß auf einen intelligenten Welturheber. Man kann auch auf Anhieb sechs Sechsen würfeln, ohne daß dies eine besondere Ursache haben müßte. Im übrigen ist es denkbar, daß es unendlich viele Welten gibt, in denen die Bedingungen für die Entstehung von höherem Leben nicht erfüllt sind, während wir in einer Welt leben, in der diese Bedingungen sich zufällig eingestellt haben. In diesem Fall wäre die Feinabstimmung der Naturkonstanten kein Wunder.

Das „schwache Anthropische Prinzip" ist also, metaphysisch gesehen, trivial, das starke unbegründet. Dennoch läßt sich aus diesem Prinzip eine *positive* Beziehbarkeit physikalisch-kosmologischer Vorstellungen auf eine theistische Weltinterpretation einsehen. Es wird nämlich an diesem Beispiel deutlich, daß die unaufhebbaren Kontingenzen im physikalischen Forschungsprozeß – hier die Kontingenz der Zahlenwerte der Naturkonstanten – immer offen sind für metaphysische Interpretationen. Diese Konstanten beweisen zwar nicht die Existenz Gottes, aber sie eröffnen einen Raum, in dem Gott denkbar wird. Die moderne Physik läßt sich aus prinzipiellen Gründen nicht gegen den Gedanken Gottes dichtmachen. Ist die Existenz Gottes entweder philosophisch bewiesen oder aus der Offenbarung bekannt, dann läßt sich das „Anthropische Prinzip" in ein theistisches Weltbild positiv integrieren, denn der extreme Zufall bei der Wahl der Naturkonstanten wird dann verständlich, ohne daß man auf eine Theorie unendlich vieler Parallelwelten ausweichen muß, die ja ihrerseits auch sehr spekulativ ist, da wir von solchen Welten empirisch niemals etwas wissen können.

Übrigens ist die Befürchtung, das „Anthropische Prinzip" könne den Menschen wieder in jene zentrale Stellung einrücken, aus der ihn der wissenschaftliche Aufklärungsprozeß vertrieben hatte, auf eine merkwürdige Weise doppeldeutig: Denn zunächst einmal sagt ja das Faktum, daß die Menschheit am Rande des Weltalls oder in seinem Zentrum entstanden ist, nichts darüber aus, ob sie von einer höheren Instanz gewollt wurde oder nicht. Auch im Gesellschaftlichen urteilen wir nicht so. Immerhin konnte auch aus Nazaret etwas Gutes kommen. Die

Widerlegung des geozentrischen Weltbildes, die Einsicht, daß unsere Galaxis nur eine unter sehr vielen ist usw., wurde von Autoren wie *Bernulf Kanitscheider* als Hinweis darauf gedeutet, daß der Mensch schwerlich als Ziel der Schöpfung angesehen werden kann. Merkwürdig ist diese Auffassung nicht nur, weil es nicht notwendig für die Menschheit ist, im geographischen Mittelpunkt zu stehen, um Ziel der Schöpfung zu sein, sondern vor allem, *weil es einen solchen Mittelpunkt überhaupt nicht gibt.* Im Weltall sind alle Koordinatensysteme gleichberechtigt. Man kann wissenschaftlich nicht davon sprechen, daß der Mensch ein „Zigeuner am Rande des Universums" sei, denn es gibt keinen solchen Rand. Die ganze Argumentation ruht auf einem anderen Grund: auf der Winzigkeit des Menschen gegenüber den kosmischen Größenordnungen. Aber dieses Argument gilt nur unter quantitativer Rücksicht. Qualitativ gesehen ist der Mensch ein Maximum. Das menschliche Gehirn hat so viele Neuronen wie das Weltall Sonnen hat. Die komplexe Vernetzung dieser Neuronen macht den Menschen zu einem Komplexitätsmaximum im Weltall nach allem, was wir wissen. Es ist eine Frage des Maßstabes, ob man den Menschen für eine vernachlässigbare Größe ansieht oder für ein herausragendes Phänomen. Ihn für einen „Zigeuner am Rande des Universums" zu halten, setzt jedenfalls gewisse Wertmaßstäbe voraus, die nicht aus der Naturwissenschaft selber stammen.

Die physikalische Kosmologie der Moderne ist eine bloße Schwarzweißzeichnung. Sie erzwingt von sich aus keine bestimmte Kolorierung, sondern erlaubt sie allenfalls. Daher ist eine materialistische Interpretation der kosmologischen Entwicklung, wie bei *Monod* oder *Kanitscheider* zwar in Übereinstimmung mit den Fakten, aber deshalb noch längst nicht durch sie bewiesen. Welche Art der metaphysischen Kolorierung dieser Schwarzweißzeichnung am angemessensten ist, kann nur von der Philosophie aus entschieden werden. Sicher ist, daß wir als Menschen nicht dabei stehenbleiben können, die Fakten der physikalischen Kosmologie bloß registrierend zur Kenntnis zu nehmen. Wir werden sie immer werten und werden damit immer eine Vorentscheidung über die Stellung des Menschen im Kosmos treffen. Es muß nur klar sein, daß diese Vorentscheidung nicht innerhalb der positiven Wissenschaft selbst getroffen werden kann, sondern daß sie einer zusätzlichen Rechtfertigung bedarf, die der Philosoph zu liefern hat. Die Einheit des Menschen mit dem Kosmos, die sich in *Dantes* Weltbild ausdrückte, ist unwiederbringlich verloren. Wenn wir uns für eine berechenbar gemachte Welt entscheiden, entschwinden uns alle Sinnperspektiven. Sie ziehen sich auf den ausdehnungslosen Punkt einer einsamen Subjektivität zurück, die sich als Monodscher Zigeuner empfinden mag. Die große Täuschung, die sich mit der modernen Kosmologie so leicht verbindet, ist es zu glauben, daß sie die ganze Wahrheit wäre. Aber die methodisch bedingte Zurücknahme des Menschen auf seine bloßen Verstandesfunktionen und ein rein berechenbar gemachtes Weltall verbirgt den ontologischen Mehrwert, der in der menschlichen Subjektivität verborgen ist. Er ist dafür verantwortlich, daß auch materialistisch eingestellte Wissenschaftler die Kompetenz ihres Faches bei weitem überschreiten, wenn sie von einem „kreativen Universum" oder vom Kosmos als unserer „Heimat" sprechen. Man sollte klarstellen, daß die physikalische Kosmologie niemals nur Theoriekonstrukt, sondern immer auch eine Weise des Menschen ist, sich über sich selbst und seine Stellung im Kosmos aufzuklären.

LITERATUR

Appenzeller, Immo (Hrsg.), Kosmologie und Teilchenphysik. Heidelberg: Spektrum Akademische Verlagsgesellschaft, 1990.

Breuer, Reinhard, Das anthropische Prinzip. Frankfurt/M.: Ullstein, 1984.

Davies, Paul; Brown, Julian R., Superstrings. Eine allumfassende Theorie der Natur in der Diskussion. München: dtv, 1992.

Fritzsch, Harald, Vom Urknall zum Zerfall. Die Welt zwischen Anfang und Ende. München: Piper, 1983.

Goenner, Hubert, Einführung in die Kosmologie. Berlin, Heidelberg: Spektrum Akademischer Verlag, 1994.

Guitton, Jean; Bogdanov, Grichka und Igor, Gott und die Wissenschaft. München: Artemis & Winkler, 1993.

Hawking, Stephen W., Eine kurze Geschichte der Zeit. Die Suche nach der Urkraft des Universums. Reinbek bei Hamburg: Rowohlt, 1991.

Kanitscheider, Bernulf, Kosmologie. Stuttgart: Reclam, [2]1991.

Mauthner, Fritz, Der Atheismus und seine Geschichte im Abendland. Bd. 3. Stuttgart: Deutsche Verlagsanstalt, 1922.

Monod, Jacques, Zufall und Notwendigkeit. München: dtv, [4]1979.

Tipler, Frank J., Die Physik der Unsterblichkeit. München: Piper, 1994.

Weinberg, Steven, Die ersten drei Minuten. Der Ursprung des Universums. München: dtv, [10]1991.

1.2 Erschaffung der Welt

(philosophisch)

Rainer Koltermann SJ

1. Naturwissenschaftliches und philosophisches Fragen

Bisher wurden unsere naturwissenschaftlichen Kenntnisse über die Entstehung der Welt dargestellt. Dabei war es nicht möglich, näher als auf 10^{-43} sec, das ist die sogenannte Planckzeit, an den Zeitpunkt Null des Beginns unseres Weltalls heranzukommen. Offenbleiben mußte naturwissenschaftlich auch die Frage, ob wir im ersten Weltall leben oder ob vor uns schon eine Kette von Universa existierte, wobei nach einer Ausdehnung des Kosmos immer wieder ein Zusammenfallen in einen Punkt erfolgte und dann wieder eine Expansion wie nach dem Urknall. Ob es allerdings im Falle eines oszillierenden Weltalls ein zeitliches Kontinuum gibt, ist noch nicht einmal physikalisch sicher. Die Ergebnisse der Naturwissenschaften besagen auf jeden Fall, daß das Weltall, in dem wir uns zur Zeit befinden, etwa 15 Milliarden Jahre alt ist und eine Ausdehnung von 15 Milliarden Lichtjahren hat. Ein Lichtjahr ist die Entfernung, die das Licht in einem Jahr zurücklegt. Da das Licht eine Geschwindigkeit von rund 300.000 Kilometern pro Sekunde hat, ist die Entfernung, die das Licht in einem Jahr zurücklegt, ca. 9,5 Billionen km (= 9500 Milliarden km) groß.

Folgende Fragen lassen die Naturwissenschaften grundsätzlich offen:

a) Woher kommt das unvorstellbar dichte Konzentrat von Energie/Materie, das im Urknall explodierte?
b) Welche ontologische Struktur hat das Universum? D. h., hat es den Grund seiner Existenz in sich selber, oder verdankt es sein Dasein einem anderen?

Beide Fragen können nicht aufgrund naturwissenschaftlicher Forschung und Methode beantwortet werden. Denn die erste Frage läßt sich auch so formulieren: Warum gibt es überhaupt das Universum und nicht vielmehr nichts? Eine solche Frage zu stellen und erst recht zu beantworten, ist nicht mehr Aufgabe eines Naturwissenschaftlers, der auch bei seinen Weltentstehungstheorien immer schon von etwas Existentem ausgeht, also in unserem Fall von einem extrem dichten Energie-/Materie-Konzentrat. Die Frage nach dem letzten Grund des Universums ist also keine naturwissenschaftliche, sondern eine typisch philosophische Frage. Sie kann deshalb auch nur mit philosophischer Methodik beantwortet werden. Dasselbe trifft zu für die zweite Frage. Ein Naturwissenschaftler fragt nicht nach dem Sein der Welt, sondern nach der zeitlichen und räumlichen Ausdehnung und nach den Naturgesetzen, die die Expansion des Weltalls gesteuert haben. Die Philosophie hingegen fragt, ob das Weltall, das von der räumlichen und zeitlichen Größe ist, wie der Naturwissenschaftler es ihm sagt, aus sich heraus existiert und damit den Grund seiner Existenz in sich selber hat, oder ob das Weltall nicht aus sich existiert, sondern seinen Grund in einem anderen Seienden hat.

Bevor man die philosophische Beweisführung beginnt, ist es wichtig, sich klarzumachen, daß niemand gezwungen ist, weiter zu fragen als nur nach naturwissenschaftlicher Erkenntnis. Ja, der strenge Positivismus behauptet sogar, es gäbe keine andere als die naturwissenschaftliche Erkenntnis. Allerdings läßt sich zurückfragen, wie diese Position zu begründen sei, es sei denn mit philosophischer Argumentation. So kann man z. B. feststellen, daß bei einem liebenden Menschen ein gewisser Hormonspiegel erreicht ist. Aber Liebe scheint doch etwas anderes zu sein, als was der Hormonspiegel anzeigt. Denn man kann auch lieben wie z. B. eine Mutter ihr Kind oder einfach den Nächsten, der in Not ist, ohne daß der Hormonspiegel erhöht wird.

Philosophisches Fragen bringt keine neuen naturwissenschaftlichen Erkenntnisse, sondern geht von dem augenblicklichen naturwissenschaftlichen Erkenntnisstand aus und fragt nach dem letzten Grund von Naturgesetzen, nach den letzten Ursachen, die den naturwissenschaftlich erforschten Ursachen seinsmäßig zugrunde liegen. Die philosophische Argumentation ist keine experimentelle, sondern beruht auf Vernunftgründen. Es wird nach dem letzten Grund alles Seins gefragt, ohne daß der Philosophie Glaubens- oder Offenbarungswahrheiten zu Gebote stünden oder als Argumente verwandt werden dürfen. Philosophie fragt nach der Möglichkeitsbedingung von Welt überhaupt, nach der Letztbegründung alles Seienden in der Welt.

2. Ausgangspunkt: Veränderlichkeit der Welt

Die philosophischen Überlegungen über die Letztbegründung vom Weltall überhaupt beginnen mit einer fundamentalen sinnenhaften Erfahrung, die durch die moderne Elementarteilchenphysik noch verschärft und radikalisiert worden ist. Diese fundamentale sinnenhafte Erfahrung besagt, daß es in dieser Welt nichts gibt, was sich nicht verändert. Der griechische Philosoph Heraklit hat das mit der These ausgedrückt: „Alles ist im Fluß", alles befindet sich in beständiger Veränderung. Zeichen solcher Veränderung sind in kosmischen Dimensionen die Ausdehnung des Weltalls, die Zuordnung der Galaxien zu Galaxienhaufen und -superhaufen, die Entstehung und das Vergehen von Sternen. Dasselbe trifft aber auch im Bereich der Elementarteilchen zu, die sich erst nach einer bestimmten Zeit nach dem Urknall zu Atomen und Molekülen vereinigt haben. Auch die Masse und Energie sind veränderlich nach der berühmten Einsteinschen Formel

$$E = m \times c^2.$$

Dabei ist auch Energie philosophisch gesehen etwas Materielles, auf jeden Fall nichts Geistiges. Beispiel für die Materialisation der Energie ist die Beobachtung, daß sehr energiereiche Licht-Quanten im starken Feld der Atomkerne Elektronenzwillinge erzeugen, das sind Paare von Elektronen (e^-) und Positronen (e^+). Auch das zur Materialisation gegensätzliche Beispiel konnte experimentell beobachtet werden. Wenn ein Elektron und ein Positron aufeinandertreffen, ensteht reinste Energie in Form von zwei Gamma-Quanten. Die Veränderungen von Lebewesen sind noch augenscheinlicher. Organismen entstehen, Pflanzen aus einem Samen, Tiere und der Mensch aus einem befruchteten Ei, wachsen heran, werden alt und sterben schließlich. Die unaufhaltsam in eine Richtung, nämlich die Zukunft, laufende Zeit ist ein Indiz für die Veränderlichkeit in der Welt. Wir finden also nichts in unserer sichtbar uns zugänglichen Welt, was nicht der Veränderlichkeit unterworfen wäre. Damit ist auch die Welt als ganze veränderlich.

3. Veränderung: Indiz für Kontingenz

Jede Veränderung ist ein Übergang vom Möglichen ins Wirkliche, von einer möglichen Expansion in eine wirkliche, von der möglichen Entstehung von Atomen, Molekülen, Planetensystemen, Galaxien zu wirklichen. Veränderung ist, ontologisch analysiert, ein Doppelbegriff. Er besagt Möglichkeit und Wirklichkeit. Der jeweils neue Zustand ist zuvor in der Möglichkeit vorhanden. Man kann dabei nicht von einem Übergang von einem Zustand in den anderen sprechen, sondern der gegenwärtige Zustand muß das, was einmal erscheint, als Möglichkeit in sich enthalten. Aus einem Baumstamm kann man einen Tisch, einen Stuhl, eine Statue machen. In dem Baumstamm sind die Wirklichkeiten Tisch, Stuhl, Statue als Möglichkeiten enthalten. Wirklichkeit ist seinsmäßig mehr als Möglichkeit. Das Hervorgehen der Wirklichkeit aus ihrer Möglichkeit ist demnach ein Übergang zu einem Mehr an Sein, Mehr an Realität. Die Wirklichkeit hat gegenüber der bloßen Möglichkeit ein höheres Seinsniveau. Somit ist Veränderung der Übergang von der Möglichkeit einer realen Bestimmung in deren Wirklichkeit, wobei ein Mehr an Sein erreicht wird.

So stellt sich die Entstehung des Weltalls dar als eine Kette von Verwirklichungen von vorhandenen Möglichkeiten. Aus der Tatsache, daß heute der Zustand der Welt eine bestimmte Wirklichkeitsform hat, folgt allerdings noch nicht, daß eine zukünftig mögliche jetzt schon aktuell ist. Das gilt auch für die einzelnen Aktualitäten in der Vergangenheit. Vor ihrer Verwirklichung waren sie nur möglich. Es ist in der Geschichte des Universums jeweils eine Zeit angebbar, in der eine bestimmte Wirklichkeit noch nicht verwirklicht war, und eine Zeit, in der eine vergangene Wirklichkeit nicht mehr verwirklicht ist, weil sie sich in eine neue Wirklichkeit verändert hat. Das bedeutet, daß die einzelnen Wirklichkeiten nicht immer existiert haben. Vor der Verwirklichung noch nicht, nach der Verwirklichung aber existiert der vorhergehende Zustand nicht mehr. Das bedeutet, keine Wirklichkeit in dieser Kette von Aktualitäten existiert notwendig, sondern sie kann auch nicht sein. Existierte eine der Wirklichkeiten wesensnotwendig, dann müßte ein bestimmter Zustand schlechthin und für immer existieren. Er könnte niemals nicht existieren. Eine Wirklichkeit aber, die nicht wesensnotwendig existiert, nennt man kontingent. Kontingent kommt vom lateinischen contingere = zufallen, gelingen, glücken. In unserem Zusammenhang heißt kontingent dann: Die Existenz ist einem Seienden zugefallen, es ist ein Glück, daß es existiert. Aber seine Existenz ist nicht notwendig z. B. mit einem Menschen, einer Pflanze oder einem Tier verbunden. Es gehört nicht zum Wesen des Menschen, daß er existiert, er kann auch nicht existieren. Denn es gab eine Zeit, als er noch nicht existiert hat, und es wird eine Zeit geben, in der er nicht mehr hier auf Erden existiert. Dasselbe trifft auch für das Weltall als Ganzes zu. Da es, wie wir gesehen haben, sich in beständiger Veränderung befindet, kann es seine Existenz nicht notwendig haben, sondern existiert in kontingenter Weise. Was aber kontingent ist, trägt den Grund seines So-Seins nicht in sich selber und hat sein Da-Sein nicht aus sich selbst. Da es tatsächlich existiert, seine Existenz aber nicht aus sich heraus hat, bleibt nur übrig, daß es seine Existenz einem anderen verdankt. Auf das Universum angewandt heißt das: Es ist eine ontologische Erklärung für den Übergang von einem Zustand in den anderen nötig (von der Möglichkeit in die Wirklichkeit, von dem Zustand der extremen Dichte in den der Expansion, von einer Zeitkonstellation in eine neue, von einer Raumverteilung in eine andere des gesamten Kosmos).

Um es noch einmal zu sagen: Es geht nicht um eine naturwissenschaftliche Erklärung, nach welchen naturwissenschaftlichen Gesetzen die Kosmogenese ablief, sondern es wird nach einer ontologischen, einer seinsmäßigen Begründung für den Übergang von Möglichkeit in Wirklichkeit gesucht. Diese Erklärung oder Seinsbegründung muß selbstverständlich logisch sein, weil philosophische Begründung den Gesetzen der Logik zu folgen hat. Aber es geht hier um eine ontologische Begründung für die Existenz der kontingenten Welt. Denn was auf kontingente Weise existiert, braucht einen ontologischen Ermöglichungsgrund, ein Seinsprinzip, für seine Existenz, eben weil es als Kontingentes den Grund für seine Existenz nicht in sich selber hat.

4. Kontingentes erfordert eine Wirkursache

Wir haben gesehen, daß Möglichkeit weniger an Sein, an Realität ist als die Wirklichkeit oder umgekehrt: Die Wirklichkeit ist gegenüber der Möglichkeit ein Mehr an Sein, an Realität. Für diesen Übergang von der Möglichkeit in die Wirklichkeit ist nun eine Ursache erforderlich.

Wie kann man das klarmachen? Wir nehmen einmal an, daß ein bestimmtes Kontingentes, das es jetzt gibt, noch nicht existierte. Es wäre dann zumindest real möglich. Möglichkeit aber unterscheidet sich von Unmöglichkeit dadurch, daß es eine Beziehung zur Wirklichkeit hat. Hätte etwas, das möglich ist, diesen Bezug zur Wirklichkeit nicht, wäre es unmöglich. Nun setzt aber die Beziehung zur

Wirklichkeit diese Wirklichkeit voraus. Denn es kann keine Beziehung zu etwas geben, das es nicht gibt. Denn eine Beziehung auf nichts wäre ja gerade keine Beziehung. Deshalb ist es erforderlich, daß diese mögliche Wirklichkeit in eine andere Wirklichkeit zu verlegen ist, die die Wirklichkeit des Möglichen (auf ihre Weise) mit ist. Aus diesen Überlegungen folgt, daß Kontingentes in seiner ontologischen Struktur nur möglich ist, wenn seine Wirklichkeit in einer ursprünglichen anderen Wirklichkeit mitgegeben ist. Eine Möglichkeit in die Wirklichkeit versetzen, Wirklichkeit mitteilen, nennt man Wirkursache für die Verwirklichung einer Möglichkeit. Wenn das Kontingente also formelle Wirklichkeit besitzt, dann nur von jener anderen Wirklichkeit her, durch die die Wirklichkeit des Kontingenten überhaupt möglich ist.

Von dieser Wirkursache ist nun logisch und ontologisch erforderlich, daß sie mindestens ebensoviel Sein wie das Bewirkte hat. Um eine geistige Wirklichkeit wie eine Mondscheinsonate oder Goethes Faust hervorzubringen, genügt es z. B. nicht, daß ein Schimpanse auf einem Flügel herumklimpert oder an einem Computer tippt. Der Schimpanse hat nicht soviel geistiges Sein, um ein solch geistiges Produkt hervorbringen zu können. Der Bezug des Möglichen auf seine Wirklichkeit fordert offensichtlich, daß diese Wirklichkeit im Ausmaß, im Umfang des zu verwirklichenden Möglichen im voraus gegeben ist.
Es gibt nun nur zwei Denkmöglichkeiten für eine Wirkursache:

- Entweder diese Wirkursache ist selber wieder durch eine andere kontingente Wirkursache verwirklicht und hervorgebracht
- oder diese Wirkursache hat den Grund ihrer Existenz in sich selber, sie existiert aus sich selber notwendig.

Für die erste Möglichkeit müßte man eine unendliche Kette endlicher (kontingenter) Wirkursachen annehmen. Hier soll gezeigt werden, daß dies real unmöglich ist.

5. Die Erstursache ist das absolute Sein

Denn in einer aktual unendlichen Reihe von verursachten Ursachen, bedingten Bedingungen, besteht niemals die Möglichkeit, auch nur eine der Ursachen als gesetzt, als gegeben anzusehen, auch nur eine der Bedingungen als gegeben, als erfüllt zu betrachten. Jede der Wirkursachen in dieser Reihe kontingenter Seiender existiert ja nur bedingterweise, und die Rückfrage nach den Bedingungen kommt auf keine Bedingung, die einfach gesetzt ist. Keine Bedingung „ist" wirklich. Eine Reihe von nur Kontingentem begründet sich nicht selber. Denn das erste Glied der Kette wäre unter der Voraussetzung, daß es nur Kontingentes gäbe, ja wieder kontingent. Kontingent heißt in der Existenz abhängig. Wenn es nur Kontingentes gäbe, ergäbe sich für das erste Glied und für die ganze Reihe ein Widerspruch. Betrachten wir nur das erste Glied der kontingenten Reihe. Es wäre einmal kontingent, weil es ja sonst nichts gäbe. Andererseits wäre es nicht kontingent, weil man nichts angeben könnte, von dem es abhinge. Eine Ursache außerhalb der Reihe, eine nicht-kontingente Ursache, die absolut ist, d. h. losgelöst von einer Abhängigkeit, ergibt sich notwendig.

Man kann zu demselben Schluß aber auch mit der transzendentalphilosophischen Methode kommen. Die Transzendentalphilosophie fragt nach den Bedingungen der Möglichkeit für etwas. Deshalb lautet die Frage: Was ist die Bedingung der Möglichkeit für Kontingentes überhaupt? Wenn man die Frage so stellt, wird deutlich, daß die Antwort nicht lauten kann: Die Bedingung der Möglichkeit für Kontingentes ist wieder etwas Kontingentes. Denn es ist ja gefragt worden nach der Bedingung der Möglichkeit von Kontingentem überhaupt. Die Existenzbedingung für Kontingentes überhaupt kann also nur etwas Nicht-Kontingentes sein.

Denn eine andere kontingente Wirkursache steht wie das zu Bewirkende von sich aus nur in ontologischer Möglichkeit zur korrespondierenden Wirklichkeit. Die ontologische Möglichkeit besagt aber ein Minus an Realität, verglichen mit ihrer Verwirklichung. Positiv ausgedrückt: Die sie erfüllende Wirklichkeit bedeutet ein Plus an Realität, ein Mehr an Sein. Nun ist einsichtig, daß ein Weniger an Sein nicht für das Mehr an Sein aufkommen kann, das Unvollkommene nicht für das Vollkommene. Sonst könnte aus nichts ohne zureichendem Grund, ohne ausreichende Ursache, etwas entstehen. Ontologisch begründen heißt ja gerade Realität mitteilen etwas zur Realität bringen, verwirklichen. Das vermag aber nur eine Wirk-Ursache, die diese Realität, Wirklichkeit bereits besitzt, sie innehat.

6. Nähere Bestimmung des absoluten Seins

Diese Ursache soll jetzt näher bestimmt werden. Sie wird Erst-Ursache genannt, das aber nicht deshalb, weil sie als erstes Glied einer Ursachenkette fungiert, sondern Erst-Ursache, weil sie selbst nicht wieder verursacht ist, vielmehr in sich selber gründet, ganz von sich selber her ist. Wenn Kontingentes nicht durch sich selber, sondern nur durch Nicht-Kontingentes begründet werden kann, kontingent sein aber nicht-wesensnotwendig in seiner Existenz besagt, dann folgt daraus, daß nicht-kontingent wesensnotwendig existent bedeutet. Das heißt, es ergibt sich als Letztbegründung mit Notwendigkeit ein Absolutes, dessen Sein, Existenz, mit ihm selbst, seinem Wesen formal identisch ist. Es ist ein Seiendes, das als reine Wirklichkeit (actus purus), ohne eine noch zu verwirklichende Möglichkeit, aufgefaßt werden muß. Jede Potenzialität, im Sinne passiver Potenz, ist dabei ausgeschlossen. Dieses Seiende *ist* alles, was es sein kann, ohne irgendeine Differenz von Seinkönnen und Wirklich-Sein. Diese Ursache wird auch als Letzt-Ursache bezeichnet, weil sie die letzte Begründung aller Wirklichkeit, aller Seiender ist. Diese Ursache ist negativ von falschem Verständnis abzugrenzen.

Sie ist nicht eine naturwissenschaftlich-empirische Ursache, d. h. eine, die unmittelbar aus der Erfahrung heraus bekannt wird. Es handelt sich ebenfalls nicht um eine mathematische oder logische Ursache, sondern einzig und allein um eine alle empirischen, mathematischen und logischen Ursachen erst ermöglichende und tragende ontologische, seinsmäßige Wirk-Ursache.

Ebenso falsch ist es, diese Ursache als Erstursache in einer Reihe von Ursachen anzusehen. Vielmehr ist diese Erst- und Letzt-Ursache allem und jedem, was ist, übergeordnet, es ermöglichend und tragend, es transzendierend. Nicht nur jedes Glied einer Kette wird von ihr verursacht, sondern ebenso die Kette als Ganze.

Diese Erst- und Letzt-Ursache muß notwendig, aufgrund ihres Wesens, existieren. Das aber besagt: In ihr müssen Wesen und Sein, Sosein und Dasein (Existenz) in eins fallen und identisch sein.

Bestimmen wir dieses absolute Sein, diese Letzt- und Erst-Ursache näher, indem wir einige Fragen stellen und mit Hilfe des Kontradiktionsprinzips, des Satzes vom Nicht-Widerspruch, diese beantworten. Der Satz vom Nicht-Widerspruch besagt, daß etwas nicht zugleich und unter derselben Rücksicht sein und nicht sein kann.

Es wurde aufgezeigt, daß die Letzt-Begründung von Kontingentem nur etwas Nicht-Kontingentes sein kann. Dieses Nicht-Kontingente wurde als absolutes Sein bestimmt, das sich selbst begründet und von keinem anderen Seienden abhängig ist (daher absolut, nicht-kontingent).

Die erste Frage lautet: Kann dieses absolute Sein materiell (= Masse und Masselosigkeit, z. B. Photonen) sein, oder muß es nicht vielmehr nicht-materiell sein? Wenn das absolute Sein materiell wäre, wäre es nach der Einsteinschen Formel $E = m \times c^2$ veränderlich. Veränderlichkeit ist aber, wie oben gezeigt, ein Indiz für Kontingenz. Wenn das absolute Sein materiell wäre, würde es dadurch kontingent. Als absolutes Sein ist es nicht-kontingent, als materielles wäre es kontingent. Das ist ein offensichtlicher Widerspruch in sich, der sich nur auflöst, wenn man die Materialität des absoluten Seins leugnet. Absolutes Sein war ja notwendig als Letzt-Begründung von Kontingentem. Also müssen wir folgern: Absolutes Sein ist nicht-materiell.

Eine zweite Frage, die sich an das absolute Sein stellen läßt, ist die, ob es endlich sei. Nähmen wir an, es sei endlich, so würde das absolute Sein seinen Charakter als Nicht-Kontingentes verlieren. Denn Endlichkeit besagt, daß man etwas hinzufügen und wegnehmen kann, was Veränderlichkeit einschließt und damit Kontingenz bedeutete. Wir kämen zu demselben eklatanten Widerspruch. Als absolutes Sein wäre es nicht-kontingent, als endliches aber kontingent. Der Widerspruch läßt sich nur aufheben, indem wir dem absoluten Sein seine Nicht-Kontingenz belassen, ihm aber seine Endlichkeit absprechen. Daraus folgt, daß das absolute Sein nicht-endlich (= unendlich) ist.

Eine dritte Frage klärt wieder eine andere Eigenschaft des absoluten Seins und läutert es von Innerweltlichkeit. Ist es möglich, daß das absolute Sein zeitlich ist, oder muß es nicht vielmehr nicht-zeitlich (ewig) sein? Die Gedankenführung ist gleich wie bei den beiden vorherigen Fragen. Wenn man von etwas behauptet, es sei zeitlich, dann ist damit offensichtlich Veränderlichkeit verbunden. Man spricht sogar vom Zahn der Zeit, der alle Dinge verändert. Wiederum erhielte man einen offensichtlichen Widerspruch. Absolutes Sein besagt Nicht-Kontingenz, Zeitlichkeit aber würde Veränderlichkeit und damit Kontingenz bedeuten.

Der Widerspruch kann nur aufgehoben werden, indem man dem absoluten Sein die Zeitlichkeit abspricht. Damit ist das absolute Sein nicht-zeitlich oder ewig.

Eine letzte Frage soll noch an das absolute Sein gestellt werden: Ist es ein Du oder ein Es? Mit anderen Worten: Ist es personal oder nicht-personal? Die Gedankenführung braucht jetzt einen anderen Ausgangspunkt. Wir gehen von uns selber als Personen aus. Eine Person ist durch zwei Fähigkeiten gekennzeichnet: Durch die Fähigkeit der Selbstreflexion und die Fähigkeit zur freien Entscheidung. Wir Menschen können nicht nur denken, sondern auch darüber nachdenken, daß wir denken. Immer wieder erfahren wir uns auch als solche, die sich für etwas frei entscheiden, z. B. dieses Buch weiterzulesen oder es wegzulegen. Unsere unmittelbare Erfahrung kennt allerdings nur Personsein in Leiblichkeit. Das gehört aber nicht wesentlich zum Personsein dazu. Wichtig sind nur die beiden geistigen Fähigkeiten, nämlich die zur Selbstreflexion (Selbstbewußtsein) und zur freien Entscheidung des Willens.

Nun sind wir aber kontingente Personen, die einmal einen Anfang genommen haben. Wir haben oben gesehen, daß Kontingentes nicht die Letztbegründung für Kontingentes sein kann. Nach dem Prinzip des zureichenden Grundes von G. W. Leibniz muß aber die Ursache für eine Wirklichkeit, die sie bewirkt hat, von mindestens derselben Seinshöhe und -vollkommenheit sein, wie das Bewirkte. Denn eine Ursache kann nicht etwas in die Realität, die Wirklichkeit bringen, was sie selber nicht hat. Daraus folgt, daß das absolute Sein nicht nur unendlich, ewig, immateriell, sondern auch personal ist. Ob das absolute Sein ein-, zwei- oder, wie es die christliche Offenbarung sagt, dreipersonal ist, darüber kann die Philosophie nichts sagen, weil die Dreipersönlichkeit Gottes ein striktes Geheimnis ist, das in seiner Tatsächlichkeit nur aus der Offenbarung bekannt ist, was aber die Inhaltlichkeit angeht, nicht voll verstanden werden kann. Denn dann müßten wir Gottes Verstand haben, um den Unendlichen voll verstehen zu können. Er bleibt also weiter ein Geheimnis.

Was haben wir bisher gedanklich erarbeitet? Die letzte und erste Ursache, oder, da sie personal ist, der letzte Urheber alles Kontingenten, der ganzen Welt, ist ein unendliches, immaterielles, ewiges Wesen. Das sind die Minimalmerkmale für das, was man in der Religionsphilosophie oder auch in der vergleichenden Religionswissenschaft Gott nennt. Das ist nicht die Fülle dessen, was die Religion über Gott aussagt, aber es ist auch nicht der blasse Gott der Philosophen, wie ihn Pascal bezeichnet hat. Denn als personales Wesen ist er ein liebender Gott, weil Liebe wesentlich zum Personsein dazugehört.

7. Erschaffung der Welt durch Gott

Wie kann nun das Hervorbringen der Welt durch Gott näherhin beschrieben werden? Im Nachdenken darüber ist man zu der Anschauung gekommen, daß die Welt und alles, was darin ist, aus Gott hervorfließt (emanatio) wie ein Fluß aus der Quelle. Diese Vorstellung ist aber schon deshalb logisch nicht möglich, weil man von Gott nur in einem metaphorischen Sinn als „Quelle" reden kann. Es geht aber auch dann nicht, wenn man von ihm als Ursprung in dem Sinne reden würde, daß das Sein der kontingenten Dinge aus Gott kommt. Denn dann hätten die kontingenten Dinge formal göttliches Sein, was sie offensichtlich nicht haben. Eine emanatio impliziert den Pantheismus. Das ist aber unvereinbar mit der nachgewiesenen Kontingenz der Welt und der Dinge in ihr.

Die christliche Philosophie ist deshalb, angeregt durch die Offenbarung, zu einer anderen Lösung gekommen. Gott hat die Welt aus nichts hervorgebracht, ins Dasein, in die Existenz gebracht. „Aus nichts" besagt, ohne einen vorliegenden Stoff, schließt aber auch aus, daß Gott das Sein ist, aus dem die Welt hervorgegangen ist im Sinne der Emanation.

Das Hervorbringen von Kontingentem, und damit auch der ganzen Welt aus nichts durch Gott bezeichnet man in der Philosophie als Erschaffen. Wenn wir aber im Deutschen sagen, die Welt ist Schöpfung Gottes, dann hat das zwei unterschiedliche Bedeutungen. Einmal bedeutet Schöpfung die Handlung Gottes (creatio), durch die er die Welt hervorgebracht hat. Im Deutschen entspricht dieser Sinn mehr dem Wort Erschaffen. In einer zweiten Bedeutung kann man von der Welt als Schöpfung Gottes sprechen, wenn man das Endprodukt der Handlung des Erschaffens meint: die Welt als geschaffene (lat. creatura). Wir sprechen in unseren Überlegungen im ersten Sinn: Gott hat die Welt erschaffen, und dadurch ist sie Schöpfung Gottes im zweiten Sinne.

Wenn wir so vom Erschaffen der Welt durch Gott reden, dann ist noch ein anderer Aspekt zu bedenken. Hat Gott mit Notwendigkeit geschaffen oder hat er es in Freiheit getan? Da Gott als personales Wesen die Freiheit im höchsten Maße besitzt, ist die erste Möglichkeit, die von einigen Philosophen vertreten wurde und auch als Pantheismus bezeichnet wird, unvereinbar mit dem Wesen Gottes. Gott brauchte nicht zu schaffen, er hatte es weder nötig zu seiner Vervollkommnung, weil er der absolut vollkommene Gott ist. Er hatte es auch nicht nötig, um sich ein Gegenüber zu schaffen, weil der Vater, wie wir allerdings nur aus der Offenbarung wissen, im Sohn ein Gegenüber hat, in dem er sich selbst auch wiedererkennt und mit dem er im Heiligen Geist eine liebende Einheit ist. (Ausführlicher vgl. dazu im Teil III, Gott.)

Haben wir jetzt inhaltlich voll verstanden, was erschaffen durch Gott heißt? Natürlich nicht, denn Gott ist in sich unbegreiflich und daher auch sein erschaffendes Tun. Wir haben falsche Denkmöglichkeiten argumentativ widerlegt. Dann haben wir wieder die Minimalforderungen dessen aufgezeigt, was unter Erschaffen zu verstehen ist, ohne selbstverständlich behaupten zu wollen, wir hätten damit vollinhaltlich das erschaffende Tun Gottes verstanden. Denn das bleibt weiterhin Geheimnis, wie auch Gott selber Geheimnis bleibt.

Trotzdem haben wir aufzeigen können, daß die Welt, das Universum, nicht verstanden werden kann, es sei denn in ihrer radikalen Abhängigkeit von Gott, in seiner Geschöpflichkeit. Das ist selbstverständlich nichts naturwissenschaftlich Neues über das hinaus, was die Physik, Astronomie und naturwissenschaftliche

Kosmologie uns im Abschnitt 1.1 geboten haben. Aber es zeigt eine Tiefendimension des Universums auf, für die den Naturwissenschaften die Methode des Entdeckens fehlt, eine Tiefendimension, zu der uns allein philosophisches Nachdenken führen konnte. Denn nur die Philosophie als universale Vernunftwissenschaft ist in der Lage, den letzten Grund von Weltsein aufzuzeigen: ihre radikale Verwiesenheit auf Gott. Die Naturwissenschaft ist schon deshalb nicht in der Lage, das zu erkennen, weil Gott nicht Gegenstand der naturwissenschaftlichen Erkenntnis ist. Es besteht also kein Gegensatz zwischen naturwissenschaftlicher Erkenntnis der Welt und der philosophischen Reflexion über die letzten Gründe des Universums, sondern beide Erkenntnisweisen liegen auf verschiedenen Erkenntnisebenen. Die Naturwissenschaften entdecken das Phänomen Welt und die Naturgesetze, nach denen die Welt sich entwickelt; die Philosophie untersucht die Welt unter der Rücksicht ihres Seins und fragt nach dem letzten Grund von Weltsein überhaupt.

Eine weitere begriffliche Klärung ist hier noch angebracht. Normalerweise verstehen Naturwissenschaftler, wenn sie überhaupt die Erschaffung der Welt am Anfang der Welt annehmen, nur das Hervorbringen des ersten Energie-Materie-Konzentrats als Schöpfung. Alle weitere Kosmogenese, die Entstehung von Sonnensystemen, Galaxien usw. sei allein Erkenntnisgegenstand der Naturwissenschaften. Eine solche Vorstellung von Gott, dessen Tätigkeit auf den Anfang reduziert ist, wobei Gott aber sonst mit der Welt nichts mehr zu tun hat, nennt man Deismus.

Nun ist aber leicht einzusehen, daß auch in jedem Entwicklungsschritt und im gesamten Entwicklungsprozeß des Universums doppelt gefragt werden kann: Einmal naturwissenschaftlich, so daß die Naturgesetze erforscht werden, nach denen die Kosmogenese abläuft, wenn überhaupt erst einmal etwas da ist, das sich entwickeln kann. Zum anderen kann man an die einzelnen Entwicklungsschritte und an den gesamten Prozeß auch die philosophische Frage nach dem Sein stellen. Dabei ergibt sich als Antwort, daß jeder Entwicklungsschritt in sich wieder eine Veränderlichkeit des materiellen Substrats besagt, und von daher ist jede Struktur im Weltall und das Weltall insgesamt kontingent entsprechend den Überlegungen, die oben angestellt wurden. Das bedeutet, daß das Universum in jedem Augenblick seiner Existenz kontingent ist, also labil seiner Existenz gegenüber. Das Weltall bedarf demnach jederzeit der erhaltenden Kraft Gottes, denn es hört ja nie auf, kontingent zu sein, wenn es einmal existiert. Christliche Philosophie hat dieses im Dasein erhaltende Tun Gottes „creatio continua" genannt, beständiges schöpferisches Im-Sein-Erhalten des Universums. Die radikale Seinsabhängigkeit des Universums ist also nicht nur eine anfängliche, sondern eine im Wesen der Kontingenz begründet dauernde. Eine solche Schöpfungsüberzeugung nennt man Theismus.

Danach „kümmert" sich Gott dauernd um sein Universum und erhält es im Sein. Gott ist also nicht der blinde Uhrmacher, wie Dawkins uns weismachen will.

8. Einwände

Die heftigsten Einwände gegen die vorgelegten Gedankengänge, daß der letzte Grund von Bedingtem und Kontingentem etwas Unbedingtes bzw. Nicht-Kontingentes sein muß, hat Kant vorgebracht. Er bemerkt richtig, daß diesem Schluß die Kategorie der Kausalität zugrunde liegt. So haben wir ja nach der Letzt- oder Erst-Ursache gefragt. Kant behauptet nun, dieser Schluß gelte nur innerhalb der Sinnenwelt. Außerhalb dieser habe der Schluß auf eine Ursache keinen Sinn. Zunächst ist nicht einsichtig, warum die Kausalität nur auf den Bereich der Phänomene beschränkt sein soll. Zudem haben wir nicht den Kausalsatz der klassischen Physik angewendet, wonach eine bestimmte Ursache immer eine bestimmte Wirkung hat – Erhitzung von Wasser bringt es bei einem bestimmten Normaldruck immer bei 100° C zum Sieden –, sondern es handelt sich hier um das metaphysische Kausalprinzip, das nach dem letzten Grund und der Ursache von Kontingentem fragt. Auf diese Weise kommt man in logischem Vorgehen zu *dem* Grund, zu *der* Ursache, zu Gott.

In unserem Beweisgang haben wir dargelegt, daß in bezug auf die Kausalität von Kontingentem ein Rückgang ins Unendliche unmöglich sei, weil dadurch kein Grund für kontingentes Sein angegeben werden kann. Der Schluß von einer solchen Reihe kontingenter Ursachen auf eine erste nicht-kontingente Ursache ist nach Kant eine „dialektische Anmaßung". Nach ihm ist Skepsis geboten, ob Gott als absolut notwendiges, wesensnotwendiges Sein gedacht werden kann, das Kontingente hingegen als nicht wesensnotwendig. Kant legt bei seinem Einwand den Begriff der absoluten Notwendigkeit nach dem Muster analytischer Sätze zugrunde. Im Kontingenzbeweis jedoch ist absolute Notwendigkeit im Horizont der Unmöglichkeit kausaler Abhängigkeit zu verstehen. Die reine Identität von Wesen und Existenz (Sein) in Gott ist der Grund, und genau deshalb ist Gottes Sein einfachhin mit seinem Wesen gegeben, daher wesensnotwendig. Bei „absolut notwendig" handelt es sich um die Aussage, wie das Wesen sich zum Sein in Gott verhält. Man darf also nicht sagen: Was ich als unendlich denke, existiert, und zwar mit absoluter Notwendigkeit. Man darf nur sagen: Das absolute Sein existiert, wenn es existiert, mit und aus absoluter Notwendigkeit. Die Kontingenz des endlichen Seins haben wir nicht aus bloßen Begriffen abgeleitet, wie Kant irrtümlich meint, sondern sie wurde eigens aus der Veränderlichkeit, einer sinnenhaften Grundgegebenheit der Welt, abgeleitet.

Ein weiterer Einwand gegen eine philosophische Letztbegründung von Weltsein in Gott kommt von der Theologie her. Der Glaube wird als freie Zustimmung des Menschen zu dem sich offenbarenden Gott verstanden. Wenn unsere Ableitung und Beweisführung logisch stringent ist, was wir behaupten, dann bliebe keine Freiheit der Zustimmung. Darauf ist zu antworten: Unsere Beweisführung zeigt zwar auf, daß kein Widerspruch zur Vernunft, sondern sogar eine Vernunftgemäßheit darin zu finden ist, daß Gott der letzte Grund von Weltsein ist. Ob ich aber den Vernunftargumenten folge, hängt in doppelter Weise von meiner Freiheit ab. Erstens bin ich frei, mich überhaupt mit solchen Überlegungen zu beschäftigen; und zweitens kann ich auch dann, wenn ich den Vernunftargumenten folge, meine Zustimmung zu dem Ergebnis der Überlegungen offen lassen, in der Schwebe lassen oder auch nicht geben.

Nicht selten spielt dabei auch ein psychologisches Moment eine Rolle. Wenn ich dem zustimme, daß Gott der letzte Grund der Welt ist und damit die Existenz Gottes bejahe, könnten sich daraus auch Konsequenzen für meine Lebensführung ergeben. Denn wenn es einen Gott gibt, bin ich ihm auch für mein Tun und Lassen verantwortlich. Da man aber sein Leben nicht ändern will oder die Kraft zu einer Lebensänderung nicht zu haben meint, findet man auch immer wieder neue Einwände gegen die Existenz Gottes. Außerdem darf nicht vergessen werden, daß man heute in einem agnostischen oder atheistischen Umfeld lebt, das der Überzeugung von der Existenz Gottes nicht gerade förderlich ist. (Vgl. hierzu das Kapitel 3.2 Atheismus und Agnostizismus.)

LITERATUR

Atkins, Peter William, Schöpfung ohne Schöpfer. Reinbek: Rowohlt, 1984.

Dawkins, Richard, Der blinde Uhrmacher. Ein neues Plädoyer für den Darwinismus. München: Kindler, 1987.

Kanitscheider, Bernulf, Kosmologie. Geschichte und Systematik in philosophischer Perspektive. Stuttgart: Reclam, 1984.

Kant, Immanuel, Kritik der reinen Vernunft (Hrsg. W. Weischedel). Frankfurt/M., Darmstadt: Wiss. Buchgesellschaft, 1957.

Koltermann, Rainer, Grundzüge der modernen Naturphilosophie. Ein kritischer Gesamtentwurf. Frankfurt/M.: Knecht, 1994.

Ogiermann, Helmut, Die Gottesbeweise „in der Sicht des modernen Menschen": Theologie und Philosophie 42 (1967), 89–101.

Ogiermann, Helmut, Es ist ein Gott. München: Berchmans, 1981.

Schmucker, Josef, Das Problem der Kontingenz der Welt. Versuch einer positiven Aufarbeitung der Kritik Kants am kosmologischen Argument. Freiburg, Basel: Herder, 1969.

Splett, Jörg, Gotteserfahrung im Denken. Zur philosophischen Rechtfertigung des Redens von Gott. Freiburg, München: Alber, [4]1995.

Weissmahr, Béla, Philosophische Gotteslehre. Stuttgart, Berlin: Kohlhammer, 1983.

1.3 Entstehung und Entfaltung des Lebens

RAINER KOLTERMANN SJ

In unserem Weltall, jedenfalls auf unserem Planeten, gibt es eine Vielfalt von Lebewesen. Deshalb ist naturwissenschaftlich die Frage zu stellen: Was wissen wir über den Beginn des Lebens, und wie kam die Vielfalt der Lebewesen zustande? Die beiden Fragen sollen getrennt behandelt werden.

1. Der Übergang vom Unbelebten zum Belebten

Lebewesen kennen wir nur von der Erde her. In unserem Planetensystem gibt es sonst keine Organismen. Ob es in den Weiten des Kosmos auch noch andere Lebewesen auf anderen Planetensystemen gibt, können wir nicht mit Bestimmtheit ausschließen, aber ebensowenig als existent behaupten. Zur Zeit ist es noch nicht einmal sicher, daß die Voraussetzung für die Entstehung von Leben, nämlich lebensfreundliche Planeten, gegeben ist. Da wir keine vergleichbaren anderen Lebenswelten kennen, können wir die Merkmale für Leben nur von den Lebewesen unserer Erde her ableiten. Nach dem russischen Biologen Alexander Oparin (1894–1980) kann man belebte Systeme von unbelebten durch fünf Kriterien unterscheiden. Lebewesen haben 1. einen Stoffwechsel, d. h. sie vermögen Stoffe aus der Umwelt aufzunehmen, sie in Bau- und Energiestoffe umzuwandeln sowie als Abfallprodukte wieder abzugeben. 2. Sie können sich selbst reproduzieren. Dabei bleibt die Art erhalten. Durch die Fortpflanzung werden möglichst gleichartige Individuen hervorgebracht. 3. Die Nachkommen sind nicht völlig ihren Eltern gleich, sondern zeigen eine gewisse Variabilität. So besteht immer neu die Chance, daß einige Nachkommen an veränderte Umweltbedingungen besser angepaßt sind. Ohne eine solche Variabilität gäbe es keine Entwicklung neuer Arten und Formen. Die Lebewesen würden bei Umweltveränderungen sonst leicht aussterben. 4. Organismen können sowohl als Pflanzen, in erhöhtem Maße aber noch als Tiere, Reize aus der Umwelt aufnehmen und darauf reagieren. Sie sind dadurch nicht starr, sondern dynamisch. 5. Lebewesen zeigen Mobilität, besonders Tiere, aber auch Pflanzen durch Samen, Ableger, Ausläufer und Wurzelschößlinge.

Die ältesten bekannten Fossilien, versteinerte ausgestorbene Lebewesen, sind zumindest 3,5 Milliarden Jahre alt (Blaualgenmatten in Australien), andere Forscher meinen, sogar noch ältere Lebewesen (ca. 3,8 Milliarden Jahre) nachgewiesen zu haben.

Die wichtigsten Bausteine von Lebewesen auf der Erde sind Proteine (Eiweiße) und die Nukleinsäuren (DNA), welche die Erbsubstanz in den Chromosomen bilden. Beide sind aufeinander bezogen. Die Erbsubstanz enthält die Information für die Bildung der Eiweiße, und die Eiweiße sind die Katalysatoren (Enzyme) für die Bildung der DNA. Nukleinsäuren und Eiweiße sind u. a. aus Kohlenstoff und Wasserstoff aufgebaut. Leben, wie wir es allein auf unserer Erde kennen, setzt die Ketten von gleichen Molekülen voraus. Aus den irdischen Lebewesen lassen sich deshalb biochemische Voraussetzungen für die Entstehung des Lebens ableiten.

Welches Element ist demnach für die Bildung von Lebensbausteinen geeignet? Es muß in der Uratmosphäre oft vorhanden gewesen sein. Forscher haben herausgefunden, daß in der Uratmosphäre der Erde vor allem Wasserdampf, Stickstoff, Kohlenmonoxid und Kohlendioxid vorhanden waren.

Außerdem mußte das gesuchte Element möglichst viele Wasserstoffatome binden können, und drittens mußte es lange Ketten mit sich selber bilden können.

Diese Bedingungen erfüllt am besten Kohlenstoff. Er bindet nämlich vier Wasserstoffatome, während Stickstoff nur drei, Sauerstoff sogar nur zwei H-Atome binden kann. Außerdem gibt es mit Kohlenstoff sehr viele verschiedene Verbindungen. Man hat Silizium (Si) als Alternative vorgeschlagen. Aber dieses Element kann keine stabilen Si-Si-Verbindungen bilden, obwohl es auch vier Wasserstoffatome binden kann und im Weltraum ebenfalls reichlich vorkommt. Außerdem hat Si gegenüber dem Kohlenstoff den Nachteil, daß es eine größere Affinität zu Sauerstoff als zu Wasserstoff hat. Das, was wir von der Erde her kennen, hat sich auch aus der Untersuchung von Kometen und Meteoren sowie von interstellaren Wolken ergeben: Man fand darin keine Si-Wasserstoff-Verbindungen, wohl aber Kohlenmonoxid, Kohlendioxid und größere organische Moleküle auf der Basis von Kohlenstoff.

Eine weitere Voraussetzung für Leben ist ein geeignetes Lösungsmittel. Ein solches ist notwendig, damit sich organische Moleküle in einer dem Leben entsprechenden Geschwindigkeit miteinander verbinden können. Das Wasser ist auch notwendig für die Auflösung von Nährstoffen, für ihren Transport und die Ausscheidung der Schlacken. Das Lösungsmittel müßte über einen größeren Temperaturbereich (0–100° C) flüssig bleiben, um sich den unterschiedlichen Umweltbedingungen eines Planeten anpassen zu können. Außerdem sollte ein solches Lösungsmittel auch die Wärmeregulation der Organismen unterstützen. Alle diese Erfordernisse erfüllt das Lösungsmittel Wasser in hervorragender Weise. Es ist darin alternativen Lösungsmitteln wie Ammoniaklösung oder Methanol weit überlegen. Die hohe Verdampfungswärme des Wassers bewirkt, daß bereits geringe Verdunstung die Wärme abkühlt. Eine solche Wärmeregulation ist besonders wichtig für höhere Lebensformen, z. B. Säugetiere mit ihren komplizierten Gehirnen und der Vielzahl der dort ablaufenden Reaktionen. Eine weitere vorteilhafte Eigenschaft des Wassers besteht in seiner Oberflächenspannung, die eine entscheidende Rolle bei der Zusammenballung organischer Verbindungen spielt, denn sie drängt Verbindungen an bestimmten Stellen zusammen und konzentriert gelöste Substanzen an den Grenzflächen zwischen verschiedenen Medien eines Organismus, z. B. an einer Zellmembran.

Als Ergebnis können wir festhalten: Kohlenstoff als Baustein und Wasser als Lösungsmittel für anorganische und organische Verbindungen sind allen bekannten Alternativen überlegen. Deshalb ist es äußerst wahrscheinlich, daß auch fremde Lebensformen, falls es sie im Weltall gibt, wenigstens in ihrer überwiegenden Mehrheit, auf denselben biochemischen Voraussetzungen aufbauen wie das Leben auf der Erde.

Von diesen grundlegenden biochemischen Voraussetzungen ausgehend lassen sich auch Kriterien erarbeiten, die Planeten haben müssen, wenn auf ihnen Leben entstehen soll. Es muß Kohlenstoff in ausreichender Menge vorhanden sein und vor allem auf der Oberfläche des Planeten eine Temperatur herrschen, in der Wasser in flüssigem Zustand vorkommen kann. Es muß die Temperatur also zwischen dem Gefrier- und dem Siedepunkt (0–100° C) des Wassers liegen, damit die beständige Existenz und Entwicklung von Lebewesen möglich ist. Dazu bedarf es einer Wärmequelle, welche die Temperatur in diesem Bereich konstant hält. Die einzig mögliche Wärmequelle eines Planeten ist sein Zentralstern, um den er kreist. Deshalb sind die Größe der Sonne und ihr Abstand vom Planeten Bedingungen für die mögliche Entstehung von Leben auf einem Planeten. Aber auch dieser braucht eng eingegrenzte Bedingungen. So muß die Dichte der Planetenmasse im Verhältnis zur Größe des Planeten so beschaffen sein, daß sich eine feste Oberfläche bilden kann. Denn für den Aufbau von Polymeren (Eiweißen und Nukleinsäuren) genügt nicht einfach Wasser, sondern Wasser, das sich auf einer festen Oberfläche sammelt. Außerdem müssen die Gravitationskräfte des Planeten ausreichen, die Wasserstoffatome in der Atmosphäre binden zu können und sie nicht einfach in den Weltraum entweichen zu lassen. Andererseits darf der Planet aber auch nicht zu groß sein, denn seine sonst einsetzende Selbsterhitzung würde die entstehenden organischen Verbindungen wieder auflösen. Es müssen also aufeinander abgestimmt sein: Größe der Sonne und Abstand zum Planeten, dessen Größe und Schwere, damit Leben entstehen kann.

Prüfen wir jetzt alle diese Kriterien an unserem Planetensystem, dessen Zentralgestirn die Sonne ist, dann stellen wir fest, daß die Erde unter den neun Planeten den günstigsten Platz für die Entstehung des Lebens innehat. Da die Strahlung der Sonne seit mehreren Milliarden Jahren konstant geblieben ist, hängt das Temperaturmilieu der einzelnen Planeten im wesentlichen von der Entfernung ab, die zwischen ihnen und der Sonne liegt.

Von der Sonne aus gerechnet auf dem dritten Platz, 150 Millionen Kilometer von dem Schwerpunkt des Systems entfernt, bildete sich vor 4,5 bis 5,5 Milliarden Jahren aus interstellaren Staubmassen die Erde. Zu Anfang war sie nur ein locker zusammengefügter Ball von vielfacher Erdgröße. Die zunehmende Größe und Schwere bewirkten, daß er immer mehr in sich zusammensank; gleichzeitig entstand eine immer stärker werdende Erhitzung, die durch den Zerfall radioaktiver Elemente noch erhöht wurde. Folgende Tatsachen waren für die spätere Entwicklung der Erde von besonderer Wichtigkeit:

- der Sonnenabstand von 150 Millionen Kilometern;
- die Größe der Erde, die infolge der aus ihr resultierenden Erwärmung das Entstehen eines metallischen Kerns mit sich brachte;
- der Gehalt an radioaktiven Elementen, der zu dieser Erwärmung gerade soviel beitrug, daß die Erdrinde zu einer zusammenhängenden Erdoberfläche verschmelzen konnte, andererseits jedoch nicht so groß war, daß die entstehenden Verbindungen durch zu große Hitze aufgelöst wurden.

Die übrigen acht Planeten haben nicht die Bedingungen für die Entstehung von Leben. Der innerste Planet, der Merkur, ist zu klein (wie der Mond), um eine Atmosphäre halten zu können. Außerdem ist er viel zu heiß wegen seiner Nähe zur Sonne. Die Venus kommt zwar der Erde an Größe und Masse am nächsten, hat aber eine völlig andere Gashülle und Oberfläche als unser Planet. Die Temperaturen auf der Oberfläche der Venus betragen etwa 475° C, die Wolkendecke darüber besteht aus Schwefelsäure. Es ist völlig klar, daß es bei diesen Temperaturen dort kein flüssiges Wasser gibt. Die hohe Temperatur ist die Folge eines durch die dichte Atmosphäre erzeugten Treibhauseffekts. Der Mars, in der vierten Position von der Sonne aus gerechnet, hat nur den halben Durchmesser der Erde und nur ein Zehntel ihrer Masse. Er gleicht der Erde in seiner Umdrehungszeit, in seinen jahreszeitlichen Veränderungen und in dem Besitz einer Atmosphäre. Weil er jedoch so weit von der Sonne entfernt und zudem sein atmosphärischer Druck hundertmal niedriger als derjenige der Erde ist, kann es auf dem Mars heute kein flüssiges Wasser geben. Die Marsatmosphäre besteht größtenteils aus Kohlendioxid, in der sich nur winzige Mengen Wasserdampf befinden. Die Masse des möglicherweise vorhandenen Wassers liegt entweder gefroren in tieferen Schichten unter der Oberfläche oder in den Polarkappen, die hauptsächlich aus gefrorenem Kohlendioxid bestehen.

Die fotografischen Aufnahmen der Marsoberfläche, die durch die Raumsonden der Typen Mariner und Viking gesendet wurden, enthalten aber reichliche Hinweise für fließendes Wasser auf dem Mars in der Vergangenheit. Es finden sich dort flußbettartige Vertiefungen, von denen Geologen behaupten, daß sie nur durch fließendes Wasser ausgewaschen worden sein können.

Im Jahr 1976 landeten zwei Viking-Sonden der NASA an zwei weit voneinander entfernten Stellen, wo sie gründliche chemische Untersuchungen des Bodens und der Atmosphäre durchführten. Doch in den Proben des Marsbodens wurden keine organischen Verbindungen gefunden. Die Meßgeräte waren aber so empfindlich, daß sie solche Verbindungen in Mengen bis zu wenigen Teilen pro Milliarde der Probe hätten nachweisen können. Man fand in den Proben nichts als Wasser und Kohlendioxid, welche Bestandteile der Marsatmosphäre bilden. Die Untersuchungen der Marsatmosphäre unterstützten die Ergebnisse der Bodenproben, daß es kein Leben auf dem Mars gibt.

Die nächsten vier Planeten, Jupiter, Saturn, Uranus und Neptun, übertreffen beträchtlich die Erde an Größe. Die vier Riesenplaneten bestehen nicht – wie die vier inneren Planeten Merkur, Venus, Erde und Mars – aus Gesteinen, sondern sie sind Gaskugeln, hauptsächlich aus Wasserstoff und Helium. Dadurch gleichen sie in ihrer Zusammensetzung weit mehr den Sternen und dem übrigen Weltall als den vier inneren Planeten.

Sie sind aus den Gasen Wasserstoff und Helium zusammengesetzt, das ist dasselbe Material, aus dem sie ursprünglich gebildet wurden. Die verhältnismäßig dünnen Gashüllen der kleinen inneren Planeten sind dagegen erst später durch Vulkantätigkeit entstanden. Wegen der fehlenden festen Oberfläche und der Kälte konnte auf den vier Riesenplaneten kein Leben entstehen.

Der äußerste Planet unseres Sonnensystems ist der Pluto, ein kleines Gebilde aus Eis, das mehr einem der größeren Saturnmonde ähnelt als einem der Riesenplaneten. Die Kälte auf dem Pluto macht es unmöglich, daß sich auf ihm Leben bildet.

Wenn es auch auf den acht übrigen Planeten kein Leben gibt, so läßt es sich denken, daß das Leben nicht auf der Erde entstanden, sondern aus dem Weltall in Lebenskeimen dorthin gekommen ist. Das nehmen Vertreter der Panspermie (alles ist voller Lebenskeime) oder der Kosmozoentheorie (das Leben kommt aus der Tiefe des Weltalls) an. Heutige Vertreter wie etwa Francis Crick oder Hans-Dietrich Pflug argumentieren wie folgt: Die Zeit für die Entstehung des Lebens von der Erkaltung der Erde vor etwa 4 Milliarden Jahren bis zu den ersten einfachsten Fossilien von vor 3,83 Milliarden Jahren war zu kurz für die Entwicklung des Lebens auf der Erde. Die Argumente sind zum Teil sehr phantastisch.

Gegen die Panspermie-Theorie haben D. Goldsmith und T. Owen eingewendet, daß die Konzentration von Spurenelementen in heute lebenden Organismen und im Seewasser in verblüffender Weise übereinstimmen. Dies läßt sich nach den beiden genannten Wissenschaftlern nur dadurch erklären, daß das Leben auf der Erde entstanden ist.

Außer den naturwissenschaftlichen Argumenten gegen die Kosmozoentheorie ist grundsätzlich die Frage nach ihrem Erklärungswert zu stellen. Denn die Theorie beantwortet die Frage nach der Entstehung des Lebens nicht, sondern verschiebt sie nur in das Weltall. Sie scheint zunächst das Problem der Lebensentstehung auf der Erde zu lösen, damit ist aber das Problem als solches nicht gelöst, und das Wie seiner Entstehung bleibt im dunkeln. Wenden wir uns deshalb der Erde zu, wie sich auf ihr Leben gebildet hat.

Den bevorzugten Platz der Erde in unserem Sonnensystem haben wir kennengelernt. Doch die basalt- und granitartige Gesteinsoberfläche wäre ohne Atmosphäre steril geblieben. Wie hat sich diese Atmosphäre gebildet?

Wissenschaftler haben herausgefunden, daß die Atmosphäre der Erde durch Vulkanausbrüche entstanden ist. An der heutigen Tätigkeit des Stromboli z. B. sieht man, daß große Mengen an Wasserdampf, Stickstoff, Wasserstoff, Methan und Ammoniak ausgestoßen werden, genau jene Bestandteile, die für die Uratmosphäre zur Bildung von Leben notwendig waren. Der so ausgeschleuderte Wasserdampf kühlte ab, kondensierte, fiel als Regen auf die heiße Erdoberfläche herab, verdampfte sofort wieder und kühlte dabei die Erdoberfläche ab. So wurde der Abkühlungsprozeß beschleunigt. Da die vulkanische Gasproduktion zu 97 Prozent aus Wasserdampf bestand, der sich in den großen Senken der Erdoberfläche niederschlug, ergeben sich prinzipiell keine Schwierigkeiten, sich die Entstehung der Ozeane durch diesen Mechanismus vorzustellen.

Allerdings scheint es schwer denkbar zu sein, daß bei einer Atmosphäre dieser Zusammensetzung Leben entstehen konnte. Es war vor allem kein freier Sauerstoff vorhanden, an dessen Gegenwart alles organische Leben gebunden ist. Andererseits werden alle nichtbelebten organischen Substanzen aufgrund der hohen chemischen Aktivität des Sauerstoffs sofort zerstört (= oxidiert). Es gab also ein Dilemma: Einerseits brauchte das Leben Sauerstoff, andererseits zerstörte derselbe Sauerstoff die sich bildenden organischen Bausteine des Lebens. Die Antwort gaben alte Erzlager, die durch Faltung vor 2–3 Milliarden Jahren unter Luftabschluß in die Tiefe verschoben wurden: Die Uratmosphäre enthielt keinen freien Sauerstoff, sie war nicht von derselben Zusammensetzung wie die heutige Atmosphäre. In der Gegend der italienischen Insel Vulcano und auf Island fand man Urbakterien (Archaebakterien), die ihre Energie zum Leben durch Umwandlung von Wasserstoff und Schwefel zu Schwefelwasserstoffgas gewinnen, wobei sie ihre Biomasse aus Kohlendioxid aufbauen. Sie sind an die Uratmosphäre angepaßt, bei Sauerstoffzufuhr hingegen sterben sie in wenigen Minuten. Die ersten Lebensformen waren also an die Bedingungen der Uratmosphäre, nicht an die heutige Lufthülle angepaßt.

Der Zuwachs an Sauerstoff in der Atmosphäre ist im Laufe der Erdgeschichte von den grünen Pflanzen erst durch Fotosynthese erzeugt worden. Da der Uratmosphäre der freie Sauerstoff fehlte, kann aufgrund des Vorkommens von Sauerstoff in der heutigen Atmosphäre keine Wiederholung der ursprünglichen Entstehung des Lebendigen mehr gelingen. Das Leben hat sich, als es einmal Fuß gefaßt hatte, die Möglichkeit zu einem Neuanfang selbst abgeschnitten.

Wie kann man sich die Entstehung der beiden wichtigsten Lebensbausteine, der Eiweiße und der Kernsäuren (Nukleinsäuren), vorstellen? Es gab dabei große Probleme bei den Biochemikern, die sich mit der Entstehung des Lebens befaßten. Da in der Uratmosphäre kein freier Sauerstoff vorhanden war, fehlte der wirksame atmosphärische Filter zur Abschirmung der von der Sonne kommenden UV-Strahlung. Ultraviolette Strahlen sind für alle aus Eiweiß aufgebauten Organismen lebensgefährlich. Anderseits brauchte man in der Urzeit gerade diese Strahlen. Sie bewirken nämlich die Dissoziation (die Aufspaltung) des Wassers (H_2O) in Wasserstoff und Sauerstoff. Der freigesetzte Wasserstoff stieg als leichtestes Element in den freien Weltraum, der Sauerstoff begann einen Filter gegen den Einfluß der UV-Strahlen zu bilden. Andererseits waren die UV-Strahlen als Energiequelle wichtig, um die in der Atmosphäre enthaltenen Gase zu größeren Molekülen zusammenzuschweißen. Dieser Prozeß spielte sich an der Oberfläche des Wassers ab. Einige der neugebildeten Moleküle sanken im Wasser ab bis auf etwa 10–15 m unter die Oberfläche. Dorthin konnte der zerlegende Einfluß der UV-Strahlen nicht mehr gelangen. Sank nun die Konzentration des Sauerstoffs in der Luft, so begann die UV-Strahlung erneut das Wasser zu dissoziieren. Obwohl die Sauerstoffkonzentration durch Fotodissoziation nur $^{1}/_{1000}$ des heutigen Wertes beträgt, bildete der geringe Sauerstoffgehalt doch einen starken Schutz in einem Wellenlängenbereich zwischen 2600 und 2800 Å, genau in dem Bereich, in dem Eiweiße und Nukleinsäuren am empfindlichsten für UV-Licht sind. Dadurch wurden die beiden wichtigen Biopolymere eindeutig vor den übrigen chemischen Verbindungen bevorzugt. So gewannen die beiden Lebensbausteine im weiteren Verlauf der Entstehung des Lebens eine immer größere Häufigkeit. Sie waren von ausreichender Komplexität, um genügend wandlungsfähig zu sein, und sie standen als einzige in genügender Menge zur Verfügung.

Im Jahr 1953 wurde durch Stanley Miller der erste entscheidende Schritt zur experimentellen Erforschung der Entstehung von Eiweißen und Nukleinsäuren getan. Die wichtigsten Ingredienzien der Uratmosphäre wurden in einem Glaskolben gemischt und an den Kolben eine Hochspannung angeschlossen. Nach kurzer Zeit erhielt Miller drei der wichtigsten Aminosäuren (das sind Bausteine der Eiweiße). Je länger man den Versuch durchführte, um so größer war die Anzahl von Aminosäuren, und sie bildeten auch Ketten zu einfachen Eiweißen. In ähnlicher Weise entstanden auch Nukleotide, die Bausteine der Nukleinsäuren, welche die Erbinformation speichern.

Die damalige Begeisterung von Oparin über diese Versuche muß aus heutiger Sicht beträchtlich gedämpft werden. Das von Miller verwendete Gasgemisch entsprach höchstwahrscheinlich nicht dem der Uratmosphäre. Diese war nicht stark reduzierend, sondern milde reduzierend und schwach oxidierend. Außerdem wurden die Versuche in einem geschlossenen System durchgeführt. Solche abgeschlossenen Systeme aber gibt es bei der Biogenese in der Natur nicht. Beim Millerversuch entstand ein Gemisch von L-Aminosäuren und D-Aminosäuren. Natürliche Proteine in den heutigen Lebewesen bestehen aber durchwegs aus L-Aminosäuren. Also sind noch weitere Gesetzmäßigkeiten und Mechanismen notwendig, um die D-Aminosäuren aus einem solchen Gemisch zu trennen. Und schließlich wurde durch die Versuche von Miller nicht Leben im Labor hergestellt, sondern nur die Bausteine des Lebens. Immerhin bleibt bestehen, daß sich die Biopolymere auf eine ähnliche Weise, wie es Miller im Labor gelang, haben bilden können. Dadurch war es möglich, daß die Lebenskriterien, die Oparin aufgestellt hatte, in den Funktionen durch die Nukleinsäuren bzw. Eiweiße erfüllt wurden.

Alle Stoffwechselvorgänge heute lebender Organismen werden durch Enzyme ermöglicht. Das sind Proteine mit einer ganz bestimmten Aminosäuresequenz, die aufgrund eines aktiven Zentrums substratspezifisch wirken. Die ersten Enzyme waren sicher noch nicht so vollkommen wie die heutigen. Aber das war vielleicht zu Beginn auch nicht notwendig.

Die identische Selbstreproduktion wird durch Nukleinsäuren ermöglicht. In ihnen befindet sich die Information für eine bestimmte Spezies (Art) und auch für die individuelle Variation. Denn die DNA (der Erbfaden) hat die Fähigkeit, sich selbst zu verdoppeln und dadurch identisch zu vermehren. Dazu braucht die DNA aber die enzymatische Wirkung von Proteinen. Diese sind also Funktionsträger, die DNA ist Informationsträger. In der Anfangszeit ist nach neueren Untersuchungen auch die Ribonukleinsäure in der Lage zur enzymatischen Wirkung gewesen. Mit der Zeit hatte die DNA, die in genauerer Weise die Information für ein Protein mit besserer enzymatischer Wirkung lieferte, einen Selektionsvorteil gegenüber anderen, eher fehlerhaften Proteinen. Nach Manfred Eigen hat sich die Verknüpfung von Informationsträgern und Funktionsträgern mit Hilfe eines autokatalytischen Hyperzyklus gebildet. (Für die genauere Erklärung vgl. R. Koltermann, 1994.)

Welche Probleme zur Entstehung des Lebens lassen die Naturwissenschaften offen? Es sind noch nicht alle naturwissenschaftlichen Schritte des Übergangs vom Unbelebten zum Belebten geklärt. Hier müssen die Ergebnisse weiterer Forschung abgewartet werden. Selbst wenn es einmal gelingen sollte, alle naturwissenschaftlichen Schritte aufzuklären (was äußerst unwahrscheinlich ist), muß der Philosoph die ontologische Frage nach der Seinsstruktur der Lebewesen und dem letzten Grund für ihre Existenz und ihr Wirken stellen. Das ist zum Teil schon unter „Erschaffung der Welt" (1.2) geschehen, wird aber erneut ausführlich in 1.4 dargelegt, besonders was das Verhältnis zwischen Evolution und Schöpfung angeht.

2. Die Entfaltung der Lebewesen

Auf unserem Planeten kommt Leben nicht nur in einer einzigen Form vor, sondern in einer Vielfalt von Arten. Es sind bisher etwa 1,4 Millionen Tierarten und mehr als 400.000 Pflanzenarten beschrieben worden. Gab es eine Konstanz der Arten, wie es nicht nur der Botaniker Carl von Linné (1707–1778) behauptet hatte? „Es gibt so viele Arten, wie sie das unendliche Sein hervorgebracht hat." – Oder gab es eine Veränderung der Arten im Laufe der Zeit? Um es vorweg zu sagen, dies ist die einzige *naturwissenschaftliche* Alternative. Wissenschaftsphilosophisch ist es unkorrekt, Evolution gegen Schöpfung auszuspielen oder zwischen ihnen einen Gegensatz aufzustellen.

Es soll in drei Schritten vorgegangen werden. Erstens beantworten wir die Frage nach der Evolution naturwissenschaftlich, zweitens fragen wir philosophisch, ob die Arten erschaffen sind, und drittens versuchen wir das Verhältnis von Evolution und Schöpfung zu klären. Zunächst also der naturwissenschaftliche Befund.

Unter Evolution (von lat. evolvere = auswickeln, entwickeln) verstehen wir den genetischen Zusammenhang aller Lebewesen, so daß die komplexeren Formen aus den einfacheren hervorgegangen sind, im Idealfall aus einer einzigen lebenden Zelle. Evolution ist ein zeitlicher Vorgang von der Entstehung des Lebens vor etwa 3,8 Milliarden Jahren bis heute. Deshalb können an dieses Phänomen in Analogie zu einem historischen Prozeß folgende vier Fragen gestellt werden:

1. Hat Evolution überhaupt stattgefunden? (Frage nach der Tatsächlichkeit von Evolution.)
2. Welche Ursachen werden für die Veränderlichkeit der Arten angegeben? Reichen diese zur Erklärung aus? (Frage nach den Ursachen.)
3. Wie war der Verlauf der Evolution im einzelnen? (Frage nach der speziellen Evolutionstheorie.)
4. Was ist das Ergebnis oder das Ziel des Evolutionsvorgangs?

Im einzelnen wird dann zu prüfen sein, ob Naturwissenschaften, Philosophie und Theologie in gleicher oder nur in unterschiedlicher Weise in der Lage sind, diese Fragen zu beantworten.

Tatsächlichkeit der Evolution

Das Argument für die Tatsächlichkeit der Evolution oder die Veränderlichkeit der Arten lautet: Bei allen heute lebenden Organismen, bei denen man einen genetischen bzw. Zeugungszusammenhang beobachten kann, stellt man immer wieder fest, daß die Nachkommen den Eltern nicht gleich, sondern nur ähnlich sind, und zwar in abgestufter Ähnlichkeit: je näher verwandt, um so ähnlicher, je weiter verwandt, um so unähnlicher. Dazu vergleiche man Ähnlichkeiten zwischen Eltern und Kindern, Ahnenreihen, die fotografisch oder durch Gemälde belegt sind, Zuchttafeln von Pflanzen und Tieren. Diese abgestufte Ähnlichkeit bei Verwandten scheint ein Naturgesetz zu sein.

Also ist zu vermuten, daß auch bei ausgestorbenen Arten, deren Zeugungszusammenhang wir nicht direkt beobachten können, die aber ähnlich sind, ein Abstammungszusammenhang vorliegt. Moderne vergleichende genetische Untersuchungen zwischen verschiedenen Arten haben dies bestätigt. Abgestufte Ähnlichkeit läßt sich in folgenden Bereichen feststellen:

1. Stufenweise Abänderung der Organismen im Laufe der Erdgeschichte (geologische Schichten mit abgewandelten Fossilformen: Auch die ausgestorbenen Lebewesen lassen sich in abgestufter Ähnlichkeit anordnen, wie die Systematik in Botanik und Zoologie zeigt, und zwar über die Artgrenzen hinaus).

2. In der Ethologie: Auch im Bereich des Verhaltens läßt sich eine abgestufte Ähnlichkeit feststellen (z. B. Scheinputzbewegungen im Paarungsvorspiel verschiedener Entenarten, G. Osche, 1974).

3. Im Bauplan: Es besteht eine abgestufte Ähnlichkeit beispielsweise im Bauplan aller Wirbeltiere.

4. In der biochemischen Zusammensetzung von Biopolymeren quer durch alle verschiedenen Arten der Lebewesen hindurch: In allen Lebewesen befinden sich die gleichen Grundbausteine (Proteine mit den gleichen 20 Aminosäuren, Nuklein-

säuren mit den gleichen vier Basen in der DNA, Enzyme wie das Atmungsferment Cytochrom c, das in der gleichen Grundstruktur von der Bäckerhefe über die Pflanzen und Tiere bis zum Menschen vorkommt).

Direkt wahrnehmbar ist also nur eine abgestufte Ähnlichkeit. Die bisher plausibelste Erklärung hierfür ist die Annahme eines zugrundeliegenden Abstammungszusammenhangs aller Lebewesen. Dies ist aber nur ein indirektes Argument für die Tatsächlichkeit der Evolution, der Veränderlichkeit der Arten. Direkte Beweise sind nicht zu erbringen, da das Auseinanderhervorgehen der Arten in den ca. 3,8 Milliarden Jahren der Erdgeschichte seit Entstehung des Lebens nicht direkt beobachtbar ist.

Die Ursachen der Evolution

Wenn man den genetischen Zusammenhang aller Lebewesen und die Veränderlichkeit der Arten als die zur Zeit am meisten nachvollziehbare Erklärung für die beobachtbare Ähnlichkeit unter den Lebewesen annimmt, ergibt sich sofort die Frage: Durch welche biologischen oder allgemein naturwissenschaftlichen Ursachen ist es zur Evolution gekommen? Zunächst muß darauf hingewiesen werden, daß es verschiedene Formen von Ähnlichkeit gibt und nur eine davon ein Indiz für Abstammungszusammenhang ist.

Konvergente Ähnlichkeit liegt dann vor, wenn aufgrund der Umwelt parallele Entwicklungen stattgefunden haben, z. B. Stromlinienform bei Fischen, Sauriern, Vögeln (Pinguinen) und Säugern (Wale, Delphine) im Wasser. Diese äußere Ähnlichkeit ist kein Indiz für Abstammungszusammenhang.

Dasselbe trifft für analoge Ähnlichkeit zu. Die Funktionen sind gleich, die Abstammung verschieden, so z. B. die Flügel von Insekten und Vögeln, die Vorderextremitäten von Maulwurf und Maulwurfsgrille.

Homologe Ähnlichkeit: Solche Organe sind oft funktionsverschieden, sind aber ein Indiz für Abstammungszusammenhang. Dazu gehören z. B. die Vorderextremitäten von Maulwurf, Vogel, Fledermaus, Pferd, Känguruh und Mensch. Um diese verschiedenen Ähnlichkeiten zu unterscheiden, bedarf es des Kriteriums der Lage (homotope Organe), der speziellen Qualität (homomorphe Organe) und des Stetigkeitskriteriums (der Verknüpfung durch Zwischenformen im Fossilbefund).

Die heute am weitesten verbreitete naturwissenschaftliche Theorie, die Antwort auf die Frage nach den Ursachen der Evolution zu geben versucht, ist der Neodarwinismus, auch synthetische Evolutionstheorie genannt, weil sie die Ergebnisse der modernen Populationsgenetik mit dem Darwinschen Selektionsprinzip zu einer Synthese verbindet. Als Ursachen werden von dieser Theorie hauptsächlich angegeben:

1. Mutation (= zufällige, richtungslose Erbgutänderung).
2. In der sexuellen Fortpflanzung Neukombination von Genen für die nachfolgende Generation.

3. Selektion durch die Umwelt (= natürliche Ausmerzung der an die Umwelt nicht angepaßten Organismen).
4. Isolation (= geographische Isolation oder auch Verhaltensabsonderung etc.), so daß sich Erbgutänderungen leichter durchsetzen können und sich nicht wieder im Genpool vermischen.

Wie beweist die synthetische Evolutionstheorie das Vorkommen und die Wirksamkeit dieser Evolutionsfaktoren? Das muß experimentell geschehen, da die Biologie und alle anderen beteiligten Naturwissenschaften experimentelle Wissenschaften sind. Nun gibt es eine Schwierigkeit. Es handelt sich hier nicht um Experimente, wie man sie unternimmt, um etwa die Fallgesetze nachzuweisen, die zeitunabhängig wirken und auch zeitunabhängig nachgewiesen werden können. Wir haben es hier in dem Evolutionsgeschehen mit einem zeitlichen Prozeß zu tun, in dessen Verlauf manche Entwicklungen nur einmal stattgefunden haben und vor allem nicht nachträglich durch Experimente geprüft werden können. Deshalb ist es nur möglich, Modellversuche zu machen; diese beweisen nicht, daß es geschichtlich konkret so gewesen ist, sondern daß es prinzipiell so gewesen sein kann, es so möglich gewesen ist. Nachgewiesen werden muß, daß diese Ursachen tatsächlich wirken und daß sie ausreichende Ursachen sind (nach dem Prinzip des zureichenden Grundes von G. W. Leibniz). Es soll besonderer Wert auf die Hauptursachen Mutation (bzw. Genrekombination) und Selektion gelegt werden, und zwar in zwei Modellversuchen, einer im Labor, ein zweiter eine Beobachtung in der freien Natur.

Laborversuch

Die Voraussetzungen für einen experimentellen Nachweis der Wirkungsweise von Mutation und Selektion sind folgende: Es ist erstens eine sehr große Zahl lebender Organismen erforderlich, da der Prozentsatz der Erbänderungen außerordentlich gering ist. Unter günstigsten Bedingungen nimmt man eine Zahl von ungefähr 1 : 100.000 pro Generationseinheit an. Bei dieser Zahl muß zudem beachtet werden, daß weniger als 1 Prozent der auftretenden Mutationen sich vorteilhaft für den Organismus auswirkt; die meisten sind Letalmutationen. Zweitens ist ein Zeitraum von mehreren Generationen nötig, weil Mutationen nur bei Vermehrung, d. h. Zellteilung, sichtbar werden. Erst der Vergleich von mindestens zwei Generationen kann zeigen, ob Mutationen aufgetreten und wie sie beschaffen sind. Durch Vergleich muß dann festgestellt werden, ob die Mutanten besser an die Umwelt angepaßt sind als die „Ursprungsart".

Bakterien erfüllen am besten diese Voraussetzungen zur experimentellen Erforschung der Evolutionsfaktoren. Man kann sie bequem zu vielen Millionen auf dem Nährboden einer Petrischale unterbringen. Ihre durchschnittliche Generationsdauer beträgt bei 37° C etwa 20 Minuten. Der Nobelpreisträger für Physiologie von 1958, Joshua Lederberg, bediente sich der Bakterien Escherichia coli zum Nachweis von Mutation und Selektion.

Kolonien dieser Bakterien wurden mit einem Samtstempel von einem normalen auf einen mit Penicillin geimpften Nährboden übertragen. Dabei erwiesen sich einige wenige Kolonien als resistent gegen das Antibiotikum. Die Mutation der Resistenz gegen Penicillin war schon vor der Berührung der Bakterien mit dem penicillinhaltigen Nährboden vorhanden, entstand also nicht erst, als die Bakterien durch die Hand des Experimentators mit der neuen Umwelt konfrontiert wurden. Die Zahl der angepaßten Mutanten war dabei außerordentlich gering, nämlich vier von 100.000. Die aufgetretene Mutation ist ungerichtet, d. h. nicht auf ein bestimmtes Ziel, hier die Penicillinresistenz, ausgerichtet, sondern die Mutanten sind zufällig an die neue Umwelt angepaßt.

Was ist mit diesem Modellversuch bewiesen? Daß Mutationen tatsächlich in dem genannten geringen Prozentsatz auftreten und sich als an die neue Umwelt angepaßt erweisen können. Alle an die neue Umwelt nicht angepaßten Bakterien hingegen wurden ausgemerzt, selektiert. Dieser Modellversuch scheint zu beweisen, daß die Entstehung von Ordnung (d. h. zweckmäßiger Anpassung) und der Erwerb neuer überlegener Lebensfunktionen durch ungerichtete Mutationen möglich ist.

Trotzdem bleiben einige Fragen. Durch diesen Modellversuch – und das gilt für alle ähnlichen Versuche – wird nachgewiesen, daß spontane Erbgutänderungen auf intraspezifischer (innerhalb der Artgrenzen) Ebene stattfinden, er beweist aber nicht das Auftreten von Mutationen über die Artgrenzen hinaus (transspezifisch). Das heißt, die Modellversuche haben bisher nicht zeigen können, daß eine Art aus der anderen hervorgeht. Aber gerade ein solcher Beweis wäre erforderlich, um Mutationen als eine Ursache für die evolutive Höherentwicklung plausibel zu machen.

Schon rein denkerisch ist es schwierig, sich vorzustellen, wie durch richtungslose Mutationen so komplexe Gebilde wie z. B. das menschliche Auge entstehen können. Auch Darwin scheint das gespürt zu haben, wenn er schreibt: „Wenn ich an das menschliche Auge denke, bekomme ich Fieber“ (zitiert nach G. Vollmer, 1986, S. 21).

Gerhard Vollmer (1986) hat auf das Prinzip der Doppel- und Mehrfachfunktionen hingewiesen, um die Entstehung solcher Synorganisationen wie das Wirbeltierauge zu erklären. So ermöglichte die Augengrube ein Richtungssehen und diente zugleich als Schutz. Die sich darüber bildende Hautfalte verhinderte, daß Schmutz in die Augengrube hineinkam. Die Hautfalte konnte sich dann in Kleinmutationen zur Linse umbilden und übernahm zusätzlich zur Schutzfunktion die Funktion des Lichtsammelns. Ähnlich erklärt G. Vollmer auch das Entstehen der Lunge, die aus einer Ausbuchtung der Speiseröhre für wasserlebende Tiere zunächst als Auftriebsorgan diente, dann beim Anlandgehen der Tiere zur Lunge umfunktioniert wurde. Ebenso soll auch der Flügel beim Pro-Avis, einem Urvogel, dem Gleiten oder Fangen gedient haben und brauchte daher noch nicht so vollkommen zu sein; bei ständiger Verbesserung soll der Flügel sich allmählich zu einem funktionierenden Flugorgan entwickelt haben.

Mutation als transspezifisch wirkende Ursache ist nach dem Naturphilosophen Hans Jonas (1973, S. 68) nur ein „methodologisches Postulat". Die Methode der Ursachenforschung, die für den Bereich der intraspezifischen Evolution nachgewiesen ist, wird einfach auf die transspezifische übertragen. Man nimmt es an, postuliert es, solange keine bessere Lösung vorliegt. Ob aber ungerichtete Kleinmutationen auch für die großen Systemeigenschaften ausreichen, ist nach H. Jonas noch nicht einmal theoretisch klar.

Freilandversuch

Selektion wird von der synthetischen Evolutionstheorie als entscheidender, lenkender und richtunggebener Faktor der Evolution betrachtet, da diese Rolle den richtungslosen Mutationen ja nicht zukommen kann, andererseits aber eine tatsächliche Höherentwicklung im Sinne von größerer Komplexität z. B. der Hirnstrukturen und des ganzen Organismus im Laufe der Evolution wirklich festzustellen ist. Aber auch diese Umweltfaktoren der Selektion haben noch einmal Zufallscharakter.

Als klassisches Beispiel für die Selektionswirkung in freier Natur wird der Birkenspanner (Biston betularia L.) oder ganz allgemein der Industriemelanismus (melas = griech. schwarz) angeführt, der bisher bei mehr als 70 Schmetterlingsarten nachgewiesen ist.

Die Flügel des Birkenspanners waren seit jeher silbrigweiß mit feiner grünlichgrauer Zeichnung; sie glichen damit in der Farbe einem Stückchen Birkenrinde, so daß die Falter von ihren Freßfeinden, den Vögeln, kaum zu entdecken waren. Infolge der Luftverschmutzung durch die Industrialisierung wurde die Birkenrinde immer dunkler. Die ehemalige Tarnfarbe wurde zu einer deutlich sich abhebenden Zielscheibe für die Vögel. In der Folgezeit trat verstärkt eine dunkle Form (f. carbonaria) auf. Diese Falter waren jetzt durch ihre dunkle Färbung vor den Vögeln besser geschützt und garantierten das Überleben der Art.

Schon lange vor der Industrialisierung – das zeigten alte Schmetterlingsammlungen – hatte es in dem betreffenden Gebiet einen geringen Prozentsatz dunkelgefärbter Birkenspanner gegeben. Ihr Anteil wechselte stark, betrug aber nie mehr als 1 Prozent der Schmetterlinge einer Population. Sie konnten sich zu keiner Zeit behaupten. Das wurde anders, als ein Umweltfaktor sich änderte. Von jetzt an konnten sie überleben und dementsprechend auch mehr Nachkommen zeugen. Das aber war nur möglich, weil – ähnlich wie bei den Bakterien – eine Mutation schon zuvor existierte, die an die veränderte Umwelt zufällig angepaßt war. Es geschah das, was man Selektion nennt: eine Ausmerzung der an die Umwelt mutativ nicht angepaßten weißen Varianten.

Auch hier sind einige kritische Anmerkungen zu machen. Die Existenz von dunkelgefärbten Schmetterlingen vor der Industrialisierung läßt darauf schließen, daß es sich bei dem Industriemelanismus (mißdeutender Name! Die dunkle Form entstand durch Mutation, nicht durch Industrieverschmutzung) um eine

Ausschöpfung des im Bereich des genetischen Programms Vorhandenen handelt. Die Selektion bringt also qualitativ nichts Neues hervor. Innerhalb festgelegter Grenzen bietet sie die Möglichkeit zur Verstärkung gewisser, bereits vorhandener Merkmale. Da die dunklen Formen besser an die verschmutzte Birkenrinde angepaßt waren, hatten die Selektionsfaktoren an ihnen nun keine Angriffsfläche mehr. Der bei vorliegendem Beispiel wirksame Selektionsdruck stellt mehr einen Aussonderungsmechanismus der weißen nicht angepaßten Formen dar als eine schöpferische Evolutionskraft, wie sie von Konrad Lorenz bezeichnet wurde.

Aufgrund der abnehmenden Luftverschmutzung (ein positives Ergebnis der Aktivität der Umweltschützer) wandeln sich die Birkenspannerpopulationen jetzt wieder zu weißen Formen um. In diesem Zusammenhang kann man die Frage stellen, in welchem Ausmaß die Selektion überhaupt wirksam sein kann, da sie ja eine gewisse Ausgangsmannigfaltigkeit von Merkmalen immer wieder reduziert. Um der Selektion eine anhaltende Evolutionswirkung zu gewährleisten, muß also durch immer wieder auftretende Mutationen (bzw. Genrekombinationen) im Genom eine Regeneration der Variabilität erfolgen. Die Mutationen in ihrer überaus größten Mehrheit tendieren jedoch wegen ihres Defektcharakters eher dazu, Variabilität und Anpassungsmöglichkeit eines Organismus einzuschränken. Die neue Variabilität entsteht vornehmlich durch die hohe Rekombinationsfähigkeit (= Bildung neuer Genkombinationen bei Mitose und Meiose) von vorhandenem genetischem Material.

Bei den Birkenspannern handelt es sich übrigens wie bei dem Modellversuch mit den Bakterien nur um eine Variation innerhalb derselben Art. Damit ist auch dieser Modellversuch kein Beweis für das Wirken der Evolutionsfaktoren auf transspezifischer Ebene.

Die Selektion, die einerseits bestimmte Merkmale bevorzugt, sprachlich korrekter müßte man sagen, die bestimmte Merkmale mit ihrer ausmerzenden Wirkung nicht antastet, ist andererseits auch Ursache für den Verlust von Merkmalen und Genkombinationen. Durch Anpassung an die gerade herrschenden Umweltbedingungen wird auf genetischer Ebene die Möglichkeit für eine Anpassung an veränderte Umweltbedingungen in der Zukunft reduziert. Strenge Selektion kann die Anpassungsfähigkeit einer Population sogar so stark reduzieren, daß schon kleinste Änderungen der Umweltbedingungen zum Aussterben der Art führen können.

Außerdem erklärt die Selektion keinesfalls die Herkunft bestimmter Phänotypen, sondern bietet lediglich ein Explikationsmodell für die Tatsache, daß von vielen möglichen Phänotypen einige noch vorhanden sind, andere hingegen nicht mehr.

Auch die Höherentwicklung kann nicht durch Selektionswirkung erklärt werden, da die Differenzierungshöhe eines Organismus nicht zwingend mit seinen Selektionsvorteilen korreliert. Die primitiven Einzeller hätten sonst längst ausgestorben sein müssen.

Gegen die Theorie des allmählichen Übergangs von einer Art in eine neue durch Kleinschritte (Darwinscher Gradualismus) haben Niles Eldredge und Stephen J. Gould (1972) die Gegenthese der Entwicklung in Sprüngen (punctuated equilibrium) vorgetragen. Danach schreitet die Evolution nicht in kontinuierlichen Kleinschritten voran, vielmehr gibt es nach einer relativ langen Phase des Gleichgewichts (Stase), in der sich die Arten wenig verändern, eine, paläontologisch gesehen, plötzliche Entfaltung von neuen Typen (Typogenese). Geologisch gesehen treten explosionsartig neue Tiergruppen auf (Fische, Vögel, Säuger), die sich verhältnismäßig schnell in Untergruppen aufspalten.

Klaus Vogel (1983) ist auf diese neue Theorie des Punktualismus eingegangen und wies nach, daß neue Typen sich zwar in geologisch verhältnismäßig kurzer Zeit nach dem paläontologischen Befund gebildet haben, daß aber diese „kurzen" Zeiten 50.000 und mehr Jahre umfassen. Nach Vogel gibt es nur „wechselnde Entwicklungsgeschwindigkeiten gradueller Entwicklung." Michael Benton schätzt den „Anteil dieser evolutionären Schübe einer Art ... auf höchstens 5 Prozent". Es ist nicht auszuschließen, daß Mutationen zu bestimmten Zeiten aufgrund von intensiveren Sonnenstrahlen oder anderen Ursachen verstärkt auftreten.

Es gibt eine ganze Reihe von Naturwissenschaftlern, die begründete Zweifel nicht an der Evolution als solcher hegen, sondern daran, ob die neodarwinistischen Ursachenerklärungsmodelle für die Evolution des Lebendigen ausreichend sind. Zu ihnen zählen Wolfgang Gutmann und Klaus Bonik. Sie betonen besonders neben der Außenselektion die interne Selektion für das Ausmerzen von lebensuntüchtigen Organismen. Auch ist das Prinzip der sparsamsten Verwendung von Material (hydraulische Konstruktionen) in den Gesamtprozeß mit einzubeziehen. Die Evolution schreitet mehr durch organismische Wandlung als durch den Einfluß der natürlichen Selektion voran. Die Verfasser wagen es jedenfalls, an den scheinbar unantastbaren Aussagen des Neodarwinismus begründete, nicht polemische Kritik zu üben.

Eine gründliche Kritik an der Evolutionstheorie ist in Michael Dentons Buch (1986) zu finden. Der Molekularbiologe, dessen Werk in Deutschland überhaupt nicht beachtet worden ist, kommt zu dem Schluß, daß man nach T. S. Kuhns Lehre vom Paradigmenwechsel an der Evolutionstheorie nur deshalb festhält, weil keine andere vorhanden ist, nicht aber, weil sie in sich gut begründet sei (S. 356). Besonders die kontinuierlichen Übergänge zwischen den großen systematischen Gruppen und auch in vielen Einzelübergängen sind nicht belegt. Allerdings könnte man gegen dieses letzte Argument einwenden, daß Übergänge wahrscheinlich in kleinen Populationen geschahen und von daher wenig Chancen bestehen, Fossilien davon zu finden.

Bruno Vollmert, em. Professor für Polymerchemie, hat naturwissenschaftliche Einwände sowohl gegen die Entstehung des Lebens durch Selbstorganisation (Natur 10/1982) als auch gegen die Evolution der Lebewesen (Natur 11/1982) erhoben. Nach Vollmerts Auffassung widerspricht es den Gesetzen der Polymerchemie, daß sich lange Ketten von biologischen Polymeren unter den Bedingungen der Ursuppe bilden konnten. Außerdem sei es völlig unwahrscheinlich, daß die hochkomplexen Lebewesen mit einem so langen DNA-Faden, wie wir das heute vorfinden, bei der Evolution entstehen konnten.

Der Nobelpreisträger Manfred Eigen hat darauf (Natur 3/1983) geantwortet und gezeigt, wie sich das Darwinsche Selektionsprinzip bei Erfüllung bestimmter Voraussetzungen begründen und durch Laborversuche belegen läßt.

Das Problem des Zufalls bleibt allerdings ein Hauptanlaß für kontroverse naturwissenschaftliche und philosophische Diskussionen. Dabei wird jedoch oft nicht der Unterschied zwischen naturwissenschaftlichem und philosophischem Zufallsbegriff beachtet (vgl. dazu K. Henning, S. Kutscha, 1984). Im philosophischen Zufallsbegriff ist die Rede von zwei oder mehreren Ursachenreihen, die zu einem Effekt zusammenfallen, der in keiner einzelnen der Ursachen gegeben ist; hiermit kann eine Absicht Gottes verbunden werden. Die Naturwissenschaftler abstrahieren gewöhnlich von den Ursachen z. B. bei den Mutationen und reden stattdessen von Auftrittswahrscheinlichkeit, wie häufig eine Mutation z. B. bei einer Generation vorkommt. Da diese begrifflichen Unterschiede nicht beachtet werden, redet man in Diskussionen sehr oft aneinander vorbei.

Bernd-Olaf Küppers (1984) bezeichnet den Antagonismus zwischen der Zufälligkeit der durch Mutation und Selektion gesteuerten Evolutionsprozesse einerseits und der Planmäßigkeit der vollkommenen Umweltanpassung andererseits als das Paradoxon der Evolution. (Zur philosophischen Diskussion des Zufallsbegriffs vgl. P. Erbrich, 1988.)

Das Problem der Plan- bzw. Zweckmäßigkeit ist nach Küppers nicht nur eine Einzelerscheinung, eine zufällige Koinzidenz von spezifischer Struktur und sinnvoller Funktion, sondern ein charakteristisches Merkmal aller Lebewesen. Die komplizierten Stoffwechselvorgänge sind informationsgesteuert. Ihnen liegt ein bis in alle Einzelheiten festgelegter Plan zugrunde, der in bestimmten Nukleinsäuresequenzen gespeichert ist. Planmäßigkeit in der Natur läßt sich somit nach Küppers auf die Existenz molekularer Baupläne zurückführen. Hier ließe sich allerdings dagegenfragen: Sind diese molekularen Baupläne wieder durch Zufall entstanden? Küppers antwortet darauf, diese biologische Information, welche die Planmäßigkeit des Aufbaus der Lebewesen steuert, sei weder durch bloßen Zufall noch durch ein teleologisches Prinzip entstanden. Leben sei vielmehr das Ergebnis eines materiellen Lernprozesses, wie Küppers das Darwinsche Selektionsprinzip interpretiert. Die definierten Baupläne lebender Organismen seien bereits in einer vorbiologischen Evolutionsphase durch Mutation und Selektion entstanden. Die Ziele der Evolution, die durch die Umweltbedingungen definiert seien, würden durch die Evolution selbst festgelegt. Die Darwinsche Theorie kann nach Küppers a priori zwar die Entstehung der Planmäßigkeit überhaupt erklären, nicht aber die Entstehung eines Planes in seiner Detailstruktur.

Diese erkenntnistheoretischen Überlegungen verweisen bereits auf die ausdrückliche philosophische Auseinandersetzung mit der synthetischen Evolutionstheorie. Für die naturwissenschaftliche Betrachtung gilt es festzuhalten, daß auf dem Feld der Biologie das Argument der Unwahrscheinlichkeit der Entstehung des Lebens und des Evolutionsprozesses durch Zufall keine unwiderlegbare Kritik an der synthetischen Evolutionstheorie darstellt. Wir können also dabei bleiben: Die plausibelste Erklärung für die abgestufte (homologe) Ähnlichkeit unter den Lebewesen ist die Annahme eines allen Organismen zugrundeliegenden Abstammungszusammenhangs, auch wenn die Ursachenfrage bisher nicht bis ins letzte geklärt ist.

Das Ziel oder das Ergebnis der Evolution

Eine letzte Frage bleibt noch zu beantworten: Steuert der Evolutionsprozeß auf ein Ziel zu? Zunächst sind einige begriffliche Klärungen vonnöten. Von Ziel im Sinne eines beabsichtigten Endpunktes kann ein Biologe nicht sprechen, denn Absicht setzt geistige Intentionalität voraus. Da es vor dem Menschen auf Erden keine Intentionalität oder Absicht gab und da die Biologie methodisch nichts über die Existenz Gottes sagen kann, der als geistiges Wesen natürlich eine Absicht hatte (was wir im philosophischen Teil nachweisen werden), läßt sich biologisch nur von jetzigem Endergebnis reden. Der Mensch ist als höchstes irdisches Lebewesen im Verlauf der Evolution herausgekommen, und er ist (naturwissenschaftlich) ein Produkt von zufälligen Mutationen und den zufälligen Selektionsfaktoren. Carsten Bresch (1979) versucht diese Frage so zu beantworten, daß es drei Phasen der Entwicklung gibt, die der Materie, die des Lebendigen und schließlich die Evolution des Geistigen. Die Extrapolation in die Zukunft auf sogenannte Mononen, geistige Einheiten, ist allerdings ziemlich spekulativ. Wir werden wohl zugeben müssen, daß wir naturwissenschaftlich kein Ziel der Entwicklung erkennen können. Ob es ein solches gibt oder nicht, müssen wir aber offen lassen, da naturwissenschaftliche Erkenntnis nur eine eingeschränkte Erkenntnis der Wirklichkeit hat. Vielleicht läßt sich philosophisch oder auch theologisch ein Ziel der Evolution finden.

Abschließend müssen zwei wichtige Bemerkungen zum Problemfeld Evolution und Schöpfung aus naturwissenschaftlicher und aus wissenschaftstheoretischer Sicht gemacht werden.

Erstens ist es nicht erforderlich, daß jemand eine bessere Theorie vorlegt, wenn er Schwachstellen an einer bestehenden aufzeigt. Wir haben auf verschiedene Probleme und Fragen hingewiesen. G. Vollmer (1986) hat allerdings eine Verbesserung des Neodarwinismus mit seiner Idee der Doppel- und Mehrfachfunktionen versucht. Ob das in allem ausreicht, bedarf sicher der weiteren Diskussion. Vollmer meint sogar, daß die Evolutionstheorie grundsätzlich unvollständig bleiben wird.

Zweitens muß man sich bei der Aufdeckung der Unvollständigkeit der synthetischen Evolutionstheorie vor der Gefahr hüten, den wissenschaftstheoretischen Fehler zu begehen, in die bestehenden Lücken der naturwissenschaftlichen Forschung Gott einzufügen. Gott würde dann zum Lückenbüßergott. Das ist nicht nur wissenschaftsphilosophisch falsch, sondern auch gegen die Transzendenz Gottes, der in dieser Welt durch Zweitursachen wirkt, sie aber nicht einfach ersetzt. Diese Grenzüberschreitungen fürchten viele Naturwissenschaftler, wenn man an dem Neodarwinismus Kritik übt, als wolle man dann Gott in die Diskussion einbringen. Die Befürchtung ist auch nicht so unbegründet, wie man bei den Kreationisten fundamentalistischer Prägung und bei manchen Freikirchen sieht.

Auch Joachim Illies scheint in seinem posthum erschienenen Buch (1983) dieser Gefahr erlegen zu sein, wenn er schreibt:

„Den Zufall für all dies verantwortlich zu machen, heißt doch einfach nur, ein ‚Wir wissen es nicht' mit einem neuen passenden Namen zu belegen. Wenn es aber um Namen geht, könnte man dort auch wieder ‚Gott' sagen, denn darunter können wir uns wenigstens etwas vorstellen, nämlich eine ‚ordnende Absicht', wie es der Philosoph Immanuel Kant nannte" (S. 189).

Es ist sicher ein großer Fehler gegen die Regeln der Wissenschaftsphilosophie und schlechte Theologie obendrein, wenn man ein naturwissenschaftliches „Wir wissen es nicht" mit dem Namen Gott belegt. Naturwissenschaftliche Unklarheiten müssen naturwissenschaftlich geklärt werden, und wenn das zur Zeit nicht möglich ist, muß man die Lücken offen lassen für eine eventuelle spätere naturwissenschaftliche Antwort. Das erfordert die Logik und auch die Wissenschaftsphilosophie, wonach man nicht das Problem einer Wissenschaft durch eine völlig andere lösen kann.

Nach Michael Benton (1987, S. 165) könnte es sich als „notwendig herausstellen, die neodarwinistische Theorie der Evolution zu einer *hierarchisch strukturierten Theorie* zu erweitern, die zwischen verschiedenen Evolutionsebenen mit je eigenen Selektionsmechanismen oberhalb und unterhalb der Ebene des einzelnen Organismus unterscheidet". Allerdings meint Benton, daß der Gedanke zwar faszinierend, aber zur Zeit noch umstritten sei.

Ein hierarchisches Evolutionsmodell zeigt folgendes Schema: Die Selektion wirkt getrennt auf jeder Ebene der Hierarchie, der des Genoms, des Individuums, der Spezies und der übergeordneten biologischen Kategorien (wie Familie, Ordnung, Klasse). Jedoch gibt es zwischen den verschiedenen Ebenen wechselseitige Beziehungen. Auf der Ebene des Genoms wirken die spontanen Mutationen („egoistische Gene"), auf der des Individuums die Darwinsche natürliche Auslese, auf der der Spezies die Art-Selektion und bei den übergeordneten Kategorien die Selektion durch seltene Ereignisse wie z. B. Klimakatastrophen, Massenaussterben durch Kometeneinschläge usw.

Die Ergebnisse der Naturwissenschaften über die Biogenese und Phylogenese zusammenfassend können wir sagen: Es hat tatsächlich eine biochemische Entwicklung hin zum Leben gegeben, wenn auch noch viele Zwischenstufen nicht belegt sind. Ebenso gilt, daß nicht eine Konstanz der Arten, sondern ein Artenwandel der Lebewesen vorliegt. Auch hier ist eine ganze Reihe von Übergängen fossil schlecht belegt. Was die Ursachenforschung angeht, so handelt es sich bei Mutation, Selektion und Genrekombination um notwendige Ursachen; ob sie aber auch ausreichend sind, die Entstehung der großen Typen ursächlich zu erklären, wird zumindest kontrovers diskutiert. Ein Endziel der Evolution ist hingegen naturwissenschaftlich nicht anzugeben, da auch der Mensch sich prinzipiell weiter entwickeln, aber auch aussterben oder sich ausrotten kann (Atomkrieg, Umweltverschmutzung, Überbevölkerung, Nahrungsmittelknappheit, Klimakatastrophe usw.).

LITERATUR

Benton, Michael, Aktuelle Probleme der Evolutionsforschung aus der Sicht des Paläontologen: Mannheimer Forum 87/88, 1987, 105–165.

Bresch, Carsten, Zwischenstufe Leben. Evolution ohne Ziel? Frankfurt/M.: Fischer, 1979.

Denton, Michael, Evolution: A Theory in Crisis. London: Burnett, 1985. Bethesda: Adler & Kindler, 1986.

Duve, Christian de, Ursprung des Lebens. Präbiotische Evolution und die Entstehung der Zelle. Heidelberg: Spektrum Akademischer Verlag, 1994.

Eldredge, Niles; Gould, Stephen, Punctuated equilibria: an alternative to phyletic gradualism. In: T. J. M. Schopf, J. M. Thomas (eds.), Models in Paleobiology. San Francisco: Freeman, Cooper, 1972, 82–115.

Erbrich, Paul, Zufall. Eine naturwissenschaftlich-philosophische Untersuchung. Stuttgart, Berlin: Kohlhammer, 1988.

Goldsmith, Donald; Owen, Tobias, Auf der Suche nach Leben im Weltall. Stuttgart: Hirzel, ²1985.

Gutmann, Wolfgang; Bonik, Klaus, Kritische Evolutionstheorie. Ein Beitrag zur Überwindung altdarwinistischer Dogmen. Hildesheim: Gerstenberg, 1981.

Henning, Klaus; Kutscha, S., Mangelnde Ursache oder mangelndes Wissen? Zum Begriff Zufall in Philosophie und Naturwissenschaft: Naturwissenschaften 71 (1984), 493–499.

Illies, Joachim, Der Jahrhundertirrtum. Würdigung und Kritik des Darwinismus. Frankfurt/M.: Umschau Vlg., 1983.

Jonas, Hans, Philosophische Aspekte des Darwinismus. In: ders., Organismus und Freiheit. Göttingen: Vandenhoeck & Ruprecht, 1973, 60–91.

Koltermann, Rainer, Grundzüge der modernen Naturphilosophie. Ein kritischer Gesamtentwurf. Frankfurt/M.: Knecht, 1994. (Darin ausführliche Literaturangaben zur Biogenese und Phylogenese.)

Küppers, Bernd-Olaf, Das „Paradoxon" der Evolution. Erkenntnistheoretische Überlegungen zum Ursprung des Lebens. In: B. Kanitscheider (Hrsg.), Moderne Naturphilosophie. Würzburg: Königshausen & Neumann, 1984, 317–335.

Osche, Günter, Evolution. Grundlagen, Erkenntnisse, Entwicklungen der Abstammungslehre. Freiburg: Herder, ³1974.

Vogel, Klaus, Macht die biologische Evolution Sprünge? Sitzungsberichte der Wiss. Ges. an der J. W. Goethe-Universität Frankfurt a. M. Bd. XIX, Nr. 4. Wiesbaden: Steiner, 1983.

Vollmer, Gerhard, Die Unvollständigkeit der Evolutionstheorie, In: ders., Was können wir wissen? Bd. 2, Die Erkenntnis der Natur. Stuttgart: Hirzel, 1986, 1–38.

1.4 Erschaffung der ersten Lebewesen und der Vielfalt des Lebens

Evolution und Schöpfung

(philosophisch)

RAINER KOLTERMANN SJ

1. Geschichtlicher und moderner Diskurs

Noch Carl von Linné (1707–1778) hatte 1737 in seinem Buch „Systema naturae" geschrieben: „Es gibt so viele Arten, wieviele von Anfang an das unendliche Sein erschaffen hat." Diese Aussage enthält zwei Behauptungen: 1. daß die Arten erschaffen sind und 2. daß Artenkonstanz vorliegt. Bis zum Anfang des 19. Jahrhunderts hielt man auch unter Biologen an der Lehre von der Artenkonstanz fest. In diesen Überzeugungen wuchs auch Darwin auf. Da in den Anschauungen seiner Zeit eine naturwissenschaftliche Aussage, nämlich „die Arten sind konstant", mit einer philosophisch-theologischen Aussage, nämlich „die Arten sind erschaffen", unglücklicherweise verknüpft war, fiel mit der Widerlegung der naturwissenschaftlichen Aussage auch die philosophisch-theologische.

Dagegen ist wissenschaftsphilosophisch zu sagen: Die einzige Aussage, die ein Naturwissenschaftler aufgrund seiner Methode machen kann, ist die Klärung der Frage, ob die Arten konstant oder veränderlich sind. Über die Frage, ob sie erschaffen sind, kann ein Naturwissenschaftler nichts aussagen. Das ist nämlich gar keine naturwissenschaftliche, sondern eine philosophische bzw. theologische Frage. Sie kann deshalb nur mit der Methodik dieser Wissenschaften beantwortet werden.

Nun ist aber dieser grundlegende logische Fehler nicht nur bei Darwin geblieben, sondern ist bis heute in vielen biologischen Lehrbüchern immer neu wiederholt worden. Klaus Dose stellt dementsprechend (1987) drei verschiedene Theorien zur Entstehung des Lebens vor: durch Panspermie aus dem Weltraum, durch Evolution auf der Erde (Biogenese) und durch Schöpfung. Die letzte Möglichkeit wird mit dem lapidaren Satz ausgeschlossen: „Widerspricht den Naturgesetzen." Logisch richtig hätte er schreiben müssen, die Entstehung des Lebens sei naturwissenschaftlich denkbar entweder auf der Erde oder außerhalb der Erde. Ob der Vorgang auch mit Schöpfung zu tun hat, darüber kann ich mit meiner naturwissenschaftlichen Methode nichts sagen. Reinhard W. Kaplan schreibt im Schlußkapitel seines Buches (1978) unter der Überschrift „Einige weltanschauliche Konsequenzen": „Nach den bisher erarbeiteten Einsichten ist die Fähigkeit der Materie, belebte Systeme zu entwickeln, allein in ihrer Struktur und ihren möglichen

Wirkungen gegeben. Übernatürliche Faktoren erscheinen überflüssig, es gibt keinerlei Anzeichen für sie" (S. 281). Wie ein Naturwissenschaftler übernatürliche Ursachen mit seinen naturwissenschaftlichen Methoden überhaupt erkennen kann und sie auch noch ausschließen will, ist völlig uneinsichtig. Denn er hat in seiner Methode ja gerade von der Existenz aller Dinge abstrahiert, die nicht sichtbar und meßbar sind. Der Naturphilosoph Carl Friedrich von Weizsäcker (1979, S. 167f.) hat die unterschiedlichen Fragestellungen von Naturwissenschaften und Philosophie wie folgt beschrieben: „Das Verhältnis der Philosophie zur sogenannten positiven Wissenschaft läßt sich auf die Formel bringen: Philosophie stellt diejenigen Fragen, die nicht gestellt zu haben die Erfolgsbedingung des wissenschaftlichen Verfahrens war. Damit ist also behauptet, daß die Wissenschaft ihren Erfolg unter anderem dem Verzicht auf das Stellen gewisser Fragen verdankt. Diese sind insbesondere die eigenen Grundfragen des jeweiligen Fachs. Die Physik fragt normalerweise nicht, was Natur, was Raum, Zeit, Gegenstand eigentlich ist, die Biologie fragt normalerweise nicht, was Leben ist, die Psychologie nicht, was man mit Seele meint, was Bewußtsein eigentlich ist." Und wir können hinzufügen, da Gott kein Erkenntnisgegenstand der Naturwissenschaft ist, kann man naturwissenschaftlich auch nicht nach dem erschaffenden Tun Gottes fragen.

Schon Darwin schrieb in seinem Buch „Die Entstehung der Arten" (1867), er wolle aufzeigen, „daß die Arten nicht getrennt erschaffen worden sind, sondern ähnlich den Varietäten von anderen Arten abstammen" (S. 26). Auch der bekannte Zoologe Hans Mohr meint (1985): „Lebewesen stammen von Lebewesen ab; sie werden nicht ständig oder in Intervallen neu geschaffen." 1994 erschien ein Buch von Ernst Mayr, „... und Darwin hatte doch recht". Darin wird Schöpfungsglaube definiert als „Glaube an die buchstäbliche Wahrheit der Schöpfungsgeschichte, wie sie in der Genesis beschrieben wird" (S. 232). Kein heutiger Exeget, der in der modernen Bibelwissenschaft geschult ist, würde dieser Definition zustimmen. Ein Kapitel von Mayrs Buch trägt die Überschrift: „Die Kampfansage an den Schöpfungsglauben: die erste Darwinsche Revolution." Diese Grenzüberschreitungen reichen bis in die Schulbücher der Biologie. So gibt es in Linder, „Biologie", 19. Aufl. (1983), S. 388, einen Abschnitt „Abstammungslehre und Schöpfungslehre". Darin wird aber als Schöpfungslehre eine fundamentalistische Bibelinterpretation beschrieben (Kreationismus), nicht aber die von den christlichen Kirchen allgemein vorgetragene Schöpfungslehre. Es heißt dort: „Das Leben entstand durch einen einmaligen Schöpfungsakt. Die Lebewesen sind in der jetzt bekannten Vielfalt erschaffen." Es liegt wieder derselbe wissenschaftsphilosophische Grundfehler wie bei Darwin und dieselbe falsche Bibelinterpretation vor, wie sie auch E. Mayr jüngst vorgetragen hat.

Der Grundirrtum von Darwin besteht darin, daß er fälschlicherweise Konstanz der Arten mit Schöpfung gleichgesetzt hatte, und, als er dann Veränderlichkeit der Arten (Evolution) nachgewiesen hatte, meinte, damit auch die Erschaffung der Arten widerlegt zu haben.

Auf der anderen Seite gibt es als Gegenposition gegen die Evolution, und zwar besonders in den USA, aber auch in nicht geringem Maße ebenfalls in der Bundesrepublik, den biblischen Fundamentalismus, auch fundamentalistischer Kreationismus genannt, der jegliche Evolution ablehnt, weil diese angeblich den Aussagen von Genesis 1 und 2 widerspreche. Hier ist aus den USA besonders zu nennen Arthur Ernest Wilder-Smith mit seinem Buch „Die Naturwissenschaften kennen keine Evolution" (1985). Im deutschen Sprachraum sei hingewiesen auf Werner Gitt, „Schuf Gott durch Evolution?" (1990), worin der Autor gegen eine „theistische Evolutionslehre" Sturm läuft. Er versteht darunter die Synthese von Evolutions- und Schöpfungslehre, die in diesem Kapitel philosophisch vorgelegt wird.

Auch Joachim Illies scheint in seinem posthum erschienenen Buch „Der Jahrhundertirrtum (Würdigung und Kritik des Darwinismus)", 1983, der wissenschaftsphilosophischen Vermischung der Argumentationsebenen in unterschiedlichen Disziplinen erlegen zu sein. Er schreibt: „Den Zufall für all dies verantwortlich zu machen, heißt doch einfach nur, ein ‚wir wissen es nicht' mit einem neuen passenden Namen zu belegen. Wenn es aber um Namen geht, könnte man dort auch wieder Gott sagen, denn darunter können wir uns wenigstens etwas vorstellen, nämlich eine ‚ordnende Absicht', wie es der Philosoph Immanuel Kant nannte" (a.a.O., S. 189).

Es verstößt gegen die Grundregeln der Wissenschaftsphilosophie und ist obendrein schlechte Theologie, wenn ein naturwissenschaftliches „Wir-wissen-es-nicht" mit dem Namen Gott belegt wird. Naturwissenschaftliche offene Fragen müssen naturwissenschaftlich geklärt werden. Sonst machen wir Gott zum Lükkenbüßergott.

1963 wurde von zehn Naturwissenschaftlern, zumeist aus den Ingenieurwissenschaften und der Technik, die Creation Research Society (Schöpfungs-Forschungs-Gesellschaft) gegründet. Inzwischen sind bereits mehr als 2500 Tochter- und Schwesterorganisationen, besonders in den USA und Kanada, aber auch in Europa und in anderen Erdteilen, entstanden. Die Kreationisten geben ein Biologielehrbuch heraus mit dem Titel „Creation Science" (Schöpfungswissenschaft); es erscheint eine Vierteljahresschrift mit „Beweisen" für die fundamentalistische Deutung der biblischen Schöpfungsgeschichte. Diese gläubigen, aber fundamentalistischen Akademiker wollen den Glauben an die Schöpfung, so wie sie diesen nach Genesis 1 und 2 verstehen, wieder lebendig werden lassen. Der Schöpfungsglaube sei durch die ideologisch gefärbte Evolutionstheorie verblaßt oder habe Schaden gelitten; und deshalb wollen die Kreationisten, wie sie sich nennen, an die Stelle der Evolutionstheorie ihr fundamentalistisches Verständnis von Erschaffung der Lebewesen setzen. Da sie in der Auseinandersetzung mit Evolutionstheoretikern, die zuweilen atheistisch oder agnostisch sind, nicht theologische Argumente aus der Bibel bringen können, verwenden sie naturwissenschaftliche Gegenargumente gegen die Evolutionstheorie. Ihre Schöpfungslehre beansprucht den Rang einer Wissenschaft (science). Der antievolutionistische Kreationismus hat seine Anhänger vorwiegend in Freikirchen und unter konservativen Protestanten. Auch nicht wenige Katholiken haben mit einem rechten Verständnis der Schöpfungsgeschichte heute noch Schwierigkeiten. In der Bundesrepublik Deutschland sind 28 Prozent der Bevölkerung überzeugt, daß die Bibel alles sage, was über die Herkunft des Menschen zu wissen sei (Allensbacher Umfrage 1989).

Die Angriffe dieser Kreationisten richten sich aber nicht nur gegen die Evolutionstheoretiker und natürlich vornehmlich gegen atheistische, sondern auch gegen die Philosophen und Theologen, nach denen sich Evolutionslehre und Schöpfungsglaube nicht widersprechen. Dabei übersehen sie, daß selbst bei hinreichenden naturwissenschaftlichen Gründen gegen die Evolutionstheorie aus diesen keineswegs folgen würde, daß die Arten erschaffen worden sind. Sollten die naturwissenschaftlichen Gründe tatsächlich die Evolution widerlegen (was unwahrscheinlich ist), so folgte aus diesen nur, daß die Evolutionstheorie nicht wahr oder schlecht begründet ist, niemals folgt daraus, daß die Arten erschaffen sind. Denn in dieser Vorgehensweise liegt wieder eine Vermischung der wissenschaftsphilosophischen Ebenen vor. Außerdem müssen sich die fundamentalistischen Kreationisten fragen lassen, ob nicht ihre Bibelinterpretation im Gegensatz zu den Ergebnissen der modernen, wissenschaftlichen Exegese steht.

Es seien exemplarisch wenigstens einige der naturwissenschaftlichen Argumente der fundamentalistischen Kreationisten gegen die Evolution vorgelegt und geprüft. So wird gesagt: In der Erdatmosphäre gäbe es nur sehr geringe Mengen Helium, welches das Produkt des radioaktiven Zerfalls einiger Elemente sei. Also könne der Zerfall erst seit etwa 10.000 Jahren abgelaufen sein. Berüchtigt sind auch die angeblichen Fußabdrücke von Menschen und Riesenmenschen zur Zeit der Saurier im Erdmittelalter. Roland T. Bird hat diese Trittspuren aus Paluxy Creek in der Gegend von Glen Rose (Texas) 1939 in der Zeitschrift „Natural History" mit Fotos veröffentlicht und nachgewiesen, daß sie von Menschenhand gemeißelt worden sind. Wahrscheinlich sind sie vor längerer Zeit von Indianern angebracht worden, um symbolisch die Verbundenheit des Menschen mit allem Leben anzudeuten. Clifford Burdick erklärte sie 1945 dennoch für echt. Von da an haben sie Eingang in viele kreationistische Bücher gefunden, so z. B. in das Buch von A. E. Wilder-Smith „Herkunft und Zukunft des Menschen" (1972). – Die lückenhaften Fossilienfunde sind nach den Kreationisten ein weiterer Gegenbeweis gegen die allmähliche Veränderung der Arten (Evolution).

Naturwissenschaftlich ist gegen die Argumente der Kreationisten einzuwenden: Helium ist zu leicht, als daß es vom Erdmagnetfeld zurückgehalten werden könnte. Zudem geht es als Edelgas gar nicht oder nur sehr schwer Verbindungen mit anderen Elementen ein. – Bei den Fußspuren handelt es sich zumeist um solche zweibeiniger Saurier, gelegentlich auch um falsch gedeutete Erosionserscheinungen manche sind Fälschungen oder, wie oben gesagt, von den Indianern angelegt mit der für sie typischen Deutung. Bezüglich der Fossilfunde hat G. Vollmer nachgewiesen, daß die Evolutionstheorie grundsätzlich unvollständig ist. Außerdem ist einzuwenden, daß neuere Fossilfunde im großen und ganzen in das Bild der übrigen Fossilien hineinpassen, auch wenn sie zuweilen kleinere Korrekturen in der Erkenntnis des Ablaufs der Evolution mit sich bringen.

Zusammenfassend können wir von den fundamentalistischen Kreationisten sagen, daß ihnen drei grundlegende Mißverständnisse und Fehler unterlaufen:

Erstens ist ihre Auslegung des Schöpfungsberichtes fundamentalistisch, d. h. wortwörtlich, als sei er ein heutiger Geschichtsbericht der Erschaffung der Arten, ohne die literarischen Gattungen der verschiedenen Erzählungen der Bibel zu berücksichtigen. Die Bibel ist kein naturwissenschaftliches Lehrbuch. Ihre Bibelauslegung entspricht also nicht der heutigen wissenschaftlichen Exegese, wie sie auch von katholischer Seite vertreten wird.

Zweitens fehlt es den Kreationisten an philosophischem Rüstzeug, so daß für sie Evolution und Schöpfung zwei unvereinbare Begriffe sind, wobei für sie Evolution identisch ist mit Nicht-Schöpfung. Damit liegt ihr Mißverständnis auf derselben Ebene wie der Fehler von Darwin. (Wie Evolution und Schöpfung zu vereinbaren sind, werden wir gleich aufzeigen.)

Drittens verwechselt Wilder-Smith eine atheistische Evolutionstheorie, wie sie von manchen Naturwissenschaftlern zu Unrecht vorgetragen wird (z. B. vom Dialektischen Materialismus im Osten und von einigen Evolutionstheoretikern im Westen), mit einer Evolutionstheorie, die wissenschaftsphilosophisch korrekt sich auf die naturwissenschaftlichen Aussagen beschränkt und der Philosophie bzw. Theologie ihr weiteres Fragen und Forschen überläßt.

L. R. Godfrey hat deshalb von den Kreationisten gesagt: „Wissenschaft ist nicht das Geschäft der wissenschaftlichen Kreationisten, vielmehr ist die Zerstörung der öffentlichen Glaubwürdigkeit der Evolutionslehre deren wahres Ziel ... Wissenschaftliche Schöpfungslehre mag eine schlechte Wissenschaft sein, sie ist aber eine bedeutende und erfolgreiche politische Macht." (W. Klausewitz, 1985,25)

Differenzierter und wirklich lesenswerter sind die Bücher von Joachim Illies (1925–1982) zur Evolutionsproblematik. Oben ist allerdings schon erwähnt worden, daß auch ihm eine wissenschaftsphilosophische Grenzüberschreitung unterlaufen ist. Illies versucht in seinem Buch „Schöpfung *oder* Evolution" (1979) die Komplementarität der naturwissenschaftlichen und biblischen Aussagen aufzuzeigen. Von daher wäre eher ein Titel „Schöpfung *und* Evolution" angebracht gewesen, da das „oder" einen vom Autor nicht beabsichtigten und mit dem Inhalt des Buches nicht übereinstimmenden Gegensatz im Sinne von Wilder-Smith nahelegt. Nach einer mündlichen Mitteilung seines Sohnes wurde J. Illies der nicht zum Inhalt passende Titel aufgezwungen, vielleicht aus werbetechnischen Gründen.

Sicher hat Illies darin recht, daß zum naturwissenschaftlichen auch der philosophische und sogar der theologische Aspekt hinzukommen muß, um das Phänomen Evolution in Beziehung zur Schöpfung zu setzen und das Verhältnis beider zu klären. Leider fehlt Illies ein echter philosophischer Ansatz, um überzeugend darzulegen, *wie* denn Evolution und Schöpfung im *Ineinander* zu verstehen sind. Darüber ist nämlich aus der Bibel nichts zu entnehmen, wie im theologischen

Kapitel noch gezeigt wird. Deshalb ist bei Illies nicht ersichtlich, wie beides zu verbinden ist. „Im komplementären Denken des Sowohl-Als-Auch" (Illies, 1979, S. 99f.) allein scheint mir keine echte Lösung zu liegen. Immerhin ist das schon ein Denkfortschritt gegenüber den einander ausschließenden Positionen zahlreicher Naturwissenschaftler einerseits, die behaupten, weil sie Evolution nachgewiesen haben, sei Schöpfung ausgeschlossen, oder der Kreationisten andererseits, die davon überzeugt sind, Evolution sei ausgeschlossen, weil die Arten erschaffen sind.

Nach der Aufdeckung der wissenschaftsphilosophischen Grenzüberschreitungen von Evolutionstheoretikern einerseits und Kreationisten andererseits und dem unverbundenen Nebeneinander bei Illies soll jetzt philosophisch (das heißt mit Vernunftargumenten und den Fragen nach dem letzten Grund) aufgezeigt werden, daß Schöpfung stattgefunden hat. Zweitens soll das Verhältnis von Evolution und Schöpfung genau analysiert werden. Es sollen in Entsprechung zum naturwissenschaftlichen Kapitel 1.3 die dort gestellten Fragen nach der Tatsächlichkeit von Evolution, ihren Ursachen und dem Ziel des Evolutionsprozesses aus philosophischer Perspektive und Methodik beantwortet werden.

2. Die Frage nach der Tatsächlichkeit der Evolution

Ein Philosoph kann von sich aus nichts zu der Frage beitragen, ob tatsächlich eine Evolution, eine Veränderung der Arten, im Laufe der Erdgeschichte seit Entstehung des Lebens und auch die Entstehung des Lebens stattgefunden hat oder nicht; das muß sich der Philosoph von den entsprechenden Einzelwissenschaften wie Biologie, Paläontologie, Geologie, Biochemie usw. sagen lassen. Er kann nur die naturwissenschaftlichen Aussagen und ihre Beweise auf ihre Logik und Stringenz hin untersuchen, falls er als Naturphilosoph auch genügend Sachkenntnis besitzt. Immerhin weiß der Philosoph aus seinen ontologischen Analysen, daß das Seiende in der Welt sich immer als Werdendes, als in Veränderung befindlich (= kontingent), zeigt; also ist der Philosoph von daher eher offen für die Tatsächlichkeit der Evolution. Aufgabe des Philosophen ist es, nicht etwas naturwissenschaftlich Neues zu entdecken, sondern die Glieder in der Kette von den ersten Molekülen bis zur ersten lebenden Zelle und zu allen Organismen auf ihre Seinsstruktur hin zu untersuchen und sie auf den letzten Grund (ultimum cur) zurückzuführen, der die Begründung für seine Existenz in sich selber hat.

3. Die Frage nach den Ursachen der Evolution

Auch in der Erforschung der naturwissenschaftlichen Ursachen der Evolution kann der Philosoph naturwissenschaftlich nichts Neues sagen. Er kann nur sein Prinzip des hinreichenden Grundes und sein metaphysisches Kausalitätsprinzip an die naturwissenschaftlichen Phänomene prüfend anlegen. Wenn der Philosoph einen positiven Gesamtentwurf vorlegt, dann muß er darauf achten, den

Naturwissenschaftler in seiner Eigenständigkeit unangetastet zu lassen, zugleich aber soll er philosophisch das Phänomen hinterfragen bis zum letzten Grunde. Drei Ziele sind bei den philosophischen Überlegungen zu erreichen: Erstens sollen die naturwissenschaftlichen Aussagen zur Evolution, insofern sie gesicherte naturwissenschaftliche Ergebnisse sind, unangetastet bleiben. Zweitens soll die Schöpfertätigkeit Gottes im Evolutionsgeschehen klar aufgezeigt werden, ohne in den Irrtum der „creational science" zu verfallen, und drittens soll, was über Illies hinausgeht, das Ineinander beider Aussagen von Evolution und Schöpfung aufgezeigt werden.

Dabei handelt es sich nicht um einen Rückgriff auf Offenbarungsquellen (Bibel) oder Lehräußerungen der Kirche. Das wird erst im nächsten Kapitel geschehen. Hier geht es allein um den *philosophischen Entwurf*, um das also, was mit der natürlichen Vernunft erkannt werden kann.

Der Ansatzpunkt für die philosophischen Überlegungen ist ein Charakteristikum, das sich bei allen Lebewesen und auch bei den Vorstufen des Lebens findet: der Anfang und das Ende, das Schlüpfen aus dem Ei oder die Geburt und der Tod der Organismen. Alle Vorstufen des Lebens und alle Lebewesen, von der ersten lebenden Zelle bis hin zu allen ausgestorbenen oder noch lebenden Organismen einschließlich des Menschen haben einen Anfang als Individuen und als Arten gehabt. So sind die ersten sicher nachweisbaren Lebewesen, Blaualgenmatten in Australien, 3,5 Milliarden Jahre alt. Hinzu kommt, daß alle Individuen einmal sterben, auch die „potentiell unsterblichen" Einzeller haben einen Anfang gehabt und können auch durch Austrocknen oder Gefressenwerden zugrunde gehen. Das bedeutet, daß allen diesen Vorstufen des Lebens und auch allen Organismen die Existenz tatsächlich und im Augenblick zukommt. Aber es gab eine Zeit, in der sie noch nicht existiert und eine andere Zeit, in der sie nicht mehr existiert haben oder existieren werden. Einem Seienden, das einmal noch nicht und zu einer anderen Zeit nicht mehr existiert, kommt offensichtlich die Existenz nicht wesensnotwendig zu. Es ist der Existenz gegenüber labil oder m. a. W. es existiert nicht wesensnotwendig, d. h. seine Existenz ist nicht notwendig mit seinem Wesen verbunden. Anfang und Ende eines Seienden sind also ein Indiz für nichtwesensnotwendige Existenz. Was aber nicht wesensnotwendig existiert, nennt man kontingent von lat. contingere, zufallen, glücken, gelingen. So sagt der Liebende zu seiner Geliebten oder beide zueinander: „Es ist ein Glück, daß du existierst." Kontingent heißt deshalb positiv: Es kann tatsächlich existieren, etwas hat tatsächlich Existenz oder Sein. Negativ heißt kontingent dann aber auch: Es existiert nicht wesensnotwendig. Denn wenn etwas wesensnotwendig existierte, müßte es schlechthin und immer existieren, seine Existenz wäre notwendig mit seinem Wesen verknüpft. Wenn nun etwas zwar tatsächlich, aber nicht aus seinem eigenen Wesen heraus existiert, dann folgt daraus logisch, daß es seine Existenz, sein Sein, einem anderen Seienden verdankt, daß es von ihm hervorgebracht, verwirklicht ist. Man nennt die hervorbringende Ursache, die etwas Mögliches in die Wirklichkeit versetzt, eine Wirkursache.

Dieses andere Seiende, die Wirkursache, kann natürlich wieder kontingent sein. Das ist das Normale in unserer Erfahrung, daß die hervorbringende Ursache für Kontingentes in dieser Welt wieder etwas Kontingentes ist. Das ist in bezug auf die Lebewesen ja auch völlig offensichtlich. Wir kommen von unseren Eltern, die kontingent sind, und diese wieder von unseren Großeltern, die ebenfalls kontingent sind, usw. Oder allgemein ausgedrückt: die Nachkommen eines Lebewesens sind kontingent ebenso wie seine Vorfahren. Denn sie alle haben einmal einen Anfang gehabt und, insofern sie gestorben sind, auch ein Ende. Es existierte einmal noch nicht und existierte danach nicht mehr. Es kann also auch nicht sein, d. h. es ist kontingent.

Wenn wir nun antworten, die Wirkursache für ein kontingentes Lebewesen sei ein anderes kontingentes Lebewesen, so ist die Frage offensichtlich nur verschoben, aber nicht beantwortet. Sie kehrt bei jedem Schritt sofort wieder. Denn die zurückliegende kontingente Wirkursache braucht ja wieder eine Möglichkeitsbedingung für ihre Existenz.

Man käme auf diese Weise zu einer immer längeren Kette von kontingenten Ursachen, konkret bis zur ersten lebenden Zelle und ihren biochemischen Vorstufen. Man käme auf diese Weise zu einer Kette von Bedingungen der Möglichkeit für die Existenz eines kontingenten Lebewesens. Man käme aber auf diese Weise nie zur eigentlichen Bedingung, da jedes Lebewesen ja immer nur bedingt, d. h. nicht wesensnotwendig, also in Abhängigkeit von einem anderen existierte. Das Fragen fände keine Antwort und wir hätten keine ontologische Begründung für die Existenz irgendeines der Glieder in der langen Kette. Letztlich hieße das, alles würde nur bedingt existieren, aber zur eigentlichen Bedingung, die nicht mehr durch ein anderes Seiende bedingt wäre, kämen wir nicht. Mit anderen Worten: Jedes kontingente Lebewesen hätte das Sein empfangen, ohne daß ersichtlich wäre, woher oder von wem.

Noch anders formuliert: Es ist unmöglich, daß nur Kontingentes existiert; es muß logisch und ontologisch etwas existieren, das seine Existenz nicht empfangen, sondern sie aufgrund ihres Wesens selber hat. Es existiert dann nicht bedingt, sondern bedingungslos, absolut. Daraus folgt: Was aufgrund seines Wesens unabhängig von anderem existiert, ist das absolute Sein. Dieses absolute Sein ist also die Möglichkeitsbedingung dafür, daß kontingentes Sein überhaupt existieren kann. Oder umgekehrt formuliert: Wenn man nach der Möglichkeitsbedingung von real existierendem Kontingenten überhaupt fragt, kann die einzige logisch mögliche Antwort nur lauten: Nicht-Kontingentes. Dies trifft aber nicht nur im Bereich der Logik zu, sondern auch im Bereich der ontologischen Realität. Es mußte ja eine Wirklichkeit gefunden werden, die der letzte Grund von Kontingentem ist, denn es wurde ja nicht nur nach einer logischen Erklärung gefragt.

Dieses absolute Sein, das die Wirkursache von Kontingentem ist, soll näher bestimmt werden. Ist es möglich, daß dieses absolute Sein materiell ist? Nähmen wir das an, so kämen wir in einen offenen Widerspruch. Denn Materielles ist veränderlich und, wie wir im Kap. 1.2 gesehen haben, damit kontingent. Um den

Widerspruch zu lösen, daß das absolute Sein zugleich nicht-kontingent und kontingent ist, bleibt nur übrig, ihm die Materialität nicht zuzuschreiben, es also als nicht-materiell oder immateriell zu bezeichnen.

Ist es außerdem möglich, daß dieses absolute, immaterielle Sein endlich ist? Auch bei einer solchen Annahme käme man in einen Widerspruch; denn Endlichkeit ist ein Indiz für Kontingenz, weil man zu etwas Endlichem etwas hinzufügen kann und man es dadurch verändert, es sich also als veränderlich erweist und damit kontingent ist, als absolutes Sein aber nicht-kontingent ist. Auch in diesem Fall läßt sich der Widerspruch nur dadurch auflösen, daß man dem absoluten, immateriellen Sein die Endlichkeit abspricht, und es somit als nicht-endlich oder unendlich bezeichnet.

Stellen wir die gleiche Frage bezüglich der Zeitlichkeit. Ist es möglich, daß das absolute, immaterielle, unendliche Sein zeitlich ist? Nun ist Zeitlichkeit ein deutliches Indiz für Kontingenz. Denn alles, was der Zeitlichkeit unterworfen ist, erweist sich als veränderlich. Das können wir an allen Lebewesen wahrnehmen, die im Laufe ihres Lebens, im zeitlichen Verlauf, viele Veränderungen durchmachen. Was aber veränderlich ist, kann nur kontingent sein. Wenn wir dem absoluten Sein Zeitlichkeit zuschrieben, bedeutete das einen offensichtlichen Widerspruch: Als absolutes Sein ist es nicht-kontingent, als zeitliches wäre es kontingent. Auch hier kommen wir aus dem Widerspruch nur heraus, wenn wir dem absoluten Sein die Zeitlichkeit absprechen, es als nicht-zeitlich bezeichnen, wofür es im Deutschen ein eigenes Wort gibt: ewig. Wir haben also für das absolute Sein drei Eigenschaften logisch stringent abgeleitet: Es ist immateriell, unendlich und ewig.

Von diesem absoluten Sein behaupten wir nun, daß es nicht ein „es" ist, sondern daß ihm Personalität, Personsein zukommt. Wie ist das verständlich zu machen? Wir gehen in unseren philosophischen Überlegungen wieder von real existierenden, kontingenten Seienden aus, diesmal vom Menschen, der höchsten Lebensform, die in der Evolution entstanden ist.

Menschen sind Personen, darin stimmen alle Philosophen überein. Eine Person wird an zwei Merkmalen erkannt: an ihrer Fähigkeit zur Selbstreflexion, d. h. zum Selbstbewußtsein, und an der Fähigkeit zur freien Entscheidung.

Immer wieder erfahren wir uns als solche, die über sich selbst nachdenken, die ein Selbstbewußtsein (conscientia reflexa), ein Wissen über sich selbst haben. Wir können nicht nur denken, sondern auch denken, daß wir denken. Immer sind wir auch vor die freie Entscheidung gestellt, zu etwas oder einem anderen Menschen ja oder nein zu sagen, etwas zu tun oder nicht zu tun, diese mühsamen philosophischen Überlegungen nachzuvollziehen, mitzudenken, oder es zu lassen. Unsere Überlegung über uns selbst (Selbstreflexion) sagt uns auch, daß wir kontingente Personen aufgrund unserer Veränderlichkeit sind und dadurch, daß wir einen Anfang haben. Als kontingente Personen haben wir unser Personsein nicht aus uns selber, aus dem eigenen Wesen, sondern verdanken es einem anderen Sein, einer anderen Person.

Nach dem Prinzip des zureichenden Grundes von Gottfried W. Leibniz (1646 bis 1716) muß die Wirkursache mindestens die gleiche Seinshöhe wie das Bewirkte haben. So kann eine Katze zwar auf einem Klavier hin und her gehen und verschiedene Tasten anschlagen, aber dabei wird nie die Mondscheinsonate von Beethoven oder ein Klavierkonzert von Mozart herauskommen. Warum? Weil die geistig intentionalen Fähigkeiten, die dafür notwendig sind, der Katze einfach fehlen. Sie ist also nicht auf demselben Seinsniveau, das für ein solches Werk als Wirkursache notwendig ist. Oder: Wenn wir einen Schimpansen an eine Schreibmaschine setzen, oder, noch schwieriger, vor einen Computer, dann werden weder Goethes Faust noch Shakespeares Hamlet dabei entstehen. Der einleuchtende Grund ist: Der Schimpanse hat nicht die für eine Wirkursache bei dem Entstehen solcher Werke geforderten geistigen Fähigkeiten. Mit anderen Worten: Für die Entstehung einer Person muß die Ursache auch personaler Art sein. Die Personen, die unserer Erfahrung zugänglich sind, erweisen sich jedoch als kontingente Personen. Da wir auf diese Weise aber wieder nur zu einer Kette von bedingten Personen kommen, nie jedoch zur Bedingung selber, ist es erforderlich, daß die Bedingung der Möglichkeit für real existierende, kontingente Personen ein Wesen ist, das nicht mehr bedingt, nicht mehr in Abhängigkeit von anderen Personen existiert, sondern absolut, aus sich heraus, kraft des eigenen Wesens. Dieses absolute Sein mit Personalstruktur ist damit nicht eigentlich Ur*sache*, sondern Ur*heber*.

Absolutes Sein, das immateriell, unendlich, ewig und personal ist, das also aus seinem Wesen heraus notwendig existiert und sich daher keinem anderen verdankt, nennt die Religionsphilosophie GOTT.

Was für die Existenz der kontingenten Lebewesen und ihrer Vorstufen gilt, trifft auch für ihr *Wirken* zu; denn dieses kann nicht anders als ihrem Wesen entsprechend sein, nämlich kontingent. Das Wirken, das uns in unserem Zusammenhang interessiert, ist der Übergang von einer Art in die andere, also Abstammungszusammenhang oder Evolution. Auch hier gelten dieselben Einsichten über den ontologischen Zusammenhang wie vorhin:

Letzte Bedingung der Möglichkeit für kontingentes Wirken kann nicht wieder kontingentes Wirken sein, sondern es ist seinsmäßig (ontologisch) ein nicht-kontingentes Wirken erforderlich, das – als Bedingung der Möglichkeit für personales Wirken – absolutes Wirken mit Personalstruktur sein muß.

Lebewesen als kontingente Seiende sind sowohl in ihrer Existenz als auch in ihrem Wirken labil. Sie können sein, sie können auch nicht sein, sie können wirken, sie können auch nicht wirken. Lebewesen, die kontingent sind, brauchen also in jedem Augenblick ihrer Existenz und für jedes Wirken die erhaltende Kraft des absoluten Seins, Gottes. Die Philosophie spricht, was die Existenz kontingenter Seiender angeht, von der creatio continua, dem dauernden, erschaffenden Im-Sein-Erhalten durch Gott. Was das Wirken der kontingenten Seienden betrifft, spricht man vom concursus divinus, dem göttlichen Mittun, dem im Sein Erhalten des Wirkens. Beides ist ein und derselbe Akt Gottes, der von seinem Sein und Wesen nicht getrennt ist, sondern nur in der Zeit seine Auswirkung hat. Wir können creatio continua und concursus divinus nur deshalb begrifflich trennen, weil Kontingentes in seiner Existenz und in seinem Wirken unterschieden werden kann. Gott ist also Wirk-Ursache oder besser Wirk-Urheber für die Existenz und für das Wirken von kontingentem Seienden.

Dieses Wirken Gottes nennen wir Erschaffung oder Schöpfung. Dabei unterscheiden wir die creatio directa, das Erschaffen von etwas noch nicht Existierendem, von der creatio continua, dem erschaffenden Erhalten im Sein eines schon existierenden kontingenten Seienden. In dem kontinuierlichen Erhalten im Sein ist der Zeitfaktor der Evolution mit ausgedrückt. Schöpfung kann also nicht nur das Hervorbringen aus nichts durch Gott besagen, sondern auch das Bewahren vor dem Rückfall in nichts. Da die meisten Naturwissenschaftler, Darwin sowohl wie Mayr, Mohr u. a., unter Schöpfung nur den ersten Begriff der creatio directa instantanea, der direkten Erschaffung in einem Augenblick am Anfang, verstehen, haben sie selbstverständlich Schwierigkeiten, Schöpfung und Evolution in Einklang zu bringen. Dabei beinhaltet die creatio continua nichts Neues zu dem Erschaffen am Anfang, sondern es ist nur zu Ende gedacht, was Kontingenz im eigentlichen bedeutet. Wenn ein kontingentes Seiendes einmal existiert, hört es ja nicht auf, kontingent, und das heißt, labil zu seiner Existenz zu sein. Also braucht es auch, weil und insofern es existiert, die dauernde Erhaltung im Sein.

Was verstehen wir unter Schöpfung? Im uneigentlichen Sinn sprechen wir von einem Künstler als schöpferischem Menschen. Denn ein Künstler hat immer ein Material, aus dem er etwas schafft, z. B. einen Marmorblock, aus dem er eine Statue „schafft". Wenn wir von Erschaffen durch Gott sprechen, dann versteht die Philosophie darunter das Hervorbringen eines Seienden seinem ganzen Sein nach durch Gott aus nichts, oder, wie oben abgeleitet, die Bewahrung vor dem Rückfall in nichts.

„Nichts" wird in einem doppelten Sinn gebraucht: Einmal besagt es „ohne ein vorliegendes Seiendes", aus dem es hervorgebracht wurde. Im vorhin angeführten Beispiel heißt das: Wenn Gott eine Statue schaffte, brächte er nicht nur die Form aus dem unbehauenen Marmor hervor, sondern auch den Marmor selbst, und zwar ohne eine vorliegende Materie oder allgemein: ohne vorliegendes Seiendes. In einem zweiten Sinn besagt das Wörtchen „nichts", daß das Geschaffene nicht aus Gott kommt (Emanation), oder als Teil Gottes, oder als identisch mit ihm zu betrachten ist. Sonst hätte das Geschaffene formal göttliches Sein, es wäre göttlich. Das wäre unvereinbar mit der Einmaligkeit, Transzendenz, letztlich mit der Göttlichkeit Gottes.

Ein weiteres wichtiges Moment, das zum Wesen des Erschaffens durch Gott gehört, ist seine Freiheit. Gott schafft in Freiheit, d. h. er brauchte nicht zu schaffen, es bestand von ihm aus keine Notwendigkeit, etwa, um sich zu vervollkommnen. Wenn in Gott eine Notwendigkeit bestünde, daß er erschaffen müßte, ginge das Wesensmoment von Personsein verloren, nämlich die Freiheit. Als vollkommenes Wesen bedarf Gott keines anderen Seienden. Er schafft in voller Freiheit, und er tut es, um sein Gutsein den Geschöpfen mitzuteilen.

Was ist durch diese philosophischen Überlegungen gewonnen? Erstens folgt daraus, daß alle Lebewesen als kontingente Seiende in keinem Augenblick ihrer Existenz aus ihrem eigenen Wesen existieren, sondern dauernd von Gott in ihrem Sein erhalten werden müssen. Denn sie existieren ja gerade nicht notwendig, sondern könnten auch nicht sein. Die zweite Konsequenz ist, daß auch das Wirken der Lebewesen kontingent ist und deshalb ebenfalls der erhaltenden, mitwirkenden Kraft Gottes bedarf. Gott ist also der innere Ermöglichungsgrund für die Existenz und das Wirken aller Lebewesen und selbstverständlich auch der Vorstufen zum Leben in der Biogenese. Damit ist eine den Naturwissenschaften nicht zugängliche Seite aller Lebewesen aufgedeckt, eine Tiefenschicht der Lebewesen: die Immanenz Gottes in der Welt, die Innenseite aller Dinge nach Teilhard, die gleichzeitig Transzendenz ist, weil Gott nur Ermöglichungsgrund, Bedingung der Möglichkeit, nicht aber innerweltliche Ursache der Lebewesen und ihrer biochemischen Vorstufen ist.

Auf diese Weise gestaltet sich ein Bild von Evolution und Schöpfung, worin beides in dem von uns zu untersuchenden Phänomen zu seinem Recht kommt. Der alte Gegensatz „entweder Schöpfung oder Evolution", wie er von zahlreichen Naturwissenschaftlern und von den fundamentalistischen Kreationisten vertreten wird, wobei eines das andere ausschließt, ist aufgehoben und als unsinnig erwiesen. Denn beide Aussagen, die Arten haben sich entwickelt und die Arten sind geschaffen, befinden sich auf zwei verschiedenen Wissenschaftsebenen oder Sprachspielen und können sich deshalb nach den Regeln der Wissenschaftsphilosophie nicht ausschließen.

Der Naturwissenschaftler braucht nicht zu fürchten, daß sich der Philosoph in sein naturwissenschaftliches Forschen einmischt, wenn der Philosoph von Schöpfung redet. Umgekehrt braucht der Philosoph auch nicht um seine Überlegungen zur Schöpfung bangen, wenn der Naturwissenschaftler von Evolution redet. Beide Denkweisen schließen sich nicht aus und können sich nicht ausschließen, weil sie auf verschiedenen Wissenschaftsebenen liegen, der naturwissenchaftlichen und der philosophischen. Ein gegenseitiges Ausschließen ist nur durch Mißverständnisse der fundamentalistischen Kreationisten einerseits oder durch falsche Deutung des Schöpfungsbegriffs andererseits möglich.

Der vorgelegte philosophische Entwurf geht über J. Illies hinaus, weil er nicht nur das „sowohl Evolution als auch Schöpfung" behauptet und aufweist, also sich nicht mit der Komplementarität beider Sichtweisen, der naturwissenschaftlichen und philosophischen, begnügt wie Illies, sondern weil wir aufgezeigt haben, wie beides ineinandergreift: Gott schafft dauernd, und indem er die lebenden Wesen im Sein erhält (= creatio continua) und mit ihnen mitwirkt (concursus divinus), geschieht Evolution oder haben die Lebewesen die Seinsmöglichkeit, daß sie sich entwickeln. Umgekehrt ausgedrückt: Die Lebewesen sind dauernd in Evolution, weil Gott ihr Ermöglichungsgrund, die Bedingung der Möglichkeit für ihre Existenz und ihr Wirken ist. Oder in einer Kurzformel: Schöpfung geschieht in der sichtbaren Weise der Evolution, also nicht mehr „entweder Evolution oder

Schöpfung" (fundamentalistischer Kreationismus, atheistische Evolutionstheorie), auch nicht nur „sowohl Schöpfung als auch Evolution" (J. Illies und zahlreiche Protestanten, die nur ein Nebeneinander bzw. eine Komplementarität beider bezeugen), sondern „Schöpfung in Evolution", wodurch das Bezogensein aufeinander und das Ineinander deutlich zum Ausdruck kommen.

Damit ist eine Lösung gefunden, die den Naturwissenschaftlern ihren weiteren Forschungsraum läßt und zugleich der kritischen Vernunft, die über die Naturwissenschaften hinausfragt, Genüge tut.

4. Die Frage nach dem Ziel der Evolution

Eine Frage ist bei allen bisherigen Überlegungen noch unbeantwortet geblieben: Welches ist das Ergebnis, welches ist das Ziel der Evolution? (Vgl. die zu Anfang dieses Kapitels gestellten Fragen.)

Wenn ein Machthaber einen Krieg beginnt, hat er ein bestimmtes Ziel (griechisch: télos) vor Augen; er handelt teleologisch, indem er sich darauf vorbereitet und alles unternimmt, um dieses Ziel (z. B. Erweiterung seines Staatsgebietes) zu erreichen. Das Ziel kann aber verfehlt werden, weil der angegriffene Staat zu stark ist oder aus verschiedenen anderen Gründen. Dann stimmten beabsichtigtes Ziel und Ergebnis des beendeten Krieges nicht überein. Biologisch können wir kein Ziel der Evolution angeben, weil man biologisch nicht von der Absicht des Schöpfergottes reden kann. Gott ist kein Gegenstand biologischer Erkenntnis und deshalb auch nicht Gottes Absicht. Biologisch können wir nur vom Ergebnis der Evolution sprechen: Tatsächlich ist der Mensch in dem Evolutionsprozeß herausgekommen (vgl. C. Bresch, Zwischenstufe Leben. Evolution ohne Ziel?, 1979). Ob der Mensch das Ziel der Evolution von Anfang an war oder eher ein Zufallsprodukt der Entwicklung ist, läßt sich biologisch nicht entscheiden. Die meisten Evolutionstheoretiker würden eher zur Antwort „Zufallsprodukt" neigen.

Was ist philosophisch auf die Frage nach dem Ziel oder dem Ergebnis der Evolution zu antworten? Philosophisch kann man zumindest sagen, daß der Schöpfergott eine Absicht gehabt hat, denn Gott tut nichts ohne Absicht, noch mißlingen ihm seine Absichten wie etwa dem Menschen. Von daher ist der Mensch, philosophisch gesehen, von Gott beabsichtigt. Allerdings läßt sich auch philosophisch nicht entscheiden, ob der Mensch das beabsichtigte *End*ziel der Evolution ist. Denn wir haben philosophisch in die konkreten Absichten Gottes keinen Einblick, sondern können nur allgemein sagen, daß er in seinem schöpferischen Tun eine Absicht hat. Ein ontologisch höheres Lebewesen als der Mensch wäre auch philosophisch und nicht nur biologisch denkbar.

Was sich vom theologischen Ansatz her zum Thema Evolution und Schöpfung sagen läßt, wird in Kap. 1.5 dargelegt. Bestätigt der christliche Glaube die philosophischen Überlegungen? Läßt er Raum für eine naturwissenschaftlich nachgewiesene Evolution? Es könnte auch sein, daß Gott in der Bibel seine Absicht und das Endziel bezüglich der Evolution und seiner Schöpfung geoffenbart hat.

Vielleicht gibt der christliche Glaube aber noch eine andere Antwort, vielleicht nennt er ein ganz anderes Ziel der Schöpfung und damit auch des Menschen (vgl. R. Spaemann, R. Löw, 1981; R. Isak, 1992).

LITERATUR

Bresch, Carsten, Zwischenstufe Leben. Evolution ohne Ziel? Frankfurt/M.: Fischer, 1979.
Darwin, Charles, Die Entstehung der Arten durch natürliche Zuchtwahl. Stuttgart: P. Reclam, 1967.
Dose, Klaus, Präbiotische Evolution und der Ursprung des Lebens: Chemie in unserer Zeit 21 (1987), 177–185.
Gitt, Werner, Schuf Gott durch Evolution? Neuhausen-Stuttgart: Hänssler, 21990.
Illies, Joachim, Schöpfung oder Evolution. Zürich: Edition Interfrom, 1979.
Illies, Joachim, Der Jahrhundertirrtum – Würdigung und Kritik des Darwinismus: Frankfurt/M.: Umschau Vlg., 1983.
Isak, Rainer, Evolution ohne Ziel? Ein interdisziplinärer Forschungsbeitrag. Freiburg, Basel, Wien: Herder, 1992.
Kaplan, Reinhard W., Der Ursprung des Lebens. Stuttgart: Thieme, 1978.
Klausewitz, Wolfgang, Kampf um die Schöpfung: FAZ 24. 11. 1983, S. 25.
Koltermann, Rainer, Grundzüge der modernen Naturphilosophie. Ein kritischer Gesamtentwurf. Frankfurt/M.: Knecht, 1994.
Mayr, Ernst, ... und Darwin hatte doch recht. Charles Darwin, seine Lehre und die moderne Evolutionstheorie. München, Zürich: Piper, 1994.
Mohr, Hans, Reflexionen eines Biologen über die Evolutionstheorie: Engagement, Zeitschrift für Erziehung und Schule, 4/1985, 281–292. Zitat S. 178.
Spaemann, Robert; Löw, Reinhard, Die Frage wozu? Geschichte und Wiederentdeckung des teleologischen Denkens. München, Zürich: Piper, 1981.
Weizsäcker, Carl Friedrich von, Deutlichkeit. Beiträge zu politischen und religiösen Gegenwartsfragen. München: Hanser, 21979.
Wilder-Smith, Arthur Ernest, Herkunft und Zukunft des Menschen. Neuhausen–Stuttgart: Hänssler, 1972.
Wilder-Smith, Arthur Ernest, Die Naturwissenschaften kennen keine Evolution. Stuttgart: Schwabe, 51985.

1.5.a Aspekte biblischer Schöpfungstheologie

ERICH ZENGER

1. Die Frage nach dem Anfang

Ob man mit Martin Buber übersetzt „*Im* Anfang schuf Gott den Himmel und die Erde" oder mit Martin Luther „*Am* Anfang schuf Gott Himmel und Erde", ob man mit nicht wenigen Bibelwissenschaftlern „Als Gott anfing, Himmel und Erde zu schaffen" liest oder man sich der Deutung „*Als* Anfang schuf Gott Himmel und Erde" anschließt – im Horizont der jüdisch-christlichen Überlieferung hat „Schöpfung" mit dem „Anfang" der Welt und des Lebens zu tun. „Schöpfung", so deutet auch der säkulare gesunde Menschenverstand, ist die Totalität der Natur, insofern sie hervorgebracht und gemacht wurde. Dann interessiert vor allem: wann, von wem, woraus und wie? Antworten auf diese Fragen erwartet der gesunde Menschenverstand von heute in unserer Kultur freilich kaum noch von der Bibel. Vielleicht gibt es da zwar noch eine Art Faszination über die archaischen Bilder. Vielleicht auch so etwas wie die Sehnsucht danach, daß die naive Unbefangenheit, mit der hier über das Verhältnis Gottes zu „seiner" Welt geredet wird, nicht so ganz verkehrt sein möge. Aber zwischen der biblischen Rede von „Schöpfung" und den naturwissenschaftlichen Erkenntnissen liegen doch Welten. Sind es für uns heute nicht doch nur Dokumente von überholten Weltanschauungen vergangener Kulturen, die höchstens noch historisches und kulturgeschichtliches Interesse verdienen?

Nicht aus fundamentalistischen oder apologetischen Gründen, sondern aus der Überzeugung heraus, daß die biblische Schöpfungstheologie gerade angesichts der Begrenztheit naturwissenschaftlichen Umgangs mit der Natur uns heute Vieles und Neues zu sagen hat, müssen wir uns mit den höchst unterschiedlichen „Welt-Sichten" der jüdischen und der christlichen Bibel konfrontieren lassen. Nicht zuletzt, um damit uns selbst neu sehen zu lernen.

Die Bibel wird uns schon die Frage nach dem Anfang neu stellen lassen. Wer die Frage nach dem Anfang eines Zustandes oder einer Geschehensfolge stellt, möchte wissen, wann, wie und warum etwas einmal angefangen hat. Die Frage nach dem Anfang entscheidet in juristischen Verfahren häufig über Schuld und Strafe. Die Frage nach dem Anfang drängt sich in lebensgeschichtlichen Krisen auf. Die Frage nach dem Anfang wird gestellt, wenn ein Verantwortlicher gesucht wird, dem man danken will. Und die Frage nach dem Anfang hilft oft weiter, wenn man den so wichtigen roten Faden verloren hat. Die Frage nach dem Anfang ist meist die Frage nach dem eigentlichen Sinn eines Unternehmens, einer Sache oder eines Geschehens. Die Frage nach dem Anfang von Welt und Mensch ist die Frage nach deren Ursprung und Urgrund. Als solche ist sie nicht die Frage nach dem Zeitpunkt und dem Modus des Anfangs, sondern nach der Qualität des Anfangs: Die Frage nach dem Ursprung ist die Frage nach dem Zusammenhang und nach dem Ziel des Ganzen.

Ob der Ur-Feuerball, aus dem sich der Ur-Knall ereignete, ob Wasserstoff-Atome oder was immer naturwissenschaftlich gesehen „am Anfang" war, kein naturwissenschaftliches Welt-Modell will und kann die philosophischen und theologischen Fragen beantworten: Warum gibt es überhaupt etwas und nicht nichts? Was ist der Grund des Anfangs? War es ein guter oder böser Anfang? Ein Unfall oder ein Zufall? Die naturwissenschaftliche Frage nach dem Zeitpunkt und dem Ablauf des Anfangs der Welt ist erst die zweite Frage, der die theologische Frage nach Zusammenhang und Ziel des vielgestaltigen „Anfangs" vorgeordnet ist.

Die Frage nach der Bedeutung und dem Sinn des Ganzen ist unlösbar verknüpft mit der Frage nach dem Sinn meiner eigenen Existenz. Und in dieser Frage nach dem Sinn meiner Existenz werde ich zum Subjekt meiner Lebensgeschichte. Diese Frage drängt sich im Zeitalter der modernen Naturwissenschaft nicht weniger, sondern noch mehr auf als in der Zeit der alten Welt, wenngleich die Grundfrage die gleiche geblieben ist: Was soll das Ganze? Warum und wozu das Ganze? Und ich in ihm? Wie kann ich selbst einen Sinn haben, wenn dieses Ganze keinen Sinn hat? Und wie soll dieses Ganze *jetzt* einen Sinn haben, wenn es ihn nicht schon von Anfang an hat? Und wie soll der Gott, dem ich für mich, hier und heute, vertraue, der Horizont und der Halt meines Lebens sein, wenn er nicht zugleich, ja zuallererst der Gott dieser Welt von Anfang an ist?

Die biblische Rede von Gott als dem *Schöpfer* der Welt und dem *Schöpfer* des Menschen ist ein Nachdenken über diese Fragen. An den Schöpfergott glauben heißt deshalb nicht, sich für eines der wechselnden naturwissenschaftlichen Weltmodelle zu entscheiden. Es impliziert vielmehr die Hoffnung, „daß Welt und Mensch nicht sinnlos aus dem Nichts ins Nichts geworfen sind, sondern daß sie als Ganzes sinnvoll und wertvoll sind, nicht Chaos, sondern Kosmos, daß sie in Gott ... eine erste und letzte Geborgenheit haben. Nichts zwingt mich zu diesem Glauben. Ich kann mich für ihn in aller Freiheit entscheiden! Habe ich mich entschieden, dann verändert dieser Glaube meine Stellung in der Welt, meine Einstellung zur Welt" (H. Küng). Mein Glaube an Gott als den Schöpfer des Ganzen konkretisiert sich im Umgang mit diesem Ganzen und seinen Teilen: Nicht obwohl, sondern weil Gott Schöpfer des Ganzen ist, haben das Ganze und seine Teile eine Würde, die es zu respektieren gilt: eine Würde, die ihnen wie mir, nicht von mir her, sondern von Gott her zukommt. Die Welt als Schöpfung Gottes zu sehen, heißt deshalb: sie aus der Welt-Sicht Gottes annehmen wollen.

2. Beschwörung des guten Anfangs

Die uns überkommenen biblischen Schöpfungstexte sind noch von der Herkunft der Schöpfungstheologie aus dem Mythos geprägt. Viele ihrer Motive und Bilder sind mythisch. Und die biblische Urgeschichte Gen 1–9 mit ihren beiden Polen „Erschaffung der Welt" und „Sintflut mit Zusage der Bewahrung der Welt" zeigen noch deutlich, worum es im Schöpfungsmythos ursprünglich geht. Der Mythos als Göttergeschichte ist nicht, wie bisweilen gesagt wird, eine vor-naturwissenschaftliche und deshalb heute längst überholte Erklärung der Weltwirklichkeit, sozusagen primitive Naturwissenschaft, die Naturprozesse mit Göttergestalten statt mit Formeln beschreibt. Er ist auch nicht, wie beispielsweise Rudolf Bultmann meinte, die unstatthafte Vermischung von Überweltlichem und Weltlichem, von Göttlichem und Menschlichem. Diesem Mythos geht es nicht um rationale Erklärung der Weltphänomene und ihrer Ursachen, sondern er erzählt von den guten Anfängen der Welt im Sinne des Gründens, des Grundgebens, des Grundfesthaltens. Der Schöpfungsmythos ist nicht die „Ausfabulierung eines vor-geschichtlichen, de facto allem Wissen entzogenen Zeitraumes, in dem erste Ursachen bestimmt oder die Prototypen gegebener Weltphänomene auf Gott (oder die Götter) zurückgeführt werden". Seine Aufgabe ist vielmehr, „die Tiefendimension der gegenwärtigen Erfahrungswelt auszusagen und diejenigen Grundgegebenheiten und Grundbestimmungen freizulegen, die für Welt und Mensch im ganzen und immer schon gelten" (O. H. Steck). Während wir in unserer philosophisch-theologischen Tradition und Sprechweise solche normativen Grundstrukturen und Bedingungen der Möglichkeit von Welt- und Menschsein in abstrakten Definitionen formulieren, wählt der Mythos die Form der Göttergeschichte, die er als „am Anfang" spielend erzählt, wobei dieser Anfang nicht ein zeitlicher Anfang ist, sondern Anfang im Sinne von exemplarischem und normativem Ur-Geschehen. Die Zeit des Mythos ist deshalb, streng genommen, eine Zeit jenseits der Zeit der Geschichte: eben Ur-zeit, die Zeit überhaupt ermöglicht und normiert, eben Ur-geschichte, die Ursprung und Modell von Geschichte ist. Der Mythos gibt Kunde von einem Urgeschehen, das „in illo tempore" („in jener Zeit") geschehen ist, und von dem alle weiteren Geschehnisse begründet, normiert und als sinn- und heilvoll qualifiziert werden. Für den Mythos ist das gegenwärtige Leben die notwendige Wiederholung seines Ursprungs, die Anamnese seines Urbilds. Die altorientalischen Schöpfungsmythen (und analog die alttestamentlichen Urgeschichten) reden also eigentlich nicht darüber, wie es zu dieser Welt gekommen ist, sondern wie diese Welt „eigentlich" ist, wie der Mensch sie und sich in ihr sehen soll und vor allem: wie die Götter bzw. der Gott Israels zu dieser Welt stehen, sie halten und schützen sollen. Der Mythos ist geradezu das Einklagen einer Weltordnung im Angesicht der als Schöpfergottheiten verehrten Götter. Er ist das erzählerische Entdecken und beschwörende Festhaltenwollen des guten Anfangs mit dem Ziel, dieser verborgenen, aber sich entbergenden und darin bergenden Ur-Ordnung entsprechend die Welt als Ort des Lebens (und nicht des Todes) zu erhalten und zu gestalten. Im Mythos kehren die Menschen gewissermaßen an den als ideal vorgestellten „Anfang“ zurück – in eine „paradiesische“ Gegen-Welt zu der als vielfach gestört und bedroht erfahrenen „realen“ Welt. Die biblische Schöpfungstheologie ist deshalb eine Antwort auf Angst und Resignation angesichts katastrophischer Welt- und Lebenserfahrungen.

3. Welt-Sicht in poetischen Bildern

Die Schöpfungstexte der Bibel und ihrer Umwelt definieren nicht, sondern erzählen Geschichten und entwerfen Vorstellungen über den Anfang von Welt und Mensch, den kein Mensch erlebt hat. So entstammt das sprachliche „Material“ dieser Erzählungen nicht unmittelbarem Erleben dieses Ereignisses, wie dies bei den biblischen Erzählungen über die Geschichte Israels oder das Wirken Jesu von Nazaret der Fall ist. Das „Material“ der Schöpfungstexte ist die sinnliche, subjektiv-menschliche Wahrnehmung der *gegenwärtigen* Welt, die als solche in Beziehung gesetzt wird zu dem Gott oder zu den Göttern, die als stiftende und normierende Macht der Welt geglaubt und beschworen werden. Von diesem Ansatz her sind die Schöpfungsmythen in Erzählungen und in Visionen transformierte sinnliche Wahrnehmungen der alltäglichen Welt: Es sind narrative und poetische Bilder der Welt-Eindrücke, die die Welt auf uns macht. Wer diese Texte verstehen will, muß sich deshalb auf ihre Bildsprache einlassen. In ihrer Bildsprache kommen sie dem nahe, was wir „Weltbild“ oder „Weltanschauung“ nennen, wovon das naturwissenschaftliche „Weltmodell“ der Neuzeit radikal zu unterscheiden ist. Gewiß haben es beide, das Weltbild der Antike und das Weltmodell der modernen Naturwissenschaft, mit der gleichen Realität zu tun. Doch schon im *Ansatzpunkt* unterscheidet sich die Weise ihrer Wahrnehmung. Diese zwei grundverschiedenen Weisen der Wahrnehmung von Welt müssen bewußt gemacht werden, damit keine der beiden mißverstanden und verachtet wird. Vor allem die theologische Weltdeutung der altorientalischen und ersttestamentlichen Schöpfungsüberlieferungen kann im Wissen um diese Unterscheidung vor dem Vorwurf der Primitivität oder der Überholtheit geschützt werden.

Während die experimentelle Beobachtung und die objektive Berechnung die Basis des naturwissenschaftlichen Weltmodells sind, setzen die schöpfungstheologischen Weltbilder bei der sinnlichen, subjektiven Wahrnehmung von Welt an: beim Sehen, Hören, Fühlen, Betroffen-Sein – kurz, beim vielgestaltigen Erlebnis des menschlichen In-der-Welt-Seins.

Nehmen wir als Beispiel den gewölbten blauen Himmel. Während der sinnlich wahrnehmende Mensch diesen als bergenden Schutz oder als Grenze der Transzendenz erlebt und denkt, beschäftigt den Naturwissenschaftler eher die Frage, wie es zur (naturwissenschaftlich irrigen) Wahrnehmung des gewölbten Firmamentes kommt. Während im ersten Fall die Sprache zum poetischen Bild oder zur subjektiven Erzählung greift, um die im einzelnen sehr verschiedene Erfahrung des gewölbten und bergenden Himmels mitzuteilen (auf ägyptischen

Bildern z. B. wird dieser Himmel als eine sich über die Erde wölbende Frau vorgestellt), muß die naturwissenschaftliche Erklärung möglichst allgemeingültig und formelhaft reden.

Oder nehmen wir als weiteres Beispiel das Aufscheinen eines Lichtes in einem dunklen Raum. Dem sinnlich wahrnehmenden Menschen bedeutet sie Ende seiner Unsicherheit und Angst, Möglichkeit der Orientierung, Ordnung des Raums und vielleicht Erinnerung an vergessene oder verdrängte soziale und religiöse Erfahrungen. Dem naturwissenschaftlich fragenden Menschen stellen sich dabei völlig andere Fragen: solche nach Herkunft, Intensität, Extensität, Ausbreitungsmodus usw. der Lichtquelle. In der Schöpfungstheologie spiegelt sich diese Erfahrung von Licht in den vielen Sonnen-Bildern, mit denen die alltägliche Wahrnehmung von Welt als Ort von Lebensförderung und Heil ausgedrückt wird (vgl. Ps 19; 104). Die Schöpfungsbilder der altorientalischen und biblischen Schöpfungserzählungen basieren auf solchen subjektiven menschlichen Wahrnehmungen. An sie knüpfen die Menschen der Antike an, um abzubilden oder zu erzählen, nicht nur, *was* sie in der Welt sehen, sondern *als was* sie die Welt erleben oder erleben möchten. Die Bilder und die Bildsprache, mit denen die Menschen der alten Welt ihre schöpfungstheologische Weltdeutung geben, zeichnen sich durch drei Eigenschaften aus:

(1) Es sind *metaphorische* Bilder und Texte, d. h. sie *vergleichen* nicht die Wirklichkeit mit einem Bild, sondern sie *benennen* bildhaft die wahrgenommene Wirklichkeit. Die Metapher sagt nicht: Du bist für mich *wie* ein bergendes Haus, sondern: Du bist für mich ein bergendes Haus; indem ich dich erfahre, erfahre ich ein bergendes Haus.

(2) Es sind *anthropomorphe* Bilder und Texte, d. h. sie entspringen aus der Tiefe menschlichen In-der-Welt-Seins und haben daher ein großes Potential zu emotionaler menschlicher Aneignung, zu sozialer Vergewisserung und zu personaler Stellungnahme.

(3) Es sind immer nur *partielle und aspektivische* Bilder und Texte. Ihre Grammatik und Semantik sind nicht die Logik der Widerspruchslosigkeit und der distanzierten Objektivität, sondern die Vielfalt und Lebendigkeit der Wahrnehmung. Sie teilen mit der semitischen Poesie die synthetisch-stereometrische Technik, d. h. sie wollen die Wirklichkeit möglichst in all ihren Aspekten darstellen, indem sie diese additiv nebeneinandersetzen; und sie wählen gerne Bilder, die ein Geschehen und eine Bewegung angeben sollen. Es sind nicht definitorische, sondern assoziative Bilder. Als solche bieten sie die Möglichkeit (die allen guten Bildern eigen ist), immer neu und anders geschaut, entdeckt und erlebt zu werden. Ihre Wahrheit ist nicht abstrakt, sondern ihre Wahrheit ist ihre Annahme durch eigene Wahr-Nehmung.

Summa: Von ihrem Ansatz her ist Schöpfungstheologie immer poetische Theologie, selbst wenn sie scheinbar in satzhaften Definitionen redet. Auch die Aussage „Gott hat die Welt *aus Nichts* erschaffen" ist poetische Bildsprache, die nur *einen* Aspekt von Welt- *und* Gotteserfahrung benennt. Deshalb kommt es darauf an, sich hoffend und träumend der poetischen Welt-Sicht der biblischen Schöpfungsbilder zu öffnen und zu überlassen, nicht als Widerspruch, wohl aber als Kontrast zu den „kalten“ Weltmodellen der Naturwissenschaft.

4. Vorwelt-Bilder

Es gibt zwei unterschiedliche Ansätze, die Welt als ein zusammenhängendes, lebendes Ganzes zu denken. Entweder schreibt man die vorantreibende Kraft dem Schöpfungsprozeß selbst zu oder man stellt sich vor, daß dieser von einer wie immer gedachten göttlichen Kraft angestoßen, am Leben erhalten und schließlich sogar vollendet wird.

Religionsgeschichtlich gesprochen ist nur die zweite Vorstellung im engeren Sinn Schöpfungstheologie. Die erste Vorstellung ist in jenen vor allem in Ägypten und in Sumer (aber auch in den ostasiatischen Religionen) bezeugten *Weltentstehungsüberlieferungen* gegeben, die damit einsetzen, daß Götter oder Teile der Welt ohne Einfluß persönlich gedachter göttlicher Wesen einfach da sind oder „hervorkommen“ und sich prozeßhaft zur Welt entfalten. Davon heben sich die *Weltschöpfungsüberlieferungen* durch das personale göttliche Prinzip ab, das von Anfang an handelnd mit der Schöpfung verbunden ist. Seine wirkungsgeschichtlich bedeutsamste Ausprägung hat das Weltschöpfungsdenken in der jüdisch-christlich-islamischen Theologie erhalten.

Diese beiden Typen über den Anfang des Ganzen unterscheiden sich in vielem. Die Weltentstehungsmythen betonen die Einheit von Götterwelt und Kosmos. Sie suchen auch eine Antwort auf die Herkunft der Götter zu geben. Und sie denken die gewordene Welt entweder als „ewig“ oder sie stellen sich vor, daß sie „einfach“ wieder ins Nichts zurückfallen kann. Die Weltschöpfungsüberlieferungen hingegen betonen die Differenz zwischen Götterwelt beziehungsweise Gott und geschaffener Welt. Insofern sich die Welt einer bewußten Entscheidung des Schöpfergottes verdankt, der gerade als *von ihr* unterschiedener (transzendenter) Gott *in ihr* gegenwärtig (immanent) ist, ist „Schöpfung“ nicht nur einmaliges, sondern andauerndes Geschehen, das sich „am/im Ende“ der Welt vollenden wird.

Daß Gott die Welt „aus Nichts“ geschaffen habe, ist keine ersttestamentliche Vorstellung; selbst die dafür oft herangezogenen späten Stellen 2 Makk 7,28; Weish 11,17 können nicht so verstanden werden. Was die Menschen der ersttestamentlichen Zeit, sowohl in Israel wie in dessen Umwelt, im Zusammenhang von Schöpfung mehr beschäftigt hat als der Gegensatz „Nichts – Etwas“ waren die Gegensätze „Chaos – Kosmos (Ordnung)“ und „Tod – Leben“. Nicht *daß* etwas geschaffen wurde, sondern *was* und *wozu* geschaffen wurde, hat sie bewegt.

5. Gegenwelt-Bilder

Die Bilder der Welt vor der Schöpfung sind „chaotische“ Gegen-Bilder zu der als Kosmos (Ordnung) wahrgenommenen Welt. Schöpfung ist hier Umwandlung von Chaos in Kosmos – und zwar sowohl „am Anfang" wie „seit dem Anfang". Für beide schöpfungstheologischen Verwendungen chaotischer Gegenwelt-Bilder gibt es zwei besonders schöne biblische Beispiele:

Daß die Weltschöpfung „am Anfang" aus dem Chaos heraus geschah, hält der auf die Überschrift Gen 1,1 folgende dreigliedrige Satz *Gen 1,2* fest: „Und die Erde war Tohuwabohu, und Finsternis war über dem Urmeer, und Gottes Atem (schöpferische Lebenskraft) war in Bewegung über den Wassern." Vier Größen sind hier dem Schöpfergott vorgegeben, die er nicht erschafft, sondern erschaffend bearbeitet: (1) die Tohuwabohu-Erde, das heißt die lebensfeindliche Welt; (2) die Finsternis als bedrohliche Unheilsmächtigkeit; (3) das Urmeer und (4) „die Wasser" als die chaotischen Gestalten der zwei Urwasser. Aus diesem „Chaos" als Gegenwelt gliedert der Schöpfergott dann in den ersten drei Schöpfungstagen „die Welt" aus: Daß es nur Finsternis gibt, wird damit beendet, daß Licht geschaffen und gegenüber der chaotischen Finsternis abgegrenzt wird. Die Chaoswasser werden in bestimmte Räume abgegrenzt und teilweise in „gute Wasser" (Meer mit Fischen, Flüsse; Regenwolken) umgewandelt. Schlußendlich wird die Tohuwabohu-Erde zum Lebenshaus umgestaltet und mit Lebewesen angefüllt.

Daß die in Gen 1,2 genannten vier Größen nicht nur erzählerisch notwendige Elemente sind, um den zeitlichen Anfang der Schöpfung aussagen zu können, sondern daß sie der chaotische Urstoff sind, aus dem heraus JHWH schafft, zeigt sich in den entsprechenden Vorstellungen der Umwelt. Das Chaos als Gegenwelt ist nicht nur „am Anfang" da, sondern umgibt und bedroht die Welt auch „seit ihrem Anfang", wie die Sintfluterzählung festhält und wie poetisch besonders eindrucksvoll in den Gottesreden des *Buches Ijob* (38–41) dargestellt wird.

An den Gegenwelt-Bildern macht die Bibel die Lebensmächtigkeit des Schöpfergottes bewußt: Daß die Welt, allen Störungen und Gefährdungen zum Trotz, lebt – und immer noch ein Lebenshaus ist –, verdankt sie dem die Schöpfung „seit dem Anfang" erneuernden Gottesgeist, der lebendig ist und Leben schafft.

6. Bilder vom Schöpferhandeln Gottes

Die Bilder vom Schöpfergott als Handwerker und Künstler sind die am häufigsten belegte biblische Schöpfungsvorstellung. Sie fehlt auch in der Umwelt der Bibel nicht, aber sie ist dort nicht derart dominant. Die Bilder von JHWH als „Schöpfer des Himmels und der Erde" (Ps 115,15; 121,2; 124,8; 134,3; 146,6) erwachsen aus der Wahrnehmung der Welt als einem kunstvoll geordneten, schönen und insgesamt unerschütterlichen Ganzen und deuten sie als Werk eines planenden, kompetenten und liebevollen Handelns, ja als Werk, das der Handwerker so gemacht hat, daß es seine Funktion gut erfüllt, oder in dem der Künstler sich selbst mitgeteilt hat.

Nicht weniger liebe- und lustvoll sieht die biblische Überlieferung den Schöpfergott am Werk, wenn er die einzelnen Menschen schafft. Hier steht die Bibel im langen Strom altorientalischer Erzählungen, nach denen die Menschen einerseits aus Lehm geformt werden, dem andererseits das Blut beziehungsweise Fleisch und Blut eines eigens dafür geschlachteten Gottes beigemischt wird, damit die Menschen gottähnlich seien und die Aufgabe der Götter auf Erden übernehmen können. In Gen 2 erleben wir, wie JHWH Elohim die Menschenfigur aus Lehm formt und ihr dann durch Anhauchen Anteil gibt an seinem Atem: „so wurde der Mensch zu einem lebendigen Wesen" (Gen 2,7). Nach Ps 139,13–15 wirkt er den Menschen wie ein schönes Tuch. Und wenn die Menschen in Gen 1,26–28 als „Bilder Gottes" geschaffen sind, steht die Vorstellung vom Bildhauer im Hintergrund, der eine Götterstatue schafft – das Kostbarste, was die altorientalische Kunst hervorbrachte.

Als der „Macher" ist der Schöpfergott der Künstler, der in sein Werk verliebt und ihm deshalb weiterhin zugetan bleibt.

Insofern das „Machen" freilich ein Tun *Gottes* ist, eignet ihm nach der Sprache der Bibel eine Qualität, die den Vergleich mit dem menschlichen Handwerker und Künstler fundamental übersteigt. Als göttliches „Machen" ist es ein „Lebendig-Machen". Die Hebräische Bibel gebraucht dafür bekanntlich das Wort *bara'*, „schaffen" (es steht gleich im ersten Satz der Bibel als das große Deutewort für alles Weitere), das nur von Gott, ja nur vom Gott Israels (und nicht von anderen Göttern) gebraucht wird. Dieses Wort sagt über das Schöpferhandeln Gottes ein Zweifaches: Es betont, daß das, was „geschaffen" ist, etwas Außergewöhnliches ist, etwas Neues, das es bislang nicht gab, etwas, das Staunen hervorruft. Und es hält fest, daß das, was „geschaffen" ist, lebendig ist und dem Leben dient.

Weil die Welt und die Menschen von *diesem* Schöpfergott geschaffen sind, kommt die Schöpfungserzählung Gen 1 zu dem Fazit: „Und Elohim sah alles, was er gemacht hatte: es war *sehr gut*" (1,31). Daran hält auch der Skeptiker Kohelet fest: „Gott hat alles *sehr schön* gemacht zu seiner Zeit" (Koh 3,11).

7. Der Kosmos als Haus (Gen 1,1–2,4a)

Die (priesterschriftliche) Erzählung von der Erschaffung der Welt in sieben Tagen (Gen 1,1–2,4a) ist die große Ouvertüre der Bibel. Und das Finale der christlichen Bibel, die Johannesapokalypse, greift in Offb 21–22 gezielt darauf zurück, um die Vollendung der Geschichte Gottes mit „seiner" Welt zu malen. „Anfang" und „Ende" entsprechen sich, weil der in Gen 1 erzählte Anfang ja, wie wir schon mehrfach gesagt haben, den Ursprung als Ziel der Schöpfung bedeutet. Was also ist die Vision, die vom Anfang her der Welt als Sinn ihres Geschaffen-Seins eingestiftet ist?

Eine Antwort auf diese Frage ergibt sich, wenn wir den Aufbau der Erzählung beachten. Der biblische Erzähler gliedert seine Erzählung als Abfolge von sieben Schöpfungstagen, die nicht einfach wie sieben gleiche Perlen auf eine Schnur gereiht sind. Die sieben Tage lassen in ihrer formalen und inhaltlichen Gestaltung eine deutliche Struktur erkennen.

Wie ein Rahmen legen sich über die Erzählung die Abschnitte am Anfang (der erste Tag), in der Mitte (der vierte Tag) und am Ende (der siebte Tag). Diese drei

Schöpfungstage kreisen, abweichend von den übrigen Schöpfungstagen, um das Thema Zeit als grundlegende Ordnungskategorie von Leben. Der *erste Schöpfungstag* bringt mit der Erschaffung des Lichts die jedem natürlichen Maß von Zeit zugrundeliegende Ordnung von Tag und Nacht hervor, die als solche auch das Schöpferhandeln Gottes erst als geordnetes Schöpferhandeln ermöglicht. Der *vierte Schöpfungstag* gibt durch die Erschaffung von Sonne, Mond und Sternen die Möglichkeit, die wie ein Strom dahinfließende Zeit numerisch und quantitativ zu strukturieren, nämlich als agrarischen, kultischen, sozialen und historischen Kalender. Der *siebte Schöpfungstag* schließlich bringt durch das Ruhen des Schöpfergottes eine weitere Zeitkategorie hervor, nämlich die wichtige Unterscheidung von Zeit der Arbeit und Zeit der Ruhe, wobei erst die Ruhe die Schöpfung vollendet.

Zwischen diese Rahmenstruktur sind paarweise die Schöpfungstage zwei und drei sowie fünf und sechs geschoben. Diese Paare sind kunstvoll aufeinander bezogen. Das erste Paar, also die *Schöpfungstage 2 und 3*, erzählt, wie der Schöpfergott die vom Meer umspülte Erde als Lebensraum errichtet, in den er dann an den *Schöpfungstagen 5 und 6* die entsprechenden Lebewesen setzt. Wie sehr dem Erzähler an der Sicht der Erde als Lebenshaus für alle Lebendigen liegt, geht einem auf, wenn man sich das Ganze als kontinuierliches Geschehen vorstellt. Aus dem Urwasser grenzt der Schöpfergott ein für allemal eine trockengelegte Erde aus, die sogleich ihr Pflanzenkleid hervorbringt: „So hat Gott allen Lebenden den Tisch bereitet" – das ist die Perspektive, die dem zweiten und dritten Schöpfungstag gemeinsam ist. Den Erzähler interessiert nicht, daß es auf der Erde Berge und Täler gibt, sondern daß sie der gedeckte Tisch für Lebewesen ist, ein Tisch, den die Erde immer zu decken in der Lage sein soll. Die Pflanzen und Bäume gelten hier nicht als Lebewesen *auf* der Erde, sondern sie sind Teil der Erde selbst, die wesentlich lebendige und lebenermöglichende Erde ist. An den Schöpfungstagen 5 und 6 wird diese Erde der Reihe nach und aufgeteilt (!) den verschiedenen Lebewesen übergeben. Am 5. Schöpfungstag übergibt der Schöpfergott den Wasser- und Flugtieren den Raum *rund um* die Erdscheibe und *über* ihr. Am 6. Schöpfungstag übergibt er den Landtieren und den Menschen die Pflanzen tragende Erde. Der Erzähler wird nicht müde, das Thema „Leben" zu betonen: Viermal sagt er ausdrücklich, daß der Schöpfergott „lebendige Wesen" auf der Erde will, also lebenshungrige und lebensfähige Wesen, die sich danach ausstrecken, Leben zu empfangen als eine Gabe, die sie sich nicht selbst geben können, die sie aber in der Schöpfung vorfinden. Darüber hinaus ruft der Schöpfergott über die Lebewesen seinen Segen aus, d. h. ihnen wird die Fähigkeit geschenkt, als Lebendige ihr Leben weiterzugeben in der Kette der Generationen (vgl. auch Gen 5).

Auf dem Hintergrund all dessen, was wir oben über die Bildwelt der altorientalischen und biblischen Schöpfungstheologie gesagt haben, verstehen wir das „Weltbild" Gen 1,1–2,4a vielleicht etwas tiefer. Die Schöpfung erscheint hier in technisch-künstlerischer Metaphorik. „Gott konstruiert den Kosmos gewissermaßen wie man ein Haus ... konstruiert. Die Kosmosmetapher, die dieser Erzählung zugrunde liegt, beginnt als die des Hohlraums: aus den chaotischen Urmassen wird ein Innenraum ausgestemmt. Diese kosmische Höhlung wird dann sichernd ausgebaut durch Himmelsgewölbe und festen kontinentalen Erdboden. So ist aus der Höhle ein Haus geworden. Dieses wird dann mit Gegenständen und Bewohnern erfüllt: von den Gestirnen über die Pflanzen, Fische, Vögel und Landtiere bis zu den Menschen. Vieles in diesem Kosmos funktioniert auch in Maschinenanalogie, etwa die Zeitansage durch die Gestirne. Die Gestirne sind wie ein Weltuhrwerk" (N. Lohfink).

8. Die Menschen – Gottesbilder im Haus der Welt (Gen 1,26–27)

In das Lebenshaus der Schöpfung werden die Menschen mit einem besonderen Auftrag eingewiesen. Der Mensch „ist im ‚Haus der Welt' das einzige Wesen, das Verantwortung übernehmen kann" (A. Auer). Die (priesterlichen) Erzähler von Gen 1 fassen dies mit ihrer Aussage von der Gottesebenbildlichkeit des Menschen zusammen. Diese anthropologische Vorstellung hat in Judentum und Christentum bis heute eine vielgestaltige Wirkungsgeschichte erlebt. Bei der Diskussion um das Menschenbild und um die Menschenwürde spielt diese Bildaussage eine wichtige Rolle.

Entgegen den früheren Deutungen, die hier eine Wesensaussage über den Menschen, insbesondere über seine *Beziehung zu Gott*, sahen, gibt es heute fast einen bibelwissenschaftlichen Konsens darüber, daß eine Funktionsaussage vorliegt, die seine *Beziehung zu den anderen Lebewesen und zur Erde insgesamt* ausdrückt. Dieser wichtige Unterschied zeigt sich schon in der Übersetzung, denn die Menschen sind nicht *nach* dem Bild Gottes, sondern *als* Bild Gottes geschaffen:

„Und Elohim (Gott) sagte: Wir wollen Menschen machen *als* unser Bild, *als* unsere Ähnlichkeit, damit sie herrschen... Und Elohim schuf den Menschen *als* sein Bild: *als* Bild Elohims schuf er ihn, *als* Mann und Frau schuf er sie" (Gen 1,26–27).

Schon von der Übersetzung her sind die Meinungen auszuschließen, die in Gen 1,26f. eine Gottähnlichkeit suchten, die den Menschen wesensmäßig von den Tieren unterscheiden sollte. Geradezu pervers waren die Versuche, dann nur „den Mann" als Bild Gottes zu definieren, weil die biblische Gottheit keine Frau sei. Dies habe sich dann dadurch bestätigt, daß Jesus ein Mann und als solcher „Bild Gottes" (vgl. 2 Kor 4,3f.; Kol 1,15) sei. Die Konsequenzen dieser Pseudotheologie zeigen sich in den Argumenten für den Ausschluß der Frau vom Priestertum. Von Gen 1,26f. her läßt sich all dies nicht begründen: Hier sind Frauen und Männer in gleicher Weise und gemeinsam „Bilder Gottes", weil sie den gleichen Auftrag im Lebenshaus der Welt haben.

9. Der Schlußstein der Schöpfung

Auf die Frage „Wozu hat Gott die Welt erschaffen?" antwortet der Midrasch Genesis Rabba: „R. Schmuel ben Ammi sagt: Vom Beginn der Erschaffung der Welt an verlangte der Heilige, er sei gepriesen, danach, Gemeinschaft mit den

Menschen zu haben." Die Erde ist nicht nur als Lebenshaus für Menschen und Tiere geschaffen, sondern auch als „Lebenshaus Gottes" (vgl. Bar 3,24). Daß die Erde Ort der Gottesherrschaft ist, hat die priesterschriftliche Urgeschichte im Bundeszeichen des Bogens in den Wolken verdichtet (Gen 9,13–15). Diese Perspektive hat die Priestergrundschrift (P^g) vor allem in ihrer Sinaigeschichte (vermutlich Höhepunkt *und* Abschluß von P^g) erzählerisch zusammengefaßt: Darin erweist sich die Welt als Schöpfung Gottes, daß die Menschen in ihr den lebensmächtigen und lebengebenden Schöpfergott wahrnehmen und feiern – allen Ängsten und Gefährdungen zum Trotz, die nach den katastrophischen Erfahrungen des 6. Jh.s v. Chr. nur allzu verständlich waren.

In der priesterschriftlichen Sinaigeschichte zeigt JHWH dem Mose am 7. Tag (!) das Modell des Heiligtums (vgl. Ex 24,17–18; 25, 1–9), das die Israeliten am/zum Höhepunkt ihrer Befreiung aus dem pharaonischen Ägypten errichten sollen.

Sinn und Ziel *dieses* Heiligtums erläutert JHWH dem Mose so: „*Dort* werde ich den Kindern Israels begegnen und es [d. i. das Begegnungszelt] wird geheiligt werden durch meine Herrlichkeit. Und ich werde das Begegnungszelt und den Altar heiligen. Und ich werde mitten unter den Kindern Israels wohnen, und ich werde ihnen zum Gott werden. Und sie werden erkennen, daß ich JHWH, ihr Gott bin, der sie aus dem Land Ägypten herausgeführt hat, um mitten unter ihnen zu wohnen. Ich bin JHWH, ihr Gott" (Ex 29,43–46). Im gemeinsamen Bau des Heiligtums wird nach der Sicht von P das Schöpferhandeln Gottes weitergeführt und zu seinem Ziel gebracht: Gott schafft die Erde, um in ihr gegenwärtig werden zu können – als der befreiende Gott Israels, ja der ganzen Schöpfung.

Dieses Gegenwärtigsein des Schöpfergottes ereignet sich, wo und wenn Menschen sich herausführen lassen aus pharaonischer Knechtschaft und sich zusammenfinden in geschwisterlicher Feier der Freiheit und des Lebens, wie die Priesterschrift im Fortgang ihrer Erzählung darstellt. Als Mose den Kindern Israels den Auftrag Gottes zum Heiligtumsbau weitergibt, gehen diese, vom „Geist" JHWHs erfaßt, freudig an die Arbeit. Jede und jeder bringt ihr/sein Charisma ein und *so* entsteht ein wahres Begegnungszentrum der Israeliten untereinander und mit ihrem Gott. Obwohl Mose ihnen keinen Bauplan vorgibt (außer der Idee, daß *alle* daran mitarbeiten sollen), heißt es zum Abschluß ihres Werks: „Und Mose sah all ihre Arbeit, und siehe: sie hatten sie gemacht (vgl. Gen 1,31), wie JHWH ihm geboten hatte, so hatten sie sie gemacht. Und Mose segnete sie (vgl. Gen 2,3)" (Ex 39,43).

Das *gemeinsam und in Freiheit* gebaute Heiligtum ist der „Schlußstein" der Schöpfung: „Ehe das Wüstenheiligtum aufgerichtet wurde, schwankte die Welt; aber von dem Augenblick an, da das Wüstenheiligtum aufgerichtet wurde, wurde die Welt gefestigt" (Predigtmidrasch des Rab Kahana, 5. Jh. n. Chr.).

10. Die Tora als Schöpfungsordnung

Der babylonische Talmud überliefert im Traktat Erubin von Rabbi Meir, dem wichtigen Mischna-Lehrer des 2. Jh.s, folgende Geschichte: „Als ich zu Rabbi

Jischmael kam, fragte er mich: Mein Sohn, was ist deine Beschäftigung? Ich erwiderte ihm: Ich bin Tora-Schreiber. Da sprach er zu mir: Mein Sohn, sei vorsichtig bei deiner Arbeit, denn sie ist eine Arbeit wie die Arbeit Gottes. Wenn du nur einen Buchstaben ausläßt oder einen Buchstaben zu viel schreibst, zerstörst du die ganze Welt."

In dieser Geschichte ist die Schöpfungstheologie auf den Punkt gebracht: Als „Anfang" und „Erstling" seiner Schöpfung hat JHWH die Tora als Bauplan der Welt geschaffen. Deshalb kann der Midrasch Rabba zu Gen 1 auch sagen, daß Gott immer wieder in die Tora schaute, als er die Welt schuf. Die Tora ist deshalb die der Schöpfung eingestiftete und innewohnende Lebensordnung. Darum kommt es darauf an, die Tora zu erforschen, zu lernen und zu tun. Sogar der Schöpfergott selbst übt diese *tägliche* Schöpfungsarbeit zum Wohle der Welt aus: „Rabbi Jehuda sagte im Namen des Rab (um 200 n. Chr.): Zwölf Stunden hat der Tag. In den ersten drei Stunden sitzt der Heilige, gepriesen sei er, und befaßt sich mit der Tora" (Traktat Aboda Zara des Babyl. Talmud). Studium und Befolgung der Tora bestärken die verborgene gute Urordnung der Schöpfung und vertreiben das Böse aus der Welt.

Wer *diese* Tora lebt, partizipiert also an der die Welt zutiefst durchwaltenden Schöpfungsmächtigkeit JHWHs. Wer sich an die Gebote der Tora hält, hält sich an die vom Schöpfer der Welt eingestiftete Ur-Ordnung – und zugleich hilft er mit, dieser Ordnung Bestand und Dynamik zu geben. Er hilft mit, „daß sich die noch verborgene Torastruktur der Schöpfung schließlich nach außen kehrt und den Kosmos dadurch für die endzeitliche Erlösung durch Gott bereit macht" (K. Müller).

Daß *in diesem Sinn* Weltordnung und Tora unlösbar miteinander verbunden sind, hat nicht nur Rabbi Meir gemeint. Es war/ist nach Mt 5,18 auch die Meinung Jesu: „Amen, das sage ich euch: Bis Himmel und Erde vergehen, darf nicht ein einziges Jota oder nicht ein einziges Häkchen der Tora vergehen, bis sich alles vollendet hat."

11. Lobpreis des Schöpfergottes

Bei unseren Blicken auf die Welt-Sicht des biblischen Israel haben wir immer wieder gesehen: In diesen schöpfungstheologischen Texten sprechen sich keineswegs unkritische Naivität und kindlicher Optimismus von antiken Menschen aus, deren wir Menschen an der Schwelle zum 3. Jahrtausend angesichts der erlittenen und zu befürchtenden Katastrophen nicht mehr fähig sind. Historisch richtig ist, so halten wir abschließend fest: Die Schöpfungstheologie ist in Israel gerade angesichts erlittener Katastrophen zu ihrer Reife durchgebrochen. In ihr ringt sich Israel allen schmerzlichen Erfahrungen zum Trotz sein grundlegendes Ja zur Welt und zum Leben in dieser Welt ab. Die Schöpfungstheologie sucht inmitten von Not und Angst, Zweifel und Verzweiflung in ihren Erzählungen und Bildern vom Welt-Schöpfergott die Erde als Ort der rettenden Gottesherrschaft und als Kosmos inmitten des Chaos wahrzunehmen und mitzugestalten. Letztlich sucht sie zum Gotteslob als Ziel aller Schöpfung zu bewegen.

Daß die biblische Schöpfungstheologie zum Lobpreis des Weltkönigtums JHWHs hindrängt, zeigt sich besonders eindrucksvoll im Finale des Psalmenbuchs Ps 146–150. Dieses wird eingeleitet durch den ausdrücklich David zugeschriebenen Psalm 145, dessen letzter Satz lautet: „Den Lobpreis JHWHs soll reden mein Mund, auf daß alles Fleisch seinen heiligen Namen segne auf ewig und immer" (Ps 145,21). Die sich daran anschließenden Psalmen 146–150 vertiefen diese Sicht und kulminieren in dem neuen Schöpferlob Ps 150, in dem die Vision vom Neuen Himmel und von der Neuen Erde hymnisch gefeiert wird.

Gerade als Beter des Gotteslobs ist David in der Sicht von Jesus Sirach der Mensch, der Gottes Schöpfungsplan entspricht, wie Sir 17,1–10 in einer Exegese von Gen 1–9 die Bestimmung des Mensch-Seins zusammenfaßt:

> Der Herr hat die Menschen aus Erde erschaffen
> und läßt sie wieder zu ihr zurückkehren.
> Gezählte Tage und eine bestimmte Zeit wies er ihnen zu
> und gab ihnen Macht über alles auf der Erde.
> Ihm selbst ähnlich hat er sie mit Kraft bekleidet
> und sie nach seinem Abbild erschaffen.
> Auf alle Wesen legte er die Furcht vor ihnen,
> über Tiere und Vögel sollten sie herrschen.
> Er bildete ihnen Mund und Zunge, Auge und Ohr,
> und ein Herz zum Denken gab er ihnen.
> Mit kluger Einsicht erfüllte er sie
> und lehrte sie, Gutes und Böses zu erkennen.
> Er zeigte ihnen die Größe seiner Werke,
> um die Furcht vor ihm in ihr Herz zu pflanzen.
> Sie sollten für immer seine Wunder rühmen
> und seinen heiligen Namen loben.

Das also ist die eigentliche Aufgabe *jeder* Schöpfungstheologie: zur Liebe und zum Lob der Schöpfung und des Schöpfergottes zu inspirieren.

LITERATUR

Banowski, Bernd, Tempel und Schöpfung. Schöpfungstheologische Aspekte der priesterschriftlichen Heiligtumskonzeption: Jahrb. f. bibl. Theologie 5 (1990), 27–69.

Banowski, Bernd, Herrschaft über die Tiere. Gen 1,26–28 und die Semantik von rdh, in: G. Braulik, W. Groß, S. McEvenue (Hrsg.), Biblische Theologie und gesellschaftlicher Wandel. FS N. Lohfink. Freiburg: Herder, 1993, 183–198.

Baranzke, Heike; Lamberty-Lienlinski, Hedwig, Lynn White und das dominium terrae (Gen 1,28b). Ein Beitrag zu einer doppelten Wirkungsgeschichte: Bibl. Notizen 76 (1995), 32–61.

Dohmen, Christoph, Schöpfer des Himmels und der Erde, in: M. Lutz-Bachmann, A. Hölscher (Hrsg.), Gottesnamen. Gott im Bekenntnis der Christen. Berlin: Morus, 1992, 32–54.

Dohmen, Christoph, Künstlichkeit in Gottes Garten: Theologie u. Glaube 84 (1994), 209–225.
Ebach, Jürgen, Ursprung und Ziel. Erinnerte Zukunft und erhoffte Vergangenheit. Neukirchen: Neukirchener Vlg., 1986.
Groß, Walter, Die Gottesebenbildlichkeit des Menschen nach Gen 1,26.27 in der Diskussion des letzten Jahrzehnts: Bibl. Notizen 68 (1993), 35–74.
Jeremias, Jörg, Schöpfung in Poesie und Prosa des Alten Testaments. Gen 1–3 im Vergleich mit anderen Schöpfungstexten des Alten Testaments: Jahrb. f. bibl. Theologie 5 (1990), 11–36.
Lohfink, Norbert, Der Schöpfergott und der Bestand von Himmel und Erde. Das Alte Testament zum Zusammenhang von Schöpfung und Heil, in: ders., Studien zum Pentateuch (Stuttgarter bibl. Aufsatzbände 4), Stuttgart: Vlg. Kath. Bibelwerk, 1988, 191–211.
Müller, Hans-Peter, Mythos – Kerygma – Wahrheit. Gesammelte Aufsätze zum Alten Testament in seiner Umwelt und zur Biblischen Theologie (Beihefte zur Zeitschr. f. d. alttestam. Wissenschaft 200). Berlin: De Gruyter, 1991.
Müller, Hans-Peter, Bauen – Bewahren – Mit-Sinn-Erfüllen. Von der Bestimmung des Menschen: Zeitschr. f. Theologie u. Kirche 90 (1993), 231–250.
Rüterswörden, Udo, Dominium terrae. Studien zur Genese einer alttestamentlichen Vorstellung (Beihefte zur Zeitschr. f. d. alttestam. Wissenschaft 215). Berlin: De Gruyter, 1993.
Steck, Odil Hannes, Welt und Umwelt (Biblische Konfrontationen), Stuttgart: Kohlhammer, 1978.
Welker, Michael, Was ist „Schöpfung"? Genesis 1 und 2 neu gelesen: Evangelische Theologie 51 (1991), 208–224.
Zenger, Erich, Gottes Bogen in den Wolken. Untersuchungen zu Komposition und Theologie der priesterschriftlichen Urgeschichte (Stuttgarter Bibelstudien 112). Stuttgart: Vgl. Kath. Bibelwerk, ²1987.

1.5.b Das Verhältnis von Evolution und Schöpfung

(theologisch)

RAINER KOLTERMANN SJ

Darwin verlor seinen Glauben an Gott, weil er einen großen Denkfehler beging, der sich heute noch in vielen Biologiebüchern wiederfindet. Zu seiner Zeit hielt man in der Biologie fast uneingeschränkt an der Artenkonstanz der Lebewesen fest und verknüpfte damit die Erschaffung der Arten durch Gott, wie sie im Buch Genesis zu finden ist. Als Darwin dann die Veränderlichkeit der Arten aufwies, meinte er damit auch den Schöpfungsbegriff fallenlassen zu müssen. In Kap. 1.4 ist nachgewiesen, daß es sich dabei um die Vermengung von zwei Sprachspielen, eines naturwissenschaftlichen einerseits und eines philosophisch-theologischen andererseits, handelt. Deshalb ist es logisch unkorrekt, einen Gegensatz zwischen Schöpfung und Evolution aufzustellen. Theologisch gehen wir dieser Frage nach, indem wir die Aussagen der Bibel befragen und Lehramtsäußerungen der Kirche und die Meinung der Theologen dazu einholen.

1. Biblische Aussagen

1.1 *Im Alten Testament*

Die klassischen Aussagen über die Erschaffung der Welt und im besonderen der Lebewesen und des Menschen finden sich in Gen 1,1–2,4a: „Im Anfang schuf Gott Himmel und Erde ..." Erschaffen ist Ausdruck für die Art und Weise, in der nach biblischer Offenbarung die Welt und alles Weltliche in Gott seinen Urgrund, Ursprung und sein Endziel hat. Wenn wir auch in der Bibel eine streng philosophische Definition des Begriffs Schöpfung, wie er im philosophischen Teil entwickelt wurde, nicht finden, so gibt es im Alten Testament doch ein hebräisches Sonderwort (bara'), das mit Sicherheit erst im Babylonischen Exil (586–536 v. Chr.) nachweisbar ist. Von der Etymologie her bedeutet es „schneiden", dann auch „schnitzen", „Figuren anfertigen". Diese ursprüngliche Bedeutung hat das Wort bara' in der Bibel ganz verloren. Es ist stets mit dem Gott Israels als Subjekt verbunden. Oft wird kein Ausgangsstoff für das damit verbundene Handeln Gottes genannt.

Was durch das Erschaffen hervorgebracht wird, ist meistens etwas Außergewöhnliches, Neues. Allerdings wird über das Wie der Hervorbringung dort nichts ausgesagt. Das gilt auch für Weish 1,14: „Hat er doch alles zum Sein erschaffen." Am ehesten gibt es noch Ähnlichkeiten mit dem philosophischen Schöpfungsbegriff in 2 Makk 7,28: „Ich bitte dich, mein Kind, schau auf zum Himmel und blicke hin auf die Erde und auf alles, was darin ist! Bedenke, daß Gott dies *nicht aus schon Bestehendem gebildet hat* und daß das Menschengeschlecht so entstanden ist" (Jerusalemer Bibel). In der Einheitsübersetzung lautet die entsprechende Stelle: „... Gott hat das *aus dem Nichts geschaffen*, und so entstehen auch die Menschen."

In den Genesiskapiteln 1–2 geht es aber nicht primär um die Erschaffung der Welt mit Pflanzen, Tieren und Menschen, sondern dieser Schöpfungsbericht ist nur ein Prolog zur Heilsgeschichte. Unter den Exegeten herrscht heute allgemein die Ansicht, daß Gen 1 nicht primär eine Beschreibung der Weltentstehung geben will. Außerdem werden in den beiden Schöpfungsberichten zwei unterschiedliche (naturwissenschaftliche) Weltbilder nebeneinandergestellt. Das besagt, daß es sich nicht um eine naturwissenschaftliche Beschreibung des Wie der Weltentstehung handeln kann, sondern die Aussageabsicht kann wie folgt thesenartig zusammengefaßt werden:

(1) Alles, was uns in dieser Welt begegnet, einschließlich des Menschen, ist durch Gottes Freiheit und Allmacht hervorgebracht. Das Schaffen geschieht durch das Wort Gottes, nicht durch irgendwelche physische Anstrengungen. Das ist in bewußter Parallelität zu der Weise geschehen, wie Gott ein Bundesvolk schafft. Einen Bund aber schließt man durch das Wort, Anrede und Antwort. Israel wird durch das Bundeswort geschaffen, indem es von Gott angesprochen wird.

(2) Die Schöpfung ist gut. Das wird gesagt im Gegensatz zu dualistischen Kosmologien der Umwelt Israels (z. B. Persischer Dualismus, ein absolut gutes und ein absolut böses Prinzip). Es gibt in der biblischen Schöpfungsgeschichte keinen Kampf zwischen den Mächten der Finsternis und denen des Lichtes, sondern alles gehorcht vorbehaltlos dem Befehl Gottes. Gott wird aus der Exoduserfahrung als der gute Gott vorausgesetzt; deshalb kann auch die Welt als seine Schöpfung nur gut sein.

(3) Die Welt ist auf den Menschen hin geschaffen. Er ist der eigentliche Dialogpartner Gottes in der Welt, sein Bild und sein Stellvertreter (vgl. Kap. 2.3.a). Der Mensch hat die Welt für sich zur Verfügung erhalten, aber er soll sich ihrer in Übereinstimmung mit Gottes Willen und im Gehorsam Gott gegenüber bedienen.

(4) Es besteht eine Analogie zwischen Schöpfung und Bund: Beide sind Bestandteil der Geschichte. Geschichte aber ist nichts Statisches, sondern etwas in Entwicklung Befindliches. Schon *Gerhard von Rad* (1901–1971) hat darauf hingewiesen, daß der Kosmos und alles, was darin ist, „viel weniger ein Sein als ein Geschehen" ist (G. v. Rad, 1982, S. 165). Schöpfung ist daher ausgerichtet auf eine Verheißung und Erfüllung in der Heilsgeschichte. Wegen der Parallelität zwischen der Schöpfungs- und Erlösungsgeschichte ist Gottes schöpferisches Tun keineswegs nur etwas, das einmal in der Vergangenheit stattgefunden hat, son-

dern das in die Gegenwart hinein dauert und in die Zukunft hineinragt. Hier sind die offenen Räume für das, was wir (Kap. 1.4) als creatio continua in der Evolution bezeichnet haben.

1.2 *Im Neuen Testament*

Begreiflicherweise steht im NT das Heilsgeschehen und -handeln Gottes noch mehr im Vordergrund des Interesses der Verfasser der einzelnen Schriften, da ja das Heil im Erlöser Jesus Christus endgültig angekommen ist: Er ist primär der Herr des Heils. Das aber kann er nur sein, wenn gleichzeitig von ihm gilt: „Und das Wort war Gott" (Joh 1,1b). „Alles ist durch das Wort geworden, und ohne das Wort wurde nichts, was geworden ist" (Joh 1,3).

Also ist der Heilbringer auch gleichzeitig Herr der Schöpfung. Aber dieser Herr Jesus Christus, vor dem sich jedes Knie beugen muß im Himmel und auf Erden (vgl. Phil 2,10), „wurde den Menschen gleich. Sein Leben war das eines Menschen" (Phil 2,7). Er ist das wahre Geschöpf schlechthin, der „Erstgeborene der ganzen Schöpfung" (Kol 1,15b). „Alles ist durch ihn und auf ihn hin geschaffen" (Kol 1,16). Jesus ist also das Ziel aller Schöpfung. „Er ist das Haupt" der Schöpfung (Kol 1,18), weil er das „Ebenbild des unsichtbaren Gottes" ist (Kol 1,15a). In Jesus Christus wird deutlich, daß die Schöpfung durch Gehorsam ihrem Schöpfer gegenüber zur Vollendung gelangt: „Er war gehorsam bis zum Tod, bis zum Tod am Kreuz. Darum hat ihn Gott über alle erhöht..." (Phil 2,8f.). In Christus ist die Vollendung schon geschehen, und da er das Haupt der ganzen Schöpfung ist, hat in dem Haupt die Schöpfung ihr Ziel schon erreicht.

Diese Linie läßt sich nach der Aussage des Neuen Testaments noch weiter ziehen. Jesus Christus ist ja nicht nur das vollkommenste Geschöpf („der Erstgeborene der ganzen Schöpfung", Kol 1,15b), sondern er ist auch Gottes Sohn („das Ebenbild des unsichtbaren Gottes", Kol 1,15a). Von Gott geht eine Bewegung auf uns zu: Er beschenkt uns mit der Kindschaft, wir werden der göttlichen Natur in Glaube und Taufe teilhaft. Kinder Gottes sind wir allerdings nicht wie der Logos von Natur, sondern durch Annahme an Kindes Statt. Doch „wir heißen nicht nur Kinder Gottes, sondern sind es" (1 Joh 3,1). Unsere Gotteskindschaft ist nicht nur etwas Juristisches wie eine Adoption unter Menschen, sondern ist ontologisch, seinshaft. Sie ist gnadenhaftes Geschenk, während die Gottessohnschaft Jesu Christi von Natur aus ihm eigen ist. In aller Verborgenheit der Geschöpflichkeit des Menschen leuchtet der göttliche Adel der Herkunft und des Zieles auf. Der Gott-Mensch Jesus Christus ist der Punkt Omega, auf den zu die ganze Schöpfung seufzt und in Wehen liegt (Röm 8,22).

Pierre Teilhard de Chardin (1881–1955) wurde in seinen Schriften nicht müde, in immer neuen Gedankengängen diesen Entwurf des hl. Paulus und des ganzen Neuen Testaments auszufalten: Christus als der Punkt Omega, auf den die ganze Schöpfung zugeht. Wenn wir diese Idee weiter entfalten, dann ergibt sich daraus eine Antwort auf die Frage nach dem Ziel der Schöpfung. Diese Antwort blieb uns die Biologie und auch die Philosophie schuldig. Ziel der Schöpfung ist nicht einfach der Mensch, wie er bisher tatsächlich in der Evolution herausgekommen ist. Das Ziel der Schöpfung ist Jesus Christus. Was Menschsein im eigentlichen bedeutet, ist an seiner Güte, seiner Wahrhaftigkeit, seinem Erbarmen, seiner Liebe und Hingabefähigkeit und seinem Starkmut im Leiden abzulesen. Das Ziel der personalen Schöpfung ist nach den Aussagen des Neuen Testaments, *christusförmig* zu werden, die Gestalt, das Gewand Christi anzuziehen (Eph 4,24).

Eine solche Evolution verläuft selbstverständlich nicht mehr mit biologischen Mechanismen und Ursachen (Mutation, Selektion, Isolation etc.), sondern liegt im personalen Bereich der freien Entscheidung: Ohne das volle Ja zu Jesus Christus kann der Gläubige auch nicht christusförmig werden.

Zusammenfassend können wir von der Schöpfung neutestamentlich sagen: Alles ist aus Gott und hält Ausschau nach seiner Herrschaft, „damit Gott herrscht über alles und in allem" (1 Kor 15,28). Die Grenzen der biologischen Evolution werden durch die kulturelle Evolution beim Menschen gesprengt (G. Osche, 1973; R. Wesson, 1993, 339–346), und der Bereich der menschlichen Natur wird durch die gnadenhafte Teilnahme an der göttlichen Natur als Kinder Gottes noch einmal transzendiert. Darin kommt jegliches Werden in der Schöpfung (Genese des Weltalls, Biogenese, biologische Evolution, Anthropogenese) zu einer nur aus der biblischen Offenbarung ableitbaren gnadenhaften Vollendung.

2. Aussagen des Lehramtes der Kirche zu Evolution und Schöpfung

Es sind besonders zwei kirchliche Lehramtsäußerungen zu nennen. Die eine ist die Antwort der Bibelkommission von 1909 zur Genesisinterpretation (DS 3514). Darin wurden die „besondere Erschaffung des Menschen" und „die Formung der ersten Frau aus dem ersten Mann" als „Tatsachen, die die Grundsätze des christlichen Glaubens berühren", bezeichnet. Dadurch war de facto die denkerische, theologische Durchdringung des Problems Evolution und Schöpfung für Jahrzehnte unterbunden oder wenigstens behindert.

Eine Wende trat durch die Enzyklika „Humani Generis" von Pius XII. im Jahr 1950 (DS 3896) ein. Trotz sehr vorsichtiger Formulierungen wurde die Evolutionslehre, falls sie Gottes Schöpfertätigkeit nicht tangiert, für die philosophische und theologische Durchdringung praktisch freigegeben. Deshalb konnte innerhalb der Theologen eine Auseinandersetzung beginnen, wie denn nun eigentlich die Schöpfertätigkeit in dem Phänomen der Evolution zu verstehen sei. Dabei war es von vornherein klar, daß es sich bei den Aussagen der Naturwissenschaften um kategoriale, innerweltliche Ursachen handelt, daß aber Schöpfung (Erschaffung) als Tun Gottes niemals kategorial erfaßbar sein wird.

Es würde in diesem Rahmen zu weit führen, wollte man die Geschichte der theologischen Auseinandersetzungen im einzelnen darlegen. Sie ist von B. Weissmahr (1973, 11–39) ausführlich bearbeitet worden und kann dort nachgelesen werden.

Abschließend seien einige neuere Äußerungen aus Rom zu unserem Problemfeld zitiert. Vom 24. bis 27. Mai 1982 tagte im Vatikan eine Kommission der Päpstlichen Akademie der Wissenschaften unter Vorsitz ihres damaligen Präsidenten Carlo Chagas. Diskutiert wurde über den Wissenschaftsstreit zwischen Paläontologen und Molekulargenetikern über den Zeitpunkt der Ablösung der menschlichen Linie aus derjenigen der Affen im Laufe der Evolution. Nach dem damaligen Kenntnisstand ist diese Trennung nach Meinung der meisten Paläontologen vor etwa 20 Millionen Jahren erfolgt, während biomolekulare Ergebnisse (Vergleich der Sequenzen in Proteinen und DNA) für nur fünf bis sieben Millionen Jahre sprechen. In der abschließenden Erklärung der päpstlichen Kommission heißt es, bezogen auf unseren Zusammenhang:

„Wir geben freimütig zu, daß Raum für Meinungsdifferenzen besteht in Fragen wie der Neubildung von Arten und der Mechanismen evolutionärer Veränderung. Dennoch sind wir überzeugt, daß eine Fülle von Beweismaterial die Anwendung des Evolutionskonzepts auf den Menschen und andere Primaten gegen jeden ernsten Zweifel absichert" (C. Bresch, 1982, S. 16).

Hier wird also die Tatsache der Evolution auch der höheren Primaten und des Menschen als bewiesen angesehen, wenn auch über die Ursachen der Evolution und einzelne Punkte der speziellen Evolutionstheorie noch offene Fragen bestehen.

Am 29. 1. 1986 sagte Johannes Paul II. bei der Generalaudienz in deutscher Sprache (Osservatore Romano, deutsch, 7. 2. 1986): „Zu den bekanntesten Seiten der Heiligen Schrift gehört sicher die Darstellung von der Erschaffung der Welt. Ihr erinnert euch: Dort wird das schöpferische Werk Gottes in strenger, feierlicher Form auf die sieben Tage einer Woche aufgeteilt. ‚Gott sprach: Es werde ... und so geschah es' (Gen 1,3ff.). So schuf er Himmel und Erde, den ganzen Kosmos, und am sechsten Tage schließlich auch den Menschen. Am siebten Tage ruhte Gott, nachdem er das ganze Werk der Schöpfung vollendet hatte. Die meisten kennen diese Texte: Aber nicht alle verstehen, daß hier tiefe geistige, religiöse Aussagen in einer für uns Menschen zugänglichen Form gemacht werden. Diese Aussagen widersprechen darum in keiner Weise der Theorie einer allgemeinen *Weltevolution,* wenn diese sich auf naturwissenschaftlich beweisbare Ergebnisse beschränkt. Der christliche Glaubenssatz von der Erschaffung der Dinge durch Gott reicht tiefer, ist grundsätzlicher Art, spricht vom Sein der Dinge, nicht von ihrer sichtbaren Oberfläche. Wir dürfen im Glauben bekennen, daß alle Dinge von Gott her ‚gut' sind, ja sogar ‚sehr gut', wie der Genesistext am Ende betont. Die Verunstaltung der geschaffenen Dinge zum Bösen und Üblen stammt nicht aus der guten Schöpferhand Gottes."

Am 26. 4. 1985 sagte Johannes Paul II.: „Gemäß diesen Ausführungen meines Vorgängers (Pius XII., 1950) stehen sich recht verstandener Schöpfungsglaube und recht verstandene Evolutionslehre nicht im Wege. Evolution setzt Schöpfung voraus; Schöpfung stellt sich im Lichte der Evolution als ein zeitlich erstrecktes Geschehen – als ‚creatio continua' – dar, in dem Gott als der ‚Schöpfer des Himmels und der Erde' den Augen des Glaubens sichtbar wird" (L'Osservatore Romano, 24. 5. 1985).

3. Aussagen der Theologen zum Verhältnis von Schöpfung und Evolution

Zwei Theologen seien exemplarisch zitiert. Peter Schoonenberg hat in seinem Buch „Bund und Schöpfung" (1970) das Verhältnis von Gottes Tätigkeit und dem Tun des Geschöpfes in der Evolution klar ausgedrückt: „Obwohl es für das Verhältnis zwischen der Tätigkeit zweier Geschöpfe, zumindest soweit sie physischer Natur sind, zutreffen mag, daß, was das eine tut, das andere nicht zu tun braucht, und somit was das eine mehr tut, das andere weniger zu tun braucht, kann davon, wenn es sich um das Verhältnis zwischen Gott und Geschöpf handelt, keine Rede sein. Vielmehr tritt dann der Fall ein, daß, was Gott tut, das Geschöpf auch tut, was Gott nicht tut, auch das Geschöpf nicht tut; daß, was Gott mehr tut, das Geschöpf auch mehr tut, und was Gott weniger tut, das Geschöpf auch weniger tut" (a.a.O. S. 108).

Wie aber das zugleich ganze Tun Gottes und das ganze Tun des Geschöpfes zu verstehen ist, dazu hat Karl Rahner (P. Overhage, K. Rahner, 1961, S. 43–84) einen bedeutenden Denkfortschritt geleistet. Rahner entwickelt in einer philosophischen Analyse des Werdebegriffs in allem Geschaffenen den Begriff der aktiven Selbsttranszendenz, des Selbstüberstiegs dessen, was wird.

Der Ausgangspunkt von Rahners Überlegungen ist der in der Enzyklika „Humani Generis" (1950) noch geforderte unmittelbare Schöpfungseingriff Gottes zur Entstehung der menschlichen Seele im Evolutionsgeschehen. Die Anschauung, der Mensch stamme dem Leibe nach aus dem Tierreich durch Evolution, seinem Geiste nach aber unmittelbar von Gott, ist nach Rahner als dualistische und platonische Dichotomie nicht zu halten.

Gott ist der transzendente Grund aller Wirklichkeit in ihrem Sein und Werden, nie jedoch ein innerweltliches Teilmoment der Wirklichkeit. Gottes Tätigkeit ist „immer nur durch das Endliche vermittelt anwesend" (a.a.O., S. 58). Nach Rahner muß man also fragen: „Ist die Erschaffung der Seele des Menschen ... ein exzeptionelles, außergewöhnliches Vorkommnis, dessen ontologische Eigenart allem, was man sonst über das Verhältnis der ersten Ursache zu den Zweitursachen begreift, widerspricht" (a.a.O., S. 60), oder geschieht darin nur ein Werden, wie es sonst auch im Werden des Geschöpflichen sich vollzieht? Dieses Werden ist nach Rahner nicht nur ein Anderswerden, sondern auch ein Neuwerden.

Wenn man diesem Werdebegriff folgen kann – und philosophisch spricht vieles dafür –, dann kann man mit Rahner auch sagen, „daß die Eltern Ursache des einen und ganzen Menschen nur sein können, insofern sie den neuen Menschen entstehen lassen durch die ihre Selbstüberbietung ermöglichende Kraft Gottes, die ihnen wirklich innerlich ist, ohne zu den Konstitutiven ihres Wesens zu gehören" (a.a.O., S. 82).

So kann nach Rahner die unmittelbare Erschaffung der Seele durch Gott durchaus als ein Fall des allgemeinen Werdens durch Selbstüberbietung aufgefaßt werden. Durch diese Erklärung wird nach K. Rahner das unmittelbare Wirken Gottes nicht geleugnet. Dabei ist es wichtig, darauf zu achten, daß man sich das göttliche Wirken nicht so vorstellt, als würde es etwas hervorbringen, was das Geschöpf nicht auch selber aufgrund eben dieses ihm innerlichen und ihm Selbstständigkeit gebenden göttlichen Wirkens hervorbringt.

Zusammenfassend kann man sagen: Durch die naturwissenschaftliche Entwicklungslehre (Evolution) angestoßen, mußten sich die Theologen genauer mit der schöpferischen Tätigkeit Gottes in der Welt befassen. Zunächst wurde die buchstäbliche, im Sinne heutiger Geschichtswissenschaft zu deutende Interpretation der Genesistexte aufgegeben, als die Bibelwissenschaften ihre Fortschritte machten, die verschiedenen genera litteraria entdeckten und die Aussageabsichten der ersten Genesiskapitel genauer bestimmten.

Hinzu kam die Einsicht, „daß die besondere Erschaffung des innerhalb der Welt neu Entstehenden ein Vorkommnis ist, das auf der Ebene der Erscheinungen nicht erfaßt werden kann, sondern nur der metaphysischen Betrachtungsweise zugänglich ist" (B. Weissmahr, 1973, S. 39).

Die Arbeit von K. Rahner brachte die zusätzliche Erkenntnis, daß das neuerschaffende Wirken Gottes in Einheit mit seinem durch Zweitursachen zu vollziehenden Wirken zu verstehen ist. Diese Sicht des Verhältnisses von Evolution und Schöpfung hat sich im theologischen Bereich fast überall durchgesetzt und gilt als allgemein beste denkerische Lösung.

Gott schafft also eine werdende Welt, die sich selbst verwirklicht. Gott ist der innere Kern der geschöpflichen Eigentätigkeit, und auch in meiner eigenen Tätigkeit ist Gott mir innerlicher, als ich mir selbst bin. Gott als Schöpfer ist „nicht kategoriale Ursache neben anderen in der Welt, sondern der lebendig dauernde transzendentale Grund der Eigenbewegung der Welt" (K. Rahner, 1973, Bd. 6, S. 350). Diese neue Sicht von Evolution und Schöpfung wird auch am besten dem Phänomen des Lebens, das ja ein Abbild göttlichen Lebens ist, gerecht als einer inneren Dynamik und nicht einer äußerlichen Mechanik.

Aus den naturwissenschaftlichen, philosophischen und theologischen Überlegungen zum Problem Evolution und Schöpfung ist deutlich geworden, daß zwischen den verschiedenen Betrachtungsweisen kein Gegensatz besteht, sondern alle zusammen ein reiches Gesamtbild ergeben. Allerdings müssen die wissenschaftstheoretischen Grundsätze über die Grenzen der einzelnen Disziplinen gewahrt werden.

LITERATUR

Bresch, Carsten, Bedeutendes Ereignis in Rom: Agemus 4/1982, 16.

Denzinger, Henricus, Schönmetzer, Adolfus (Hrsg.), Enchiridion Symbolorum Definitionum et Declarationum de Rebus Fidei et Morum. Freiburg: Herder, [36]1976.

Koltermann, Rainer, Grundzüge der modernen Naturphilosophie. Ein kritischer Gesamtentwurf. Frankfurt/M.: Knecht, 1994.

Osche, Günther, Biologische und kulturelle Evolution – die zweifache Geschichte des Menschen und seine Sonderstellung. Verhandlungen d. Ges. Deutscher Naturforscher u. Ärzte, 1972. Berlin: Springer, 1973, 62–73.

Overhage, Paul; Rahner, Karl, Das Problem der Hominisation. Quaestiones disputatae 12/13. Freiburg, Basel: Herder, 1961.

Rad, Gerhard von, Theologie des Alten Testamentes. Bd. 1. München: Kaiser, 81982.

Rahner, Karl (Hrsg.), Herders Theologisches Taschenlexikon. 8 Bde. Freiburg, Basel: Herder, 1972–1973.

Schoonenberg, Peter, Bund und Schöpfung. Einsiedeln, Zürich, Köln: Benziger, 1970.

Weissmahr, Béla, Gottes Wirken in der Welt. Ein Diskussionsbeitrag zur Frage der Evolution und des Wunders. Frankfurt/M.: Knecht, 1973.

Wesson, Robert, Die unberechenbare Ordnung. Chaos, Zufall und Auslese in der Natur. München: Artemis & Winkler, 1993.

MENSCH

2.1 Der Mensch als Produkt der Evolution

Rainer Koltermann SJ

Innerhalb der Evolution der Lebewesen hat sich eines herausgebildet, das wir selber sind. In diesem Kapitel soll diese Abstammungslinie nachgezeichnet werden, es sollen aber auch die Unterschiede, soweit sie naturwissenschaftlich erfaßbar sind, herausgearbeitet werden.

1. Die Abstammungsgeschichte des Menschen

Bis in die erste Hälfte des 19. Jahrhunderts herrschte allgemein, auch unter Naturwissenschaftlern, die Anschauung, das Menschengeschlecht sei nur wenige tausend Jahre alt. Nach George Cuvier (1769–1832), einem großen französischen Paläontologen, ist der Mensch nach einer der letzten Erdkatastrophen, dem Diluvium (Sintflut), vor ca. 5000–6000 Jahren entstanden. Andere Forscher sprachen von einem antediluvialen Menschen. Schließlich entdeckte man, daß das Diluvium keine schnell vorübergehende Katastrophe war, sondern sich über einen längeren Zeitraum erstreckte, innerhalb dessen der Mensch entstanden war. Heute spricht man statt vom Diluvium vom Eiszeitalter, dem Pleistozän, das mit Ausnahme der letzten 10.000–12.000 Jahre die letzten zwei bis drei Millionen Jahre umfaßt.

Das wahrscheinliche Bild der Evolution zum Menschen sieht nach dem heutigen Stand der Forschung folgendermaßen aus: Von den heute lebenden Menschenaffen ist offensichtlich die afrikanische Gruppe (Schimpanse und Gorilla) dem Menschen näher verwandt als der Orang-Utan. Die zum letzteren führende Linie hat sich im Miozän abgespalten. Als Modell der Trennung gilt der Sivapithecus, der vor ca. 8 Millionen Jahren lebte. Die Vorfahren der beiden heute lebenden Menschenaffen Gorilla und Schimpanse haben sich in der Zeit von 7 bis 5,5 Millionen Jahren von der Linie, die zum Menschen führt, getrennt. Die frühesten Funde, die zur Unterfamilie der Australopithecinen (Südaffen) gehören und sich von der Unterfamilie der Homininae (der echten Menschen mit der Gattung Homo) unterscheiden, sind 4,4 Millionen Jahre alt (Australopithecus; Ardipithecus ramidus; ramid = Wurzel in der Turkanasprache des Fundortes). Zwischen diesem Fund und Australopithecus afarensis liegt zeitlich ein neuer Fund (1994) vom Turkanasee, genannt Australopithecus anamensis (anam = See in der Tur-

STAMMBAUM DER HOMINIDEN

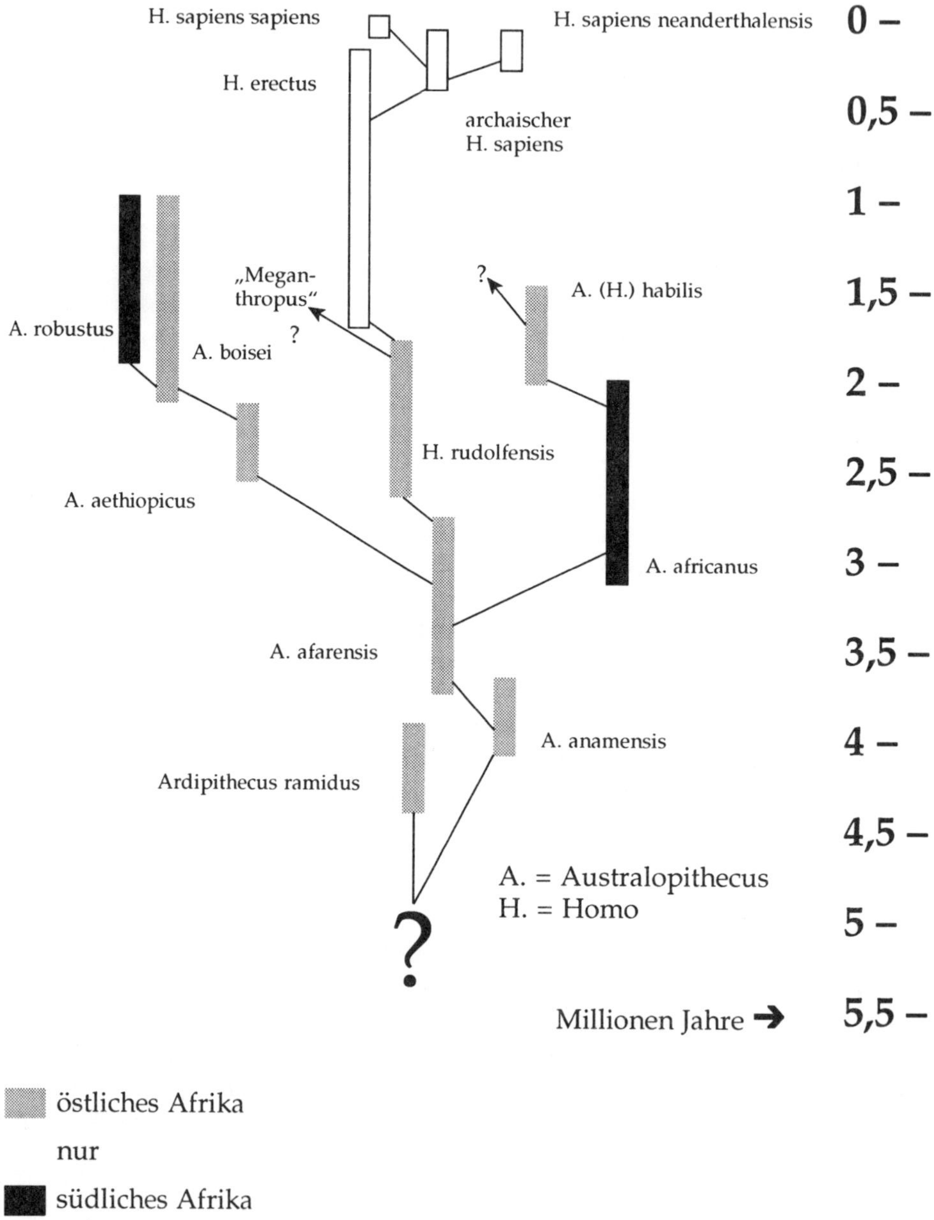

kanasprache). Nach ersten Zeitmessungen hat er vor 3,9–4,2 Millionen Jahren gelebt und ging schon aufrecht. Damit ist der nachgewiesene aufrechte Gang von Australopithecus afarensis (3,5 Millionen Jahre) durch den Fund von A. anamensis um eine halbe Million Jahre zurückverlegt. Die genauen stammesgeschichtlichen Beziehungen zu A. afarensis und A. ramidus aber müssen noch geklärt werden. Der sehr gut belegte Fund Australopithecus afarensis, benannt nach dem Afardreieck in Äthiopien, lebte vor 3,5–3,1 Millionen Jahren. Besonders bekannt ist ein Fund dieser Spezies, der unter dem Namen „Lucy" Berühmtheit erlangt hat, ein etwa zwanzigjähriges Mädchen, dessen Skelett 1974 ausgegraben wurde, zu 40 Prozent erhalten ist und vor ca. 3,1 Millionen Jahren gelebt hat. Von dieser Spezies stammen wahrscheinlich auch die Fußabdrücke von Laetoli mit einem Alter von 3,5 Millionen Jahren, die wie beim Mädchen „Lucy" den aufrechten Gang beweisen. Weitere Vertreter der Australopithecinen sind die mehr grazile Art von Australopithecus africanus und die mehr robuste Linie von Australopithecus robustus, boisei, aethiopicus. Der robuste Seitenzweig war mehr auf pflanzliche Nahrung spezialisiert. Aus dem grazileren Australopithecus bildete sich wahrscheinlich der Homo habilis, so genannt, weil er fähig war, Werkzeuge zu gebrauchen, vielleicht sogar herzustellen. Einen Fund eines Unterkiefers, etwa 2,5 Millionen Jahre alt, aus Malawi rechnet man heute zum Homo rudolfensis. Der namengebende Fund wurde 1978 am Rudolfsee (heute Turkanasee) gefunden und hat mit ca. 775 cm^3 Gehirnvolumen bereits einen großen Sprung auf die Schädelkapazität des Menschen zu gemacht. Dieser Schädel (KNM-ER 1470) hat ein Alter von 1,82 Millionen Jahren und ist mit seinem großen Gehirnvolumen deutlich von den Australopithecinen abgehoben, aber auch von dem Homo habilis, dessen Gehirnkapazität zwischen 435 und 562 cm^3 lag. Der Homo habilis starb vor etwa 900.000 Jahren aus, die Australopithecinen in ihren spätesten Vertretern wahrscheinlich um 600.000. Ob der Homo habilis bzw. der Homo rudolfensis neben dem Werkzeuggebrauch auch schon zur Werkzeugherstellung fähig war, ist nicht gesichert. Daß die beiden frühen Vertreter der Gattung Homo schon Menschen im philosophischen Sinn waren mit der Fähigkeit zur Selbstreflexion und zur freien Entscheidung, ist sehr anzuzweifeln.

Der Homo erectus (= aufrecht gehend) findet sich in Afrika und Asien in zahlreichen Subspezies (= Unterarten). Einige Funde, die man früher auch dazurechnete wie den Heidelberger Unterkiefer (H. e. heidelbergensis) oder die Funde von Vértesszöllös bei Budapest (H. e. palaeohungaricus), werden heute nicht mehr in diese Spezies eingeordnet. Zum Homo erectus gehören folgende Funde (eine Auswahl der wichtigsten Fossilien):

a) H. erectus ssp., KNM-ER 3733, Schädel, am Ostufer des Turkanasees 1975 entdeckt, mit einem Gehirnvolumen von ca. 850 cm^3, 1,8–1,6 Millionen Jahre (= MJ) alt. Nach einigen Autoren wird er auch Homo ergaster, der Werkzeugmacher, genannt. Wie auch immer die genaue Bezeichnung in Zukunft sein wird, es ist eine frühe Form von Homo, die zwischen Homo habilis/rudolfensis und den späteren Formen von Homo erectus steht.

b) Homo erectus ssp. (= Subspezies), KNM-WT 15.000, ein fast vollständiges Skelett eines ca. zwölfjährigen Jungen, 1,6 Millionen Jahre alt, vom Westufer des Turkanasees in Kenia, 163 cm groß, ca. 55 kg schwer, Gehirnvolumen etwa 850 cm^3.
c) H. erectus leakeyi, OH 9, Olduvai-Schlucht, Tansania; sehr dicke Schädeldecke. Gehirnvolumen 1067 cm^3, 1,2 Millionen Jahre, 1959 gefunden von Mary D. Leakey.
d) H. erectus modjokertensis, Modjokerto, Java, 1,0–0,8 MJ; das Gehirnvolumen beträgt 750 cm^3.
e) H. erectus erectus, aus Trinil, Java, Gehirnvolumen 850 cm^3, 0,7–0,5 Millionen Jahre.
f) H. erectus lantianensis, Kalotte, maximal 0,8 MJ, Gehirnvolumen 780 cm^3.
g) H. erectus pekinensis, von Chou-kou-tien bei Peking, China, 14 Kalvarien, elf Unterkiefer und postkraniale Fossilien von mehr als 40 Individuen; ca. 350.000 Jahre. Gehirnvolumen 915–1225 cm^3.
h) H. erectus (sive sapiens) soloensis: 0,5–0,1 Millionen Jahre, Ngandong, Java, zwölf Gehirnschädel, Gehirnvolumen 1100–1225 cm^3.

Der Homo erectus ist gegenüber dem Australopithecus eindeutig höher evolviert. Progressive Merkmale sind z. B. ein dem Homo sapiens sehr ähnliches Extremitätenskelett, auch wenn es insgesamt robuster ist. Gegenüber dem Australopithecus hat der Homo erectus eine entschieden höhere Schädelkapazität. Trotzdem besteht noch eine ganze Reihe von Unterschieden gegenüber dem Homo sapiens, wie z. B. massige Überaugenwülste, flache, fliehende Stirn, geringere Schädelkapazität, extrem dicke Schädelknochen und das Fehlen eines Kinnvorsprungs.

Unter Berücksichtigung aller Merkmale ergibt sich jedoch eine stärkere Ähnlichkeit des Homo erectus mit dem Homo sapiens als mit dem Australopithecus. Ob sich vom Homo erectus eine Linie gradualistisch zum Homo sapiens hin entwickelt hat, und zwar vom afrikanischen Erdteil her kommend, oder sich multiregional an verschiedenen Orten gebildet hat, wird heute kontrovers diskutiert und scheint unter den Wissenschaftlern noch nicht entschieden zu sein. Es läßt sich allerdings auch in allen drei Kontinenten (Afrika, Asien, Europa) ein Übergang von primitiveren zu evolvierten H. erectus-Formen feststellen, wobei die Übergänge zum Homo sapiens fließend zu sein scheinen. Es wird weiter diskutiert zwischen den für Kontinuität und Gradualismus (allmählichen Übergang) plädierenden Multiregionalisten und den für einen monogenetischen rezenten afrikanischen Ursprung der modernen Menschheit mit sukzessiver Verdrängung (replacement) aller archaischen Formen argumentierenden Migrationisten (out of Africa-Modell, afrikanische Eva aller modernen Menschen). Wenn auch die endgültige Stellung des Neandertalers noch nicht geklärt zu sein scheint, so unterscheidet man heute zwischen den Anteneandertalern (= Vor-Neandertaler), wozu etwa die Schädel von Swanscombe (England), von Steinheim bei Stuttgart und der von Petralona (Griechenland) gehören, mit einem Alter von 250.000 bis

300.000 Jahren, von den frühen oder Praeneandertalern, deren erstmaliges Auftreten vor ca. 130.000 Jahren liegt, wozu man die Fossilien von Weimar-Ehringsdorf, Saccopastore (Italien) und Krapina (Jugoslawien) rechnet. Von diesen beiden Entwicklungsstufen ist eine dritte, die der späten oder klassischen Neandertaler, zu unterscheiden, die durch mehr als 300 fossile Individuen bis heute belegt ist. Vertreter dieser Gruppe lebten zwischen 70.000 und 33.000 Jahre vor der heutigen Zeit. Dazu gehören z. B. der namengebende Fund von Neandertal bei Düsseldorf von 1856, zahlreiche andere Funde in Frankreich (La Ferassie, La Chapelle aux Saints, St.-Césaire mit einem unvollständigen Skelett und Alter von 35.000 bis 33.000 Jahren) und außerdem aus Zentral-, Südost- und Osteuropa. Aber auch in Israel (Höhle von Kebara bei Haifa mit einem 60.000 Jahre alten Skelett; und aus der Amud-Höhle bei Genezareth) und im Irak (Shanidar-Höhle) fanden sich Vertreter dieser klassischen Neandertaler. Diese sind entweder ohne Nachkommen ausgestorben bzw. von den eindringenden Homo sapiens sapiens ausgerottet worden, oder sie haben sich nur in äußerst geringem Maße mit den Eroberern vermischt, so daß keine Spuren genetischer und anatomischer Art von ihnen erhalten sind.

Deshalb spricht man von replacement, Ersetzung, der Neandertaler durch den modernen Menschen. Auch hier unterscheidet man verschiedene Entwicklungsstufen, zumindest aber zwischen den Proto-Cromagnoiden, den Vorfahren des Cromagnon-Menschen, und den Cromagnon-Menschen selbst. Zu den Protocromagnoiden zählt man eine Gruppe fossiler Hominiden des Nahen Ostens, die von zwei levantinischen Fundplätzen stammt, nämlich Mugharet es Skhul und Jebel Quafzeh (Israel). Die Deutung der Funde von Skhul schwankte zunächst zwischen progressiven Neandertalern und anatomisch modernen Menschen. Heute aber werden diese Funde von vielen Anthropologen als unzweifelhaft modern angesehen, d. h. als Vorläufer der europäischen Jungpaläolithiker. Die Funde von Skhul haben nach neuerer Datierung ein Alter von 101.000 bis 81.000, die von Jebel Quafzeh bei Genezareth ein solches von 92.000 oder sogar 115.000 Jahren. Die Skelette von acht Erwachsenen und drei oder vier Kindern des letzteren Fundortes lassen auf beabsichtigte Bestattung schließen. Anatomische, archäologische und faunistisch-stratigraphische Daten belegen, daß der anatomisch moderne Mensch bereits vor den Neandertalern in der Levante gelebt hat.

Von diesen Vorläufern der europäischen Jungpaläolithiker sind diese selbst zu unterscheiden. Es ist in Europa ein einschneidender Wechsel der Kulturstufen zu beobachten. Das einfache und durchwegs unspezialisierte Wildbeutertum oder die Kulturstufe der niederen Jäger und Sammler wird durch die höhere Jägerkultur abgelöst. In Europa ist das vor ca. 39.000 Jahren geschehen. Dieser kulturelle Wechsel, der den Übergang vom Mittelpaläolithikum zum Jungpaläolithikum kennzeichnet, ist anthropologisch durch einen neuen Hominidentyp charakterisiert, der sich in seiner Morphologie von seinem Vorgänger unterscheidet. Es ist der Homo sapiens sapiens, der anatomisch moderne Mensch. Zu den bekanntesten Funden dieses modernen Menschen gehören die Fossilien von Cro-Magnon

(1868) in der Dordogne (Frankreich), deren Skellettreste zu mindestens fünf Individuen gehören. Ihr Alter beträgt etwa 30.000 Jahre, der Fund von Combe Capelle mit ca. 31.000 Jahren, der Fund von Kelsterbach bei Frankfurt mit ähnlichem Alter oder von Oberkassel bei Bonn (ca. 15.000 Jahre alt). Ähnliche Verhältnisse von einem archaischen Homo sapiens und vom anatomisch modernen Homo sapiens lassen sich auch in Asien nachweisen und ebenfalls in Afrika, wobei die Fundsituation in Afrika besser als in Asien ist.

„Die grundlegende Frage, ob nur eine regionale oder aber mehrere regional weitgehend separierte archaische Bevölkerungen am Ursprung des modernen Menschen partizipieren, ist trotz gegenteiliger Behauptung von Vertretern beider Positionen nicht gelöst" (W. Henke, H. Rothe, 1994, S. 515). Die Bildung der drei Großrassen (europid, negrid und mongolid) ist wahrscheinlich erst in den letzten 15.000–20.000 Jahren erfolgt. Sehr gut kann man z. B. die Ausbildung der mongoliden Rasse an den vor ca. 20.000 Jahren nach Amerika eingewanderten Indianern sehen, deren mongolide Züge längst nicht so ausgebildet sind wie die der vor 4000 Jahren in die Arktis immigrierten Eskimos und die heute lebender Chinesen.

2. Die Sonderstellung des Menschen

Auch wenn wir den Menschen begreifen können als ein Lebewesen, das sich durch Evolution aus den tierischen Vorfahren gebildet hat, so stellt sich doch die Frage, ob der Mensch als Teil der übrigen Organismen voll begriffen ist. Gibt es zu seinen tierischen Vorfahren grundlegende Unterschiede?

Es soll aufgezeigt werden, daß der Mensch im Reich des Lebendigen eine Sonderstellung einnimmt. Mit dem Begriff „Sonderstellung des Menschen" ist keine isolierte Stellung des Menschen im zoologischen System gemeint (wie z. B. die des Schnabeltieres, das ein eierlegendes Säugetier mit Spezialbildungen ist), sondern er bedeutet, daß sich der Mensch durch seinen Intellekt eine Form animalischen Lebens erschließt, die einzigartig ist. Anhand zweier Merkmalsgruppen kann man die Sonderstellung des Menschen als Endprodukt der Entwicklung verdeutlichen: anatomische und Verhaltensmerkmale.

Anatomische Merkmale

Zunächst sind die Gehirngröße und das Zentralnervensystem zu nennen. Die Evolution des Gehirns ist keineswegs nur mit dessen Volumenzunahme gleichzusetzen. Neben die quantitative Zunahme tritt dessen qualitative Veränderung. Die Werte der Schädelkapazität haben sich vom Australopithecus (435–562 cm^3) über den Homo habilis bis zum Homo erectus (780–1200 cm^3) knapp verdoppelt, bis zum Homo sapiens sapiens fast verdreifacht. Mit der kontinuierlichen Vergrößerung des Gehirnvolumens wurden gleichzeitig bestimmte Gehirnpartien stärker ausgebildet, z. B. die Sprachregionen, was Voraussetzung für höhere Denkfunktionen, für Planen und Sprechen ist. Zeichnete man den Schaltplan des

Gehirns mit allen Synapsen auf, benötigte man einen Bogen Papier von mehreren Quadratkilometern. Bis heute ist noch ungeklärt, wie durch dieses Instrument Selbstbewußtsein entstehen konnte. Nach neuroanatomischen und gehirnphysiologischen Untersuchungen sind die stammesgeschichtlich jüngsten Abschnitte der Hirnrinde für die dem Menschen spezifisch zukommenden Eigenschaften materielle Voraussetzung wie z. B. gesteigerte Lernfähigkeit, formale Intelligenz, ethisches Verhalten, Eigenschaften, die das Zusammenleben der Menschen und damit Zivilisations- und Kulturfähigkeit im weitesten Sinne ermöglichen. Die letztgenannten Eigenschaften sind erst innerhalb der Gattung Homo (seit dem Homo erectus) entstanden. Die zeitweise vertretene Auffassung, der Neandertaler habe aufgrund anatomischer Merkmale nur lallend sprechen können, ist nicht zu halten.

Der *aufrechte Gang* als Dauerhaltung der Fortbewegung wird oft als entscheidend für die Sonderstellung des Menschen angesehen. Durch den aufrechten Gang stehen die Vorderextremitäten nicht mehr im Dienste der Fortbewegung, sondern die Hände beim Menschen werden frei zum Kultur schaffenden Organ. So hat Adolf Portmann die Hand das Kulturorgan des Menschen genannt. Das Mädchen „Lucy" (Australopithecus afarensis, etwa 3 Millionen Jahre alt), und Trittspuren von aufrechtgehenden Hominiden mit einem Alter von 3,5–3,7 Millionen Jahren, die auch dem A. afarensis zugeschrieben werden, beweisen, daß die Entstehung des aufrechten Ganges schon früher anzusetzen ist (vgl. oben A. anamensis, vier Millionen Jahre). Mit der Ausbildung des aufrechten Ganges entwickelten sich andere anatomische Merkmale. Das Becken wird zum Tragkorb der Eingeweide, der durch das weibliche Becken hindurchführende Geburtskanal wurde eingeengt. Der Schädel konnte größer werden, weil er auf der Spitze der Wirbelsäule balanciert wurde. Wenn der Fötus durch den engen Geburtskanal hindurchkommen sollte, muß der Mensch geboren werden, bevor er voll ausgereift ist. Er wächst im ersten Lebensjahr noch im fötalen Tempo weiter, im Unterschied zu den Schimpansen, die in postfötaler Geschwindigkeit weiterwachsen. Der menschliche Schädel zeigt gegenüber einem Tierschädel einen Stockwerkbau (keine vorstehende Schnauzenregion). Die menschliche Wirbelsäule weist eine typische S-Form auf.

Verhaltensmerkmale

Vier Merkmale seien genannt und dargestellt: Feuergebrauch, Werkzeugherstellung, Traditionsbildung und menschliche Begriffssprache.

Feuergebrauch und *Feuerherstellung* werden immer wieder als Beweismittel für die Sonderstellung des Menschen herangezogen. Irgendwann im weiten Übergangsfeld vom Tier zum Menschen ist das Feuer domestiziert worden. Feuergebrauch (und -herstellung) ist beim Homo erectus in Afrika, China und in Spanien nachgewiesen worden. Feuerherstellung als solche ist jedoch kein notwendiges Kriterium für die Sonderstellung des Menschen, aber ein ausreichendes.

Wenn also Feuergebrauch bei Fossilien zweifelsfrei vorliegt, ist auch Menschsein nachgewiesen. Denn alle Tiere haben eine panische Angst vor Feuer, die nur über die Einsicht in einen Zweckzusammenhang des nützlichen Gebrauchs des Feuers überwunden werden kann.

Werkzeugherstellung, Werkzeuggebrauch

Lange Zeit wurde unterschieden zwischen dem Menschen als „tool-maker" und dem Tier als „tool-user". Doch diese Differenzierung erweist sich angesichts der Tatsache, daß auch bei Tieren einfache Werkzeugherstellung beobachtbar ist, als wenig hilfreich. Auch der Hinweis auf die heutige Überlegenheit der menschlichen Technik (von der Dampfmaschine bis zum Computer) gegenüber den heute lebenden nicht-menschlichen Primaten ist nicht sachdienlich, da unsere Frage darauf zielt, zu welchem Zeitpunkt im Evolutionsprozeß erstmals Spuren des „homo faber" als geistbegabtem Wesen nachzuweisen sind.

Nach K. J. Narr (1984) sind drei Kriterien zu nennen, die es erlauben, von menschlichen Werkzeugen zu sprechen. Erstens darf die Form des Rohstückes (z. B. ein Stock, der lediglich von störenden Verästelungen befreit wird) nicht vorgegeben sein. Vielmehr muß die Werkzeuggestalt gezielt aus dem Rohmaterial herausgearbeitet sein. Zweitens dürfen die Werkzeuge nicht allein mit Hilfe vorgegebener Körperorgane (Hände, Gebiß) hergestellt werden. Zu ihrer Bearbeitung müssen Hilfsmittel herangezogen werden, seien dies auch einfache, ihrerseits nicht bearbeitete Schlagsteine. Drittens sind echte menschliche Werkzeuge keine Organprojektionen, d. h. Hilfsmittel, die lediglich Körperorgane verstärken, verlängern oder steigern. Sie müssen eine in den Körperorganen nicht vorgebildete Funktion neuer Art besitzen, z. B. Steine zum Schneiden. Durch diese Merkmale wird deutlich, daß von menschlicher Werkzeugherstellung erst dann zu sprechen ist, wenn es sich um Ergebnisse echter Erfindung im Sinne der Schaffung einer neuen qualitativen Funktion handelt.

Traditionsbildung

Unter Tradition verstehen wir die Weitergabe eines Verhaltens, das nicht angeboren ist, sondern von zumeist älteren Mitgliedern eines Sozialverbandes erlernt und an jüngere Individuen einer Gruppe übermittelt wird. Daß beim Menschen die Tradition eine sehr große Rolle spielt, ist offensichtlich. Ist es ein Distinktivum zu Tieren oder gibt es auch schon bei diesen Traditionsbildung? Um dies zu klären und eine Unterscheidung herausarbeiten zu können, analysieren wir Tradition auf ihre drei Elemente und die Notwendigkeit ihrer gleichzeitigen Präsenz. Man kann bei der Tradition unterscheiden zwischen dem tradierenden Subjekt, dem empfangenden oder lernenden Subjekt und dem Inhalt oder Objekt der Tradition. Entsprechend der jeweiligen Notwendigkeit der Präsenz dieser drei Elemente können wir verschiedene Stufen der Tradition unterscheiden.

Ein Lernen durch Nachahmung liegt vor, wenn ein erfahrener Artgenosse eine bestimmte Handlung vormacht, die andere Mitglieder derselben Gruppe wahrnehmen und zu imitieren versuchen. Hier sind die drei soeben genannten Elemente gleichzeitig gegeben. Ein Makakenweibchen machte z. B. den anderen Mitgliedern vor (natürlich ohne Absicht), daß eine mit Sand verschmutzte Süßkartoffel im Wasser gereinigt werden kann. Nach einiger Zeit hatten die meisten Mitglieder dieses Sozialverbandes dieses Verhalten abgeguckt und nachgeahmt. Auch Kinder beobachten oft genau, was andere Menschen tun und „äffen es nach".

Ein Lernen durch Gelehrtwerden am Objekt ist eine weitere Stufe der Traditionsbildung. Es setzt eine Absicht, eine Intention voraus, etwas lehren zu wollen. Es ist stark zu bezweifeln, daß diese Stufe der absichtlichen Traditionsbildung von Tieren erreicht wird. Handwerkliches Arbeiten des Menschen ist z. B. hier anzusiedeln.

Tradition ohne Gegenwart des Objekts ist möglich durch die Symbolsprache, wodurch das Objekt nicht physisch präsent sein muß. Das Ersetzen des Objekts durch ein Symbol bedeutet eine sehr große Entwicklungsbeschleunigung. G. Osche hat das die kulturelle Evolution im Unterschied zur biologischen genannt. Insofern hierbei eine Begriffssprache verwendet wird, kommt diese Form nicht mehr bei Tieren vor.

Tradition ohne Gegenwart des Objekts und ohne Gegenwart des tradierenden Subjekts ist eine weitere Stufe, die sich nur beim Menschen findet. Diese Form ist möglich durch die Erfindung der Schrift vor etwa 5000 Jahren. Es gibt dadurch eine Kommunikationseinheit nicht nur über zwei oder drei miteinander lebende Generationen, sondern zwischen der gesamten Menschheit seit Erfindung der Schrift. Unsere zahlreichen Bibliotheken legen beredtes Zeugnis ab von dieser menschlichen Form der Traditionsbildung, die noch durch Tonfilmaufzeichnungen und Speicherung in Computern in moderner Zeit ergänzt wird.

Wenn wir Traditionsweisen im eben genannten Sinne unterscheiden, stehen uns also auch hier eindeutige Unterscheidungsmerkmale zwischen tierischer und menschlicher Tradition zur Verfügung. Typisch menschliche Tradition liegt bei der Intention, der Begriffssprache und der Schrift vor.

Menschliche Begriffssprache

Allein der Mensch hat diese Fähigkeit. Wohl gibt es beim Tier Kommunikation, die aber averbal bleibt. Unter Begriffssprache verstehen wir Verwendung von verbalen Kommunikationssymbolen; es wird grammatische Kompetenz des Sprechenden verlangt. Man hat mit Schimpansen Versuche gemacht, ob diese nicht doch „sprachfähig" sind. Experimente, die ihnen eine Lautsymbolsprache ähnlich der unsrigen beibringen sollten, sind ohne Erfolg geblieben. Man kam über die Dreiwortgrenze „Mamma", „Papa", „Tasse" nicht hinaus. In einem anderen methodischen Ansatz wurden Plastikplättchen verwendet, die in Form und Farbe differierten und als Symbol für einen Gegenstand oder ein Tun galten. Die Schimpansin Sarah beherrschte in ihrer besten Zeit 120 Wortsymbole. Während Sarah aber die Pubertät durchlief, hatte sie all diese wieder vergessen und war zu keinen Lernversuchen mehr bereit. Die Hirnrinde ist im Verhältnis zum Stammhirn zu dünn. Beim Menschen ist das Verhältnis umgekehrt: Die Hirnrinde, wo die geistigen Akte ablaufen, ist gegenüber dem Stammhirn viel größer. Die dritte Versuchsart benützte die Gestik der Schimpansen und verwendete als Sprache die amerikanische Taubstummensprache (Ameslan) bei der Schimpansin Washoe. Sie gebrauchte am Ende ihres dritten Lebensjahres 85 Zeichen-Gesten. Diese Versuche des Ehepaars Gardener wurden vom New Yorker Psychologen Herbert Terrace kritisch mit Videoaufnahmen wiederholt. Dabei stellte sich heraus, daß die Schimpansen viel mehr Unsinn reden, Sätze und Worte unnötig wiederholen, als es aus den schriftlichen Aufzeichnungen der Gardeners zu entnehmen war. Zudem entwickelt sich die durchschnittliche Äußerungslänge bei Kleinkindern nach dem zweiten Lebensjahr schnell weiter, während sie bei Schimpansen stagniert. Bei der Kombination von drei oder mehr Zeichen durch Schimpansen handelt es sich meistens um Wiederholungen, während diese bei Kleinkindern fast unbekannt sind. Die Semantik der Schimpansen, die keinen einsehbaren Regeln zu folgen scheint, weicht von der regelbeherrschten kindlichen Semantik deutlich ab. Die Kommunikationsformen scheinen von Schimpansen nicht in gleicher Weise beherrscht zu werden wie von Menschen: Der Schimpanse Nim fiel mit der Hälfte seiner Äußerungen seinem menschlichen Gesprächspartner ins Wort.

Die Arbeiten von Terrace machen deutlich, daß Sprache im Vollsinn mehr voraussetzt als die Fähigkeit zur Begriffsbildung. Wesentlich für die Sprachleistung ist eine gewisse grammatische Kompetenz, d. h. die Fähigkeit, grammatische Regeln zu erkennen und sie auch richtig anzuwenden.

Nach Noam Chomsky (1980) ist eine Evolution der menschlichen Sprache aus tierischen Lauten unmöglich, da diesen ein völlig anderes Organisationssystem zugrunde liegt: „Wenn wir fragen, was die menschliche Sprache ist, so finden wir keine auffallende Ähnlichkeit mit tierischen Kommunikationssystemen. Auf der Abstraktionsebene, auf der menschliche und tierische Kommunikation zusammenfallen, kann man nichts Sinnvolles über das Verhalten oder Denken sagen. ... Menschliche Sprache ... ist mit einem spezifischen Typ von mentaler Organisation verbunden (und) nicht einfach ein höherer Grad von Intelligenz" (1980, S. 117). Bezüglich des menschlichen Gestensystems hält Chomsky jedoch eine Genese aus tierischen Kommunikationssystemen für denkbar, da beiden nach seiner Meinung analoge Organisationsprinzipien zugrunde liegen.

Die Kommunikationsmittel der Tiere (einschließlich der von Menschen erdachten und ihnen beigebrachten Zeichensysteme) unterscheiden sich durch folgende Eigenschaften von der menschlichen Sprache:

In tierischer Kommunikation dienen die Zeichen als *Signale*. Bedeutung haben Signale, weil sie als Auslöser regelmäßiger Verhaltensreaktionen dienen können. Wir können die Situation in folgender Weise beschreiben: Ein Organismus hat das entsprechende Zeichen verstanden, wenn er sich in einer Weise verhält, wie wir es erwartet haben. (Auf das Zeichen für Banane holt der Schimpanse die Banane etc.)

Spezifisch für die menschliche Sprache ist die semantische Dimension des Zeichengebrauchs. Zeichen haben Bedeutung, weil wir sie in Sätzen verwenden können, die (in der Regel) etwas darstellen, was ist (einen Sachverhalt). Die Bedeutungen von Zeichen sind im Zusammenhang der Wahrheitsbedingungen von Sätzen zu klären. Das Kriterium des Verstehens von Zeichen ist nicht die Verhaltensreaktion, sondern das Verstehen der Bedeutungen, das sich in einer Vielzahl möglicher Reaktionsweisen (sprachlicher und nichtsprachlicher Art) ebenso wie in dem Ausbleiben jeglicher Reaktion manifestieren kann. Weil die Zeichen für etwas stehen, ist es nun auch möglich, sich mit Hilfe von Zeichen auf Zeichen (anstelle von etwas in der Welt) zu beziehen und eine Metakommunikation zu führen bzw. Metaphern zu bilden. Gerade die Möglichkeit der Metaphernbildung ist der Ursprung für den Reichtum der Sprache.

Die begriffsschöpferische Potenz des Menschen wird von den Schimpansen nicht erreicht. Vom Aufbau eines sprachlich-geistigen Weltbildes kann bei ihnen nicht die Rede sein, während die Sprache des Menschen die Totalität seiner Welterfahrung repräsentiert. Die erlernten künstlichen Zeichen- bzw. Symbolsysteme konnten bisher nicht eigenständig tradiert werden. Die Raum-Zeit-Grenze, beim Tier nur begrenzt in Richtung auf Zukunft und Vergangenheit zu öffnen, kann beim Menschen mit Hilfe der Sprache überwunden werden, so daß sich menschlichem Denken ungeahnte Möglichkeiten eröffnen. Für die nicht zu erreichende sprachliche Artikulation sind beim Menschenaffen die anatomischen Unterschiede ursächlich und gravierend (Kehlkopf, Artikulationsorgane, Sprechregionen im Gehirn). Als Schlußfolgerung können wir ziehen:

Tiere – besonders Menschenaffen – verfügen mit Sicherheit über Zeichen- und Kommunikationssysteme, die sich jedoch von der menschlichen Sprache so wesentlich unterscheiden, daß eine Genese der letzteren aus tierischen Kommunikationssystemen unwahrscheinlich, ja sogar unmöglich erscheint.

3. Evolutionäre Modelle zur Entstehung des menschlichen Geistes

Gegen die Sonderstellung des Menschen werden von den Naturwissenschaften Erklärungen vorgetragen, die sowohl die geistige Erkenntnisfähigkeit des Menschen als auch seine Fähigkeit zur freien Entscheidung und damit sittliches Verhalten des Menschen evolutionär abzuleiten versuchen. (Zur ausführlichen kritischen Auseinandersetzung aus philosophischer Sicht vgl. Kap. 2.2.a.)

a) *Evolutionäre Erkenntnistheorie*

Der Mensch ist charakterisiert durch die Fähigkeiten, sich in Freiheit zu entscheiden, über sich selbst nachzudenken (Selbstreflexion, Selbstbewußtsein), abstrakte

Begriffe zu bilden, logische Schlußfolgerungen zu ziehen, Kausalzusammenhänge zu durchschauen und – als Grundlage der Naturwissenschaften – das Induktionsprinzip zu erkennen und anzuwenden, indem er von einer begrenzten Anzahl beobachtbarer Fälle auf alle ähnlich strukturierten Fälle schließt. Diese Fähigkeiten liegen der Sonderstellung des Menschen zugrunde, die letztlich in seiner Geistigkeit (anima rationalis), seinem Personsein wurzelt (vgl. Kap. 2.2. b).

Das Paradigma Evolution ist in der Biologie zum alles Bestimmenden dieser Wissenschaft geworden. Schwierigkeiten bestehen aber immer noch in der evolutionären Ableitung der typisch menschlichen Erkenntnisfähigkeit. Die evolutionäre Erkenntnistheorie versucht dies nun. Dabei ist der Name schon mißverständlich, denn es geht gar nicht um eine Erkenntnistheorie, sondern um die Evolution der menschlichen Erkenntnisfähigkeit. Selbstverständlich ist die Sinneserkenntnis des Menschen angepaßt an den Mesokosmos und an die typische Atmosphäre und die Lichtverhältnisse, die auf unserem Planeten herrschen. Auch ist zuzugeben, daß alles Denken bei uns vom Organ des Denkens, dem Gehirn, abhängt, das sich im Laufe der Evolution herausgebildet hat. Nach der evolutionären Erkenntnistheorie soll die Fähigkeit des Menschen, abstrakte und Allgemeinbegriffe zu bilden, auf allgemeine Schemata im subhumanen Bereich zurückgeführt werden. Auch die Erkenntnis des Kausalitätsprinzips (Verknüpfung von zwei aufeinanderfolgenden Ereignissen, post hoc, durch das Begriffspaar „Ursache – Wirkung", propter hoc), soll auf diese evolutionäre Weise entstanden sein. Ebenso wird von diesen Autoren (z. B. G. Vollmer, 1990) auch die Entstehung der Erkenntnis des Induktionsprinzips stammesgeschichtlich abgeleitet. Dagegen ist zu fragen, ob hier prinzipiell nicht ein Methodenfehler vorliegt: Wie kann naturwissenschaftliche Erkenntnis, deren Objekt das Ausgedehnte, Meßbare ist (wie z. B. auch das Gehirn), die Entstehung des menschlichen Geistes in seiner Erkenntnisfähigkeit, die in dieser Weise nicht meßbar ist, überhaupt erreichen? Der Mensch ist eben nicht adäquat von der Biologie, auch nicht von der Gehirnforschung zu erfassen. Zur detaillierten Auseinandersetzung mit der evolutionären Erkenntnistheorie vgl. Kap. 2.2.a und Pöltner, 1993.

b) *Evolutionäre Ethik*

Eine weitere Ableitung durch das Paradigma Evolution in der Biologie bereitet Schwierigkeiten: die Entstehung der Entscheidungsfreiheit des Menschen und damit die Genese seines sittlichen Verhaltens. Ist unser ethisches Verhalten und unsere „Neigungsstruktur" auf diesem Gebiet aus der evolutionären Anpassung an die spätpleistozänen Sammler und Jäger und an die neolithische Lebenswelt des Menschen entstanden? Die evolutionäre Ethik versucht das Verhalten, das für den Menschen typisch zu sein scheint, seinen Altruismus, sein selbstloses Verhalten, evolutionsbiologisch zu erklären. Als altruistisch bezeichnet man normalerweise eine bewußte und freigewählte Handlung, wodurch dem anderen Nutzen, mir aber kein Vorteil, ja sogar ein Nachteil oder Schaden entstehen kann. Da die

Biologen nun aber weder von Freiheit noch vom (Selbst-)Bewußtsein der Tiere reden können, muß man diese Anteile bei einem Vergleich mit den Tieren aus der Definition streichen. Was dann übrigbleibt, ist das äußere Schema einer Handlung, die so aussieht, als ob sie altruistisch, selbstlos sei. Nun bleibt man aber bei diesem „als ob" nicht stehen, sondern versucht ein solches Verhalten zurückzuführen auf das „egoistische Gen" (R. Dawkins, 1994). Nach ihm ist der Organismus für das Fortdauern der Gene vorhanden, und das, was vordergründig als altruistisch erscheint, ist letztlich egoistisch für das Gen. Altruismus wird rein funktional erklärt, er dient dazu, die eigenen Gene zu verbreiten. Das geschieht durch die kin-selection (Verwandten- oder Sippenselektion). Die Verwandten haben auch prozentual einen Teil der Gene dessen, der altruistisch handelt. Wenn dieser nun den anderen Sippenmitgliedern hilft zu überleben, so wird ein Teil der Gene des Altruisten, die mit denen des Bevorzugten übereinstimmen, an die nächste Generation weitergegeben. Ebenfalls regiert unter den Tieren das Prinzip „tit for tat", wie du mir, so ich dir, oder das Prinzip des reziproken Altruismus (R. Axelrod, 1988). Wenn ein Tier sich einsetzt für ein anderes und es in einer Gruppe verteidigt, so tut es das, weil es seinerseits in einer ähnlichen Situation auch wieder von den anderen Tieren Hilfe erfahren wird.

Da der sittliche Akt des Menschen einen kognitiven und einen voluntativen Anteil hat, wird auf die evolutionäre Begrenztheit der Erkenntnisfähigkeit des Menschen und auf seine Neigungsstruktur, die sich durch Evolution an die mittlere Dimension und die Lebensverhältnisse des späten Pleistozäns angepaßt hat, hingewiesen. Ist dadurch mehr bewiesen als der alte Satz „ultra posse nemo tenetur", über das Können hinaus kann man sittlich nicht verpflichtet werden?

In der kritischen Beurteilung dieser und ähnlicher Erklärungsansätze für die Entstehung des sittlichen Verhaltens des Menschen ist zu fragen, inwieweit ein solches Verständnis von Altruismus unseren menschlichen Erfahrungen von selbstlosem Verhalten entspricht, und ob man durch eine evolutionäre Ableitung überhaupt die Geltung einer sittlichen Verpflichtung begründen kann (genetischer Fehlschluß).

LITERATUR

Axelrod, Robert, Die Evolution der Kooperation. München: Oldenbourg, 1988.

Chomsky, Noam, Sprache und Geist. Frankfurt/M.: Suhrkamp, ²1980.

Dawkins, Richard, Das egoistische Gen. Verbesserte Neuauflage. Berlin, Heidelberg: Spektrum Akademischer Vlg., 1994.

Henke, Winfried; Rothe, Hartmut, Paläanthropologie. Berlin, Heidelberg: Springer, 1994.

Klein, Richard G., The Human Career. Human Biological und Cultural Origins. Chicago, London: The University of Chicago Press, 1989.

Koltermann, Rainer, Grundzüge der modernen Naturphilosophie. Ein kritischer Gesamtentwurf. Frankfurt/M.: Knecht, 1994.

Mohr, Hans, Natur und Moral. Darmstadt: Wissenschaftl. Buchgesellschaft, 1987.

Narr, Karl J., Von der Natur der frühesten Menschheit. In: W. Böhme (Hrsg.), Freiheit in der Evolution. Herrenalber Texte 57. Karlsruhe: Tron, 1984, 9–35.

Osche, Günther, Biologische und kulturelle Evolution – die zweifache Geschichte des Menschen und seine Sonderstellung. Verhandlungen d. Ges. Deutscher Naturforscher u. Ärzte. 1972. Berlin: Springer, 1973, 62–73.

Pöltner, Günther, Evolutionäre Vernunft. Eine Auseinandersetzung mit der Evolutionären Erkenntnistheorie. Stuttgart, Berlin: Kohlhammer, 1993.

Vollmer, Gerhard, Evolutionäre Erkenntnistheorie. Stuttgart: Hirzel, [5]1990.

2.2 Erschaffung des Menschen

(philosophisch)

2.2.a Wissenschaftstheoretische Zurückweisung von evolutionärer Erkenntnistheorie und Ethik als ungenügend

HARALD SCHÖNDORF SJ

1. Evolution als naturwissenschaftliche Lösung für philosophische und theologische Fragen?

Obwohl es mehr Übereinstimmung in den Grundfragen des menschlichen Lebens und der Deutung der Wirklichkeit bei den großen Religionen, Weltanschauungen und Philosophien gibt, als oft vorschnell angenommen wird, sind und bleiben diese Grundfragen umstritten. Im Gegensatz zu Philosophie und Theologie scheinen die Naturwissenschaften unumstrittene Resultate zu liefern. Dies hängt damit zusammen, daß die Naturwissenschaften nur einen Teilaspekt der Wirklichkeit untersuchen und daß sie vor allem da allgemein anerkannte Resultate liefern, wo sie Teilbereiche und Einzelprobleme erforschen, die experimentell getestet werden können. Dagegen sind diejenigen naturwissenschaftlichen Theorien, die die ganze Natur betreffen, viel schwerer zu beweisen und oft auch unter Fachleuten umstritten. Philosophische und religiöse Fragen betreffen aber ihrem Wesen nach die Gesamtheit unseres Lebens und der Wirklichkeit und lassen sich darum nicht durch experimentelle Testverfahren klären. Da die Gesamtorientierung unseres Lebens aber an der Beantwortung der Grundfragen unserer Existenz und unserer Weltdeutung hängt, suchen wir in diesen Fragen nach Gewißheit. Und so kommt immer wieder die Meinung auf, man könne diese Gewißheit dadurch erlangen, daß man alles naturwissenschaftlich erklärt. Dies gilt vor allem für die vielfältigen Spielarten des Materialismus vom Marxismus bis zu den heute verbreiteten Tendenzen, alles Geistige als bloßes Produkt naturgesetzlicher Vorgänge zu interpretieren.

Viele Wissenschaftler sehen heute eine ideale naturwissenschaftliche Erklärung der gesamten uns erfahrbaren Wirklichkeit (einschließlich philosophischer Fragen) in einer Theorie, die sich in der Biologie wie der Physik als umfassendste Rahmentheorie bewährt zu haben scheint, nämlich in der Evolutionstheorie. Wenn sich die Geschichte nicht nur der Lebewesen, sondern des ganzen Weltalls als Evolution verstehen läßt, so scheint hierin auch die wissenschaftlich gesicherte Erklärung für Grundfragen unseres Menschseins wie der Erkenntnis und des rechten Handelns zu liegen. Zudem möchte man auf diese Weise zeigen, daß die Evolutionstheorie nicht nur für die Erforschung der Vergangenheit, sondern auch für den heutigen Menschen und sein Leben von Bedeutung ist.

Wir wollen uns darum im folgenden mit den beiden Theorien auseinandersetzen, die mit Hilfe der Evolutionstheorie auch die Frage nach dem Wesen der wahren Erkenntnis und des moralischen Handelns beantworten wollen: die evolutionäre Erkenntnistheorie und die evolutionäre Ethik.

Auch wenn sich bei diesen Überlegungen einige kritische Bemerkungen zur Evolutionstheorie als solcher nicht vermeiden lassen, so sei doch vorausgeschickt, daß die Evolution als solche nicht angezweifelt oder in Frage gestellt wird. Wenn also im folgenden an einer Reihe von Erklärungen, die sich auf die Evolutionstheorie berufen, Kritik geübt wird, so bedeutet dies keineswegs, daß damit die Tatsache der Evolution als solche bestritten würde. Manche Vertreter der evolutionären Erkenntnistheorie oder Ethik meinen zu Unrecht, sie könnten ihren Kritikern die Ablehnung der Evolutionstheorie als solcher vorwerfen und sie auf diese Weise als Vertreter einer unwissenschaftlichen und längst überholten Auffassung darstellen. Die Anerkennung der Evolution als Tatsache ist eine Sache; etwas anderes ist die Frage, welche Erklärungen der Evolution und welche hieraus gezogene Folgerungen zutreffend und ausreichend sind.

Für die Richtigkeit ihrer Theorien und Erklärungen verweisen manche Naturwissenschaftler gerne auf eine Vielzahl von Beispielen. Aber die Wahrheit einer Theorie hängt nicht an der Menge der Beispiele, sondern an der Korrektheit der Argumentation. Dagegen wird leider bei der evolutionären Erkenntnistheorie und Ethik ständig verstoßen: So vermischen die evolutionären Erkenntnistheoretiker Verhalten, Wahrnehmungsorgane, Wahrnehmung und Erkenntnis. Die evolutionären Ethiker unterscheiden nicht immer klar zwischen ethischen Normen und tatsächlichen Verhaltensweisen und zwischen Beschreibung, Erklärung und Begründung; sie verwechseln das äußerlich feststellbare Verhalten mit dem bewußt gewollten Handeln, auf das es moralisch allein ankommt. Zudem wird völlig unkritisch das Überleben der Menschheit als das alleinige höchste Ziel allen richtigen Erkennens und Handelns unterstellt. Die wichtigsten dieser fehlerhaften Argumentationen sollen im folgenden aufgewiesen werden.

2. Die evolutionäre Erkenntnistheorie

Evolutionäre oder philosophische Erkenntnistheorie?

Verfechter der evolutionären Erkenntnistheorie behaupten, daß frühere Zeiten deshalb auf philosophische Spekulation angewiesen waren, weil sie noch keine Kenntnis von der Evolution hatten. Heute könnten wir jedoch unsere Überlegungen auf die gesicherte wissenschaftliche Basis der Evolutionstheorie aufbauen. Ferner müsse die philosophische Erkenntnistheorie ihren Ausgangspunkt bei der bereits vorhandenen menschlichen Erkenntnis nehmen; die evolutionäre Erkenntnistheorie hingegen setze bei einem Stadium der Evolution an, das der menschlichen Erkenntnis vorausgeht: Im Gegensatz zur philosophischen Erkenntnistheorie mache also die evolutionäre Erkenntnistheorie weniger Voraussetzungen und sei darum vorzuziehen.

Hierzu ist zu sagen: Daß früheren Zeiten die Tatsache der Evolution unbekannt war, ist natürlich unbestreitbar. Aber die Frage nach der Struktur und Wahrheit der menschlichen Erkenntnis ist philosophischer Natur und kann darum nicht von einer Fachwissenschaft beantwortet werden, da alle Fachwissenschaften bereits die grundsätzliche Fähigkeit der menschlichen Erkenntnis voraussetzen. Daß die evolutionäre Erkenntnistheorie im Gegensatz zur Philosophie die menschliche Erkenntnis noch nicht voraussetze, da sie deren Entstehung erkläre, ist falsch. Denn diese Erklärung ist nur möglich, wenn es menschliche Erkenntnis bereits gibt. Außerdem setzt die evolutionäre Erkenntnistheorie (eE) im Gegensatz zur Philosophie eine ganze Menge menschlicher Erkenntnis voraus, nämlich die gesamte Evolutionstheorie, die zudem in ihren konkreten Details alles andere als zweifelsfrei gesichert ist, sondern sowohl Lücken aufweist als auch in manchen Punkten bei ihren Verfechtern selbst umstritten ist. Die eE macht also in Wahrheit mehr Voraussetzungen als die philosophische Erkenntnistheorie, denn sie muß die gesamte Evolutionstheorie voraussetzen, während die philosophische Erkenntnistheorie außer der Tatsache der menschlichen Erkenntnis keine weitere Voraussetzung macht.

Der „hypothetische Realismus"

Die eE hat zur Voraussetzung, daß die Evolutionstheorie die Evolution richtig beschreibt und erklärt. Dies setzt aber wiederum voraus, daß unsere Erkenntnis grundsätzlich die Wirklichkeit so erfaßt, wie sie tatsächlich ist. Diese Auffassung nennt man Realismus. Die evolutionären Erkenntnistheoretiker müssen also den erkenntnistheoretischen Realismus voraussetzen, und sie tun dies auch ausdrücklich. Denn wäre unser Wissen von der Evolution nur eine Modellvorstellung oder eine Hilfskonstruktion unsererseits ohne objektive Gültigkeit, so könnten wir aus ihm keine zuverlässigen Schlüsse auf die tatsächlichen Vorgänge der Evolution ziehen.

Damit wird aber etwas vorausgesetzt, was durch die eE erst erklärt und nachgewiesen werden soll. Denn die Frage, ob und inwieweit unser menschliches Erkennen realistisch ist oder nicht, ist eine der zentralen Fragen der Erkenntnistheorie sowie in der Philosophie bis heute umstritten. So gibt es philosophische Richtungen, nach denen all unser Erkennen nur subjektive Konstruktion ist oder an die eigentliche Wirklichkeit nicht heranreicht. Die eE soll also den Realismus beweisen, muß ihn aber bereits ausdrücklich voraussetzen. Damit verstrickt sie sich aber offensichtlich von vornherein in einen fehlerhaften Zirkel (circulus vitiosus) und erweist sich schon allein deshalb als verfehlt.

Von diesem Realismus sagen die evolutionären Erkenntnistheoretiker, er sei hypothetisch, da all unser Erkennen hypothetischen Charakter habe. Damit ist gemeint, daß wir bei keiner Erkenntnis mit letzter und absoluter Sicherheit ausschließen können, daß sie nicht irgendwann widerlegt werden könnte. Dies klingt auf den ersten Blick plausibel, erweist sich aber bei genauerem Zusehen als fragwürdig. Zwar würde jeder Evolutionstheoretiker rein theoretisch zugeben, daß er seine Theorie widerrufen würde, sofern ihm jemand deren Falschheit nachweisen könnte. Er ist aber felsenfest davon überzeugt, daß dies unmöglich ist, was sich daran zeigt, daß alle Evolutionstheoretiker die Evolution als unzweifelhafte Tatsache darstellen. Das heißt aber, daß die Evolutionstheoretiker die Evolution in Wahrheit nicht nur für eine bloße Hypothese halten. Dann ist aber auch der von ihnen vertretene Realismus mehr als hypothetisch.

Die Argumentation der evolutionären Erkenntnistheorie in ihren Grundzügen

Nach der eE erklären dieselben Faktoren, die die Evolution vorantreiben, auch die Fähigkeit der menschlichen Erkenntnis, die Wirklichkeit realistisch zu erfassen. Gerhard Vollmer faßt in seinem Werk „Evolutionäre Erkenntnistheorie" ([4]1987) seine Theorie so zusammen:

> Unser Erkenntnisapparat ist ein Ergebnis der Evolution. Die subjektiven Erkenntnisstrukturen passen auf die Welt, weil sie sich im Laufe der Evolution in Anpassung an diese reale Welt herausgebildet haben. Und sie stimmen mit den realen Strukturen (teilweise) überein, weil nur eine solche Übereinstimmung das Überleben ermöglichte. (102; im Original hervorgehoben.)
>
> Die Gesetze der Evolution besagen, daß nur überlebt, wer hinreichend angepaßt ist. Einfach daraus, daß wir noch leben, können wir also schließen, daß wir „hinreichend angepaßt" sind, d. h., daß unsere Erkenntnisstrukturen hinreichend „realistisch" sind. (103f.)
>
> Durch die eE sind also mehrere wichtige Fragen beantwortet. Erstens wissen wir, woher die subjektiven Strukturen der Erkenntnis kommen (sie sind ein Produkt der Evolution). Zweitens wissen wir, warum sie bei allen Menschen nahezu gleich sind (weil sie genetisch bedingt, also erblich sind und – wenigstens als Anlage – angeboren). Drittens wissen wir, daß und warum sie zumindest teilweise mit den Strukturen der Außenwelt übereinstimmen (weil wir die Evolution sonst nicht überlebt hätten). (106)

Der Grundgedanke der eE ist also: Überleben ist nur möglich aufgrund von besserer Anpassung. Diese setzt aber bessere Erkenntnis voraus. Also überlebt derjenige, dessen Erkenntnis am höchsten entwickelt ist: der Mensch.

Anpassung, Überleben und ihr Verhältnis zueinander

Nach der eE überleben im Lauf der Evolution nur die immer besser angepaßten Lebewesen, so daß es beim Menschen zu einer optimalen „Passung" der Erkenntnis zur Wirklichkeit kommt. Dabei werden zwei Begriffe verwendet, deren Bedeutung sich bei näherem Zusehen als unklar und vage erweist: Überleben und Anpassung.

Ab welcher Dauer des Vorkommens während der bisherigen Evolution kann vom Überleben einer Art gesprochen werden? Haben nur die Arten überlebt, die es heute noch gibt? Aber wenn diese Arten eines Tages aussterben, was dann? Es gibt einfache Lebewesen, die schon in einer sehr frühen Phase der Evolution entstanden sind und bis heute weiterexistieren, während manche andere höher entwickelte Lebewesen wieder untergegangen sind. Da der Mensch das jüngste Lebewesen in der Evolution ist, hat er bis jetzt am wenigsten „überlebt". Seit der jüngsten Gabelung des Entwicklungsstammbaums hat eine Reihe von Primaten genauso lange überlebt wie der Mensch, müßten also ebenso gut angepaßt sein wie er. Und wenn wir nicht sämtliche Ängste vor Atomkriegen und Umweltkatastrophen für blanke Fantasie erklären wollen, so können wir auch die Möglichkeit nicht ausschließen, daß der Mensch eine viel kürzere Zeit „überleben" wird als weniger entwickelte Lebewesen.

Ähnlich vage erweist sich der Begriff der Anpassung. Zunächst einmal gibt es überhaupt kein Leben ohne wechselseitige Anpassung zwischen einem Lebewesen und seiner Umwelt. Wenn das Überleben auf bessere Anpassung zurückgeführt wird, so hat eine solche Erklärung nur einen Sinn, wenn unabhängig vom Überleben gesagt wird, was unter der besseren Anpassung verstanden wird. Sinnvollerweise kann damit nur gemeint sein, daß eine bestimmte Art ihr Leben rationeller gestaltet als andere, d. h. für dieselben Lebensfunktionen einen geringeren Aufwand benötigt.

Das Überleben einer Art hängt aber nicht unbedingt davon ab, ob sie sich rationeller gegenüber ihrer Umwelt verhalten hat, sondern es hängt unter sonst gleichen Bedingungen davon ab, wer sich schneller und zahlreicher vermehrt. Ein unrationell vorgehendes, also schlecht angepaßtes Lebewesen kann eine größere Vermehrungsrate und somit bessere Überlebenschancen haben als ein besser angepaßtes.

Aber das Überleben hängt nicht nur vom Verhalten der betreffenden Lebewesen ab, sondern auch von den Rahmenbedingungen. Viele Arten haben nicht überlebt, obwohl wir nicht eindeutig den Grund dafür angeben können. Andere haben überlebt, obwohl nicht sicher ist, ob ihr Verhalten signifikant von dem anderer Arten abweicht. In einer Konfliktsituation zwischen ähnlich starken Kontrahenten läßt sich nicht vorhersagen, ob die Flucht oder der Kampf eher zum Überleben führt. Es spricht vieles dafür, daß manche Arten von Lebewesen durch Katastrophen ausgestorben sind. Katastrophen sind aber außergewöhnliche Ereignisse, bei denen das Überleben von anderen Bedingungen abhängt als im Normalfall. Daß es Katastrophen wie Vulkanausbrüche, Überschwemmungen und dgl. immer wieder gab und daß sie auch Hochkulturen ausrotten konnten, ist bekannt. Ferner hängt das Überleben mancher Entwicklungsrichtungen mit geographischer Isolierung zusammen wie bei den Galapagosinseln und in Australien.

Nun gibt es aber Entwicklungen, die durch die überlebensnotwendige Anpassung nicht erklärbar sind, da sie nachweislich viel reicher und differenzierter sind, als es zum bloßen Überleben nötig wäre. Die Anpassung kann über die Notwendigkeit hinausgehende Phänomene nicht erklären. Für die Partnersuche, die Revierverteidigung usw., also zum Zweck des Überlebens gäbe es weniger aufwendige Verfahrensweisen als die Balz eines Pfaus oder die Gesänge von

Singvögeln. Der Luxus, den sich die Natur hier leistet, ist von der Überlebensnotwendigkeit allein her nicht erklärbar. Zum anderen läßt sich aus der Anpassung nicht herleiten, daß der Mensch diejenige Stufe der Evolution erreicht hat, für die eine wirklichkeitsgerechte Erkenntnis nötig ist. An der Dauer des Überlebens läßt sich die Höherentwicklung der Lebewesen nicht messen, denn es gibt sehr niedere Arten von Lebewesen, die schon in einer sehr frühen Stufe der Evolution entstanden sind und bis heute existieren. Daß immer die höherentwickelten Lebewesen überleben, läßt sich ebensowenig beweisen. Denn es sind im Lauf der Evolution hochentwickelte Lebewesen wie die Dinosaurier oder die Mammute ausgestorben, während manche niedrige Arten bis heute überdauert haben.

Angesichts dieser Tatsache sprechen die Evolutionstheoretiker normalerweise nicht von einer Anpassung im allgemeinen Sinn, sondern von einer Anpassung an eine bestimmte ökologische Nische, d. h. an die Bedingungen einer begrenzten Umwelt, die einer Art das Überleben ermöglicht. Wird die Anpassung aber so verstanden – und die Tatsache, daß oft die niederen Lebewesen überlebten, während höherentwickelte ausstarben, nötigt wohl dazu –, dann muß die Annahme aufgegeben werden, daß nur die jeweils besser angepaßten Lebewesen überlebt haben. Denn dann gibt es immer nur die Anpassung an eine ganz bestimmte Umwelt, an die jeweilige ökologische Nische. Wenn dies stimmt, dann bedeutet es aber, daß auch bei uns Menschen wie bei allen anderen Lebewesen die Anpassung relativ zu der Umwelt zu sehen ist, von der unser Überleben aufgrund unserer biologischen Verfassung abhängt. Dann läßt sich aber aus der Anpassung nur auf eine Erkenntnis entsprechend der lebensgemäßen Umwelt schließen.

Auch beim Menschen kann man von einer ökologischen Nische reden, an die er angepaßt ist. Es ist dies unsere alltägliche Lebenswelt, die im Gegensatz zum Makro- und Mikrokosmos darum Mesokosmos (griech.: „mittlere Welt") genannt werden kann. Außerdem ist der Mensch nach allem, was wir heute wissen, in einem begrenzten Gebiet aufgetreten und hat sich erst nach und nach weitere Lebensräume der Erde erobert. Wenn damit aber auch dem Menschen eine bestimmte ökologische Nische in Gestalt einer Umwelt zugewiesen wird, dann läßt sich die Schlußfolgerung nicht mehr aufrechterhalten, der Mensch habe die höchste Anpassung und darum eine wirklichkeitsgerechte Erkenntnis. Damit stimmt überein, daß auch der Mensch wie andere Lebewesen in bezug auf seine Wahrnehmungsfähigkeiten nur eine begrenzte und selektive Erkenntnis hat. Allerdings weiß der Mensch im Gegensatz zu anderen Lebewesen kraft seiner Vernunft darum und kann die Beschränktheit seiner Erkenntnis korrigieren.

Setzen Anpassung und Überleben notwendigerweise bessere Erkenntnis voraus?

Die Vertreter der eE müssen eine ständige Höherentwicklung im Lauf der Evolution annehmen. Denn nur unter dieser Voraussetzung läßt sich behaupten, die Evolution führe zu einer ständigen Verbesserung der Erkenntnis, so daß schließlich der Mensch die Wirklichkeit so erkenne, wie sie ist.

Wenn wir nun einmal die Tatsache der Erkenntnis als gegeben hinnehmen und zugeben, daß zumindest ein Teil des Verhaltens von Lebewesen durch Erkenntnis gesteuert wird, wie steht es dann mit der evolutionären Erklärung der Qualität der menschlichen Erkenntnis? Hat der Mensch überhaupt die richtige Erkenntnis? Folgt aus der Anpassung an höchst unterschiedliche Situationen eine wirklichkeitsgerechte Erkenntnis? Die beste Anpassung verlangt nur ein optimales Verhalten bei den Dingen, die ich für mein Überleben benötige, aber das muß nicht unbedingt ein theoretisch richtiges Erkennen sein. Wenn das richtige Erkennen das Resultat einer natürlichen Auswahl wäre, so müßten wir Menschen die umfassendste unter allen möglichen Wahrnehmungsfähigkeiten besitzen. Dies ist aber offensichtlich nicht der Fall. Vielmehr ist die Leistung unserer Wahrnehmungsorgane, d. h. unserer Sinne, beschränkt, was allem Anschein nach für unseren Alltag auch ausreicht.

Der Versuch, die wirklichkeitsgerechte, realistische Erkenntnis des Menschen durch das Überleben der jeweils höher entwickelten Lebewesen zu erklären, scheitert also schon aus rein evolutionstheoretischen Überlegungen, von den noch zu erörternden philosophischen Gründen ganz abgesehen.

Die Überlegung, daß mit der allgemeinen Höherentwicklung der Lebewesen zugleich eine immer stärkere Verbesserung der Erkenntnisfähigkeit stattgefunden hat, ist nur schlüssig, wenn dabei vorausgesetzt wird, daß das besser angepaßte Verhalten eines Lebewesens genau der Qualität seiner Erkenntnis entspricht. Es wird also eine genaue Korrelation, eine Parallelität von Erkenntnis und Verhalten unterstellt.

Als Veranschaulichung dafür, daß das Überleben von der richtigen Erkenntnis abhängt, bringen die evolutionären Erkenntnistheoretiker gerne folgendes Beispiel:

> Um es grob, aber bildhaft auszudrücken: der Affe, der keine realistische Wahrnehmung von dem Ast hatte, nach dem er sprang, war bald ein toter Affe – und gehört daher nicht zu unseren Urahnen. (*G. G. Simpson: Biology and the nature of science. Science* 139 [1963] 81–88; 84; zitiert nach: *G. Vollmer:* 1987, 103.)

Dies scheint auf den ersten Blick sehr plausibel zu sein. Genau dieses Beispiel zeigt aber, daß die eE von einer falschen Voraussetzung ausgeht. Jeder Naturwissenschaftler würde nämlich folgende Argumentation als unberechtigten Schluß von menschlichem auf tierisches Verhalten ablehnen: Wenn ich etwa über einen Graben springen will, dann überlege ich, wieviel Kraft ich brauche, und dann springe ich. Oder wenn ein Affe an einem Ast hängt und auf einen anderen Ast springen will, dann überlegt er sich, wieviel Kraft er braucht, und dann springt er. Aber das von Simpson angeführte Zitat entspricht genau dieser Argumentationsweise. Es ist aber keineswegs ausgemacht, daß der Sprung des Affen genau seiner vorausgehenden Erkenntnis entspricht. Angenommen, der Affe schätzt auch seine Schwungkraft zu gering ein, so wird er weiter springen und auf diese Weise doch den anderen Baum erreichen.

Es ist eigenartig, daß ausgerechnet Biologen, die doch besser als alle anderen um die Bedeutung unbewußt ablaufender Reiz-Reaktions-Schemata und automatisierten instinktiven Verhaltens wissen, richtiges Verhalten auf richtige Erkenntnis zurückführen wollen. Selbst bei uns Menschen und noch viel mehr bei anderen Lebewesen besteht ein nicht geringer Teil des Verhaltens in spontanen Reaktionen auf bestimmte Reize. Gerade die elementaren vitalen Vorgänge, von denen unser Überleben abhängt, wie Schlafen, Hunger, Durst, Verdauung usw. und unsere spontanen Reaktionen in gefährlichen Situationen werden großteils unabhängig von unserer bewußten Erkenntnis gesteuert.

Es kommt nämlich für das Überleben nur auf die richtigen Verhaltensweisen an. Daraus zu folgern, ein solches Verhalten müsse einer wirklichkeitsgerechten Erkenntnis entspringen, ist ein Trugschluß. Denn alle diese Verhaltensweisen können grundsätzlich auf eine unbewußte, also nicht erkenntnisartige Weise ausgelöst werden. Erkenntnis ist hierfür nicht nötig, erst recht nicht eine realistische Erkenntnis. Auch ein Blinder kann tastend durch den Wald gelangen. Nötig ist nur das an die jeweilige Umwelt angepaßte Verhalten, die richtige Entsprechung zwischen dem Erfassen einer Situation und der darauf folgenden Reaktion. Aber dazu müssen auch Bakterien oder Pflanzen imstande sein, und kaum jemand schreibt ihnen deshalb Erkenntnis zu.

Es ist nicht richtig, daß die Vielzahl und Variabilität eines an alle möglichen Situationen angepaßten Verhaltens ohne irgendeine Form von Erkenntnis nicht oder nur schlecht denkbar ist. Es könnte sich im Lauf der Evolution durch fortschreitende Mutation und Selektion ein immer komplizierteres Verhaltensprogramm entwickelt haben, das eine immer hervorragendere Anpassung an die unterschiedlichsten Situationen ermöglicht. Hierfür genügt irgendeine Weise der Verarbeitung durch das Nervenzentrum, die nach Art eines Computers aus einer möglichst großen Vielzahl von Reaktionen jeweils diejenige auswählt, mit der am besten das Überleben gesichert werden kann. Auf die jeweiligen Reize oder Eingaben (Input) muß mit dem richtigen Verhalten (Output) geantwortet werden. Auf welche Weise die Entsprechung zwischen Eingabe und Antwort hergestellt wird, ist unerheblich. Man kann sich innerhalb einer Maschine oder eines Organismus dafür unterschiedliche Verarbeitungsprozeduren vorstellen, deren genaues Funktionieren womöglich unbekannt ist. Wäre hierfür Erkenntnis nötig, so wäre es völlig undenkbar, daß man überhaupt auf die Idee kommen kann, die Frage zu stellen, inwiefern sich ein Computer von einem menschlichen Gehirn unterscheidet.

Ein solcher Mechanismus hätte zudem den Vorteil, daß sich der Mensch nie für ein offensichtlich unzweckmäßiges Verhalten entscheiden würde. Er wäre also im Gegensatz zur unberechenbaren menschlichen Freiheit die wesentlich bessere Überlebensgarantie. Wenn bei der Evolution nur das überlebt, was die bessere Überlebenstauglichkeit aufweist, so hätte die Evolution anstelle des Menschen einen hochentwickelten Roboter hervorbringen müssen.

Es ist also für ein überlebensdienliches Verhalten nicht nötig, daß wir Erkenntnis besitzen und diese der Wahrheit entspricht. Es gibt im Gegenteil sogar Fälle, wo es für das Überleben besser, wenn nicht gar notwendig ist, über die wahre Situation nicht Bescheid zu wissen. Wir fragen uns, ob wir jeden in jeder Situation (z. B. bei Krankheit) über die tatsächliche Problematik seiner Lage aufklären sollen. Denn wenn ein Lebewesen erkennt, daß seine Chancen objektiv sehr schlecht sind, und sein Handeln nach dieser Erkenntnis ausrichtet, so wird es von vornherein kapitulieren. Dies ist aber für das Überleben einer Art auf jeden Fall schlechter, als wenn ein Lebewesen aufgrund der irrigen Annahme guter Überlebenschancen auch noch in einer hoffnungslosen Situation mit allen Mitteln um sein Überleben kämpft. Denn in diesem Fall ist damit zu rechnen, daß doch im einen oder anderen Fall das Überleben gelingt und die Art womöglich so gerettet wird.

Die eE setzt zu Unrecht Erkennen und Verhalten gleich. Auch wenn viele Erkenntnisse dazu dienen, unser Verhalten zu beeinflussen, so ist doch Erkenntnis als solche etwas völlig anderes als Verhalten und kann nicht auf Verhalten reduziert werden. Es wird kein Unterschied gemacht zwischen unserem „Erkenntnisapparat", d. h. unseren Sinnesorganen, dem Vorgang der Wahrnehmung und der menschlichen Erkenntnis als solcher, die wesentlich mehr ist als bloß Wahrnehmung. Apparat, Funktion und Erkennen sind aber verschiedene Dinge. Man kann nicht die Wahrnehmungsorgane, das Geschehen der Wahrnehmung und die menschliche Erkenntnis einfach gleichsetzen. Das wäre ungefähr so, wie wenn jemand die Musikinstrumente, das Orchester und die Aufführung der Symphonie gleichsetzen würde. Weder läßt sich das Geschehen der Wahrnehmung allein durch die Sinnesorgane erklären, noch reduziert sich menschliches Erkennen allein auf Sinneswahrnehmungen. Die noch so genaue Erforschung des Zusammenhangs zwischen Sinnesorganen, Nerven und Gehirn kann nicht erklären, wieso wir bei bestimmten Sinnesreizungen nicht nur körperlich beeinflußt werden, sondern in unserem Bewußtsein eine Empfindung erleben. Und menschliches Erkennen geht über alle Empfindungen und Wahrnehmungen hinaus, denn es erlangt erst da seine eigentümliche Weise, wo wir der Auffassung sind, etwas mache nicht nur diesen oder jenen Eindruck, sondern sei tatsächlich so oder nicht so. Dies zu wissen, ist aber Sache unseres Verstandes.

Beweist der Nutzen Wahrheit oder Falschheit?

Die evolutionären Erkenntnistheoretiker wollen die menschliche Erkenntnis durch ihren Nutzen für das Überleben erklären. Dabei wird oft nicht sehr sauber argumentiert. Ich kann nämlich nur dann zeigen, daß etwas wegen seines Nutzens geschieht, wenn ich aufzeige, daß andere Alternativen weniger nützlich wären. Nur dann ist das Argument brauchbar. Oft wird der Nutzen aber nur an einigen Beispielen gezeigt, und dann werden diese Fälle ohne hinreichende Begründung verallgemeinert und es wird die Behauptung aufgestellt, damit sei doch gezeigt, daß sich alles auf diese Weise erklären lasse.

Nicht selten wird auch einfach damit argumentiert, daß doch ein Nutzen herauskomme. Aber dies ist kein Argument, denn im nachhinein kann ich alles für nützlich erklären. Aber wer wird schon im Ernst behaupten wollen, eine Mozartoper, die Bestattung eines Verstorbenen oder die Liebe zu einem anderen Menschen seien nur Mittel zum Zweck des Überlebens der Menschheit? Kunst, Kult und Kultur ganz allgemein sind nicht überlebensnotwendig. Die Bestattung der Toten, eine nur bei Menschen vorkommende Verhaltensweise, ist nicht aus Zweckmäßigkeitsgründen zu erklären, denn sonst müßte es etwas Vergleichbares auch bei Menschenaffen geben. Dasselbe gilt auch für die immer wieder vorgetragene Erklärung der Religion als eines bloßen Mittels zur Beruhigung unserer Ängste und Sorgen und zur Stabilisierung des gesellschaftlichen Zusammenhalts. Die Entwicklung der bildnerischen, literarischen und musikalischen Künste kann auch nicht hinreichend durch den Spieltrieb und das Unterhaltungsbedürfnis erklärt werden.

Es ist eigenartig, mit welcher Selbstverständlichkeit der Nutzen als Beweis für die Wahrheit angesehen wird. Denn man kann den Nutzen ebensogut als ein Indiz dafür ansehen, daß eine Sache unwahr ist. Warum lügen wir, wenn nicht deshalb, weil wir uns davon einen Nutzen versprechen? Ideologiekritik und Religionskritik argumentieren meist nach dem Schema, eine bestimmte Idee, Weltanschauung oder Religion sei deshalb unwahr, weil sie uns Menschen überhaupt oder einer bestimmten Gruppe Nutzen bringe. Und Nietzsche ist sogar so weit gegangen, daß er behauptet hat, die Wahrheit sei die Art von Irrtum, ohne welche wir Menschen nicht leben könnten. Hier wird also die Überlebensnotwendigkeit gerade zum Argument für die Falschheit der menschlichen Erkenntnis gemacht.

Erkenntnis kann überhaupt nicht durch Evolution erklärt werden

Während man zeigen kann, daß ein angemessenes Verhalten zum Leben und Überleben nötig ist, ist das, was wir Erleben, Bewußtsein, Erkennen oder dgl. nennen, in keiner Weise für das Überleben notwendig und kann darum auch nicht durch seinen angeblichen evolutionären Nutzen oder Vorteil erklärt werden. Denn der Funktionskreis von unbewußter Reizerfassung, Verarbeitung und Reaktion ist in sich geschlossen und reicht für ein richtiges Verhalten völlig aus: Das Erleben, Innewerden, Bewußtsein, Erkennen oder wie immer man sagen will, kommt zusätzlich hinzu, ohne daß damit irgendein Nutzen, geschweige denn eine Notwendigkeit für die bessere Anpassung und das Überleben verbunden wäre.

Daß sich bei den Lebewesen Fühlen, Erleben, Innewerden, Erkennen herausgebildet hat, ist durch Anpassungsdruck und Überlebensvorteil nicht zu erklären. Auch der durch die Entstehung von Gefühlen möglicherweise erzielte Gewinn an Vitalität hätte ebenso auf andere Weise hervorgebracht werden können. Er fordert zudem durch die Entstehung von Schmerzen und Leiden seinen Preis, denn die Flucht vor Gefahren und die Reaktion auf Krankheitszustände wäre auch auf andere Weise möglich.

Was schon für das bewußte Erleben oder Erkennen im allgemeinen gilt, gilt erst recht für das spezifisch menschliche Erkennen. Dieses beschränkt sich nicht auf die Wahrnehmung, deren Begrenztheit oben dargelegt wurde. Im Gegensatz zu anderen Lebewesen wissen wir nämlich um diese Begrenztheit und können feststellen, wo die Stärken und Schwächen unseres Wahrnehmungsapparates liegen. Dies geht aber natürlich gerade nicht wiederum allein mit Hilfe unseres Wahrnehmungsapparates, denn sonst müßte dieser ja seine Grenzen überwinden können. Dann wären es aber nicht seine Grenzen. Dies geht nur mit Hilfe unserer Vernunft: Diese erweist sich jedoch gerade hierdurch als etwas grundsätzlich anderes als unser Wahrnehmungsvermögen, weil sie noch einmal hierüber nachdenken (reflektieren) kann. Wenn unser Erkennen nur ein Instrument zum besseren Verhalten wäre, was die evolutionäre Erkenntnistheorie annimmt, dann wäre die grundsätzliche Reflexion auf diese Funktion und ihre Leistungen und Grenzen nicht möglich.

Erkenntnis ist nicht nur Mittel für andere Zwecke

Für die eE hat Erkenntnis nur *einen* Zweck, nämlich dem Überleben zu dienen. Besteht hierin aber wirklich die einzige Funktion der Erkenntnis? Dann würde Erkennen darin aufgehen, Zweck-Mittel-Zusammenhänge zu erfassen. Nun ist es zweifellos richtig, daß viele unserer Erkenntnisse dazu dienen, uns in unserem Leben und Handeln weiterzuhelfen. Aber Erkenntnis und erst recht Wahrheit gehen nicht darin auf, handlungs- und zweckbezogen zu sein.

Dies zeigt sich schon in unserer mitmenschlichen Kommunikation, die keineswegs wie bei sog. Tiersprachen darauf beschränkt ist, Informationen weiterzugeben, die zu bestimmten Verhaltensweisen im Zusammenhang mit Ernährung, Fortpflanzung und dgl. mehr führen sollen. Wir reden oft miteinander, um Informationen weiterzugeben, die wir für interessant halten, um unsere Neugierde und unseren Wissensdurst zu befriedigen oder einfach, um uns zu unterhalten.

Daß wir über unsere Erkenntnisse reflektieren können, sie mit Hilfe von Begriffen sprachlich ausdrücken und mitteilen, daß wir sie völlig unabhängig von ihrem ursprünglichen Kontext weitergeben und schriftlich niederlegen können, daß wir einfach aus Neugier und Wissensdurst nach Information streben: All dies ist unerklärlich, wenn unsere Erkenntnis nur darin aufgeht, dem Überleben zu dienen.

Besonders klar ist das bei den Wissenschaften, die keinerlei technischen oder sonstigen praktischen Zweck verfolgen, wie z. B. Geschichts- oder Literaturwissenschaft. Aber es gilt auch teilweise von Wissenschaften wie der Physik oder der Biologie, von denen manchmal angenommen wird, sie seien ganz und gar zweckorientiert. Eine physikalische Weltformel oder die Urknalltheorie läßt sich nicht praktisch verwerten; und die Klärung der Frage, ob bestimmte Tiere schon einige Jahrtausende früher auf der Erde aufgetaucht sind oder nicht, bringt für unsere heutige Lebenspraxis gleichfalls nichts.

Und dies gilt nicht zuletzt für eine eE, wenn sie so gemeint ist, wie sie von ihren Verfechtern vorgetragen wird. Denn wenn unser Erkennen wirklich darin seinen einzigen Sinn hätte, dem Überleben zu nützen, so müßte dieser Nutzen bereits im bisherigen Überleben bestanden haben und könnte durch die eE nicht vermehrt werden. Wer ernsthaft eine philosophische Theorie vorträgt, beansprucht damit gerade nicht, etwas nur gesagt zu haben, damit es bestimmten Zwecken dient, sondern weil es wahr ist. Welchen Überlebenswert soll eine Erkenntnistheorie haben? Wenn unser Erkennen nämlich evolutionär bedingt ist und zum Überleben dient, dann muß es auch ohne eine solche Erkenntnistheorie richtig sein. Wenn es aber nicht richtig sein sollte, dann dürfen wir dies gerade aus evolutionären Gründen nicht erkennen, denn sonst berauben wir uns unserer eigenen Überlebenstauglichkeit, die nach der Meinung der evolutionären Erkenntnistheoretiker das Höchste darstellt. Eine Theorie hat nur einen Sinn, wenn ihr Sinn nicht darin besteht, daß damit bestimmte Zwecke verfolgt werden, sondern wenn sie sich unabhängig davon als wahr ausweisen kann. Wer eine eE vorlegt, zeigt damit also, daß er im Wissen und der Wahrheit selbst einen Sinn und Wert sieht.

Gerhard Vollmer möchte die Wissenschaft im Gegensatz zur Alltagserkenntnis nicht mehr aus evolutionären Gründen erklären. Aber die Struktur wissenschaftlichen Denkens läßt sich nicht von unserem sonstigen Denken und Erkennen trennen. Denn die Fragen nach Gründen und Zwecken und das methodisch-systematische Forschen und Suchen beginnt nicht erst mit der Wissenschaft im engeren Sinn des Wortes. Wäre die Wissenschaft eine Erkenntnisweise, die nichts mit unserer Alltagserkenntnis zu tun hätte, wie könnten wir dann Wissenschaften erlernen?

Es hat ferner immer wieder Menschen gegeben, die die Wahrheit ihrem Leben oder dem Überleben ihrer Gruppe vorgezogen haben. Aber auch die von uns normalerweise als Untugend betrachtete Rechthaberei um jeden Preis ist ein Zeichen dafür, daß unsere Erkenntnis nicht nur unserem Verhalten dient, sondern ihren Wert auch in sich selbst, d. h. im Wissen und in der erkannten Wahrheit hat.

Was kann die evolutionäre Erkenntnistheorie erklären?

Die eE mag imstande sein, die Entwicklung der Wahrnehmungsorgane und ihrer Fähigkeiten zu erklären, aber damit hat sie nicht die menschliche Erkenntnis als solche erklärt. Ferner kann die eE zeigen, inwieweit sich das menschliche Erkennen zweckmäßig in die zum Leben und Überleben dienlichen Funktionen einfügt und unter dieser Rücksicht nur dem Menschen als höchster Stufe der Evolution zukommen kann. Aber das Entstehen der menschlichen Erkenntnis oder gar ihre Wahrheit lassen sich nicht aus evolutionstheoretischen Erwägungen heraus erklären, geschweige denn als notwendiges Evolutionsprodukt erweisen.

3. Die evolutionäre Ethik

Verschiedene Formen der evolutionären Ethik

Ethik oder Moralphilosophie ist die philosophische Lehre vom richtigen, guten, sittlichen Wollen und Verhalten, von den moralischen Werten und Normen, nach denen wir zu leben haben, wenn wir gute Menschen sein wollen. Die evolutionäre Ethik will dies ganz oder teilweise aus der Evolution erklären. Ihre Thesen sind unterschiedlich. Gemeinsam ist allen Richtungen der evolutionären Ethik nur, daß als oberstes Ziel das Überleben der Menschheit gilt und daß uns die Evolution über die dafür geeigneten Verhaltensweisen belehre. Im übrigen vertreten die evolutionären Ethiker sehr unterschiedliche Konzeptionen. Einige wollen die Ethik als solche aus der Evolution herleiten, andere wollen nur das Entstehen der Ethik oder die Einstellungen und das Verhalten der Menschen gegenüber ethischen Normen evolutionär erklären. Oft betrifft die evolutionäre Erklärung lediglich die tatsächlichen menschlichen Verhaltensweisen. Wenn aber nur Verhaltensweisen erklärt werden oder als überlebensdienlich erklärt werden sollen, so handelt es sich überhaupt nicht um Ethik, sondern um eine evolutionäre Erklärung dafür, warum wir zu bestimmten Verhaltensweisen tendieren. Andere formulieren ihre Normen unabhängig von der Evolution oder gar gegen sie, indem sie fordern, daß wir Menschen unser Überleben auch gegen evolutionär erklärbare selbstzerstörerische Tendenzen sichern. Von evolutionärer Ethik im strengen Sinn kann erst dann gesprochen werden, wenn behauptet wird, alle Normen für unser sittliches Verhalten seien aus der Evolution abzuleiten.

Die Angriffe auf die traditionelle Ethik werden oft mit deren unzureichender Wirksamkeit begründet. Nun mag tatsächlich bei der Ethik die Frage der erfolgversprechenden Motivierung oft eine zu geringe Rolle spielen. Aber die Frage, wie gut für eine Ethik motiviert und wieweit sie tatsächlich befolgt wird, sagt nichts über ihre Richtigkeit aus. Und daß es den evolutionären Ethikern besser gelingt, die Menschen zu gutem Handeln zu bewegen, darf bis zum Beweis des Gegenteils bezweifelt werden.

Einige der Einwände gegen die eE gelten ebenso für die evolutionäre Ethik und werden darum hier nicht eigens wiederholt.

Wie vertragen sich Evolutionsgesetze und freies Handeln?

Sittlichkeit setzt voraus, daß Menschen sich für oder gegen ein bestimmtes Verhalten frei entscheiden können. Bei Vorgängen, die von Natur aus so und nicht anders ablaufen, verliert Ethik jeden Sinn. Damit ergibt sich aber für die evolutionäre Ethik von vornherein folgendes Dilemma:

Entweder unterliegt das Verhalten des Menschen ganz den Gesetzen der Evolution, dann laufen diese Gesetze mit Naturnotwendigkeit ab und können nicht durch unser freies Handeln beeinflußt werden. Dann hat die Evolution von vornherein mit Ethik nichts zu tun. Oder der Mensch untersteht zumindest teilweise nicht zwangsläufig den Gesetzen der Evolution. Dann müßte aber erst die Frage geklärt werden, warum sich der Mensch in seinem freien Tun in irgendeiner Weise an der Evolution orientieren soll.

Kann die Evolution ein moralisches Sollen begründen?

Jede Ethik, die sich auf die Evolutionstheorie beruft, steht vor dem Problem, daß sich aus bloßen Tatsachenfeststellungen keine ethischen Normen ableiten lassen. Weder Naturvorgänge wie die Evolution noch das tatsächliche Verhalten der Menschen sagen etwas darüber aus, welche dieser Verhaltensweisen sittlich erlaubt oder geboten sind und welche nicht. Wenn also das Sollen nicht aus dem Sein abgeleitet werden kann, wie man zu sagen pflegt, dann können weder Entstehung noch Inhalt der Moral aus der Evolution hergeleitet werden. Dies wäre nur möglich, wenn man der Evolution einen höheren Sinn zuerkennt, der auch den Menschen und sein Leben umfaßt. Naturwissenschaftlich läßt sich dies aber nicht begründen.

Innere Einstellung, nicht äußeres Verhalten zählt für die Ethik

Wer die gesamte Ethik von einem zu erreichenden Ziel her konzipiert, der bewertet das Verhalten vom Erfolg her. Diese Gefahr ist besonders dann naheliegend, wenn Menschen aus irgendwelchen Gründen der Meinung sind, bestimmte Veränderungen seien für das Überleben der Menschheit unbedingt notwendig. Damit wird aber der Erfolg zum Kriterium ethischen Handelns gemacht. Die Frage, ob ein Mensch moralisch handelt oder nicht, kann jedoch niemals davon abhängen, ob er mit seinem Handeln tatsächlich den beabsichtigten Zweck erreicht, denn dies hängt immer auch an Bedingungen, die seinem Einfluß entzogen sind. Die moralische Beurteilung kann sich nur an dem ausrichten, was ein Mensch unter Einbeziehung aller Umstände, deren Kenntnis man von ihm verlangen kann, beabsichtigt und unter Aufbietung aller ihm zur Verfügung stehenden Kräfte und Mittel in die Wege geleitet hat. Moralisches oder ethisches Handeln ist nämlich eine Art und Weise zu handeln. Es bedeutet, daß wir in allem Wollen und Handeln nach unserem Gewissen gerecht und verantwortungsvoll vorgehen. Eine nur am äußeren Verhalten orientierte Betrachtung ist grundsätzlich für die moralische Beurteilung untauglich.

Überleben des Menschen als Ziel der Ethik?

Die Vertreter der evolutionären Ethik sehen das oberste Ziel für unser Handeln im Überleben der Menschheit. Nun hat die Evolution aber für die Evolutionstheorie kein vorgegebenes Ziel, auch nicht das Leben oder Überleben der Menschheit. Ist der Mensch aber nur ein Produkt innerhalb des Evolutionsprozesses, so ist nicht ersichtlich, warum ausgerechnet er überlebenswerter sein soll als andere

Evolutionsprodukte. Wenn das Ziel der evolutionären Ethik in der Erhaltung der Menschheit und der für sie nötigen natürlichen Lebensgrundlagen besteht, dann ist dies nicht aus der Evolution zu begründen, sondern ist womöglich eher der Versuch, die Evolution zu stoppen. Dann stellt sich aber die Frage, welche Hilfen uns hierfür die Evolution liefern kann. Wer das Leben und Überleben der Menschen zur ethischen Zielsetzung erklärt, setzt voraus, daß das menschliche Leben aufgrund seiner Würde gegenüber anderen Lebewesen einen Vorrang hat, daß der Mensch also nicht nur ein Durchgangsstadium im Verlauf der Evolution, sondern das Ziel (die „Krone") der Schöpfung ist.

Denkt man das Überleben der Menschen als höchstes Ziel streng im Sinn der Evolutionstheorie, dann wäre jedes Verhalten, das im Endeffekt zu einer zahlenmäßigen Vermehrung der Menschheit führt, zu rechtfertigen. Dies gilt dann aber für einander genau entgegengesetzte Verhaltensweisen. Wenn sich zwei Gruppen miteinander vertragen, dient dies dem Überleben, da beide Gruppen sich ungehindert vermehren können. Aber auch wenn die eine Gruppe die andere ausrottet, dient dies dem Überleben, da sich auf diese Weise die überlebenstüchtigere Gruppe ungehindert von der schwächeren Gruppe um so besser fortpflanzen und entfalten kann. Sogar dann, wenn die Menschheit fast ausgerottet wird, kann dies als evolutionärer Nutzen gedeutet werden, sofern nur irgendwelche Menschen überleben und sich anschließend fortpflanzen, weil auf diese Weise eine Selektion stattfindet, durch die sich widerstandsfähigere Menschen durchsetzen, als es sonst der Fall gewesen wäre. Es läßt sich also so gut wie jedes Verhalten rechtfertigen, solange nur aus irgendwelchen Gründen (die gar nichts mit dem Verhalten der Betreffenden zu tun haben müssen) die betreffende Gruppe nicht ausstirbt, sondern sich erhält und vermehrt.

Wenn gemeint ist, daß jedes einzelne Menschenleben zu achten ist, dann sagt uns die evolutionäre Ethik nichts Neues. Sie kann aber diese Achtung eigentlich nicht begründen, denn die Evolutionstheorie besagt, daß es nicht auf den einzelnen ankommt, sondern daß die jeweils angepaßtere Art überlebt. Unter dieser Rücksicht wäre aber die konsequente Einstellung der Sozialdarwinismus, der dem Stärkeren den Vorteil einräumt, da der Stärkere von Natur aus die größeren Überlebenschancen hat. Dies ist freilich nicht die Absicht der evolutionären Ethiker, sondern sie wollen möglichst allen Menschen das Überleben ermöglichen. Da man dies aber aus der Evolutionstheorie nicht begründen kann, stellt sich die Frage, wieso dann die Evolutionstheorie dafür die geeigneten Richtlinien abgeben kann.

Wissen wir aber wirklich aus der Evolution oder aus anderen Quellen, welche Strategie für das Überleben der Menschheit nötig ist? Dazu brauchen wir eine hinreichende Kenntnis all der Bedingungen, von denen das Überleben der Menschen abhängt. Dazu gehören aber Fragen wie die nach den Reserven an Rohstoffen und Energie, nach den nötigen klimatischen Bedingungen usw. Nun kann man zwar einen vernünftigeren Umgang mit diesen Ressourcen fordern, aber damit ist noch lange nicht die Frage geklärt, bis zu welchem Punkt dieser Umgang unser Überleben sichert und ab wann nicht mehr. Zum anderen brauche ich zur Sicherung des Überlebens der Menschheit den Einsatz von Fähigkeiten, die ihrem Wesen nach zweischneidig sind: Es sind nämlich dieselben zivilisatorischen Errungenschaften, die das Überleben der Menschheit in den heutigen Größenordnungen und Annehmlichkeiten überhaupt erst möglich machen, die es auch gefährden.

Kurzum: Das Überleben der Spezies Mensch können wir auf lange Sicht sowieso nicht evolutionär sichern, denn dazu müßten wir wissen, wie wir über unzählige Generationen hinweg unsere Spezies retten können, was aber unmöglich ist. Soweit wir hingegen wissen, was notwendig ist, um auf die von uns einigermaßen überschaubare kurze Sicht Leben und somit Überleben zu retten, wissen wir dies auch ohne die Evolutionstheorie.

Allerdings ist das Überleben nicht das einzige und höchste Ziel des Menschen. Alle großen Religionen, Weltanschauungen und Philosophien stimmen darin überein, daß das sittlich Gute nicht darin bestehen kann, unter allen Umständen dem eigenen Überleben oder dem Überleben der Menschheit zu dienen. Denn andernfalls ließen sich zum Zweck des Überlebens alle Mittel rechtfertigen, auch Rechtsbruch, Verrat, Gewalt bis hin zum Mord und dergleichen mehr.

Wenn es in der Ethik nur um das Überleben geht, dann werden personale und geistige Werte wie Liebe und Treue, Wahrheit und Gerechtigkeit nur unter dem Aspekt ihres Nutzens gesehen. Aber der Wert dieser Haltungen entspringt ebensowenig ihrem Nutzen für das Überleben, wie dies bei religiösen, künstlerischen und kulturellen Werten der Fall ist.

Die Soziobiologie

Die Soziobiologie will die Schwierigkeit klären, wieso manchmal Lebewesen ihr Leben aufs Spiel setzen oder gar aufopfern, wo doch allem Anschein nach die Gesetze der Evolution verlangen, daß jedes Lebewesen alles tun muß, um sein Überleben zu gewährleisten. Dies wird so erklärt, daß Verhaltensweisen wie die Selbstaufopferung, die dem Individuum nicht nützen, doch für die Art nützlich seien. Die (Überlebens-)Tauglichkeit (fitness) wird ausgeweitet zur umfassenden Tauglichkeit (inclusive fitness), die über das Individuum hinausgeht und die verwandten Gene mit einschließt.

Der „Altruismus" (Gegensatz zum Egoismus: Selbstlosigkeit, Ausrichtung auf den bzw. die anderen) innerhalb von Gruppen soll auf Gruppenegoismus zurückgeführt werden. Altruismus gibt es nach der Soziobiologie nur zugunsten verwandter Lebewesen (was nicht stimmt), und so diene Altruismus wie Egoismus letzten Endes nur dem Überleben und der Vermehrung, dem „Egoismus der Gene" (vgl. den Buchtitel von Richard Dawkins: Das egoistische Gen). Auf diese Weise will man am Eigennutz als der einzigen Triebfeder für die ganze Evolution festhalten und zugleich den Altruismus als moralisches Verhalten evolutionär begründen.

Kritik an der Soziobiologie

Die globale Gleichsetzung von moralischem Handeln mit Altruismus ist falsch. Der als Altruismus getarnte Gruppenegoismus (und nur diesen erklärt die Soziobiologie evolutionär) ist oft ungerecht gegen Dritte, und es ist z. B. unmoralisch, zugunsten anderer zu lügen oder gegen das eigene Gewissen zu handeln. Außerdem erstreckt sich die Ethik auch auf Handlungen gegenüber mir selbst, z. B. in bezug auf meine Gesundheit, und gegenüber Gott.

Die Soziobiologie erklärt sowohl ein Verhalten, das dem Individuum nützt, aber der Art schadet, als auch das gegenteilige Verhalten, das dem Individuum schadet, aber der Art nützt, durch dasselbe natürliche Prinzip. Man kann aber nicht gegenteilige Verhaltensweisen auf dasselbe Prinzip zurückführen. Damit begeht man einen logischen Widerspruch und erklärt nichts.

Um wessen Überleben geht es bei der Soziobiologie eigentlich? Um das der Gene oder bestimmter Genpools? Wozu dann aber komplizierte Organismen? Die Entwicklung immer höherer Organismen wäre nur dann ein Gewinn für die Gene, wenn es keine andere Möglichkeit des Überlebens oder der Vermehrung der Gene gäbe. Die bloße Tatsache, daß sich die Gene zu komplizierteren Organismen weiterentwickelt haben, ist aber noch kein Beweis für die Notwendigkeit dieser Entwicklung. Im Gegenteil: Wenn die Gene den Ursprung und die Steuerung aller Lebensprozesse darstellen, so ist bis zum Beweis des Gegenteils davon auszugehen, daß sie auch ohne zusätzlichen Überbau überleben und sich vermehren könnten. Einen „Vorteil" oder „Gewinn" hätten die Gene nur dann davon, Elemente in größeren Lebewesen zu sein, wenn von vornherein und unabhängig hiervon feststeht, daß dieses größere Ganze als solches seinem Element überlegen ist, wenn also die Lebewesen in sich selbst einen Sinn und Wert haben. Dann läßt sich aber das größere Ganze nicht auf das Element zurückführen, und die Evolution der Lebewesen kann nicht aus dem „Egoismus der Gene" heraus erklärt werden.

Es ist auch nicht ersichtlich, wieso verwandte Gene bevorzugt werden sollen, sofern nicht doch bestimmte Arten oder Organismen und nicht nur Gene als Nutznießer der Evolution betrachtet werden. Es haben also nicht die Gene, sondern die betreffenden Arten oder Gruppen einen Nutzen. Wenn es im Interesse der Gene liegt, sich zugunsten verwandter und nahestehender Gene aufzuopfern, warum werden dann eigene Junge aufgefressen, warum gibt es Rivalitäten und Feindschaften in der eigenen Gruppe, im eigenen Stamm? Wie lassen sich dann evolutionär die vielen Bürgerkriege erklären, die oft schlimmer sind als andere Kriege? Andererseits wäre der evolutionäre Gesamtnutzen sicherlich größer, wenn entweder alle allen zum Überleben helfen würden oder eine radikale Auslese der Stärkeren, also reiner Sozialdarwinismus stattfände. Im letzteren Fall müßten aber auch bei verwandten Organismen die schwächeren eliminiert werden.

Wenn die Soziobiologie lediglich zeigen will, daß die Selbstaufopferung des einzelnen dem Überleben einer größeren Gemeinschaft zugute kommen kann, so ist dagegen nichts einzuwenden. Aber dies ist nur für denjenigen eine neue Erkenntnis, der der irrigen Meinung war, man könne und müsse alles durch Eigennutz erklären. Doch diese als wissenschaftliche Erkenntnis ausgegebene Meinung ist in Wahrheit eine unzulässige Übertragung eines bei allen Menschen vermuteten Egoismus auf das Naturgeschehen. Selbstverständlich bleibt sie es auch dann, wenn gesagt wird, man dürfe dies natürlich nur bildlich und nicht wörtlich verstehen.

Die Soziobiologie will das „altruistische" Verhalten eines Lebewesens damit erklären, daß dieses auf eben diese Weise dem Erhalt seiner Art dient. Diese Art von Erklärungen stammt aber aus der Entscheidungs- und Spieltheorie, deren Sinn und Zweck es ist, das Verhalten von Menschen in Wirtschaft und Politik zu erklären. Dabei wird vorausgesetzt, daß die Menschen bei ihren Entscheidungen rational kalkulierend abwägen, für wen sich aller Voraussicht nach welche Vorteile aus ihren Handlungen ergeben. Diese Theorien gelten also für vernünftig überlegende Menschen und nicht für Wesen, denen die Vernunft und somit die Möglichkeit des rationalen Kalkulierens fehlt. Die Übertragung solcher Theorien auf die Gene ist folglich schon rein methodisch unzulässig. Erst recht widersinnig ist es aber, wenn man Theorien, die nur zur Erklärung des menschlichen Verhaltens dienen, auf das Verhalten anderer Wesen überträgt und dann behauptet, man könne nun vom Verhalten dieser Wesen her das Verhalten des Menschen erklären.

Die Soziobiologie steht ferner im Widerspruch zur evolutionären Erkenntnistheorie. Denn bei dieser steuert das Erkennen das Handeln, bei der Soziobiologie sind es die Gene: Beides paßt nicht zusammen und wird doch oft von denselben Autoren vertreten.

Die Ethik und die Frage nach dem Nutzen

Nach der evolutionären Ethik werden evolutionstaugliche Verhaltensweisen für gut und entgegenstehende für schlecht erklärt. Damit ist aber noch nicht erklärt, wieso wir selbst bestimmte Verhaltensweisen für gut und erlaubt, in bestimmten Fällen sogar für verpflichtend halten, während wir andere für böse und unerlaubt erachten und dies sehr wohl davon unterscheiden, ob und in welcher Hinsicht bestimmte Handlungen nützlich oder schädlich sind. Etwas tun, weil es sittlich ist, ist etwas anderes als etwas tun, weil es nützt. Denn meist tue ich Unerlaubtes deshalb, weil es nützt.

Die evolutionäre Ethik setzt voraus, daß dasjenige sittlich gut ist, was Nutzen bringt, wobei dieser Nutzen im Überleben besteht. Jede derartige Ethikkonzeption steht aber vor folgender Schwierigkeit: Sie fordert eine Handlungsweise, die nützlich ist, wenn tatsächlich alle so handeln. Nun wissen wir aber, daß dies nicht der Fall ist. Dann ist es aber nützlicher, sich nicht an die allgemeinen ethischen Regeln zu halten, sondern sich immer nur am eigenen Vorteil oder dem der eigenen Gruppe zu orientieren, was nach allgemeiner Überzeugung als unmoralisches Verhalten gilt und normalerweise auch nicht von den evolutionären Ethikern angestrebt wird.

Die Ambivalenz der Vernunft

Ebenso wie bei der Kritik an der evolutionären Erkenntnistheorie ist auch hier darauf zu verweisen, daß die menschliche Vernunft in ihrem Verhalten zweischneidig ist. Wir verhalten uns nur zum Teil so, daß es unserem Überleben nützt, zum anderen Teil jedoch so, daß es ihm schadet. Wären aber die Voraussetzungen der Evolutionstheoretiker gültig, so hätten die negativen Verhaltensweisen längst im Verlauf der Evolution entweder selbst aussterben oder die Menschheit zum Aussterben bringen müssen. Beides ist nicht geschehen. Schon aus diesem Grund kann man die Vernunft, die die Quelle sowohl für Erkenntnis als auch für Ethik ist, nicht für ein Resultat der Evolution erklären und zugleich behaupten, in der Evolution setze sich immer das durch, was dem Überleben dient. Wie schon bei der evolutionären Erkenntnistheorie gezeigt wurde, wäre Unfreiheit für das Überleben der Menschheit eindeutig von Vorteil.

Was kann die evolutionäre Ethik leisten und was nicht?

Die „evolutionäre Ethik" ist in Wahrheit keine Ethik. Sie kann uns darüber belehren, welches Verhalten dem biologischen Leben dient. Auf Grund der Studien von Tierarten, die uns evolutionär nahestehen, läßt sich ferner zeigen, daß bestimmte Verhaltensweisen genetisch, instinktiv verankert sind. Das heißt, wir müssen bei unserem Verhalten damit rechnen, daß solche Verhaltensweisen dahin tendieren, sich spontan auch bei uns durchzusetzen, daß wir sie vielleicht teilweise gar nicht unterdrücken können, und daß sie da, wo wir nicht groß überlegen, sich vordrängen.

Ob uns die Evolutionstheorie besser über unsere Veranlagungen und Verhaltenstendenzen belehren kann als Psychologie, Medizin, Verhaltensforschung und nicht zuletzt jahrtausendealte Menschheitserfahrung, sei dahingestellt. Es ist gut zu wissen, welche Verhaltensweisen uns durch unsere Neigungen, Triebe, Instinkte spontan nahegelegt werden und welche Verhaltensweisen uns schwerer fallen. Aber die moralische Frage ist nicht, welches Verhalten unseren Veranlagungen am besten entspricht, sondern wie wir in unserem Wollen und Handeln mit unseren Veranlagungen umgehen sollen. Dies kann uns die Evolutionstheorie nicht sagen. Sie kann uns keine Handlungsziele, Werte oder Pflichten angeben. Sofern sie uns zu einer besseren Kenntnis unserer Veranlagungen und Verhaltenstendenzen verhilft, kann sie uns für die Beherrschung und Einschätzung unseres Verhaltens und damit auch für unsere Moral hilfreich sein, mehr jedoch nicht.

LITERATUR

1. *Zur evolutionären Erkenntnistheorie:*

Irrgang, Bernhard, Lehrbuch der Evolutionären Erkenntnistheorie, UTB 1765. München, Basel: Reinhardt, 1993.

Lütterfelds, Wilhelm (Hrsg.), Transzendentale oder evolutionäre Erkenntnistheorie? Darmstadt: Wissenschaftl. Buchges., 1987.

Pöltner, Günther, Evolutionäre Vernunft. Eine Auseinandersetzung mit der Evolutionären Erkenntnistheorie. Urban-TB 449. Stuttgart: Kohlhammer, 1993.

Riedl, Rupert; Wuketits, Franz M. (Hrsg.), Die Evolutionäre Erkenntnistheorie. Bedingungen – Lösungen – Kontroversen. Berlin: Parey, 1987.

Vollmer, Gerhard, Evolutionäre Erkenntnistheorie. Stuttgart: Hirzel, [4]1987, [6]1994.

2. *Zur evolutionären Ethik:*

Bayertz, Kurt (Hrsg.), Evolution und Ethik. Reclams Universal-Bibliothek 8857. Stuttgart: P. Reclam, 1993

Dawkins, Richard, Das egoistische Gen, Berlin: Springer, 1978; Neuaufl. Heidelberg: Spektrum Akademischer Vlg., 1994.

Hemminger, Hansjörg, Der Mensch – eine Marionette der Evolution? Eine Kritik an der Soziobiologie. Frankfurt/M.: Fischer TB, 1985.

Koslowski, Peter, Evolution und Gesellschaft. Eine Auseinandersetzung mit der Soziobiologie. Tübingen: Mohr (P. Siebeck), [2]1989.

Lütterfelds, Wilhelm (Hrsg.), Evolutionäre Ethik zwischen Naturalismus und Idealismus. Darmstadt: Wissenschaftl. Buchges., 1993.

Wuketits, Franz M., Verdammt zur Unmoral? Zur Naturgeschichte von Gut und Böse. München: Piper, 1993.

3. *Zu beiden Themen:*

Mohr, Hans: Natur und Moral. Ethik in der Biologie. Darmstadt: Wissenschaftliche Buchgesellschaft, 1987.

Spaemann, Robert; Koslowski, Peter; Löw, Reinhard (Hrsg.), Evolutionstheorie und menschliches Selbstverständnis. Weinheim: Acta humanica, 1984.

2.2.b Der Mensch als Person und seine Erschaffung

BÉLA WEISSMAHR SJ

Was ist der Mensch und wie ist er in die Welt gekommen? Vor dem Aufkommen der modernen Naturwissenschaft oder genauer: vor der Entdeckung, daß alles, was in der Welt besteht, Ergebnis einer Entwicklung, einer Evolution ist, hatte man im christlichen Abendland für die Beantwortung dieser Fragen zwei Anhaltspunkte: zum einen die Bibel als das Wort Gottes und zum anderen die Lehre der antiken Philosophen als die Verkörperung der weltlichen Wissenschaft. Auf dieser Grundlage hatten bereits die christlichen Denker des Altertums das Wesen des Menschen bestimmt. Ihre Einsichten wurden von den scholastischen Philosophen des Mittelalters weiter entfaltet. So ergab sich im europäischen Denken ein weitgehender Konsens bezüglich der Frage, was denn der Mensch sei und wie er entstand. Diese bis in das 19. Jh. allgemein angenommene Lehre soll zunächst kurz dargestellt werden.

1. Der Mensch und sein Entstehen im „statischen" Weltbild

Für die Bibel ist der Mensch Geschöpf Gottes. In dieser Hinsicht unterscheidet er sich nicht von den übrigen Geschöpfen. Und doch ist er etwas Einzigartiges. Gott hat ihn zum Abschluß seiner Werke „als sein Abbild" geschaffen, als den, der ihm ähnlich ist (vgl. Gen 1,26f.). Außerdem hat Gott den Menschen als Herrscher eingesetzt über das Werk seiner Hände (vgl. Ps 8,7). Das größte Privileg des Menschen besteht aber darin, daß er derjenige ist, dem Gott sich persönlich zuwendet. Weil er Abbild Gottes ist, weil er ein vernunftbegabtes und mit freiem Willen ausgestattetes Wesen ist, ist er fähig, das an ihn gerichtete Wort Gottes zu vernehmen. Im Alten Testament erscheint zunächst das erwählte Gottesvolk als Adressat der göttlichen Zuwendung. Gott schließt mit einem bestimmten Volk einen Bund. Doch es wird allmählich deutlich, daß durch Israel alle Völker gesegnet werden sollen. Wie Gott über den Menschen denkt, wird erst im Christusereignis, welches das Thema des Neuen Testamentes ist, ganz und gar offenbar. Die Lehre von der Menschwerdung Gottes zum Heil des gesamten Menschengeschlechts ist die letzte und nicht zu überbietende Entfaltung der Lehre der Gottebenbildlichkeit des Menschen. Hier zeigt sich, daß jeder einzelne Mensch durch Christus Jesus zu einer innigen und nie endenden, den Tod überwindenden Lebensgemeinschaft mit Gott berufen ist. Aus dieser maßlose Horizonte eröffnenden Perspektive ergibt sich die Bedeutung des menschlichen Lebens. Der Mensch ist der von Gott Gerufene, aber deshalb auch der für sein Tun und Lassen Verantwortung Tragende. Dieses Verhältnis zu Gott ist der letzte Grund dafür, daß jeder Mensch ein für die Ewigkeit bestimmtes Wesen, eine Person ist. Diese Überzeugung wird im Alten Testament mit der Lehre von der Auferstehung der Toten ausgedrückt. Im Neuen Testament erhält diese Lehre eine ganz eigenartige Bestätigung. Denn im Hintergrund der Schriften des Neuen Testamentes steht die die Einstellung und das ganze Leben der Jünger Jesu verändernde Erfahrung der Auferstehung ihres Meisters. Von daher wissen die Christen, daß der ganze konkrete Mensch zum Heil, zum Leben bei Gott berufen ist. Zugleich meldet sich aber ein Wissen, das sich auch, aber nicht nur, auf die Erfahrung der Begegnungen mit dem auferstandenen Jesus stützt, daß nämlich das erwartete Leben nach dem Tod eine „pneumatische", eine geistige Existenz sein wird, in der trotz der anderen Existenzweise die Person dieselbe ist.

Im Zusammenhang mit diesen Einsichten stellten sich dann Fragen, die eine philosophische Besinnung forderten. Deshalb wandte man sich an die antiken Denker, denn auch die haben sich Gedanken darüber gemacht, was denn der Mensch sei. Vor allem die Philosophie Platons und dann die des Neuplatonismus hat jene Christen tief beeindruckt, die ihre Grundüberzeugungen auch mit Vernunftargumenten rechtfertigen wollten. Denn diese Philosophie vertrat argumentativ die These, daß in jedem Menschen ein übersinnliches, nicht materielles Prinzip, die Seele, anwesend ist, kraft derer er mit der Welt des an sich Guten, des Ewigen, des Göttlichen Gemeinschaft haben kann. Keiner der antiken Philosophen kannte zwar den Begriff der Schöpfung, und deshalb war für sie Gott nicht der Hervorbringer des Weltganzen, sondern nur dessen Ordner; nicht der Erste in bezug auf alles Sein, sondern nur der Erste im Sein. Doch die Platonische Philosophie sah in der Seele einen jedem Menschen eigenen göttlichen Funken, der unsterblich ist.

Da auch die christliche Lehre von der Auferstehung der Toten ein übersinnliches, mit dem Leib nicht schlechthin gleichzusetzendes Prinzip im Menschen voraussetzt, das den Tod überdauert und die Identität des Verstorbenen mit dem am Ende der Zeiten Auferstehenden garantiert, wurde der Mensch als ein Wesen verstanden, das unbeschadet seiner Einheit auch eine Dualität ist. So ergab sich die Formel: Der eine Mensch besteht aus Leib und Seele. Die weitergehende und sehr schwierige Frage, wie diese Einheit in Verschiedenheit und Verschiedenheit in Einheit genau zu denken ist, war damit freilich noch längst nicht gelöst. Sie war Gegenstand vieler Auseinandersetzungen, bis dann die von Thomas von Aquin vertretene, an Aristoteles anknüpfende, ihn aber wesentlich uminterpretierende Lehre zumindest für eine gewisse Zeit allgemeine Anerkennung fand. Nach dieser Auffassung ist die menschliche Seele die in sich stehende „Form" des Leibes, d. h. das die Leiblichkeit des Menschen durchgängig bestimmende, aber in seiner Existenz vom Leib unabhängige Prinzip. Damit war die Frage, was denn der

Mensch seinem Wesen nach sei, für das christliche Denken zu einem gewissen Abschluß gekommen.

In der Perspektive der Auffassung, daß der Mensch aus Leib und Seele besteht, ergab sich für die Frage nach der Entstehung des Menschen keine besondere Schwierigkeit. Die Theologen lehrten, sich auf die Heilige Schrift stützend, daß sowohl der Leib als auch die Seele aller Menschen von Gott geschaffen wurde. – Dabei beachtete man freilich einen Unterschied hinsichtlich der Erschaffung des ersten Menschen und derjenigen der übrigen Menschen. Denn es war eine Erfahrungstatsache, daß die Nachkommen Adams ihrem Leibe nach von ihren Eltern abstammen. Diese Tatsache interpretierte man so, daß der erste Mensch zwar sowohl seinem Leib als auch seiner Seele nach unmittelbar von Gott geschaffen wurde, daß aber die übrigen Menschen durch die ihnen von Gott mitgeteilte Zeugungskraft im Hervorbringen des menschlichen Leibes als „Zweitursachen" mitwirken, während die Seelen der einzelnen Menschen ebenso wie die des ersten Menschen unmittelbar von Gott geschaffen werden. – Denn, so argumentierte man, die Geistseele ist ein immaterielles Prinzip, das nicht von den materiellen Kräften der Kreatur hervorgebracht werden kann.

„Es ist unmöglich" – schreibt Thomas von Aquin –, „daß die im Materiellen anwesende aktive Kraft durch ihre Tätigkeit ein unstoffliches Ergebnis hervorbringt. Es ist nämlich offensichtlich, daß das im Menschen anwesende vernünftige Prinzip ein solches ist, das die Materie übersteigt; ihm kommen nämlich Tätigkeiten zu, in denen der Leib nicht mitwirkt. Deshalb ist es unmöglich, daß die im Samen anwesende Kraft das vernünftige Prinzip hervorbringt. ... Außerdem gilt: die Vernunftseele, da ihr Lebensvollzüge ohne den Leib zukommen, ist etwas in sich Stehendes ... und auf diese Weise kommen ihr Sein und Werden zu. Und da sie eine unstoffliche Substanz ist, kann sie nicht durch Zeugung verursacht werden, sondern nur durch Erschaffenwerden von Gott" (Summa theol. I. 118,2).

Das entscheidende Argument dafür, daß jede einzelne Menschenseele unmittelbar von Gott erschaffen wird, besteht also darin, daß die menschliche Seele (genauer gesagt: der Mensch durch seine Seele als geistiges Prinzip) Tätigkeiten ausüben kann, welche die Möglichkeiten des Materiellen grundsätzlich übersteigen. Das zeigt sich am deutlichsten darin, daß er der Reflexion fähig ist. Reflexion, das „Sich für sich selbst vergegenwärtigen Können" ist jedoch ein Vollzug, der Selbstbewußtsein, Selbstgegenwart, „Bei-sich-Sein", die „vollkommene Rückkehr zu sich selbst" (die *reditio completa in seipsum* wie Thomas von Aquin sagt; vgl. De Veritate 1,9 und 2,2 ad 2 bzw. Summa theol. I. 14,2 ad 1) voraussetzt. Da aber Materielles als solches niemals für sich selbst gegenwärtig, auf vollkommene Weise auf sich selbst bezogen sein kann, kann Reflexion niemals von materiellen Prozessen herstammen. Es ist zwar wahr, daß auch das menschliche Erkennen sich zunächst auf die von ihm verschiedene Wirklichkeit richtet, nicht aber in Ausdrücklichkeit auf sich selbst. Dennoch ist in jedem Erkenntnisvollzug das Moment der Selbstbewußtheit als Begleitung der Erkenntnis von Gegenständen anwesend. Wenn nämlich der Mensch etwas erkennt, so erkennt er nicht nur dieses Etwas, sondern auch, daß er es ist, der um etwas weiß. Nur dadurch, daß der Erkennende im Hintergrund einer jeden Erkenntnis sich selbst *als Subjekt* miterkennt, kann der Gegenstand *als Objekt* erkannt werden. Durch das Selbstbewußtsein tritt erst „Objektivität" auf. Deren Bedingung ist das Abstandnehmenkönnen des Subjekts vom Objekt. Die ihrer selbst bewußte Subjekthaftigkeit ist auch der letzte Grund dafür, daß es im Menschen nicht nur ein triebhaftes Streben gibt, sondern auch ein „Sich-selbst-bestimmen-Können", d. h. die Willensfreiheit. Dadurch ist der Mensch ein sittliches, für seine Handlungen Verantwortung tragendes Wesen, das sich dem unbedingten Anspruch der Wahrheit und des an sich Guten unterstellt weiß. Aufgrund dieser Bestimmtheiten ist der Mensch ein geistiges Wesen, das nicht aus durch Zeugung in Gang gesetzten materiellen Prozessen hervorgegangen sein kann.

2. Die Folgen der Evolutionslehre für die Deutung des Menschen

Im Jahr 1859 erschien das Werk von Charles Darwin „Die Entstehung der Arten durch natürliche Auslese oder die Erhaltung der begünstigten Rassen im Ringen um die Existenz". Seine Bedeutung lag darin, daß es ihrem Autor gelungen ist, eine Theorie zu präsentieren, die die Entstehung der Vielfalt der Lebewesen durch naturwissenschaftlich kontrollierbare Phänomene erklären konnte. Die Idee der allgemeinen Evolution, die schon früher von Lamarck vertreten wurde, konnte damit ihren Siegeszug antreten. Die Deszendenztheorie, wie man sie auch nannte, wurde sehr bald auch auf den Menschen angewandt. Manche materialistisch-monistisch denkenden Naturwissenschaftler betrachteten die Abstammungslehre in deutlicher Überschreitung ihrer naturwissenschaftlichen Kompetenz als den entscheidenden Beweis dafür, daß dem Menschen im Bereich des Lebendigen keine Sonderstellung zukommt. Es wurde sogar die Meinung vertreten, daß der Gedanke der Evolution den der Erschaffung der Welt durch Gott überflüssig mache. Die Geschichte dieser Kontroverse soll hier nicht rekapituliert werden. Jedenfalls ist es eine Tatsache, daß durch das Aufkommen der Evolutionslehre die Frage, was der Mensch ist und wie er entstand, neu gestellt war.

Für die Theologen ist es nach langen innertheologischen Auseinandersetzungen allmählich deutlich geworden, daß die Evolutionslehre mit den für den Glauben wesentlichen Einsichten vereinbart werden kann. Hinsichtlich der allgemeineren Frage der Vereinbarkeit von Schöpfungsgedanken und Evolutionslehre ergab sich die Einsicht, daß diese sich schon deshalb nicht ausschließen können, weil sie sich nicht auf dasselbe beziehen. Die Lehre der Evolution beschäftigt sich nämlich mit der Entwicklung, mit der allmählichen Entfaltung dessen, was schon besteht; während der Schöpfungsgedanke den letzten Ursprung des endlichen Seins, sein Entstehen überhaupt verständlich machen will.

Insofern allerdings die Evolutionslehre mehr sein möchte als eine rein naturwissenschaftliche Theorie, entsteht eine Beziehung zwischen ihr und dem

Schöpfungsgedanken. Als bloße naturwissenschaftliche Theorie, d. h. als bloße Beschreibung und naturwissenschaftliche Deutung der Zusammenhänge im Bereich des Lebendigen, macht die Evolutionstheorie noch keine philosophischen Voraussetzungen. Indem sie aber als allgemeine Welterklärung gehandhabt wird, muß sie sich der Frage stellen, wie das Entstehen des wesensmäßig Höheren, des wirklich Neuen innerhalb der Welt im Zuge der Entwicklung zu verstehen ist. Dieser Frage kann man zwar ausweichen, indem man die Meinung vertritt, daß auf das Gesamte gesehen in der Welt nichts wirklich Neues entsteht. Eine solche Auffassung widerspricht jedoch der unmittelbaren Wahrnehmung und auch dem Evolutionsgedanken, mit dem man spontan den Begriff der Entstehung des Neuartigen verbindet. Denn das Lebendige erscheint dem Unbelebten gegenüber als etwas Neues, und ebenso verhält sich das zum Selbstbewußtsein erwachte Leben dem rein biologischen Leben gegenüber. Dann aber stellt sich die philosophische Frage, was denn das Entstehen des Neuen als solches möglich macht. Hier wird es dann notwendig, die das evolutive Werden von Neuem ermöglichende schöpferische Kraft Gottes ins Spiel zu bringen. Wenn man nämlich das nicht tut, dann macht man (meistens ohne sich darüber Rechenschaft gegeben zu haben) aus „der" Evolution einen Ersatz für den Schöpfergott.

Was die speziellere Frage nach dem Entstehen des Menschen betrifft, hatte sich bei katholischen Theologen, die sich mit diesen Problemen eingehend beschäftigt haben, schon in den 30er und 40er Jahren die Meinung durchgesetzt, daß die Behauptung der leiblichen Abstammung des Menschen aus dem Tierreich grundlegenden christlichen Glaubensüberzeugungen nicht widerspricht. Sie machten geltend, daß die vom christlichen Glauben her geforderte Sonderstellung des Menschen in der Welt in seiner geistigen Natur besteht. Wenn man also davon ausgeht, daß die Seele des ersten Menschen unmittelbar von Gott geschaffen wurde, dann ist die einzigartige Beziehung des Menschen zu seinem Schöpfer und damit auch seine Sonderstellung unter den Lebewesen sichergestellt, die für den Glauben wesentlich ist. Welche Materie Gott gebrauchte, um ihr die Geistseele mitzuteilen, ist für den Glauben ohne Belang. Außerdem konnte man noch darauf hinweisen, daß nach thomistischer Auffassung, nach der man die Menschenseele als „Form" des Leibes versteht, die Mitteilung der Geistseele an den Körper diesen innerlich wesentlich umgestaltet, auch wenn diese Umgestaltung im äußeren Erscheinungsbild zunächst gar nicht wahrnehmbar ist. Diese Einsichten führten dann dazu, daß im Jahr 1950 in der Enzyklika „Humani Generis" auch das kirchliche Lehramt die sogenannte „gemäßigte Evolutionslehre" für vertretbar erklärte. Mit diesem Ausdruck ist die These gemeint, nach der sich der Mensch seiner Leiblichkeit nach aus dem Tierreich entwickelt hat, seiner Geistigkeit nach aber unmittelbar von Gott erschaffen wurde. – Damit galt das Problem, wie das Entstehen des Menschen als Person in der Perspektive der heutigen Naturwissenschaft zu erklären ist, für viele Theologen schon als gelöst.

3. Das Problematische der „gemäßigten Evolutionslehre"

Im Lichte einer genaueren denkerischen Reflexion auf die „gemäßigte Evolutionslehre" hat sich aber bald herausgestellt, daß mit ihr Annahmen verbunden sind, die sowohl für das christliche Menschenbild als auch für das Gottesbild große Schwierigkeiten bereiten. Diese Schwierigkeiten und die sich daraus ergebenden Aufgaben sollen in den folgenden zwei Punkten dargestellt werden.

1. Die „gemäßigte Evolutionslehre" behauptet, wie wir gesehen haben, der Leib des Menschen stamme durch Evolution aus dem Tierreich, seine Seele werde aber unmittelbar von Gott erschaffen. Der Mensch ist jedoch für die sich an der Bibel orientierende Anthropologie und für das zeitgenössische Denken, auch wenn man anerkennt, daß er aus Leib und Seele besteht, eine einheitliche Wirklichkeit. Man darf also nicht so tun, als hätte das durch die schöpferische Kraft Gottes ermöglichte Entstehen der Seele nichts mit dem Entstehen des Leibes zu tun. Deshalb muß man, wenn man davon redet, daß die Seele des Menschen unmittelbar von Gott geschaffen wurde, die Vorstellung vermeiden, die biologische Zeugung des Leibes einerseits und die Erschaffung der Seele bzw. die Mitteilung der Seele an den Leib von seiten Gottes andererseits wären voneinander unabhängige Vorkommnisse, die nur ganz äußerlich miteinander verknüpft sind. Wenn nämlich die Seele des Menschen nur von Gott herstammt, wenn also an seinem Zustandekommen die geschöpflichen Kräfte in keiner Weise beteiligt sind, dann kann sie schwerlich als Vollkommenheit des Leibes betrachtet werden. Dann ist und bleibt sie etwas ihm gleichsam von außen Hinzugefügtes, sie bildet mit ihm keine wahrhafte, seinsmäßige Einheit. Dann ist es aber kaum verständlich, wie die Seele des Menschen die „Form" seines Leibes, d. h. das einheitliche Seinsprinzip des konkret existierenden Menschen sein sollte.

Hier stellt sich deshalb eine doppelte Aufgabe. Einerseits muß einsichtig gemacht werden, daß beim Werden der Seele durch die sie erschaffende Tätigkeit Gottes auch dem evolutiven Werden des Leibes eine gewisse (und noch genauer zu bestimmende) Rolle zukommt. Die Durchführung dieser Aufgabe darf jedoch andererseits nicht die Bedeutung der schöpferischen Tätigkeit Gottes verdunkeln und damit der reduktionistischen These Vorschub leisten, nach der die Entstehung der Seele des Menschen allein aus dem Wirken der materiellen Kräfte erklärt werden kann.

2. Aus dem „gemäßigten Evolutionismus" ergeben sich auch hinsichtlich des Gottesbildes bedeutende Schwierigkeiten. Wenn man – wie das meistens geschehen ist – die Erschaffung der Seele des Menschen als eine ausschließlich von Gott gesetzte Handlung versteht, deren Ergebnis ein bestimmtes Etwas innerhalb der Welt sein soll, dann hat man Gott auf die gleiche Ebene mit den bestimmte Ergebnisse innerhalb der Welt produzierenden geschöpflichen Kräften gestellt. Er wäre dann aufgrund des Ergebnisses seiner Tätigkeit eine mit geschöpflichen Ursachen vergleichbare Einzelursache und nicht mehr der transzendent-immanent wirkende Schöpfer der gesamten Welt. Deshalb ist zu sagen: Gott bringt innerhalb der Welt

niemals ein Einzelereignis hervor, ohne daß dieses Einzelereignis auf der Ebene der Welt auch von den geschöpflichen Kräften selbst hervorgebracht wäre. Gott wirkt also immer als schöpferische Erstursache und niemals auf die Weise einer geschöpflichen Kraft, d. h. als Zweitursache.

Man hat gegen diese Überlegung, die vor allem von Karl Rahner in verschiedenen Veröffentlichungen vertreten wurde, eingewandt, daß Gott auch dann nicht *als* Zweitursache wirken würde, würde er etwas in der Welt *ohne* Zweitursachen hervorbringen. Hinter diesem Einwand steht die Meinung: Gott, der die gesamte Welt „aus Nichts", d. h. ohne irgendwelche Zweitursachen in seinen Dienst genommen zu haben, erschaffen hat, muß doch auch jedes Einzelseiende innerhalb der Welt ohne das Mitwirken von Zweitursachen hervorbringen können. Dabei wird aber nicht bedacht, daß die Erschaffung der Welt in ihrer Ganzheit und die Erschaffung eines partikulären Seienden innerhalb der Welt verschiedene Fälle sind. Denn allen zur Welt gehörenden Seienden kommt eine Seinsbestimmung zu, die der Welt als ganzer nicht zukommt, nämlich das „Innerhalb-der-Welt-Stehen." Daraus folgt, daß die Erschaffung der Welt als ganzer und die Erschaffung eines Seienden innerhalb der Welt als Erschaffung verschieden sein müssen. Diese Verschiedenheit in der Erschaffung betrifft allerdings nicht Gottes Schöpfungsakt als solchen, der identisch ist mit seinem ewigen Wesen, sondern die verschiedene Weise der Seinsabhängigkeit der Dinge von Gott. Die Welt als ganze hat ein anderes Abhängigkeitsverhältnis zu Gott als ein Einzelseiendes innerhalb der Welt. Die Welt als ganze hängt nur unmittelbar von Gott ab, während das Abhängigkeitsverhältnis, das das Einzelseiende zu Gott hat, innerhalb seiner unmittelbaren Abhängigkeit von Gott (sie also keineswegs ausschließend) zugleich von der Welt als ganzer vermittelt ist.

Diese Einsicht kann noch auf folgende Weise dargestellt werden: Zu behaupten, Gott erschaffe etwas innerhalb der Welt, ohne ihm die Bedingungen mitzugeben, durch die es zu einem Teil der Welt wird, ist widersprüchlich. Würde nämlich Gott etwas innerhalb der Welt (also als Teil der Welt) erschaffen, ohne daß dieses Seiende zugleich das Ergebnis der zur Welt gehörenden, von Gott ihre Wirkmächtigkeit empfangenden Kräfte wäre, dann wäre dieses Geschöpf einerseits aufgrund der göttlichen Absicht ein Teil der Welt, andererseits würde es aber außerhalb der Welt stehen, weil es zur übrigen Welt gar keine Beziehung hätte. Wenn man hier einwendet: Gott bringt, indem er ein Seiendes erschaffend in die Welt setzt, auch seine Beziehungen zu den anderen Geschöpfen hervor, so kann man dem zustimmen. Doch ist zu fragen, was das bedeutet bzw. wie Gott das erreicht. Die Antwort kann nur sein, daß Gott ein Geschöpf dadurch zum Teil der Welt macht, daß er es durch die letztlich von ihm abhängigen innerweltlichen Kräfte (also durch Zweitursachen) hervorbringen läßt. Denn nur das kann in seinem *Bestehen* Teil der Welt sein, was in seinem *Entstehen* von der Welt herstammt. Wir behaupten also nicht, Gott könne überhaupt nicht ohne Zweitursachen wirken. Denn die Erschaffung der Welt als ganzer ist – wie oben schon erwähnt wurde – ein Wirken Gottes, bei dem jede Zweitursache ausgeschlossen ist. Es wird nur behauptet: Gott kann innerhalb der Welt niemals so wirken, daß seine Tätigkeit nicht zugleich auf der geschöpflichen Ebene von der Eigenaktivität der geschaffenen Wirkursachen vermittelt wäre. Gott kann das nicht, und zwar nicht aus Ohnmacht, sondern weil es widersprüchlich ist.

Auch hier stellt sich deshalb die Aufgabe, einerseits an der für die Erklärung des Entstehens der Seele unerläßlichen göttlichen Schöpfungstätigkeit festzuhalten, andererseits aber diese göttliche Schöpfungstat so zu verstehen, daß sie nicht als eine Tätigkeit erscheint, die die zweitursächlichen Kräfte ausschließt, sondern als eine, die sie zu ihrer höchsten Vollendung führt.

4. Was muß geklärt werden?

Aus den beiden Schwierigkeiten, die im Zusammenhang mit der „gemäßigten Evolutionslehre" auftreten, ergibt sich folgende Aufgabe:

1. Um die Einheit von Leib und Seele im Sein des konkreten Menschen verständlich machen zu können, muß ihre Einheit, ihre Zusammengehörigkeit auch in ihrem Werden aufgewiesen werden.
2. Um die die Seele erschaffende Tat Gottes nicht als ein mit dem Tätigsein der Geschöpfe vergleichbares Wirken erscheinen zu lassen, muß gezeigt werden, daß am Hervorbringen der Seele auch die leiblichen Kräfte des Menschen teilnehmen können und sogar müssen.

Beide Feststellungen weisen in die gleiche Richtung. Mit ihnen ist nichts Geringeres als die Frage nach der Denkbarkeit des evolutiven Werdens des menschlichen Geistes, d. h. der Seele gestellt. Von einem evolutiven Werden der Seele kann aber nur dann, ohne Mißverständnisse hervorzurufen, gesprochen werden, wenn man jene gesicherten Einsichten nicht aus dem Auge verliert, die der Grund dafür waren, daß die Theologen einer materialistisch-reduktionistisch gedeuteten Evolutionslehre nicht zustimmen konnten. Man muß m. a. W. daran festhalten, daß (1) der Geistseele des Menschen eine im Vergleich mit allen übrigen materiellen Seienden unserer Welt wesensmäßig höhere Seinsstufe zukommt und (2) daß deshalb, um ihr Entstehen verständlich machen zu können, eine sie hervorbringende besondere schöpferische Tätigkeit Gottes anzunehmen ist.

Die hier zu berücksichtigenden Gesichtspunkte können aber nur dann miteinander vereinbart werden, wenn es gelingt zu zeigen:

1. daß die Menschenseele und die konkrete Materie nicht völlig verschiedene Wirklichkeiten sind; daß also der menschliche Geist trotz seiner Verschiedenheit von der Materie dieser nicht nur entgegengesetzt ist, sondern mit ihr – in bleibender Verschiedenheit von ihr – eine wirkliche Einheit bildet. Und
2. daß es nicht widersprüchlich und deshalb auch nicht unmöglich ist, von einem Entstehen des seinsmäßig Höheren aus dem seinsmäßig Niedrigeren zu reden; d. h. so etwas wie eine (letztlich freilich von der schöpferischen Macht Gottes getragene) „selbsterwirkte Wesenstranszendenz" anzunehmen.

5. Zur Frage der Verschiedenheit und der Einheit von Geist und Materie

Wie verhalten sich Materie und Geist zueinander, konkreter gesprochen, Leib und Seele? Die Antwort scheint zunächst nicht sehr schwierig zu sein, da wir diesbezüglich auf unsere Selbsterfahrung zurückgreifen können. Allerdings erweist sich die genauere Artikulierung dieser Selbsterfahrung als gar nicht einfach. Die Bestimmung dessen, was Leib und was Seele sind, hängt weitgehend davon ab, in welcher Weise wir diese Frage angehen.

1. *Der Verstandesbegriff der Seele und des Leibes*

Man kann nach diesen Wirklichkeiten und ihrem Verhältnis in einer Weise fragen, bei der man das Befragte *von außen* betrachtet, d. h. davon abstrahiert, daß wir selbst es sind, nach dem gefragt wird. Im Lichte einer so gestellten Frage erscheinen dann der Leib und die Seele als Gegenstände einer Untersuchung, die danach strebt, sie möglichst eindeutig zu bestimmen bzw. sie so weit wie möglich klar voneinander abzugrenzen. Das Ergebnis einer so gestellten Frage ist das, was man den Verstandesbegriff von Leib und Seele nennen kann.

So gesehen ist der Leib der sinnlich wahrnehmbare Bestandteil des Menschen, also im Grunde genommen das, was (ebenso wie die übrigen materiellen Dinge) den Gesetzen der Physiologie, der Chemie und letztlich der Physik unterworfen ist. Deshalb unterscheidet sich der so aufgefaßte menschliche Leib nur „der Zahl nach" von anderen materiellen Gegenständen, da man dasjenige, was den Menschen von allem anderen „dem Wesen nach" unterscheidet, zum anderen Bestandteil des Menschen, nämlich der Seele, zugerechnet hat. In dieser Sicht ist dann die Seele der nicht-materielle Teil des Menschen, dem all das zugeschrieben wird, was an ihm festgestellt werden kann, ohne auf die Materie zurückführbar zu sein. Als solche betrachtet man unter Umständen die Steuerung der Lebensprozesse, jedenfalls aber alle Handlungen, für die das Selbstbewußtsein unerläßliche Voraussetzung ist, wie das reflektierende Denken und das Verantwortung übernehmende Tun.

Die Verstandesbegriffe des Leibes und der Seele stellen diese als einander ausschließende Wirklichkeiten dar, deren Einheit im Menschen zu einem unlösbaren Rätsel wird. Diese Sichtweise ist sogar der eigentliche Grund der das ganze neuzeitliche Denken über den Menschen schwer belastenden Alternative. Will man nämlich unter der Voraussetzung der Verstandesbegriffe von Leib und Seele die Einheit des Menschen verteidigen, dann ist man gezwungen, entweder das materiell Leibliche auf das Geistige oder den Geist auf die Materie zurückzuführen. Da man jedoch meistens nur die zweite Lösung für annehmbar hält, ergibt sich praktisch immer die Behauptung: Das, was wir Seele nennen, sei nur eine Funktion der Materie oder der materiellen Prozesse. Entscheidet man sich jedoch dafür, die beiden als Verstandesbegriffe bestimmten Komponenten des Menschen in ihrer jeweiligen Eigenart unverkürzt bestehen zu lassen, dann ist man beim cartesianischen Begriff des Leibes als „res extensa" und der Seele als „res cogitans" angelangt, deren Einheit nicht wirklich einsichtig gemacht werden kann.

2. *Der Vernunftbegriff der Seele und des Leibes*

Man kann aber nach dem Leib und der Seele bzw. nach ihrem Verhältnis in einer Weise fragen, bei der das Befragte *von innen her* angegangen wird. Dann abstrahiert man nicht davon, daß wir es selbst sind, nach dem gefragt wird. Man geht dann davon aus, daß durch die konkrete Selbsterfahrung uns die wesentlichen Einsichten zur Verfügung stehen, die zur Beantwortung der Frage nach der Beschaffenheit und dem Verhältnis von Leib und Seele nötig sind. Diese Einsichten sind in der konkreten Totalität unserer Selbsterfahrung impliziert; um sie ausdrücklich darzulegen, ist aber eine Besinnung auf die notwendigen Bedingungen der in unserer Selbsterfahrung erscheinenden Gegebenheiten erforderlich. Hier geht es also nicht um eine nach Gegenstandsbestimmungen Ausschau haltende Untersuchung, sondern um die Aufdeckung jener Voraussetzungen, ohne die die verschiedenen, unsere Selbsterfahrung konstituierenden Momente nicht denkbar wären. Zur konkreten Selbsterfahrung gehört jedenfalls einmal das die Selbsterfahrung als solche überhaupt erst ermöglichende Bewußtsein seiner selbst, zum anderen aber der Umstand, daß das Bewußtsein seiner selbst immer durch die Erfahrung des Nicht-Ich, d. h. der Welt, bzw. durch die Erfahrung dessen, was nicht in jeder Hinsicht Ich ist, d. h. unseres eigenen Körpers, vermittelt wird.

a) Die differenzierte Einheit in der Selbsterfahrung

In dieser Sicht ist die Erfahrung der Einheit des Menschen (genauer: die Einheit meines konkreten Selbst) *und* die Erfahrung einer inneren Differenziertheit dieses Einen, das wir selbst sind (das ich selbst bin), eine ursprüngliche, also weder einer weiteren Begründung bedürfende noch eine weitere Begründung zulassende Gegebenheit, an der sich jede weitere Erklärung orientieren muß. Bei der Erfahrung dieser differenzierten Einheit handelt es sich um etwas vollkommen Selbstverständliches, Alltägliches. Ich nehme etwas wahr, sage ich mit Recht. Dabei weiß ich, sobald ich mich darauf besinne, daß meine Wahrnehmung durch Sinnesorgane geschieht. Hätte ich z. B. keine Augen, so könnte ich nichts sehen. Deshalb kann auch gesagt werden: Meine Augen sehen. Trotzdem sind es eigentlich nicht die Augen, die sehen, sondern ich bin es, der durch die Vermittlung der (genauer: meiner) Augen sieht. Ähnliches gilt von meinen Handlungen (wobei bemerkt werden muß, daß auch schon die Wahrnehmung ein gewisses Handeln ist). Wenn ich einen Brief schreibe, dann habe ich einen Entschluß gefaßt, mir über den Inhalt Gedanken gemacht und schließlich eine ganze Reihe koordinierter Bewegungen ausgeführt. Das letztlich tätige Ich, das seiner selbst bewußte Subjekt, tritt nirgends wahrnehmbar in Erscheinung. Einer, der die ganze Prozedur nur von außen betrachtet, kann seine Existenz sogar in Frage stellen. Doch ist es das Ich, die Person, die eigentlich handelt. Sie handelt zwar niemals unabhängig von ihrem Leib, der ihre gegenständliche Wirklichkeit ausmacht. Aber das Subjekt, das jeweilige Ich geht in dem, was seine Gegenständlichkeit ist, nicht vollkommen auf. Durch solche in ihrer Konkretheit sehr verschiedene, aber strukturell gleiche Erfahrungen weiß ich um meine Einheit in Verschiedenheit und um meine Verschiedenheit in Einheit, die ich dann als Leib-Seele-Einheit und Leib-Seele-Verschiedenheit zu thematisieren vermag.

b) Der Vernunftbegriff der Seele

Aufgrund des Gesagten kann das von der Selbsterfahrung her sich erschließende Verständnis des menschlichen Geistes (also der Vernunftbegriff der Seele) wie folgt zur Sprache gebracht werden: Die Seele ist das wegen ihrer vollkommenen Selbstbezüglichkeit wirkliche Eigenständigkeit habende, innerhalb des menschlichen Leibes jedoch nicht eindeutig lokalisierbare (geistige) Einheitsprinzip des Menschen mit wesentlich zu ihr gehörendem Materialitätsbezug. *Anima humana est forma subsistens corporis*, sagte die scholastische Philosophie: Die Menschenseele ist das wahre Eigenständigkeit besitzende Gestaltprinzip des Leibes.

Aus den bisherigen Ausführungen dürfte es schon deutlich geworden sein, daß die Seele als das geistige Einheitsprinzip des Menschen (in der scholastischen Philosophie „Form" genannt) nicht „vitalistisch" zu verstehen ist. Da sie wesentlich Subjekt ist, ist sie nicht ein eindeutig objektivierbares Ding, das als ein besonderer, von allem anderen, was der Mensch sonst noch ist, eindeutig abhebbarer Teil des Menschen seine vitalen und geistigen Funktionen hervorbringen würde. Zu einer „vitalistischen" Auffassung der Seele kommt man dadurch, daß man den Vernunftbegriff der Seele so handhabt, als gehe es um einen Verstandesbegriff, d. h. um etwas, das in der Weise eines Gegenstandes beschrieben und durch eindeutige Abgrenzung von anderem (als etwas von anderem ohne Identität mit ihm Verschiedenes) angegeben werden kann. Die Betonung, man dürfe die Seele nicht vitalistisch deuten, da sie als gestaltgebendes, subjekthaftes und daher geistiges Einheitsprinzip des Leibes kein vom lebendigen Organismus eindeutig unterscheidbares, abgetrenntes Etwas ist, darf allerdings nicht dazu führen, daß man sie aufgehen läßt im Ganzen und damit ihre in ihr selbst begründete Eigenständigkeit leugnet. Schon das vitale Einheitsprinzip der Tiere ist mehr als die Summe der den lebenden Organismus konstituierenden Elemente. Es ist ein dynamisches Identitätsmoment des Organismus; es ist das Zentrum der zweckmäßigen (d. h. auf eine Vollendung ausgerichteten und sie vorwegnehmenden) Aktivitäten schon in jedem Lebewesen. Im Menschen aber kommt es in der oben schon beschriebenen Weise zum Wissen seiner selbst, was ein Hinweis auf sein In-sich-selbst-Stehen ist. Nur ist dieses In-sich-Stehen des geistigen Einheitsprinzips des Menschen, d. h. seiner Seele eine solche Eigenständigkeit, die das ihre Vollkommenheit nicht Erreichende (d. h. das Materielle) nicht aus sich ausschließt. Man muß es ernst nehmen, daß das geistige Einheitsprinzip auch als Eigenständigkeit Habendes eine Einheit *von* Verschiedenem ist, d. h. daß es um eine solche Einheit geht, zu deren Konstitution auch das von ihm Verschiedene gehört. Die menschliche Seele faßt also das mit ihr nicht ohne weiteres gleichzusetzende, räumlich und zeitlich Auseinanderliegende (das Materielle) in ihr zu sich kommende Einheit zusammen. Diese Einheit ist, weil sie als solche für sich bewußt werden kann, eine in sich und durch sich begründete Einheit. Aus diesem In-sich-Begründetsein dieser Einheit ergibt sich die Eigenständigkeit, die „Subsistenz" der Seele. („Zu seinem Wesen zurückkehren [= sich bewußt zu sein] ist nichts anderes als in sich selbst zu subsistieren [in sich Eigenständigkeit haben]", behauptet auch Thomas von Aquin; Summa theol. I. 14,2 ad 1.) Andererseits ist diese Einheit die Einheit eines endlichen Wesens, die als solche niemals eine in jeder Hinsicht totale und vollkommene Identität aller Momente sein kann. Daraus folgt, daß Unvollkommenheit und damit eine gewisse Materialität wesentlich zur Geistseele des Menschen gehört. Materialität bedeutet aber hier nicht irgendwelche abgetrennte Stücke physikalischer Materie, sondern Materie als Prinzip der Endlichkeit oder des Quantitativen. Die menschliche Seele ist demnach das Eigenständigkeit habende Identitätsmoment des auf unvollkommene Weise Identischen. Weil es um eine als solche gewußte Einheit geht, steht sie in sich; weil es aber dabei um eine unvollkommen bleibende Identität geht, impliziert sie Materialität. Die Seele des Menschen ist also nicht schlechthin immateriell. Noch zugespitzter gesagt: Sie ist trotz ihrer Immaterialität zugleich auch stets materiell.

Dieses Materiell-Sein der Menschenseele steht nicht isoliert im Bereich des Lebendigen da; es ist vielmehr etwas, das die untermenschlichen vitalen Einheitsprinzipien a fortiori charakterisiert. Dabei ist immer auch ein Hingeordnetsein dieser Gestaltprinzipien auf Eigenständigkeit zu beobachten. Damit ist folgendes gemeint: Die sogenannte Tierseele ist zwar ganz vom Zustand der durch sie zu einem Organismus integrierten Materie abhängig; die Zerstörung des materiellen Organismus bedeutet auch das Ende des individuell verwirklichten Gestaltprinzips. Diese total erscheinende Abhängigkeit der „Tierseele" vom Organismus ist aber nur ein Teil der ganzen Wahrheit. Denn auch im Falle der untermenschlichen Lebewesen geht sie nicht ganz und gar in der Materialität auf. Es gibt nämlich kein Lebewesen, das nicht fähig wäre (durch Zellteilung oder durch geschlechtliche Fortpflanzung) sein Leben und damit sein Einheitsprinzip zu vererben. Das bedeutet aber, daß das Gestaltprinzip, obwohl sein Bestehen im isoliert betrachteten Individuum an die wesentliche Unversehrtheit der materiellen Organisation dieses Individuums gebunden ist, trotzdem das einzelne Lebewesen insofern transzendiert, als es in stets neuen Individuen stets andere Materie in seine „Einflußsphäre" einbeziehen kann. Demnach kommt dem Gestaltprinzip als dem bestimmenden Prinzip der Art immer auch ein überindividuelles Bestehen zu, und in dem Sinn ist es auch „transmateriell". Obwohl also dem untermenschlichen Lebewesen keine individuelle Unsterblichkeit zukommt, ist das Leben schon auf der rein biologischen Ebene in gewissem Sinn unsterblich. Diese Tatsache erscheint noch eindrucksvoller, wenn man bedenkt, daß die heute lebenden Arten sich aus früheren, primitiveren und vielfach schon ausgestorbenen Arten entwickelt haben. Was sich also eigentlich entwickelt, ist das Gestaltprinzip des Lebenden, das zwar im untermenschlichen Bereich nie außerhalb des einzelnen Lebewesens bestehen kann, dem einzelnen Lebewesen aber trotzdem überlegen ist. Dieses sich entwickelnde Prinzip der untermenschlichen Lebewesen ist also das sich in der Materialität eigentlich Entwickelnde (das zur höheren Seinsstufe Strebende). Obwohl es selbst noch nicht im vollen Sinne des Wortes eigenständig ist, ist es doch bereits „unterwegs" zur vollen Eigenständigkeit, die es im Menschen erreicht.

Hier angelangt, können wir darauf hinweisen, daß man die Seele des Menschen als *forma corporis,* als Einheitsprinzip des Leibes gar nicht wirklich verstehen kann, wenn man nicht berücksichtigt, daß sie das Ergebnis der (ontogenetischen und phylogenetischen) Höherentwicklung ist: daß also die Entwicklung der Einheitsprinzipien im Bereich des Lebendigen auf ihr Entstehen als *forma subsistens corporis,* als Eigenständigkeit habendes Einheitsprinzip des Leibes ausgerichtet sind. Dies ist deshalb zu betonen, weil nur so deutlich wird, daß unsere etwas langgeratene Analyse uns nicht vom Thema weggeführt hat, sondern bereits das Thema des zweiten Teiles vorwegnimmt.

c) Der Vernunftbegriff des Leibes

Von der integralen Selbsterfahrung her gesehen ist der menschliche Leib keine bloß physikalische Realität, sondern jene Materie, die zu sich selbst, zum Selbstbewußtsein gelangt ist. Damit ist die Erfahrung zum Ausdruck gebracht, daß es nicht außerhalb der Möglichkeiten der Materie liegt, zu sich selbst zu kommen. Das bedeutet aber, daß zur konkreten Materie das Hingeordnetsein auf den Geist wesentlich hinzugehört. Diese Einsicht wird unterstützt durch die erwähnte Beobachtung, daß allen Lebewesen eine innere, im Maße der zunehmenden Seinsmächtigkeit zunehmende Einheit bzw. Eigenaktivität zukommt, worin schon eine gewisse, obwohl noch sehr anfängliche Vorwegnahme der Geistigkeit zu erblikken ist. Dieses Einssein und Aktivsein läßt sich sogar im Anorganischen wahrnehmen, allerdings nur dann in einer genügenden Deutlichkeit, wenn man sich entweder dem mikrophysikalischen oder dem astronomischen Bereich zuwendet.

3. *Zusammenfassung*

Die Unterscheidung von Verstandes- und Vernunftbegriff des Leibes und der Seele ist, wie sich gezeigt hat, von entscheidender Bedeutung für die Lösung der uns gestellten Frage. Wie Leib und Seele miteinander zusammenhängen, ja selbst ineinandergreifen, ohne ihre relative Eigenständigkeit zu verlieren, kann nur mit Hilfe des Vernunftbegriffs dieser Wirklichkeiten verdeutlicht werden. Wenn man sich auf den Verstandesbegriff festlegt, ist das Problem unlösbar. Das evolutive Werden der menschlichen Seele kann nur dann einsichtig gemacht werden, wenn es feststeht, daß die konkrete Materie niemals vollkommen geistlos ist bzw. daß die Seele des Menschen von sich aus mit der Materialität zu tun hat. Diesem Zweck dienten die bisherigen Überlegungen.

6. Wie ist Evolution als das Entstehen des Höheren aus dem Niedrigeren zu denken?

Wenn man die Evolution, die sich im Weltall vom Anorganischen (vom „Urknall") bis zum Menschen vollzogen hat, unbefangen betrachtet, wenn man also bereit ist, sich dem ganzen Phänomen zu stellen, dann erweist sie sich als eine paradoxe Wirklichkeit. Dann muß man nämlich zugeben, daß durch die Entwicklung der anorganischen Materie das Lebendige und durch die Entwicklung des bloß biologischen Lebens das geistige Lebewesen, der Mensch, entstanden ist, daß also aus dem, was man spontan für seinsmäßig niedriger hält, das dem Seinsgrad nach Höhere wurde. Die Naturwissenschaft kann zwar, insofern sie sich mit den eindeutig objektivierbaren, quantitativen Zusammenhängen beschäftigt, diese Zunahme an Seinsmächtigkeit nicht feststellen. Deshalb darf man jedoch nicht leugnen, daß es Seinsgrade, daß es Höherentwicklung gibt. Denn man verwechselt eine Abstraktion mit der Wirklichkeit, wenn man nur das eindeutig Objektivierbare für bestehend hält. Außerdem führt ein solcher Standpunkt zur Leugnung der Evolution, da sie dadurch als bloßer Schein hingestellt wird. Die in unserer Selbsterfahrung vorhandene Einsicht, daß das Lebende dem Anorganischen und das Geistige dem nur Biologischen überlegen ist, muß unverkürzt zugelassen werden, auch wenn diese Einsicht – da es sich auch hier um einen Vernunftbegriff handelt – niemals in eindeutig objektivierbaren Kategorien ausgedrückt werden kann. Wenn man also die Evolution ernst nimmt, dann muß man auch annehmen, daß von dem, was seinsmäßig geringer ist, das seinsmäßig Mächtigere hervorgebracht wird, daß es also „selbsterwirkte Seinszunahme" oder „Selbstüberbietung" gibt.

Der Begriff der „selbsterwirkten Seinszunahme" ist aber unbezweifelbar ein paradoxer Begriff. Wie sollte nämlich etwas sich das geben, was es noch nicht hat? Deshalb genügt der einfache Hinweis darauf, daß jeder, der die Evolution ernst nimmt und sie auch nachträglich nicht weginterpretiert, auch die Selbstüberbietung angenommen haben muß, noch nicht, um sie als unbestreitbares Strukturmoment der dynamischen Wirklichkeit bezeichnen zu können. Hier sind grundsätzlichere, metaphysische Überlegungen notwendig. Im folgenden soll deshalb ganz allgemein aufgezeigt werden, daß jedes Tätigsein des endlichen Seienden ein Moment der Selbsttranszendenz impliziert. Wenn das zutrifft, dann ist das Entstehen der menschlichen Geistseele im Zuge der Evolution des Materiellen nur der höchste uns bekannte Fall der selbsterwirkten Seinszunahme innerhalb der sich entwickelnden Welt.

1. *Grundsätzliche Überlegungen zur Frage des Werdens in der Welt*

Wie es denkbar ist, daß aus weniger durch sich selbst mehr wird, läßt sich nur durch eine grundsätzliche Besinnung darauf beantworten, wie das Werden, das Entstehen aufgefaßt werden muß.

Es darf wohl als Erfahrungstatsache gelten, daß in vielen Veränderungen, die in der Welt vorkommen, etwas Neues, eine bisher nicht dagewesene Sache oder Eigenschaft entsteht. Es gibt allerdings auch viele Fälle, in denen etwas aufhört zu bestehen. Vorläufig beschäftigen wir uns aber nur mit dem Werden (von Neuem). Eine solche vorläufige Hervorhebung des Werdens wäre nur dann nicht gerechtfertigt, wenn die Meinung, nach der jedem Werden von etwas in der Welt immer ein (dem Gewordenen gleiches) Vergehen von etwas entspricht, nicht darauf hinauslaufen würde, daß Werden und Vergehen eigentlich nur Schein sind. – Da wir also davon ausgehen können, daß das Entstehen von Neuem in der Welt eine unleugbare Gegebenheit ist, stellt sich die Frage: Woher stammt denn das in einem gegebenen Fall auftretende Neue?

Die scheinbar einleuchtendste Antwort lautet: Es stammt von einem anderen, das diese Eigenschaft besitzt. Sie scheint auch von der Erfahrung bestätigt zu werden. Denn das kalte Wasser wird durch das Feuer erwärmt, das Lebewesen nimmt durch Aufnahme von Nahrung an Gewicht zu, und sogar der Unwissende wird dadurch, daß ihm Wissen mitgeteilt wird, zum Wissenden. Das Modell, nach welchem das Hervorbringen von etwas Neuem hier vorgestellt wird, ist die mechanische Weitergabe einer Bestimmung, letztlich der mechanische Stoß. Bei einer genaueren Untersuchung wird es jedoch bald deutlich, daß diese Erklärung ungenügend ist. Schon die Entwicklung der Lebewesen, noch viel mehr aber die geistige Entfaltung eines Menschen, kann nicht nach dem Modell des Billardspiels, also der bloßen Übernahme einer von anderem empfangenen Wirkung gedeutet werden, das im Falle des durch das Feuer erwärmten Wassers noch auszureichen scheint. Das sich entfaltende Lebewesen und noch viel mehr der geistig reifende Mensch sind niemals bloß passive Empfänger der von außen auf sie zukommenden Einflüsse, sondern sie beteiligen sich aktiv an ihrer Entwicklung, d. h. die neue Vollkommenheit ist immer *auch* Ergebnis ihrer eigenen Tätigkeit. Das durch Eigentätigkeit entstehende qualitativ Neue ist nun (im Gegensatz zu dem irgendwo entstehenden rein quantitativen „Mehr") nicht restlos auf innerweltlich anderes zurückzuführen, sondern es ist in ihm ein (allerdings niemals eindeutig isolierbares, aber trotzdem wirkliches) Moment anwesend, das nur von der im vollen Sinne des Wortes eigenen Tätigkeit des sich Entwickelnden herstammt, das also in bezug auf alles, was es in der Welt vor dieser Tätigkeit gab, neu ist. Das so entstandene Neue muß aufgrund des Gesagten als eine *selbsterwirkte Zunahme an Vollkommenheit* aufgefaßt werden.

Diese Feststellung scheint aber der intuitiv gewissen Einsicht zu widersprechen, nach der aus weniger von selbst niemals mehr werden kann. Deshalb legen wir einen Gedankengang vor, der die Tatsächlichkeit der „selbsterwirkten Selbsttranszendenz" indirekt, d. h. durch den Aufweis der Widersprüchlichkeit der entgegengesetzten Annahme erweisen soll.

Nehmen wir einmal an, der im Zuge einer positiven Veränderung beobachtete „Zuwachs an Vollkommenheit" eines Seienden (der nicht identisch ist mit einem rein quantitativen „Mehrwerden") stamme restlos von anderen innerweltlichen Seienden her. Bei dieser Annahme haben wir folgende Möglichkeiten, den Vollkommenheitszuwachs zu erklären: (1) Man kann behaupten, das im Falle einer Veränderung auftretende Neue komme *immer* von einem anderen. Indem aber als Erklärung immer auf anderes verwiesen wird, ergibt sich der sogenannte „unendliche Regreß", der als Erklärung darauf hinausläuft, daß es überhaupt keine letzte Begründung für das Neue gibt. (2) Man kann ferner behaupten, die neue Vollkommenheit (die Zunahme an Seinsmächtigkeit), die unserer Annahme entsprechend jeweils ganz von anderen innerweltlichen Faktoren herstammt, sei das Ergebnis der Aktivität des Weltalls, das man als die (endliche oder unendliche) Menge aller Seienden betrachtet. In diesem Fall ergeben sich zwei Erklärungsmöglichkeiten: (a) Man kann davon ausgehen, *daß es im Weltall überhaupt nichts Neues, also keinen Vollkommenheitszuwachs gibt*. Der Zuwachs an Vollkommenheit, den man irgendwo in der Welt beobachtet, wäre dann nur die „Verpflanzung" einer Vollkommenheit von einer Stelle der Welt an eine andere in der Weise, daß der Zunahme an Vollkommenheit hier eine Abnahme an Vollkommenheit dort entspricht. Um allerdings mit dieser Theorie die irgendwo entstehende neue Seinsqualität erklären zu können, muß man den Grund für eine solche Vollkommenheitsverpflanzung angeben können. Das ist aber in einer Welt, in der als ganzer, unserer Annahme nach, nichts Neues entsteht, nicht möglich. Denn ein Weltall, in dem eigentlich kein Mehr entsteht, das also seiner Ganzheit nach statisch ist, kann nicht die Erklärung der in ihm ablaufenden ständigen Veränderungen sein. Kein einziger Bestandteil der Welt wäre dann nämlich von sich aus dynamisch. Jede Aktivität käme immer von einem anderen. Sie wäre also etwas, das durch die jeweils passiven, keine Eigenaktivität entfaltenden Dinge nur hinwegströmt, ohne wirklich von ihnen herzustammen. In diesem Fall wäre die Aktivität eine absolute (weil sich selbst begründende) Eigenschaft der Welt, ohne eine Eigenschaft jener Seienden zu sein, aus denen die Welt besteht. Das ist aber eine widersprüchliche Behauptung. (b) Man kann jedoch eine andere Theorie aufstellen und sagen, *daß die Welt von sich selbst aus ständig an Vollkommenheit zunimmt*. Nach einer solchen Ansicht wäre das Werden, weil es in sich selbst begründet wäre, in jeder Hinsicht unbedingt. Die Welt selbst wäre jedoch, da sie vervollkommnet werden kann, etwas nicht Absolutes, etwas Bedingtes. Schon hier besteht ein Widerspruch, der aber noch auf eine andere Weise auftritt. Nach dieser Auffassung hat nämlich die Welt als ganze die Fähigkeit, aus sich selbst an Vollkommenheit zuzunehmen; gerade diese Fähigkeit wird aber (im Sinne der ursprünglichen Annahme) je für die Teile der Welt verneint. Es ist aber nicht einsichtig, wie die Welt als ganze von sich aus an Vollkommenheit zunehmen soll, während alle ihre Teile ihren Seinszuwachs jeweils nur von anderen Teilen der Welt haben. – Hiermit ist nun aufgewiesen, daß die Annahme, jede in der Welt neu entstehende Vollkommenheit könne jeweils auf innerweltlich anderes zurückgeführt werden, falsch ist.

Für den, der nicht bereit ist, die Selbstüberbietung anzunehmen, gibt es allerdings noch immer einen Ausweg. Er könnte noch behaupten, das jeweils in der Welt neu Entstehende sei das ausschließliche Werk der welttranszendenten unbedingten Ursache, also eine Neuschöpfung durch Gott. Mit dieser Auffassung haben wir uns schon oben ausführlich beschäftigt. Dort wurde gezeigt, daß die Meinung, Gott wirke innerhalb der Welt ohne Zweitursachen, der Göttlichkeit Gottes widerspricht. Richtig ist allerdings, daß zur Erklärung des in der Welt entstehenden seinsmäßig Neuen die absolute und welttranszendente Ursache tatsächlich ins Spiel gebracht werden muß. Dabei darf aber Gott nicht zum allein Wirksamkeit Ausübenden gemacht werden. Gott würde dann jedes Wirken des endlichen Seienden übernehmen und es so seiner *Wirk*-lichkeit berauben. Gegen einen so aufgefaßten Schöpfergott könnte man mit Recht den von Jean-Paul Sartre erhobenen Einwand geltend machen: Es ist eine moralische Pflicht, im Namen der menschlichen Freiheit Gott zu leugnen. Wir können und müssen sogar folgern: Gerade das schöpferische, endliches Selbständiges hervorbringende Wirken Gottes ist der letzte Grund der Selbstüberbietung der geschaffenen Seienden. Denn die durch den Schöpfungsakt Gottes empfangene geschöpfliche Eigenständigkeit wäre nichts Reales, würde sich daraus keine Eigenständigkeit im Wirken, keine Selbsttätigkeit, keine selbsterwirkte Vollkommenheitszunahme ergeben.

Hinsichtlich der Tatsächlichkeit der Selbstüberbietung muß noch folgendes bedacht werden:

(1) Selbstüberbietung ist kein für einen naturwissenschaftlichen Gebrauch eindeutig bestimmbarer Begriff. Er besagt selbsterwirkte Seinszunahme und ist als Vernunftbegriff nach der Analogie der in uns selbst erfahrenen Selbsttätigkeit zu denken. Dabei muß man freilich die unterschiedlichen Weisen des Tätigseins auf der Ebene des Anorganischen, des Organischen und des Geistigen stets berücksichtigen.

(2) Selbstüberbietung geschieht überall dort, wo etwas eine Tätigkeit ausübt. Oft ist sie aber in einem so geringen Maße vorhanden, daß ihr praktisch keine Bedeutung zukommt. In einem solchen Fall besteht die Aktivität eines Seienden fast nur in einer mechanischen Weitergabe einer von außen empfangenen Aktivität. Je geringer der Seinsgrad eines Seienden ist, desto mehr ist das der Fall.

(3) Aus der These, daß jedes Wirken im endlichen Bereich mit einer gewissen Seinszunahme verbunden ist, folgt, daß die Evolution, das Entstehen des Höheren aus dem Niedrigeren zur Struktur der Wirklichkeit selbst gehört und deshalb ein im allgemeinen notwendiges, mit großer Wahrscheinlichkeit zu erwartendes Geschehen ist. Damit ist aber nicht gesagt, es müsse als Ergebnis der Aktivität der Geschöpfe *in jedem Fall* ein vollkommenerer und qualitativ höherstehender Zustand erreicht werden. Dies anzunehmen wäre offensichtlich falsch, denn es gibt nicht nur Veränderungen, die eine Vermehrung, sondern auch solche, die eine

Verminderung der in der Welt vorhandenen Seinsqualität zur Folge haben. Einfacher gesagt: In der Welt gibt es nicht nur Wachstum und Fortschritt, sondern auch Untergang und Vergehen.

Wenn man sich die nach heutigem Wissen gesicherte große Linie der Evolution vergegenwärtigt, so kann man zunächst feststellen, daß die Tatsache vom Untergang nicht nur des einzelnen, sondern auch ganzer Arten mit der stets fortschreitenden, im ganzen Höheres hervorbringenden Evolution durchaus zu vereinbaren ist. Das einzelne, das auf der Ebene der biologischen Existenz sowieso nur ein Glied in der Kette ist, vergeht, aber schon vorher hat es im allgemeinen das Leben weitergegeben, so daß die Art weiterlebt. Auch wenn die Art ausstirbt, wurde ihr Platz meistens schon durch eine andere, lebenstüchtigere Art übernommen. Außerdem macht der Tod des einen Lebewesens Leben und Wachstum des anderen möglich. Alle diese Phänomene können im Sinne unserer bisherigen Ausführungen gedeutet werden: In jedem Wirken ist zwar das Moment der Selbstüberbietung anwesend, doch verfügt das einzelne Seiende über die Bedingungen seiner eigenen Entwicklung nur in begrenztem Maße. Je unvollkommener etwas ist, desto mehr ist es auf anderes, auf das günstige Zusammenspiel der von außen kommenden Einflüsse und deshalb auf den Zufall angewiesen, um die in ihm liegenden Möglichkeiten tatsächlich verwirklichen zu können. Da die Entwicklung der Seienden nicht nur von ihnen selbst abhängt, muß von vornherein damit gerechnet werden, daß zumindest in einem begrenzten Sektor gelegentlich ein Seinsverlust eintritt, z. B. dadurch, daß ein vulkanischer Ausbruch in einem großen Gebiet jedes Leben auslöscht. Kosmische Katastrophen können also Rückschläge bringen, und trotzdem ist die Evolution bis zum Entstehen des Menschen gelangt.

2. *Das Werden der menschlichen Person*

Die bisher gewonnenen Einsichten müssen wir jetzt auf die Erklärung des Werdens der menschlichen Person anwenden. Einerseits haben wir durch eine philosophische Besinnung erkannt, daß Geist das sich seiner selbst bewußte Seiende ist, dem aufgrund seines Bei-sich-Seins ein In-sich-Stehen, eine volle Eigenständigkeit zukommt. Und es hat sich auch gezeigt, daß sich das konkret Materielle niemals kontradiktorisch zum Geist verhält, sondern insofern immer schon ansatzhaft geistig ist, als es, wenn auch nicht in der Weise des Selbstbewußtseins, doch dadurch, daß es einen gewissen Selbstand hat, eine anfanghafte Selbstidentität verwirklicht.

In diesem Zusammenhang konnten wir auch auf die ganzmenschliche Selbsterfahrung hinweisen. Wo wir nämlich unsere Geistigkeit in den Vollzügen der Erkenntnis und Freiheit erfahren, erfassen wir sie konkret als Geistigkeit in der Materialität. Der Mensch erfährt also, daß die konkrete Materie, die er selbst auch ist, in die Dynamik des geistigen Selbstbesitzes und in die Bewegung des menschlichen Geistes auf Transzendenz hin aufgenommen ist. Und da die Materie unserer Leiblichkeit, als physikalische Wirklichkeit betrachtet, sich von der Materie der

„Welt“ nicht unterscheidet (sie ist z. B. grundsätzlich austauschbar), kann das „Einigermaßen-geistig-Sein“ nicht nur von jener Materie gelten, die zufällig gerade unter unserer Haut steckt.

Andererseits ist es deutlich geworden, daß innerweltliches Werden grundsätzlich Selbstüberbietung, selbsterwirkte Seinszunahme impliziert. Wenn es aber durch Eigentätigkeit bewirkte Zunahme an Sein gibt, dann ist so etwas wie ein Werden der Geistseele aus der Materie durchaus denkbar. Der mögliche Einwand, die zwischen Geist und Materie bestehende Wesensverschiedenheit könne durch innerweltliche Evolution nicht überwunden werden, ist schon längst beantwortet. Man kann zwar mit guten Gründen von einer Wesensverschiedenheit zwischen Geist und Materie reden, doch muß zugleich auch ihre Wesensübereinstimmung, ihre nicht völlige Disparatheit hervorgehoben werden. Außerdem muß berücksichtigt werden, daß Selbstüberbietung selbsterwirkter Seinszuwachs ist. Das bedeutet aber, daß das sich selbst überbietende Seiende etwas, das seinsmäßig, d. h. den Seinsgraden gemäß mehr ist, hervorbringen kann. Die Geistseele kann also das Ergebnis der sich entwickelnden lebenden Materie sein.

Es wurde bisher schon genügend betont, aber um mögliche Mißverständnisse auszuschließen, sei es nochmals hervorgehoben: Die das seinsmäßig Mehr produzierende Tätigkeit des Geschöpfes ist getragen von der schöpferischen Ursächlichkeit Gottes. Ohne dieses Getragensein von der schöpferischen Kraft Gottes wäre es undenkbar, daß ein endliches und deshalb nicht unbedingtes Seiendes ein Mehr dem gegenüber, was es ist, hervorbringen kann. Das so Hervorgebrachte ist immer das Ergebnis der schöpferischen Macht Gottes, aber auf der Ebene der innerweltlichen Verursachung stammt es stets zugleich auch vom Geschöpf selbst. Da das Entstehen der menschlichen Seele in der sich zum Menschen hin entwickelnden lebenden Materie ohne die schöpferische Ursächlichkeit Gottes undenkbar ist, kann und muß sogar von einem besonderen Schöpfungsakt Gottes, von einem unmittelbaren Erschaffensein der Menschenseele durch Gott gesprochen werden.

Diese Redeweise, die hier von einem „besonderen Schöpfungsakt Gottes“ spricht, ist schon deshalb voll und ganz berechtigt, weil ihr Ergebnis tatsächlich etwas Besonderes ist. Die geistige Seele ist nämlich der Grund dessen, daß uns wirkliche Eigenständigkeit, ein unverwechselbarer Stand in uns selbst und damit auch das Von-sich-her-handeln-Können, d. h. Freiheit, zukommt und daß wir auf alles, was wie auch immer ist, eröffnet sind. Wir sind m. a. W. aufgrund unseres Selbstandes, unseres Bei-sich-Seins zugleich mit der Gesamtheit des Seins verbunden. Trotz unserer Endlichkeit, die wir nie abstreifen können, ist uns nichts grundsätzlich verschlossen. Dadurch sind wir in einer ursprünglichen Weise auf das Unbedingte, d. h. konkret, auf Gott bezogen, obwohl das uns in der Ausdrücklichkeit zunächst nicht bewußt ist und auch nicht bewußt zu sein braucht. Durch dieses In-sich-Stehen und Von-sich-her-handeln-Können bzw. durch das Eröffnetsein auf alle Wirklichkeit, welches hintergründig einen unmittelbaren Bezug auf Gott einschließt, sind wir Personen.

LITERATUR

Rahner, Karl, Die Hominisation als theologische Frage. In: Overhage, Paul, Rahner, Karl, Das Problem der Hominisation. Freiburg: Herder, 1961, 13–90.
Rahner, Karl, Die Einheit von Geist und Materie im christlichen Glaubensverständnis. In: ders., Schriften zur Theologie 5. Einsiedeln: Benziger, 1962, 185–214.
Schoonenberg, Peter, Gottes werdende Welt. Limburg: Lahn Vlg., 1963, 50–79.
Weissmahr, Béla, Gottes Wirken in der Welt. Ein Diskussionsbeitrag zur Frage der Evolution und des Wunders. Frankfurt/M.: Knecht, 1973.
Weissmahr, Béla, Philosophische Gotteslehre. Stuttgart: Kohlhammer, [2]1994, 72–94.

2.3 Erschaffung des Menschen

(theologisch)

2.3.a Die Erschaffung des Menschen als Bild Gottes

Walter Gross

Das für die jüdische wie die christliche Anthropologie grundlegende Theologumenon, der Mensch sei als Bild Gottes erschaffen, findet sich im hebräischen AT nur in der jüngsten Quellenschrift des Pentateuch, der um die Mitte des ersten Jahrtausends v. Chr. verfaßten Priesterschrift (= P): Gen 1,26.27; 5,1; 9,6. Ohne Erwägungen zum altorientalischen Hintergrund, zum priesterschriftlichen bzw. pentateuchischen Kontext und zu philologischen Details sind weder der ursprüngliche Sinn dieser biblischen Spitzenaussage noch die Hauptlinien ihrer Auslegungsgeschichte zu verstehen, die mit dem Übergang aus dem semitischen in den griechischen Sprachraum einsetzt.

1. Zum altorientalischen Hintergrund

Lebendiges Bild eines Gottes ist im alten Orient vor allem und fast ausschließlich der König.[1] In Ägypten ist dies ein von 1780 v. Chr. bis zu den Ptolemäern bezeugter Bestandteil der offiziellen Königstheologie, ursprünglich eine modernere Definition des geheimnisvollen Verhältnisses des Königs zu Gott neben dem älteren Titel „Sohn des Re". Die vielfältige Bildterminologie bezieht sich nicht auf die äußere Erscheinung, sondern auf die Funktion des Königs als Amtsträger. Einige einschlägige Bildtermini charakterisieren den König als konkretes Bild des göttlichen Herrschers des Alls, d. h. als Repräsentanten Gottes, insofern er in Auftrag und Namen dieses Gottes herrscht; andere bezeichnen ihn als gottähnlich in bezug auf eine bestimmte für den genannten Gott charakteristische Eigenschaft oder Handlung.[2]

Dieser ägyptischen Königsamts-Theologie, überlieferungsgeschichtlich wohl Quelle sowohl der wenigen vergleichbaren neuassyrischen Königsprädikationen als auch der Bild-Gottes-Aussage Ps, fehlt jeglicher Schöpfungsbezug. Das gilt, soweit vom König als Bild eines Gottes die Rede ist, auch für Mesopotamien. Im neuassyrischen Großreich wird der König mitunter Schattenbild bzw. Ebenbild eines Gottes genannt; im 13. Jh. und dreimal in Bittbriefen von Höflingen der Zeit zwischen ca. 722 und 525 fällt in diesem Zusammenhang das Wort *salmu*[3] (Statue, Bild), das in seiner hebräischen Form *ṣlm* das dominierende Substantiv der Bild-Gottes-Formulierung Ps ist. Im vergangenen Jahrzehnt wurde die neubabylonische Tafel VAT 17019 aus der ersten Hälfte des ersten Jahrtausends v. Chr. publiziert. Sie spricht, allerdings ohne Bild-Terminologie, von der Erschaffung des Königs:[4] Nach der Erschaffung des *lullû*-Menschen zur Arbeit wird der König als überlegend-entscheidender Mensch zum Kampf erschaffen und von den Göttern mit Krone, Thron, Waffen, Glanz und schönem Aussehen beschenkt.[5]

Obgleich einerseits die überlieferungsgeschichtliche Vermittlung dunkel bleibt, das Alte Testament den König niemals Bild Gottes (sondern selten Sohn Gottes bzw. Gott) nennt, auch keine gestufte Erschaffung der Menschheit nach gesellschaftlichen Funktionen und überhaupt das Königtum nicht als urgeschichtliche Größe, sondern erst als Spätling in der Geschichte Israels kennt, weil aber andererseits auch in Gen 1 die Gottesbildlichkeit des Menschen mit seiner Herrschaft über die Tiere zusammenhängt, erscheint die Hypothese plausibel: Nach dem katastrophalen Ende des israelitischen, dann des Jerusalemer Königtums hat der priesterschriftliche Theologe altorientalische königsamtstheologische Vorstellungen von der Erschaffung des Königs und vom König als Bild Gottes universalisiert und zu Aussagen über die schöpfungsgemäße Funktion des Menschen umgestaltet.[6]

2. Philologische Probleme in Gen 1,26.27

Gen 1,26.27 enthält vornehmlich drei philologische Probleme, deren unterschiedliche Lösungen das Verständnis der Gottesbildlichkeit des Menschen in der Theologiegeschichte stark beeinflußt haben: die Bedeutung und der mögliche Unterschied einerseits der zwei zentralen Substantive („Bild" und „Ähnlichkeit"), andererseits der mit ihnen verbundenen zwei Präpositionen (*b*= und *k*=), schließlich die syntaktische Verknüpfung von Gottesbildlichkeit und Herrschaft über die Tiere.

Mit der obigen überlieferungsgeschichtlichen Herleitung ist bereits ein Übersetzungsproblem in Gen 1,26 gelöst: Der König gilt dem alten Orient nicht nach einem göttlichen Bild, sondern zum göttlichen Bild, als göttliches Bild erschaffen: zur herrscherlichen Repräsentanz des Gottes; er ist als Regent das Bild Gottes. Entsprechendes gilt für Gen 1,26; es ist zu übersetzen: *Wir wollen Menschen machen als unser Bild*; nicht: *nach unserem Bild*. Die Präposition im Ausdruck *b=ṣlm=nw* ist somit *bet essentiae* („als"), nicht *bet normae* („gemäß").[7] Für die Auslegungsgeschichte und bis in die meisten modernen Übersetzungen hinein erwies sich allerdings im Sinn des *bet normae* als entscheidend, daß die Septuaginta dafür die Präposition *κατά* („gemäß") einführte.[8]

Außer *ṣlm* („Bild"), allein verwendet in Gen 1,27 und 9,6, begegnet in der Bild-Gottes-Aussage Ps das von der Wurzel *DMY* „ähnlich sein" gebildete Abstraktnomen *dmwt* („Ähnlichkeit") neben *ṣlm* in 1,26 und allein in 5,1. Die Septuaginta verbindet mit diesem Wechsel der Substantive keinen konstanten Bedeutungsunterschied, sondern gibt nicht nur *ṣlm* generell, sondern in Gen 5,1 auch *dmwt* durch εικων wieder;[9] für die Interpretation relevant wurde vor allem Gen 1,26, wo beide Ausdrücke nebeneinander stehen und somit komplementäre Aspekte zu bezeichnen scheinen, zumal im Hebräischen auch die Präpositionen wechseln; hier mußte die LXX unterschiedliche Äquivalente wählen: *b=ṣlm=nw k=dmwt=nw*, LXX: *κατ᾽ εἰκόνα, καθ᾽ ομοίωσιν*, Vulgata: *ad imaginem et similitudinem.*

Auch für den hebräischen Wortlaut von Gen 1,26 wurde häufig eine semantische Differenz der beiden Präpositionalausdrücke vermutet, wobei man in *dmwt* entweder eine Abschwächung der vermeintlich massiveren *ṣlm*-Formulierung sah: „Wir wollen Menschen machen als unser Bild, aber lediglich uns ähnlich"[10] oder im Gegenteil vielmehr deren Verstärkung: „Wir wollen Menschen machen als unser Bild = unsere machtvolle Repräsentanz, und zwar (da solche symbolische Repräsentanz keine gestalthafte Ähnlichkeit impliziert, nicht nur das, sondern) sogar uns gleich bzw. in unserer Qualität."[11] Beides trifft wahrscheinlich nicht zu.

Die zwei Substantive stehen im hebräischen AT nur hier nebeneinander. In ganz anderem, unverdächtigem Kontext, im aramäischen Teil der assyrisch-aramäischen Bilingue auf der 1979 gefundenen Beter-Statue eines aramäischen Lokalfürsten aus dem 9. Jh. v. Chr., fungieren diese beiden Substantive als Synonyma in der Bedeutung „Statue, Plastik, Bildnis".[12] „Eine Differenzierung von ‚gleich' und ‚ähnlich' oder irgendeine Gradierung von ‚fast identisch' bis ‚nur ein wenig ähnlich' ist im Hebräischen nicht möglich."[13] Die Präpositionalverbindung *k=dmwt* kommt im AT außer in Gen 1,26 nur noch in Ps 58,5 und Dan 10,16 vor, und zwar dort als pleonastisch erweiterte, zusammengesetzte Präposition der Bedeutung „wie, eine Ähnlichkeit zu".[14] Diese Erklärung scheidet zwar für Gen 1,26 aus, weil *dmwt* in der parallelen Formulierung Gen 5,1[15] die Präposition *b=* bei sich hat, die dieses Pleonasmus-Verständnis nicht erlaubt; *dmwt* besitzt daher wohl an beiden Orten seine volle Semantik.[16] Diese sprachlichen Beobachtungen führen zu der Hypothese: *k=dmwt=nw* ist in Gen 1,26 explikative Apposition, eine bloße Erläuterung der Leitformulierung „als unser Bild" (*b=ṣlm=nw*) und verleiht der Wendung durch synonyme Parallelität Feierlichkeit: *Wir wollen Menschen machen als unser Bild, etwa als unsere Gestalt.*

Die Bild-Gottes-Prädikation ist in ihrem altorientalischen Bezug auf den König eine funktionale Aussage, sie definiert sein Amt als herrscherliche Repräsentanz des Reichsgottes, auch wenn man sich in Ägypten wie Mesopotamien Gedanken darüber gemacht haben mag, in welchen Eigenschaften des Königs sich diese Funktion manifestiert. Falls der priesterschriftliche Autor entsprechende Überlegungen hinsichtlich der Gottesbildlichkeit des Menschen angestellt haben sollte, so hat er sie nicht mitgeteilt. P hat diese Aussage nicht inhaltlich gefüllt;[17] diesbezügliche Spekulationen führen vom Text weg. P hat die Herrschaft des Menschen über die Tiere deutlich als einzige Funktion der Gottes-Bild-Aussage bezeichnet. Er wählte nämlich in Gen 1,26 mit der Abfolge: „Laßt uns machen ... ‚und' sie sollen herrschen" (Kohortativ – *w=* – Präfixkonjugation, und zwar Äquivalent einer Kurzform der Präfixkonjugation) die syntaktische Form für einen Nebensatz („konjunktionslose Hypotaxe"[18]), näherhin für finale Verknüpfung

(„damit"): *Wir wollen Menschen machen als unser Bild, etwa als unsere Gestalt, damit sie herrschen über die Fische des Meeres und über die Vögel des Himmels und über das Vieh und über alles wilde Getier der Erde und über alles Kriechgetier, das auf der Erde kriecht.* Von der Septuaginta an, mit Auswirkung bis auf die heute üblichen Übersetzungen des AT, hat man diesen Nebensatz und seine untergeordnete Aussage als weiteren Hauptsatz mißverstanden und daraus abgeleitet, Gen 1,26 lehre im ersten Satz die Gottesbildlichkeit des Menschen, wobei dann zu fragen sei, wie sie ontologisch zu bestimmen sei, und der zweite Satz benenne lediglich eine ihrer Folgen.

3. Die Bild-Gottes-Aussage im Kontext der Priesterschrift

Die Stellung eines Theologumenons im Aufriß der Priesterschrift bestimmt weitgehend dessen Gewicht und inhaltliche Füllung. P schildert drei Epochen und ordnet ihnen je eine Gottesbezeichnung zu: Geschichte der Gesamtmenschheit (*Elohim*), der Patriarchen (*El Šadday*), des Volkes (*YHWH*). *YHWH* ist der Kultname, entsprechend bleiben die vorisraelitische Menschheit und die Patriarchen kultlos. Die Gottesbildlichkeit begegnet nur in der Epoche der Gesamtmenschheit: in Gen 1 und 5 für die Schöpfungsordnung, in Gen 9 für die nachsintflutliche Ordnung. Alle Menschen sind Bilder Gottes, und sie sind Bilder Elohims, nicht YHWHs. Die Gottesbildlichkeit ist somit weder ein Spezifikum Israels, noch zielt sie auf kultische Gottesverehrung.[19] Anläßlich Schöpfung und Sintflut handelt P nicht vom Gottesverhältnis des Menschen – dies ist Thema der darauffolgenden Teile –, sondern von den grundlegenden Ordnungen des Lebensraums und der friedlichen Koexistenz aller Lebewesen[20], wie Elohim sie zunächst instabil in der Schöpfung, dann stabil in nach der Sintflut partiell revidierter Gestalt geschaffen und den Menschen mitgeteilt hat.

4. Bedeutung der Bild-Gottes-Aussage in ihrer hebräischen Formulierung

P hebt in Gen 1 die Erschaffung der Menschheit formal und strukturell von den vorhergehenden Schöpfungswerken ab. Elohim eröffnet sie in 1,26 im pluralis deliberationis („laßt uns machen"), dessen altorientalische Herkunft aus der Beratung in der Götterversammlung noch durchscheint. Gott vollendet die Schöpfungsordnung, die Welt als „Lebenshaus", er macht sie sehr, sehr gut, indem er den Menschen zu seinem Bild erschafft, d. h. indem er dem Menschen als Repräsentanten des Schöpfergottes die Herrschaft über alle Lebewesen anvertraut. Die Herrschaftsübertragung bedeutet: Der „königliche" Mensch erhält „universale Ordnungsfunktion", er wird „Sachwalter für das Ganze der natürlichen Schöpfungswelt ... Tätige Verantwortung für das Ganze der natürlichen Schöpfungswelt – mehr Konkretion in Sachen ‚Herrschaft über die Tiere' scheint der erste Schöpfungsbericht nicht intendiert zu haben."[21]

Diese Herrschaft ist nach Ausweis der rein pflanzlichen Nahrung für Mensch und Tier (Gen 1,29.30) friedlich gedacht. Erst in der revidierten nachsintflutlichen

Ordnung wird sie zur Schreckensherrschaft des Menschen über die Tiere samt Tötungserlaubnis (Gen 9,2.3); voraus ging allerdings die Erzählung, wie Noach alle Arten Land- und Lufttiere vor der Sintflut gerettet hat; außerdem findet die Schreckensherrschaft ihre Grenze am Bluttabu (9,4) und wird die Gottesbildlichkeit des Menschen ein letztes Mal zitiert zur Abwehr der Gewalttat gegen Menschen (9,5.6).

Die Gottesbildlichkeit ist somit eine funktionale Aussage: Der Mensch ist Bild Gottes, insofern er sich verantwortlich handelnd zu seinem Lebensraum samt den Lebewesen darin, nicht, indem er sich zu Gott verhält. Die Blickrichtung geht vom Menschen zu den Wesen unter ihm, nicht vom Menschen zu Gott. Deswegen und weil die Relation Urbild – Abbild völlig außerhalb des Gesichtskreises bleibt, fehlt einerseits nach Wortwahl wie Konzeption jeglicher Bezug zwischen Gottesbildlichkeit des Menschen und alttestamentlichem Kultbildverbot[22] und kann P andererseits ohne theologische Probleme Mann und Frau die Funktion zuerkennen, Bild Gottes zu sein.[23]

5. Wandel des Verständnisses beim Übergang in den griechischen Kulturkreis und Elemente der Auslegungsgeschichte

Sobald die Gottesbildlichkeit des Menschen in das Griechische übersetzt wurde, trat aufgrund langer philosophischer Tradition seit Platon als beherrschender Verständnisschlüssel die Opposition Urbild – Abbild hinzu; der Akzent verlagerte sich auf das Urbild, auf die Art der unvollkommenen Entsprechung im Abbild; die Blickrichtung kehrte sich um: vom Menschen zu Gott, und Interesse fand nicht mehr so sehr das verantwortliche Handeln an der Welt als Funktion der Aussage, sondern die seinshafte Teilhabe des Menschen an Gott. Der Mensch ist nun nicht mehr selbst das Bild Gottes, sondern er ist nach der Norm eines göttlichen Bildes als dessen Abbild erschaffen. Die Gottesbildlichkeit wird zur Gottebenbildlichkeit.[24]

Den Wechsel signalisiert bereits die Septuaginta durch die Präposition *κατα* in Gen 1,26.27. Diese kehrt wieder in Sir 17,3.4, wenngleich der funktionale Herrschaftsbezug noch gewahrt ist: *So wie sich selbst bekleidete er sie mit Macht, und nach seinem Bild [κατ' εἰκόνα] machte er sie. Er legte die Furcht vor ihm auf alles Fleisch und Herrschen über Tiere und Vögel*. Bei Philo tritt dann die *εἰκών* zwischen Gott und Mensch; er erblickt im Logos das Bild Gottes, im Menschen das nach diesem Bild erschaffene Wesen, wobei diese abgeleitete Gottebenbildlichkeit nur im menschlichen *νους* gründet, den Leib aber ausschließt. Diese Denkform kehrt abgewandelt in den Paulinen und Deuteropaulinen wieder, wenn Christus das Bild Gottes ist (2 Kor 4,4; Kol 1,15), die Christen aber nach dem Bild Christi gestaltet sind (Röm 8,29; 2 Kor 3,18), wobei im NT eine eschatologische Nuance die protologische teilweise verdrängt.

In Weish 2,23 fehlt dagegen *κατά*, die griechische Konstruktion entspricht, auf Gen 1,26 bezogen, der Theorie vom *bet essentiae*, aber der Blick nach unten, die

Herrschaft über die Tiere, ist aufgegeben zugunsten der Frage nach Qualitäten, die der Mensch als Bild Gottes mit Gott teilt; hier ist es die Unvergänglichkeit, die der Mensch durch Einwirkung des Teufels verlor, auf Grund gerechten Lebenswandels aber wiedergeschenkt erhalten kann:[25] *Denn Gott schuf den Menschen zur Unvergänglichkeit und machte ihn zum Bild seiner eigenen Ewigkeit [εἰκόνα τῆς ἰδίας αἰδιότητος].*

Als bedeutungsrelevant erscheint in der weiteren Auslegungsgeschichte auch, daß in Gen 1,26 zwar von *ṣlm* („Bild") und *dmwt* („Ähnlichkeit"), in 9,6 aber nur von *ṣlm* („Bild") die Rede ist und daß 9,6, im Kontext des Pentateuch gelesen, auf die Erzählung vom Sündenfall folgt. Dies führte zu der Interpretation, daß nach dem Sündenfall die „Ähnlichkeit" verlorengegangen, während die „Bildhaftigkeit" erhalten geblieben sei. So unterscheidet die Patristik ab Irenaeus auf unterschiedliche Weise zwischen *εἰκών/imago* und *ὁμοίωσις/similitudo* (z. B. natürliche und übernatürliche Gottebenbildlichkeit) und fragt, ob bzw. wieweit und wodurch die Gottebenbildlichkeit oder eines ihrer Elemente durch den Sündenfall verloren, verdunkelt, durch die Erlösung aber wiederhergestellt wurde.

Diese Betrachtungsweise schwand erst im 19. Jh., als man lernte, die Bild-Gottes-Aussagen im Rahmen der Priesterschrift zu deuten, die keinen Sündenfall kennt. Es herrschten aber auch unter Alttestamentlern noch lange Versuche vor, das durch die Gottesbildlichkeit ausgesagte Gottesverhältnis ontologisch zu füllen.[26] 1882–1918 verunsicherte Darwins Evolutionslehre die traditionelle Theologie; andererseits übersetzte man erstmals das babylonische Schöpfungsepos *enuma eliš* mit seinen beeindruckenden Sachparallelen, vor allem dem Blut des getöteten aufrührerischen Gottes, das zur Erschaffung der Menschen dem Lehm beigemischt wurde. So fand man einerseits gegen Darwin in der Gottebenbildlichkeit des Menschen vor allem dessen wesentliche Unterschiedenheit vom Tier, d. h. seine intellektuellen und moralischen Fähigkeiten, ausgesagt (z. B. S. R. Driver); andererseits vermutete man ein stark anthropomorphes Gottesbild in Gen 1, betonte, das dort gebrauchte Substantiv *ṣlm* bedeute nicht Bild, sondern Schnitzbild, also eine Halb- oder Rundplastik, und meinte, P habe vor allem die Ähnlichkeit zwischen Gott und Mensch in der körperlichen Gestalt angezielt (z. B. H. Gunkel).[27]

Die Zeit von 1919 bis 1960 steht unter dem Vorzeichen der dialektischen Theologie und deren Abneigung gegen Religionsgeschichte. Im Anschluß an K. Barth wird von einem systematischen Vorverständnis der Gott-Mensch-Beziehung her, aber fast ohne jeden argumentativen Kontakt zum konkreten Wortlaut und Kontext in Gen 1 die Gottebenbildlichkeit des Menschen als sein Kreatur-Sein, seine Bezogenheit auf Gott als Dialogpartner, dann auch sein Bezogensein auf andere Menschen, besonders in der Geschlechtsgemeinschaft von Mann und Frau, ausgelegt (z. B. C. Westermann).[28]

Seit 1961 aber wird die Gottesbildlichkeit des Menschen nach Gen 1 sachgemäßer vom altorientalischen Hintergrund und textnäher vom Kontext der Priesterschrift her interpretiert, und so setzt sich zunehmend die im Abschnitt 4 skizzierte funktionale, weltverantwortungs- und handlungsbezogene Deutung durch. Gen 1,26.27 spricht nicht von Gottebenbildlichkeit, sondern von Gottesbildlichkeit.

ANMERKUNGEN

1 Gedrängte Darstellung der Details: W. Groß, Die Gottebenbildlichkeit des Menschen im Kontext der Priesterschrift: ThQ 161 (1981) 244–264. In Ägypten wird dies gelegentlich auch auf Priester übertragen. Die dort um 2100 v. Chr. zur Zeit schwacher königlicher Gewalt verfaßte „Lehre für König Merikare" sagt Z. 312 + 316 von allen Menschen: „Wohlversorgt sind die Menschen, das Vieh Gottes ... Seine Abbilder sind sie, aus seinem Leibe gewonnen." Und die zwischen 1550 und 1360 geschriebene „Lehre des Ani" nennt nicht nur den Weisen (Z. 417f.), sondern in Z. 394–397 ebenfalls auch die Menschen Ebenbilder Gottes: „Die Menschen, sie gleichen Gott durch ihre Art, einen Mann mit seiner Antwort zu hören. Nicht der Weise allein ist sein Ebenbild, indem die Menge wie lauter Vieh wäre." Übersetzung nach H. Brunner, Ältägyptische Weisheit. Lehren für das Leben (BAW), Zürich–München 1988. Doch stehen diese beiden Gen 1,26.27 inhaltlich nahekommenden Parallelen zeitlich der Priesterschrift so fern, daß sie außer Betracht bleiben müssen.

2 So B. Ockinga, Die Gottebenbildlichkeit im Alten Ägypten und im Alten Testament (ÄAT 7), Wiesbaden 1984, 125ff.

3 Zu den Belegen vgl. H. Wildberger, Das Abbild Gottes Gen. 1,26–30: ThZ 21 (1965) 245–259. 481–501, 253, und P. E. Dion, Ressemblance et image de Dieu: DBS X Fasc. 55, Paris (1981) 366–403.

4 Vgl. die Bearbeitung durch W. R. Mayer, Ein Mythos von der Erschaffung des Menschen und des Königs: Or 56 (1987) 55–68, und dazu H.-P. Müller, Eine neue babylonische Menschenschöpfungserzählung im Licht keilschriftlicher und biblischer Parallelen – Zur Wirklichkeitsauffassung im Mythos: ders., Mythos – Kerygma – Wahrheit. Gesammelte Aufsätze zum Alten Testament in seiner Umwelt und zur Biblischen Theologie (BZAW 200), Berlin–New York (1991) 43–67.

5 Vgl. dazu Ps 8,6ff.: der Mensch als königlicher Stellvertreter Gottes, bestimmt zur Herrschaft über die Tiere und von YHWH mit königlichen Attributen ausgestattet.

6 Vgl. Van Seters, The Creation of Man and The Creation of the King: ZAW 101 (1989) 333–342, 341, in zu stark politisch gefärbter Terminologie: „With the new Babylonian text, however, it becomes virtually conclusive that the Priestly Writer has democratized the myth of the creation of the king in order to apply it to mankind in general. In this way mankind is created to be the ruler of the rest of creation."

7 Vgl. E. Jenni, Die hebräischen Präpositionen. Bd. 1: Die Präposition Beth, Stuttgart 1992, 84.

8 Und zwar in Gen 1,26.27 sowie 5,1 (und in 5,3 in bezug auf das Verhältnis zwischen Adam und seinem Sohn Set) auch für die zweite Präposition *k=*, in 9,6 für *b=* dagegen ἐν.

9 Bei Adam-Set in 5,3 allerdings sagt sie, neben *εἰκών* für *ṣlm*, *ἰδέα* für *dmwt*.

10 So zuletzt wieder erwogen von Dion (vgl. oben Anm. 3), 387; zu Recht aber von ihm zugunsten der Synonymität beider Substantive aufgegeben in ders., Image et ressemblance en araméen ancien (Tell Fakhariyah): ScEs 34 (1982) 151–153, 152.

11 So Ockinga (vgl. oben Anm. 2), 148ff. (von der ägyptischen Weisheitstradition her sei vor allem an die Vernunft des Menschen zu denken) und, mit anderer Begründung, C. Dohmen, Das Bilderverbot. Seine Entstehung und seine Entwicklung im Alten Testament (BBB 62), Bonn 1985, 282.

12 Hierzu und zu der allein von C. Dohmen, Die Statue von Tell Fekherīje und die Gottebenbildlichkeit des Menschen. Ein Beitrag zur Bildterminologie: BN 22 (1983) 91–106, vertretenen gegenteiligen Behauptung, *dmwt'* auf der Statue und entsprechend *dmwt* in Gen 1,26 meine nicht, wie *ṣlm*, „relational" den Gegenstand, sondern „qualifizierend" den Bildinhalt, das Abgebildete, vgl. W. Groß, Die Gottebenbildlichkeit des Menschen nach Gen 1,26.27 in der Diskussion des letzten Jahrzehnts: BN 68 (1993) 35–48, 40ff. Auch J. Hoftijzer – K. Jongeling, Dictionary of the North-West Semitic Inscriptions, Leiden–New York–Köln 1995, 252, geben als Bedeutung von *dmwt'* in der Bilingue von Tell Fekherīje nur an: „statue". Die Statue von Tell Fekherīje wird inzwischen auch in Genesis-Kommentaren als Argument für die Synonymität beider Substantive in Gen 1,26 angeführt; vgl. N. M. Sarna, The JPS Torah Commentary. Genesis, Philadelphia–New York–Jerusalem 5749/1989, 12.

13 E. Jenni, Pleonastische Ausdrücke für Vergleichbarkeit (Ps 55,14; 58,5): K. Seybold – E. Zenger (Hrsg.), Neue Wege der Psalmenforschung (HBS 1). Freiburg, Basel, Wien (1994) 201–206, 205.

14 So Jenni (vgl. oben Anm. 13) 205. Entsprechend deutet K. Beyer aramäisch *kdmwt* als pleonastische Präposition: „etwa wie": Die aramäischen Texte vom Toten Meer, Göttingen 1984, 555, und Ergänzungsband, Göttingen 1994, 333. Jenni versteht *kdmwt* auch in Gen 1,26 so und übersetzt S. 206 daher beide dortigen Präpositionalausdrücke „als ein Abbild gleich uns / als Abbild unseresgleichen". Obgleich er die Semantik der Bild-Gottes-Aussage richtig bestimmt, dürfte aus dem o. g. Grund der Argumentationsgang aber nicht zutreffen.

15 Und bezüglich Adam-Set in Gen 5,3.

16 Immerhin zeigt der Wechsel von *k=dmwt* in 1,26 zu *b=dmwt* in 5,1 (und von *b=ṣlm* in 1,26 zu *k=ṣlm* in 5,3), daß hier (nicht nur die Substantive, sondern auch) die Präpositionen *b=* und *k=* semantisch praktisch austauschbar gebraucht sind, was die LXX durch beidemaliges κατά richtig erfaßt hat. Vgl. G. von Rad, Das erste Buch Mose. Genesis (ATD 2–4), Göttingen [10]1976, 37: „In dem Wechsel der Präpositionen (‚in' unserem Bilde, ‚entsprechend' unserer Ähnlichkeit) liegt keine besondere Bedeutung."

17 So zu Recht J. Barr, The Image of God in the Book of Genesis – A Study of Terminology: BJRL 51 (1968) 11–26, 13 und 21.

18 So die Bezeichnung durch E. Kuhr, Die Ausdrucksmittel der konjunktionslosen Hypotaxe in der ältesten hebräischen Prosa. Ein Beitrag zur historischen Syntax des Hebräischen (BSPL 7), Leipzig 1929. Zur finalen Verknüpfung vgl. dort S. 46 § 41; B. K. Waltke – M. O'Connor, An Introduction to Biblical Hebrew Syntax, Winona Lake, Indiana 1990, 650 § 39.2.2.

19 Zwar ordnet P nach altorientalischen Denkgewohnheiten durch sprachliche Verweise die Erschaffung der Welt und den Bau des Heiligtums in der Wüste einander zu. Die Schöpfung vollendet sich somit im YHWH-Kult bzw. in der Einwohnung YHWHs inmitten seines Volkes im Heiligtum. Aber es fehlen sprachliche und konzeptionelle Bezüge zwischen der Errichtung des Zeltheiligtums und der Erschaffung des Menschen. Anders z. B.: E. Zenger, Gottes Bogen in den Wolken. Untersuchungen zu Komposition und Theologie der priesterschriftlichen Urgeschichte (SBS 112), Stuttgart [2]1987, 172; P. Weimar, Sinai und Schöpfung. Komposition und Theologie der priesterlichen Sinaigeschichte: RB 95 (1988) 337–385, 350f. Dazu vgl. H. Utzschneider, Das Heiligtum und das Gesetz. Studien zur Bedeutung der sinaitischen Heiligtumstexte (Ex 25–40; Lev 8–9) (OBO 77), Freiburg/Schweiz–Göttingen 1988, 54, und Groß (vgl. oben Anm. 12) 45ff. Auch eine Verknüpfung von Sabbat und Gottesbildlichkeit – so N. Lohfink, Die Sabbatruhe und die Freizeit: StZ 194 (1976) 395–407 – deutet P nicht an.

20 Entsprechend führt nach P auch Gewalttat, in die alles Fleisch (= alle Lebewesen: Menschen und Tiere) gegeneinander ausbricht, zur Sintflut: Gen 6,12.13.

21 B. Janowski, Herrschaft über die Tiere. Gen 1,26–28 und die Semantik von *RDY*: G. Braulik – W. Groß – S. McEvenue (Hrsg.), Biblische Theologie und gesellschaftlicher Wandel (FS N. Lohfink), Freiburg (1993) 183–198, 191. Janowski führt damit Ansätze z. B. N. Lohfinks und E. Zengers weiter, wobei er zugleich von zu aktuellen ökologischen Hirten-Bezügen zur altorientalischen Königstheologie zurücklenkt.

22 Vgl. Dohmen (vgl. oben Anm. 11) 281ff.

23 Geradezu skurril ist daher Levins Behauptung, die Gottesbildlichkeit von Mann und Frau impliziere die Zweigeschlechtlichkeit Gottes: C. Levin, Tatbericht und Wortbericht in der priesterschriftlichen Schöpfungserzählung: ZThK 91 (1994) 115–133, 130.

24 Vgl. zum folgenden J. Jervell, Imago Dei. Gen 1,26f. im Spätjudentum, in der Gnosis und in den paulinischen Briefen (FRLANT 76), Göttingen 1960; P. Schwanz, Imago Dei als christologisch-anthropologisches Problem in der Geschichte der Alten Kirche von Paulus bis Clemens von Alexandrien (AKGRW 2), Halle (Saale) 1970.

25 In Weish 7,26 ist die Weisheit Bild der Vollkommenheit Gottes.

26 Vgl. zum folgenden die exegesegeschichtliche Darstellung von G. A. Jónsson, The Image of God. Genesis 1:26–28 in a Century of Old Testament Research (CB.OT 26), Lund 1988; von ihm wurde die Periodisierung übernommen. Die meisten der genannten Auslegungsmuster begegnen freilich schon im frühen Judentum, das im übrigen die Gottesbildlichkeit vor allem im ethisch qualifizierten Handeln verwirklicht sieht; vgl. S. Schreiner, Partner in Gottes Schöpfungswerk – Zur rabbinischen Auslegung von Gen 1,26–27: Jud. 49 (1993) 131–145.

27 Die Wurzeln der noch 1969 von L. Köhler vertretenen eher seltsamen Variante, die Gottebenbildlichkeit meine den im Unterschied zu den Tieren aufrechten Gang des Menschen, kann über die Hochscholastik (z. B. Thomas von Aquin, Summa theologiae I q. 93, a. 6, ad 3, dort allerdings mit Unterscheidung zwischen imago dei und vestigium imaginis dei; vgl. dazu P. Hünermann, Dogmatische Reflexion anläßlich der Antwort der Glaubenskongregation vom 28. Oktober 1995. „Zur Frage der dogmatischen Verbindlichkeit des Ausschlusses von Frauen von der Priesterweihe": W. Groß [Hrsg.], Frauenordination. Stand der Diskussion in der Katholischen Kirche, München 1996, 136f.) bis zu Philo, De plantatione 16.17, zurückverfolgt werden.

28 Je textferner die Auslegung ausfällt, desto leichter kann sie Tagesaktualitäten dienstbar gemacht werden. Die jüngste derartige Variante ist das ökologische Deutungsmuster.

2.3.b „Alles ist durch Christus und auf ihn hin geschaffen" (Kol 1,16)

NORBERT BAUMERT SJ

Die Geschichte Gottes mit seinem Volk und mit der ganzen Menschheit ist die Geschichte einer unermüdlich werbenden Liebe. Schritt für Schritt führt er tiefer hinein in das Zentrum seiner Beziehung zum Menschen. Nur von da her kann der Mensch die Welt und sich selbst verstehen. Diese stufenweise „Selbstoffenbarung" Gottes erreicht ihren Höhepunkt in Jesus Christus. Von ihm her betrachtet das Neue Testament das ganze Schöpfungswerk Gottes neu. So heißt es im Kolosserbrief (1,16): „Alles ist durch ihn und auf ihn hin geschaffen." Aber wie kann das sein?

1. Christus – das „Haupt" der Schöpfung

Wie kann der am Beginn unserer Zeitrechnung geborene „Gesalbte" (= Messias, Christus) am Ursprung der ganzen Schöpfung stehen? Man kann zunächst antworten: Da er der ewige Sohn Gottes ist, ist er vor aller Zeit. Er ist das ewige WORT, und darum auch das Schöpferwort, *durch* das alles von Anfang an wurde. Anders gesagt: Da Gott dreifaltig ist, sind von Anfang der Schöpfung an alle drei göttlichen Personen an diesem Werk beteiligt, und nicht etwa nur der „Vater" allein. Der ewige „Sohn" ist – ebenso wie der Heilige Geist (vgl. Gen 1,2) – immer mit am Werk (vgl. Joh 5,17).

Aber der Hymnus im Kolosserbrief sagt von dem „Sohn seiner Liebe", daß er das „*Bild* des unsichtbaren Gottes" ist (Kol 1,13–15). „Bild" sagt hier nicht – wie etwa ein Foto oder eine Statue –, daß eine sichtbare Person auf eine andere Weise dargestellt wird, sondern daß in Christus der „unsichtbare" Gott sichtbar (sehbar) geworden ist. Darum ist in dem „Bild" nicht nur der transzendente (jenseitige) ewige Sohn gemeint, sondern auch eine innerweltliche Gestalt von ihm; denn er heißt „der Erstgeborene aller Schöpfung" (Einheitsübersetzung) – nicht etwa „der Erstgeborene *vor* aller Schöpfung", wie oft übersetzt wurde. Wird hier nicht so gedacht, daß der „Christus" von Anfang der Schöpfung an eine innerweltliche Existenz hat, lange bevor er in der menschlichen Geschichte in der Individualität einer menschlichen Einzelperson „Fleisch" geworden ist?

Prae-existenz könnte dann zwei verschiedene Sachverhalte bezeichnen: Einmal, daß der „Sohn" selbstverständlich *vor Raum und Zeit* – sozusagen vor dem

„Urknall" – transzendenter, ewiger Gott ist, dann aber auch, daß der „Christus" *vor der Geburt* aus Maria in einer innerweltlichen Weise (prae-)existiert und wirkt – auch wenn wir uns das schwer vorstellen können. Es scheint aber, daß Paulus so etwas im Sinn hat, wenn er schreibt, daß die Israeliten beim Zug durch die Wüste „aus einem geistlichen Felsen tranken, der ihnen folgte; der Fels aber war Christus" (1 Kor 10,4). Dieser Fels „zog mit ihnen mit", sonst hätten sie nicht aus ihm trinken können; und doch „folgt" er ihnen auch in dem Sinne, daß er erst später geboren wird. Der „aus der Frau Geborene" (Gal 4,4) ist also bereits beim Zug durch die Wüste am Werk! Darin liegt für Paulus keine Schwierigkeit, denn er schreibt in demselben Brief nicht nur, daß alles „*aus* dem einen Gott und Vater" ist, sondern auch, daß „*durch* den einen Herrn Jesus Christus alles ist" (1 Kor 8,6). Mit dem geschichtlichen Namen „Jesus Christus" dürfte eine welthafte Existenz mitgemeint sein. Paulus fügt eigens hinzu: „Auch *wir* sind durch ihn" – nicht nur als Erlöste, sondern schon „durch ihn geschaffen".

Wie immer die Urkirche solche Sätze gemeint und verstanden haben mag, sie ist jedenfalls der Überzeugung, daß der „Gesalbte" eine überzeitliche Existenz und Bedeutung hat. Auch „das Unsichtbare ist durch ihn geschaffen: Throne, Herrschaften, Fürsten und Autoritäten" (1,16). Diese personalen Wesen, die wir „Engel" nennen, werden als vor der Erschaffung der Menschen existierend gedacht. Denn „durch ihn hat alles Bestand" (nicht erst seit seiner Menschwerdung), durch ihn, der in der Zeit „durch das Blut seines Kreuzes Frieden gebracht hat" allem, „was auf der Erde und im Himmel ist" (Kol 1,20). Vielleicht tun wir modernen Menschen uns mit einem solchen Raum und Zeit übergreifenden Denken schwerer; aber die Antike dachte nicht so vom Individuum her wie die Neuzeit.

Der antike Mensch versteht darum leichter, daß der Messias „Haupt" (= Ursprung) der ganzen Menschheit ist. Paulus sieht Christus parallel zu Adam als einen Menschen, durch den *alle* Menschen aller Zeiten das *Heil* erlangen sollen. Somit hat der geschichtliche Tod Jesu eine übergeschichtliche Dimension, die alle Menschen erreicht, da er ja für alle Menschen starb, auch für die „Väter". Und der Auferstandene ist erst recht den Grenzen unserer Zeit enthoben und wirkt in die Vergangenheit und Zukunft hinein.

Vom Erlösungsgeschehen her blickt Paulus dann gleichsam zurück auf die Schöpfung. Auch wenn in der menschlichen Geschichte Jesus Nachkomme Adams und Evas ist (vgl. Gen 3,16), ist er doch seinem Wesen nach der, in dem und nach dessen Gestalt bereits Adam und Eva geschaffen sind – und ebenso alle anderen Menschen. In der Sprache des Kolosserbriefes heißt das: „Er ist das Haupt der Versammlung" (hier ist wohl gemeint: der ganzen Menschheit, die somit in einem weiteren Sinne sein Leib ist), der „Erstgeborene der Toten" (Kol 1,18), das heißt der Erste aller sterblichen Menschen. So ist Christus Urbild der Menschen. Seine Prae-existenz ist auch eine Meta-existenz, eine Existenz jenseits der geschichtlichen Reihenfolge, so daß alle Menschen aller Zeiten mit diesem „Haupt" verbunden sind. Wenn Jesus in Mt 25,40 sagt: „Was ihr einem meiner geringsten Brüder getan habt, das habt ihr mir getan", drückt er das gleiche in einer anderen Sprache aus. Er versteht sich als der, dem alle Menschen Brüder und Schwestern sind. Sie sind alle, ob gut oder böse, bereits dadurch, daß sie Menschen sind, ihm wesensmäßig verbunden.

Die Schöpfung Gottes ist also nicht sich selbst überlassen, ist nicht ein unpersönliches „Ding", in dem dann langsam so etwas wie personale Existenz „entsteht", sondern alles, auch jeder materielle und vorpersonale Bereich der Schöpfung, ist letztlich verankert in dem, „durch den alles geworden ist", so daß sich dann in der Zeit personale Existenz „entwickeln" kann, weil der ganze Weltprozeß von vornherein in jener Ur-Person gründet. Das erste, was in der Schöpfung geschieht, wäre dann, daß Gott zu seinem ewigen Sohn in neuer Weise „Du" sagt und in diesem „Du" auch alle Geschöpfe mit „anspricht". Und in diesem Angerufensein durch das göttliche Du kann der Mensch dann ganz „ich" sagen. Der einzelne ist also nicht heimatlos, nicht isoliert und verloren, sondern kann sein Wesen verstehen aus der Urbeziehung zu dem, der *auch sein* „Haupt" ist, sein eigener Ursprung und ständiger Bezugspunkt, oder besser: seine grundlegende Bezugsperson. Damit wäre die Urangst des Menschen überwunden, daß sein Leben und das der Menschheit letztlich ins Chaos zurückfalle. Er muß sich nur an den halten, „durch den" er gehalten wird.

2. Das biblische Menschenbild

Wenn Gott den Menschen in Christus als sein Bild geschaffen hat, dann muß alles, was wesensmäßig zum Menschen gehört, in Gott ein Urbild haben – nicht nur die Seele, sondern auch der Körper! Diese schlichte, ‚logische' Einsicht wird dennoch nicht selten unterwandert. Das abendländische Denken ist zutiefst geprägt von dem philosophischen Ansatz der Griechen, für die der Leib ein „Kerker oder Grab der Seele" ist; darum sehen sie das Ziel des Lebens darin, daß die Seele im Tode „vom Leib befreit" wird, weil sie erst dann ihre wahre Glückseligkeit erfahren könne. Denn die Materie sei ihrem Wesen nach etwas Geist-fremdes und damit auch Gott-fremdes. Gegen diesen „Dualismus" hatte das jüdisch-christliche Denken von Anfang an einen schweren Stand; aber das Christentum vermochte ihm – infolge einer unangemessenen „Inkulturation", wie wir heute sagen würden – im Laufe der Zeit nicht genügend zu entgehen. Darum gibt es bis heute in der christlichen Praxis nicht selten eine subtile Leibfeindlichkeit, die leicht zu einer Weltfremdheit führt.

Das jüdische Denken hingegen ist anders. Wenn es vom Menschen sagt, er *ist nefes* (Kehle, Seele), *basar* (Fleisch, Leib), *ruah* (Wind, Geist) und *leb* (Herz), dann meint es jeweils einen ganzheitlichen, leibseelischen Aspekt des Menschen. So ist *nefes* nicht ein Gegensatz zu Körper, sondern meint neben ‚Atem, Verlangen, Leben' „Seele" im Sinne von ‚der Mensch in seiner Ganzheit, Person, er/sie' (wozu stets auch der Leib gehört). Mit ‚Fleisch' ist andererseits eine leibliche und/oder seelische Ohnmacht gemeint; bei *ruah* – was wir mit Geist übersetzen – denkt man nur zum Teil an rationale Fähigkeiten, vor allem aber an Lebenskraft oder Lebensatem. Und während wir heute bei ‚Herz' vorwiegend an Gefühle denken, steht das Wort im Hebräischen für die Mitte der Person, auch als Sitz von Vernunft, Wille und Gefühl. Man sieht, diese beiden „Anthropologien" oder Erklärungsweisen des Menschen sind nicht vereinbar, weil z. B. in unserem Denken bei ‚Fleisch' nur die Materie gedacht wird und ‚Geist' eher die Rationalität als die Vitalität bezeichnet. Besonders verhängnisvoll ist, daß wir heute bei Aussagen wie „Gott ist Geist" mithören: Er ist *nicht Materie*! Aber der jüdische Mensch will damit betonen: Gott ist voll Lebenskraft, und es gibt in ihm keine Schwachheit oder Ohnmacht (und in *diesem Sinne* auch nicht ‚Fleisch'). Gott selbst ist aber weder Materie noch *‚Geist, so wie er dem Menschen in dieser Welt begegnet'*, sondern er ist das *Urbild* von (geschaffenem) Geist ebenso wie von Materie. Ja, auch der Materie! Sonst könnte sie ja nicht seine Herrlichkeit widerspiegeln, könnte der Mensch mit seinem ‚Leib' nicht ebenso „Bild" Gottes sein wie mit seiner ‚Seele'. Geist und Materie sind also einander nicht völlig wesensfremd, da beide urbildhaft in Gott vorgebildet sind. Erst in dieser Sicht ist der Mensch mit seinem ganzen Wesen, auch mit seinem Leib, in Gott geborgen – was in der Auferstehung des Leibes seine Vollendung erfährt.

Damit hängt es zusammen, daß der Mensch *in allem*, was ihn betrifft, auf Gott bezogen ist: Der Kolosserbrief sagt (3,17): „Alles, was ihr tut in Wort oder Werk, tut immer im Namen des Herrn Jesus, wobei ihr Gott dem Vater durch ihn danksagt." – „In Christus leben" und „im Namen Jesu handeln" hat seine Grundlage darin, daß wir alles von Gott empfangen haben und darum ihm beständig *für alles*, was von ihm kommt, danken können. „Leben aus dem Geschenk" ist darum eine Kurzfassung für die angemessene Grundhaltung des Menschen vor Gott.

Freilich können da Ängste im Menschen aufsteigen: ‚Kommt dies oder jenes wirklich von Gott? Und wenn ja, ob man dabei nicht zu kurz kommt? Ob Gott es wirklich gut meint, da er doch so viel zu fordern scheint?' Solche Fragen werden nicht selten durch eine engherzige Erziehung und kirchliche Praxis noch verstärkt. Aber „in Christus geschaffen sein" heißt, in die ganze, vollkommene Liebe hineingenommen sein, die der Vater zu seinem Sohn hat. Dann kann der Mensch ohne Angst alles, was ihn bewegt, vor Gott bringen, in dem Vertrauen, daß Gott ihn versteht und ihm hilft, und kann so den Graben zwischen Glaube und Leben, Religion und Alltag mehr und mehr überbrücken. Darum ist es nötig, falsche Gottesbilder zu korrigieren, etwa durch regelmäßiges Lesen der ganzen Heiligen Schrift, und von da her auch sein Menschenbild zu überprüfen.

Allerdings gibt es da eine große Schwierigkeit: Vieles in der Bibel erscheint uns heutigen Menschen überholt. Haben wir nicht ein anderes, „wissenschaftliches" Weltbild, ein geschärftes Bewußtsein für soziale Gerechtigkeit und für politische Verantwortung? Aber schon die Jünger Jesu fragten sich: Warum läßt er sich nicht zum König machen, um Israel aus der Fremdherrschaft der Römer zu befreien (Joh 6,15; Lk 24,31)? Ist ihm die „Welt" vielleicht doch gleichgültig, und interessiert er sich nur für die innere Einstellung des einzelnen? Doch ihm geht es darum, das Herz des Menschen, das Zentrum seiner Handlungen zu treffen, so daß daraus entsprechende Taten folgen können, bis ins Gesellschaftliche und Politische hinein. Zugleich wird damit deutlich, daß Gott jene Fragen der Weltgestaltung in die freie Verantwortung des Menschen gelegt und dem Prozeß menschlicher Entwicklung anvertraut hat. Gerade deshalb sind wir in der Lage, in der Bibel zu unterscheiden zwischen dem, was Ordnung Gottes für alle Zeiten, was Wille Gottes für eine bestimmte Situation und was zeitbedingt und somit veränderbar ist.

Wieder ein Beispiel aus den Paulusbriefen: Muß man seine Anweisungen über das Schweigen und die Unterordnung der Frau auch heute noch so befolgen wie damals, weil der Wortlaut der Bibel nicht verändert werden dürfe? Zunächst zur Sachfrage: In 1 Kor 14,34 wird der Frau nicht „in der Kirche" das Reden untersagt, sondern nur das Mitspracherecht in Entscheidungsversammlungen. Und als Grund gibt Paulus nicht an, weil Gott das Wesen der Frau „so geschaffen" hätte, sondern weil ein solches Verhalten weder in der jüdischen Tradition noch in der hellenistischen Gesellschaft noch in der christlichen Gemeindeordnung üblich war. Dahinter steht der Grundsatz: Verhaltet euch so, wie es *unter euren Umständen* angemessen ist und „gebt keinen Anstoß, weder Juden noch Griechen noch der Volksversammlung Gottes" (1 Kor 10,32). Ähnliches gilt allgemein für die patriarchale Gesellschaftsordnung, die in der Bibel zwar nicht hinterfragt, *aber auch nicht sanktioniert* wird!

Daraus folgt: Wenn sich die Verhältnisse ändern – und eine geschichtliche ‚Entwicklung' liegt durchaus im Sinne des „Gottes der Geschichte" –, kann etwas anderes angemessen sein als damals. Demnach würde Paulus aus demselben Grundsatz, aus dem er damals folgerte, daß die Frau in den Entscheidungsversammlungen schweigen soll, den Schluß ziehen, daß sie heute unbedingt reden sollte. Wie man im Schöpfungsbericht zwischen der theologischen Aussage, daß Gott alles geschaffen hat, und dem Weltbild, durch das uns diese Wahrheit in bildhafter Sprache übermittelt wird, zu unterscheiden hat, so bei den Aussagen über das menschliche Verhalten zwischen den ethischen Prinzipien und dem Material – hier: die zeitbedingte Gesellschaftsordnung –, durch das hindurch jene Prinzipien vermittelt werden. So hat man – was heute niemand mehr tut – lange Zeit den Schluß ziehen wollen, das Königtum sei *die* von Gott gewollte Staatsform, weil Gott es in Israel für die damalige Zeit des 11. Jahrhunderts v. Chr. bestätigt habe. So muß man allgemein zwischen zeitbedingtem Material und der ewig gültigen Wahrheit unterscheiden und sich vor allem „Biblizismus" hüten, der Worte aus dem Zusammenhang reißt oder am Wortlaut klebt und dabei den von Gott und dem biblischen Autor gemeinten Sinn verfehlt. Solche Unterscheidung des einzelnen aber ist eingebunden in die Führung des Heiligen Geistes, welche der Gemeinschaft der Glaubenden als ganzer verheißen ist.

3. Schöpferische Beziehung von Frau und Mann

Gottes sehr gute Schöpfung auf allen Stufen menschlicher Entwicklung schöpferisch mitgestalten ist der je neue Auftrag an jede Generation. Dies zeigt sich besonders in der schöpferischen Kraft menschlicher Liebe (vgl. Gen 1,28f.). Mit der positiven Sicht des Leibes ist für den jüdischen Menschen auch die Sexualität ein kostbares Geschenk Gottes und die Ehe die ausdrückliche Segensverheißung des Schöpfers – so sehr, daß das Problem der Urkirche nicht die Ehe, sondern die Erlaubtheit der Ehelosigkeit um des Himmelreiches willen ist. Doch im Umfeld des griechisch-abendländischen Dualismus kommt mehr und mehr ein leibfeindlicher Zug ins Christentum. Dem scheinen vor allem einige Formulierungen des Apostels Paulus Vorschub zu leisten. Ist er nicht doch frauen-, sexual- und ehefeindlich?

Da ist zunächst die ärgerliche Stelle über den Schleier der Frau. Während der Mann beim Gebet sein Haupt nicht bedecken *darf*, müsse die Frau es tun (1 Kor 11,4–7). Doch die Begründungen sind nicht einsichtig. Trugen nicht die Priester im Tempel einen Kopfbund, und setzen die jüdischen Männer nicht bis heute beim Gebet eine Kippa auf oder tragen einen Gebetsschal? Ferner: Wenn die Haare bereits für die Frau einen Schleier bilden (Vers 15), warum müßte sie dann diese nochmals mit einem weiteren „Schleier" bedecken? Und wieso müssen sich die Frauen vor „Engeln" schützen (Vers 10)? Neuere Untersuchungen zeigen, daß es nicht um einen Schleier geht, sondern daß einige Frauen beim prophetischen Reden im Gottesdienst ihre Haare auflösten. Paulus weist das ebenso zurück, wie daß Männer beim Beten oder prophetischen Reden sich mit ihrem Kopf, genauer mit ihren Haaren, beschäftigen. Und die „Engel" sind keine Gefährdung für die Frauen – ebensowenig die Frauen für die Engel –, sondern jene werden hier genannt, um die Heiligkeit der gottesdienstlichen Handlung hervorzuheben: In der Gegenwart Gottes soll nichts Unästhetisches geschehen. Und wenn Paulus in der Begründung sagt, daß der Mann „Kopf" (= Ursprung; *nicht*: Oberhaupt!) und die Frau „Herrlichkeit" (nicht „Abglanz", sondern Entfaltung, Glanz, Höhepunkt) des Menschseins ist (1 Kor 11,3–9), dann macht er dieses anthropologische Denkmodell nicht zu einem theologischen Lehrsatz. Er weiß selbstverständlich, daß diese nach Gen 2 gebildete Vorstellungsweise, die ihm lediglich als Material für eine Aussage über den „Kopf" dient, durchaus ihre Korrektur und Ergänzung in Gen 1,27 findet (vgl. 1 Kor 11,12). Beide, Frau und Mann, sind „Bild" Gottes und damit Träger seiner Herrlichkeit. Was für einen jüdischen Schriftausleger mühelos nebeneinandersteht, wird für westliche Menschen leicht zum ‚Widerspruch'.

Obwohl es sich so anhören könnte, ist in 1 Kor 6,12–20 keine Abwertung der Sexualität enthalten. Aus Vers 18: „Hütet euch vor der Unzucht! Jede andere Sünde, die der Mensch tut, bleibt außerhalb des Leibes. Wer aber Unzucht treibt, versündigt sich gegen den eigenen Leib" (Einheitsübersetzung), könnte man schließen, daß die sexuelle Sünde die schwerste Sünde sei. Aber zunächst einmal ist mit „Unzucht" hier nicht jedes sexuelle Vergehen gemeint, sondern der Verkehr eines Mannes mit einer Prostituierten. Zum anderen weiß Paulus selbstverständlich, daß auch andere Sünden, etwa Gewalttätigkeit und Mord, sich „gegen den Leib" verfehlen. Worauf es ihm hier ankommt, ist, daß der Vollzug leiblicher Hingabe besonders tief den Menschen in seiner Ganzheit betrifft. Wer also die Anlage ganzheitlicher Liebe mißbraucht, begeht nicht nur eine geistige Sünde, sondern diese Verletzung prägt sich besonders aus in seinem „Leib", das heißt: in seiner Person in ihrer ganzheitlichen Dimension. Also nicht, weil der Leib ein „niederer Bereich" des Menschen wäre, ist die „Sünde im Leib" besonders schwer; sondern weil der Leib, auch in seiner sexuellen Anlage, heilig und „Tempel des Heiligen Geistes" ist, ist er besonders kostbar. Denn er ist ja „Glied am Leibe Christi", und das heißt, er ist beim Getauften bereits gezeichnet von der Auferstehung in Christus (1 Kor 6,14f.19).

Darum kann Paulus Gläubigen, die ihre Sexualität mißbrauchen, die überraschende Antwort geben (und ähnlich allen, die damit Schwierigkeiten haben): „Der Leib dem Herrn und der Herr dem Leib" (1 Kor 6,13). Das heißt: „In Christus" ist der Mensch mit seiner Sexualität zuerst so auf den Herrn hingeordnet, und der Herr wendet sich mit seiner Liebe so seinem sexuellen Verlangen zu, daß er in ihm die erste und tiefste Antwort auf sein Suchen nach einem Du findet. In unsere Sprache übersetzt hieße das auch: Alles, was einen Menschen in diesem Bereich bewegt, beunruhigt, anzieht oder verwirrt, das alles sollte er nicht zuerst selbst zu ordnen oder zu ‚beherrschen' suchen, sondern zunächst seinem Schöpfer und Erlöser zeigen: Er versteht alles, ist die Antwort auf die tiefste Sehnsucht des Menschen und hilft ihm dann auch, jene Anlage in der rechten Weise zu ordnen, also auch: zu warten, sie zu lassen oder so zu gebrauchen, wie es seiner Ordnung der Liebe entspricht. „Der Leib (hier = die Sexualität) dem Herrn und der Herr dem Leib" – damit zeigt Paulus, daß er sehr wohl etwas von der Tiefe des Menschenherzens versteht und die Sexualität nicht verdrängt oder unterdrückt, sondern sie öffnet – auf Gott hin. Gewiß sind das lange, oft schmerzliche Prozesse; aber die Richtung, die der Apostel weist, ist die Erlösung, hin zu einer ge-lösten und reifen Liebe zu Gott und den Menschen, in der der Leib völlig integriert ist.

Aber da ist noch das 7. Kapitel im 1. Korintherbrief, das nun doch die Ehe abzuwerten und die Ehelosigkeit als höher und besser einzustufen scheint. Werden damit nicht doch die Eheleute zu Christen zweiter Klasse degradiert? Wenn man so denkt, achtet man nicht genügend darauf, auf welche Fragen Paulus antwortet. Denn man kann auch hier zeigen, daß er im 1. Teil jenes Kapitels (7,1–16) gerade die Ehe mehrfach gegen einen religiös motivierten Rigorismus verteidigt und im 3. Teil (7,25–40) Verlobten, die beide den Wunsch nach einem enthaltsamen Leben in sich spüren, sagt: Wenn *ihr* euch in diesem Wunsch *einig* seid und wenn auch die Umstände entsprechend sind, ist es *für euch* „günstiger/stärker" und seid *ihr* „glücklicher", wenn *ihr* diesem Herzenswunsch folgt. Aber das heißt nicht, daß für alle Menschen die Ehelosigkeit das Bessere wäre! Im Gegenteil: „Besser" ist für den einzelnen immer das, was dem Ruf des Herrn in seinem

Leben entspricht (vgl. den Mittelteil 7,17–24); und da hat der eine von Gott die Berufung zur Ehe und ein anderer zur Ehelosigkeit (1 Kor 7,7.35–40). Leider wird die Ehe viel zu wenig als von Gott gegebene Berufung, als „Charisma" begriffen und dementsprechend die Partnerwahl oft nicht von Gott her vollzogen. Denn Paulus sagt in Vers 34 nicht, daß der Verheiratete ‚zwischen Gott und dem Partner geteilt' sei, sondern daß der Mensch, wenn er sich mit der Welt befaßt (und das tun auch die Unverheirateten), er von den vielerlei Dingen hin und her gerissen werde; das Zusammensein mit dem Herrn hingegen sei etwas in sich Einfaches.

Jeder Christ, ob verheiratet oder nicht, muß zuerst ganz und gar dem Herrn gehören wollen und von da her dann seine menschlichen Beziehungen leben. Darum soll man sich zuerst ganz Gott hingeben und dann mitten in aller menschlichen Freude sich bewußt bleiben, daß Gott der größere Grund zur Freude ist, soll sich von Schmerzen nicht auffressen lassen, in dem Wissen, daß Jesus sie mitträgt, soll weder in der Arbeit noch im Besitz aufgehen und schließlich auch nicht den menschlichen Partner ‚vergötzen' (1 Kor 7,29–31); denn eine christliche Ehe kann nur gelingen, wenn Christus der Dritte, oder besser der Erste im Bunde ist. Wenn Gläubige also alle Werte dieser Welt „habend gewissermaßen nicht haben", nämlich in einer „gewissen" Distanz zu ihnen leben, weil den ersten Platz immer der Herr einnimmt, dann gewinnen sie eine innere Freiheit, so daß der Sog der Welt sie nicht vereinnahmen kann. Sie versuchen dann, zuerst ganz dem Herrn zu gehören und ihm „zu gefallen" und werden dadurch fähig, allen Menschen und Dingen in innerer Freiheit zu begegnen.

So wird durch eine Reifung in diesem besonders sensiblen Bereich der Beziehung der Geschlechter zugleich der Weg geöffnet für eine neue und tiefere Beziehung zu Gott und der Welt. Die Schöpfung leuchtet damit in ihrem wahren Wesen auf und der Gläubige weiß sich von dem Schöpfer getragen und angezogen. Denn wie „durch Christus", so sind wir auch „auf ihn hin" geschaffen. Nicht irgendein abstraktes Ziel, sondern eine Person steht so im Schnittpunkt aller Linien menschlichen Lebens: Christus, Anfang und Ende.

LITERATUR

Baumert, Norbert, Frau und Mann bei Paulus. Überwindung eines Mißverständnisses. Würzburg: Echter, ²1993.

Gnilka, Joachim, Der Kolosserbrief (Auslegung). (Herders Theolog. Kommentar zum NT). Freiburg: Herder, 1980.

Hoppe, Rudolf, Epheserbrief / Kolosserbrief (Stuttgarter Kleiner Kommentar zum NT. Bd. 10). Stuttgart: Kath. Bibelwerk, 1987.

Pfammater, Josef, Epheserbrief, Kolosserbrief (Neue Echter Bibel). Würzburg: Echter, 1987.

Wolff, Hans Walter, Anthropologie des Alten Testaments. München: Kaiser, 1973 (Neuauflage, 1995).

2.4 Das Menschenbild der Psychologie

HANS GOLLER SJ

1. Psychologie als Wissenschaft vom Erleben und Verhalten

Die gegenwärtige akademische Psychologie versteht sich als Wissenschaft vom Erleben und Verhalten. Sie unterscheidet zwischen direkt beobachtbarem Verhalten wie beispielsweise Sprechen, Gehen, Lesen, Schreiben, Schlafen, Trinken und Essen einerseits und direkt nicht beobachtbaren Vorgängen und Inhalten des Bewußtseins wie Empfinden, Fühlen, Denken und Wollen andererseits.

Der Ausdruck *Erleben* bezeichnet die unmittelbaren subjektiven Erfahrungen wie Sinnes- und Körperempfindungen, Gefühle, Stimmungen, Wünsche, Bedürfnisse und Willenserlebnisse. Das Besondere der Zustände des Erlebens ist, daß sie nicht einfach vorhanden sind wie materielle Gegenstände, sondern daß es sich auf eine ganz bestimmte Weise anfühlt, in ihnen zu sein. Sie bestimmen für uns, wie es ist, ein Mensch zu sein. Wir alle leben in unserer persönlichen Erlebniswelt. Wir nehmen Menschen, Gegenstände und Ereignisse auf eine ganz persönliche Art und Weise wahr. Jeder Mensch hat seine individuelle „innere Welt" der Gefühle, Vorstellungen, Wünsche und Bedürfnisse, welche die Bedeutungsgebung seiner individuellen Erlebniswelt ausmachen. Das Erleben ist privat und nur der Selbstbeobachtung unmittelbar zugänglich. Ein direktes Wissen vom Erleben anderer Menschen ist nicht möglich. Es hat noch kein Mensch das Erleben eines anderen von innen her erfahren. Wir können einen anderen Menschen beobachten, aber wir können nicht seine Subjektivität beobachten. Menschen können uns jedoch ihre Erlebnisse mit Hilfe der Sprache und des Ausdrucksverhaltens (Mimik, Gestik, Stimmqualität) mitteilen. Gegenstand wissenschaftlicher Forschung kann das Erleben insoweit werden, als es intersubjektiv nachprüfbar ist. Dies trifft auf die Introspektionsberichte und das Ausdrucksverhalten zu.

Der Begriff *Verhalten* dient als Sammelbegriff für alle objektiv beobachtbaren und registrierbaren Lebensvorgänge, Reaktionen und Aktivitäten eines Organismus, eines Individuums oder einer Gruppe. *Objektiv* bedeutet *intersubjektiv nachprüfbar*. Im Zuge der sogenannten *kognitiven Wende* in der Verhaltenspsychologie Mitte der sechziger Jahre dieses Jahrhunderts erfuhr der Verhaltensbegriff eine Erweiterung, welche die Frage nach dem Unterschied zwischen Erleben und Verhalten kaum mehr beantwortbar macht. Seither wird zwischen *offenem* und *verdecktem* Verhalten unterschieden. Das offene Verhalten umfaßt alle objektiv beobachtbaren Vorgänge: die Motorik, die verbalen Äußerungen und die registrierbaren physiologischen Abläufe und neurochemischen Prozesse. Der Begriff verdecktes Verhalten bezeichnet Phänomene wie Denken, Empfinden, Fühlen und Wollen, die nur der Selbstbeobachtung unmittelbar zugänglich sind. Der äußere Beobachter kann diese Phänomene aus den Mitteilungen über das Erleben und aus dem Ausdrucksverhalten erschließen.

Die akademische Psychologie will das Erleben und Verhalten beschreiben, erklären, vorhersagen und – als angewandte Psychologie – beeinflussen. Sie erforscht die inneren (im Individuum angesiedelten) und die äußeren (in der Umwelt lokalisierten) Ursachen und Wirkungen des Verhaltens und Erlebens (vgl. Zimbardo, 1992; Goller, 1995). Ihr Ziel ist es, allgemeingültige Aussagen oder Gesetze zu formulieren. Psychologie ist eine empirische Wissenschaft, eine Erfahrungswissenschaft. Die Aussagen, die sie über das Erleben und Verhalten macht, überprüft sie nicht nur auf logische Widerspruchsfreiheit, sondern untermauert sie auch mit systematischen Beobachtungen und Forschungsergebnissen, die sie in kontrollierten Untersuchungen gewinnt. Psychologische Erklärungen und Theorien sollten durch beobachtbare Fakten, die direkt oder indirekt mit menschlichem Erleben und Verhalten verknüpft sind, empirisch nachweisbar sein. Die größte Herausforderung der Psychologie besteht darin, den Menschen in seinem Erleben, Verhalten und Bewußtsein besser zu verstehen. Wie kann die wissenschaftliche Psychologie sowohl der Subjektivität und Privatheit des Erlebens als auch dem Verhalten gerecht werden? Die Zustände des Erlebens sind essentiell mit einer subjektiven Erlebnisperspektive verbunden, die von einem objektiven Standpunkt aus nicht eingenommen werden kann. Jedes Erlebnis ist immer jemandes Erlebnis. Wie soll die Psychologie sowohl der Innenperspektive, der Erlebnisperspektive, als auch der Außenperspektive, der Beobachterperspektive, gerecht werden? Die Geschichte dieser jungen Wissenschaft ist ein Ringen mit dieser Frage.

2. Das Menschenbild der Psychologie

Es gibt keine umfassende psychologische Theorie, die das menschliche Erleben und Verhalten in seiner ganzen Vielfalt und Komplexität erklären könnte. Die kurze Geschichte der akademischen Psychologie zeigt, daß nicht einmal Einigkeit darüber besteht, ob das beobachtbare Verhalten oder das Erleben des Menschen Hauptgegenstand einer solchen Theorie sein soll. Uneinigkeit herrscht auch darüber, welche Sichtweise vom Menschen einer solchen Theorie am besten entspräche. Die Hauptströmungen der gegenwärtigen Psychologie enthalten sehr unterschiedliche und zum Teil äußerst widersprüchliche Annahmen über die „Natur" des Menschen. Insofern gibt es *das* Menschenbild der Psychologie gar nicht, vielmehr vertritt jede Richtung der Psychologie ihr eigenes Menschenbild. Im folgenden kommen das Menschenbild der Psychoanalyse, des Behaviorismus, der Kognitiven Psychologie und der Humanistischen Psychologie zur Sprache.

2.1 *Das Menschenbild der Psychoanalyse*

Sigmund Freuds (1856–1939) psychoanalytische Theorie ist wohl die bekannteste Theorie des Menschen. Ihr liegen folgende Annahmen zugrunde: (1) In unserem Seelenleben ist nichts zufällig und ohne Grund; (2) der Großteil des Seelenlebens ist uns nicht bewußt, wir wissen nichts von ihm, und doch determiniert er unser Erleben und Verhalten; (3) das Triebleben in uns ist nicht völlig zu bändigen. Für Freud ist das Unbewußte das eigentlich Psychische. Unbewußte Beweggründe determinieren unser Erleben und Verhalten. Diese Beweggründe sind uns nicht bewußt, sie sind auch nicht erlebbar. Freud postulierte sie, um bestimmte Verhaltensweisen, sogenannte Fehlleistungen wie Versprechen, Verlesen und Verschreiben, zu erklären. Er betonte stark die irrationale Seite der menschlichen Natur: Menschliches Handeln kann von Motiven bestimmt sein, die nicht Bestandteil der bewußten Aufmerksamkeit sind.

Das Seelenleben konzipierte Freud als ein Konfliktgeschehen zwischen sich widerstreitenden Tendenzen innerhalb der Person und bezeichnete diese als ES, ICH und ÜBER-ICH. Er postulierte diese seelischen Instanzen, um die Beobachtung zu erklären, daß unser Handeln in der Regel einen Kompromiß darstellt zwischen dem, wozu wir Lust haben, was wir tun sollten, und dem, was sich in der gegenwärtigen Situation realisieren läßt. Unser Verhalten wird bestimmt durch Triebe und Wünsche (wozu wir Lust haben), durch die Vernunft (was sich in der gegenwärtigen Situation realisieren läßt) und durch Ideale (was wir eigentlich tun sollten). Obwohl ihm die Ausdrücke ES, ICH und ÜBER-ICH ursprünglich als Metaphern zur Beschreibung von Erleben und Verhalten dienten, verfiel er der Personifizierung dieser Konstrukte. In seinem Gefolge reden und schreiben tiefenpsychologisch orientierte Autoren über die drei Instanzen, als besäßen diese eine eigene Existenz und die Macht, zu denken, zu beeinflussen und zu handeln.

Für Freud ist das ES das Energiereservoir, das alles seelische Leben speist und antreibt. In ihm wirken die ursprünglichen biologischen, sexuellen und aggressiven Triebe in animalischer und nichtsozialisierter Form. Das ES ist nicht nur Sitz der primitiven Motive und Triebe, der sexuellen und aggressiven Kräfte, sondern auch das Sammelbecken für alles, was im Laufe des Lebens, von der frühesten Kindheit an, verdrängt wurde. Im ES drängen die basalen Bedürfnisse auf unverzügliche und rücksichtslose Befriedigung. Ohne Korrektur von seiten der beiden anderen Instanzen hätte dies fortwährend lebensbedrohliche Konflikte mit der Außenwelt zur Folge. Freud nennt das ES den dunklen Kern unseres Wesens. Das ES funktioniert nach dem Lustprinzip, es kennt keine Moral, keine Logik und keine Kausalität. Es vermag nicht, zwischen Fantasie und Wirklichkeit zu unterscheiden. Das gesamte ES mit seinen vitalen Triebansprüchen ist unbewußt.

Das ICH ist das Anpassungs- und Selbsterhaltungsorgan des Menschen im Sinne einer realitätsgerechten Steuerung des ES. Es vermittelt zwischen den beiden anderen Instanzen, indem es versucht, die Triebansprüche des ES den Gegebenheiten der Realität anzupassen und mit den Wertmaßstäben des ÜBER-ICH in

Einklang zu bringen. Das ICH bemüht sich, zwischen ES und ÜBER-ICH eine Synthese in Form eines Kompromisses herzustellen. Für diese schwere Aufgabe stehen ihm die *Ich-Funktionen* zur Verfügung wie Wahrnehmen, Denken, Urteilen, Planen, Erinnern, Unterscheiden und Muskelkontrolle. Das ICH arbeitet nicht nach dem Lustprinzip wie das ES, sondern nach dem *Realitätsprinzip*. Wenn die ungestümen und blinden Triebansprüche des ES zu einem Konflikt mit dem ÜBER-ICH oder der Umwelt führen, entsteht Angst. Angst signalisiert dem Ich, daß das innere Gleichgewicht in Gefahr ist, und mobilisiert schützende Gegenmaßnahmen in Form von *Abwehrmechanismen*. Diese Abwehrprozesse sind Teil des ICH, verlaufen jedoch genauso unbewußt wie die Triebimpulse und die sie begleitenden Ängste.

Das ÜBER-ICH repräsentiert die moralischen und ethischen Wertvorstellungen, die Gebote und Verbote der Gesellschaft beziehungsweise der Eltern. Es setzt die Aufgaben fort, die zunächst allein Personen der Außenwelt, den Eltern und Bezugspersonen, zukamen, wie beispielsweise zu überwachen, zu belohnen und zu strafen. Das ÜBER-ICH hat Gewissensfunktion: Es belohnt den Menschen für moralisches Verhalten und bestraft ihn für sozial nicht sanktioniertes Verhalten, indem es Schuldgefühle weckt. Teile des normativen Gebotegefüges und der moralischen Wertvorstellungen sind bewußt. Dennoch gibt es von Person zu Person in verschiedenem Ausmaß Wertvorstellungen und soziale Anforderungen, die bereits in frühester Kindheit übernommen wurden und die nicht bewußt sind. Sie werden sogar verleugnet, obwohl die Person konkret danach handelt.

Führen Triebansprüche zu einem Konflikt mit dem ÜBER-ICH, entsteht Angst. Diese signalisiert, daß das innere Gleichgewicht in Gefahr ist. Die Angst vor Triebimpulsen und vor dem eigenen strengen Gewissen mobilisiert Abwehrmechanismen (Verdrängung, Projektion, Regression, Verschiebung, Rationalisierung, Identifikation, Reaktionsbildung). Einerseits ist ein gewisses Ausmaß an Abwehr notwendig, denn wollten wir alles Angstmachende, das uns je zugestoßen ist oder zustoßen könnte, immer im Bewußtsein haben, bliebe uns wenig Kraft zum Leben; andererseits bedeutet Abwehr immer Einengung der Wahrnehmung, der Erlebnis- und Genußfähigkeit. Jeder Mensch besitzt ein Repertoire an bestimmten, permanenten Abwehrmechanismen, die er immer wieder einsetzt und die sein Erleben und Verhalten prägen.

Nach Freud ist der Mensch von Natur aus egoistisch und selbstsüchtig. Er strebt nach Befriedigung seiner aggressiven und sexuellen Triebe, um biologische Spannungen abzubauen. Warum sollte der Mensch seinen Nächsten lieben? Diese Forderung ist total gegen seine Natur. Nicht „liebe deinen Nächsten wie dich selbst", sondern „fürchte deinen Nächsten wie dich selbst", entspräche seiner Natur. Zivilisation ist ein störender Eingriff, der das freie Ausleben der Triebe verhindert. Damit jedoch ein geordnetes Zusammenleben in einer organisierten Gesellschaft möglich wird, muß der Mensch seine sexuellen und aggressiven Triebe sublimieren. Psychische Gesundheit verlangt Einsicht in die Härte des Lebens und der Wirklichkeit sowie die Kunst, den nicht erfüllten Triebwünschen einen passenden Ausweg (Ersatzbefriedigung) zu verschaffen. Genußfähigkeit, Leistungsfähigkeit, Liebesfähigkeit und Toleranz für Frustrationen sind nach Freud Kriterien psychischer Gesundheit. Im Dienste der gesunden Anpassung steht die Beherrschung der Triebimpulse, die Abwehr gehört in den Bereich der Pathologie.

Freuds Verständnis des Psychischen ist ein kausales Woher und nicht ein finales Wozu. Menschliches Sein interpretiert er als Getriebensein. Für ihn ist der Mensch nicht ein animal rationale, sondern ein Wesen von schwacher Intelligenz, das von seinen Triebwünschen beherrscht wird (G. W. XIV, 372). Das Bemühen des Menschen um vernunft- und realitätsgerechtes Handeln steht in einem dauernden Kampf mit den auf Lustgewinn erpichten affektiven Impulsen des Triebbereichs. Nach Freud muß sich der Mensch der Einsicht beugen, daß er nicht lebt, sondern *gelebt* wird, und zwar von unbekannten, unbeherrschbaren Mächten (G. W. XIII, 251). Durch Psychotherapie kann er höchstens erreichen, sein „hysterisches Elend in gemeines Unglück zu verwandeln", denn gegen letzteres könne er sich mit einem wiedergenesenen Seelenleben besser zur Wehr setzen (G. W. I, 312).

Freud nannte jene Bereiche seiner Theorie, in der es um die Grundfragen nach dem Wesen und dem Ursprung alles Psychischen geht, Metapsychologie. Die Metapsychologie verhalte sich zur Psychologie wie die Metaphysik zur Physik. Sie befasse sich mit dem, was hinter der Psychologie zu suchen ist, hinter den beobachtbaren und erfahrbaren psychischen Tatsachen. Freuds Modell des Menschen ist anschaulich und einprägsam. Zu fragen ist, ob es ein realistisches Modell ist. Als Freud das Drei-Instanzen-Modell der Persönlichkeit entwarf, hatte er bereits längere Zeit als neurobiologischer Forscher und Nervenarzt gearbeitet. Es war für ihn selbstverständlich, daß jedes brauchbare psychologische Modell sich mit dem Wissensstand auf dem Gebiet der Anatomie und Physiologie des Nervensystems vereinbaren lassen müsse. Es könne keine Psychologie unabhängig von der Physiologie des Nervensystems geben. Nur Esoteriker und Okkultisten nehmen sich die Freiheit, psychische Vorgänge zu postulieren, die neurophysiologisch unmöglich sind. Freud bemühte sich, sein Modell der Seele auf eine neurophysiologische Grundlage zu stellen. Darin lag die Stärke seines Denkens, denn zu seiner Zeit waren solche Ideen keineswegs Allgemeingut. Freilich beruht das Drei-Instanzen-Modell auf einem inzwischen hoffnungslos veralteten, neurophysiologischen Kenntnisstand Ende des 19. Jahrhunderts (vgl. Zimmer, 1990). Die meisten Anhänger Freuds hielten es nicht für nötig, seine Theorie im Lichte der Befunde der gegenwärtigen Gehirnforschung zu modifizieren. Freuds Dreiteilung des Seelenlebens müßte mit irgendeiner feststellbaren anatomischen oder funktionellen Dreiteilung des Gehirns korrelieren. Die zur Zeit vorliegenden Forschungsergebnisse über Gehirnfunktionen untermauern die Freudsche Dreiteilung nicht. Angesichts der zentralen Bedeutung der Instanzenlehre für die psychoanalytische Persönlichkeitstheorie wäre zu erwarten, daß ihre empirische Absicherung zu den dringlichsten Aufgaben psychoanalytischer Grundlagenforschung zählt. Es verwundert deshalb um so mehr, daß die Zahl der vorliegenden

Untersuchungen sehr gering ist. Die wenigen vorhandenen Befunde unterstützen die Drei-Instanzen-Lehre nicht. Aus Freuds Persönlichkeits- und Motivationstheorie lassen sich keine empirisch überprüfbaren Hypothesen ableiten. Die Konzepte seiner Theorien sind nicht operationalisierbar und deshalb für die empirische Forschung unbrauchbar. Damit bleiben jedoch *die* zentralen Grundannahmen von Freuds Theorie des Menschen bloße Spekulation. Trotz vieler gravierender Mängel, vager und für die Forschung unbrauchbarer Konzepte sowie minimaler empirischer Absicherung, übt Freuds Theorie immer noch eine große Faszination auf viele Menschen aus und erfreut sich enormer Popularität. Ihre Beliebtheit in der Populärpsychologie hängt vermutlich mit ihrer Einfachheit, Anschaulichkeit und Unangreifbarkeit zusammen. Sie verschafft denen, die sie vertreten, die Illusion eines vollkommenen Durchblicks. Wer ihr widerspricht, muß etwas abzuwehren haben, und an der Heftigkeit der „Abwehr" können ihre Vertreter ablesen, wie recht sie im Grunde haben (vgl. Goller, 1995).

2.2 Das Menschenbild des Behaviorismus

Behaviorismus dient als Bezeichnung jener Richtung der Psychologie, die sich auf das beobachtbare und meßbare Verhalten (behavior) konzentriert. Der Behaviorismus prägte die akademische Psychologie fast 50 Jahre lang, von zirka 1912 bis zur sogenannten kognitiven Wende in den sechziger Jahren. Bis in das frühe 20. Jahrhundert hatte die Psychologie vor allem Bewußtseinsinhalte erforscht und sich der Introspektion als bevorzugter Methode bedient. Demgegenüber forderte der Behaviorismus, daß in der Psychologie, ähnlich wie in den Naturwissenschaften, nur objektiv meßbare beziehungsweise intersubjektiv nachprüfbare Beobachtungsdaten akzeptiert werden sollten. Objektivität und methodische Strenge bei der experimentellen Überprüfung präzise formulierter Hypothesen wurden zum Markenzeichen empirischer Forschung in der Psychologie. Der Behaviorismus nimmt an, daß der Großteil des menschlichen Verhaltens erlernt und situationsabhängig, d. h. von Umwelteinflüssen bestimmt ist. Da es kaum angeborene Verhaltensweisen gibt, kann der Mensch sein Überleben nur durch Lernen, durch ständige „Anpassung" an beziehungsweise Auseinandersetzung mit seiner Umwelt sichern. Lernprozesse wurden zum Hauptuntersuchungsgegenstand dieser Richtung der Psychologie.

Innerhalb des Behaviorismus lassen sich drei Hauptrichtungen unterscheiden: der metaphysische, der radikale und der methodologische Behaviorismus (vgl. Reinecker, 1987). Der *metaphysische Behaviorismus* geht auf den amerikanischen Psychologen John B. Watson (1878–1958) zurück. Watson leugnete die Existenz des Bewußtseins beziehungsweise mentaler Phänomene. Sämtliche Erfahrungen lassen sich auf Drüsensekretionen und Muskelbewegungen reduzieren. Als Forschungsgegenstand der Psychologie akzeptierte er nur beobachtbares Verhalten und dessen Interaktion mit beobachtbaren Umweltbedingungen. Mentalistische

Begriffe, wie Empfindung, Wahrnehmung, Vorstellung, Wunsch, Absicht, Denken und Gefühl strich er aus dem wissenschaftlichen Vokabular, soweit sie subjektiv definiert waren. Damit erreichte Watson, daß das Erleben mehrere Jahrzehnte lang nicht mehr Forschungsgegenstand der empirischen Psychologie war. Nach dem amerikanischen Psychologen Burrhus F. Skinner (1904–1990), dem wohl bekanntesten und einflußreichsten Behavioristen, der der Richtung des *radikalen Behaviorismus* zugeordnet wird, lassen sich Aussagen über psychische Ereignisse als Aussagen über Verhalten identifizieren. Mit seiner experimentellen Analyse des Verhaltens wollte er Verhalten vorhersagen und kontrollieren, wobei er subjektive Prozesse und Zustände ausklammerte (Black-Box-Psychologie). Von großer Bedeutung für das wissenschaftliche Vorgehen ist der *methodologische Behaviorismus*. Dieser leugnet zwar nicht die Existenz von Bewußtseinsphänomenen oder privaten Ereignissen, akzeptiert sie aber nicht als Gegenstand wissenschaftlicher Analyse, weil sie intersubjektiv nicht überprüfbar sind. In seiner schwächeren Variante fordert der methodologische Behaviorismus, daß der Zugang zu geistigen Vorgängen oder psychischen Prozessen aus forschungslogischen Gründen über das beobachtbare Verhalten zu erfolgen hat. Diese Form des Behaviorismus, die auch die gegenwärtige empirische Forschung in der Psychologie dominiert, befaßt sich durchaus mit von außen nicht direkt beobachtbaren und nur unvollkommen registrierbaren psychologischen Vorgängen, wie kognitiven und emotional-motivationalen Prozessen. Im Zuge der kognitiven Wende zu Beginn der sechziger Jahre dieses Jahrhunderts verschob sich das Forschungsinteresse vom beobachtbaren Verhalten hin zu kognitiven Prozessen. Die wertvollsten Beiträge des Behaviorismus sind die Entwicklung einer exakten methodischen Forschung in der Psychologie und die Formulierung von Lerntheorien. Er machte das Lernen von Verhalten zum Hauptgegenstand psychologischer Forschung und schuf so die Grundlagen für bedeutsame Anwendungsmöglichkeiten (Verhaltenstherapie).

Für das Menschenbild des radikalen Behaviorismus ist B. F. Skinners Ansatz bezeichnend. Skinner nimmt an, daß tierisches und menschliches Verhalten vollständig durch Umweltbedingungen determiniert ist. Er befaßt sich nicht mit hypothetischen inneren Motivationen. Die Praxis, bei einem Organismus nach innen zu schauen, um dort eine Erklärung für dessen Verhalten zu finden, führt für ihn lediglich zu einer Verschleierung der Einflußfaktoren, die der wissenschaftlichen Analyse unmittelbar zugänglich sind. Diese Einflußfaktoren liegen außerhalb des Organismus, in seiner unmittelbaren Umwelt und in der Geschichte seiner Umwelt. Begriffe wie Bewußtsein, Introspektion, Absicht und Zweck sind für das Verständnis menschlichen Verhaltens nicht notwendig. Die Psychologie soll zu einer objektiven Wissenschaft im Sinne der Naturwissenschaften werden. Die psychologische Alltagssprache betrachtet Skinner als „vor-wissenschaftlich" und „animistisch" und er lehnt Begriffe wie Geist, Geisteszustand, Selbst, Wille, Willensfreiheit und Moral ab. Für ihn ist es auch sinnlos, von Gefühlen als inneren Zuständen zu sprechen. Es gibt nur emotionales Verhalten und manipulierbare Bedingungen, von denen das Verhalten eine Funktion ist. Skinners Hauptanliegen ist die funktionale Analyse des Verhaltens. Durch sie lassen sich die Umweltbedingungen identifizieren, die das Verhalten kontrollieren. Wodurch wird die Auftrittshäufigkeit eines Verhaltens bestimmt? Viele Reaktionen werden zwar von registrierbaren Umweltreizen zuverlässig ausgelöst, doch gibt es zahllose Verhaltensweisen, bei denen auslösende Reize nicht feststellbar sind. Für Reaktionen, die der Organismus ohne ersichtliche Auslöser, also spontan aus sich heraus, produziert, verwendet Skinner den Ausdruck *operantes Verhalten* (Wirkverhalten). Der ursprüngliche Grund dieses Verhaltens liegt im Organismus selbst. Die Bezeichnung „operant" drückt aus, daß dieses Verhalten auf die Umwelt einwirkt und dort bestimmte Konsequenzen zur Folge hat. Operantes Konditionieren ist die Veränderung der Auftrittshäufigkeit eines Verhaltens durch positive oder negative Konsequenzen. Für Skinner sind die Gesetze des Verhaltens mit der Manipulation der Verhaltenskonsequenzen, mit den sogenannten Verstärkungs-Regeln, identisch. Der zentrale Begriff des operanten Konditionierens ist der Begriff *Kontingenz*. Kontingenz meint die Beziehung zwischen Verhalten und Verhaltenskonsequenzen. Kontingenz läßt sich als Wenn-Dann-Beziehung zwischen dem Verhalten und seinen nachfolgenden Bedingungen beschreiben. Operantes Konditionieren ist die Veränderung der Auftrittshäufigkeit eines Verhaltens durch die Manipulation der Verhaltenskonsequenzen. Folgt dem Verhalten ein positives, belohnendes Ereignis (positive Verstärkung) oder die Beseitigung eines unangenehmen Ereignisses (negative Verstärkung), dann wird die Auftrittshäufigkeit und Intensität dieses Verhaltens zunehmen. Folgt auf ein Verhalten ein unangenehmes Ereignis (Bestrafung) oder die Beseitigung eines angenehmen Ereignisses beziehungsweise weder ein angenehmer noch ein unangenehmer Zustand (Löschung), dann wird die Auftrittshäufigkeit und Intensität dieses Verhaltens abnehmen.

Skinner betrachtet den Menschen als einen Klumpen Ton, der durch operantes Konditionieren geformt werden kann. Am Menschen wird immer gehandelt. Ethik, Religion und Erziehung sind nichts anderes als Formen der Verhaltenskontrolle und Verhaltensmanipulation. Du sollst deinen Nächsten lieben, bedeutet zum Beispiel, dieses Verhalten wird von der Gruppe, deren Mitglied du bist, gutgeheißen, und dieses Gutheißen ist für dich eine positive Verstärkung. „Das gute Leben" kann mit Hilfe von Verhaltenstechnologie („cultural and behavioral engineering") geplant und realisiert werden. Die machbare ideale Welt ist eine Welt, in der es unter den Menschen kaum Konflikte gibt, in der sie tüchtig, glücklich und frei von unproduktiven Emotionen sind. Zur Zusammenarbeit werden sie durch positive Verstärkung und nicht durch Furcht vor Strafe angehalten. Strafe ist eine altmodische Form der Verhaltenskontrolle. Die ideale Welt produziert „automatische Gutheit", so daß niemand gut zu sein braucht. In seinem Buch „Jenseits von Freiheit und Würde" (1973) zeichnet Skinner die Vision einer Gesellschaft, in der die Umweltbedingungen so manipuliert sind, daß sie das menschliche Verhalten formen.

2.3 *Das Menschenbild der Kognitiven Psychologie*

Ende der 60er und zu Beginn der 70er Jahre dieses Jahrhunderts fand in der Verhaltenspsychologie die sogenannte „kognitive Wende" statt. Die meisten Vertreter des verhaltenspsychologischen Ansatzes distanzierten sich zunehmend von der radikal behavioristischen Position der „Black-Box-Psychologie" und ersetzten die Stimulus-Reaktions-Formel (S-R) durch die Stimulus-Kognitions-Reaktions-Formel (S-K-R). Der radikale Behaviorismus betrachtet den Menschen als *Verhaltenssystem,* dessen Subjektivität und Individualität sich in der genetischen Ausstattung und in der je einmaligen Lerngeschichte erschöpfen. Die jeweilige Reizkonstellation und die dem Verhalten unmittelbar folgenden Konsequenzen bedingen das Verhalten. Alle nichtkörperlichen, mentalen oder psychischen Phänomene, wie Gedanken, Meinungen, Überzeugungen, Absichten, Bedürfnisse, Willensentschlüsse und Gefühle, die das Verhalten von innen steuern, sind objektiv nicht erfaßbar und folglich aus einer kausalen Erklärung auszuschließen (vgl. Skinner, 1953). Im Gegensatz dazu betrachten Neobehavioristen die Reizgegebenheiten nicht mehr als unmittelbare Auslöser des Verhaltens, sondern als Information für den Organismus. Es gibt keine rein „objektiven" Reize, sondern nur *wahrgenommene* und damit immer schon *interpretierte* Reize (vgl. Mahoney, 1977). Die Einschätzung der Reizgegebenheiten, die bewußt oder unbewußt erfolgen kann, verleiht diesen eine subjektive Bedeutung. Diese subjektive Bedeutung der Reize ist es, die das Verhalten beeinflußt. Menschen reagieren nicht auf die Realität, wie sie als objektiv beschreibbare materielle Welt vorliegt, sondern wie sie sich ihnen als *subjektive* Realität darstellt. Der Mensch *konstruiert* seine eigene Interpretation der Welt, die nicht mit der objektiven Beschreibung der Welt übereinstimmen muß. Vertreter der Kognitiven Psychologie betrachten den Menschen nicht als einen passiv reagierenden Organismus, der von äußeren Reizen oder inneren Trieben determiniert wird, sondern als ein Wesen, das aktiv auf seine Umwelt einwirkt, seine Zukunft plant, sich Ziele setzt und diese zu verwirklichen sucht. Die „Gedanken" sind es, die primär sein Verhalten und Handeln beeinflussen. Im Behaviorismus fand eine Wende vom Mechanismus zum Rationalismus statt und zugleich eine Rückkehr zur Erforschung des Bewußtseins. Die Wiederentdeckung des Bewußtseins und dessen Rehabilitierung als Forschungsgegenstand der Psychologie führte zu einem intensiven Studium kognitiver Phänomene. Die kognitivistisch orientierte Psychologie berücksichtigt stark die Alltagspsychologie. In ihren Theorien spielen Begriffe wie Bewertung, Einschätzung, Einstellung, Erwartung und Plan eine große Rolle. Diese Elemente werden unter dem Begriff *Kognition* zusammengefaßt. Ihnen ist gemeinsam, daß sie grundsätzlich bewußtseinsfähig sind und daß es sich um nicht direkt beobachtbare Prozesse handelt. Sie müssen aus dem beobachtbaren Verhalten erschlossen werden und können nur in einer Theoriesprache, jedoch nicht in einer Beobachtungssprache beschrieben werden. *Kognition* wird definiert als Aktivität des Wissens, als Erwerb, Organisation und Gebrauch von Wissen (Neisser, 1979,

13). Das Teilgebiet der Psychologie, das Kognitionen untersucht, wird als Kognitive Psychologie oder als Kognitionspsychologie bezeichnet. Sie erforscht die Verarbeitung einlaufender sensorischer Information, die Speicherung verarbeiteter Wahrnehmungsdaten sowie das Abrufen und die Nutzung von Gedächtnisinhalten. Ihre Begriffe und Modellvorstellungen orientieren sich zunehmend an den Computerwissenschaften. Der Mensch gilt als informationsverarbeitendes System. „System" bedeutet die dynamische Zueinander-Ordnung von Teilen zu einem Ganzen. Information ist ein Oberbegriff für alle Vorgänge, durch die Daten aufgenommen, bearbeitet, gespeichert, abgerufen, verglichen, beurteilt, mit anderen Informationen verknüpft, in übergeordnete Systeme eingeordnet, interpretiert und verstanden werden. Der Begriff Kognition wird weitgehend mit dem Begriff Informationsverarbeitung gleichgesetzt. Ein Großteil der Informationsverarbeitungsprozesse verläuft automatisch, ohne bewußte Absicht und Kontrolle.

Zu den theoretischen Prinzipien der Kognitiven Psychologie zählen: das Prinzip der Erkenntnis, der Bewußtheit, der kognitiven Ordnung, des einsichtigen Handelns, der Selbstverantwortung und Selbstregulation. Der Mensch setzt sich Ziele und entwickelt Strategien, um diese Ziele zu erreichen. Mit Hilfe von Nützlichkeitserwägungen (wie lohnend ist dieses Ziel?) und Erfolgserwartungen (mit welcher Wahrscheinlichkeit werde ich das Ziel erreichen?) entscheidet er, welche Handlungen er ausführt und welche er unterläßt. Aus dem Prinzip des einsichtigen Handelns leiten sich das Bekenntnis zum Grundsatz menschlicher Entscheidungsfreiheit ab und der Glaube an die menschliche Fähigkeit zur Rationalität und Ökonomie. Der Mensch ist grundsätzlich frei und zur Selbsterkenntnis und Selbststeuerung fähig. Er ist Urheber seines Geschicks und Gestalter seiner Persönlichkeit. Natürlich stößt er auf soziale und physikalische Grenzen. Doch sollte er diese als Herausforderung an seine soziale Verantwortung und seine Kreativität ansehen.

Albert Bandura, der die sozial-kognitive Lerntheorie entwickelte, thematisiert sein Menschenbild explizit. Für ihn zeichnen alle Theorien, die das menschliche Verhalten nur als Produkt äußerer Belohnung und Bestrafung betrachten, ein verstümmeltes Bild vom Menschen. Der Mensch ist fähig, aus eigener Kraft zu reagieren, und sein Fühlen, Denken und Handeln in gewissem Umfang selbst zu kontrollieren. Nach der sozial-kognitiven Theorie ist der Mensch weder ein ohnmächtiges Objekt, das der Kontrolle von Umwelteinflüssen ausgeliefert ist, noch ein völlig freies Subjekt, das aus sich machen kann, was es will. Sein Verhalten wird durch die Interaktion innerer (selbstgemachter) und äußerer Determinanten reguliert. In diesem Prozeß gegenseitiger Einflußnahme liegt für den Menschen die Chance, sein Geschick zu beeinflussen, hier liegen auch die Grenzen seiner Selbststeuerung (Bandura, 1979).

Prominente Vertreter der Kognitiven Psychologie wie Albert Ellis und Aaron T. Beck entwickelten kognitive Therapieansätze. Sie betrachten Kognitionen als die entscheidenden Determinanten menschlichen Erlebens und Verhaltens. Selbst Gefühlserlebnisse sind für sie die Folge von Bedeutungen, die wir Ereignissen zuschreiben. Menschen werden nicht so sehr durch die Dinge beunruhigt, sondern durch die Meinungen, die sie darüber haben. Ellis sieht die Ursache für unerwünschte und belastende Emotionen wie chronische Schuldgefühle, Gefühle der Wertlosigkeit und Niedergeschlagenheit in irrationalen Überzeugungen. Nach Becks kognitiver Theorie der Depression sind verzerrte Kognitionen letztlich die Ursache dieses komplexen Störungsbildes. Beide Autoren sehen in der Modifikation verzerrter Kognitionen den Schlüssel zur Änderung belastender Gefühle.

Das Menschenbild der Kognitiven Psychologie würdigt den Menschen als rationales Wesen. Menschliches Handeln läuft aufgrund von Überzeugungen und Überlegungen kontrolliert ab und nicht aufgrund subjektiver Vorlieben und Gefühle. Diese Konzeption des rationalen, logischen Menschen berücksichtigt die Welt der Gefühle, die vitalen Interessen und Bedürfnisse nur in ihrer kognitiven Repräsentation, zum Beispiel als wertende Stellungnahme. Die Eigendynamik und begrenzte willentliche Beeinflußbarkeit der Emotionen thematisiert sie nicht. Der Mensch erscheint zu sehr als Akteur, Planer und Denker. Daß dem Menschen auch etwas widerfahren kann, was er nicht beabsichtigte, wie Emotionen, gegen die er sich nicht wehren kann, Stimmungen, die er nicht willentlich umformen kann, und Gewohnheiten, die er nicht bemerkt, bleibt weitgehend unberücksichtigt. Der Begriff *Kognition* hat seit der kognitiven Wende eine enorme Bedeutungserweiterung erfahren. Sein unreflektierter Gebrauch in der gegenwärtigen Psychologie hat inzwischen dazu geführt, daß er bedeutungslos und inhaltsleer ist.

2.4 *Das Menschenbild der Humanistischen Psychologie*

1962 wurde die „Gesellschaft für Humanistische Psychologie" gegründet. Ihre wohl bekanntesten Vertreter sind Carl Rogers (1902–1987) und Abraham Maslow (1908–1970). Das Programm dieser Gesellschaft enthält vier Grundthesen: (1) Das Hauptinteresse gilt dem *Erleben*. Theoretisieren und Objektivierbarkeit sind in der Psychologie zweitrangig. (2) Der Mensch unterscheidet sich von allen anderen Arten durch Kreativität, Wertsetzung und Selbstverwirklichung. (3) Die Auswahl des Forschungsgegenstandes und der Forschungsmethoden soll nicht ausschließlich nach den Kriterien der Objektivität erfolgen, sondern danach, ob die Ergebnisse für die menschliche Existenz sinnvoll sind. (4) Die Humanistische Psychologie will die positiven Kräfte im Menschen herausarbeiten, vor allem jene, die seine Würde verdeutlichen. Sie interessiert sich nicht so sehr dafür, was der Mensch *ist*, sondern was er potentiell werden kann. Die Anfänge dieser Bewegung fallen in eine Zeit, als viele Menschen begannen, traditionelle Werte, wie das Streben nach Erfolg und Leistung, zu bezweifeln; in eine Zeit der beginnenden Auseinandersetzung mit Fragen der Umweltzerstörung, der Entfremdung des Menschen und der Frage nach der Lebensqualität.

Die Humanistische Psychologie sieht ihre Aufgabe darin, das mechanistische und deterministische Menschenbild der Psychoanalyse und des Behaviorismus zu überwinden und neue Antworten auf die Fragen des Menschen nach Sinn,

Lebensqualität und Lebenserfüllung zu suchen. Die pessimistische Einschätzung der menschlichen Natur durch die Psychoanalyse gelte es zu überwinden. Sigmund Freud habe nur die kranke Hälfte des Menschen beschrieben. Durch das Studium von Menschen mit seelischen Störungen habe er eine verkrüppelte, kranke Psychologie geschaffen. Demgegenüber will die Humanistische Psychologie die „positive Hälfte" des Menschen ergänzen und das uneigennützig Gute in ihm wieder entdecken. Sie befaßt sich mit der seelischen Gesundheit, denn nur in diesem Zustand kämen die im Menschen angelegten Möglichkeiten zur Geltung. Psychologen sollten versuchen, die Menschen zu verstehen, anstatt ihr Verhalten vorherzusagen und zu kontrollieren. Bevorzugte Untersuchungsgegenstände der Humanistischen Psychologie sind menschliche Entscheidungsfähigkeit, Kreativität und Selbstverwirklichung.

Der Behaviorismus habe durch das Studium niedriger Tiere eine unvollständige Psychologie hervorgebracht, in der das Bewußtsein fehlt. Außerdem sei er moralisch indifferent. Dem klassischen Behaviorismus zufolge, von dem die Humanistische Psychologie sich absetzt (die kognitive Wende hatte noch nicht stattgefunden), wird tierisches und menschliches Verhalten weitgehend durch Verhaltensauslöser und Verhaltenskonsequenzen in der Umwelt determiniert.

Aus humanistischer Sicht wird unsere Gesellschaft von einer tiefgreifenden Kulturkrise erschüttert. Diese zeige sich in der Entfremdung des Menschen von der Natur, der Arbeit, den Mitmenschen und von sich selbst; im Verlust traditioneller Werte; in einem Gefühl der Sinnlosigkeit trotz materiellen Wohlstandes; in der Identitätsgefährdung vieler Menschen und in psychosozialen Problemen. In einer von der Technik bestimmten Welt will die Humanistische Psychologie neue Antworten auf die Frage nach dem Sinn des menschlichen Lebens suchen (vgl. Völker, 1980, 13–37).

Das Menschenbild der Humanistischen Psychologie läßt sich ebensowenig empirisch überprüfen wie die Grundannahmen des psychoanalytischen und behavioristischen Menschenbildes. Die Humanistische Psychologie vertritt folgende Postulate bezüglich der menschlichen Natur (vgl. Völker, 1980, 15–20):

(1) Autonomie und soziale Interdependenz

Der Mensch ist zwar zu Beginn seines Lebens biologisch und emotional völlig von seiner Umwelt abhängig. Daraus sollte man nicht den Schluß ziehen, er sei ein Leben lang Spielball seiner Triebkräfte oder lediglich ein Bündel von Reaktionen auf Umweltreize. Der Organismus strebt nach Unabhängigkeit von äußerer Kontrolle und entwickelt ein aktives Selbst, das trotz determinierender Einflüsse steuernd in die Entwicklung eingreift. Aus dem Autonomiepostulat leitet sich die Verantwortlichkeit des einzelnen für sein Leben ab. Ein Mensch, der entdeckt, daß er sich selbst ändern kann, wird auch zur notwendigen Veränderung der Umwelt beitragen. Lernprozesse und therapeutische Prozesse erhalten erst durch die Anerkennung dieses Postulates ihren Sinn. Wer es leugnet, öffnet einer resignativen Grundhaltung Tür und Tor. Das kann so weit gehen, daß ein Mensch sein Verhalten bis ins Erwachsenenalter mit ungünstigen Familienverhältnissen oder mit negativen Umständen zu entschuldigen versucht. Mit dieser Haltung gibt er die Verantwortung für sein Leben aus der Hand und beraubt sich der Möglichkeit, es zu verändern. Die Autonomie des Menschen ist nur im Zusammenhang mit seiner sozialen Interdependenz zu sehen. Das Selbst als autonome Instanz des Menschen entwickelt sich nur in der Auseinandersetzung mit anderen Menschen.

(2) Selbstverwirklichung

Der Mensch hat das grundlegende Bedürfnis, sich selbst zu verwirklichen und seine Fähigkeiten und Möglichkeiten voll zu entfalten. Selbst wenn alle primären Bedürfnisse befriedigt sind, bleibt der menschliche Organismus lebendig, aktiv und unternehmungslustig. Er erforscht sich selbst und seine Umwelt, strebt nach Wissen und danach, sich selbst schöpferisch zu entfalten. Besonders Rogers und Maslow betonen die Annahme einer Selbstverwirklichungstendenz. Beide postulieren einen biologischen Druck zur vollen Entfaltung der ererbten Fähigkeiten und Talente. Sie betrachten die Tendenz, zu wachsen und die Grundausstattung des Selbst zu erweitern, als die zentrale Motivation des Menschen. Das Streben nach Selbstverwirklichung ist genetisch verankert und gleicht einem Trieb oder Instinkt. In der organismischen Tendenz zur Selbstverwirklichung sehen beide das Substrat aller Motivation. Für Carl Rogers sind alle somatischen und psychischen Bedürfnisse Teil der umfassenden Aktualisierungstendenz, die zugleich Initiator und Zielrichtung allen Verhaltens ist. Er interessierte sich weniger dafür, woher diese Tendenz kommt, als vielmehr dafür, welche Kräfte ihr im Wege stehen. Die von ihm entwickelte Gesprächspsychotherapie setzt sich mit den Blockaden der Selbstaktualisierungstendenz auseinander. Selbstverwirklichung kann durch die Reaktionen der Mitmenschen erleichtert oder erschwert werden. Bedingungslose Akzeptanz durch andere führt zu Selbstakzeptanz und fördert die Selbstverwirklichung.

(3) Ziel und Sinnorientierung

Der Mensch strebt nicht nur nach Bedürfnisbefriedigung und Selbsterhaltung, sondern auch nach einem sinnvollen und erfüllten Dasein. Er richtet sein Leben bewußt oder unbewußt auf Werte aus. Zu seiner Zufriedenheit braucht er sinnvoll empfundene Aufgaben und Ziele. Viktor Frankl (1977) sieht im Verlust der Ziel- und Sinnorientierung eine der Hauptursachen für die Entstehung psychischer Störungen. Sinnfindung ist auch der wichtigste Ansatzpunkt im Heilungsprozeß. Die Humanistische Psychologie will das psychologische Denken aus seiner ausschließlich kausalen und deterministischen Sichtweise befreien.

(4) Ganzheit

Der naturwissenschaftlich orientierten Psychologie wird vorgeworfen, sie untersuche einzelne Teilbereiche und arbeite nach dem Motto „Finde die Einzelteile, dann kannst du den ganzen Menschen zusammensetzen". Die Gestaltpsychologie entwickelte mit ihrer These „Das Ganze ist mehr als die Summe der Teile" eine Alternative. Sie sieht den Menschen als bedeutungsvolles Ganzes und betont die Ganzheitlichkeit von Gefühl und Vernunft, von Leib und Seele. An jedem psychischen Prozeß, an jeder Handlung, ist immer der ganze Mensch beteiligt. Die Humanistische Psychologie ist skeptisch gegenüber einer atomistischen Betrachtungsweise psychischer Teilfunktionen. Diese Art des Vorgehens sei mit der Arbeit eines Arztes vergleichbar, der ein Organ isoliert von allen anderen Organen untersucht. Da im Organismus jeder Teil mit jedem anderen Teil verbunden ist, wird der Arzt auf diese Weise nur zu einer unvollständigen Diagnose kommen. Wenn ein Organ erkrankt ist, verändert sich der gesamte Organismus. Die Ganzheitsmedizin versucht, diesem Anliegen gerecht zu werden. Ein volles Verständnis des Menschen lasse sich nur erreichen, wenn man ihn als biologisches, psychisches und soziales Wesen betrachte. Die Humanistische Psychologie will den Menschen als Ganzheit, d. h. die wechselseitige Bezogenheit aller kognitiven, emotionalen und somatischen Prozesse aufeinander und die Einheit des Menschen mit seiner für ihn bedeutungsvollen Umgebung, zum Ausgangspunkt der Forschung machen.

Die Humanistische Psychologie, die sich als Gegenbewegung zur Psychoanalyse und zum klassischen Behaviorismus versteht, entwickelte ein Menschenbild, das in krassem Kontrast zu den Auffassungen Freuds steht. Für sie ist der Mensch von Natur aus gut, im Kern seines Wesens sozial, rational und zielgerichtet. Das Gefühl ist das eigentlich Humane, der Inbegriff des Menschlichen. Carl Rogers zufolge brauchen wir nicht die Bestie im Menschen zu fürchten, denn die gibt es nicht. Zu fürchten brauchen wir nur den „unvollständigen Menschen" (1979, 112).

Das Selbstverwirklichungskonzept der Humanistischen Psychologie führte vor allem auf dem sogenannten Psycho- und Esoterikmarkt mit seinen zahlreichen Selbsterfahrungs- und Erlebensintensivierungsangeboten zu einer Art „psychischen Wachstumseuphorie", die mit dem Glauben an die technische Machbarkeit vergleichbar ist. Die Euphorie über den technischen Fortschritt ist längst der Diskussion über Wachstumsgrenzen und Umweltbelastungen gewichen. Eine Diskussion über die Grenzen des „psychischen Wachstums" steht noch aus. Zu hinterfragen ist vor allem die Hypothese von Maslow und Rogers, die Selbstverwirklichungstendenz sei zugleich Initiator und Zielrichtung des menschlichen Erlebens und Verhaltens. Besonders umstritten ist der darin enthaltene Begriff der „menschlichen Natur" und die Vorstellung, diese verberge sich im Innern der Person und warte bloß darauf, „entwickelt" oder „verwirklicht" zu werden. Die Persönlichkeit des Menschen und spezifisch menschliche Zielsetzungen entwikkeln sich hingegen nur in der Auseinandersetzung zwischen dem Menschen und seiner dinglichen und sozialen Umwelt.

3. Bilanz

Welches Menschenbild wäre einer umfassenden Theorie des Erlebens und Verhaltens angemessen? Wird der Mensch von inneren, aggressiven und destruktiven

Kräften, die ihm nicht bewußt sind, gesteuert, wie Freud annahm? Wird menschliches Verhalten völlig von außen, durch Umweltbedingungen, manipuliert und kontrolliert wie Skinner postulierte? Ist der Mensch wirklich Gestalter seiner Persönlichkeit und seines eigenen Schicksals Schmied, weil er denkt, bewertet und frei entscheidet, wie die Kognitive Psychologie propagiert? Ist der Mensch in seinem innersten Kern gut, rational, sozial und zielgerichtet, weil die Natur ihn mit einer Kraft ausstattete, alles zum Guten zu wenden, wie Vertreter der Humanistischen Psychologie verkünden? Diese widersprüchlichen Menschenbilder zeigen, wie schwer die Psychologie sich tut, dem Erleben und Verhalten, der Innen- und der Außenperspektive, dem Handeln und Erleiden gleichermaßen gerecht zu werden. Die verschiedenen Auffassungen schwanken zwischen Pessimismus und Optimismus, Affekt und Vernunft, Selbststeuerung und Außenkontrolle.

Der Mensch ist in seiner Selbstinterpretation sowohl Handelnder als auch Erleidender. Er ist nicht nur freier Akteur, sondern auch ein Wesen, dem etwas widerfährt, was er nicht beabsichtigte. Zu den Widerfahrnissen zählen: Gedanken, die uns plötzlich kommen und die wir nicht gerufen haben; Gewohnheiten, die wir nicht mehr bemerken; Emotionen, gegen die wir uns nicht wehren können, und Stimmungen, die sich nicht einfach umformen lassen. Reflexartige Verhaltensweisen und eingeübte Fertigkeiten gehören insofern zu den Widerfahrnissen, als wir zu ihrer Ausführung keine bewußte, willentliche Steuerung benötigen. Es gibt keine umfassende psychologische Theorie, die alle Aspekte am menschlichen Erleben und Verhalten ebenso gut beschreiben, erklären und vorhersagen könnte, wie die Phänomene des automatischen psychischen Funktionierens. Am ehesten wird noch die *„bio-psycho-soziale Perspektive"* dem menschlichen Erleben und Verhalten gerecht. Diese Perspektive, die vor allem in der gegenwärtigen klinischen Psychologie dominiert, geht davon aus, daß menschliches Verhalten multikausal determiniert ist. Seine Erforschung verlangt ein interdisziplinäres Vorgehen, d. h. die Berücksichtigung von Forschungsergebnissen aus anderen Disziplinen wie der Biologie und den Sozialwissenschaften. Im Sinne dieser Perspektive betrachtet der amerikanische Psychologe Frederick Kanfer soziale, psychologische und somatische Faktoren als die drei Hauptdeterminanten menschlichen Verhaltens.

Die *sozialen Faktoren* umfassen alle Einflüsse aus der äußeren, dinglichen und sozialen Umwelt: physikalische und soziokulturelle Einflüsse, situative Bedingungen, Verstärkungskontingenzen, aber auch Situationen, die als Folge des Verhaltens anderer Personen zustande kommen. Soziale Faktoren sind mithin alle Einflüsse außerhalb der eigenen Person.

Die *psychologischen Faktoren* bilden den Bereich des Erlebens und der kognitiven Prozesse. Dazu zählen Wahrnehmen, Denken, Fühlen, Erinnern, Planen, Entscheiden, Problemlösen und kognitive Inhalte wie Ziele, Pläne und Wünsche. Psychologische Faktoren ermöglichen es dem Menschen, Verhalten in Gang zu setzen und über lange Zeit zu steuern, ohne daß dazu Schlüsselreize oder Rückmeldungen aus der Umgebung notwendig wären. Sie verleihen dem menschlichen Verhalten eine gewisse Unabhängigkeit von äußeren Bedingungen und somatischen Zuständen.

Im Gegensatz zum Tier ist der Mensch zur „Selbstkontrolle" und zum „Selbstmanagement" fähig. Natürlich sind alle mentalen Vorgänge und Prozesse von einem intakten zentralen- und peripheren Nervensystem abhängig.

Die *somatischen Faktoren* umfassen alle biologisch-physiologischen Einflußgrößen. Der menschliche Organismus ist die biologisch-physiologische Grundlage des Erlebens und Verhaltens und beeinflußt dieses fortwährend. Wir lenken zum Beispiel unsere Aufmerksamkeit bei Schädigungen des Organismus gezielt auf Schmerzreize. Hunger- und Sättigungsreaktionen, Drogeneinflüsse, Krankheitsprozesse, Hirnverletzungen, Alterungsprozesse oder Schädigungen des Immun-Systems veranschaulichen unter anderem den massiven Einfluß somatischer Faktoren auf unser Erleben und Verhalten. Der bio-psycho-sozialen Perspektive zufolge ist menschliches Verhalten das Ergebnis einer ununterbrochenen Interaktion dieser drei Einflußbereiche. Biologische, psychologische und soziale Faktoren wirken gegenseitig aufeinander ein und determinieren so das Verhalten des Menschen. Der relative Beitrag der einzelnen Bereiche kann von Augenblick zu Augenblick beträchtlich schwanken (vgl. Kanfer et al. 1991, 19–24). In der Geschichte der empirischen Psychologie wurden die drei Einflußbereiche nicht immer gleichwertig betont. Der radikale Behaviorismus konzentrierte sich auf die sozialen Faktoren und sah Verhalten durch Umwelteinflüsse determiniert. Seit der kognitiven Wende gilt das Hauptinteresse vieler Verhaltenspsychologen den psychologischen Einflüssen. Die Psychophysiologie erforscht vorwiegend biologisch-physiologische Faktoren und die Neurowissenschaften untersuchen die Zusammenhänge zwischen mentalen Vorgängen und Gehirnprozessen.

LITERATUR

Bandura, Albert, Sozial-kognitive Lerntheorie. Stuttgart: Klett, 1979.

Frankl, Viktor E., Das Leiden am sinnlosen Leben. Freiburg: Herder, 1977.

Goller, Hans, Psychologie. Emotion, Motivation, Verhalten (Kon-Texte, Wissenschaften in philosophischer Perspektive, Bd I). Stuttgart, Berlin, Köln: Kohlhammer, 1995.

Kanfer, Frederick H.; Reinecker, Hans; Schmelzer, Dieter, Selbstmanagement-Therapie. Ein Lehrbuch für die klinische Praxis. Berlin: Springer, 1991.

Mahoney, Michael J., Kognitive Verhaltenstherapie. Neue Entwicklungen und Integrationsschritte. München: Pfeiffer, 1977.

Neisser, Ulric, Kognition und Wirklichkeit. Prinzipien und Implikationen der kognitiven Psychologie. Stuttgart: Klett, 1979.

Reinecker, Hans, Grundlagen der Verhaltenstherapie. München: Psychologie. Verlags-Union 1987, S. 198–199.

Rogers, Carl R., Entwicklung der Persönlichkeit. Stuttgart: Klett, [3]1979.

Skinner, Burrhus Frederic, Science and human behavior. New York: The Free Press, 1953. (Deutsch: Wissenschaft und menschliches Verhalten. München: Kindler, 1973.)

Skinner, Burrhus Frederic, Jenseits von Freiheit und Würde. Reinbek: Rowohlt, 1973.

Völker, Ulrich (Hrsg.), Humanistische Psychologie: Ansätze einer lebensnahen Wissenschaft des Menschen. Weinheim: Beltz, 1980.

Zimbardo, Philip G., Psychologie. Berlin: Springer, [5]1992.

Zimmer, Dieter E., Tiefenschwindel. Die endlose und die beendbare Psychoanalyse. Reinbek: Rowohlt, 1990.

2.5 Der Mensch als Freiheitswesen

Friedo Ricken SJ

1. Ethik und Anthropologie

Eine eigene Disziplin, die sich unter philosophischer und nicht unter naturwissenschaftlicher Rücksicht mit dem Menschen beschäftigt und die den Titel „Anthropologie" trägt, hat sich erst verhältnismäßig spät, zwischen dem 16. und 18. Jh., entwickelt.[1] Aber die Frage ‚Was ist der Mensch?' ist so alt wie die Philosophie. Platon handelt in der *Politeia* über den Menschen als Gemeinschaftswesen; Thema des *Phaidon* sind Tod und Unsterblichkeit; *Symposion* und *Phaidros* sprechen von einer Grundkraft im Menschen, dem Eros, die sich in den verschiedenen Formen des menschlichen Zusammenlebens, in der Liebe zu Wissen und Wissenschaft und bis in die Mystik entfaltet; eine naturwissenschaftlich-medizinische Betrachtung des Menschen bringt der *Timaios*.

Als nach Platon die Philosophie in verschiedene Disziplinen eingeteilt wird, findet sich die Lehre vom Menschen, unter einer jeweils verschiedenen Betrachtungsweise, vor allem in der praktischen Philosophie und in dem Traktat, der seit Aristoteles den Titel *Über die Seele* trägt. Die praktische Philosophie, die Lehre vom richtigen Handeln und vom Zusammenleben des Menschen in den verschiedenen Gemeinschaften von der Familie bis zum Staat, führt notwendig zu Aussagen über den Menschen; so setzt z. B. jede sittliche Beurteilung einer Handlung voraus, daß sie dem Menschen zugerechnet werden kann, und damit ist die Frage nach der Freiheit gestellt. Im Unterschied zu dieser praktischen Sicht des Menschen geht es in Aristoteles' Schrift *Über die Seele* um eine theoretische Betrachtung, die Stellung des Menschen in der Stufenordnung des Lebendigen. Die Seele ist das Vermögen, das ein Wesen dazu befähigt, die Tätigkeiten, die wir unter dem Begriff des Lebens zusammenfassen, zu leisten: Wachstum, Ernährung, Zeugung, Wahrnehmung, Streben, Fortbewegung und Denken. Gefragt ist, welche Tätigkeiten den Menschen vor den anderen Lebewesen auszeichnen, und das heißt, wie seine Seele sich von der der anderen Lebewesen unterscheidet. Die Seele ist nach Aristoteles die Form eines Organismus, welche diesen zu seinen Leistungen befähigt. Für die menschliche Seele stellt sich die Frage, ob sie durch diese biologische Betrachtung vollständig erfaßt werden kann oder ob sie mehr ist als nur das Funktionsprinzip eines Organismus. Aristoteles und die an ihn anschließende Tradition hat diese Frage bejaht und mit dem Begriff des Geistes beantwortet.

Die mit Beginn der Neuzeit sich herausbildende philosophische Anthropologie hat diese beiden Betrachtungsweisen durch eine dritte ergänzt: die des Menschen als geschichtlichen Wesens. Seitdem ist es umstritten, ob die philosophische Frage nach dem Menschen der praktischen Philosophie, der Naturphilosophie oder der Geschichtsphilosophie zuzuweisen ist. Kants wesentliche Aussagen über den Menschen finden sich in seiner praktischen Philosophie; nach Hegel und Marx gehört die Anthropologie zur Geschichtsphilosophie; die für die Anthropologie des 20. Jh.s programmatische Schrift von Max Scheler *Die Stellung des Menschen im Kosmos* geht wie Aristoteles' Schrift über die Seele „aus von einer Stufenfolge der psychischen Kräfte und Fähigkeiten".[2]

Der Titel ‚Der Mensch als Freiheitswesen' markiert den Weg, der im folgenden eingeschlagen werden soll. Er beantwortet erstens die Frage nach der Stellung des Menschen im Kosmos. Was den Menschen vor den anderen Lebewesen auszeichnet, ist seine Freiheit, und frei kann nur ein vernünftiges Wesen sein. ‚Der Mensch als Freiheitswesen' wendet sich gegen die verschiedenen Formen eines naturwissenschaftlichen Reduktionismus, die glauben, das Phänomen Mensch mit den Kategorien der Biologie, der Verhaltensforschung oder einer deterministischen Psychologie erklären zu können. Der Titel ist zweitens eine geschichtsphilosophische These: Geschichte ist kein Prozeß, der aufgrund bestimmter Gesetze, etwa (wie es der Marxismus behauptet) der ökonomischen, notwendig abläuft, sondern sie ist Ort der Freiheit und Verantwortung des Menschen. Der Mensch ist nicht Objekt, sondern Subjekt der Geschichte; er ist ihr nicht unterworfen, sondern er hat die Aufgabe, sie verantwortlich zu gestalten. Drittens verweist der Titel auf die philosophische Disziplin, mit deren begrifflichen Mitteln die Frage nach dem Menschen beantwortet werden soll. Seit die Philosophie in verschiedene Disziplinen unterteilt wurde, zählt die Frage nach Zurechnung, Verantwortung und Freiheit zur Ethik. „Freiheit und unbedingtes praktisches Gesetz", so schreibt Kant[3], „weisen also wechselseitig aufeinander zurück": Erst im sittlichen Bewußtsein, im Gewissen, erfährt der Mensch, daß er frei ist.

Unser erster Schritt in die Ethik besteht darin, daß wir den Gebrauch des Wortes ‚Ethik' klären. Es sind vor allem drei Verwendungen, die uns über die Sache, um die es geht, Aufschluß geben.

(1) Nach den letzten Sätzen von Wittgensteins *Tractatus* (6.41–6.43) hat die Ethik es mit der Sinnfrage zu tun. Ihr Gegenstand sind nicht einzelne Normen, die angeben, welche Handlungen sittlich erlaubt und welche sittlich verboten sind; die Ethik hat es vielmehr mit der Stellungnahme zur Welt als ganzer zu tun. Sie befaßt sich nicht mit den Tatsachen, aus denen die Welt besteht, sondern mit den Grenzen der Welt. Das gute oder böse Wollen ändert nicht die Tatsachen, sondern die Grenzen der Welt. Es entscheidet sich an der Frage, ob die Welt und unser Leben als Ganzes einen Sinn haben oder sinnlos sind. Dieser Sinn liegt für Witt-

genstein jenseits der Tatsachen. Deshalb läßt er sich nicht aussprechen; deshalb kann es keine Sätze der Ethik geben.

Worin liegt die Bedeutung dieses Ethikbegriffs? Es lassen sich zwei Grundfragen der philosophischen Ethik unterscheiden: die nach dem Kriterium des sittlich richtigen Handelns und die nach dem Motiv, das uns dazu bewegt, das sittlich Richtige tatsächlich zu tun. Wittgensteins Begriff des Ethischen ist ausschließlich der zweiten Frage zuzuordnen. Das ist eine sehr wichtige Frage, denn die Ethik kann sich nicht damit begnügen, zu sagen, was sittlich richtig ist; sie muß dem Menschen auch Motive an die Hand geben, daß er das sittlich Richtige tatsächlich tut. Thomas von Aquin befaßt sich damit vor allem in seiner Lehre von den drei göttlichen Tugenden Glaube, Hoffnung und Liebe, die über den vier Kardinaltugenden (praktisches Urteilsvermögen, Gerechtigkeit, Besonnenheit, Tapferkeit) stehen und die letzte Antwort auf die Frage nach dem Sinn des sittlichen Handelns geben. Durch die Frage nach dem Sinn des sittlich guten Handelns ist die Ethik mit der (natürlichen und positiven) Theologie verknüpft.

(2) Der Name ‚Ethik' und die philosophische Disziplin, die er bezeichnet, sind eine Schöpfung des Aristoteles. Die Bezeichnung leitet sich her von dem griechischen Wort *ēthos*, das man am besten mit ‚Charakter' übersetzt. Aristoteles bringt das Wort *ēthos* in Zusammenhang mit dem Wort *ethos*: ‚Gewöhnung, Gewohnheit, Sitte, Brauch'.[4] Die Ethik ist die Lehre von den guten Charaktereigenschaften, d. h. den Tugenden des Menschen, und diese werden durch Gewöhnung erworben. Es geht also weniger darum, was der Mensch tun, als vielmehr darum, was er sein soll. Der Mensch, das will dieser Ethikbegriff besagen, ist kein Wesen, das von Natur aus fertig ist. Er ist vielmehr offen und formbar. Es ist wesentlich für den Menschen, daß er erzogen werden und lernen muß. Seine Anlagen bedürfen der Entfaltung durch die menschliche Gemeinschaft. Aristoteles sieht deshalb einen untrennbaren Zusammenhang von Ethik und Politik. Der Charakter des Menschen wird geprägt durch die Gemeinschaft, in der er lebt, und die Gestaltung dieser Gemeinschaft ist Aufgabe der Politik.

Aristoteles unterscheidet in seiner ethischen Anthropologie zwei Seelenvermögen: das Erkenntnisvermögen und das Strebevermögen, das auch die Affekte oder Gefühle umfaßt, z. B. Zorn, Mitleid, Haß und Neid. Tugend (*aretē*: Tauglichkeit) ist die Vollkommenheit eines Vermögens; entsprechend den beiden Vermögen unterscheidet Aristoteles zwei Gattungen der Tugend: die Tugenden des Erkenntnisvermögens (dianoetische Tugenden) und die des Strebevermögens (ethische Tugenden). Die dianoetischen Tugenden gewährleisten die Erkenntnis der Wahrheit. Von ihnen ist für die Ethik vor allem die Phronesis, das praktische Urteilsvermögen, wichtig, die das sittlich Richtige erkennt. Die Leistung der ethischen Tugenden besteht darin, daß sie im Menschen eine Einheit der Affekte mit dem als sittlich richtig Erkannten bewirken. Es genügt nicht, daß ein Mensch in seinem Handeln die sittlichen Normen befolgt; er ist vielmehr erst dann gut, wenn er zu einer inneren Einheit gekommen ist, d. h. wenn er die sittliche Forderung in allen Schichten seines Strebens und Fühlens, also aus ganzem Herzen, bejaht. Aristoteles behauptet, sittliche Erkenntnis sei in ihrer vollen Form nur unter Voraussetzung der Integration der Gefühle durch die ethische Tugend möglich. Die ungeordneten Gefühle verfälschen das sittliche Urteil. Aristoteles will damit auf den Unterschied von mathematischer und sittlicher Erkenntnis hinweisen und die Tatsache in Erinnerung rufen, daß bei sittlichen Urteilen mit Fehlerquellen zu rechnen ist, die bei theoretischen Urteilen nicht gegeben sind und die im Charakter des Handelnden liegen.

(3) Der heute übliche philosophische Sprachgebrauch unterscheidet zwischen Moral und Ethik. Das lateinische Wort *mores* ist die auf Cicero zurückgehende Übersetzung des griechischen Wortes *ethos*. Es bezeichnet die Verhaltensweisen, in denen eine Gruppe von Menschen aufgrund einer alten, seit Generationen gelebten und überlieferten Gewohnheit übereinstimmt. Das ist auch heute noch die Grundbedeutung von ‚Moral' und ‚moralisch', wobei in einer sich ständig verändernden Gesellschaft das Element der Tradition weniger wichtig ist als das der Übereinstimmung in den Verhaltensweisen. – Es gibt ein sprachliches Kriterium, das es erlaubt, moralische Urteile von anderen Wert- oder Sollensurteilen abzugrenzen. In ‚Wenn du um 11.15 Uhr in Frankfurt sein willst, mußt du in München den Zug um 7.45 Uhr nehmen' ist die Forderung an eine Bedingung gebunden. Das ist bei ‚Du solltest das Versprechen, das du gestern deiner Kollegin gemacht hast, halten' nicht der Fall. Die Forderung, ein Versprechen zu halten, gilt, sobald ich ein Versprechen gegeben habe. Sie ist nicht bedingt durch Ziele, die ich durch die Einhaltung des Versprechens verfolge. – Eine Moral wird gelebt. Dagegen besteht die Aufgabe der Ethik nicht darin, eine Moral zu predigen, sondern sie zu begründen. Ethik ist also die philosophische Untersuchung des Bereichs der Moral; sie ist die philosophische Disziplin, die nach der Begründung der Moral fragt. Anstelle von ‚Ethik' gebraucht man auch die eindeutigere Bezeichnung ‚Moralphilosophie'.

2. Was ist eine sittliche Handlung?

Moralische Urteile sind, so sahen wir, Sollensurteile, die nicht an eine Bedingung gebunden (hypothetisch) sind, sondern eine unbedingte (kategorische) Forderung erheben. Ähnlich verwenden wir das Wort ‚gut', wenn wir von einer guten Handlung oder einem guten Charakter sprechen. Dieser Gebrauch ist zu unterscheiden von ‚gut zu (oder für) etwas': Eine sittliche Handlung ist nicht im Sinne eines Mittels, sondern in sich gut. Wir müssen nun zunächst genauer klären, wovon ‚sollen' und ‚gut' in dieser Verwendung ausgesagt werden. Aristoteles nennt drei Kandidaten: den Charakter, die Handlung und die Absicht. Nach dem ersten Satz von Kants *Grundlegung zur Metaphysik der Sitten* ist es der Wille: „Es ist überall nichts in der Welt, ja auch außerhalb derselben zu denken möglich, was ohne Einschränkung für gut könnte gehalten werden, als allein ein guter Wille."[5] Der Zusammenhang zwischen diesen Kandidaten wird deutlich, wenn wir bedenken, daß der Charakter nur aus den Handlungen erkannt werden kann und für deren Bewertung wiederum die Absicht oder der Wille entscheidend ist.

‚Caesar eroberte Gallien' und ‚Monika gab dem Obdachlosen zehn Mark' sind beides Beschreibungen einer Handlung; sie machen deutlich, daß Handlungen von unterschiedlicher Dauer und Komplexität sein können. Dennoch zeigen sie eine gemeinsame Grundstruktur: eine kausale Beziehung zwischen einer Person und einem Ereignis oder einer Veränderung. Diese Bestimmung ist jedoch zu weit. Wir sprechen von einer Handlung nur dann, wenn das Ereignis mit der Person durch die Relation ‚x wollte y' verbunden ist. ‚Wollen' ist ein Wort, das in mehrfacher Bedeutung gebraucht wird. Die philosophische Tradition unterscheidet seit Aristoteles zwischen einer willentlichen oder freiwilligen Handlung (*voluntarium*) und einer absichtlichen oder vorsätzlichen Handlung (*intentio*). ‚Willentlich' ist der weitere und ‚absichtlich' der engere Begriff. Eine absichtliche Handlung ist eine willentliche Handlung, die auf einer praktischen Überlegung beruht. Sowohl die willentliche als auch die absichtliche Handlung unterliegt einer sittlichen Bewertung. Willentlichkeit umfaßt erstens Erkenntnis: die Person muß wissen, daß sie dieses Ereignis herbeiführt, und zweitens ein Streben: die Person muß das Ereignis bejahen, wünschen; das ist z. B. ausgeschlossen, wenn äußere Gewalt vorliegt. Aristoteles definiert das Freiwillige als das, „dessen Bewegungsursprung im Handelnden ist [Ausschluß von physischem Zwang], wobei er ein volles Wissen von den Einzelumständen [im Unterschied zu den sittlichen Normen, deren Nichtwissen die Freiwilligkeit nicht aufhebt] der Handlung hat".[6]

Unser alltägliches Bewußtsein sagt uns, daß ein Mensch für die Folgen seiner Handlungen verantwortlich ist. Wie aber ist dieser Begriff genauer zu bestimmen? Aristoteles gebraucht bei seinen Ausführungen über die freiwillige Handlung den Begriff des Bewegungsursprungs. Der Handelnde greift durch Bewegungen seines Körpers in den Ereigniszusammenhang der Welt ein. Von daher ergibt sich ein erster, weiter Begriff der Handlungsfolgen. Danach sind Folgen einer Handlung alle Veränderungen oder Zustände, die nicht eingetreten wären, wenn die Handlung nicht stattgefunden hätte, d. h. für welche die Handlung notwendige Bedingung ist. Dieser Begriff ist zu weit. Er beschränkt sich auf die wirkursächliche Betrachtung, ohne das Wissen und Wollen der Person einzubeziehen. Es ist zu unterscheiden zwischen den Folgen eines Ereignisses und den Folgen einer Handlung. Damit wir von den Folgen einer *Handlung* sprechen können, müssen die Folgen vorhersehbar sein; es sind also folgende Fragen zu stellen: (1) Hat die handelnde Person die Folgen tatsächlich vorhergesehen? (2) Konnten die Folgen an sich, d. h. aufgrund des allgemeinen Wissensstandes, vorhergesehen werden? (3) Ist es der handelnden Person zuzurechnen, daß sie die Folgen nicht vorhergesehen hat? Hat sie sich entsprechend dem Gewicht der Sache informiert? (4) War die handelnde Person imstande, die Folgen ihrer Handlung zu überblicken, oder mußte sie, wie z. B. bei der Anwendung neuer Technologien, mit bisher nicht bekannten Folgen rechnen? Hier ist folgende Unterscheidung wichtig: Sie sieht nicht, daß sich negative Folgen ergeben – Sie sieht, daß sich keine negativen Folgen ergeben. Je grundlegender die Güter sind, die auf dem Spiel stehen, um so sicherer müssen negative Folgen ausgeschlossen werden.

Zu beachten ist auch die Unterscheidung zwischen motivierenden und in Kauf genommenen Folgen. Wenn bei zwei Handlungen dieselben Folgen vorliegen, besteht für die Bewertung der Handlung ein Unterschied, welche Folgen motivierend und welche nur in Kauf genommen sind. Motivierende Folgen sind notwendige Bedingung der Handlung. Es sind die Folgen, um derentwillen die Handlung ausgeführt wird. Er hätte die Handlung nicht ausgeführt, wenn er diese Folgen nicht hätte erreichen wollen. In Kauf genommene Folgen werden als Nebenwirkungen der beabsichtigten Folgen vorausgesehen und bejaht; um diese Folgen zu erreichen, hätte die Person die Handlung jedoch niemals ausgeführt. Ein Test für diese Unterscheidung ist: Was gilt als Erfolg bzw. als Scheitern der Handlung? – Zwei Beispiele: (1) Um die Schmerzen zu lindern, gibt ein Arzt einem todkranken Patienten ein Medikament, das zugleich dessen Leben erheblich verkürzt. (2) Das Leben eines Todkranken wird mit schmerzlindernden Mitteln verkürzt, um die Enthüllung eines Geheimnisses zu verhindern. – Die erste Handlung hat ihr Ziel erreicht, wenn die Schmerzen aufhören; in diesem Augenblick wird der Arzt die Medikamente absetzen; die zweite erst dann, wenn der Patient stirbt.

Eine absichtliche Handlung, das war unser Vorbegriff, ist eine willentliche Handlung, die auf einer praktischen Überlegung beruht. Um ihn genauer zu klären, ist zwischen einem zweifachen Zielbezug des menschlichen Handelns zu unterscheiden: was ich tue, das *technische* Ziel, und das Motiv, um dessentwillen ich es tue, das *sittliche* Ziel. So verbindet (technisches Ziel) der Samariter den unter die Räuber Gefallenen aus Mitleid (sittliches Ziel). Wir erfragen das technische Ziel mit der Wendung ‚Was *tust* du?' ‚Ich verbinde einen Kranken'. Das technische Ziel ist inhaltlich genau umrissen; man kann genau beschreiben, was man tun muß, um es zu erreichen. Man kann angeben, wann der Vorgang abgeschlossen und das Ziel verwirklicht ist. Das technische Ziel setzt, in unterschiedlichem Ausmaß, technisches Wissen und technisches Können voraus. Es wird nach technischen Maßstäben bewertet. Jede Handlung hat ein technisches Ziel. Die technische Dimension ist auch für die sittliche Beurteilung von Bedeutung; auch das sittlich Gute muß sachgerecht ausgeführt werden.

Was unter dem sittlichen Ziel zu verstehen ist, sei anhand von Aristoteles und Kant erläutert. Nach Aristoteles ist das technische Ziel einer Handlung niemals letztes Ziel. Bei einem technischen Ziel kann ich immer fragen, warum, zu welchem Zweck ich das will; Kriterium für ein letztes Ziel ist dagegen, daß eine solche Frage sinnlos ist. Das technische Ziel ist immer in einen umfassenderen Zusammenhang eingeordnet: in die Vorstellung des Handelnden vom guten Leben oder vom Glück. Sie bestimmt mehr oder weniger bewußt die Entscheidungen des Handelnden. Vom Handeln im vollen Sinn des Wortes sprechen wir erst dann, wenn dieser Lebensentwurf im Spiel ist, d. h. wenn wir aufgrund unserer Vorstellung vom guten Leben entscheiden, was in dieser konkreten Situation zu tun ist.

Nach Kant handelt der Mensch immer nach praktischen Grundsätzen. Ein praktischer Grundsatz drückt eine oberste Willensbestimmung aus, d. h. in ihm ist ein Ziel formuliert, das der Handelnde um des Zieles selbst willen verfolgt. Kant unterscheidet zwischen subjektiven und objektiven praktischen Grundsätzen.[7] Objektive Grundsätze sind von der Vernunft vorgeschriebene Grundsätze; sie gelten für den Willen eines jeden vernünftigen Wesens. Subjektive Grundsätze sind nicht vernünftig. Sie drücken aus, welche Ziele ein Mensch tatsächlich verfolgt. Kant nennt sie Maximen (Obersätze in einem praktischen Syllogismus).

Die technische Zielsetzung einer Handlung beruht auf einer Entscheidung. Wir entscheiden uns für dieses oder jenes Tun mit einem bestimmten Ziel; so entscheidet sich z. B. der Samariter dafür, anzuhalten und den Überfallenen zu verbinden. Eine Entscheidung ist eine Vorzugswahl, die als solche Kriterien braucht. Der Samariter steht vor der Entscheidung, ob er dem Überfallenen helfen oder ob er weiterreiten soll, um den Termin mit seinem Geschäftsfreund nicht zu versäumen. Die Gesichtspunkte, die solche Entscheidungen bestimmen, sind die praktischen Grundsätze (oder der praktische Grundsatz). Sie sind allgemeine, oberste Gesichtspunkte oder Zielvorstellungen, die wir bei jeder Entscheidung im Blick haben und anhand deren wir entscheiden, welche Handlungsmöglichkeit wir vorziehen, d. h. was wir in dieser Situation tun.

Die Begriffe Entscheidung (als Ergebnis, nicht als Vorgang) und Absicht haben denselben Umfang; jede Entscheidung ist eine Absicht und umgekehrt. Der Unterschied liegt lediglich in der Betrachtungsweise. Entscheidung legt den Akzent auf den (vorhergegangenen) Prozeß der Überlegung und der Wahl, Absicht dagegen auf das Moment der Entschiedenheit. Die Absicht ist die technische Zielsetzung einer Handlung, d. h. das, was ich tun will; das Motiv ist das sittliche Ziel der Handlung, also der praktische Grundsatz; weil der praktische Grundsatz die Entscheidung bestimmt, ergibt die Absicht sich aus dem Motiv. Die Absicht ist insofern der eigentliche Gegenstand der moralischen Beurteilung, als es für die Beurteilung der Handlung ohne Bedeutung ist, ob es der handelnden Person gelingt, ihre Absicht tatsächlich auszuführen. Dabei ist es aber wichtig zu beachten, daß eine Absicht nur dann vorliegt, wenn die handelnde Person alles in ihrer Macht Stehende unternimmt, um die Absicht zu verwirklichen.

3. Die sittliche Norm der Verantwortung

Die handlungstheoretischen Überlegungen haben gezeigt, daß die Frage nach der richtigen Entscheidung zur Frage nach den richtigen Grundsätzen führt. Das ergibt sich daraus, daß die Grundsätze die Gesichtspunkte oder Kriterien sind, anhand deren wir zwischen verschiedenen Handlungsmöglichkeiten wählen, d. h. unsere Entscheidungen treffen. Welche Kriterien haben wir, um Grundsätze zu beurteilen?

Zunächst ist ein negatives Kriterium zu nennen; es lautet: Inhaltliche Grundsätze sind notwendig subjektiv und können daher kein objektives Kriterium für die Entscheidung abgeben. Ein inhaltlicher Grundsatz ist ein Grundsatz, in welchem die handelnde Person sich einen Inhalt als solchen zum letzten, nicht hinterfragten Gesichtspunkt macht, anhand dessen sie alle Entscheidungen trifft. Beispiele für solche Inhalte sind: Leben, Gesundheit, Schutz der Umwelt, berufliche Karriere, Einkommen und Wirtschaftswachstum. Die handelnde Person fragt bei jeder Entscheidung: Durch welche der vorliegenden Handlungsmöglichkeiten wird das durch meinen Grundsatz mir unbedingt vorgegebene Ziel mehr gefördert?

Das erste Argument für dieses negative Kriterium ist die Tatsache, daß die Verwirklichung des einen Zieles oder Gutes die eines anderen ausschließen *kann*. Inhaltliche Güter und Ziele begrenzen einander in dem Sinn, daß sie einander ausschließen *können*. Das gilt für die Güter ein und derselben Person (intrapersonal) und ebenso für die Güter verschiedener Personen (interpersonal). – Ein Beispiel für einen solchen intrapersonalen Konflikt ist der zwischen beruflicher Karriere und der Pflege musischer Fähigkeiten oder freundschaftlicher Kontakte; ein interpersonaler Konflikt wäre der zwischen der Freizügigkeit des Individualverkehrs und der Belästigung und Gefährdung durch Lärm und Luftverschmutzung. – Eine Entscheidung ist erst dann verantwortet, wenn die handelnde Person die Möglichkeit dieser Konflikte sieht und fragt, wie sie zu lösen sind. Eine mögliche Lösung wäre, zu zeigen, daß das eine Gut oder Ziel Vorrang vor dem anderen hat, daß z. B. ökologische Gesichtspunkte wichtiger sind als ökonomische. Aber dazu muß der mögliche Konflikt zunächst als solcher gesehen werden, und die konkurrierenden Ziele müssen nach übergeordneten Gesichtspunkten gegeneinander abgewogen werden. Wer dagegen von einem inhaltlichen Grundsatz als letztem Gesichtspunkt der Einzelentscheidung ausgeht, setzt das betreffende Ziel oder Gut, obwohl es nur ein begrenztes Gut ist, absolut.

Das zweite Argument für das negative Kriterium: Die einzelnen Güter können keine letzten Gesichtspunkte abgeben, weil sie die Frage ihres Gebrauchs offenlassen. Gesundheit ist an sich besser als Krankheit; Besitz ist an sich besser als Armut. Dabei bleibt aber die Frage offen, was ich mit meiner Gesundheit und meinem Besitz mache. Die Güter können gut oder schlecht gebraucht werden. Das ist der Sinn des ersten Satzes von Kants *Grundlegung zur Metaphysik der Sitten*: „Es ist überall nichts in der Welt, ja überhaupt auch außer derselben zu denken möglich, was ohne Einschränkung für gut könnte gehalten werden, als allein ein guter Wille."[8]

Ein positives Kriterium für die Beurteilung von Grundsätzen ist die Menschenwürde oder die Selbstzwecklichkeit des Menschen, wie es Kant in der zweiten Formel des Kategorischen Imperativs formuliert: „Handle so, daß du die Menschheit, sowohl in deiner Person als in der Person eines jeden andern, jederzeit zugleich als Zweck, niemals bloß als Mittel brauchest."[9] Menschen stehen miteinander in der Beziehung der wechselseitigen Verantwortung ihres Handelns. Ich muß mein Handeln gegenüber den betroffenen Menschen verantworten können, und die anderen müssen ihr Handeln, insofern es mich betrifft, mir gegenüber verantworten können. Ein Mensch hat die Pflicht, sein Handeln gegenüber den Betroffenen verantworten zu können; und er hat das Recht, daß das

Handeln anderer, insofern es ihn betrifft, ihm gegenüber verantwortet werden kann. Der Mensch ist Zweck an sich selbst, insofern alles, was ihn betrifft, ihm gegenüber verantwortet werden können muß. Dabei ist zwischen einem formalen und einem inhaltlichen Aspekt zu unterscheiden: der Tatsache, *daß* Menschen unter der wechselseitigen Forderung der Verantwortung stehen, und der Frage, *was* inhaltlich verantwortet werden kann.

Es kann in der Ethik nicht darum gehen, diese Verantwortung von einem archimedischen Punkt aus zu beweisen. Wir können jedoch die lebensweltlichen Intuitionen in einer philosophischen Sprache rekonstruieren. Wir müssen zeigen, wie die wechselseitige Verantwortung in unser Leben verwoben ist und was alles zusammenstürzt, wenn wir diesen Stein aus dem Gewölbe unserer Lebenswelt herausbrechen. So ist eine dauerhafte Kooperation nur aufgrund gegenseitiger Achtung und Verantwortung möglich, und die Kooperation mit anderen Menschen ist die Voraussetzung für alle Ziele, die wir verfolgen. Aristoteles verweist auf die lebensweltliche Praxis von Lob und Tadel, Anerkennung und Zurechtweisung, und das hängt wiederum mit unserem Selbstwertgefühl zusammen. Wir können einander nur ernst nehmen, wenn wir grundsätzlich bereit sind, für unser gegenseitiges Verhalten einander Rede und Antwort zu stehen. Ein anderes Phänomen sind Zorn und Empörung. Wir sind nicht empört über einen Schaden, der uns von einem Naturereignis oder einem Tier zugefügt wird. Empörung ist die Reaktion auf einen Schaden, der uns nicht hätte zugefügt werden dürfen. Der Zorn beruht nach Platon darauf, daß eine Person glaubt, es sei ihr Unrecht geschehen. Wir können das Unrechtsbewußtsein, das sich in Zorn und Empörung äußert, folgendermaßen beschreiben: Ich erhebe für mich den Anspruch, gerecht behandelt zu werden. Ich fordere, daß das Handeln der anderen, soweit es mich betrifft, mir gegenüber verantwortet werden können muß. Wenn ein anderer Mensch von meinem Handeln betroffen wird, reagiert er in derselben Weise; er fordert von mir, daß ich ihm dafür, wie ich ihn behandle, Rede und Antwort stehen kann. Man könnte fragen, ob diese wechselseitige Forderung einsichtig oder berechtigt ist. Auf diese Frage gibt es keine Antwort. Jeder der Betroffenen fragt aus seiner Perspektive nach der Richtigkeit der Behandlung, die ihm zuteil wird. Wenn wir diese wechselseitige Forderung begründen wollten, müßten wir folglich fragen, warum es richtig ist, nach dem Richtigen zu fragen. Das ist eine sinnlose Frage. Daß wir nach dem Richtigen fragen, ist ein der Begründung weder fähiges noch bedürftiges Faktum. Es ist das, was Kant als „Faktum der Vernunft“[10] bezeichnet, d. h. das Faktum, in dem unsere Vernunft besteht, das Faktum, das die Vernunft ist. Die Menschen sind frei, diesen wechselseitigen Anspruch der Verantwortung anzuerkennen oder zu ignorieren. Es gehört zum Wesen einer moralischen Norm, daß ich mich für oder gegen sie entscheiden kann. Aber dadurch, daß ich mich gegen sie entscheide, verliert sie nicht ihre Gültigkeit; sie gilt unabhängig davon, ob ich mich für oder gegen sie entscheide. Dem Anspruch der Verantwortung, den der andere Mensch an mich stellt, werde ich nur gerecht, wenn ich mich auf ihn einlasse; dadurch, daß ich ihn ignoriere, verliert der Anspruch seine Gültigkeit nicht.

4. Glück

Der Begriff der wechselseitigen Verantwortung, mit dem wir uns bisher beschäftigt haben, ist rein formal. Die kriteriologische Frage, *was* Menschen inhaltlich voreinander verantworten können, bleibt offen. Um sie beantworten zu können, müssen wir auf ein weiteres Charakteristikum des Menschen zurückgreifen: Der Mensch ist ein Wesen, das glücklich sein möchte. Versuchen wir, anhand von Aristoteles, Kant und John Rawls den Begriff des Glücks zu bestimmen.

Aristoteles entwickelt den Begriff des Glücks aus einer teleologischen Handlungstheorie.[11] Jede Kunst oder Technik, jede Handlung und jede Entscheidung strebt offensichtlich nach einem Gut oder Ziel. Wir können bei den Zielen unterscheiden zwischen Zielen, die wiederum Mittel für etwas anderes sind (z. B. Gebrauchsgegenstände oder Werkzeuge), und solchen, bei denen das nicht der Fall ist, d. h. die um ihrer selbst willen gesucht werden. Beispiele dafür sind Anerkennung oder unsere bewußten Lebensvollzüge, z. B. Sehen oder Denken. Aber auch sie werden nochmals um des Glücks willen gewählt, und zwar in dem Sinn, daß sie integrierende Bestandteile des Glücks sind. Das Glück ist erstens das, was ausschließlich um seiner selbst willen gewählt wird. Ich kann beim Glück nicht nochmals fragen, zu welchem Zweck ich glücklich sein will; das ist eine sinnlose Frage. Das Glück in diesem formalen Sinn ist das unverzichtbare Ziel des Menschen; es ist die Gesamtheit der Ziele, um die es der Person um ihrer selbst willen geht. Zweitens ist für den Begriff des Glücks das Merkmal der Autarkie wesentlich. Es besagt, daß das Glück sämtliche Ziele oder Güter umfassen muß, um die es uns um ihrer selbst willen geht; nur dann bin ich glücklich, wenn mir nichts fehlt.

Wie für Aristoteles ist für Kant das Glück ein unverzichtbares, notwendiges Ziel des Menschen: „Glücklich zu sein, ist notwendig das Verlangen jedes vernünftigen aber endlichen Wesens, und also ein unvermeidlicher Bestimmungsgrund seines Begehrungsvermögens."[12] Der Mensch ist Zweck an sich selbst als vernünftiges Natur- oder Bedürfniswesen. Ich kann ihn nicht als Zweck an sich selbst behandeln, ohne zu berücksichtigen, daß er das notwendige Verlangen hat, glücklich zu sein. Das Glück ist auch ein Ziel im Urteil einer unparteiischen Vernunft, d. h. es ist das vernünftige Ziel eines vernünftigen Bedürfniswesens. Kant unterscheidet zwischen dem obersten Gut, der Tugend, und dem vollendeten Gut, zu dem außer der Tugend die Glückseligkeit erforderlich ist. Daß ein Wesen, das der Glückseligkeit bedürftig und würdig ist, auch glücklich sei, ist eine Forderung der Vernunft.

John Rawls[13] interpretiert den aristotelischen und kantischen Glücksbegriff mit Hilfe des Begriffs des Lebensplans. Man könne einen Menschen als glücklich ansehen, wenn er in der (mehr oder weniger) erfolgreichen Ausführung eines vernünftigen Lebensplans begriffen sei, den er unter (mehr oder weniger) günstigen Bedingungen aufgestellt hat, und wenn er einigermaßen sicher ist, daß er sich ausführen läßt. Jemand sei glücklich, wenn seine Pläne vorankommen, wenn seine wichtigen Ziele sich erfüllen, und wenn er sicher ist, daß dieser gute Zustand fortdauern wird. Der Grenzfall eines Lebensplans wäre der Plan, keinen Plan aufzustellen, sondern die Dinge auf sich zukommen zu lassen. Auch nach Rawls ist das Glück autark. Ein mit Zutrauen verwirklichter vernünftiger Plan mache ein Leben im vollen Sinn wählenswert und erfordere nichts weiter.

Rawls macht erstens deutlich, daß es sich bei dem Glück nicht um ein rein naturales Ziel handelt. Der Begriff des Lebensplans betont vielmehr das Moment der Freiheit oder Setzung und damit der Gestaltungsmöglichkeit, die wir bezüglich unseres Glücks haben. Es wird deutlich, daß es eine große Vielfalt von Glücksformen gibt, zugleich aber, daß diese an Voraussetzungen wie Begabung und äußere Umstände gebunden sind. Rawls zeigt zweitens, daß das Streben nach Glück nicht mit Egoismus verwechselt werden darf, wie es ein verbreiteter Glücksbegriff nahelegt. Es geht darum, den Lebensplan zu verwirklichen. Ein solcher Lebensplan kann darin bestehen, daß man sich selbstlos für eine gerechte Sache oder für das Wohl anderer Menschen einsetzt. Drittens bringt Rawls eine gute Interpretation des Begriffs der Autarkie. Autarkie kann nicht bedeuten, daß alle nur denkbaren und möglichen Wünsche erfüllt werden; das ist ein unrealisierbares Ziel. Was wir brauchen, um glücklich zu sein, wird vielmehr durch den Lebensplan bestimmt und begrenzt.

Wie hängen nun Verantwortung und Glück zusammen? Um darauf antworten zu können, sind zunächst drei Klassen von Gütern zu unterscheiden:[14] (1) Güter, die wir ausschließlich um ihrer selbst und nicht um ihrer Folgen willen erstreben (sie haben ausschließlich einen *intrinsischen* Wert); (2) Güter, die wir sowohl um ihrer selbst als auch um ihrer Folgen willen erstreben (sie haben einen *intrinsischen* und einen *extrinsischen* Wert); (3) Güter, die wir ausschließlich um ihrer Folgen willen erstreben (sie haben ausschließlich einen *extrinsischen* Wert).

Der Mensch muß seinen Lebensentwurf und seine eudämonistischen Ziele selbst wählen. Er muß die intrinsischen eudämonistischen Güter durch seine eigenen Tätigkeiten und Erlebnisse verwirklichen. Seine Neigungen und Wünsche sind seiner Gestaltung überlassen. Deshalb kann es nicht darum gehen, in seine Ziele einzugreifen, auch nicht im positiven Sinn. Es kann also auch nicht darum gehen, seine Neigungen und Wünsche, die er selbst gestaltet, zu erfüllen. Die Frage nach dem verantwortbaren Handeln kann also nicht von den eudämonistischen Zielen oder den intrinsischen Gütern, sondern ausschließlich von den extrinsischen Gütern her gelöst werden. Die intrinsischen Güter sind auf ihre negativen und positiven Konsequenzen hin zu befragen, die sie für Verwirklichung anderer intrinsischer Güter (sei es desselben, sei es anderer Menschen) haben. Bei Verteilungsfragen ist nicht die Intensität der Wünsche oder Neigungen das Kriterium, sondern die gleiche Möglichkeit (im Sinne eines Mittels), Wünsche und Neigungen zu befriedigen. Es ist zu unterscheiden zwischen Wünschen (oder Neigungen) und Bedürfnissen, zwischen dem, was jemand *möchte*, und dem, was jemand *braucht*. Bei Bedürfnissen geht es um nützliche Güter, die notwendige Voraussetzung für die eudämonistischen Ziele des Menschen sind. Die sittliche Forderung kann nicht darin bestehen, den anderen Menschen glücklich zu machen, sondern nur darin, die Voraussetzungen seines Glücks, und das sind die extrinsischen Güter, nicht anzutasten und zu fördern. Die extrinsischen Güter erhalten dadurch eine moralische Bedeutung, daß sie Voraussetzung für die persönliche Gestaltung des Glücks und für das verantwortbare Handeln des Menschen sind.

Wie ist also der Zusammenhang von Verantwortung und Glück zu sehen? Was ergibt sich aus ihm für die inhaltliche Frage, *was* verantwortet werden kann? (1) Wie können Menschen, die zu wechselseitiger Verantwortung entschlossen sind, feststellen, *was* sie voreinander verantworten können? Sie müssen einander fragen, was sie wollen. (2) Was jeder Mensch notwendig will, ist das Glück, d. h. die Erfüllung seines frei gewählten Lebensplans mit seinen intrinsischen Gütern. Was Menschen, die und insofern sie das Glück wollen, voneinander wollen, sind die für ihre persönliche Gestaltung des Glücks notwendigen Voraussetzungen (konkrete Freiheit). (3) Die Berechtigung des Anspruchs, den Menschen aneinander stellen, beruht jedoch nicht auf dem notwendigen Ziel des Glücks; aus ihm läßt sich kein moralisches Recht begründen. Er beruht vielmehr auf dem absoluten Wert des guten Willens, d. h. darauf, daß sie ihr Glück in einer verantwortbaren Weise wollen. Sie müssen aneinander einen berechtigten und begründeten Anspruch auf ihr Glück erheben. Nur dann kann ihr Wille als gesetzgebend betrachtet werden. Wenn ich mein Glück in der richtigen Weise verfolge, dann kann niemand das moralische Recht haben, mich daran zu hindern. (4) Ich verfolge mein Glück in der richtigen Weise, wenn es mit dem Glücksstreben aller anderen vereinbar ist. Jede Person will, weil sie notwendig ihr Glück verfolgt, notwendig ihre konkrete Freiheit. Die Verfolgung des Glücks kann nur insofern berechtigt sein, als die konkrete Freiheit der einzelnen Personen miteinander vereinbar ist.

5. Freiheit

In der bisherigen Darlegung war wiederholt von Freiheit die Rede, so z. B. eben von „konkreter Freiheit". Dieser Begriff ist jetzt zu klären. Freiheit ist das unterscheidende Merkmal einer bestimmten Art von Kausalität: „Der Wille ist eine Art von Kausalität lebender Wesen, sofern sie vernünftig sind, und Freiheit würde diejenige Eigenschaft dieser Kausalität sein, da sie unabhängig von fremden sie bestimmenden Ursachen wirkend sein kann; so wie Naturnotwendigkeit die Eigenschaft der Kausalität aller vernunftlosen Wesen, durch den Einfluß fremder Ursachen zur Tätigkeit bestimmt zu werden."[15]

Transzendentale Freiheit sei verstanden als das Vermögen eines Wesens, sich selbst zu bestimmen, und zwar so, daß diese Selbstbestimmung ein absoluter Anfang ist, der seinerseits nicht mehr von etwas anderem bestimmt ist. Der Begriff der sittlichen Norm oder Verantwortung setzt den der transzendentalen Freiheit voraus. Die Freiheit wird aus dem moralischen Gesetz erkannt; sie wird als notwendige Bedingung des moralischen Gesetzes erschlossen. Die Freiheit ist der Seinsgrund (*ratio essendi*) des moralischen Gesetzes, das moralische Gesetz ist Erkenntnisgrund (*ratio cognoscendi*) der Freiheit.[16] Wir können uns diese Kantische These einsichtig machen, wenn wir mit der *Kritik der reinen Vernunft* (A 534) davon ausgehen, daß (transzendentale oder praktische) Freiheit „die Unabhängigkeit der Willkür [des Willens] von der Nötigung durch Antriebe der Sinnlichkeit" ist. Menschen können sich voreinander nur dann in einem uneingeschränkten Sinn verantworten, wenn sie von keinem ihrer materialen Ziele genötigt werden, d. h. wenn sie die Haltung grundsätzlicher Distanz gegenüber allen ihren materialen Interessen einnehmen können. Die transzendentale Freiheit ist die notwendige Bedingung jeder Zurechnung von Handlungen. Wenn der Mensch nicht imstande ist, einen Zustand von selbst anzufangen, ist die Handlung lediglich ein Glied in der Kette der kausal verknüpften Ereignisse. Die sittlich schlechten, d. h. die nicht vom reinen Vernunftgesetz der Verantwortung, sondern von materialen Inhalten bestimmten Handlungen können nur unter der Voraussetzung zugerechnet werden, daß der Mensch die Möglichkeit hat, sich für oder gegen das Vernunftgesetz zu entscheiden, d. h. wenn er sich von materialen Maximen bestimmen lassen *will*. Der Wille ist im transzendentalen Sinn frei, wenn er durch reine Vernunft, die Norm der Verantwortung, bestimmt werden *kann*.[17] Er kann sich also auch von empirischen, materialen Gründen bestimmen lassen, und nur unter dieser Voraussetzung ist die Zurechnung von sittlich schlechten Handlungen möglich.

Der bisher entwickelte Freiheitsbegriff ist negativ. Er betrachtet die Entscheidung und Handlung unter dem Gesichtspunkt der Zurechnung. Dieser negative Begriff reicht deswegen nicht aus, weil der Wille das Vermögen der Wahl ist. Um zwischen Alternativen wählen zu können, muß ich zunächst einmal Alternativen haben. Die positive Handlungsfreiheit sei verstanden als das Vermögen und die Möglichkeit, Entscheidungen auszuführen. Die nächsthöhere Stufe ist die positive Freiheit der Einzelentscheidung. Sie sei verstanden als das Vermögen und die Möglichkeit der Person, aufgrund rationaler Überlegungen die geeigneten Mittel für die Verwirklichung ihres Lebensplans zu wählen. Die beiden Definitionen zeigen, daß die positive Freiheit der Einzelentscheidung die positive Handlungsfreiheit voraussetzt, weil ich mich nicht für etwas entscheiden kann, von dem ich weiß, daß ich es nicht verwirklichen kann; das kann ich nur wünschen. Die dritte Stufe ist die positive Freiheit, einen Lebensplan zu wählen. Sie setzt die positive Freiheit der Einzelentscheidung und damit die positive Handlungsfreiheit voraus: Ich kann einen bestimmten Lebensplan nur wählen, wenn ich weiß, daß ich die Möglichkeit haben werde, ihn in meinen Einzelentscheidungen und Handlungen zu verwirklichen.

Der positive Freiheitsbegriff führt so zum Begriff der extrinsischen Güter. Positive Wahl- und Handlungsfreiheit ist ein Vermögen, das an Möglichkeiten gebunden ist. In diesem Sinn ist sie eine konkrete Freiheit. Dieses Vermögen ist als solches von äußeren Voraussetzungen (z. B. von der psychischen und physischen Gesundheit) abhängig, und es kann sich nur betätigen, wenn ihm äußere Möglichkeiten zur Verfügung stehen. Der Begriff der konkreten Freiheit soll die Beziehung der extrinsischen Güter zum Menschen als Zweck an sich selbst deutlich machen. Einschränkungen der Freiheit sind z. B. Krankheit, körperliche Behinderung, Beschränkung der Bewegungsfreiheit, Fehlen einer qualifizierten Berufsausbildung, unzureichende finanzielle Möglichkeiten, fehlende soziale Anerkennung, fehlende Beziehungen zu anderen Menschen sowie fehlende politische Rechte. Wenn wir diesen Katalog positiv formulieren, sind wir wieder beim Begriff der extrinsischen Güter. Wir können alles, was von der positiven Handlungs- und Entscheidungsfreiheit des Menschen vorausgesetzt wird und was sie erweitert, als Güter bezeichnen. Güter in diesem Sinn sind Bedingungen, an welche die Freiheit als Vermögen und in ihrer Betätigung gebunden ist.

6. Die abwägende Vernunft und das Gewissen

Das vernünftige Wollen aller von einer Handlung Betroffenen ist Kriterium für die sittliche Richtigkeit dieser Handlung. Der Mensch, der willens ist, sich zu verantworten, hat aufgrund dessen einen Anspruch auf das höchstmögliche Ausmaß an konkreter Freiheit, und das ist wiederum zu bestimmen als das Ausmaß, das mit den berechtigten Ansprüchen aller anderen vereinbar ist; diese Ansprüche sind berechtigt, insofern sie ihrerseits mit den Ansprüchen aller anderen vereinbar sind. Das sei zusammengefaßt im Grundsatz der inhaltlichen Selbstzwecklichkeit: Handle so, daß du durch dein Handeln die (positive) Entscheidungs- und Handlungsfreiheit der Betroffenen nicht grundlos einschränkst und daß du sie in dem Ausmaß, als die anderen auf dich angewiesen sind und es dir möglich ist, förderst.

Dieser Grundsatz weist Leerstellen auf. Wann ist die Einschränkung der Freiheit eines anderen berechtigt? Nach welchen Kriterien ist zu entscheiden, ob es dem Handelnden möglich und zumutbar ist, einem anderen zu helfen? Menschliche Freiheit ist konkrete Freiheit auch deshalb, weil sie sich immer nur um den Preis verwirklichen kann, daß sie sich selbst beschränkt. (1) Das wird am Phänomen der Entscheidung deutlich. Indem ich eine Handlungsalternative wähle und verwirkliche, schließe ich andere, die ich auch hätte wählen können, aus. (2) Jede Form der Kooperation ist eine Erweiterung und zugleich eine Beschränkung der Freiheit. (3) Die äußeren Mittel, an die menschliche Freiheit gebunden ist, sind begrenzt. Was der eine für sich in Anspruch nimmt, wird dem anderen entzogen. – Menschen können also nicht handeln, ohne sich grundsätzlich gegenseitig in ihrer Freiheit zu beschränken. Es kann also in der Ethik niemals darum gehen, *ob* Menschen einander ihre Freiheit einschränken dürfen, sondern nur darum, *wie* sie es dürfen.

Der Mensch wählt in einer Entscheidung eine von verschiedenen Handlungsalternativen. Jede dieser Alternativen hat Folgen, durch welche die konkrete Freiheit anderer Personen berührt wird. Die moralische Überlegung fragt in zwei Schritten nach der besseren Handlungsalternative: (1) Der oder die Handelnde muß zunächst die Folgen der Handlungsmöglichkeiten, zwischen denen sie zu entscheiden hat, feststellen und fragen, welche Grundgüter anderer Personen in welchem Ausmaß von der jeweiligen Handlungsmöglichkeit positiv oder negativ tangiert werden. Dieser erste Schritt ist empirisch und daher insofern unproblematisch, als er keine wertenden oder normativen Voraussetzungen enthält. Er macht deutlich, daß wir die sittliche Entscheidung aufgrund unseres endlichen, zeitbedingten, falliblen Wissens fällen müssen. (2) Der erste Schritt läßt einen Güterkonflikt sichtbar werden, der durch eine Abwägung zu entscheiden ist; diese ist nur möglich, wenn wir Kriterien für das Gewicht der verschiedenen Güter nennen können. Kriterium ist das Ausmaß, in dem ein Gut einen Menschen befähigt, seine Ziele zu verfolgen.

Die Abwägung orientiert sich an objektiven Gesichtspunkten, die in sogenannten Vorzugsregeln formuliert werden.[18] Für die Anwendung dieser Gesichtspunkte gibt es kein formalisierbares Kalkül; sie ist Aufgabe der praktischen Urteilskraft. In vielen Fällen bleibt ein Ermessensspielraum. Wie bei theoretischen, so gibt es auch bei praktischen Urteilen unterschiedliche Grade der Gewißheit; auch hier wird man oft über eine Wahrscheinlichkeit nicht hinauskommen; der Unterschied liegt darin, daß man aufgrund einer praktischen Wahrscheinlichkeit handeln muß. Es ist nicht auszuschließen, daß in ein und derselben Situation mehr als eine Entscheidung richtig ist, z. B. im Fall von gleichgewichtigen Alternativen.

Ein besonderes Problem bei der Frage nach der richtigen gegenseitigen Freiheitsbeschränkung bildet die Gewissensfreiheit. Ist es moralisch möglich, die Freiheit eines anderen Menschen, seinem Gewissen zu folgen, einzuschränken, etwa in dem Fall, wo durch diese Gewissenentscheidung Güter anderer Menschen gefährdet sind? Dazu ist zunächst der Begriff des Gewissens zu klären.

„Der Inhalt unseres Gewissens", so schreibt Friedrich Nietzsche[19], „ist alles, was in den Jahren der Kindheit von uns ohne Grund regelmäßig *gefordert* wurde, durch Personen, die wir verehrten oder fürchteten. Vom Gewissen aus wird also jenes Gefühl des Müssens erregt (‚dieses muß ich tun, dieses lassen'), welches nicht fragt: *warum* muß ich? – In allen Fällen, wo eine Sache mit ‚weil' und ‚warum' getan wird, handelt der Mensch *ohne* Gewissen; deshalb aber noch nicht wider dasselbe. – Der Glaube an Autoritäten ist die Quelle des Gewissens: es ist also nicht die Stimme Gottes in der Brust des Menschen, sondern die Stimme einiger Menschen im Menschen."

Der Text spricht von zwei Phänomenen bzw. Begriffen. Es geht einmal um das, was Freud als das vorpersonale Über-Ich und Nietzsche als das Gewissen bezeichnet: Verhaltensweisen, die uns seit unserer Kindheit durch Autoritäten internalisiert wurden. Dieses Gewissen äußert sich in einem *Gefühl* des *Müssens;* es ist also zugleich irrational und zwanghaft. Davon unterscheidet Nietzsche eine Instanz, die in bezug auf diese internalisierten Verhaltensweisen fragen kann:

Warum muß ich? Wenn im folgenden vom Gewissen die Rede ist, ist genau diese Instanz gemeint. Nicht der handelt nach seinem Gewissen, der sich an seinen unreflektierten Schuldgefühlen orientiert, sondern der, der sich von ihnen distanzieren und nach ihrer Berechtigung fragen kann. Damit soll nicht bestritten werden, daß zwischen beiden Begriffen ein Zusammenhang besteht. Die moralische Erziehung des Menschen beginnt damit, daß ihm bestimmte Verhaltensregeln internalisiert werden. Diese Regeln sind gefühlsbesetzt und zunächst zwanghaft und starr. Die moralische Selbständigkeit beginnt damit, daß man zwischen sinnvollen und sinnlosen Regeln unterscheidet, die sinnvollen differenziert anwenden kann und lernt, Gefühle zu reflektieren.

Thomas von Aquin[20] unterscheidet zwei Begriffe, *synderesis* und *conscientia*. Die Synderesis ist das „Haben" (*habitus*) der obersten sittlichen Prinzipien. Das Gewissen im eigentlichen Sinn ist die Conscientia. Sie ist der Akt oder das Urteil, in dem wir unser sittliches Wissen auf unsere Handlungen anwenden. Während die Synderesis irrtumsfrei ist, kann die Conscientia wie jedes andere Urteil richtig oder falsch sein. Ein Gewissensurteil kann jeder nur für sich selbst fällen. Welche Gesichtspunkte für meine Handlung in Frage kommen und wie sie zu gewichten sind, kann letztlich nur ich selbst wissen. Ich muß entscheiden und für meine Entscheidung Rede und Antwort stehen. Das Gewissensurteil kann also nur ein Urteil in der ersten Person sein. Das schließt natürlich nicht aus, daß ich mir für meine Entscheidung Rat hole, aber entscheiden, was letztlich richtig ist, kann nur ich allein.

Eines der Probleme, die mit dem Wort ‚Gewissensfreiheit' angesprochen sind, ist, welches Recht ein falsches Gewissensurteil, also ein irrendes Gewissen, für sich in Anspruch nehmen kann. Nach Thomas von Aquin ist der Wille, der sich nicht an das wenn auch irrige Gewissensurteil hält, immer schlecht.[21] Sein Argument ist, daß das Objekt des Willens das ist, was ihm im Gewissensurteil von der Vernunft vorgelegt wird. Wenn ich etwas tue, was ich für sittlich falsch halte, ist der Wille schlecht, und zwar unabhängig davon, ob das, was ich tue an sich sittlich richtig oder falsch ist; wenn ich etwas tue, was ich für sittlich richtig halte, ist der Wille gut, und zwar unabhängig davon, ob das, was ich tue, an sich sittlich falsch oder richtig ist.

Jeder Mensch wird also durch sein irrendes Gewissen in derselben Weise gebunden wie durch ein richtiges Gewissensurteil. Es besteht für jeden Menschen die uneingeschränkte moralische Notwendigkeit, nach seinem Gewissen, auch nach dem irrenden, zu handeln. Der Grund dafür ist, daß das Gewissensurteil sagt, was hier und jetzt zu tun richtig ist. Es ist die einzige Instanz, an der ein Mensch, der zum verantworteten Handeln entschlossen ist, sich orientieren kann. Es gibt keine andere Instanz, mit deren Hilfe er feststellen kann, welche Handlungsalternative er verantworten kann. Ob das Urteil objektiv betrachtet richtig oder falsch ist, ist ohne Bedeutung; entscheidend ist, daß die handelnde Person urteilt, diese Handlungsalternative sei die richtige, und das ist für sie die einzige Möglichkeit, wie sie das sittlich Richtige erkennen kann. Wer gegen sein Gewissensurteil handelt, handelt folglich in jedem Fall verantwortungslos; das einzige, was ein Mensch verantworten kann, ist sein Gewissensurteil.

Wer einen anderen Menschen dazu bringt, gegen sein Gewissensurteil zu handeln, bringt ihn dazu, daß er etwas tut, was er nicht verantworten kann. Das kann ein Mensch, der zur Verantwortung entschlossen ist, unter keinen Umständen wollen; es ist der unmittelbarste Eingriff in die Freiheit des anderen. Der Mensch hat also einen moralischen Anspruch darauf, nach seinem Gewissen zu handeln. Er hat aber keinen moralischen Anspruch darauf, unmoralisch zu handeln; gegenüber dem unmoralischen Handeln ist unter Umständen Gewalt moralisch berechtigt, wenn die konkrete Freiheit der betroffenen Personen nur in dieser Weise geschützt werden kann. Kriterien dafür, daß wir es mit einer ernsthaften, verantworteten Gewissensentscheidung zu tun haben, sind u. a. die Bereitschaft, sich sorgfältig zu informieren; sich auf einen Diskurs über die eigenen Begründungen einzulassen; zu fragen, ob nicht noch andere als die bisher angeführten Tatsachen und Gesichtspunkte bei der Entscheidung zu berücksichtigen sind; die Bereitschaft, die eigenen Vorurteile, Vorlieben, Abneigungen, Gefühle und Affekte zu reflektieren; die Bereitschaft, für die Gewissensentscheidung Nachteile in Kauf zu nehmen.

Wie aber ist zu entscheiden, wenn durch die Gewissensentscheidung eines Menschen grundlegende Güter Dritter gefährdet sind? Ein dreizehnjähriges Mitglied der Zeugen Jehovas wird bei einem Unfall lebensgefährlich verletzt und in ein Krankenhaus eingeliefert. Die Eltern weigern sich aus religiösen Gründen, ihre Zustimmung zu der für die Operation notwendigen Bluttransfusion zu geben. Der Justizminister, der vor dem Eingriff konsultiert wird, spricht sich für den ärztlichen Eingriff aus mit der Begründung, es könne kein Zweifel daran bestehen, daß der Konflikt zwischen dem Leben eines Menschen und der Glaubensüberzeugung eines anderen zugunsten des Lebens zu entscheiden sei.

Die Unterscheidung, auf die es ankommt, ist, daß die Eltern nicht gezwungen wurden, gegen ihre Gewissensentscheidung zu handeln; vielmehr wird die Ausführung ihrer Entscheidung verhindert. Die Eltern können sich sagen, daß sie alles in ihrer Macht Stehende getan haben, um die Bluttransfusion zu verhindern. Daß der Justizminister die Entscheidung der Eltern nicht ausgeführt hat, ist dadurch gerechtfertigt, daß er nur so das Leben des Jugendlichen retten konnte. Wenn eine Person daran gehindert wird, ihre Gewissensentscheidung auszuführen, so wird ihre Gewissensentscheidung dadurch nicht berührt. Vom Hindern an der Ausführung einer Entscheidung ist der Zwang zu unterscheiden. Der Zwang zu einer Handlung kann immer nur psychischer Zwang, d. h. die Androhung eines Übels, sein. Der rein physische Zwang ist in diesem Fall eine Form des Hinderns. Die Polizei trägt Demonstranten, die auf der Fahrbahn sitzen, fort. Dadurch wird deren Gewissensentscheidung nicht berührt; sie erleiden etwas, aber sie tun nicht selbst etwas. Dagegen ist der psychische Zwang ein Eingriff in die Gewissensfreiheit. Die Person trifft unter Androhung des Übels eine Entscheidung, die sie sonst nicht getroffen hätte. Sie muß sich sagen, daß sie *selbst*, wenn auch unter dem Einfluß der Drohung, sich so entschieden hat.

7. Mensch und Person

In der Moralphilosophie begegnet uns immer wieder das Wort ‚Person'. Das Wort wird in verschiedensten Bedeutungen gebraucht, so kann es z. B. stehen für ‚die oder der Handelnde' oder für ein menschliches Individuum; in diesem unterminologischen Sinn wurde es bisher verwendet. Philosophisches Gewicht erhält es, wenn wir ‚Person' gebrauchen, um damit den Kreis der Wesen zu bestimmen, die im Sinne von Kant Zweck an sich selbst sind, d. h. denen gegenüber wir unser Handeln, soweit sie von ihm betroffen sind, verantworten können müssen. In dieser Verwendung handelt es sich nicht nur um einen beschreibenden, sondern zugleich um einen wertenden Ausdruck. So behauptet z. B. Peter Singer, nur eine Person habe ein Recht auf Leben.[22] Dagegen ist nichts einzuwenden; das ist eine schlichte Tautologie, die lediglich den normativen Bestandteil des Begriffs ausdrücklich macht. Der Streit beginnt, sobald wir fragen, auf welche Wesen dieser Begriff anzuwenden ist: Sind Embryonen oder Föten Personen? Sind Menschen im irreversiblen Koma oder geistig Schwerstbehinderte Personen? Sind Tiere Personen? Die Beispiele zeigen, welches Gewicht dem Begriff der Person hier zukommt: Indem wir entscheiden, wie der beschreibende Bestandteil des Wortes ‚Person' zu definieren ist und welche Wesen folglich unter diesen Begriff fallen und welche nicht, entscheiden wir, welchen Wesen ein Recht auf Leben zukommt und welchen nicht.

Das Problem ließe sich in der Weise lösen, daß man nicht zwischen Mensch und Person unterscheidet. Diesen Weg sind, wenn auch auf verschiedene Weise, Aristoteles, Boethius, Thomas von Aquin und Kant gegangen. Aristoteles kennt keinen Begriff der Person; für ihn ist Gegenstand der moralischen Achtung der Mensch, das mit Vernunft und Sprache begabte und von Natur aus zum Leben in einer rechtlich geordneten Gemeinschaft bestimmte Lebewesen. Boethius entwickelt seinen Begriff der Person im Zusammenhang christologischer Streitfragen[23], aber er definiert ‚Person' so, daß jeder Mensch unter diesen Begriff fällt; ‚Mensch und Person' haben also denselben Begriffsumfang; der Mensch ist aufgrund seines Lebensprinzips, seiner ‚Natur', in allen Stadien seiner Entwicklung Person. Thomas von Aquin kennt den Personbegriff des Boethius, verwendet ihn aber in seiner Moralphilosophie nicht, sondern begnügt sich dort, wie Aristoteles, mit dem Terminus ‚Mensch'.

Kant stimmt insofern mit Aristoteles und Thomas überein, als auch in seiner Moralphilosophie der Begriff der Person entbehrlich ist. Die zweite Formel des Kategorischen Imperativs in der *Grundlegung zur Metaphysik der Sitten* zeichnet nicht etwa die Person, sondern das Menschsein als Zweck an sich selbst aus.[24] In dem Text, welcher die Formel vorbereitet, heißt es: „... der Mensch und überhaupt jedes vernünftige Wesen existiert als Zweck an sich selbst".[25] Der Begriff der Person dient dazu, den Begriff des vernünftigen Wesens, unter den der Mensch fällt, zu entfalten: Vernünftige Wesen werden Personen genannt, „weil ihre Natur sie schon als Zwecke an sich selbst, d. i. als etwas, das nicht bloß als Mittel gebraucht werden darf, auszeichnet, mithin sofern alle Willkür einschränkt".[26] Person und Natur stehen nicht in einem Gegensatz zueinander; der Begriff der Person hebt vielmehr hervor, daß der Mensch aufgrund seiner Natur einen absoluten Wert hat. Diese Überlegungen zeigen, daß die Begriffe ‚Person' und ‚Mensch' bei Kant denselben Umfang haben. ‚Person' greift ein Merkmal des Begriffs ‚Mensch', seine Vernunftnatur, heraus und verbindet mit diesem Merkmal eine Wertung: Daß der Mensch Person ist, besagt, daß ihm aufgrund seiner Vernunftnatur ein absoluter Wert zukommt.

Person in diesem Sinn ist jeder Mensch aufgrund seiner Natur, und zwar in jedem Stadium seiner Entwicklung. Kant hält es für sinnlos zu fragen, von welchem Stadium seiner biologischen Entwicklung an der Mensch Person sei: „Denn da das Erzeugte eine Person ist, und es unmöglich ist, sich von der Erzeugung eines mit Freiheit begabten Wesens durch eine physische Operation einen Begriff zu machen: so ist es eine in praktischer Hinsicht ganz richtige und auch notwendige Idee, den Akt der Zeugung als einen solchen anzusehen, wodurch wir eine Person ohne ihre Einwilligung auf die Welt gesetzt und eigenmächtig in sie herüber gebracht haben."[27]

Dagegen zeichnet sich in der gegenwärtigen moralphilosophischen Diskussion, insbesondere in der Bioethik, eine deutliche Tendenz ab, die Begriffe ‚Mensch' und ‚Person' nicht nur von ihrem Inhalt, sondern auch von ihrem Umfang her voneinander zu unterscheiden. Dahinter steht ein zweifaches Anliegen; die Frage ‚Ist x eine Person?' weist, so nimmt man an, gegenüber der Frage ‚Ist x ein Mensch?' zwei Vorzüge auf: Sie vermeidet erstens die Unklarheiten bezüglich des Anfangs und des Endes des menschlichen Lebens; der Begriff der Person gibt eindeutige Kriterien an die Hand, wann ein Wesen eine Person ist und wann nicht. Zweitens überwinden wir durch den Begriff der Person den Speziesismus, das ist nach dem *Oxford English Dictionary*[28] „die Diskriminierung oder Ausbeutung bestimmter Tierspezies durch den Menschen, die auf der Annahme der Überlegenheit des Menschen basiert". Der Speziesismus ist nach der bekannten These von Singer religiösen Ursprungs; seine Wurzeln liegen in der jüdisch-christlichen Lehre, daß Gott den Menschen nach seinem Ebenbild geschaffen, ihm die Herrschaft über die anderen Lebewesen anvertraut und allein ihm eine unsterbliche Seele gegeben hat.[29] Der Begriff der Person erlaubt es zu zeigen, daß die Zugehörigkeit zur Spezies *Homo sapiens* nicht moralisch relevant ist. Wenn sich die Eigenschaften, durch die wir den Begriff der Person definieren, ebenso bei anderen Spezies finden, dann sind auch sie und nicht nur die Menschen als Personen zu behandeln; finden sie sich dagegen bei einem Individuum der Spezies *Homo sapiens* nicht, so kommen ihm die Rechte einer Person nicht zu. „Nicht alle Mitglieder der Spezies *Homo sapiens*", so Singer[30], „sind Personen, und nicht alle Personen sind Mitglieder der Spezies *Homo sapiens*".

Der Begriff der Person, der dabei in vielfachen Abwandlungen verwendet wird, ist der von John Locke: „Ein denkendes, verständiges Wesen, das Vernunft und Überlegung besitzt und sich selbst als sich selbst betrachten kann. Das heißt, es erfaßt sich als dasselbe Ding, das zu verschiedenen Zeiten und an verschiedenen Orten denkt [...] Soweit nun dieses Bewußtsein rückwärts auf vergangene Taten ausgedehnt werden kann, so weit reicht die Identität dieser Person."[31]

Während Kant die Personwürde des Menschen an seine *Natur* bindet, die darin besteht, daß der Mensch ein der moralischen Verantwortung fähiges Wesen ist (und diese Verantwortung erstreckt sich meiner Ansicht nach auch auf die Tiere[32]), bindet Locke sie an einen *Zustand*, das Bewußtsein der eigenen Identität. Die Konsequenz aus diesem Ansatz ist, daß Individuen, die dieses Bewußtsein noch nicht oder nicht mehr haben, keine Personen sind. Damit wird der Begriff des Wesens aufgegeben und in Zustände aufgelöst; ob etwas eine Person ist oder nicht, entscheidet sich an dem Zustand, in dem es sich gerade befindet. Von der Lockeschen Position aus ist es richtig zu behaupten, weder ein neugeborenes Kind noch ein Fisch seien eine Person.[33] Das ist genauso, wie wenn man ohne Unterscheidung von einem Maulwurf, einem Embryo und einem Kind sagt, sie seien blind. Beim Maulwurf gehört die Blindheit zum Wesen der Spezies; dem einzelnen Maulwurf fehlt dadurch, daß er blind ist, nichts; der Embryo hat das Entwicklungsstadium, in dem ein Mensch sehen kann, noch nicht erreicht; dem blinden Kind fehlt dagegen eine Fähigkeit, die ihm aufgrund seiner Art und seiner Entwicklungsstufe zukommen müßte. Dieser Unterschied ist moralisch relevant; wir verhalten uns anders gegenüber einem Individuum, dem eine seiner Art eigene Fähigkeit fehlt, und gegenüber einem solchen, dem die betreffende Fähigkeit aufgrund seines arteigenen Wesens nicht zukommt. Daß einem Individuum Fähigkeiten, die ihm von der Artnatur her zukommen müßten, fehlen, schließt es nicht aus der Art aus, sondern es stellt eine Aufforderung an die Gemeinschaft dar, diesen natürlichen Mangel nach Möglichkeit zu beheben.

Der Begriff der Person kann dazu dienen, den Begriff ‚Mensch' zu entfalten, d. h. das hervorzuheben, was den Menschen von anderen Lebewesen unterscheidet und ihn zum Gegenstand moralischer Achtung macht. Dabei ist jedoch mit der Definition des Boethius und mit Kant daran festzuhalten, daß ‚Person' und ‚Mensch' denselben Begriffsumfang haben. Nimmt man dagegen mit der Lockeschen Tradition einen unterschiedlichen Begriffsumfang an, so wird es zu einer Frage der Definition, wann menschliches Leben moralisch relevant, d. h. Gegenstand moralischer Überlegungen ist, und wann nicht. Dieser Gefahr ist der Ausdruck ‚Mensch' nicht ausgesetzt, weil er auf die natürliche Art referiert. Welche Individuen zu dieser natürlichen Art gehören und welche nicht, ist nicht eine Frage des Sprachgebrauchs und der Definition, sondern durch die Wirklichkeit, die Naturgesetze, bestimmt und insofern eine empirische Frage.

ANMERKUNGEN

1 Vgl. O. Marquard, Anthropologie, in: Historisches Wörterbuch der Philosophie, Bd. 1 (1971), 362–374.
2 Max Scheler, Die Stellung des Menschen im Kosmos (1928). Bern [9]1978, 11.
3 Kant, Kritik der praktischen Vernunft, Akad.-Ausgabe, V, 29.
4 Aristoteles, Nikomachische Ethik II 1, 1103a17.
5 Kant, Grundlegung zur Metaphysik der Sitten, Akad.-Ausgabe, IV, 393.
6 Aristoteles, Nikomachische Ethik III 3, 1111a23f.
7 Kant, Kritik der praktischen Vernunft § 1, Akad.-Ausgabe, V, 19.
8 Kant, Grundlegung zur Metaphysik der Sitten, Akad.-Ausgabe, IV, 393.
9 Kant, Grundlegung zur Metaphysik der Sitten, Akad.-Ausgabe, IV, 429.
10 Kant, Kritik der praktischen Vernunft, Akad.-Ausgabe, V, 31.
11 Aristoteles, Nikomachische Ethik, I, 1–5.
12 Kant, Kritik der praktischen Vernunft, Akad.-Ausgabe, V, 25.
13 John Rawls, Eine Theorie der Gerechtigkeit, Frankfurt a. M. 1975 [A theory of justice, Cambridge MA 1971], §§ 63; 83.
14 Vgl. Platon, Politeia 357b–358a.
15 Kant, Grundlegung zur Metaphysik der Sitten, Akad.-Ausgabe, IV, 446.
16 Vgl. Kant, Kritik der praktischen Vernunft, Akad.-Ausgabe, V, 4.
17 Kant, Kritik der praktischen Vernunft § 5, Akad.-Ausgabe, V, 28f.
18 Diese Vorzugsregeln können hier im einzelnen nicht aufgeführt und begründet werden. Vgl. F. Ricken, Allgemeine Ethik, Stuttgart [2]1989, 138–152; ders., Ethik der abwägenden Vernunft, in: Ethik und Sozialwissenschaften 4 (1993), 587–595; 590–592.
19 F. Nietzsche, Menschliches, Allzumenschliches, Zweiter Band: Der Wanderer und sein Schatten, § 52, WW hg. von K. Schlechta. München, 1966, Bd. 1, 902, Hervorh. des Originals.
20 Thomas von Aquin, Summa theologiae I q.79 a.12 und 13.
21 „Unde dicendum est simpliciter quod omnis voluntas discordans a ratione, sive recta sive errante, semper est mala": Thomas von Aquin, Summa theologiae I II q.19 a.5.
22 P. Singer, Rethinking death and life, Oxford 1995, 198. Vgl. M. Tooley, Abortion and infanticide, in: Philosophy and Public Affairs 2 (1972), 37–65; ders., Abortion and infanticide, Oxford 1983.
23 „naturae rationabilis individua substantia": A. M. S. Boethius, Contra Eutychen et Nestorium, cap. III, ed. M. Elsässer, Die theologischen Traktate des Boethius, lat.-dt., Hamburg, 1988, 74.
24 Grundlegung zur Metaphysik der Sitten, Akad.-Ausgabe, IV, 429.
25 Grundlegung zur Metaphysik der Sitten, Akad.-Ausgabe, IV, 428.
26 Grundlegung zur Metaphysik der Sitten, Akad.-Ausgabe, IV, 428.
27 Grundlegung zur Metaphysik der Sitten, Akad.-Ausgabe, VI, 280f.
28 Zitiert bei Singer 1995 (siehe Anm. 22), 173.
29 Singer 1995 (siehe Anm. 22), 221.
30 Singer 1995 (siehe Anm. 22), 206.
31 „a thinking intelligent Being, that has reason and reflection, and can consider it self as it self, the same thinking thing in different times and places": An essay concerning human understanding [ed. P. H. Nidditch, Oxford 1975] Book II chap. 27 § 9 p. 335 Nidditch.
32 Vgl. F. Ricken, Anthropozentrismus oder Biozentrismus, in: Theologie und Philosophie 62 (1987), 1–21.
33 Singer 1995 (siehe Anm. 22), 220.

2.6.a Schuld und Sünde des Menschen

MICHAEL SIEVERNICH SJ

Vor über 500 Jahren erschien das *Narrenschiff* (Basel 1494), ein illustriertes Volksbuch voller Zeitkritik, das bis heute hohe Auflagen erlebt. Darin nimmt sein Verfasser, der Humanist Sebastian Brant, die Torheiten seiner Zeit aufs Korn, darunter die Narretei, sich nicht als Sünder zu begreifen: „Ein Narr ist, wer es wagt und spricht, / Er sei befleckt von Sünde nicht: / Doch jedem Narren das gebricht, / Daß er nicht sein will, was er ist" (Nr. 29, *Vom selbstgerechten Narren*).

Diese Schwierigkeit, sich als Sünder zu begreifen, ist uralt und findet sich schon in der Bibel (vgl. 2 Sam 11–12). Doch im 20. Jahrhundert hat sie sich derart verschärft, daß heute vielerorts derjenige als Narr gilt, der sich vor Gott als Sünder bekennt. Daher scheint es nicht verwunderlich, daß auch die Rede von der Sünde in die Krise geraten ist. Einer der Gründe, die dazu geführt haben, ist die Erfahrung der Moderne, deren Emanzipations- und Autonomiebestrebungen als unvereinbar mit dem Glauben behauptet werden. Mit der Verdunkelung des Gottesbewußtseins aber stehen die Wirklichkeiten persönlicher Schuld und sozialer Schuldverstrickung zunehmend weniger im Horizont der Hoffnung. Aufklärer des vergangenen Jahrhunderts wie Heinrich Heine gaben sich der Illusion hin, man brauche nur die Sünde abzuschaffen, damit der Mensch endlich zur Vernunft komme und ein neues Menschengeschlecht „ganz ohne Schminke und Sünden" (*Deutschland, ein Wintermärchen*, 1844) hervortrete. Doch haben die leidvollen Erfahrungen des 20. Jahrhunderts, darunter zwei Weltkriege und unzählige Regionalkriege, die Wirklichkeit des Bösen und der Schuld in erschreckendem Ausmaß vor Augen geführt. Angesichts der nationalsozialistischen Judenvernichtung und der totalitären Menschenverachtung des Kommunismus erhebt sich die Frage nach der „Bewältigung" der bösen Vergangenheit. Solche Erfahrungen lassen nur den Schluß zu: „Der Mensch erfährt sich, wenn er in sein Herz schaut, auch zum Bösen geneigt und in vielfältige Übel verstrickt" (*Gaudium et spes* Nr. 13). Ist der Mensch von sich aus fähig, das Böse zu überwinden und Schuld zu sühnen oder gleicht dieser Versuch dem vergeblichen Bemühen eines Baron von Münchhausen, der sich am eigenen Schopf aus dem Sumpf ziehen wollte? Ist die Geschichte vom Menschen her vollendbar oder bedürfen wir angesichts des Bösen eines Erlösers?

1. Unterscheidungen

Die vielschichtige Realität der Schuld stellt ein derart bedrängendes Grundrisiko des menschlichen Daseins dar, daß Mythos und Moral, Kunst und Wissenschaft, Recht und Religion sich damit befaßt haben. In einem langen Klärungs- und Deutungsprozeß hat sich herausgestellt, daß Schuldgefühle, Rechtsverletzungen, sittliche Schuld und religiöse Sünde nicht einfach dasselbe sind, sondern unterschieden werden müssen.

Dem psychologischen Verständnis von Schuld geht es nicht um die sittliche Qualität des Handelns, sondern um die psycho-somatischen Begleiterscheinungen. Hier kommen die Schuldgefühle in den Blick, bei denen zu unterscheiden ist zwischen echten, die in der Regel wirkliche Schuld begleiten, und krankhaften, etwa neurotischen Schuldgefühlen, die Ausdruck psychischer Störungen sind und therapeutischer Behandlung bedürfen.

Auch das strafrechtliche Verständnis von Schuld richtet den Blick nicht auf den sittlichen Unwert einer Handlung, sondern zielt auf die Sicherung einer grundlegenden sozialen Ordnung. Eine Verletzung dieser durch Rechtsnormen gesicherten Ordnung wird durch Strafe sanktioniert. Wenn ein solcher Rechtsbruch einem Täter vorgeworfen werden kann und es keine Gründe gibt, die Strafe ausschließen (z. B. Unzurechnungsfähigkeit), dann ist von strafrechtlicher Schuld die Rede.

Erst bei einem philosophischen Verständnis kommt die sittliche Schuld in den Blick. Eine solche Schuld wird nicht an Gefühlen oder Rechtsnormen bemessen, sondern am Maßstab von Gut und Böse. Als „Schuld" im moralischen Sinn ist demnach das sittliche Versagen eines Menschen zu betrachten, das sich auf die Gesinnung oder die Tat bezieht. Moralisch schuldig wird derjenige, der sich dem sittlichen Anspruch verweigert und damit gegen sein Gewissen handelt. So ist zum Beispiel sittlich gefordert, das menschliche Leben in all seinen Phasen zu schützen. Das *soll* so sein; wer sich diesem Sollen, das in der Würde der menschlichen Person begründet ist, entzieht und sich dem sittlich Gesollten verweigert, wird schuldig. Das moralische Verständnis von Schuld setzt also das gewissenhafte Abwägen von Gut und Böse ebenso voraus wie die vernünftige Einsicht in das sittliche Sollen. Nur eine menschliche Person, die mit Freiheit begabt ist und daher Verantwortung für das Handeln zu übernehmen vermag, kann sittlich gut handeln, aber auch böse sein und in diesem Sinn schuldig werden.

Unterscheidet sich nun religiöse Sünde von moralischer Schuld? Der theologische Begriff der Sünde bezieht die sittliche Schuld auf das Gottesverhältnis des Menschen, wie es die christliche Offenbarung versteht. „Sünde" hat also als Verfehlung kreatürlicher Freiheit einen sittlichen Kern, übersteigt aber die moralische Dimension, insofern Schuld „vor Gott" (coram Deo) gebracht wird. Dieses entscheidend unterscheidende Moment des Sündenverständnisses kommt am besten am ursprünglichen Ort zum Vorschein, an dem die Schuld ausgesprochen wird, nämlich im Bekenntnis (confessio) der Sünden, das zugleich ein Bekenntnis des Glaubens an den guten Gott ist. Der so Bekennende gesteht ein, in der Vergangenheit anders, nämlich besser gehandelt haben zu können, es aber nicht getan zu haben; und er verspricht, in Zukunft anders, nämlich besser handeln zu wollen. Damit übernimmt er die Verantwortung für Vergangenheit und Zukunft, stellt aber Verantwortung und Scheitern, sittliche Anstrengung und Schuld in den Rahmen des Gottesverhältnisses. Damit aber steht alle Rede von Schuld und Sünde im Horizont der Hoffnung: Wer vor Gott seine Schuld bekennt, der darf auf Gnade, Barmherzigkeit, Vergebung, Erlösung hoffen. Diese Hoffnung ist jedoch keine „billige Gnade" (D. Bonhoeffer), sondern führt zur sittlichen Anstrengung und kann so als Ort der Subjektwerdung und Freiheitsgewinnung angesehen werden.

2. Ur-Kunde des Glaubens

Die Bibel, die Bücher des Alten und Neuen Testaments, enthalten eine realistische Sicht des Menschen, die das Schuldigwerden des einzelnen und des Volkes als Realität wahrnimmt und in vielfältigen Begriffen und Metaphern umschreibt.

Nach dem Alten Testament kann Sünde eine „ihr Ziel verfehlende" Tat (Jer 3,25), die Verletzung eines Gemeinschaftsverhältnisses (Ps 51,6) sein; sie kann eine die Beziehung (zu Gott) „abbrechende" Tat (Jes 1,2), Rebellion und Auflehnung sein; sie kann ein Verhalten sein, das „vom rechten Weg abweicht", den Lauf der Dinge verkehrt und so auch die Beziehung zu Gott „verkehrt" (Jes 59,2). Verletzung, Bruch, Verkehrung eines Gemeinschaftsverhältnisses sind also die drei wichtigsten Umschreibungen der Sünde, die oft beieinanderstehen (vgl. Jer 33,8). Typisch für diesen Sündenbegriff ist, daß er sich auf das Verhältnis des Volkes Israel zu seinem Bundesgott bezieht; was dieses Verhältnis stört, ist „Sünde".

Da das Volk Israel seine Identität und sein Gottesverhältnis ursprünglich von der Befreiung aus der Knechtschaft in Ägypten (Exodus) herleitet, wird der Bund Jahwes mit seinem Volk zum Symbol der Rettung. Aufgrund der Erfahrung von Exodus und Bund versteht Israel die Sünde in doppelter Weise: Zum einen als objektiven Unheilszusammenhang (Gefangenschaft) und zum anderen als Bundesbruch, d. h. als Übertretung der in den Zehn Geboten (Dekalog) formulierten Bundesverpflichtungen (Ex 20,1–17; Dtn 5,6–21). Vor allem die Propheten entlarven in den Bildern der Untreue und des Ehebruchs die Sünden des Volkes (Jes 1; Jer 2; Hos 4), aber auch des einzelnen, wie etwa in der Erzählung von David und Natan (2 Sam 11–12).

Die aus dem Gottesverhältnis erwachsene Einsicht in die Sündhaftigkeit führte auch zur Frage nach dem Anfang des Bösen. Sie findet ihre Antwort in der Erzählung vom Sündenfall „des Menschen" (Adam) im ersten Buch der Bibel (*Genesis*), das altorientalische Mythen im Licht des Jahweglaubens umformt. Diese gegenwartsdeutende Erzählung vom Anfang der Sünde in einer guten Schöpfung hebt darauf ab, daß es kein böses Prinzip gibt, sondern der Mensch seine Kreatürlichkeit nicht anerkennen will und, von der Schlange verführt, selbst „wie Gott sein" will (Gen 3,1–24).

Die biblische Urgeschichte (Gen 1–11) weitet diesen geschichtlichen Einbruch der Sünde und schildert ihr lawinenartiges Anwachsen im Brudermord (Kain und Abel, Gen 4), in der flutartig anwachsenden Gewalt (Noach, Gen 6) bis hin zur technischen Selbstüberhebung (Turmbau zu Babel, Gen 11). Das hier narrativ eingeführte Wesen der Sünde besteht in der Abwendung von Gott, die sich in der Verhältnislosigkeit der Menschen untereinander widerspiegelt und fortsetzt. Die Erzählungen umschreiben die vom Menschen geschriebene Unheilsgeschichte und sind bis heute die prärationalen Symbole auch der postmodernen Versuchungen zur Sünde: nämlich wie Gott zu sein, den Bruder aus dem Weg zu räumen, Gewalt zu üben, das technische Können zu überschätzen und das sittliche Sollen auszublenden. Da die Bibel jedoch an der Überwindung der Sünde interessiert ist, steht nach jeder dieser Sündengeschichten eine Gebärde der Gnade Gottes: die Verheißung der Nachkommenschaft (für Adam und Eva), das schützende Kainsmal (für den Brudermörder), die Rettung vor der Flut (für Noach); und nach der Zerstreuung von Babel der universale Völkersegen an Abraham (Gen 12).

Die geschichtliche Erfahrung des auserwählten Volkes kennt die Sünde mithin in doppelter Form: als Handeln des Volkes und einzelner gegen das Gemeinschaftsverhältnis mit dem Bundesgott und zugleich als Widerfahrnis einer unterdrückenden Macht (Gefangenschaft in Ägypten und Babylon). Der Sünder ist in der Sünde wie Israel in der Knechtschaft war. Daher ist die Sünde zugleich personal und gemeinschaftlich.

Auch das Neue Testament spricht von der Sündhaftigkeit aller Menschen, ob Juden oder Griechen (Röm 1,18–3,20). Auch hier lassen sich zwei konkurrierende Auffassungen ausmachen, die die Sünde als Macht und als Tat sehen; mit den Worten des Paulus: „Alle stehen unter der Herrschaft der Sünde ... Alle haben gesündigt" (Röm 3,9.23).

Von den Sünden als Taten, auch Unterlassungen gehören dazu, sprechen zum einen die synoptischen Evangelien, die jedoch das überkommene objektive Verständnis der Sünde (Erfolgshaftung) und ihre legalistische Auslegung (Gebots- und Verbotsorientierung) wieder überwinden und den Ursprung der einzelnen Verfehlungen (z. B. Habgier, Neid, Unzucht) auf die böse Gesinnung oder auf das böse Herz zurückführen (Mt 15,19: „Aus dem Herzen kommen böse Gedanken, Mord, Ehebruch, Unzucht ..., das macht den Menschen unrein"). Von den Sünden als Taten sprechen überdies die Lasterkataloge in den neutestamentlichen Briefen. Von den insgesamt 173 Sünden, die in den 16 Katalogen (z. B. 1 Kor 6,9f.; Gal 5,19–21) aufgelistet werden, richten sich 33 gegen Gott (Götzendienst, Zauberei) und 140 gegen den Nächsten oder die Gemeinschaft (Streit, Eifersucht, Neid, Parteiungen). Auch hier wird die Sünde mithin als Störung oder Zerstörung der Gemeinschaft mit Gott und untereinander beschrieben.

Von der Sünde als herrschende Macht (Röm 7,9–11) oder von der „Sünde der Welt" (Joh 1,29) sprechen Paulus und Johannes. Für beide ist der Unglaube, also die Verweigerung der Gottesbeziehung, die eigentliche Wurzel der Sünde, der alle bösen Taten entspringen. Sie sprechen daher mehr von der Sünde im Singular (hamartía). Das Ineinander von Macht und Tat der Sünde beschreibt ein Vers aus dem Römerbrief des Paulus, der zugleich die klassische Stelle ist, auf die sich seit Augustinus die Erbsündenlehre beruft: „Durch einen einzigen Menschen kam die Sünde in die Welt und durch die Sünde der Tod, und auf diese Weise gelangte der Tod zu allen Menschen, weil alle sündigten" (Röm 5,12).

Darüber hinaus sind allerdings auch jene Abschnitte des Neuen Testaments im Auge zu behalten, die zwar nicht dem Wort, wohl aber der Sache nach von Schuld und Sünde sprechen. In der Geschichte vom barmherzigen Samariter (Lk 10,25–37) etwa besteht die Sünde der Vorübergehenden in der Unterlassung, sich zum Nächsten dessen zu machen, der unter die Räuber gefallen war. Die neutestamentlichen Schriften bezeugen unübersehbar die zum „Geheimnis der Bosheit" (2 Thess 2,7) verdichtete Realität der Schuld, die der Mensch tut und in die er, ob er will oder nicht, verstrickt ist. So realistisch die Bibel die Sünde auch wahrnimmt, so gilt ihr eigentliches Interesse jedoch der Erlösung von der Sünde. Darauf deuten schon der Name Jesu (Jeschua = Gott rettet) und sein Messiastitel (Christus) hin. Das von ihm verkündete Reich Gottes manifestiert sich gerade in der Zuwendung zu den Sündern (Mk 2,13–17), in der Zusage einer Vergebung, die zugleich Heil und Heilung schafft (Mk 2,1–12), und in der Aufforderung an seine Schüler, die empfangene Vergebung weiterzugeben (Lk 17,3f.) und weiterzuverkünden (Lk 24,47). Auch Paulus stellt dem „alten" Adam typologisch den „neuen" Adam Jesus Christus gegenüber, in dessen Tod und Auferstehung Gott die „Übermacht der Gnade" (Röm 5,12–21) wirksam werden läßt.

3. Sünde als Macht und als Tat

Die beiden biblischen Sichtweisen der Sünde als Macht und als Tat bestimmen auch das theologische Verständnis, das die christlichen Kirchen teilen, auch wenn sie das Ineinanderwirken von persönlicher Sünde und überpersönlicher Sündenmacht unterschiedlich akzentuieren.

Die Sicht der Sünde als versklavende Macht wird in der Lehre von der „Erbsünde" entfaltet, welche besagt, daß eine universale Unheilssituation vorgegeben ist, die aufgrund der gemeinsamen, von Schuld mitbestimmten Geschichte jeden innerlich prägt und zum persönlichen Sündigen anreizt (Konkupiszenz). Dieser von Anfang an gegebenen Situation (Ursünde) kann weder der einzelne Mensch noch die Menschheit durch eigene Anstrengung entkommen. Erbsünde meint aber nicht, daß der Mensch von Natur aus böse sei, ist er doch Teil der guten Schöpfung Gottes. Wohl aber besagt Erbsünde (peccatum originale) eine geschichtliche Schuldverstrickung der einen Menschheit von Anfang an. Denn kein Mensch beginnt am Punkt Null, an einem unversehrten Anfangszustand, in dem er unbelastet nur das Gute tun könnte. Jeder lebt vielmehr in einer Verstrickung, die ein Teil seiner Existenz selbst ist. Dieser Zustand der allgemeinen Heillosigkeit wird jedoch durch das in Jesus Christus eröffnete universale Heil überholt, das im Glauben dazu befähigt und einlädt, zum Erben der Gnade Gottes und zum „Miterben Christi" (Röm 8,17) zu werden.

Demnach ist die Freiheitssituation des Menschen auf eine doppelte Weise bestimmt: Zum einen ist sie bleibend und von Anfang an von Schuld mitbestimmt („Erbsünde") und zum anderen ist sie bleibend vom universalen Heilswillen Gottes umfangen („Erbgnade"). Vor aller persönlichen Entscheidung ist der Mensch also „Erbsünder von Adam her und Erlöster auf Christus hin" (K. Rahner). Diese Situation erfordert eine Entscheidung, entweder in den durch Christus eröffneten Raum der Gnade (Kirche) einzutreten und ihn durch sittlich gutes Handeln als Raum der konkreten Freiheit zu gestalten, oder durch sittlich böses Handeln (Sünde) dazu beizutragen, die schuldmitbestimmte Situation zum Raum konkreter Unfreiheit werden zu lassen.

Die letztere Möglichkeit realisiert der in Gesinnung und Tat oder Unterlassung sündigende Mensch. Die Lehre von solchen persönlichen Sünden folgte in ihrer Entwicklung weitgehend den Erfordernissen der kirchlichen Bußpraxis. Dazu zählt einerseits die Neigung, die Sünden aufzulisten und zu klassifizieren, und andererseits das schon biblisch erkennbare Bedürfnis, Sünde nach ihrer Schwere zu beurteilen (vgl. 1 Joh 5,16f.). Bei den Sündenlisten haben sich über die erwähnten biblischen Lasterkataloge hinaus Aufzählungen eingebürgert, die sich an den Zehn Geboten orientieren, an den sieben Hauptsünden (Hochmut, Habsucht, Unzucht, Neid, Völlerei, Zorn, Trägheit) anknüpfen oder vier „himmelschreiende Sünden" (Brudermord, Sodomie, Unterdrückung der Armen, Witwen und Waisen, Vorenthaltung des gerechten Lohns) benennen. Sündenkataloge dieser Art oder daran orientierte Beichtspiegel können Hilfen zur Erkenntnis der eigenen Schuld sein, dürfen aber nicht „gesetzlich" verstanden werden.

Was die Gewichtung der Sünden angeht, waren es in der Frühzeit des Christentums drei Kapitalsünden, die als besonders schwerwiegend galten und den Ausschluß aus der Gemeinde nach sich zogen: Mord, Ehebruch und Glaubensabfall. In der späteren Reflexion hat sich seit dem Mittelalter die Unterscheidung zwischen Todsünde und läßlicher Sünde (schwere und leichte Sünde) herausgebildet. Todsünde meint die Abkehr von Gott als dem letzten Ziel, während läßliche Sünde sich auf eine Unordnung der Mittel zum Ziel bezieht, also die Ausrichtung auf Gott nicht antastet. Bei einer schweren Sünde müssen nach gängiger moraltheologischer Auffassung drei Bedingungen erfüllt sein: Es muß sich um eine schwerwiegende Sache handeln, und es müssen klare Erkenntnis und volle Freiheit gegeben sein. Ist eine der Bedingungen nicht erfüllt, handelt es sich nicht um eine Todsünde (vgl. *Katholischer Erwachsenenkatechismus II*, S. 83–87.) Sicher ist es sinnvoll und der Lebenserfahrung entsprechend, schwere und leichte Sünden zu gewichten. Ein Mord wiegt schwerer als eine Notlüge. Doch ist immer zu berücksichtigen, daß nicht allein die Schwere der Tat ausschlaggebend ist. Wer einen anderen Menschen abgrundtief haßt, wird auch dann schuldig, wenn er ihm äußerlich nichts antut. So wenig jede äußerlich schwerwiegende Tat auch schon notwendigerweise eine Grundentscheidung gegen Gott beinhaltet, so wenig dürfen sittliche Inkonsequenzen verharmlost werden.

Was macht die Grundstruktur der Sünde aus? Die Theologie kennt eine Reihe von Bestimmungen, von denen zwei als klassisch anzusehen sind: Die Definition der Sünde als „Wort, Tat oder Begehren gegen das ewige Gesetz" (Augustinus) und als „Abwendung von Gott" (aversio a Deo), die mit einer ungeordneten Hinwendung zum Geschaffenen verbunden ist (Thomas von Aquin). Auch wird die Sünde als „Beleidigung Gottes", als „Gnadenverlust", als „Verhältnislosigkeit zu Gott" oder als „Grenzüberschreitung" beschrieben. Am besten läßt sich Sünde im sittlich-religiösen Verständnis als eine „doppelte Verweigerung" bestimmen: Sie ist Verweigerung der Gott und den anderen geschuldeten Liebe, eine Haltung, die auch zur Selbstisolation des auf sich fixierten einzelnen führt. Sünde ist mithin die Weigerung, „beziehungsreich" zu leben, d. h. im Verhältnis zu Gott und den Nächsten, oder umgekehrt der Versuch, sich beziehungslos nur „selbst" verwirklichen zu wollen. Die Selbstliebe aber muß ihr Maß an der Gottes- und Nächstenliebe finden, sonst wird sie zur aufgeblähten Selbstliebe (homo incurvatus in seipsum), die eine am Maßstab der Liebe orientierte Beziehung zu Gott und zum Nächsten verpaßt.

Die beiden in der Sünde gestörten Beziehungen zu Gott und zum Mitmenschen stehen nicht unvermittelt nebeneinander. Denn in der Weigerung, einen Menschen auf die ihm zukommende Weise zu lieben oder nach den Prinzipien der Gerechtigkeit zu handeln, zeigt sich schon ein gestörtes Gottesverhältnis. Biblisch ausgedrückt: „Wenn jemand Vermögen hat und sein Herz vor dem Bruder verschließt, den er in Not sieht, wie kann die Gottesliebe in ihm bleiben?" (1 Joh 3,17) Umgekehrt gilt ebenso, daß die Verweigerung der Gottesbeziehung auch das menschliche Beziehungsgefüge zerstört, wie es die biblische Urgeschichte, aber auch die anderen Erfahrungen aus der Menschheitsgeschichte zeigen. Sünde ist demnach Verhältnislosigkeit zum Schöpfer wie zum Geschöpf, doppelte Verweigerung jener Liebe, zu der das Doppelgebot der Gottes- und Nächstenliebe (Mt 22,36–40) auffordert. Auch der Messias, der die Sünde der Welt hinwegnehmen sollte, erfuhr und erfährt die Verweigerung der Sünde, sei es durch die Abweisung des göttlichen Logos (Joh 1,11) oder sei es durch die Abweisung der Geringsten seiner Brüder (Mt 25,31–46). Das Verständnis der Sünde als doppelte Verweigerung bringt Thomas von Aquin auf den Begriff, wenn er sagte, Gott werde in dem beleidigt, was wir Menschen gegen uns selbst tun (*Summa contra gentiles* III, 122).

4. Soziale Sünde

Auf die soziale Dimension der Sünde hat in jüngster Zeit die lateinamerikanische Theologie aufmerksam gemacht. Daher spricht sie von „sündigen Strukturen" oder von der „sozialen Sünde". Angeregt wurde sie dazu einerseits von Aussagen des II. Vatikanischen Konzils, denenzufolge „die objektiven Verhältnisse selbst von den Auswirkungen der Sünde betroffen" sind (*Gaudium et spes* Nr. 25); andererseits fühlte sie sich durch die zugespitzte Sozialproblematik des Subkontinents, d. h. durch die Koexistenz von extremem Reichtum und extremer Armut, theologisch herausgefordert. „Soziale Sünde" meint zunächst nicht eine persönliche Sünde im sozialen Bereich, sondern, wie die lateinamerikanischen Bischöfe sagen, die „Objektivierung der Sünde im wirtschaftlichen, sozialen, politischen und ideologisch-kulturellen Bereich" (*Dokument von Puebla* Nr. 1113; vgl. auch Nr. 73, 487).

Neu ist an dieser Sicht der Sünde, daß sie auf die gesellschaftlichen Ordnungen selbst bezogen wird, d. h. auf die sozialen Institutionen, Regeln und Normen, die die Grundrechte sichern (Recht), die Befriedigung der Grundbedürfnisse regeln (Wirtschaft) und die zwischenmenschlichen Beziehungen gestalten (Kultur). Gutes und böses Handeln kann sich in sozialen Ordnungen, die ja menschlichem Handeln entspringen, gewissermaßen ablagern; und diese wirken dann ihrerseits wieder prägend auf die einzelnen Menschen zurück. Damit soll aber keineswegs Schuld von den Personen auf die Strukturen verlagert werden. Strukturen als solche sind keine Subjekte und können nicht sündigen. Vielmehr besagt die Rede von der „sozialen Sünde", daß bestimmte, vom Menschen geschaffene soziale Ordnungen, Gott beleidigen, wenn und insofern sie den Menschen als Gottes Ebenbild schänden und die soziale Gestaltungsverantwortung vermissen lassen. Dies ist etwa der Fall bei einer Gewaltherrschaft, die Freiheit und Menschenrechte unterdrückt; bei einem Rechtssystem, das die Menschenwürde negiert oder bestimmten Gruppen mindere Rechte zuweist oder gar die Existenzberechtigung abspricht (z. B. NS-Gesetze gegen die Juden, Apartheidgesetze); bei einer Organisation der Wirtschaft, die großen Teilen der Bevölkerung nicht einmal das Existenzminimum sichert; bei einer Politik, die bestimmte Gruppen faktisch von der Teilnahme am politischen und kulturellen Leben ausschließt. In diesem Sinn können soziale Strukturen zur objektiven Erscheinungsform der Sünde werden. Subjektiv schuldig werden diejenigen, die solche „Ordnungen" oder genauer „Unordnungen" erzeugen oder bewahren, ihre Nutznießer sind, komplizenhaft dazu schweigen oder Änderungen unterlassen, die in ihrer Macht stehen. Es herrscht also eine Wechselwirkung zwischen personaler und sozialer Sünde: „Hinter jeder Situation von Sünde stehen immer sündige Menschen." (*Reconciliatio et paenitentia* Nr. 16)

Das christliche Verständnis der Sünde zeichnet sich mithin durch folgende Merkmale aus: (1) Sünde meint sowohl eine herrschende Macht (Erbsünde) als auch eine zu verantwortende Tat (persönliche Sünde); dabei ist auch deren Eindringen in soziale Strukturen zu berücksichtigen (soziale Sünde). (2) Die theologische Kategorie der Sünde bezieht die sittliche Schuld des Menschen auf sein Gottesverhältnis, so daß nur in diesem Horizont die Schwere der Verfehlung erkannt und bekannt werden kann, ohne der Hoffnung verlustig zu gehen. (3) Die Sünde verweist auf die Erlösungsbedürftigkeit des Menschen und der Menschheit, die in der Universalität des Heils durch Jesus Christus ihre Antwort von Gott her findet. (4) Der Horizont der Gnade führt nicht zu Passivität, sondern erfordert die sittliche Anstrengung und den Kampf gegen die Sünde in all ihren Formen. (5) Im Namen Jesu ist Heil, „denn er wird sein Volk von seinen Sünden erlösen" (Mt 1,21).

LITERATUR

Baumann, Urs, Erbsünde? Ihr traditionelles Verständnis in der Krise heutiger Theologie. Freiburg: Herder, 1970.

Böckle, Franz, Fundamentalmoral. München: Kösel, 1977, bes. 93–149.

Böttigheimer, Christoph, Der Mensch im Spannungsfeld von Sünde und Freiheit. Die ökumenische Relevanz der Erbsündenlehre (MThS 49). St. Ottilien: EOS, 1994.

Haeffner, Gerd (Hg.), Schuld und Schuldbewältigung. Keine Zukunft ohne Auseinandersetzung mit der Vergangenheit. Düsseldorf: Patmos, 1993.

Johannes Paul II, Reconciliatio et paenitentia (Apost. Schreiben über Buße und Versöhnung). Bonn 1984.

Jüngel, Eberhard, Zur Lehre vom Bösen und von der Sünde. In: Wissenschaft und Kirche (FS Eduard Lohse), hg. von Kurt Aland und Siegfried Meurer, Bielefeld 1989: Luther-Vlg. 177–188.

Katholischer Erwachsenenkatechismus. Zweiter Band: Leben aus dem Glauben, hg. von der Deutschen Bischofskonferenz. Freiburg: Herder, 1995, bes. 75–91.

Kertelge, Karl, Adam und Christus. Die Sünde Adams im Licht der Erlösungstat Christi nach Röm 5, 12–21. In: ders., Grundthemen paulinischer Theologie. Freiburg: Herder, 1991, 161–173.

Koch, Robert, Die Sünde im Alten Testament. Frankfurt/M.: P. Lang, 1992.

Rahner, Karl, Grundkurs des Glaubens. Einführung in den Begriff des Christentums. Freiburg: Herder, 1977, bes. 97–121.

Ricœur, Paul, Die Fehlbarkeit des Menschen. Phänomenologie der Schuld I; Symbolik des Bösen. Phänomenologie der Schuld II, 2 Bde. Freiburg, München: Alber, 1971.

Sievernich, Michael, Schuld und Sünde in der Theologie der Gegenwart (FThS 29). Frankfurt: Knecht, 1982, ²1983.

2.6.b Erlösung durch Christus

Norbert Baumert SJ

1. Verlorenheit des Menschen und seine Rettung

„Und Gott sah: es war sehr gut" – so endet der Bericht über die Schöpfung des Menschen (Gen 1,31). Können *wir* so vom Menschen sprechen, wenn wir in die Geschichte, in unsere Gegenwart schauen? Warum so viel Zerbruch, so viel Böses unter den Menschen? Die Heilige Schrift sagt, daß der Mensch sich nicht an das Gute, das Gott ihm gab, gehalten, daß er durch seine Eigenmächtigkeit das Gute ins Böse verkehrt hat. Paulus deutet das so: Durch einen Menschen trat die Sünde in die Menschheit ein und durch die Sünde der Tod; denn Adams Sünde wurde die Grundlage dafür, daß alle Menschen auch persönlich sündigten. Und so ist aufgrund der Eigenart der Übertretung Adams der Tod zu allen Menschen hindurchgedrungen (vgl. Röm 5,12–14).

Obwohl Gott alle Menschen ganz persönlich beim Namen ruft, hat er sie doch nicht als isolierte Monaden erschaffen, sondern gibt ihnen das Leben durch andere Menschen, durch die Eltern und Vorfahren. Wie sie durch jene verschiedenes Erbgut, gutes und mangelhaftes, empfangen, sind sie auch eingebunden in einen Zusammenhang des Versagens und der Schuld. Gott ändert nicht die Gesetze seiner Schöpfung, wenn der Mensch sie mißbraucht. Er bleibt dabei, daß Menschen durch Menschen gezeugt und geboren werden und daher mit dem Guten auch manche Belastungen zu tragen haben. Aber Gott findet einen anderen Weg, den Menschen aus diesen Belastungen zu befreien.

Zudem gibt es nicht nur die Schuld der Väter und Mütter, sondern auch die Schuld eines jeden einzelnen, was Paulus am Anfang des Römerbriefes (1,18 bis 3,23) weiter ausführt. „Alle haben gesündigt; keiner ist gerecht, auch nicht einer. Sie alle entbehren die Herrlichkeit Gottes." Im Klartext: Im Leben eines jeden Menschen gibt es Situationen, wo er hätte anders handeln können und sollen.

Doch wie der Mensch nicht sich selbst das Leben geben kann, so kann er auch aus dieser Lebensverweigerung – die Heilige Schrift nennt Sünde oft „Tod" – sich nicht selbst befreien. Nur der Vater „hat Leben in sich selbst, und er hat auch dem Sohn gegeben, Leben in sich zu haben" (Joh 5,26). Damit sind wir an der entscheidenden „Lebenswende": Nur Jesus Christus kann aus dem Tod zum Leben führen. Dies ist der Kern der christlichen Botschaft. Es gibt keinen anderen Namen, keine andere Person, die den Menschen retten könnte; vielmehr ist es notwendig, sich auf ihn einzulassen und ihm zu vertrauen, um „Heil" zu erlangen (vgl. Apg 4,12).

Wer ist dieser Jesus? Viele wissen einzelne Sätze und Szenen aus seinem Leben. Aber man sollte gelegentlich einmal ein ganzes Evangelium im Zusammenhang lesen, um seine Gestalt zu erfassen. Und nur wer das Zeugnis der Heiligen Schrift kennt, versteht, wovon die Rede ist. Die Evangelien führen uns gleichsam von außen nach innen: Sie berichten von Jesus, der mit Überzeugung und Vollmacht vom „Vater" sprach und ganz mit ihm lebte. Seine Güte gewann die Herzen der Menschen, die offen für ihn waren; seine Klarheit gab Antwort auf ihre Fragen; er ließ sich nicht durch Argumente fangen und durchschaute, was im Herzen der Menschen war. Mochten viele sich über sich selbst täuschen, indem sie sich für fromm hielten: Jesus ließ sich davon nicht beeindrucken, führte im Gespräch immer wieder an den kritischen Punkt und forderte zur Umkehr auf. Es war kein leichter Dienst, den er tat, und er wurde ihm nicht leicht gemacht. Er hielt die Aggressionen der Menschen aus (vgl. Röm 15,3; 1 Petr 2,23) und ging auch dann unbeirrt seinen Weg der Wahrheit und Liebe, als man drohte, ihn umzubringen.

Die ersten drei Evangelien, die sogenannten Synoptiker, schildern diesen Weg, indem sie Ereignisse berichten und zeigen, wie es schließlich zur Kreuzigung Jesu gekommen ist. Das Johannesevangelium erhellt noch mehr die Tiefendimension seiner Persönlichkeit. In den großen Streitreden (Joh 5–8) wird es deutlich: Wo Jesus dem Menschen lebendig begegnet, ist die letzte Frage immer, ob der Mensch bereit ist, mit Gott zu rechnen und seine Selbstoffenbarung in Jesus anzunehmen, also anzuerkennen, daß der Sohn Gottes in ihm Mensch geworden ist. Und mitten in der Not der Todesbedrohung gibt Jesus in den „Abschiedsreden" (Joh 13–17) einen besonders tiefen Einblick in seine innere Gestalt, in seine Beziehung zum Vater und zum Heiligen Geist sowie in seine Liebe zu den Jüngern und all denen, die nach seiner Auferstehung durch sie zum Glauben finden werden.

Mit den abschließenden Zeugnissen der Evangelien über die Auferstehung Jesu eröffnet sich eine neue Wirklichkeit. Sollten die Jünger während seines irdischen Lebens das „Messiasgeheimnis" bewahren, beginnt nun die offenbare messianische Zeit: Jesus lebt und ist als der Erhöhte seinen Jüngern nahe. Jetzt wird das Reich Gottes sichtbar in der Herrlichkeit dessen, der sich von nun an einzelnen und seiner Gemeinde offenbart und sie lenkt, der ihnen den Geist sendet und auch selbst auf neue Weise bei ihnen ist – „alle Tage bis ans Ende der Welt" (Mt 28,20).

Die Urkirche lebt sehr stark im Bewußtsein, daß der auferstandene Herr „gegenwärtig" ist, daß ER unter ihnen prophetische Weisungen gibt und Zeichen und Wunder tut (Apg 3,12–26). Diese Überzeugung drückt sich zum Beispiel aus in dem aramäischen Gebetsruf: Maranatha (1 Kor 16,22), das sowohl heißen kann „der Herr ist da" als auch „unser Herr, komm" – nämlich Tag für Tag, so wie es in einem Lied heißt: „Komm in unsere Mitte, o Herr."

Die ersten Christen sind also keineswegs, wie man oft sagt, auf seine baldige Wiederkunft fixiert, als ob dann erst das wahre Heil sichtbar würde, sondern sie leben in der Beziehung zu dem lebendigen Haupt, von dem her der ganze Leib ständig seine Impulse und Kraft empfängt (Eph 4,16). Diese Zeit des Messias dauert an bis heute, und, wie zu allen Zeiten, kann man auch heute nicht sagen, wann er wiederkommen wird. So sollte man sich nicht von Leuten beirren lassen, die meinen, sie wüßten es – ob sie nun sehr bald damit rechnen oder es in ungreifbare Ferne rücken. Damit ist auch gesagt: Es ist nicht wichtig, den Zeitpunkt zu wissen, sondern Christus so aufzunehmen, wie er *heute* schon auf jeden zukommt; gerade dadurch wird der einzelne für sein abschließendes Kommen *ständig* bereit sein.

2. Paulus: Erlösung durch Tod und Auferstehung Jesu

Ein sehr deutliches Beispiel, wie Jesus die junge Kirche führt, ist die Berufung des Apostels Paulus. Er begegnet dem Auferstandenen – den er verfolgt, weil er meint, gerade dadurch Gott zu dienen. Doch vor Damaskus erkennt er in ihm „den Sohn" Gottes (Gal 1,16). Paulus erfaßt die Christusgestalt gleichsam im ganzen und von ihrer Mitte her. Darum sind „Tod und Auferstehung Jesu" das ständig wiederkehrende Thema seiner Verkündigung. Er sieht, daß dieser Weg durch den Tod zum Leben die Heilstat Gottes für alle Menschen ist, daß Jesus nicht nur „für sich" gestorben ist, sondern anstelle aller Menschen. Diese Erkenntnis ist für Paulus Basis seiner Sendung zu den Völkern. Und um zu erklären, wieso seine Liebeshingabe bis zum Tod *für alle* zum Heil wird, vergleicht er Jesus mit Adam: „Wie durch des einen Fehltritt der Tod seine Herrschaft antrat, so müssen erst recht durch den einen Jesus Christus jene im Leben herrschen, die das überreiche, aus liebender Zuwendung gegebene Geschenk der Gerechtigkeit empfangen" (Röm 5,17). Gut Sein und gut Handeln ist also zuerst ein Geschenk Gottes!

So hebt Gott den Unheilszusammenhang aller Menschen dadurch auf, daß er einen Zusammenhang des Heils stiftet. Paulus nennt Christus den zweiten oder „letzten Adam" (1 Kor 15,45–49), der im Auftrag Gottes als „Haupt", das heißt als Urheber eines neuen Lebens *für alle* handeln kann. So wird durch Tod und Auferstehung Jesu allen Menschen Gerechtigkeit, oder genauer „Gerechtheit", angeboten, ein Zustand, in dem sie frei sind von Sünde. Und Gott hat es so gefügt, daß er die Rettung nicht von außen her anbot, sondern daß der Sohn sich selbst in die Todessituation der Menschen hineinbegab. Paulus wagt sogar den Satz: „Gott hat ihn für uns zur Sünde gemacht" (2 Kor 5,21), das heißt, Jesus hat sich mit allen Sündern solidarisiert, hat eines jeden Last getragen und hat darum auch die Folge der Sünde, den Tod, ganz persönlich auf sich genommen und durchgehalten.

Doch gibt es einen Unterschied: Sein Sterben ist das Sterben eines Gerechten für Sünder (Röm 5,6f.); es besteht in einer liebenden Ganzhingabe an den Vater, der ihn aus dem Tod errettet, indem er ihn von den Toten auferweckt. Dadurch wird das Sterben selbst verwandelt; denn die „Eigenart" seines Todes (Röm 6,5) ist, daß dieser Tod zum Vater, zum Leben führt. Diese Einheit von Tod und Auferstehung Jesu (vgl. Röm 4,25; 14,9; 2 Kor 13,4) wird in der Theologie kurz das Paschageheimnis genannt. Tod und Auferstehung gehören in Christus untrennbar zusammen.

Die Liebestat des Einen und seine Errettung durch den Vater hat aber zugleich eine Auswirkung *für alle*, weil es Tod und Auferstehung des „Hauptes", des neuen Adam ist. Damit ist der Bann gebrochen, denn von da an hat der Tod keine Macht mehr über die Menschen – wenn sie sich Jesus anvertrauen. So ist entscheidend, daß der einzelne dieses Angebot Gottes annimmt und sich in den Erlösungsprozeß hineinnehmen läßt. Wieder kann man von Paulus lernen: Seit Damaskus erfährt er, was es heißt, mit Christus zu sterben (angedeutet auch durch seine Erblindung): Aufgrund der befreienden Begegnung mit Christus (Gal 5,1) erkennt er schärfer die „Knechtschaft des Menschen unter der Sünde" (Röm 6,20); aber dieser Kontrast drückt nicht nieder, sondern läßt erst recht die Liebe Gottes erkennen, da er „uns gerettet hat, als wir noch Sünder und seine Feinde waren" (Röm 6,5–10).

Paulus sieht hier einen scharfen Gegensatz: einerseits die Haltung des Menschen, der sich von Gott abgewandt und in sich verschlossen hat, andererseits die Haltung dessen, der sich Gott öffnet und von seinem Leben durchdrungen wird. Der abendländische Mensch würde einen solchen Gegensatz eher mit abstrakten Begriffen bezeichnen, etwa ‚Sünde – Heil', ‚Egoismus – Liebe'. Paulus dagegen gebraucht dafür konkrete Begriffe wie „Fleisch – Geist" (Röm 8,45; Gal 5,24f.), „Leib – Geist" (Röm 8,13) oder „alter Mensch – neuer Mensch" (Röm 6,6; Kol 3,9f.), „(sündige) Welt – neue Schöpfung" (Gal 6, 14f.). In diesen Gegenüberstellungen meinen „Fleisch" und „Leib" nicht den Körper im Unterschied zur Seele oder gar nur die Sexualität, auch nicht nur anthropologisch den Menschen in seiner Schwachheit, sondern bezeichnen im theologischen Sinn die Verfallenheit des Menschen an eine sündige Grundhaltung. Neue Übersetzungen wie die „Gute Nachricht" sagen darum mit Recht manchmal dafür „Egoismus" oder „Selbstsucht" – im Gegensatz zu „Geist" als der von Gott kommenden Kraft der Liebe.

Der angerufene Mensch aber muß sich entscheiden. Paulus fragt bei seiner ersten Begegnung sofort: „Herr, was willst du, daß ich tun soll?" Und später schreibt er: „Wenn du mit deinem Mund bekennst: ‚Jesus ist der Herr', und in deinem Herzen glaubst: ‚Gott hat ihn von den Toten auferweckt', wirst du gerettet werden" (Röm 10,9). Das ist der Punkt, an den er jeden einzelnen Menschen führt: Jesus ist *für jeden persönlich* Herr, Erlöser und Urheber neuen Lebens.

Dieser entscheidende Schritt im Leben eines Christen geschah bei der Taufe, die damals Erwachsenen gespendet wurde. Wer heute als Kind getauft wird, muß diesen Schritt im Laufe des Lebens gleichsam ‚einholen' und irgendwann, was seine Beziehung zu Gott betrifft, eine ganz persönliche Entscheidung treffen. Häufig geschieht das noch nicht bei der Erstkommunion und Firmung (werden junge Menschen dahin geführt?), aber oft veranlaßt durch eine bestimmte Lebenssituation. Das Ja zu Gott kann gefördert werden durch eine Art Katechumenat oder durch Glaubenskurse. Denn es ist entscheidend, ganz an den ‚Blutkreislauf' des aus dem Tod erstandenen Herrn angeschlossen zu werden. Was Gott also in dem neuen Adam allen Menschen als Existenzgrundlage anbietet, muß der Mensch in freier Entscheidung für sich annehmen. Dann wird „der alte Mensch mitgekreuzigt" und das Sündige im Menschen „aktionsunfähig gemacht und außer Kraft gesetzt" (Röm 6,6). Paulus sieht also, wie Gott selbst in ihm das entscheidende Machtwort gegen die Sünde gesprochen hat.

Das Geschenk des neuen Lebens aber ist der Heilige Geist. Er, der schon am Anfang „über den Wassern schwebte", durch den die Jungfrau Maria den Sohn Gottes empfangen hat, der sich bei der Taufe Jesu über ihm zeigte und auf ihm blieb, der Jesus von innen her antrieb, zu verkünden und zu heilen (vgl. Lk 4,14; 5,17), er ist auch die Kraft, in der Jesus sein Leben dem Vater in die Hände legte (Hebr 9,14) und die ihn von den Toten auferweckte (Röm 1,4). Wenn Jesus nun seinen Heiligen Geist verheißen hat, dann will er in jedem Menschen das gleiche tun: Er will „Tote" mit neuem Leben erfüllen.

Wie ein Toter sich nicht selbst das Leben geben kann, so kann auch der in Sünde und Tod befangene Mensch das neue Leben nur „empfangen". Darum wird der Heilige Geist „Gabe" genannt und das, was er mitbringt, sind „Geschenke" (Charismen) (Apg 3,37; 1 Kor 7,7; 12,4–11). Leider wurde in der westlichen Kirche diese dritte göttliche Person zu sehr vernachlässigt. Aber es ist notwendig, daß eine lebendige Beziehung zu allen drei göttlichen Personen besteht, damit diese ihr Werk der Erlösung im Menschen tun können. Wenn Paulus die Menschen zum Glauben an Jesus führte und sie taufte, haben sie auch durch sein Gebet den Heiligen Geist empfangen (Apg 19,6; Gal 3,3–5). Die ersten Christen kannten den Heiligen Geist aus Erfahrung und wußten, daß er eine lebendige Kraft war, die ihr Leben trug.

3. Erlöstes Leben aus der Kraft des Geistes

Paulus weiß, daß auch nach dem Empfang des Heiligen Geistes die Sünde noch Angriffsflächen im Menschen hat (Röm 8,10; Gal 5,13–18). Aber es ist keine „Koexistenz", denn *Christus* hat den Sieg errungen (1 Kor 15,57); und doch muß der Mensch sich nun *immer wieder* entscheiden, und das bedeutet oft auch einen harten inneren Kampf. Aber Gott hat nun eine neue Basis geschaffen, auf der dem Menschen ein erfolgreiches Kämpfen möglich wird (Röm 6; 8,1–13).

Wenn Paulus diesen Kampf mit dem Töten vergleicht und ihn – weil gegen etwas in ihm selbst gerichtet – als „Sterben" bezeichnet (Röm 6,7; 8,13), muß er einen „Kampf auf Leben und Tod" geführt haben (vgl. auch Hebr 12,4). Er kennt das Aufbäumen des „alten Menschen", der um sein „Leben" kämpft. So versteht er auch den „Zorn Gottes" – der auf die Sünde nicht mit Bestätigung und „Herrlichkeit" antworten kann (Röm 3,5f.), sondern dem Menschen den Spiegel vorhält – als eine Tat der Liebe Gottes.

Das innere Gesetz dieses Kampfes aber heißt: Nicht nach eigenen Plänen

Anstrengungen machen, sondern unterscheiden lernen, wo der Geist Gottes am Werk ist und wo nicht. Denn es ist etwas anderes, ob man „gegen die Mächte und Gewaltherrscher dieser Finsternis" mit menschlichen Kräften oder mit der „Waffenrüstung Gottes" (Eph 6,10–20) kämpft. Dann entfaltet die Macht („dynamis") des Heiligen Geistes eine eigene „Dynamik", und Paulus erkennt, wie Gott mit seiner Schuld umgeht: Er deprimiert nicht, überfordert nicht, bringt nicht in ein unfruchtbares Grübeln, sondern weckt positive Kräfte in ihm.

So lernt Paulus „zu trauen auf den Gott, der die Toten lebendig macht und das, was nicht ist, ins Dasein ruft" (Röm 4,17). Was er in diesem Vertrauen in die Hände Gottes hinein losläßt, wird ihm von Gott „umgewandelt" (Röm 12,2), da er „uns mit Christus lebendig gemacht hat" (Eph 2,5f.). Damit verändert sich auch die Art seines Leidens. Weil Paulus *in ihm* lebt, kann er nun Tag für Tag *mit ihm* sterben, um dadurch schon in dieser Zeit zu immer noch größerem Leben aufzuerstehen. Dieser Dreischritt ist ein Grundrhythmus christlichen Lebens: Leben – Sterben – größeres Leben (vgl. 2 Kor 4,10–18). Paulus bezeugt es aus eigener Erfahrung: In mir ist eine Kraft, die ich nie gekannt habe, eine Dynamik, die vorandrängt durch alle Verfolgung und Bedrängnis hindurch, eine zarte und aufmerksame Liebe zu ihm, Freude und Jubel in meinem Herzen – und das Ganze hat begonnen „ohne mein Zutun" (Gal 2,15–21), rein als Geschenk: „Charis" (der Heilige Geist als Gabe) und „Charisma" (die je persönlichen Gaben des Heiligen Geistes).

Erlöstes Leben bedeutet dann, aus diesem Geschenk Gottes Tag für Tag zu leben. „Gottes Liebe ist ausgegossen in unsere Herzen durch den Geist" (Röm 5,5), schreibt Paulus, und darum ist sein ganzes Bemühen, „ihm zu gefallen" – wie Mann und Frau einander gefallen möchten (1 Kor 7,33f.) –, in Einfachheit und liebender Hingabe (2 Kor 11,2f.). Paulus hat es zunächst durchlebt, wie die Liebe alles andere hinter sich läßt, wie sie das Zentrum seines Lebens mit dem Herrn ist (1 Kor 13).

Was sich in alle Bereiche des Lebens auswirken und tausendfache Gestalt gewinnen muß, sei noch an einem Beispiel konkretisiert: Nachdem Paulus davon gesprochen hat, daß nach Gen 2, einem der beiden Schöpfungsberichte, zuerst der Mann und dann die Frau geschaffen sei, fügt er hinzu: „Gleichwohl ist *im Herrn* weder Frau ohne Mann noch Mann ohne Frau; denn wie die Frau" (Eva) „aus dem Mann, so auch der Mann" (Christus) „durch die Frau" (Maria) – „das Ganze aber aus Gott" (1 Kor 11,11f.). Wie die Menschen in der Schöpfung durch das erste Menschenpaar eine Prägung erhielten, so in ihrer Erlösung durch das neue „Ur-Paar". Doch nun ist die Reihenfolge umgekehrt: Der Mann empfängt das Leben „durch die Frau" (Gal 4,6) und soll sich damit bewußt unter jene beugen, die bis dahin (nach Gen 2) „an zweiter Stelle" gesehen wurde. Nun sind Frau und Mann in wechselseitiger Reihenfolge aufeinander bezogen, wobei der Mann immer wieder bewußt zurücktreten muß.

Zugleich heilt Christus damit den Riß, der durch die *Sünde* in die Beziehung der Geschlechter gekommen war; denn daß der Mann über die Frau „herrscht", ist – genauso wie der Tod – Folge der Sünde, nicht etwa Gottes Ordnung (Gen 3,16–19). Jesus aber ist gekommen, „um zu dienen" (Mt 20,28; vgl. Eph 5,25). Paulus zeigt somit an Jesus und Maria auf, wie erlöste Beziehung und erlöstes Menschsein zu leben ist. Nur auf dem Weg der Nachfolge kann man erspüren und erahnen, wie denn erlöstes Leben in der Familie, in der Gesellschaft und in der Kirche gestaltet werden könnte.

LITERATUR

Baumert, Norbert, Frau und Mann bei Paulus. Überwindung eines Mißverständnisses. Würzburg: Echter, ²1993, besonders: S. 168–175.

Baumert, Norbert, Gaben des Geistes Jesu. Das Charismatische in der Kirche. Graz: Styria, 1986. (Zur paulinischen Theologie vgl. S. 63–124.)

Gnilka, Joachim, Neutestamentliche Theologie. Ein Überblick (NEB) Würzburg: Echter, 1989.

Johannes Paul II., Enzyklika Redemptor Hominis (Verlautbarungen des Apostolischen Stuhls 6.) Bonn: Sekretariat der Deutschen Bischofskonferenz, 1979.

Knoch, Otto, Der Geist Gottes und der neue Mensch. Stuttgart: Kathol. Bibelwerk, 1975.

Knoch, Otto, Begegnung wird Zeugnis. Werden und Wesen des Neuen Testamentes (Biblische Basisbücher 6.) Stuttgart: Kathol. Bibelwerk, 1987.

Müller Karl; Prawdzik, Werner, Ist Christus der einzige Weg zum Heil? Nettetal: Steyler-Vlg., 1991.

Stuttgarter Kleiner Kommentar. (einzelne Broschüren zu jedem Buch des Alten und Neuen Testaments.) Stuttgart: Kathol. Bibelwerk, ab 1970.

2.7 Das Menschenbild der Soziologie

Norbert Brieskorn SJ

1. Soziologie: Die vielfach gefährdete Selbsterhellung der menschlichen sozialen Welt

1.1 *Der erkenntnistheoretische Aspekt*

Wie jede Theorie ist auch die Soziologie Menschenwerk. Der Mensch ist aber in seinem Wahrnehmungs-, Denk- und Sprachvermögen begrenzt, denn er befindet sich nicht überall, sieht nicht in alle Richtungen und hört nicht gleichzeitig von überall her. Er kann den schon gesiebten Stoff, den die Sinne übermitteln, nicht unter jeder Hinsicht verarbeiten und sich sprachlich nur begrenzt, zumal nur in einer Abfolge von je einem einzigen Satz, ausdrücken. So geht die Wirklichkeit immer nur im Ausschnitt und perspektivbegrenzt in seine Theorie ein und hat an dieser ihre Grenzen. Wie jedes Erkennen, ist somit auch die Soziologie das Ergebnis vielfältiger Filterung. Soziologie als Werk einzelner Menschen kann deshalb gar nicht *die* gesellschaftliche Wirklichkeit wiedergeben.

So kann es strenggenommen aber auch gar nicht *die* Soziologie geben, sondern bloß Soziologien, welche sich zudem nicht von *einem* einzigen Menschenbild her bestimmen. Schon der einzelne Mensch erlebt sich vielfältig und oft zerrissen, sein Erleben teilt sich außerdem keinem anderen auf völlig dieselbe Weise mit, keine Erfahrung ist noch einmal bis in Einzelheiten wiederholbar, und kein Wort überträgt den Hintergrund des Sprechenden ohne Veränderung und Abkürzungen auf den Hörer.

Mit jedem Erkennensakt setzt sich zudem einerseits der Mensch der Welt aus und wird von ihr beeinflußt, andererseits nimmt der Mensch an ihr Maß und legt sie sich zurecht. Dieses Bemessenwerden und Maßnehmen erfolgt auch, wenn der Untersuchungsgegenstand seine eigene, die von ihm, dem Menschen, gestaltete Welt ist. Da gibt es selbstverständlich eine Gesamtheit an Sachen vom Telefon bis zum Auto, eine Formung der Landschaft durch Straßen und Städte und manche als einschneidend empfundene Pflichten wie die Schulpflicht, also äußerlich vorhandene, fotografierbare und sonstwie „an-stößige" Dinge. Aber auch sie bleiben nicht „draußen" als eine Ansammlung bloß chemisch, physikalisch oder biologisch feststellbarer Daten. Sie sind vielmehr vom einzelnen und jedem einzelnen gedeutet und interpretiert, und zwar in einer gar nicht immer auflösbaren

Mischung von individuellen und gesellschaftlichen Zugaben. Dies erprobe man an einem Wort wie „Umweltvergiftung" oder „Spitzensportförderung". Wir verbinden immer mehr mit Worten als das, was Chemie oder Sport uns vermitteln. Jeder und jede fügt zu den gesellschaftlich mitgegebenen Akzenten noch die eigenen hinzu, etwa aus einem Erlebnis als Landwirt oder Handballerin.

Der Mensch verfügt nicht über einen Standpunkt außerhalb der Gesellschaft, ist er doch durch und durch von ihr geprägt. Und trotzdem gelingt dem Teilnehmer die Beobachtung. Es ist Kennzeichen des Geistes, und somit auch des Menschengeistes, zu allem und jedem Distanz zu nehmen, es zum Objekt werden zu lassen. Auch wenn er, wie bereits anfangs gesagt, in seiner Aufnahmeleistung von Begrenzungen eingeengt ist, vermag er doch den Gegenstand geistig zu sichten, einzuordnen sowie ihn zu bejahen oder abzulehnen. In gesellschaftlichen Beziehungen lebend und beobachtend, vermag der Geist sich ein Bild zu verschaffen und sich insgesamt zu orientieren. Nur wer diese Fähigkeit des Geistes unterstellt und annimmt, vermag zu erklären, weshalb es Überlegungen, beobachtende Schriftstellerei und Wissenschaften geben kann.

1.2 *Der sozialphilosophische Aspekt*

Nicht die Natur, sondern Menschen schaffen Gesellschaft, und sie errichten sie nicht allein und nicht für sich allein, sondern immer auch mit den anderen und insofern auch für die anderen; Zusammenwirken verlangt ein Mindestmaß an Rücksicht, dies gilt am Kabinetts- wie am Küchentisch. Sie alle prüfen in der ständigen Gründung von Gesellschaft ihre Wertmaßstäbe und teilen sie sich mit. So begleiten sie bewußt das gesellschaftliche Leben. Jeder trägt *sein* Bild von Gesellschaft in seinem Bewußtsein. Dieses Bild wirkt aber wiederum weiter auf Überlegungen, lenkt Absichten und bestimmt das Handeln in der Gesellschaft. Der Schulpflichtige sieht Gesellschaft anders als die Rentnerin, der Terrorist versucht Gesellschaft nach seinen Vorstellungen, wie die Parteipolitikerin und der Bankier nach den ihren zu gestalten. Da nun aber diese „Bilder" wiederum gesellschaftlich geprägt sind, begegnen wir der Gesellschaft selbst mit einem gesellschaftlichen Blick. Und da *Gesellschaft* nun *die* Wirklichkeit ist, denn selbst das Klima interpretieren wir von gesellschaftlichen Vorstellungen aus, können wir das Wort von der *„Wirklichkeit"* als *„gesellschaftlicher Konstruktion"* richtig verstehen.

Somit vermögen wir beide Ansichten genauer zu untersuchen, daß erstens die Gesellschaft bloß im Bewußtsein sei und daß zweitens die Gesellschaft ein Außen sei, welches dem Menschen kein Inneres mehr gestatte.

a) Der Mensch kann Gesellschaft zwar nicht so sehen wie er die Oberfläche eines Tisches wahrnimmt, und doch sucht er für seine Sinne immer wieder etwas, mit dem er sich Gesellschaft vorzustellen vermag, etwa Formulare, Verkehrszeichen, Flaggen oder Staatsmänner. Und wer sie ihm liefert, ist „die Gesellschaft" zu nennen. Sich etwas veranschaulichen heißt aber nicht, es sich erfinden.

b) In seinem Nachdenken über Gesellschaft hebt der Mensch sich mit seinem Bewußtsein deutlich von „der Gesellschaft" ab und stellt sie sich als abgrenzbaren Inhalt gegenüber. Er sagt: Ich und die Gesellschaft, du lebst in dieser Gesellschaft, er ging an der Gesellschaft zugrunde. Er macht sie sich bewußt, er streitet und hadert mit ihr, er fühlt sich für sie verantwortlich oder lehnt jede Verantwortung für sie ab.

c) Des weiteren kann der Mensch mit anderen über Gesellschaft sprechen; dies ist nur möglich, weil sämtliche Gesprächsteilnehmer sich dabei auf denselben Gegenstand beziehen, der also nicht bloß *einem* Bewußtsein angehören kann.

d) Diese Gründe zeigen andererseits auch an, weshalb Gesellschaft gar nicht so in das Innere des Menschen hineinwuchern kann und ihn gleichsam völlig „kolonialisiert" hat. Er ist nicht ihr unbewußter, blinder Erfüllungsgehilfe, sondern kann ihr gegenüber einen Selbstand einnehmen. Schon ein solcher Satz, daß die Gesellschaft den Menschen total beherrsche, wäre gar nicht zu denken und zu formulieren, wenn der Mensch nicht diese Überlegenheit der Gesellschaft gegenüber behalten hätte, nämlich über sie nachzudenken und so ihr Verhältnis zu ihm zu charakterisieren.

Sind wahre Aussagen über die Gesellschaft nicht trotzdem unmöglich, da die Sprecher doch Produkte eben dieser Wirklichkeit sind?

a) Eine wahre Aussage über die Gesellschaft, falls sie überhaupt geschähe, wäre als wahre gar nicht erkennbar, weder von ihm selbst noch von anderen, denn die Menschen blieben in diesem Verblendungs- und Abhängigkeitszusammenhang hoffnungs- und aussichtslos gefangen. Selbst der Zweifel an der Wahrheitsfähigkeit wäre nicht zu erwarten! Da der Mensch aber seit je in Gesellschaft lebt, wäre niemandem eine Erkenntnis über seine ureigenste Sphäre und seine Erstgestaltung (noch vor der der Natur!) eröffnet. Tatsächlich sind aber unbestreitbar wahre Aussagen über Gesellschaft gemacht worden, Irrtümer wurden zurückgewiesen und eine Gesellschaftspolitik konnte sich auf nachprüfbare Informationen stützen, welche spätere Generationen oder Ausländer bestätigten. Sie erwies sich als informierbar.

b) Anzunehmen, daß auch diese Aufklärung der Gesellschaft über sich selbst das Blendwerk der selbst verblendeten Gesellschaft wäre, sie also die Erkenntnis zuließe, aber nicht irgendwelche Folgen daraus, hieße den Verdacht der Sinnlosigkeit menschlichen Lebens so zu verstärken, daß Leben nicht mehr lebbar wäre.

1.3 *Ein Vorschlag, Gesellschaft zu erfassen*

John Rawls (geb. 1921) taufte sie das „Unternehmen der Zusammenarbeit zum gegenseitigen Vorteil" (Rawls, 1979, 105) und gab damit das Mindestmaß wieder, an welchem zu messen ist, ob Gesellschaft schon oder noch vorliegt. Die Geistesgeschichte stellte zeitweilig höhere Anforderungen und billigte diesem „Unternehmen" den Titel „Gesellschaft" erst dann zu, wenn es allen ihren Mitgliedern darum ging, gemeinschaftlich in Rechtsgleichheit für Frieden, Gerechtigkeit und Wohlfahrt einzutreten. Aurelius Augustinus widersetzte sich nicht dem kargen Begriff von Gesellschaft, wenn er in seiner Schrift De civitate Dei (XIX.24) ein Volk „die Vereinigung einer vernunftbegabten Menge" nannte, „die durch einträchtiges Streben nach gewissen beliebten Dingen zusammengehalten wird". Anders allerdings als Rawls betonte Augustinus die vereinigende, integrierende Kraft, welche die vielen Menschen zur „Gesellschaft" zusammenbindet, so daß sie von außen her abgrenzbar war. Doch lag Augustinus an einem anspruchsvolleren Begriff, der auch verpflichtende, also normative Kraft beinhaltete. Demnach war „Gesellschaft" eine durch „Rechtsgleichheit und Wohlfahrtszweck verbundene Menge" (De civ. Dei II.21) oder eine „Gemeinschaft vieler Menschen, die durch Rechtsgleichheit und Interessengemeinschaft verbunden ist" (De civ. Dei XIX.21).

1.4 *Die Anliegen der Soziologie*

Ist nun so ein Begriff von Gesellschaft gewonnen und die Möglichkeit aufgezeigt, Gesellschaft zu erkennen, bleibt es uns noch, uns der „Soziologie" selbst zuzuwenden.

Sie begegnet ja als eine in zahlreiche besondere Sachbereiche aufgefächerte Wissenschaft und geht mit verschiedenen Methoden vor. Sind wir angesichts einer solchen Vielfalt trotzdem berechtigt, noch von „Soziologie" zu sprechen? – Ja, nämlich zumindest dann, wenn wir von der Philosophie oder Theologie oder den Naturwissenschaften herkommen und eine Vorstellung von deren Aufgaben als Wissenschaften gewonnen haben, dann nämlich lassen sich die „Gesellschaftswissenschaften" als *ein* Betätigungsfeld ausfindig machen, allein wegen ihres einheitlichen Untersuchungsgegenstandes, der ihr ja nicht streitig gemacht ist. Den Soziologinnen und Soziologen geht es um die Erforschung des menschlichen Zusammenlebens.

Während die *Sozialphilosophie* von den „großen Fragen" vom Verhältnis des einzelnen zur Gesellschaft, von Notwendigkeit und Sinn der Institutionen und von dem Weg der Gesellschaft in der Geschichte handelt, um nur drei Bereiche zu nennen, untersucht die *Soziologie* als Wissenschaft von der Gesellschaft mit Methoden wie dem Fragebogen, dem Tiefeninterview, der Auswertung von Statistiken die Beziehungen innerhalb des gesellschaftlichen Gefüges, welches sich von zahlenmäßig kleinen Einheiten wie der Kleinfamilie über Gemeinde und Stadt, hin zum Staat und der Weltgesellschaft ausdehnen kann. Soziologie wertet empirisch zugängliches Material aus. Ihre Methoden sind in ihrer Begrenztheit bewußtzumachen. Wie viele Menschen befragt, wie viele Gruppen untersucht und wie die Fragen gestellt wurden, ist mitzuteilen, Ergebnisse dieser Untersuchungen sind von sich anschließenden Vermutungen und fragend geäußerten Verallgemeinerungen genauestens zu unterscheiden.

So wie die Menschen, die sie betreiben, von den Studentinnen und Studenten der Soziologie angefangen bis hin zu den Fachinstituten, Mitglieder der Gesellschaft sind, welche sie untersuchen, so gehört auch die Soziologie selbst noch einmal zu dem Ideenhaushalt der Gesellschaft.

1.5 *Gefährdungen der Soziologie*

In der Soziologie versucht also die Gesellschaft über sich Erkenntnisse zu gewinnen, sich über sich selbst aufzuklären und unter Umständen auch Hinweise auf eine Gesellschaftspolitik oder Ratschläge für einen anderen Umgang entgegenzunehmen. Wer aber liebt es schon, die Wahrheit über sich selbst zu hören? Gefährdet ist somit der Weg der Soziologie.

Dies ist nun eine Schwierigkeit, auf welche die Soziologie trifft. Auf sie werden je nach gesellschaftlicher Lage Druck und Einfluß ausgeübt. An sie richten sich Erwartungen, die nicht enttäuscht sein wollen. Um zwei Beispiele aus der Familiensoziologie zu geben: Die einen Forscher interpretierten die gesellschaftliche Entwicklung der Familie in der Weise, daß sie die Wiederherstellung der patriarchalischen Familie mit ungleichem Erbrecht forderten, andere Soziologen klagten, als Soziologen wohlgemerkt, ein, die Werte von Freiheit, Gleichheit und Unabhängigkeit auch in der Familie zu verwirklichen (Schütze; Wagner, 1994, 326). Dieser Gefährdung nachgegeben hat soziologisches Arbeiten, wenn es von vornherein von der Absicht geleitet ist, „die Schädlichkeit mütterlicher Erwerbstätigkeit für das Kindeswohl" nachweisen zu wollen (Schütze; Wagner, 1994, 333). Sie hat solchen Zeiteinflüsterungen zu widerstehen und darf weder ihre Forschung noch die Ergebnisse „gefällig" sein lassen, wenn sie wahre Erkenntnisse liefern soll. Sie muß sich unabhängig halten. Zum einen also steht sie inmitten der Aufklärung der Gesellschaft über sich selbst, zum anderen hat sie sich aus dem Strudel der Meinungen und Beeinflussungen wie der Machtkämpfe zurückzunehmen.

2. Soziologie im philosophischen Kontext

Eine zweite Schwierigkeit führt uns noch näher an unser Thema heran. Die Soziologie bildete sich im Zuge eines bestimmten geistesgeschichtlichen Prozesses innerhalb Europas heraus. Um die Anliegen und den Blickwinkel der Soziologie zu verstehen, muß man ihre Geschichte kennen. Aus dem vielfältigen Spektrum soziologischer Gedankenwelt greife ich nur drei Autoren heraus, drei, deren Beitrag mir allerdings sehr bedeutsam für unsere Fragestellung erscheint.

2.1 Für *Auguste Comte* (1798–1857) durchläuft das wissenschaftliche Bemühen der gesamten Menschheit mehrere Etappen und Stadien. Die Soziologie befindet sich jeweils am Ende, und das heißt auf dem Höhepunkt dieser Entwicklung: menschheitliche Erkundung des Kosmos begann mit der Astronomie, ging über zur Physik und sodann zur Chemie, um sich schließlich der Biologie zuzuwenden. Sie klärte das Leben über das Leben auf. Erst jetzt konnte sich das soziale Leben, die Gesellschaft, als weiteres, als ein neues und zugleich als letztes Forschungsfeld zu erkennen geben. Kein neues wird sich mehr eröffnen, keine weitere Wissenschaft ihm mehr nachfolgen, ja in keine Wissenschaft braucht und kann sie, die Soziologie, mehr einmünden; sie wird ihrerseits keine der anderen genannten Wissenschaften verdrängen, selbst aber sie alle voraussetzen, die Biologie bis hin zur Physik und Astronomie. Allerdings galt für Comte die „Soziologie" als „Soziale Physik", sollte sie doch ebenso exakte Ergebnisse wie die Physik liefern und den Naturwissenschaften gleich Voraussagen ermöglichen.

Die Soziologie stand für Comte noch in einem anderen Zusammenhang, und in diesem hatte sie sehr wohl das Erbe geistiger Weltbezüge angetreten und dies in endgültiger, nicht mehr umkehrbarer Weise. Comte „entdeckte" das Dreistadiengesetz. Auf ein theologisches Zeitalter, so Comte, sei das metaphysische gefolgt, welches durch das der positiven Wissenschaften abgelöst wurde. Positive Wissenschaft ist auch die Soziologie. Das von Comte sogenannte Dreistadiengesetz räumte der Soziologie die Spitze und den höchsten Rang innerhalb dieses Dreischritts ein.

Am Beginn menschlichen gesellschaftlichen Lebens war es unumgänglich, sich wechselseitig theologische Erklärungen zu geben. Auf diese in sich sehr vielschichtige Phase der Theologie folgte eine von philosophischen Antworten geprägte Zeit. Sie führte nicht mehr überirdische Mächte, wie Gott und die Götter zur Erklärung an, wie es die theologische Zeitspanne getan hatte, sondern begnügte sich mit Antworten, die auf das Sein, die Kausalität, Akt und Potenz Bezug nahmen. Allzu abstrakt und mit unkontrollierbaren Ergebnissen ausstaffiert, mußte sie von der Bühne abtreten. Das positiv-wissenschaftliche Zeitalter, welches auch die Soziologie gebar, besetzte den Thron, den Theologie und Metaphysik nacheinander hatten freimachen müssen. Comte ordnete den jeweiligen Stadien auch bestimmte politisch-soziale Haltungen zu. So galt ihm das theologische Zeitalter als ausgesprochen kriegerisch, das positive hingegen friedliebend. Da konnte es nicht zum Trost gereichen, daß Comte diese beiden Phasen für notwendig hielt, für unabdingbar und notwendigerweise zu durchlaufen. Die theologische wie auch die metaphysische Phase stellten keinen Irrweg oder Umweg dar. Doch einmal durchschritten, bot sich nur der neue Weg der Soziologie an, welche beide „Wissenschaften" abgelöst hatte und es ihnen auch nicht mehr gestatten durfte wiederzukommen. Der Soziologie haftete von daher bis heute in Kreisen, welche den Weg in die Moderne schwierig und ungerechtfertigt und als zu verlustreich ansahen, immer noch etwas Anrüchiges an, wie bei Usurpatoren, die rechtmäßige Amtsinhaber verjagten und fremde Throne besetzten. Vorbehalte der Soziologie gegenüber haben hier ihren Ursprung, galt sie vielen doch als Platzverdrängerin aus blindem Eigeneifer und als unwürdige Erbin auf dem Stuhl der Richtungen und Institutionen der beiden vorausgegangenen Stadien.

2.1.2 Wie ist aber der Anspruch der Comteschen Soziologie zu bewerten?

2.1.2.1 Biographisch gesehen hat Auguste Comte sich befleißigt, eine Art Religion um seine Person einzurichten. Das religiöse Interesse war also mit Gründung der Comteschen Soziologie zumindest bei ihm noch nicht erloschen.

2.1.2.2 Zum anderen übersteigt es die Leistungskraft der der Soziologie zustehenden Methode, das Wissenschafts- und das Dreistadiengesetz zu überprüfen und für wahr zu erklären. Beide Gesetze und damit auch die Begründung und Verortung der Soziologie sind weder durch die soziologischen Methoden noch auch durch eine der ihr vorausgehenden Wissenschaften, wie der Astronomie oder der Physik, abgesichert. Das Dreistadiengesetz war ein weltanschauliches, ja ein quasi-religiöses Bekenntnis Comtes und aller, die ihm als Jünger nachfolgten! Ebensowenig ist die Zuordnung von kriegerischen und friedliebenden Haltungen ausgewiesen.

2.1.2.3 Daß es ein wechselndes und die Lebensfelder durchwanderndes Interesse des Menschen gibt und nicht jede Zeit sich an sämtlichen Wissenschaften gleich interessiert zeigte, ist richtig. Philosophisches Fragen und das Ringen mit Gott haben aber nie aufgehört. Immanuel Kant (1724–1804) sprach zu Recht von der unausrottbaren Anlage des Menschen, Meta-physiker zu sein, also über die konkreten wahrnehmbaren Dinge hinaus nach dem Woher und Wohin des Lebens und damit nach des Menschen Grund zu fragen. Bedenklich ist auch Comtes Vorgehensweise, vom Geringeren zum Höherwertigen hinaufzuführen. So wird der Gedanke unterdrückt, daß, wie ich meine, jedes Weitergehen auch von einem Verlust begleitet ist und jede Wirkung eine sie übersteigende Ursache nötig hat.

2.1.2.4 Sicherlich haben auch die Wissenschaften vielfach dazu beigetragen, Weltbilder zu reinigen, Urteile als Vorurteile zu entlarven, Verknüpfungen als Wahn zu erweisen und bisher nicht erkennbare Beziehungen herzustellen. Es gibt keinen nachweisbaren Zusammenhang zwischen der Häufigkeit von Homosexualität und der von Erdbeben, wohl aber zwischen den Mondphasen und Ebbe wie Flut. Auch ist es nicht eine Überfrau wie Frau Holle, der wir den Schnee verdanken. Wer aber im Sturm einen Teil der Schiffsladung über Bord wirft, macht das Schiff dadurch leichter, stabiler und widerstandsfähiger. Die Soziologie trug somit wie andere Wissenschaften nicht nur zur „Erleichterung" theologischer wie philosophischer Weltsicht bei, sondern stärkte die theologische und philosophische Weltsicht gerade in der Konzentration auf zentrale Ausblicke und Aussagen über den Menschen. Die modernen Wissenschaften kräftigten also, wenn auch ungewollt, Theologie und Philosophie, mag es auch noch nicht genügend bemerkt worden sein. So sind Erkenntnisse immer deutlicher zutage getreten wie, daß der Mensch unentrinnbar seiner Freiheit überantwortet und sich nicht selbst Gesetz sei, denn bereits im Sprechen ordnet sich der Sprechende einer mit dem Hörer gemeinsamen Ordnung und Regel unter. Auch ist er zuerst ein Nehmender und dann ein Gebender, denn den Menschen kann es nur geben, wenn ihm eine

Fülle lebenspendender Akte zugewendet und zeitlebens zuteil wird. Erst dann vermag er zum gegenseitigen Vorteil zu wirken.

2.2 *Max Weber* (1864–1920) band Soziologie nicht in einen geschichtlichen Weg ein, wie Comte es getan hatte.

2.2.1 Als Wissenschaft hat Soziologie bei der kleinsten Einheit zu beginnen und sich von ihr her systematisch aufzubauen. Die kleinste Einheit ist die „soziale Handlung". Handlungen verknüpfen sich (und lösen sich), sie verknüpfen sich zu Verträgen, verdichten sich zu Institutionen, welche handelnd ihr Binnenleben gestalten. Staat und Kirche sind Musterbeispiele für solche verdichtete Institutionen. Er nennt sie „Anstalten" (Weber, 1981).

Webers soziologischer Ansatz ist zutiefst von zwei Unterscheidungen bestimmt: Erstens liegen „nicht die ‚*sachlichen*' Zusammenhänge der ‚*Dinge*', sondern die *gedanklichen* Zusammenhänge der Probleme ... den Arbeitsgebieten der Wissenschaften zugrunde: wo mit neuer Methode einem neuen Problem nachgegangen wird und dadurch Wahrheiten entdeckt werden, welche neue bedeutsame Gesichtspunkte eröffnen, *da* entsteht eine neue ‚Wissenschaft'" (Weber, 1991, 44; im folgenden aus diesem Werk). Der zweite Gegensatz ist der von „Ist-Aussagen" und „Soll-Aussagen". Weber führt dazu aus: „... daß es niemals Aufgabe einer Erfahrungswissenschaft sein kann, bindende Normen und Inhalte zu ermitteln, um daraus für die Praxis Rezepte ableiten zu können" (24). Etwas weiter setzt Weber noch einmal an, um auszuführen: „Eine empirische Wissenschaft vermag niemanden zu lehren, was er soll, sondern nur, was er kann und – unter Umständen – was er will" (27). Nachdem die Erfahrungswissenschaft also keinen Grund und keine Begründung liefern kann, ist auch ein anderer Begründungsweg versperrt: Es läßt sich auch nicht aus den Axiomen des Glaubens „ein Kulturinhalt als gesollt eindeutig" ableiten (30). Zwar bedarf der Mensch unabdingbar der Werte und bildet unablässig Werturteile, ausgehend von den für ihn letzten höchsten persönlichen Axiomen des Glaubens und der Wertideen (29), aber „die Geltung solcher Werte zu beurteilen, ist Sache des Glaubens, daneben vielleicht eine Aufgabe spekulativer Betrachtung und Deutung des Lebens und der Welt auf ihren Sinn hin, sicherlich aber nicht Gegenstand einer Erfahrungswissenschaft in dem Sinne, in welchem sie an dieser Stelle gepflegt werden soll" (28). „Objektiv" ist nur, was als Ergebnis dieser Erfahrungswissenschaft zutage tritt.

Jeder habe sich zu entscheiden und müsse wissen, daß er für diese seine Entscheidung keine (im Sinne Webers) *wissenschaftliche* Begründung mehr anzuführen vermag. Oberste „Aufhänger" wissenschaftlicher Systeme und wissenschaftlichen Denkens hängen selbst von solchen Entscheidungen ab. „Die Fähigkeit der Unterscheidung zwischen Erkennen und Beurteilen und die Erfüllung sowohl der wissenschaftlichen Pflicht, die Wahrheit der Tatsachen zu sehen, als der praktischen, für die eigenen Ideale einzutreten, ist das, woran wir uns wieder gewöhnen wollen" (31). Jeder soll für die eigenen Ideale eintreten. Dabei muß er sich der beständig lauernden Gefahr bewußt sein, Werturteile und erfahrungswissenschaftlich gewonnene Sätze zu verwechseln. Trotzdem darf der Mensch nicht auf solche Festlegungen um seiner selbst willen verzichten. Er bedarf einer „Gesinnung". „Gesinnungslosigkeit und wissenschaftliche ‚Objektivität' haben keinerlei innere Verwandtschaft" (34). Die Trennung der Ebenen ist ein höchst sittliches Unterfangen.

2.2.2 Was ist kritisch hierzu zu vermerken?

2.2.2.1 Auch wenn Weber nur von der Pflicht zur Annäherung an diese Wert-Freiheit spricht, so unterstellt er doch, daß Wissenschaft grundsätzlich wertfrei betrieben werden könne. Bei diesem Unterfangen werden wir uns allerdings bewußt sein müssen, daß der Mensch keinen Gedanken denken kann, ohne diesen und sich selbst zu bejahen, ohne beiden also einen positiven Wert zuzuerkennen.

Die Theorie der Wissenschaft und der Wertfreiheit, wie Weber sie vertritt, beruht selbst auf solchen Entscheidungen, ist also gleichfalls nicht anders als durch die persönlich getroffene Entscheidung ausgewiesen. Wissenschaftler sollen sich um Wertfreiheit ihrer Wissenschaft bemühen! Dieser Imperativ läßt sich allerdings, wenn wir Weber genau folgen, auf einen sittlichen Beweggrund zurückführen, nämlich, die Wahrheit nicht zu verzerren.

Wenn Weber vom Forscher selbst fordert, nie seine Rolle als Wissenschaftler, als der er ja wertfrei vorgehen soll, dahingehend zu mißbrauchen, daß er Wertungen in seine Aussagen einfließen läßt, so liegt auch diesem Verbot ein sittliches Motiv zugrunde: daß er nämlich das in ihn gesetzte Vertrauen nicht mißbrauchen dürfe. Ihm ist es untersagt, als wissenschaftliche, d. h. allgemeingültige, von allen anzuerkennende Wahrheit auszugeben, was persönliche Wertung sei. Dieser Imperativ gründet, soweit ich Weber verstehe, in einer Hochachtung vor dem Entscheidungsrecht und der Entscheidungspflicht der anderen Person.

2.2.2.2 Weber ist von Schopenhauer und Nietzsche beeinflußt. Triebe, Gefühle und Leidenschaften bestimmen demnach das menschliche Leben. Dem nüchternen Forschen und verständigen Sprechen über die Ergebnisse der Forschung kann nach Weber nur mühsam ein Raum innerhalb dieses Kampfes der Leidenschaften freigekämpft und freigehalten werden. Immer heißt es, Sätze zu überprüfen, und oft muß Liebgewordenes über Bord geworfen werden. „Der Gedankenapparat, welchen die Vergangenheit durch denkende Bearbeitung, das heißt aber in Wahrheit: denkende Umbildung der unmittelbar gegebenen Wirklichkeit und durch Einordnung in diejenigen Begriffe, die dem Stande ihrer Erkenntnis und der Richtung ihres Interesses entsprachen, entwickelt hat, steht in steter Auseinandersetzung mit dem, was wir an neuer Erkenntnis aus der Wirklichkeit gewinnen können und *wollen*. In diesem Kampf vollzieht sich der Fortschritt der ... Arbeit" (92). Webers Menschenbild durchzieht ein düsterer, melancholischer

Zug: „‚Kultur' ist ein vom Standpunkt des *Menschen* aus mit Sinn und Bedeutung bedachter endlicher Ausschnitt aus der sinnlosen Unendlichkeit des Weltgeschehens" (61).

2.2.2.3 Die Entscheidung zieht die Wissenschaft heran. So ist eine in dem Sinne Webers wissenschaftliche Untersuchung möglich und notwendig zur Klärung a) des Inhalts gewählter Werte, b) des Verhältnisses zwischen den in Frage stehenden Werten und c) auch der Folgen, welche sich nach Wertwahl und Wertverwirklichung einstellen können.

Wissenschaftler ist aber auch nur, wer seine Ergebnisse mit empirischen Methoden abzustützen weiß. Was diesen unzugänglich ist, sollte man nicht „Wissenschaft", sondern anders nennen, etwa Glauben, Vermuten, engagierte Grundhaltung oder letzter Wertehorizont, ihnen aber das Prädikat „Wissenschaft" oder „wissenschaftlich begründet" verweigern.

2.2.2.4 Vorsichtig, ja vage benennt Weber den Maßstab des „Erfolges", welcher rückblickend den Weg der Wissenschaft klärt: „... ob es sich um reines Gedankenspiel oder um eine wissenschaftlich fruchtbare Begriffsbildung handelt, kann a priori niemals entschieden werden: Es gibt auch hier nur einen Maßstab: den des Erfolges für die Erkenntnis konkreter Kulturerscheinungen in ihrem Zusammenhang, ihrer ursächlichen Bedingtheit und ihrer Bedeutung" (76). Eine solche Aussage geht aber doch von der Möglichkeit, ja Faktizität eines von einer Mehrheit geteilten, wenn auch zu läuternden Horizontes aus, auch dem der Werte! Wie verträgt sich dies mit der Ausgangsposition der unübersteigbaren Pluralität?

2.3 Wieder anders ging der dritte Soziologe, *Georg Simmel* (1858–1918), vor, auf den ich hier eingehen will.

2.3.1 Er entwickelte seine Gedanken einerseits in Abwendung von dem naturwissenschaftlich geprägten Positivismus, den ich bei der Darstellung der Soziologie Comtes kurz als das dritte Stadium ansprach. Zugleich wandte sich Simmel wieder dem Leben, der Fülle seiner einzelnen Vollzüge, den greif- und betastbaren Gegenständen zu, beeindruckt von der Pluralität der Welt und der großen Zahl gar nicht mehr vereinbarer, so unterschiedlicher Weltsichten. Auch ist Simmel ein wenig des transzendentalen Denkens müde, das dem konkreten Lebens-Stoff wenig Interesse entgegengebracht hatte. Beide Anstrengungen, die Abwendung vom Positivismus zu vollziehen und die Reflexion dem konkreten Leben zuzuwenden, nahm Simmel auf sich. Er verstand es dabei meisterhaft, vom einzelnen Gegenstand auszugehen und immer allgemeinere und grundlegendere Beziehungen aufzuzeigen. Während er so die Fülle der Zeugnisse menschlichen gesellschaftlichen Lebens zum Gegenstand seiner Reflexion machte und in allen danach suchte, ob es einen letzten Grund gebe, von dem her sich auch das gesellschaftliche Leben erklären, ja begründen lasse, beharrte er doch unbeirrt auf der Ablehnung einer klassischen Metaphysik. Sie errichte und bestätige eine hierarchisch geordnete Welt! Simmel bestand darauf, im allerletzen, gleichsam am Horizont menschlichen Denkens eine Vielfalt und keine Einheit erblicken zu können. Es konvergieren nicht die verschiedenen Ansätze, und das „Gewölbe" bleibe unabgeschlossen, ja unabschließbar, wenn die Freiheit nicht aufs Spiel gesetzt werden solle. So weigerte er sich, *einen* höchsten Wert anzunehmen, sondern unterstellte „eine Vielheit untereinander gleichberechtigter, ja einander sogar ausschließender Werte" (Simmel, 1957, VI). Sie verweisen nach Simmel wechselseitig auf sich, der erste Wert auf den zweiten, der zweite auf einen dritten usw., in einer Verknüpfung, die sich Menschenarbeit verdankt und trotzdem nicht willkürlich ist. Der letzte Wert in dieser Reihenfolge wird sich wieder auf den ersten stützen können. Radikales Suchen behält also seinen Sinn, nur führt es eben nicht in eine Tiefe oder Höhe und legt dem Menschen auch nicht ein starres System auf. Nein, bei Simmel bleibt der Mensch einer, der immer weiter fragen muß und darf. Und dieser Kranz letzter Gründe ist eben nicht wiederum an einem noch einmal höheren Wert aufgehängt; denn dieser stände innerhalb jenes Reigens oder jener Kette von sich aneinander abstützenden Gründen: „Durch die ins Unendliche fortgesetzte Auflösung jedes starren Fürsichseins in Wechselwirkungen nähern wir uns überhaupt erst jener funktionellen Einheit aller Weltelemente, in der die Bedeutsamkeit eines jeden auf jedes andere überstrahlt" (Simmel, 1991, 120). Wir bewegen uns in der von Simmel so genannten „konkreten Unendlichkeit" oder auch „wirklichen Unendlichkeit" (1991, 120f.): „Hier ist eine immanente Grenzenlosigkeit, der des Kreises vergleichbar; denn auch diese entsteht doch nur in der völligen Gegenseitigkeit, mit der jeder Abschnitt desselben jedem anderen seine Stelle bestimmt ... Gerade nur die Bedingtheit jedes Daseinsinhaltes durch einen anderen, der in gleicher Weise bedingt ist – sei es durch einen dritten, an dem sich das gleiche wiederholt, sei es durch jenen ersten, mit dem er sich in Wechselwirkung verschlingt –, hebt die Endlichkeit des Daseins auf" (1991, 121). Dieser Kranz fädelt die Gründe der „ganzen Welt" auf. „Das Letzte, das wir erklären können, ist immer nur das Vorletzte" (Simmel, 1957, XI). Simmel war ein sehr ehrfürchtiger Mensch.

Der Mensch selbst steht in Wechselwirkungen und befindet sich im Schnittpunkt sich nicht deckender sozialer Beziehungsfelder. „Das Soziale" ist nicht ein irgendwie „Festes" und keine „Existenz für sich". Nein, „die Verbindung der Elemente ist ... nichts außerhalb der Elemente, sondern die in ihnen selbst verharrende Form ihres Zusammenseins" (Simmel, 1957, XIII). So richtete Simmel folgerichtig sein Interesse auch nicht auf „die Gesellschaft", sondern auf die „Vergesellschaftung".

Er interessierte sich für die Wechselwirkungen, genauer für deren Form. Diese Form verstand Simmel nun nicht als eine geometrische Figur, welche mit Kreide, Tinte oder Buntstift gezeichnet werden kann, ohne daß die Verräumlichung oder Verzeitlichung der Figur dem Inhalt etwas antut; auch nicht als eine Hohlform oder als Gefäß, in welches vieles gefüllt werden kann, ohne daß das Gefäß sich dadurch ändern würde. Die „Form" im Simmelschen Sinne ist *formgebende* Form, sie ist auf das Material verwiesen und prägt es. *Die Form, d. h. die Beziehung gibt das Wesen oder ist es.*

Der Mensch steht also in Beziehungen, und er ist nur von ihnen her zu verstehen. Diese Beziehungen wirken auf die Inhalte. Sie trägt ein gemeinsamer Handlungssinn. Was ist dann „objektiv"? Objektiv dargestellt ist der Gegenstand, dessen Verschränkung, Bezogenheit und wechselseitige Abstützung aufgezeigt ist.

2.3.2 Drei Anfragen stelle ich an das vielschichtige Werk Simmels:

2.3.2.1 Kommt über der Betonung der Beziehungen nicht das, worauf und von woher sie sich beziehen, zu kurz, oder, anders ausgedrückt, verschwinden nicht hinter den Relationen (Beziehungen) die Relata (das, worauf die Beziehungen sich beziehen und was sie vermitteln)? Oder läßt sich irgendein Seiendes restlos durch Angabe seiner Beziehungen aussagen, und zwar durch solche, die wir Menschen erkennen und in Sprache fassen können? Es ist einzugestehen, daß Simmels Formbegriff, der ja ganz und gar vom Relationendenken her bestimmt ist, eine Antwort bietet, doch noch einmal: Erkenne ich das Wesen eines Gegenstandes über und durch seine Beziehungen, selbst wenn ich sämtliche Beziehungen kennen würde?

2.3.2.2 Werden bei Simmels hoher abstrakter Darstellung – ab-strakt, im ursprünglichen Sinne als „abgezogen, des Konkreten entkleidet" – die gesellschaftlichen und individuellen Einflüsse auf Sozialformen genügend deutlich herausgearbeitet?

2.3.2.3 Lassen sich die verschiedenen Beziehungen noch einmal untereinander gewichten? Und wenn ja, mit welchem Kriterium?

3. Ziel und Methode der Soziologie

3.1 Ob sie bei der Suche nach den kleinsten Elementen sozialen Lebens bei der Familie, dem einzelnen, bei der Handlung des einzelnen oder gar seiner Intention ansetzt, es beschränkt die Soziologie ihren Blick auf den *Menschen* als *Mitglied der Gesellschaft*. Er kommt nur mit dem von außen her wahrnehmbaren Beziehungsfeld in den Blick, der seine Beobachtungen beschreibend auffängt.

So fragt die Kriminologie nach der Häufigkeit bestimmter Delikte je nach Bevölkerungsgruppe, der Abstammung und Erziehung von Menschen, je nach Wohn- und Arbeitsort. Sie kann aufgrund vieljähriger Beobachtung zeigen, daß eine Gesellschaft einen bestimmten Prozentsatz an Diebstahlskriminalität und Tötungsvergehen aufweist. Weshalb dies so ist, vermag Soziologie nicht mehr zu beantworten. Allenfalls kann sie noch darauf aufmerksam machen, daß es unverantwortlich wäre, für die Zukunft anzunehmen, es könnte eine starke Abweichung von den die Jahre hindurch gesammelten Daten eintreten. Wie sich aber die Willensfreiheit des Menschen mit einem relativ stabilen Satz an Verbrechen in der Gesellschaft verträgt, läßt sich mit soziologischer Methode nicht mehr beantworten.

Aus ihrer gesamtgesellschaftlichen Verantwortung, welcher jeder Wissenschaft auferlegt ist, darf die Soziologie fordern, daß die mit ihrer Methode gesicherten Ergebnisse von den Philosophen und anderen Berufsgruppen beachtet werden. Daß eineiige Zwillinge, die in einem sehr ähnlichen Milieu aufwuchsen, keineswegs straffällig werden (müssen), unterminiert die Basis mancher deterministisch ausgerichteten Philosophie. So kommt der Soziologie noch in dieser begrenzteren Sicht und dem eingeengten Selbstverständnis eine Bedeutung für das weitertreibende Fragen der Menschen zu.

3.2 *Ist Soziologie eine lediglich beschreibende oder beschreibend-zukunftsengagierte Wissenschaft*? Oder tritt sie in einer dritten Funktion auf und soll sie sie wahrnehmen?

3.2.1 Wenn sie sich als lediglich beschreibende Wissenschaft versteht, so knüpft sie an empirisch erhebbares Material an. Ermittlung über Fragebögen, Betroffeneninterviews, die in die Motivwelt vordringen und sie erforschen, oder die teilnehmende Beobachtung (Schütze, Wagner, 1994, 323) liefern den Stoff und die Grundlage für die Auswertung. Hypothesen können die Soziologen bilden, aber eben auch nur Hypothesen in der Form: „Wenn ..., dann..." Eine Bescheidung, die sich selbst ihrer Grenzen beständig bewußt sein muß, sind doch sämtliche Aussagen überholbar!

Sie verzichtet zwar gemeinhin selbst als „allgemeine Soziologie" auf Wesensaussagen, wie etwa: Was ist Gesellschaft?, was ist der Mensch? und was die Familie?, und arbeitet vielmehr Beziehungen heraus, welche der Beobachtung, dem Zählen und Messen zugänglich sind. Und doch darf sie nach Ansicht von Soziologen die Frage „nach den Bedingungen der Möglichkeit sozialer Ordnung" (Schütze, Wagner, 1994, 328) stellen. Welche Elemente nötig sind, damit ein soziales Gebilde als Gebilde und das heißt eben, in der Zeit, bestehen kann, beschäftigt sie. Sie wächst in das Feld der Sozialphilosophie hinein: eine dritte Funktion!

3.2.2 In der beschreibend-*engagierten* Soziologie lernt der Mensch sich als soziales Wesen zuerst einmal genauer kennen. Die Soziologie hält ihm einen Spiegel vor. Hier gabelt sich der Weg: *Eine* Spielart engagierter Soziologie will den Menschen mündiger und die Gesellschaft gerechter machen. Sie will der Gesellschaft helfen, sich systematisch durchzumustern, aufgeklärter und selbstbewußter zu werden und für mehr Gleichheit unter Bewahrung der Freiheit zu sorgen. Heutzutage käme noch dazu, die Belange der *einen* Welt sich zu eigen zu machen. Eine *zweite* Spielart würde eine Soziologie bieten, der es darum ginge, ausreichend geeignete Mittel zur Verfügung zu stellen, um die Zukunft meistern zu können. „Prévoir pour pourvoir", „Vorhersehen, um zu gestalten", so gab Comte sein inneres Anliegen preis. Wie ist aber die Zukunft zu erkennen? Es läßt sich beispielsweise sagen: Die und jene Ressource ist aufgebraucht, diese und jene soziale Gestalt verschwunden, also ist mit ihr in naher Zukunft zumindest nicht mehr zu rechnen. Vermag sie mehr – in gesicherter Weise? Kritisch bleibt anzumerken, daß es unsicher und ungesichert bleibt, woher sich die Prognosen bestimmen, ob die sie bestimmenden, ja verfälschenden Faktoren genügend berücksichtigt sind und daß immer noch offen ist, vor welchen Gefahren gewarnt und auf welche Verpflichtungen aufmerksam gemacht werden soll.

4. Institution

Neben dem einzelnen Menschen in seinem Gefüge richtet die Soziologie ihren Blick im besonderen auf die Institution und die Rolle.

4.1 Der *Begriff* der „Institution" findet in unserer Sprache eine weite und vielfältige Verwendung für etwa „die Verfestigung von Handlungen zu einer erwartbaren Aktion und Reaktion", „ein Gesamt an Sach- und Personenmitteln" oder „eine rechtlich abgegrenzte Anstalt", welche ihr Tätigkeitsfeld im gesellschaftlich-politischen Feld hat. Arnold Gehlen (1904–1976) nennt sie

> „dauernde(s) Gefüge menschlichen geordneten Zusammenwirkens ... zur gemeinsamen Bewältigung typischer Lebenssituationen" (1961, 138).

Die Bedrohtheit des Menschen ist Horizont und seine Hilflosigkeit Ansatzpunkt dieser Begriffsbestimmung, die aus Pessimismus und Lebensernst geboren ist (1961, 59). Hingegen M. E. Spiro:

> „Alle Institutionen bestehen aus *Glaubenssystemen*, d. h. einer dauerhaften Organisation von Denkinhalten über einen oder mehrere Aspekte der Welt, *Handlungssystemen*, einer dauerhaften Organisation von Verhaltensmustern, deren Bestimmung es ist, sich Mittel für die Befriedigung von Bedürfnissen zu verschaffen, und *Wertsystemen*, einer dauerhaften Organisation von Prinzipien, nach denen Verhalten gemäß einer Verdienstskala bewertet werden kann" (1966, 98; zitiert in: Vivelo, 63).

Diese Beschreibung ist umfassender und neutraler als die Gehlensche gehalten. Von dem Systemdenken her geprägt, vernachlässigt sie aber den geschichtlichen Aspekt und ist wenig durchsichtig auf den einzelnen Menschen. Er ist in dieser Umschreibung kein Gegenüber der Institution, sondern „funktioniert" in ihr als ein unselbständiger Systemteil.

Als Institutionen wurden bezeichnet: die Familie, der Staat, das Wirtschaftssystem und das politische System, die Kirche, die Handwerkskammer, die Universität und vieles mehr.

4.2 Ist die Institution aber *notwendig* und auch heute noch notwendig? Mit anderen Worten: Sind Familie, Staat, Kirche und Universität nötig und wenn, wozu nötig? Die Antworten, welche die europäische Geistesgeschichte erteilte, legten die Betonung je nach dem philosophischen Horizont darauf, daß Institutionen

a) der Vervollkommnung menschlichen Lebens dienen; sie helfen dem Menschen, sein Ziel zu erreichen (aristotelischer Ansatz);
b) unerläßlich für eine verläßliche Ordnung zwischen den Menschen sind (Ansatz Max Webers);
c) dem „Mängelwesen" Mensch die ihm notwendigen Ergänzungen liefern (Ansatz Arnold Gehlens);
d) mehr oder weniger versteckt Herrschaft des Menschen über den Menschen errichten und nicht zur Emanzipation, sondern eher zur Unmündigkeit des Menschen beitragen (Ansatz Herbert Marcuses).

Zu a) Aristoteles (384/83–322/21) schreibt in der „Politik":

> „Sofern nämlich der Einzelne nicht autark für sich zu leben vermag, (so) wird er sich verhalten wie auch sonst ein Teil zu einem Ganzen.
> Wer aber nicht in Gemeinschaft leben kann oder in seiner Autarkie ihrer nicht bedarf, der ist kein Teil des Staates, sondern ein wildes Tier oder Gott. Alle Menschen haben ... von Natur den Drang zu einer solchen Gemeinschaft, und wer sie als erster aufgebaut hat, der ist ein Schöpfer höchster Güter.
> Wie nämlich der Mensch, wenn er vollendet ist, das beste aller Lebewesen ist, so ist er abgetrennt von Gesetz und Recht das schlechteste von allen" (I.2.1253a 26–33).

Der Begriff der „Autarkie" bedeutet Selbstgenügsamkeit, „autark sein" heißt sich selbst genug sein. Der Mensch und somit sein Freiheitsvermögen sind auf Vervollkommnung angelegt. Allein und auf sich gestellt vermag der Mensch sich aber nicht zu vollenden. Auch reicht das Familienleben dazu nicht aus. Die Freiheitsbetätigung des Menschen findet erst in dem öffentlichen Raum gemeinsam getragener Verantwortung ihre volle Gestalt. Aristoteles nennt diesen Raum die „Polis". Die Größe dieser Institution und die Zahl seiner Bewohner hängt von der Gestaltungsfähigkeit der Freien, auch Bürger geheißen, ab. Wenn in ihr und solange in ihr Kommunikation eines jeden mit jedem es ermöglicht, in Freiheit und Gleichheit zusammenzuwirken, ist die Beratungs- und Entscheidungsfähigkeit des mündigen Menschen weder unter- noch überfordert und doch bis ins Äußerste herausgefordert. Der Mensch ist als Gestalter und Gestalteter mit allen anderen und für alle anderen in Freiheit tätig.

Zu b) Diese Funktion von Institution hob Max Weber (1864–1920) in seinen „Soziologischen Grundbegriffen" von 1920 pointiert hervor. Die Einführung in sein monumentales Werk „Wirtschaft und Gesellschaft" unterteilt Weber in 17 Paragraphen. Die Mitte, § 8, handelt vom „gegen einander stattfindenden (latenten) Existenzkampf menschlicher Individuen oder Typen um Lebens- oder Überlebenschancen". Auslese findet durch Konkurrenz und „aktuelle physische Gewaltsamkeit" statt. Diesen Kampf beenden oder verhindern die von Weber sogenannten „geschlossenen sozialen Beziehungen" (§ 10). In ihre alleinige Zuständigkeit fällt es, nun zu bestimmen, wer, was und wie etwas sich durchsetzt. Sie entwickeln „Vertretungsverhältnisse", die zugleich „Zurechnungsverhältnisse" sind (§ 10), und schließlich ein hierarchisches Gefüge zwischen „Anführern" und „Verbandsmitgliedern" (§ 12). Verbände können Gebietsverbände, wie der Staat, oder Personenverbände, wie die Kirche, sein (§ 15). Als Institutionen treten sie dem offenen oder verborgenen Kampf entgegen, befrieden und verteilen unentziehbare Chancen, wie Eigentums- und Lebensrechte. Anders als für Aristoteles und die ihm folgende politische Philosophie [unter a)] geht es also erstens nicht um Vervollkommnung, sondern um Überleben (und anschließend um andere Zwecke); deren sind so viele angesichts der Pluralität der Meinungen, daß Weber es zweitens für

> „nicht möglich [hält], einen politischen Verband – auch nicht: den ‚Staat' – durch Angeben des Zweckes seines Verbandshandelns zu definieren" (§ 17, 2. Absatz). Er lasse sich nur noch „durch das – unter Umständen zum Selbstzweck gesteigerte – *Mittel* definieren, welches nicht ihm allein eigen, aber allerdings spezifisch und für sein Wesen *unentbehrlich* ist: die Gewaltsamkeit." Etwas weiter fügt M. Weber hinzu: „Dieser Monopolcharakter der staatlichen Gewaltherrschaft ist ein ebenso wesentliches Merkmal ihrer Gegenwartslage wie ihr rationaler ‚Anstalts'- und kontinuierlicher ‚Betriebs'-charakter" (ebenda, § 17, 3. Absatz).

Institutionen lassen sich demnach unterteilen in solche, welche die staatliche Gewaltherrschaft ausüben oder an ihr teilhaben, und solche, die nicht derart geschützt oder bewehrt sind. Alle aber helfen den im Konkurrenzkampf Schwächeren und den physisch von Menschen Bedrohten. Der Ausleseprozeß findet unter ihnen zwar statt, doch entschärft und verlangsamt ihn die Institution ein wenig. Ein gemäßigter Sozialdarwinismus bestimmt Webers Position zu Freiheit und Institution.

Zu c) Der eingangs bereits zitierte Arnold Gehlen legte den Menschen vom Tier her aus. Er griff auf Fr. Nietzsches Wort vom Menschen als „dem nicht festgestellten Tier" zurück und nannte selbst den Menschen „das instinktverlassene Wesen", „weltoffen und instinktarm" (1961, 23 und 69), den Verführbaren und Haltlosen, kurz, ein Mängelwesen. Grundeigenschaften des Menschen sind:

> „... die Plastizität und Flüssigkeit auch der Instinktqualitäten. Um den Zusammenhang zwischen dieser Unbestimmtheit und Unvoraussagbarkeit des menschlichen Verhaltens, von den Antrieben her gesehen, und den Institutionen klarzumachen, zitiere ich am besten die kurze Formel von Ilse Schwidetzki ...: ‚Die Instinkte bestimmen beim Menschen nicht, wie beim Tier, einzelne festgelegte Verhaltensabläufe. Statt dessen nimmt jede Kultur aus der Vielheit der möglichen menschlichen Verhaltensweisen bestimmte Varianten heraus und erhebt sie zu gesellschaftlich sanktionierten Verhaltensmustern, die für alle Glieder der Gruppe verbindlich sind. Solche kulturellen Verhaltensmuster oder Institutionen bedeuten für das Individuum eine *Entlastung* von allzu vielen Entscheidungen, einen Wegweiser durch die Fülle von ... Reizen, von denen der weltoffene Mensch überflutet wird'" (1961, 70f.).

Im Innern des Menschen vermag die Moral ihm Halt zu geben, während die Institutionen als „Außenstützen, als Halt gebende Verbindungstücke zwischen den Menschen funktionieren" (1961, 23), so daß die Menschen zuverlässig moralisch handeln. Institutionen machen Leben berechenbar, nehmen Entscheidungen ab und treffen sie für uns im voraus. Indem sie den Menschen einerseits entlasten, erlauben sie ihm, ein Leben höherer Selbstbestimmung zu leben. Sicherlich, sie selbst wandeln sich auch. Deshalb sind Institutionen zu pflegen, zu kultivieren und zu stärken. Wer sie zerstört, entzieht sich den Boden sozialen Lebens (Gehlen, 1962, 23f.). Der zuallererst von den Institutionen freigesetzte subjektive Lebensstil würde sein Maß verlieren und der „Subjektivismus" sich nicht bloß steigern, sondern „übersteigern" (Gehlen, 1961, 74).

Gehlen rückt somit die Institution in den Rang einer anthropologischen Größe, denn die Institution ergänzt, was an der natürlichen Ausstattung des Menschen fehlt. Der Blick auf die Natur des Menschen und der für Gehlen drohende Rückfall in sie läßt ihn rufen: „Zurück zur Kultur!" (1961, 59f.) *Das* Kulturprodukt Institution ist dem unberechenbaren Wesen Mensch wenigstens ein wenig Halt und Hilfe zur Stabilisierung. Doch leugnet Gehlen keineswegs, daß die Institutionen ein Eigenleben gewinnen können (1961, 71).

Während Aristoteles die Vervollkommnungsfähigkeit und -bedürftigkeit des Menschen durch den Blick auf den Menschen selbst, allenfalls durch den Vergleich des Menschen mit Tier *und Gott* erhebt, stellt Gehlen einen Vergleich mit dem Tier an. Verlangt bei Weber der zumindest latente Kampfzustand zwischen den Menschen nach der Institution, so die Instinktarmut bei Gehlen. Dieser Ansatz am Mangel läßt die Vorzüge des Menschen und seine Eigenart zurücktreten oder kann sie für unerheblich erklären. Gehlen selbst versucht, solcher Verzerrung des Menschenbildes gegenzusteuern (1962, 165, 381ff.). Indem Gehlen kein Ziel mehr gelten läßt, auf das menschliches Leben sich ausspannt, bedeutet Freiheit bei ihm Selbstentfaltung ohne vorgegebenes Ziel. Freiheit schöpft bei Gehlen aus sich und anerkennt keine Grenze.

Zu d) Wer Freisein als unabhängig von Fremdbestimmung versteht und sich nur dem Gebot unterwerfen will, das er selbst veranlaßt und beschlossen hat, wird Institutionen, die sich nicht auf einen solchen Ursprung berufen können, vorwerfen, daß sie entfremden, und sie ablehnen. Herbert Marcuse (1898–1979) schreibt 1966:

> „Das Individuum im vollen ‚klassischen' Sinn, als wahres Selbst, scheint jetzt nur *gegen* seine Gesellschaft möglich, wesentlich im Konflikt mit den etablierten Normen und Werten; es ist fremd, ein Außenseiter oder gehört zur ‚inneren Emigration'. In dieser Gesellschaft kann sich das Individuum nicht erfüllen, nicht zu sich selbst kommen, das ist der Tenor der repräsentativen Literatur wenigstens vom Sturm und Drang bis zu Ibsen. Im unvermeidlichen Kampf mit der Gesellschaft geht das Individuum ... entweder unter oder resigniert – es verzichtet auf jene kompromißlose Freiheit, jenes Glück, das einmal Versprechen und Ziel der ‚Entwicklung' war" (1966, 170f.).

Wer Institutionen bejaht, unterlag im Vorfeld einer ihm oft unbewußten Bearbeitung („Produktion") und Einprägung. Sein Ja ist „reproduziert". Marcuse selbst gibt aber zu, daß der Gegensatz von Organisation und Freiheit ein ideologischer sei:

> „So richtig es ist, daß Freiheit sich nicht organisieren läßt, so erfordern die materiellen, technischen (und vielleicht sogar geistigen) Vorbedingungen der Freiheit doch Organisation"; und er fährt fort: „Nicht das Anwachsen von Organisation ist zu rügen, sondern das Anwachsen schlechter, ausbeuterischer Organisation" (Marcuse, 1966, 181).

Im Gegensatz zu Aristoteles setzte Marcuse den Akzent eher auf das Individuum; seine Vervollkommnung steht in Frage. Es ist anders als bei Weber nicht vom anderen Menschen in erster Linie, sondern durch die wirtschaftlich-politische „Apparatur" bedroht (und bereits beschädigt). Was dem Menschen fehlt, ergibt sich nicht aus einem Vergleich mit dem Tier wie bei Gehlen, sondern im Messen an einem Zustand der Freiheit und Gleichheit, welcher die schöpferische Kraft freilegt.

4.3 *Sittlicher Umgang gegenüber Institutionen*

Er soll in Bezugnahme auf die oben unter a) bis d) genannten „Notwendigkeiten" näher bestimmt werden.

Zu a): Nur handelnd kann der Mensch die Freiheitsmöglichkeiten offenhalten, doch darf und kann das Streben nach Vervollkommnung (auf ein Telos hin; von diesem Streben handelt die Teleologie) nie zu Lasten anderer gelingen, es wäre dann auch keines. Vervollkommnung kann nur gemeinsam gelingen oder gar nicht. Athen war zu *dieser* Form von Demokratie nur durch die Sklavenhaltung fähig. Wo in einer modernen pluralen Gesellschaft die aristotelische Teleologie nicht konsensfähig, ein Grundkonsens aber unverzichtbar ist, dort kann eine Rückbesinnung darauf hilfreich sein, daß „es im menschlichen Leben Grundstrukturen gibt, die unverändert bestehen, solange der Begriff ‚menschlich' eine Gattung mit aufrechtem Gang bezeichnet ..." (Luckmann, 1980, 197f.). Grundstrukturen gibt der Körper mit seinen Nahrungsbedürfnissen, seiner Sexualität, seiner Gesellschaftlichkeit und Geschichtlichkeit zu erkennen. Von dieser Position aus läßt sich ein Maßstab zur Bewertung der grundsätzlich bejahten Institutionen finden: Helfen sie dem Menschen, in und mit diesen Strukturen sein Leben zu finden?

Zu b): Schnell, vielleicht oft allzuschnell erhebt sich der Alarmruf, daß die Gewalt in der Gesellschaft steige und daher starke Institutionen nötig seien. Es ist sowohl der Grad als auch die Art der Gewalt nüchtern zu prüfen, nach ihren Ursachen ist zu fragen und ob ein starker Staat deshalb *das* Hilfsmittel auf lange oder kurze Sicht sei. Selbst wenn er es wäre, so ist kein Bewohner von der Prüfung der Institutionentätigkeit entbunden: ob die Eingriffe sachgemäß, verhältnismäßig und gemäß dem Maßstab der Menschenwürde und Freiheit erfolgen.

Zu c): „Zurück zur Kultur!“? Ja, insoweit sie zu einem höheren Maß an Selbstbestimmung und frei gewählten Lebensentscheidungen beiträgt. Hinsichtlich der Entlastungsfunktion der Institution bleibt zu fragen: Wo darf ich mir nichts abnehmen lassen, wo keine Stellvertretung dulden? Welches sind die unverzichtbaren Rechte, und wie verpflichtend ist ihre Ausübung?

Zu d): Aus welchem Zustand heraus soll die Emanzipation erfolgen? Gibt es vielleicht auch Halterungen und Bindungen, die dem Menschen nötig sind? Und woraufhin ist er zu befreien? Oder darf die Zielangabe vernachlässigt werden? Kann auf sie eine Gesellschaft völlig verzichten?

5. Sozialisation und Rolle

5.1 *Die Sozialisation*

Während die ‚primäre' *Sozialisation* hauptsächlich der Einübung in das mitmenschliche Gemeinschaftsleben dient, übt die ‚sekundäre' Sozialisation die verschiedenen Rollen des gesellschaftlichen Lebens ein. Ort der primären Sozialisation ist in aller Regel die Familie. Sie ist zugleich eine Art Auffang und Zuflucht bei den Verunsicherungen und Überforderungen, welche das Leben in dem Raum der sekundären Sozialisation mit sich bringt.

> „Während das Kind bestimmte triebhafte Bedürfnisse von vornherein mitbringt und weitere im Laufe der physischen Entwicklung von sich aus produziert, braucht es zur Entwicklung eines angemessenen Ichs und Über-Ichs – obwohl auch dafür die Anlagen in seinen Genen mitgebracht sein müssen – die Hilfe anderer Menschen“ (Brauneck, 1974, 187f.).

Der Mensch muß sie erst lernen und sich immer wieder aneignen, Mitglied der Menschheit und ihrer Verbände zu sein.

5.2 *Der Rollenbegriff*

Er ist unscharf und vieldeutig. Rollen sind: „Deutsche(r)“, „Staatsbürger(in)“, „Koch“, „Köchin“, „Krankenpfleger(in)“ etc.

> Rolle läßt sich verstehen als ein „Bündel von Erwartungen, die sich in einer gegebenen Gesellschaft an das Verhalten der Träger von Positionen knüpfen ... Insofern ist jede einzelne Rolle ein Komplex oder eine Gruppe von Verhaltenserwartungen“ (Dahrendorf, 1977, 20). Die Rolle „ist eine Anweisung für das Verhalten, das von einer Person in einer bestimmten sozialen Position erwartet wird. Man ‚spielt' eine Rolle, d. h. man setzt das angemessene Verhalten in Handlungen um“ (Vivelo, 1981, 160). Ein dazugehörender Begriff ist der des „Status“. Er „ist eine Position oder ein Platz, den eine Person innerhalb einer Gesellschaft innehat ... Das angemessene, dem Status entsprechende Verhalten, das man im Zusammenhang mit demselben erwartet, wird als Rolle bezeichnet“ (Vivelo, 1981, 160).

Wo Menschen sozial verbunden leben, gibt es immer auch Rollen. Sie sind nicht Kennzeichen komplexer Gesellschaften. Auch in einfach strukturierten zahlenmäßig kleinen Gesellschaften ist die Frau z. B. Mutter, Sammlerin von Früchten, Erzählerin etc. Das Erleben der Rollen, ihre Abgrenzung, die Möglichkeit, zwischen ihnen zu wechseln, die Pflicht, in ihnen zu bleiben, dies unterliegt kulturellem Wandel. Entfremdet die Rolle den Menschen von sich, wenn er sie spielen muß, oder gehört sie zum (sozialen) Menschsein?

5.3 *Die Bedeutung bzw. Funktion der Rolle*

„Das kulturelle System wird [für Parsons] über Prozesse der Institutionalisierung in das soziale System und durch Sozialisation und Internalisierung in die Persönlichkeit integriert. Soziale Rollen sind dabei die Grundelemente sozialer Systeme; ihre Verinnerlichung gewährleistet Integration und damit Stabilisierung des Systems als Ganzes ..." (Wörterbuch der Soziologie, 1989, 548ff.).

Die Polemik Adornos setzt an einem solchen Verständnis an; werde doch der Mensch gerade durch die Rolle (jede?) sozusagen in Teilaspekte aufgetrennt, komme als ganzer nicht in den Blick und sei somit auch leichter beherrschbar:

> „Der Rollenbegriff sanktioniert die verkehrte schlechte Depersonalisierung heute: Unfreiheit, welche an die Stelle der mühsamen und wie auf Widerruf errungenen Autonomie tritt bloß um der vollkommenen Anpassung willen, ist unter der Freiheit, nicht über ihr. Die Not der Arbeitsteilung wird im Rollenbegriff als Tugend hypostasiert" (Adorno, 1982, 274f.).

5.4 *Die sittliche Beurteilung*

Die *Sozialisation* soll dazu führen, das Kind zur eigenen Entscheidung zu befähigen. Es soll sich „in dem kulturell geforderten Umfang aus der Elternfamilie lösen" können. „Dafür ist das Sexualverbot zwischen Eltern und Kindern und unter Geschwistern von besonderer Bedeutung" (Brauneck, 1974, 188). Sittlich gesehen, muß der Mensch darum wissen, daß eine völlige Gleichsetzung mit einer gesellschaftlichen *Rolle* unverantwortlich ist, und erst recht mit *einer* gesellschaftlichen Rolle. Der Mensch ist mehr als jede von ihm auszufüllende Rolle. Rollen können nur bei verweigerter, zumindest fehlender Totalidentifizierung, mit sogenannter ‚Rollendistanz' und durch Ich-Leistungen verändert, neu gemacht und – auch neu übernommen werden.

LITERATUR

Adorno, Theodor W., Negative Dialektik (1966) (Bd. 6 der Ges. Schr.) Frankfurt/M.: Suhrkamp, 1982.

Aristoteles, Politik. Übers. u. hrsg. v. Olof Gigon. Zürich, München: Artemis, [3]1978.

Aurelius Augustinus, Der Gottesstaat. Aus d. Lat. übertr. v. Wilhelm Thimme. Eingel. u. kommentiert v. Carl Andresen. 2 Bde. München: Deutscher Taschenbuch Verlag, 1977 u. 1978.

Brauneck, Anne-Eva, Allgemeine Kriminologie. Reinbek b. Hamburg: Rowohlt, 1974.

Claessens, Dieter, Rolle und Macht. München: Juventa Vlg., [2]1970.

Comte, Auguste, Rede über den Geist des Positivismus (Discours sur l'esprit positif, Paris, 1844). Übers. v. I. Fetscher. Hamburg: Meiner, 1956.

Dahrendorf, Ralf, Homo Sociologicus. Ein Versuch zur Geschichte, Bedeutung und Kritik der Kategorie der sozialen Rolle. Wiesbaden: Westdeutscher Vlg., [15]1977 (im Text zitiert nach 3. Aufl.).

Gehlen, Arnold, Anthropologische Forschung. Zur Selbstbegegnung und Selbstentdeckung des Menschen. Reinbek b. Hamburg: Rowohlt, 1961.

Gehlen, Arnold, Der Mensch. Seine Natur und seine Stellung in der Welt. Frankfurt/M., Bonn: Athenäum, [7]1962.

Griese, Hartmut M., Art. „Rolle", in: Wörterbuch der Soziologie. Stuttgart: Enke, dtv, 1989, 547–553.

Hipp, Markus, Identität durch Verantwortung. Zum zentralen Anliegen Václav Havels. München (Magisterarbeit – Hochschule für Philosophie, München 1994).

Joas, Hans, Die gegenwärtige Lage der soziologischen Rollentheorie. Frankfurt/M.: Athenäum, [3]1978.

Joas, Hans, Rollen- und Interaktionstheorien in der Sozialisationsforschung. In: ders., Pragmatismus und Gesellschaftstheorie. Frankfurt/M.: Suhrkamp, 1992, 250–280.

Lipp, W., Hofmann, H., Hubig, Ch., Art. „Institution", in: Staatslexikon. Recht, Wirtschaft, Gesellschaft in 5 Bdn. Hrsg. v. d. Görres-Ges. 3. Bd. Sp. 99–109. Freiburg u. a.: Herder, [7]1987.

Luckmann, Thomas, Rationalität der Institutionen im modernen Leben, in: ders., Lebenswelt und Gesellschaft. Grundstrukturen und geschichtliche Wirklichkeit. Paderborn u. a.: Schöningh, 1980, 190–206.

Marcuse, Herbert, Das Individuum in der ‚Great Society' (ursprüngl. 3. Kap. von „A Great Society". New York 1966). In: ders., Ideen zu einer kritischen Theorie der Gesellschaft. Frankfurt/M.: Suhrkamp, 1969, 157–184.

Mead, George H., Geist, Identität und Gesellschaft aus der Sicht des Sozialbehaviorismus. Frankfurt/M.: Suhrkamp, 1934.

Parsons, Talcott, The social System. London: Glencoe, 1951.

Rawls, John, Eine Theorie der Gerechtigkeit (A Theory of Justice, 1971). Frankfurt/M.: Suhrkamp, 1979.

Schelsky, Helmut, Ist die Dauerreflexion institutionalisierbar?: Zeitschr. f. Evang. Ethik 1 (1957), 153–174.

Schütze, Yves, Wagner, Martin, Familiensoziologie, in: Harald Kerber und Arnold Schmieder (Hrsg.), Spezielle Soziologien. Problemfelder, Forschungsbereiche, Anwendungsorientierungen. Reinbek b. Hamburg: Rowohlt, 1994, 323–343.

Simmel, Georg, Brücke und Tor. Essays des Philosophen zur Geschichte, Religion, Kunst und Gesellschaft. Im Verein mit M. Susman hrsg. v. M. Landmann. Stuttgart: Koehler, 1957. Neuausgabe: Berlin: Wagenbach, 1984.

Simmel, Georg, Philosophie des Geldes (1900). Gesamtausgabe Bd. 6. Hrsg. v. D. P. Frisby und K. Chr. Köhnke. Frankfurt/M.: Suhrkamp, [2]1991.

Spiro, Michael Edward, Art. „Religion: Problems of Definition and Explanation", in: Banton, Michael (Hrsg.), Anthropological Approaches to the Study of Religion. London: ASA Monographs 4, 1966.

Vivelo, Frank Robert, Handbuch der Kulturanthropologie. Eine grundlegende Einführung. Hrsg. u. mit einer Einleitung v. Justin Stagl. Aus dem Amerik. (1978) v. Eva Stagl. Stuttgart: Klett-Cotta, 1981.

Weber, Max, Soziologische Grundbegriffe (1921). Einf. v. Johannes Winckelmann. Tübingen: Mohr, [5]1981.

Weber, Max, Die Objektivität sozialwissenschaftlicher und sozialpolitischer Erkenntnis (Archiv f. Sozialwissenschaft u. Sozialpolitik 19 [1904] 22–87). In: Schriften zur Wissenschaftslehre. Hrsg. u. eingel. v. M. Sukale. Stuttgart: Reclam, 1991, 21–101.

Wörterbuch der Soziologie in 3 Bdn. Hrsg. v. Günter Endruweit und Gisela Trommsdorff. Stuttgart: Enke & dtv, 1989.

Wössner, Jakobus, Mensch und Gesellschaft. „Kollektivierung" und „Sozialisierung". Ein Beitrag zum Phänomen der Vergesellschaftung im Aufstieg und in der sozialen Problematik des gegenwärtigen Zeitalters. Berlin: Duncker & Humblot, 1963.

2.8 Der Mensch als zoon politikon

Norbert Brieskorn SJ

Wer den Individualismus dem Kollektivismus gegenüberstellte, tat dies nicht immer um einer bloß gedanklichen Klärung willen, sondern versuchte eine Wahlentscheidung herbeizuführen oder gar zu erzwingen: entweder für oder gegen eines dieser Extreme, was aber nicht schon hieß, für das jeweilige andere zu sein. Wer den Individualismus verurteilte, mußte deswegen noch kein Anhänger des Kollektivismus sein, und wer sich gegen den Kollektivismus erklärte, befürwortete deswegen noch nicht den Individualismus. Oder man forderte dazu auf, zwischen den beiden Extremen die rechte (oder die linke?) Mitte zu finden. Dann sprach man z. B. von einem „dritten Weg". Dieser Beigeschmack aufgezwungener Wahl haftet der Diskussion bis heute noch an.

A. DER INDIVIDUALISMUS

1. *Begriff*

1.1 Begriffliche Abgrenzung

Vom Individualismus ist die „Individualität" abzugrenzen; sie meint die natürlich-kulturelle, die geerbte und erworbene Eigenart eines Menschen, die ihm eine unverwechselbare und von anderen Menschen sich abhebende Kontur verleiht. Während das „Individuum", ein dem griechischen Wort átomos nachgebildetes lateinisches Kunstwort, den Menschen in seiner besonderen Einmaligkeit und nicht bloß eine Eigenschaft meint.

Individualismus bezeichnet eine Geistesrichtung. Sie ist nicht mit „Egoismus" gleichzusetzen, der auf einer anderen Ebene tätig wird. Kurz gesagt: Eine egoistische Haltung einzunehmen, lag immer in der Möglichkeit des Menschen, während die individualistische Haltung typisch für die Neuzeit ist. „Egoismus" ist gleichsam eine eher „naturale" Möglichkeit des Menschen, Individualismus eine eher kulturelle und ein geschichtliches Produkt.

Egoismus ist die Haltung, welche das Ich, seinen unterstellten Nutzen und sein Wohl in alle Überlegungen einbringt und zum obersten Gesichtspunkt erhebt: Was dem Ich nützt, ist vorzuziehen, was ihm schadet, abzulehnen. Die Gegenhaltung wäre die Haltung des „Altruismus", die sich dem anderen zuwendet und dabei die Selbstverschwendung in seinem Dienst nicht scheut, den sie in einer Haltung der Ichvergessenheit verrichtet. Altruismus kann sich in zwei Richtungen entfalten: Er kann partikulare oder universale Züge annehmen, d. h. sich der Gemeinschaft der nah Zusammenlebenden zuwenden oder sich einem jeden Menschen, gleich an welchem Orte er lebt, verpflichtet fühlen. Der *Patriotismus* wäre eine Unterart des Altruismus und würde sich auf einer Zwischenebene entfalten, zwischen der engeren Gemeinschaft und dem universalen Engagement. Mitleid, Wohlwollen oder Sympathie können zu altruistischem Handeln oder Unterlassen führen. Dasselbe äußerlich wahrnehmbare Verhalten, die geleistete Hilfe etwa, kann aber auch Folge von Schuldgefühlen, nicht ausgetragenen seelischen Konflikten, von neugierigem Interesse und der Wißbegierde sein. Doch sollte dann nur in einem eingeschränkten Sinne von altruistischem Handeln die Rede sein, höchstens eben von einem äußerlich ähnlichen Verhalten. Die letztgenannten Gründe entspringen nicht der Sorge um den Nächsten, sondern der Sorge um sich selbst. Auch ausdrücklich egoistische Beweggründe können zur Hilfe für andere führen. Zu egoistischem wie altruistischem Handeln (oder Unterlassen) kann ein vielleicht gar nicht so selten gegebenes, sehr gemischtes Bündel an Beweggründen führen. Schief wäre es, Phantasie und Kreativität vorrangig mit altruistischem Handeln zu verbinden. Auch egoistisches Handeln kann sich schöpferischer Planung verdanken und phantasievoll verlaufen. Beobachtbar ist, daß altruistisches Handeln sich schneller als egoistisches Tun erschöpft. Altruismus allerdings, welcher auch einen Nutzen (Gemeinschaftserlebnis, Weiterbildung etwa) für den Handelnden zeitigt, ist beständiger und hält durch. Zudem weitet er sein Verständnis für Zusammenhänge auf das für Geschichte aus.

Da nun Egoismus und Altruismus sich auf derselben Ebene gegenüberstehen (konträr), nicht aber der Individualismus, so vermag individualistisches Handeln sich stärker auf ein sowohl egoistisches wie auch altruistisches Handeln hin auszuprägen. Es gäbe also auch ein aus dem Individualismus entstehendes altruistisches Verhalten!

Beide, Egoismus und Altruismus, können sich übersteigern und verkehren, der eine in den „Egotismus", eine übersteigerte Ichbezogenheit[1], Altruismus kann zur mißbilligenswerten Vernachlässigung der eigenen Belange ausarten.

1.2 *„Individualismus"* bezeichnet hingegen nicht eine zu allen Zeiten und in allen Gesellschaften mögliche soziale Haltung, sondern ein Verständnis des Menschen von sich selbst, welches sich unter verschiedenen Einflüssen in Europa ab dem Spätmittelalter immer umfassender und tiefer verbreitete. Der Individualismus des 18. Jahrhunderts läßt sich mit einem Bild kennzeichnen, das Rousseau im Vorwort seines Zweiten Diskurses von 1755 verwendete. Eine Statue war ins Meer gefallen, von Algen und Muscheln überwachsen und vom Meerwasser angefressen worden. Doch vermochte es nach der Bergung geschickte Kunst, die Überlagerungen abzulösen und die ursprüngliche Gestalt der Statue freizulegen

(Rousseau 1983, 63–75; 1964, 122–127). Dementsprechend hatte der Individualismus sich einer Freilegungsarbeit verschrieben. Der Mensch sollte von allem Zeitbedingten, geschichtlich Geprägten wie auch seiner eigenen Biographie befreit werden. Sein Kern war freizulegen. Dieser nun war „der" Mensch, in seiner allgemeinsten Einfachheit und zugleich in dem größten bleibenden Reichtum, nämlich der Menschheit in ihm. Nur diese Allgemeinheit zählte, nur sie verband in wahrer und nicht gekünstelter Gleichheit und beglückte: Das Mensch-Sein als immer befreites, aufgeklärtes Menschsein! Das Leben in der Zeit, die Bejahung der Traditionen und das Mitmachen mit all den zeitbedingten Moden würden den Blick auf „den" Menschen verdunkeln. Etwas überspitzt gesagt, trat Kultur gegen Kultur an, die schöpferische Arbeit des Menschen galt der Beseitigung der Zeit-Spuren und kulturellen Einprägungen. Der Mensch arbeitete sich zurück, indem er sich befreite. Diesem Zeitalter verdanken wir die „Menschenrechte", Rechte, die „dem" Menschen diesseits aller besonderen Ausstattungen zustehen, ohne Berücksichtigung der verschiedenen Sprachen, der unterschiedlichen Religions- und Konfessionszugehörigkeit, der Nationalität oder des Geschlechts. Der Mensch sollte ein allgemeiner werden. Die bleibende Verschiedenheit des einen Menschen vom anderen und vor allem seine je einzigartige Lebensgeschichte erfuhren hierbei aber keine ausreichende Würdigung.

In der Abwehr gegen die gesellschaftlich, staatlich und auch durch persönliche Vorlieben auf den Menschen eindringenden Zwänge vereinte sich der Individualismus des beginnenden 19. mit dem des 18. Jahrhunderts. Er unterschied sich jedoch von ihm darin, daß es ihm darauf ankam, den Menschen als einen besonderen und einzigartigen ernstzunehmen, denn er könne gar nie Doublette oder Kopie, schlichte Nachahmung eines anderen sein. Man dürfe nicht beim Leben aus der „Menschheit" stehen bleiben; beziehungsweise sei diese Menschheit immer eine alle verbindende und jeden Menschen zur Einzigkeit berufende. Die Menschheit selbst fordere und fördere die im Menschen zusätzlich zu dem Allgemeinen angelegte Einzigartigkeit. Die Menschenrechte wurden jetzt weniger als Programm des allgemeinen Menschen oder als ein Ziel des Allgemeinwerdens aufgefaßt, das dem Kampf gegen die Privilegien soviel Schwung verliehen hatte. Im 19. Jahrhundert gewannen vielmehr die Menschenrechte eher den Charakter einer Plattform, von welcher aus sich Eigenart zu entwickeln und Konkurrenz sich aufzubauen vermochte. Man betrachtete sie als ein Rastermuster, welches einem jeden Menschen zur freien, um die anderen erst einmal unbekümmerten Entfaltung verhelfen konnte. Die deutsche Romantik dürfte Wirkung einer solchen Begünstigung des Besonderen sein, ganz sicherlich war sie sein Motor. Die Staaten hatten sich gefestigt, eine politische Einheit erzielt und die Bewohner, jedenfalls die meisten, zu dem einheitlichen Typ des Staatsbürgers umgeprägt. Diese Klammer erlaubte im Gegenzug, den Bürgern Freiräume zuzubilligen, um ihre Art ausprägen zu können. Der „Massen"-Staat zeichnete sich noch nicht ab.

2. *Das berechtigte Anliegen des Individualismus*

Keine Weltanschauung würde Gehör und Zulauf finden, wenn sie völlig verschroben und kraß einseitig wäre. Nachhaltigen Einfluß übt eine Doktrin oder Lehre vielmehr dann aus, wenn sie einleuchtend erscheint, sich mit Erfahrungen deckt und in ihren Aussagen stimmig ist. Was eine Lehre von der anderen unterscheidet, sind dann die Akzentsetzungen, die Verzerrungen und Ausblendungen. Welches ist nun der wahre Kern des Individualismus?

2.1 Es ist die Erkenntnis, daß nur der Mensch, und das heißt, *nur der einzelne Mensch*, der sich von den anderen mit seinem Körper abhebt und sein eigenes Bewegungs- und Gedankenzentrum ist, daß nur dieser Mensch denken und entscheiden und daß nur er wollen und sollen kann. Sittliches Sollen richtet sich an das Individuum und kennt gar keinen anderen Adressaten als dieses. Im übertragenen, analogen Sinne sagen wir zwar, daß Staat und Kirche frei entscheiden, der Stadt die Verpflichtung zukomme und die Firma dieses und jenes unterlassen müsse, und doch sind es jeweils die Menschen, welche in den entsprechenden Gremien die Entscheidungen treffen, die im Namen der Institution ergehen. Der Institution selbst mangelt es aber an Gewissen wie an Sprache.

2.2 Der Individualismus rückt die *Freiheitsbegabung* des Menschen in das Zentrum seiner Aussagen. Der Mensch selbst entscheidet, er ist der Beginn jeweils eines Schrittes, er setzt Anfänge und setzt nicht einfach fort. Durch den Menschen ziehen nicht Festlegungen hindurch wie durch eine Perle die sie haltende Kette. Er gestaltet sein Leben und läßt es auf seinen Entscheidungen gründen. *Er* lebt seine Entscheidungen aus. Sein Leben ist die Folge seiner Entscheidungen. Das Wort von der Autonomie des Menschen wird heute dafür verwendet.

2.3 Auch wenn der Mensch nicht Beginn seines Lebens ist, so setzt er doch mit seiner Freiheit und in den einzelnen Akten einen *unvergleichlichen Anfang*. Sein Freiheitsvermögen erhebt den Menschen in den Rang eines Schöpfers, nämlich seines Lebens. Je mehr das Bewußtsein dieser Würde und Aufgabe samt Verpflichtung in den Mittelpunkt seines Lebens rückt, desto mehr ist er Anfang, schafft er Neues und fügt seine Welt zusammen. Wo er aber nur dumpf und fast blind auf der Spur bleibt, in die er von anderen gesetzt wurde, wo er aus Furcht vor Neuem und der Spontaneität kaum eigene Schritte wagt und sich sklavisch an schon seit langem verwirklichte Vorgaben anklammert, ist er in nur geringem Maße Neubeginn. Wenn nun aber alle anderen Werte, Beziehungen und Geschehnisse durch die Prüfstelle des Menschen, seiner Unterscheidung und Entscheidung laufen, wird er zum Mittelpunkt seiner Welt. Und da es nur diese für ihn gibt, kann er sich als Mittelpunkt der Welt fühlen. Faktisch teilt er diesen Rang mit allen anderen Menschen. Damit sind Konflikte zu erwarten, sich nämlich nicht am anderen Menschen freuen zu können, sondern durch seine Gegenwart beleidigt zu sein oder sich gar durch sie bedroht zu fühlen. Er stellt ärgerlich fest, nicht oder immer noch nicht allein auf der Erde zu sein.

2.4 Das Wort „Werde, der du bist!" unterstellt eine feste Form, in welche der Mensch hineinzuwachsen hat. Ein solches Bild wird weder der Aufgabe des Menschen noch der buchstäblichen Dramatik seines Lebens gerecht. Er muß sein Leben aber *leben* und *selber* leben, die Talente entfalten und der Entfaltung seinen ihm eigenen Akzent geben. Die Erkenntnis beider, der mitgebrachten Gaben und des Leistungsvermögens, der Liebesfähigkeit und Zärtlichkeit, der Strenge und Verzagtheit, wird die jedem Menschen eigenen Töne ins Bewußtsein bringen. So entwirft der Mensch sich *in* der Zeit und gestaltet sie zugleich. Im Erleben und Streben entwickelt sich das Wesen (Pichler, 1967, 5).

Aber auch zu bleiben, was man ist, führt zu Selbstverlust. Die Zeit geht weiter und verlangt neue Einstellungen. Wer sie nicht bezieht und nur mit alten Antworten arbeitet, der wird nicht mehr gefragt sein.

3. *Gefahren des Individualismus*

3.1 Autonomie meint „Selbst-Gesetzgebung". Ich erwähnte sie bereits (2.1). Sie setzt Selbsterkenntnis voraus und mit ihr und in ihr auch Selbstannahme. Diese wiederum darf nicht in eine Selbstzufriedenheit abgleiten, in ein faules, sattes Leben ohne Dynamik. „Ich habe mich selbst gesucht", sagte Heraklit, und Leibniz meinte: „Ich bin mir selbst ein Rätsel" (Pichler, 1967, 4). Wir müssen zu uns selbst das rechte Verhältnis der Nähe und Distanz, von Statik und Dynamik finden. Wir sind uns nicht notgedrungen und immer zu nah, wie Pichler zu Recht sagt. „Schon die Perspektive der Nähe bringt es mit sich, daß wir uns wichtiger nehmen, als es die Mitwelt tut" (Pichler, 1967, 3).

Aber wie selbstgesetzgebend ist der Mensch? Sein Leben selbst begann *ohne vorgängige Eigenentscheidung*. Die Frage, *ob* ich leben will oder nicht, *ob* ich Mensch werden will oder nicht, wurde mir nicht vorgelegt. Einen von mir bevollmächtigten Stellvertreter, der an meiner Stelle *ja* sagen durfte, gab es auch nicht. Andere, die Eltern, wollten einem Menschen das Leben geben, erzeugen konnten sie aber nur die Trägerschaft für das Freiheitsvermögen und die Lebensbasis der Autonomie. An den Freiheitsentscheiden des neuen Wesens steht jedoch den Erzeugern kein Urheberrecht zu, ebensowenig sind sie für die späteren einzelnen Freiheitsakte verantwortlich. Freiheit setzt ihren eigenen Ursprung. Autonomie entfaltet ihre „Herrschaft", ihr Betätigungsfeld erst Jahre nach der Geburt und immer innerhalb eines Lebens, das schon vorlag und das Autonomievermögen trägt. Mein Lebensbeginn verdankt sich demzufolge nicht meiner Entscheidung. Insofern ist das Autonomievermögen lebensabhängig und weiß oder sollte um die Bedingungen seiner Möglichkeit wissen.

3.2 Eine zweite Grenze der Autonomie zeigt sich: Das Freiheitsvermögen kann gar nicht abgeschafft, und auf die völlige Ausübung der Freiheit kann nicht verzichtet werden, „kann", nicht bloß „darf"! *Die Freiheitsbegabung ist unabschaffbar*! Arbeitskraft und Geschicklichkeit dürfen für begrenzte Zeit, gegen einen Ausgleich oder eine Entschädigung und nur so weit, wie die Möglichkeit der raschen Erneuerung besteht, unter die Verfügung anderer geraten. In einem Rahmen, den eine Rechtsgemeinschaft festsetzen darf, kann man einzelne Akte der Selbstbestimmung auf andere übertragen, muß sich allerdings die Folgen anrechnen lassen. Doch ist die Freiheit selbst nicht abtretbar. Es würde sie auch niemand übernehmen wollen, hat jeder sie doch bereits in seinem Besitz. Selbst wer sich eine solche Abtretung gültig vorstellte und einbildete, vermag unmittelbar (wieder) frei zu handeln. Wer sich dafür entscheidet, sich nicht mehr zu entscheiden, ist und bleibt lebenslang aufgrund seines Entschlusses verpflichtet, diese seine Entscheidung weiterhin zu bejahen. Und er weiß, solange er bei Bewußtsein ist, daß er sie umstoßen kann. Was er genaugenommen schon darin tut – und also inkonsequent ist –, wenn er sich zur sogenannten und tatsächlich unmöglichen Freiheitsweggabe – frei bekennt: Er setzt einen freien Akt! Selbst der gedankliche Versuch, Freiheit wegzugeben, gehört in die Linie der Freiheits-Aufgabe als unaustilgbarer Pflicht des Menschen, zu seiner Freiheit selbst noch einmal ein Verhältnis zu finden, welches wiederum nur in Freiheit gelingen kann. Die Freiheitsaufgabe fällt nicht unter die Freiheits-Aufgabe!

Mit der Unvertretbarkeit bleibt der Mensch also an sich selbst gebunden. Er wird Freiheit nicht los, sein Freiheitsvermögen aber auch ihn nicht.

3.3 Selbst*gesetzgebung* meint aber auch, daß der Mensch sich einer *Gesetzgebung* unterwirft. Diese Vielzahl an Regeln muß zusammenpassen. Ob der einzelne Mensch sie noch einmal in eine Hierarchie bringt und wie viele solcher Regelungen er für nötig hält, kann letztlich nur seiner Prüfung anvertraut sein.

B. KOLLEKTIVISMUS

1. *Begriff*

1.1 Begriffliche Abklärungen

1.1.1 Unter „Kollektivismus" ist nicht „*Totalitarismus*" zu verstehen. „Das Wesen des totalitären Systems ist in der Orientierung auf die Verschmelzung und die totale Einheit aller Lebensbereiche der Gesellschaft gegeben" (Gadshijew, 1996, 337). Totalitäre Bewegungen bedienen sich der Religionen, indem sie von ihnen Worte, Vorstellungen und Kulte übernehmen (Maier, 1996, 244). Der Begriff Kollektivismus ist weiter und damit blasser gefaßt. Totalitäre Strömungen sind kollektivistisch geprägt, aber nicht jeder Kollektivismus entartet zum Totalitarismus!

1.1.2 Eine weitere Abgrenzung ist von der heute häufigen „*Gemeinschaft solidarischer Lebensform*" vorzunehmen. Sie trägt in aller Regel keine kollektivistischen

Züge. Was sie vereint, sind Taten, Gesten und bestimmte Gesinnungen, welche sich aber auf ein bestimmtes „Objekt“ beziehen. Darüber hinausgehende Lebenssphären bleiben unangetastet. Als eher lose Zusammenführungen gestehen sie jeder Mitarbeiterin und jedem Mitarbeiter jederzeit das Recht zum Verlassen der Gemeinschaft zu, wie auch zu mannigfaltigen Formen der Mitarbeit und Distanzierung innerhalb der Gemeinschaft. Wir sprechen bezeichnenderweise nicht mehr von „Mit-Glied“, sondern von Mitarbeiter.

1.1.3 Eher enthält der Begriff „*Gemeinschaft*“, wie Ferdinand Tönnies (1855–1936) ihn prägte, kollektivistische Züge. Der vereinheitlichenden Kraft der Gemeinschaft entspricht die Unselbständigkeit der Mitglieder, welchen wenig Alternativen zur Verfügung stehen. Der Auszug des Mitgliedes aus der Gemeinschaft und der Eintritt für bislang Fremde sind höchst schwierig. Wahlmöglichkeiten in Lebensstil und -orientierung treten erst mit dem Entstehen der Gesellschaft auf.

1.1.4 In den letzten Jahren erhielt das Thema „Individualismus“ und „Kollektivismus“ eine andere Färbung. Beide wandelten sich und begannen auch sich je anders aufeinander zu beziehen. Mit dem Wegfall der beiden Blöcke 1989, welche sich wechselseitig der Ausprägung des je einen Wertes beschuldigten, taten sich aber neue Gegenüberstellungen und Spannungen auf, und ältere Verhältnisse wandelten sich. Dazu zählt das unter dem Titel oder Stichwort von „Liberalismus und Kommunitarismus“ (Forst, ^{2}1994, 181–212) erörterte Verhältnis.

Vermag, so ist die Frage der sogenannten Kommunitaristen, eine Gesellschaft überhaupt zu leben, welche sich aus Individuen zusammensetzt, die alle und ein jedes auf seine Weise ihren Nutzen verfolgen? Die Frage ist seit der schärferen Ausprägung des einzelnen am Ende des 18. Jahrhunderts, bei J. G. Herder schon angedeutet, bei G. W. Fr. Hegel gewiß und bei A. de Toqueville ausdrücklich zum Thema erhoben worden. Reichen die sich vielleicht ergänzenden, aber auch wechselseitig hindernden, ja bekämpfenden Nutzenvorstellungen aus, um eine Art zusammenhängendes Netz zu ergeben, stark genug, die Zerreißproben zu bestehen, der Verelendung von Bevölkerungsteilen entgegenzusteuern und das gesellschaftliche Leben sogar angenehm erleben zu lassen? Oder wird die liberale Gesellschaft eine von „Wölfen“ und schutzlosen Lämmern werden, so daß es einer souveränen Gewalt bedarf, die alle nur möglichen „wölfischen“ Kraftbündnisse übersteigt? Sind politische Gesellschaften nicht bloße Ansammlungen von Individuen, deren Zusammenschluß nur in Erwartung eines Nutzens geschah, den sie sich nicht durch eigene Kraft beschaffen konnten? Es würde dann das Wort Taylors gelten: „Das Handeln ist (zwar) kollektiv, doch sein Sinn bleibt ein individueller“ (^{2}1994, 112). Vermag sich aber eine solche Gesellschaft in mageren Zeiten und Krisen aufrechtzuerhalten, also in Zeiten, welche von allen fordern, auf Vorteile zu verzichten?

Einige kommunitaristische Antworten setzen deswegen auf Zerkleinerung und Verkleinerung staatlicher Macht und den Aufbau und Erhalt kleinerer Gemeinschaften, welche ein gemeinsames Gutes erhalten und fördern wollen. Gesellschaft müsse vielfältig aufgebaut sein, mit vielen Einheiten und möglichst selbstregulierend. Dem pluralen Spiel (denn die Pluralität wird auf dieser Ebene bejaht!) entsprechen Einzel-Gemeinschaften, deren Binnenleben stärker auf Geschlossenheit setzt. Das Monadenmodell eines Leibniz findet sich auf die Kleingesellschaft, die Gemeinschaft oder Gemeinde übertragen: vollkommen für ihre Zwecke ausgestattet, in sich selbständig, ohne ein Bedürfnis, mit anderen Gemeinschaften in Kontakt zu treten. Das Zusammenspiel der Gemeinschaften im beständigen Entstehungsprozeß von Gesellschaft verlangt eine staatliche Organisation. Wie stark sie ausstaffiert sein muß, untersuchte der Kommunitarismus nur selten; es wird von den Beschlüssen der Gemeindemitglieder abhängen. Wird der Mensch aber mitspielen oder – kann er überhaupt? Wer ist er? Insofern führt die Frage der Organisation von Gesellschaft zu der nächsten, zu der nach dem Individuum und dem „Selbst".

Was macht das Selbst aus, was seine Identität? Ist zuallererst immer ein Ich, ein Ich-Selbst, vorhanden und schon fertig, welches sich nach und nach auf ein Gemeinschaftswesen hin entwickelt, ohne welches aber sein Leben auch gelingen könnte? Wie notwendig ist dem Individuum Gemeinschaft? Daß jedes Individuum laut Kommunitarismus in einer sozialen Umgebung, heute oft „Kon-Text" genannt, lebt und daß auf den Menschen als „animal sociale" die sozialen Beziehungen bis in das Denken, Wollen und Sprechen hinein abfärben, reicht als Antwort nicht. Sie beschreibt nur, was *ist*. Es gibt kein präsoziales Ich, wohl ein vorstaatliches. Die Zugehörigkeit zu Gemeinschaften und zur Menschheit ist vor- und mitgegeben. Die Staatsangehörigkeit ist künstlich, wenngleich auch zur Lebensentwicklung nötig. Ist der Mensch aber auch verpflichtet, in Gemeinschaft zu leben?

Ohne Gemeinschafts- und Gesellschaftsbeziehungen werden zentrale menschliche Eigenschaften überhaupt nicht abgerufen, wie etwa das Sprachvermögen und das Gerechtigkeitsempfinden (Aristoteles, 1978, 49. Politik I.2. 1252b14–19). Auch läßt sich von dem Ich als sittlichem Subjekt überhaupt erst sprechen, wenn es zwischen seiner individuellen Ausstattung und seiner sozialen Dimension einen ihm eigenen, sehr persönlichen Zusammenhang hergestellt hat, der sich seiner eigenen Arbeit verdankt. Der Mensch ist dazu aufgerufen, sich als Ich zu wissen und als Ich zu handeln. Wer er aber als dieses Ich ist, erkennt er nur durch die Beziehung zu seinem sozialen Umfeld. Er ist verpflichtet, ein „animal sociale" zu sein. Auch vollendet sich sein Leben erst, wenn er in irgendeiner Weise „Hüter seiner Schwester und seines Bruders" gewesen ist. Seine Identität folgt aus der Übernahme von Verantwortung, wie Václav Havel richtig gesehen hat (Hipp, 1994). Der freie Bürger der Polis gewann gemäß Aristoteles seine Identität im politischen Engagement. Wer sich nicht an andere „verliert", gewinnt sein Leben nicht.

Die Kritik am Kommunitarismus kann vorbringen: 1. Er vergoldet die „Gemeinschaft", die „Familie", das „Dorf" etc. Wer diese Lebensformen kennt oder sich mit ihnen beschäftigt, wird in diesen Gemeinschaften auch ihre anderen Seiten wahrnehmen, die der Dumpfheit, der Gewalt und jener Stickigkeit, die viele menschliche Verkrüppelungen kostete. 2. Eine Gemeinschaft, die für die Menschen von heute passen soll, wird ein höheres Maß an Freizügigkeit, Freiräumen und Möglichkeiten, sich abzusondern, als noch vor 80 Jahren aufweisen müssen. 3. Wenn sich „die guten Werte" selbst erst in solchen Gemeinschaften bilden, wie können eigentlich diese Werte überprüft und kritisiert werden? Auch über Partikulares, wie die Gemeinde, läßt sich nur im universalen Diskurs sprechen. Insofern verläßt auch der Kommunitarist gar nicht die Welt des Universalen.

1.2 *Kollektivismus* ist eine Weltanschauung, derzufolge der einzelne nur als unselbständiges Glied in einem gesellschaftlichen Ganzen gilt (Müller; Halder, ^{2}1972, 142f.). Nicht das Individuum ist erstrangig oder vorrangig, sondern die „Gesellschaft". Das Kollektiv wird dabei nicht als die bloße Addition von Einzelwillen, sondern als eine handelnde, tätige Einheit vorgestellt.

Es werden Rechte und Freiheiten, Güter und Pflichten von dem Ganzen dem einzelnen Mitglied vorgegeben und zugeteilt. Über Ausmaß und Beständigkeit freier Betätigung steht dem einzelnen kein letztes Urteil zu. Die Ordnung ist mit der Möglichkeit des Zwangs gegen Abweichler oder Abständige abgesichert. Von Menschenrechten ist entweder überhaupt nicht oder in völlig anderem Sinn die Rede, nämlich als *gewährte* Rechte, welche eingeräumt sind, nachdem und solange Pflichten erfüllt wurden und werden. Ihm kommt kein von der Gesamtheit unabhängiges und gegen sie gerichtetes Menschen- und Freiheitsrecht als Abwehrrecht zu. Das Kollektiv ist dem einzelnen gegenüber nicht rechenschaftspflichtig, wohl aber das Individuum gegenüber dem Kollektiv.

Das Recht ist nicht mehr unter jeder Bedingung Recht, sondern nur noch, insofern es der Gesellschaft nützt. Gut ist nicht mehr ein absoluter, sondern ein relativer Begriff. Gut ist etwas nur, insofern es dem Kollektiv nützt, beziehungsweise insofern das Kollektiv der Ansicht ist, daß es ihm nützt. Es gibt keinen objektiven und schon gar keinen öffentlich nachprüfbaren Maßstab. Willkür herrscht. Für die Entscheidungen zwischen Individuum und politisch verfaßter Ganzheit steht kein unabhängiges Recht zur Verfügung.

Der Kollektivismus lehnt mit dem Dualismus von einzelnem hier und Allgemeinheit dort auch jegliches andere „Gegenüber" ab. Kollektivismus ist monistisch. Damit aber sind die Streitfragen, die tatsächlich zwischen einzelnen und dem Kollektiv aufkommen können, keine rechtlich, d. h. gerichtlich lösbaren mehr. Die Lösung erfolgt damit letztlich durch die Gewalt. So befürwortet derjenige, der kollektivistischen Ideen folgt, letztlich die Gewalt, das „Recht des Stärkeren". Er läßt das Schwert über das Wahre und Gute entscheiden, und die Entscheidung wird immer zugunsten des dem Kollektiv Nützlichen ausfallen.

Wie im Individualismus sich in der Auffassung vom Individuum religiöse Züge säkularisiert oder politisiert finden, so hier in der Auffassung vom Kollektiv.

1.3 Als „Kollektiv" können „die Gemeinschaft", „die Gesellschaft", „die Partei", „der Staat" oder „die Menschheit" auftreten. Was ist ihre Wirklichkeit? Der Universalismus Othmar Spanns (1878–1950) behauptete, daß „das Soziale" eine Sinnstruktur und geistige Gestalt eigener Art sei, die ein individualistischer Ansatz überhaupt nicht erfassen könne.

Andere dachten das Kollektiv mittels des aus der antiken Philosophie überlieferten Substanz- und Akzidensdenkens. Substanz ist das selbständig Bestehende, welches sich mit unselbständigen Bestimmungen ausstaffiert, den Akzidentien. Ein jedes Akzidens ist veränderbar, verzichtbar und austauschbar. Demnach ist das Kollektiv die Substanz, die lebendigen Menschen aber Akzidentien. Sie sind buchstäblich „Nebensachen".

Das Verhältnis von Einzelwille zu Gemeinschaftswille wird im Kollektivismus so gedacht, daß nur der mit dem Kollektivwillen übereinstimmende Wille ein wirklicher Wille ist, dem abweichenden Willen aber keinerlei Wirklichkeit zukommt. Er ist strenggenommen nicht nur schutzlos, sondern schlichtweg ein Nichts. Sein Träger, der lebendige Mensch, ist somit gefährdet.

Die Entscheidung der jungen Frau oder des jungen Mannes, mit wem und wann sie eine Ehe eingehen wollen, vernichtete der Wille des für das Kollektiv Familie handelnden Hausvaters („Romeo und Julia"), der „Parteisoldat" erklärt mit dem Eintritt in die Partei auch seine Bereitschaft, bei Abweichungen von der Parteilinie sich bestrafen oder „ausradieren" zu lassen, eine Glaubensgemeinschaft duldet nur *eine* Stimme und rechtfertigt unter dem Namen ihrer Wahrheit die Tötung von Dissidenten.

2. *Was der Kollektivismus zu Recht heraushebt*

2.1 Thomas v. Aquin schreibt in S. Th. I.65.2: „Zunächst ist jedes Geschöpf da um seiner eigenen Tätigkeit und Vollkommenheit willen; zweitens sind die weniger vornehmen Geschöpfe, die unter dem Menschen stehen, des Menschen wegen da; drittens sind die einzelnen Teile der Welt der Vollkommenheit des ganzen Weltalls wegen da. Darüber hinaus ist das ganze Weltall mit seinen einzelnen Teilen hingeordnet auf Gott als auf sein Ziel, sofern in ihnen durch eine gewisse Nachbildung die göttliche Gutheit dargestellt wird zur Ehre Gottes. Freilich haben die vernunftbegabten Geschöpfe darüber hinaus noch in ganz besonderer Weise Gott zum Ziel, den sie erreichen können durch ihre Tätigkeit, durch Erkennen und Lieben." Der Kollektivismus weist, wenn auch maßlos, auf eine Ordnung hin. Leben braucht bei aller Selbstwerdung und gerade ihretwegen eine Ordnung, welche die Gesellschaftsmitglieder sich zu eigen machen können. Die Ausprägung der einzelnen erhält so ihren Lebensraum, ihr Profil und ihre Erkennbarkeit. Ansonsten gilt für Thomas die Vorordnung der Gemeinschaft oder Gesellschaft *vor* dem einzelnen nur dort, wo sie seine Hilfsbedürftigkeit erfordert. Nie aber darf die Person ihrer Gottebenbildlichkeit wegen der Gesellschaft untergeordnet werden.

2.2 Richtig sieht auch der Kollektivismus, daß eine Gesellschaft nie „die Summe der Einzelwillen" sein kann, außer – daß die einzelnen Willen sich in ihrer Formung auf die Gesellschaft schon eingelassen und sich auf sie eingestimmt haben. Nur dann ließe sich dieses Wort einigermaßen richtig verstehen.

2.3 Das Erleben von Gruppe und Gemeinschaft kann als Geborgenheit, das stellvertretende Handeln als wohltuend empfunden werden. Nun bedarf es auch im politischen Feld der Arbeitsteilung, und es ist nicht falsch, sich helfen zu lassen. Nur muß sich jeder fragen, ab welchem Moment er sich selbst entmündigt und ob er nur die Entlastung entgegennimmt, anstatt auch nach neuem Engagement zu suchen.

2.4 Die kollektive Einbindung, wenn sie die der Familie überschreitet, weist den Menschen auch darauf hin, daß es neben der Verpflichtung gegenüber den räumlich und zeitlich Nächsten auch eine Verantwortung für Menschen gibt, deren Lebenskreis weiter entfernt ist. Kollektivismus erweitert den Verantwortungsbereich, reißt den Menschen aus dem Horizont engster Bindungen und stellt ihn in eine „Fernverantwortung", gelegentlich auch in eine „internationale" Verpflichtung. Doch räumt er keine echte Verantwortung ein.

3. *Die Kritik des Kollektivismus am Individualismus*

Eine weitere Verdeutlichung läßt sich so erzielen, daß die Kritik des Kollektivismus am Individualismus kurz skizziert wird.

3.1 Das Individuum sei durch und durch sozial verfaßt, es stelle keine abgesonderte und absonderbare Wirklichkeit dar. – *Antwort:* Richtig ist, daß der Mensch nur durch das Zusammenwirken anderer Menschen ins Dasein kam und sich nur mittels ihrer Hilfe erhält und das Notwendige erhalten kann. Unbezweifelbar ist auch, daß alles sittliche Handeln eine sozial-politische Dimension hat, die direkt oder indirekt sein kann. So zeichnet ein indirekter Bezug die Pflichten gegenüber sich selbst aus. Nur das Individuum aber verfügt über Erkenntnisvermögen und Geist und kann Verantwortung auf sich nehmen (A.2.1). Wer für den Kollektivismus plädiert, setzt sich für die Abschaffung des Gewissens ein.

3.2 Das Individuum sei zwar eine auf Selbständigkeit angelegte Einheit, dies mag ein schon in Richtung Individualismus aufgebrochener Kollektivismus zugeben, aber es sei schon immer von sozialen Kräften beeinflußt und es beeinflusse auch wiederum, in Erziehung und Ausbildung, in und mit seinem Wissen, seinem Beispiel, seiner Angst etc. Ist also nicht eine stärkere Einbindung in die Gesellschaft angebracht, sei es, um in ihr Ängste zu verlieren, sei es, um gar nicht eine solche Selbständigkeit vorzugaukeln? – *Antwort:* Beeinflussungen liegen unbestreitbar vor, aber diese Einflüsse bestimmen das Individuum nicht einfachhin in einer genau vorher berechenbaren Weise oder in der letzten Tiefe. Sie verwandeln sich in ihm und wandeln sich um, auch wenn das Individuum sich dabei mitändert. Bei aller Änderung spielt aber es selbst die maßgebende Rolle.

Daß Staat und Kirchen sich selbst an einer Grundangst des Menschen aufrichten, ist eine Sicht, welche sich etwa bei Friedrich Engels (1820–1895) findet und sich in Zeiten des Umbruchs und somit der Verunsicherung artikuliert. „Das Wesen des Staates wie der Religion ist die Angst der Menschheit vor sich selber", sagt Engels; daß das Christentum die Angst systematisiert und zu einem System ausgebaut habe, welches Sicherheit verleihen wolle, bemerkt Franz Blei in einem Brief an Carl Schmitt (1888–1995).[2] Mag etwas Wahres daran sein, es ist jedenfalls Aufgabe der Erziehung, von Ängsten gegenüber Begegnungen, vor allem gegenüber größeren Zahlen an Menschen, Massen und Ballungen, möglichst zu befreien und den einzelnen selbstsicherer zu machen. Es ist menschenunwürdig, sich durch eine Zahl, durch eine Masse und Zusammenballung so beeindrucken zu lassen, daß man sich gezwungen sieht, einzustimmen und mitzuheulen. Der dem Menschen eröffnete Weg in seinen Selbstand und in eine unabtretbare Eigenverantwortung, der sich auch so oft im Widerstand gezeigt hatte, würde durch solches Ducken ebenso mißachtet werden wie seine Gleichheit mit allen anderen. David Thoreau, Mahatma Gandhi und Martin Luther King bezeugen einen solchen Freimut.

3.3 Falls dem Individuun die Wahl- und Entscheidungsfreiheit gewährt wird, wird es sich nicht in so und so vielen Fällen gegen das sittlich Gute entscheiden? Schadet ihm somit nicht die Freisetzung? Werden diejenigen, die es freisetzen, nicht zu Komplizen seiner Fehlentscheidungen? Ist es also nicht doch verantwortlicher, seine Freiheit zu beschneiden, es stärker von außen her in die Pflicht zu nehmen? – *Antwort:* Zum menschlichen Leben gehört dieses Risiko. Erwägenswert und diskutierbar ist nur das Maß eines solchen Risikos. Aber eine Politik des kürzesten Weges, des sparsamsten Mittels und der Vermeidung eines jeden Umwegs kann sehr unmenschlich werden. Es könnte zu steter Kontrolle, eingepflanzter erdrückender Selbstkontrolle und sozialer Gängelung führen, die Menschen erniedrigt. Der Wert „Effizienz" muß einen unteren Rang einnehmen. Wer den Menschen mit seiner Freiheit anerkennt, hat auch *ja* zu Irrtümern zu sagen. Freiheit hat mit Verschwendung, nicht mit Knappheit zu tun. Die Freiheitsbegabung des Menschen veranlaßt und rechtfertigt Umwege, Unkosten und Zeitverbrauch. Wir sollen nicht schneller und mächtiger, sondern mit uns selbst besser bekannt werden. Eine Politik der mühsamen Gremienarbeit und der verschiedenen kontrollierenden Instanzen berücksichtigt den Menschen mit seiner begrenzten Aufnahmefähigkeit, seiner Anfälligkeit für Irrtümer und seine Beeinflußbarkeit. Nur eine politische Verfassung, welche jene Umwege ernst nimmt, behauptet ihren Vorrang vor der Wirtschaft.

3.4 Individualismus führe zu Subjektivismus und Relativismus. Er gehe willkürlich vor. – *Antwort*: Das Individuum ist aber nicht darauf festgelegt, willkürlich zu entscheiden, es kann nach gründlicher Information argumentativ in Abwägung aller Alternativen zur Entscheidung gelangen. Es kann, muß aber nicht willkürlich vorgehen. Manche Kollektiventscheidung fiel nicht selten in kollektiver Angst und somit ohne oder in nur einseitigem Abwägen. Die sittliche Freiheit des Individuums bedeutet zudem nicht Freiheit *von* sittlichen Motiven, sondern Freiheit *zu* sittlichen Motiven. Es ist nicht einem blinden Wollen ausgeliefert, sondern dem wertenden Willen frei überantwortet. Es ist immer eine Freiheit vor der Freiheit anzunehmen.

3.5 Der Mensch vernimmt die Gebote des Sollens, wenn er sich in die menschliche Gemeinschaft hineingestellt hat. Setzt er sich ab, so kann er diese Gebote nicht mehr hören. – Der einzelne hat ein Gewissen. Es ist beeinflußbar, aber nicht völlig zerstörbar. Das Gewissensurteil ist zu „zerlegen“: Es hat einen *Inhalt,* und bei dem Finden des Inhalts kann der Urteilende sich irren. Es gibt das irrige Gewissen. Als ein *praktisches Urteil* ist der Gewissensanspruch, auch der inhaltlich irrende, aber mit *Verpflichtungscharakter* ausgestattet.

3.6 Sittliches Handeln geht immer weg vom einzelnen und stellt sich unter ein „Gesetz“, das es nicht selbst gemacht hat. – *Antwort*: Es tritt aus einer bestimmten Ich-Bezogenheit heraus, welche sich zum einzigen Gesetz erklärte. Aber zum Wert wird ein Gut erst durch die Entscheidung des Individuums.

Auch ist zu bedenken: Das Ganze kann gar nicht ohne seine Teile leben, und je selbständiger diese Teile sind, desto höherwertiger ist das Ganze. Es ist in seiner einigenden Kraft stärker herausgefordert und sein „Kunstwerk“ ist anspruchsvoller, diese Teile zusammenzuhalten. Die Ganzheit als spannungsvolle Einheit von einzelnen und dem Ganzen ist lebenswichtig. Ein in diesem Sinne spannungsloser Kollektivismus ist ungerechtfertigt.

C. EINE VERMITTELNDE ANTWORT

1. *Aus der Sicht des Individualismus*

1.1 Subjekt und *Ausgangs*punkt sittlichen Handelns ist das Individuum. Objekt und *Ziel*punkt sittlichen Handelns ist aber nicht der einzelne Mensch, sondern die Annäherung an das Ziel menschlichen Lebens. Welches? Daß das Ziel des menschlichen Lebens das Gute sei, auf das hin sich alle ausrichten, selbst in subjektiver Verkennung dessen, was für alle Menschen oder für „den Menschen“ zuträglich und notwendig ist, besagt die sokratisch-platonische Auskunft. Ziel sei der Mensch, sein Glück und deswegen der Fortschritt, so hätten Vertreter des Individualismus des 18. Jahrhunderts formuliert. Sinn verleihe nur das Bemühen um die konturenreiche Ausprägung des eigenen Profils, so würden wir Vertreter des Individualismus des frühen 19. Jahrhunderts vernehmen; Vertreter der deutschen Romantik etwa, wie Friedrich Schlegel, hätten wohl so geantwortet. Diese

Profilierung bilde und bereichere die Gesellschaft, so daß es unnötig, ja unmöglich sei, noch besondere gesellschaftliche Belange sich anzueignen. Der Mensch müsse kein anderer werden und dürfe es auch gar nicht. Sein größter Dienst an der Gesellschaft sei es, ein besonderer zu werden und zu bleiben.

1.2 Nun nennen aber die Kulturen nur den Menschen eine Persönlichkeit, *die überpersönliche Züge aufweist*. Fordern wir nicht doch von dem Einzelleben, daß es mehr, ja andere Züge aufweise als nur seine individuellen? Abschätzig behandelt man erst recht jene, die nur für sich sorgen und wie Parasiten in einer Gesellschaft leben. Geringschätzig sehen wir auch jene an, welche die öffentlichen Angelegenheiten gleichsam „privatisieren" (Pichler, 1967, 6). Wer sich für eine Aufgabe einsetzt, die es erfordert, sein kleines, privates Glück hintanzustellen, wird bewundert und verehrt, ihm fehlt dann nichts Wesentliches. Noch mehr Bewunderung gilt dem, der zusätzlich alles Überflüssige von sich tat. Noch größere Anerkennung wird dem zuteil, der „echt" wirkt, als durchscheinend auf einen Grund hin, der aus einem *Grunde* lebt, und so läßt sich fortfahren, aus *einem* Grunde. „Die Persönlichkeit tritt nicht nur durch die Weite hervor, sondern auch durch ihre Ursprünglichkeit" (Pichler, 1967, 6).

Es gibt die fragmentarischen, die zerrissenen und die vollen Persönlichkeiten. Persönlichkeiten sind nicht in allem vollkommene Menschen. Leistungen und persönliche Ausstrahlungskraft können ebenso auseinanderdriften wie Gestaltungskraft und tugendhaftes Leben. Aber was uns not tut, ist die Leistung. Racine scheint im Persönlichen ein unangenehmer Mensch gewesen zu sein. Seine Dichtungen aber erschütterten. In einem Orchester verzichten wir gerne auf den ehrenwert lebenden Menschen, wenn er sein Instrument oder die Partitur nur unzureichend beherrscht. Nicht der fromme Fußballspieler, sondern der „gute" Fußballspieler ist gefragt. Zu Recht!

1.3 Wenn aber der Ausgang immer der einzelne Mensch ist, das Ich, und sein Ziel das Wir und nicht wiederum es selbst, so stellt sich die Aufgabe, diesen Spannungsbogen zu gestalten. Vom Ich zum Wir! Dieser Auftrag zur Ich- und Wir-Werdung ist unaufgebbar, wenn seine Erfüllung auch vernachlässigt oder schon als erfüllt und beendet geglaubt werden kann.

Der Mensch kennt strukturell keine Phase der Isolation von den anderen, weder vor dem Beginn menschlichen Lebens noch an seinem Ende, denn es gibt wohl das vorstaatliche, aber nicht das vorsoziale Ich. Er bleibt in Beziehungen und Verantwortungen, selbst wenn es letztlich vielleicht keine symmetrische Beziehung des Nehmens und Gebens gibt, sondern sämtliche Beziehungen asymmetrisch ausgeprägt sind. Aber auch die asymmetrische ist eine Beziehung. Sein Sterben selbst ist soziales Geschehen.

Die Gestaltung des Spannungsbogens erfordert es auch, die eigene Vorgeschichte zu berücksichtigen. Zukunftsgestaltung ohne Rückgriff kann nicht gelingen. Der Mensch kommt von anderen her und geht auf andere zu. So läßt sich der

Spannungsbogen über diese Enden hinaus weiterverfolgen. An seinem Beginn finden wir die Menschheit, vertreten vor allem durch die Eltern, und an seinem Ende über die Blutsverwandten hinaus die in Geschichte und Gesellschaft reichenden Kontakte. Keiner Beziehung und keinem Geschehen kann abgesprochen werden, daß es nicht bis ans Ende der Zeit unter den Menschen eine Weiterwirkung entfalte. Wer aufmerksam wahrnimmt, von wie vielen Leistungen, besonders Erfindungen, sein Leben profitiert, und wer sich bewußt in einer durch Jahrtausende geformten Sprach- und Kulturgemeinschaft weiß, wird die Zusammenhänge, in denen sein Leben steht, nicht weit genug ausdehnen können. Am Ende ist es die Gesamtheit an Menschen, denen er das eigene Leben verdankt. Wer ein Gespür für diese Zusammenhänge und ein Bedürfnis nach Ausgleich von Nehmen und Geben behalten hat, wird sich in Verpflichtung und „Schuld" wissen. Er wird auch sehen, wie Unheil, Gewaltsamkeiten und Schuld in dieses sein Leben mit hineinwirken. So können neben dem Dank für dieses Menschenleben auch die Klage, die Verwünschung und der Fluch ihren Platz haben. Aber selbst diese stoßen den Menschen nicht in die hier gemeinte Isolation, sondern betonen, wenn auch auf krasse Weise, den sozialen Zusammenhang und stellen ihn her.

1.4 Damit wird aber auch ein liberalistisches Wort in seiner Schiefheit erkennbar, das Wort vom „Geben und Nehmen". Denn nicht zuerst ist im Menschenleben das Geben, sondern das Nehmen. Zuerst wird erhalten und beschenkt, dann folgen Geben und Austeilen. Anders ist es nur für Gott.

2. *Aus der Sicht des Kollektivismus*

2.1 Die anderen bedrohen den einzelnen, und sie sind zugleich unerläßlich um seiner Anerkennung willen. Der Rücksichtslosigkeit der anderen entspricht schnell die Ohnmacht auf seiten des einzelnen. Wie sehr dieser einzelne aber auch sich notwendigerweise der allgemeinen Regel bedienen muß und damit andere anerkennen muß, wie die anderen ihn allein dadurch anerkennen, erläutern Sätze und Leben Max Stirners (1806–1856). Stirner schrie seine Empörung über seine Versklavung und die Vernutzung durch andere hinaus:

> „Was soll nicht alles meine Sache sein! Vor allem die gute Sache, dann die Sache Gottes, die Sache der Menschheit, der Wahrheit, der Freiheit, der Humanität, der Gerechtigkeit; ferner die Sache meines Volkes, meines Fürsten, meines Vaterlandes; endlich gar die Sache des Geistes und tausend andere Sachen. Nur *meine* Sache soll niemals meine Sache sein" (Stirner, 5).
> „Der eigene Wille und der Staat sind todfeindliche Mächte, zwischen welchen kein ‚ewiger Friede' möglich ist ... jeder Staat ist eine Despotie" (Stirner, 189).
> „Da nun nicht der Umsturz eines Bestehenden mein Zweck ist, sondern meine Erhebung darüber, so ist meine Absicht und Tat keine politische oder soziale, sondern, als allein auf mich und meine Eigenheit gerichtet, eine egoistische" (Stirner, 309). „Jedes höhere Wesen über mir, sei es Gott, sei es der Mensch, schwächt das Gefühl meiner Einzigkeit und erbleicht erst vor der Sonne dieses Bewußtseins. Stell' ich auf mich, den einzigen, meine Sache, dann

steht sie auf dem vergänglichen, dem sterblichen Schöpfer seiner, der sich selbst verzehrt, und ich darf sagen: Ich hab' mein ‚Sach' auf nichts gestellt" (Stirner, 359).

Er suchte der für ihn erstickenden, tödlichen Umarmung durch die anderen, vornehmlich der Kollektive, zu entrinnen. Wer vertritt: „Gut ist, was dem Volke nützt" und nur dieses eine Prinzip für gut hält, der hält für sittlich, was unsittlich ist. Das Volk ist nicht mehr wert als der Mensch, und kein Mensch darf sich dem anderen bedingungslos und vorbehaltlos unterordnen. Nicht das ist gut, was dem Volke nützt, sondern das Volk ist gut, das dem Guten „nützt" (Weltsch, 140).

Auch läßt sich der Mensch, eben weil er nicht zur Verzweckung durch andere gebaut ist, sich einen solchen Umgang nicht auf lange Zeit und nicht in sämtlichen Lebensbereichen bieten. Der Tyrann ist einsam. Platon zeigte in der „Politeia", wie der Tyrann an seiner Einsamkeit leidet, wie er menschlich verarmt, und wie er, gerade wenn er sein Überleben absichern will, doch wieder der Menschen bedarf. Mögen es auch Helfershelfer, „Kreaturen" seiner Gnade sein, sie werden ihn ihrerseits benützen und zu ihrem Vorteil handeln. Er kommt um seines Überlebens willen nicht umhin, sie anzuerkennen und nicht auszubeuten. Wenn er auch dies nicht fertigbringt, wird sein Leben immer unsicherer und taumelt in den Abgrund.

2.2 Sich ausschließlich auf sich selbst stellen zu wollen, bedeutet aber auch, die Verbindungslinien mit anderen abzuschneiden und sich dem sozialen Tod zu überantworten. Für Stirner gab es nur ein „Entweder-Oder", sich zum unselbständigen Werkzeug machen lassen oder auf alle diese Beziehungen verzichten. Wer aber so radikal die Befreiung sucht, dürfte sich letztlich nicht einmal mehr der Sprache bedienen, die ja ein die Menschen als Sprachgemeinschaft verbindendes Regelwerk ist. Wer nicht spricht, verarmt und verstummt. Wer spricht, hat allein schon durch diese Tätigkeit – ganz abgesehen von den Inhalten seiner Sätze – die isolierte Stellung verlassen, sich eingereiht und damit die Voraussetzung für eine immer deutlichere Anerkennung in beiden Richtungen geschaffen. Stirners „Abgang" ging nicht zufällig das Verstummen und Schweigen voraus.

3. *Die Vermittlung beider Anliegen*

3.1 Wer alle seine Beziehungen überblickt und sie als nutzbringend einordnet, wird nach dem Nutzen aller nützlichen Beziehungen zusammen fragen. Wozu dieses sein Leben mit dieser Art der Beziehungen? Auf diese letzte Frage kann aber mindestens zweierlei vernünftigerweise geantwortet werden: Ich weiß mich als Selbstzweck und sage mir, daß ich diese Selbstzwecklichkeit allen anderen Wesen, die wie ich geist- und willensbegabt sind, zuerkennen muß; daß ich geistig Behinderten oder Unzurechnungsfähigen den Menschenrechtsschutz nicht absprechen darf, beruht darauf, daß ich sie immer noch als Menschen identifiziere und vom Menschsein her den Mangel feststelle; für ein solches Aberkennen kann ich aber keine Kompetenz nachweisen. Eine zweite Antwort baut auf der ersten auf: Ich verstehe mich darüber hinaus als „nutzbringend für ...", als im Dienste des ... der ... und versuche, Verpflichtungen in diesem Sinne zu erfüllen. Beiden Antworten kann ich ausweichen. Jeder Dienst ist so zu gestalten, daß er auf den jeweiligen Menschen „paßt", daß er, in einem umfassenderen Sinne gesagt, an ihm „gewinnt".

3.2 Anerkennung ist nur als freiwillige zu erhalten, in Geben und Annehmen. So kommt sie nur von anderen entgegen, wenn diese zuerst in ihre Freiheit gesetzt werden, freigegeben an sich selbst sind. Nur wer loslassen und den anderen an sich selbst freigeben kann, wird überhaupt auf einen freien Akt der Anerkennung, Würdigung, Wertschätzung hoffen dürfen.

Die Freigabe erfolgt aber in das Ungewisse, sie ist ohne Erfolgsaussicht. Sie geschieht in diesem Sinne „umsonst" und als bleibendes Wagnis. Noch die Verweigerung zeigt, daß wir die Anerkennung in der richtigen Richtung, nämlich beim Menschen, suchen.

Ich wiederum kann sie nur geben, wenn ich selbst Anerkennung erfuhr und über sie in einen Selbstand gelangte, Selbstachtung gewann und Sicherheit „im Auftreten" auf dem sozialen Feld. Da ich aber diese Haltung wiederum der Freigabe verdanke, welche andere mir zukommen ließen, die ihrerseits sich ebenfalls einer Freiheit erfreuten, die ihnen von anderen geschenkt wurde, wird der unendliche Verweis und Zusammenhang menschlichen Lebens sichtbar. Alle freien Akte profitieren von irgendeinem letzten oder mehreren in etwa gleichzeitig erfolgten Tun.

Wer mit Gott „rechnet", kann somit das Menschenleben als ein Geschehen begreifen, das Gottes freier Akt in das Leben der Freiheit entließ. Gott gab die Menschen an ihre Freiheit frei, in der Hoffnung, daß die Menschen in Freiheit sich für seine Anerkennung entscheiden. Gott sucht die Anerkennung, und er kann sie nur von den Wesen erhalten, welche an ihre eigene Freiheit freigegeben werden. Der letzte „Zweck" der Schöpfung, nämlich sie an seiner Liebe teilnehmen zu lassen, ist kein Zweck, welcher eine solche Freigabe stört, sondern bleibt *die* Richtschnur, an welcher sich Freiheit ausrichten *muß*, aber frei ja oder nein sagen kann. Zwingen konnte Gott nicht, Zwang hätte den erhofften freien Akt des Lobpreises, des Dankes und der Mitarbeit in der Schöpfung zunichte gemacht. Gott blieb so nur die Hoffnung auf eine angemessene Antwort. Umgekehrt haben die Menschen Gott an sich selbst freizugeben, was heißen kann, ihm sein Geheimnis zu lassen.

3.3 Der Mensch ist in die Zeit gestellt und in ein Geflecht an Beziehungen, vor allem Traditionen. Er muß sich ihnen gegenüber erst einmal aufrichten können und sich für oder gegen sie entscheiden, und dies immer, indem er seine verwandelnde Kraft bejaht. Schon immer gilt, daß der Mensch in seiner Zeit nichts so lassen kann, wie es an ihn herangetragen ist. Er verwandelt die Dinge. Anders gesagt: Er muß in diesem Leben während seiner Zeit und in ihr seine

Gestalt, seinen Entwurf und die vielfältigen Vorgaben erst „einholen" (Rahner, 1965, 126).

So liegt es in seinem Wesen, aktiv seine Welt auf sich zuzuordnen. Er ist Mittelpunkt und muß sich zum Mittelpunkt machen und in ihm behaupten. Eine Fehlform ist es, „sich leben zu lassen" und nicht genug für diese Anverwandlung zu tun; ein anderer Holzweg ist es aber, die anderen über das notwendige Verwandeln ihrer Beziehungen hinaus zu vernutzen, ihnen keinen Selbstand zuzuerkennen, sondern nur insoweit einen Sinn zuzubilligen, als sie ihm, dem ordnenden und verwandelnden Individuum, nützen. Der Mensch schmälert hier sein eigenes Leben.

4. *Grundsätze für den einzelnen und die politische Gemeinschaft*

4.1 Eine Fehlform zeichnet sich in der Haltung ab, welche eine einzige Zwecksetzung zum Inhalt aller seiner eigenen Entscheidungen macht, also alle Beurteilungen nach einem einzigen Maßstab fällt und nicht beweglich nach den Sachnotwendigkeiten fragt. Verwerflich ist, wer nach seinem Maß alle anderen Menschen messen will. Noch schwerwiegender ist der Fall, daß einer immer nur danach fragt, was ihm selbst nütze, und seinem Nutzen immer den Vorrang vor den Bedürfnissen der anderen erteilt. Er wird den anderen nicht gerecht und beraubt sich selbst des aus seinem Reichtum antwortenden und widersprechenden Gegenübers.

4.2 Nichts gegen sein Gewissen tun und niemanden zu einem äußeren Verhalten zwingen, das seinem Gewissensspruch widerspricht! Doch ist das Gewissen des Menschen das eines „animal sociale". Es wird also die Gemeinschaftsbelange, Not und Segen der anderen Menschen mit in seine Urteilsfindung aufnehmen müssen.

4.3 Gerade wenn der Mensch als Höchstes gilt, darf er auch nicht zum Opfer des Gewissensentscheides eines anderen gemacht werden. Der Mensch wird auch eher bereit sein müssen, Opfer bringen zu müssen, bis hin zum eigenen Leben, als andere oder einen anderen Menschen zum Opfer seines Gewissensentscheides zu machen. Grundsätzlich ist zu respektieren, wenn sich jemand aus Gewissensgründen nicht impfen läßt. Kann die Verweigerung des einen aber höchstwahrscheinlich eine hohe Gesundheitsgefahr für sehr viele herbeiführen, so ist eine Zwangsimpfung dieses einen Verweigerers gerechtfertigt. Untersagt er, wiederum aus Gewissensgründen, die Impfung seiner fünfjährigen Tochter, so ist bei unterstellter Gefahr für diese auch in diesem Falle die Zwangsimpfung gerechtfertigt.

4.4 Der politischen Gemeinschaft ist bei ihrer Aufgabe nach Kräften zu helfen, das Leben der vielen in einen Zusammenhang der Freiheit und Gleichheit zu bringen und in ihm zu halten. Dem Wunsch, daß doch anstelle von Menschen das Recht selbst die Regierung übernehmen solle (zit. in Seagle, 1951, 13), ist mit Unterscheidung nachzukommen: Keine menschliche Willkür darf andere Menschen von sich abhängig machen; deshalb bedarf es des Rechts. Aber dieses darf seinerseits nicht als eine anonyme Macht über die Menschen triumphieren.

Eine rechtsstaatliche Demokratie samt Mehrheitsentscheid, Gewaltenhemmung und -kontrolle und des Schutzes der Menschenrechte ist heutzutage grundsätzlich zu empfehlen, ja zu fordern. Um allerdings eine bejahte Form des Zusammenlebens zu werden, muß die Staats- und Regierungsform an die jeweiligen Kulturen anknüpfen und ihren Erfahrungsschatz nutzbar machen können.

4.5 Auch auf der Ebene des Volkes und der Nation sind die Extreme zu vermeiden, zwischen dem Nationalegoismus, welcher das Volk und die Nation über die anderen erhebt und diese als minderwertig betrachtet, und dem Wunsch und der Politik, spurlos in der Völkergemeinschaft aufgehen zu wollen. Die „Menschheit" ist eine Zieleinheit, keine „Substanz". Sie wird selbst nur ihre Form finden, wenn alle Menschen sich so weit wie möglich als Lebendige innerhalb ihrer Gemeinschaften in ihrer Eigenart ausprägen können, und wenn niemand jemanden verdrängt und zum Schweigen bringt, sondern respektiert und, wenn möglich, fördert und mit ihm teilt.

LITERATUR

Aristoteles, Politik. Übers. u. hrsg. v. O. Gigon. (dtv 6022) Zürich, München: Artemis, ³1978.

Blei, Franz: Briefe an Carl Schmitt 1917–1933. In Zusammenarbeit mit W. Kühlmann hrsg. u. erläutert v. Angela Reinthal. Heidelberg: Manutius Verlag, 1995.

Brumlik, Micha; Brunkhorst, Hauke (Hrsg.), Gemeinschaft und Gerechtigkeit. Mit Beiträgen von K.-O. Apel u. a. (Fischer Zeit-Schriften) Frankfurt/M.: Fischer, 1993.

Forst, Rainer, Kommunitarismus und Liberalismus – Stationen einer Debatte. In: Axel Honneth, ²1994, 181–212.

Gadshijew, Kamaludin, Totalitarismus als Phänomen des 20. Jahrhunderts. In: H. Maier (Hrsg.), Totalitarismus und Politische Religionen. Konzepte des Diktaturvergleichs. Paderborn: Schöningh, 1996, 335–356.

Gauthier, Lucien, Von Montaigne bis Valéry. Der geistige Weg Frankreichs. Eine Auswahl französischer Originaltexte mit deutscher Übertragung. 2. Teil: Die Gesellschaft und das Vaterland. Reutlingen: Continental-Verlag, 1949.

Honneth, Axel (Hrsg.), Kommunitarismus. Eine Debatte über die moralischen Grundlagen moderner Gesellschaften. Mit Beiträgen von M. Sandel, J. Rawls, A. Gutmann, A. MacIntyre, Ch. Taylor, Ch. Larmore, M. Walzer, R. Frost. Frankfurt/M., New York: Campus, 1993, ²1994.

Maier, Hans (Hrsg.), Totalitarismus und Politische Religionen. Konzepte des Diktaturvergleichs. Paderborn u. a.: Schöningh, 1996.

Maier, Hans, ‚Totalitarismus' und ‚Politische Religionen'. Zwei Konzepte des Diktaturvergleichs. In: H. Maier (Hrsg.), Totalitarismus und Politische Religionen. Konzepte des Diktaturvergleichs. Paderborn u. a.: Schöningh, 1996, 233–250.

Müller, Max; Halder, Alois (Hrsg.), Kleines Philosophisches Lexikon. Freiburg: Herder, ²1972.

Pichler, Hans, Ganzheit und Gemeinschaft. Hrsg. v. E. Plewe und E. Sturm. Wiesbaden: Steiner, 1967.

Platon, Politeia. In der Übers. v. Fr. Schleiermacher ... hrsg. v. W. F. Otto, E. Grassi, G. Plamböck (Sämtliche Werke 3). Reinbek b. Hamburg: Rowohlt, 1958.

Rahner, Karl; Vorgrimler, Herbert, Kleines theologisches Wörterbuch. Freiburg: Herder, [5]1965.

Rousseau, Jean-Jacques, Schriften zur Kulturkritik (Über Kunst und Wissenschaft, 1750; Über den Ursprung der Ungleichheit unter den Menschen, 1755). Eingel., übers. u. hrsg. v. Kurt Weigand (PhB 243). Hamburg: Meiner, 1983.

Seagle, William, Weltgeschichte des Rechts. Eine Einführung in die Probleme und Erscheinungsformen des Rechts. München, Berlin: C. H. Beck'sche Verlagsbuchhdl., 1951.

Stirner, Max, „Der Einzige und sein Eigentum" (1844/1845), Weltgeist-Bücher. Nr. 169–173, Berlin o. J.

Taylor, Charles, Der Begriff der ‚bürgerlichen Gesellschaft' im politischen Denken des Westens. In: Brumlik, Micha u. Brunkhorst, Hauke (Hrsg.), 1993, 117–148.

Thomas von Aquin, Summa theologica. Editio Leonina. Rom 1882ff.

Tönnies, Ferdinand, Gemeinschaft und Gesellschaft. Theorem der Cultur-Philosophie. Abhandlung des Communismus und des Socialismus als empirische Kulturformen. Berlin: K. Curtius, 1887, [2]1912.

Tönnies, Ferdinand, Gemeinschaft und Gesellschaft. Grundbegriffe der reinen Soziologie. Leipzig: Buske, [8]1935.

Weltsch, Felix, Das Wagnis der Mitte. Ein Beitrag zur Ethik und Politik der Zeit. Mährisch-Ostrau: J. Kittls Nachf., o. J.

ANMERKUNGEN

1 Ein Beispiel für eine solche Haltung liefert Stendhal, wenn er in seinen „Souvenirs d'égotisme" von 1882 schreibt: „Wenn ich in einer Stadt ankomme, frage ich immer: 1. Welches sind die zwölf hübschesten Frauen? 2. Welches sind die zwölf reichsten Männer? 3. Wer ist der Mann, der die Macht hat, mich hängen zu lassen?" (Gauthier, 1).

2 Diese Zitate sind entnommen der Rezension von Ernst Osterkamp von „Franz Blei: Briefe an Carl Schmitt 1917–1933". In Zusammenarbeit mit W. Kühlmann hrsg. u. erläutert v. Angela Reinthal. Heidelberg: Manutius, 1995. Die Rezension erschien unter dem Titel „Das Tier flieht den Rummel" in der FAZ vom 5. 12. 1995 (Literaturteil).

2.9 Der Mensch als Mitglied der Gemeinschaft der Glaubenden

MEDARD KEHL SJ

1. Das problematische Verhältnis zwischen glaubendem Subjekt und kirchlicher Glaubensgemeinschaft heute

In der gegenwärtigen kulturellen Situation gerade des deutschsprachigen Raumes nimmt die Kirche eine eigenartig *ambivalente* Stellung ein: Einerseits verstärkt sich die neuzeitliche Tendenz, der Kirche im Zuge der Individualisierung und Privatisierung des Glaubens nur eine äußerlich-organisatorische Rolle für das persönliche Glaubensleben des einzelnen zuzugestehen. Kirche wird dementsprechend mehr als eine sich von der konkreten Lebenswelt entfernende Großinstitution, als öffentliche Verwalterin von Tradition und Religion, eben als unpersönlich-anonyme „Amtskirche" o. ä. erfahren. Andererseits wird jedoch seit dem II. Vatikanischen Konzil auch das Erbe der (biblisch und liturgisch ausgerichteten) Jugendbewegung aus der ersten Hälfte unseres Jahrhunderts (R. Guardini: „Die Kirche erwacht in den Seelen") innerkirchlich wieder verstärkt zur Geltung gebracht; dies vor allem durch sog. „Basisgemeinden", neue „geistliche Bewegungen", Gebets- und Bibelkreise, Initiativen zur Gemeindeerneuerung usw. Die dabei angezielte Erfahrung einer *personalen* Gemeinschaft im Glauben, die auch den einzelnen als Subjekt des Glaubens ernst nimmt, kann die Kirche wieder als ein unverzichtbares *Grundelement* gelebten Glaubens erkennbar werden lassen.

Die Problematik dieses Versuchs wird deutlich, wenn man ihn in größerem sozialgeschichtlichen Zusammenhang des Verhältnisses zwischen dem neuzeitlichen, sich seiner Freiheit und Individualität bewußt gewordenen Menschen und den gesellschaftlichen *Institutionen* überhaupt betrachtet. Bereits Hegel sah das Grundproblem der neuzeitlichen Gesellschaft in der wachsenden Entfremdung zwischen dem einzelnen Subjekt und den größeren, formalisierten gesellschaftlichen Organisationen. Diese Entfremdung führt einerseits immer stärker zum Rückzug in die Privatheit der einzelnen; ihre private Lebenssphäre, vor allem die Suche nach Geborgenheit und Intimität, wird zum fast ausschließlichen Ort der eigentlichen Lebenserfüllung. Andererseits gelten die gesellschaftlichen Institutionen nur noch als öffentliche Instanzen zur Erfüllung der individuellen Lebensbedürfnisse. So kommt es heute mehr und mehr zu einem krassen, unvermittelten Gegenüber von individuellem Selbst und gesellschaftlicher Realität, und zwar in fast allen größeren gesellschaftlichen Institutionen: in Politik (wie viele würden bei uns aus dem Staat „austreten", wenn sie es könnten!), Bildungssektor, Gesundheitswesen, Kulturbetrieb, Gewerkschaften usw. Überall in unserer Gesellschaft gehört die distanzierte (und darum auch undialektisch-naive und weithin unwirksame) Institutionskritik zum normalen Bewußtsein vieler unserer Zeitgenossen. Als eine *produktive* Veränderungsstrategie ist demgegenüber sicher das Entstehen und Wachsen vieler überschaubarer, partizipativer Gesellschaftsformen zu nennen, gerade in den neuen sozialen und ökologischen Bewegungen. Die konfliktreiche, aber darum auch innovative Auseinandersetzung der „klassischen" Institutionen mit diesen neuen Bewegungen dürfte die große Herausforderung unserer gegenwärtigen gesellschaftlichen Entwicklungsphase sein. Denn dadurch kann es wohl noch am ehesten gelingen, die individuelle Freiheit wieder mehr (im Sinne Hegels) „konkret", d. h. politisch und sozial relevant werden zu lassen.

In diesen allgemeingesellschaftlichen Prozeß sind auch die großen Kirchen auf ihre Weise einbezogen: Sie werden deswegen zunächst einmal nicht gemäß ihrem eigenen theologischen Selbstverständnis als „Glaubensgemeinschaften" wahrgenommen, sondern als „Amtskirche", d. h. als öffentliche, durch ihre Hauptamtlichen repräsentierte und bürokratisch strukturierte Organisation zur Erfüllung der allgemeinen und privaten religiösen Bedürfnisse (wie Angstbewältigung, Verarbeitung von Kontingenz- und Grenzerfahrungen, Hilfe in Sinnkrisen, rituelle Integration individueller und familiärer Lebensstationen usw.). Da die Kirchen sich diesen an sie gerichteten Erwartungen auch in einem nicht geringen Maß angepaßt haben, bieten sie für unsere Gesellschaft unvermeidlich dieses Erscheinungsbild. Sie geraten dadurch aber in ein schwer aufzulösendes *Dilemma*: Je mehr sie den allgemeingesellschaftlichen religiösen Erwartungen entgegenkommen wollen (z. B. die Evangelische Kirche noch stärker als die Katholische), um so mehr müssen sie erleben, wie die einzelnen auf Distanz zu diesen großen, anonymen, Glauben und Religion „verwaltenden" Institutionen gehen und sie nur noch sehr gelegentlich zur Erfüllung religiöser Erwartungen beanspruchen, aber nicht mehr als *Lebensraum* eines gelebten Glaubens suchen.

Und umgekehrt: Wenn die Kirchen diesen Erwartungen *nicht* zufriedenstellend gerecht werden, wenn sie sich ihnen gegenüber stärker auf ihren eigentlichen Auftrag berufen, das Evangelium Jesu Christi zu verkünden, die Menschen in seine Nachfolge zu rufen und sie so zum Volk des Reiches Gottes zu sammeln, verlieren sie sofort an gesellschaftlicher Resonanz und Relevanz. Ab einem bestimmten Enttäuschungsgrad sucht man sich dann sehr schnell anpassungsfähigere oder „pflegeleichtere" Sinnagenturen.[1]

Der Weg einer neuen *Vermittlung* zwischen den gesellschaftlich bedingten religiösen Erwartungen der einzelnen einerseits und der kirchlich-institutionellen Verkündigung des Glaubens andererseits dürfte – analog zu den oben erwähnten gesellschaftlichen Vermittlungsweisen – darum in der Tat am ehesten über neue geistliche und soziale Gemeinschaften in der Kirche gehen, also über lebendige „Glaubenszellen", „Lebensgruppen", Gesprächskreise u. ä., sei es in den bestehenden Gemeinden oder auch unabhängig von ihnen.

Daß eine solche (natürlich immer kulturell geprägte) Vermittlung zwischen den einzelnen und der Gemeinschaft im Glauben durchaus dem theologischen Sinngehalt von Kirche entspricht, zeigt ein Blick in die Ursprünge des christlichen Glaubensbewußtseins.

2. Kirche im biblischen Verständnis

Die Nachfolge Jesu als Antwort auf seine Reich-Gottes-Botschaft vollzog sich von Anfang an in *Gemeinschaft*; denn die persönliche Jüngerschaft stand ganz im Dienst der endgültigen *Sammlung* des Volkes Gottes als dem einen, gemeinschaftlichen Subjekt des jetzt ankommenden Reiches Gottes (vgl. Mk 1,16–20; 3,13–19; 6,6–13; Mt 8,11f.; 19,28; Lk 22,29f.). Entsprechend wuchs auch der *nachösterliche* Glaube an den auferstandenen und wiederkommenden Jesus besonders aus jenen Erfahrungen, in denen der lebendige Herr die Seinen zum eschatologischen Mahl *versammelt* und zugleich zur universalen Verkündigung des Evangeliums aussendet (vgl. Lk 24,29ff.36–48; Apg 1,4–8; Mt 28,16–20). Im *Pfingstereignis* wird der Heilige Geist als *die* Gabe der Endzeit gerade nicht einzelnen prophetischen oder amtlichen Gestalten, sondern *allen* gemeinsam gegeben, so daß in seiner sammelnden und einenden Kraft endgültig das erneuerte Volk Gottes erstehen kann (Apg 2,2–21 mit Bezug auf Joel 2,1–5). Der einzelne empfängt den Heiligen Geist, der ihn zum Kind Gottes macht, nur in der Teilhabe an dem gemeinschaftstiftenden, das Volk Gottes zusammenführenden Geist dieses Gottes.

Die wichtigsten Selbstbezeichnungen der ersten Glaubenden als „Heilige" (z. B. Apg 9,13; Röm 1,7 u. a.), als „Erwählte" (Mt 22,14; Mk 13,20ff.; Röm 8,33 u. a.) und vor allem als „Gottes heilige Volksversammlung" (= ekklesia tou theou) manifestieren deutlich diesen gemeinschaftlichen Grundcharakter des Glaubens. Dabei greifen die neutestamentlichen Schriften auf das *alttestamentliche Selbstverständnis Israels* als der „qahal Jahwe" zurück: Gott versammelt (urbildlich am Sinai) seine Gemeinde, damit sie sein Wort vernimmt, sich danach ausrichtet und ihn für seine Großtaten preist. Als so um Gott als ihre Mitte versammelte Gemeinde wird Israel immer wieder zu Gottes geliebtem „Eigentumsvolk" (= „am Jahwe"), mit dem er einen Bund schließt. „Ich bin euer Gott, und ihr seid mein Volk" (Lev 26,12).

Die glaubende Beziehung Israels und der einzelnen Israeliten zu Gott ist also untrennbar verbunden mit der politischen und theologischen Volkwerdung: In dem Maße, wie Israel sich Jahwe glaubend anvertraut, wird es zum Volk Gottes unter den Völkern.

Die *neutestamentliche Gemeinde* sieht nun in ihrer eigenen Wirklichkeit diese durch die Sünde Israels immer wieder gefährdete Berufung endgültig und unzerstörbar in Erfüllung gehen. Deswegen kann sie – als das erneuerte und wahre Israel – die alten Würdenamen Israels für sich beanspruchen: „Ihr seid ein auserwähltes Geschlecht, eine königliche Priesterschaft, ein heiliger Stamm, ein Volk, das sein besonderes Eigentum wurde, damit ihr die großen Taten dessen verkündet, der euch aus der Finsternis in sein wunderbares Licht gerufen hat" (1 Petr 2,9).

Zugleich geht das Neue Testament (im *paulinischen* Schrifttum) durch die christologische Akzentuierung über die alttestamentlichen Aussagen hinaus: Als „Leib Christi" findet die Kirche ihre gemeinschaftliche Gestalt grundlegend durch die *eucharistische Teilhabe* am zerbrochenen und gerade so lebenspendenden Leib des auferstandenen Gekreuzigten (1 Kor 10,16; 11,24). Die Gemeinde der an der Liebe Christi „bis zum Äußersten" (Joh 13,1) Kommunizierenden wird selbst zur Communio, zur Gemeinschaft des Leibes Christi in der Welt und für die Welt. Dies bedeutet für den einzelnen, daß er seine glaubende Identität eben nur als „Glied" dieses Leibes Christi empfängt, d. h. als ein dem Ganzen dienendes, sich darin einstimmendes und die Sendung Jesu zum Dasein „für die Vielen" mittragendes Glied. Dies führt keineswegs zur Aufhebung der individuellen persönlichen Glaubensweise. Denn wiederum ist es der Geist Gottes, der die Vielfalt der Glieder eint und zugleich die Einheit des Leibes differenziert. Er läßt aus den verschiedenen individuellen Begabungen jene sozialen „Charismen" werden, die in ihrer zusammenstimmenden Vielfalt einzig und allein der Einheit des „Leibes Christi" und der Weitergabe der Liebe Christi für die Menschen dienen wollen. Personaler Glaubensvollzug und Teilhabe an der Gemeinschaft des Leibes Christi sind vom biblischen Kirchenverständnis her nicht konkurrierende, sondern sich gegenseitig bedingende und einschließende Elemente des Christseins.

3. Theologische „Kirchenbilder"

Auf der Grundlage dieser biblischen Sichtweise haben sich im Laufe der christlichen Glaubensgeschichte verschiedene „Kirchenbilder" entfaltet, mit deren Hilfe diese Integration von persönlichem Glaubensvollzug und kirchlicher Glaubensgemeinschaft jeweils neu theologisch reflektiert und spirituell gelebt werden sollte. Ich möchte hier nur drei (idealtypische) Modelle solcher „Kirchenbilder" vorstellen, die zwar in ganz verschiedenen Epochen der Glaubensgeschichte entstanden sind, die aber auch heute noch – sowohl in ihrer Gegensätzlichkeit als auch in ihrer Vermischung – den umgreifenden spirituellen Horizont für bestimmte Optionen hinsichtlich des konkreten kirchlichen Lebens und Handelns bilden. Ein besseres Verstehen dieser geistlichen Grundperspektiven kann vielleicht doch einer innerkirchlichen Verständigung dienen, indem es in allen konkreten Streitfragen die gemeinsame Liebe zur Kirche wahrzunehmen und anzuerkennen hilft.

a) Kirche als Identifikationsfigur

(1) Das bestimmende Kirchenbild: Die „ecclesia" als „Frau" im Gegenüber zu Christus. In der Theologie der Kirchenväter, aber auch noch in der hochmittelalterlichen Mystik ist die Kirche bekanntlich nicht so sehr Gegenstand theologischer Reflexion oder Diskussion, sondern v. a. der geistlichen Meditation. Mit

Hilfe der typologischen und allegorischen Schriftauslegung werden sehr viele alt- und neutestamentliche Bildworte auf die Kirche und ihr Verhältnis zu Jesus Christus gedeutet (z. B. das Bild vom Weinberg oder Weinstock, vom Schafstall, von der Stadt auf dem Berg, von der Arche, vom Schiff im stürmischen Meer usw.).[2] Als Hauptsymbole dieser Meditationen über die Kirche sind jedoch neben dem eucharistisch gedeuteten Leib-Christi-Begriff schon sehr früh jene personalen Bezeichnungen in den Vordergrund getreten, die die Kirche, die „ecclesia", in irgendeiner Weise als Person, konkreter: als „Frau" verstehen, die in einer personalen Beziehung zu Gott bzw. zu Jesus Christus als ihrem männlichen Gegenüber steht. Angeregt vom alttestamentlichen Hohen Lied, von den Frauengestalten des Alten und Neuen Testaments, von den Prophetentexten über das Verhältnis Israels zu Jahwe und schließlich von bestimmten neutestamentlichen Stellen[3], wird die Kirche symbolisch personifiziert, d. h. als ein in die soziale Dimension ausgeweitetes Subjekt gedeutet, und zwar besonders als „Jungfrau", „Braut", „Gattin" und „Mutter".

„Jungfrau": das bedeutet die ungeteilte Glaubens- und Gehorsamsbereitschaft der Kirche gegenüber Gott, von dem sie – und darin zugleich alle zum Leben berufenen Schwestern und Brüder Jesu Christi – in der Kraft des Heiligen Geistes immer neu den „Sohn", also das Wort und die Gnade Gottes, empfängt. Als „Mutter" gebiert sie den „Sohn", sie bringt – gerade in den Sakramenten – Gottes menschgewordene Liebe immer neu zur Erscheinung in dieser Welt und läßt – als „zweite Eva", als „Mutter aller Lebenden" – die Glaubenden an diesem neuen Leben in Christus teilhaben. Als „Braut" und „Gattin" schließlich bleibt sie Christus in untrennbarer ehelicher Liebe, in der Einheit „eines Fleisches" (Eph 5,31f.) und „eines Geistes" (1 Kor 6,17) verbunden. Nicht nur die Kindschaft, sondern gerade auch die Ehe wird zum klassischen Symbol der Mystik für die Beziehung Gottes zur Menschheit, die sich im Verhältnis Christi zur Kirche konkretisiert.

Diese personale Einheit zwischen Christus und der Kirche hebt jedoch keineswegs die bleibende Unterschiedenheit zwischen ihnen auf; eine Identifizierung der Kirche mit Christus wird in dieser Symbolik bewußt ausgeschlossen. Im Gegenteil: Die Kirche kann sich sogar bis zur Treulosigkeit einer „Dirne" verlieren (analog zu Israels Untreue gegenüber Jahwe; vgl. Hos 2,4–3,5; 9,1f.). Allerdings bleibt sie in aller Sünde und allem Verrat zugleich doch immer die „keusche Dirne" (casta meretrix), weil Christus sie mit unzerstörbarer Liebe liebt und heiligt (nach Eph 5,25ff.).[4] Im Unterschied zu Israel kann das Geheimnis der Kirche durch menschliche Schuld zwar bis zur Unansehnlichkeit verdunkelt, aber nicht mehr zerstört werden; das Volk Gottes kann durch die in seiner Mitte, in Christus, bleibend angenommene Liebe Gottes nicht mehr zum „Nicht-Volk" (Hos 1,9) werden.

Soweit zur Deutung dieser Symbolik, die von Patristik und Mystik in unendlich vielen Variationen ausgebreitet wird. Auch z. B. das Musical „Franz von Assisi" (von Peter Janssens und Wilhelm Willms) enthält eine eindrucksvolle Szene, in der Franziskus vor Papst Innozenz III. sein Liebeslied auf die untreu gewordene „Ecclesia" singt. Insgesamt aber dürfte der jüngeren Generation der Zugang zu dieser Kirchenspiritualität ziemlich schwerfallen. Für die mittlere und die ältere Generation, soweit sie von den vorkonziliaren, bis zu Beginn der 60er Jahre reichenden Aufbruchbewegungen unseres Jahrhunderts (Jugendbewegung, Liturgische Bewegung, Bibelbewegung u. ä.) geprägt wurden, ist sie jedoch ein ganz entscheidender Wurzelboden für ihr geistliches und emotionales Verhältnis zur Kirche. Zumal: Viele der großen theologischen Gestalten unseres Jahrhunderts (besonders des französischen Sprachraums), die die konziliare Erneuerung der Kirche vorbereitet und inspiriert haben, lebten spirituell und theologisch weithin von der Wiederentdeckung der Patristik und ihres Kirchenbildes, das eben die *personale* „ecclesia" und die *soziale* „communio" miteinander verbinden konnte (also z. B. Henri de Lubac, Jean Daniélou, Pierre Teilhard de Chardin, Louis Bouyer, Yves Congar, Piere-Thomas Camelot, Romano Guardini, Hugo und Karl Rahner, Hans Urs v. Balthasar, Joseph Ratzinger u. a.). Ein schönes Beispiel dieser mystischen Kirchenerfahrung bietet Karl Rahner am Schluß seines Artikels „Kirche der Sünder", den er 1947 geschrieben hat und in dem er Joh 8,1–11 typologisch auf die Kirche überträgt:

„Die Schriftgelehrten und Pharisäer – es gibt solche ja nicht nur in der Kirche, sondern überall und in allen Verkleidungen – werden immer wieder ‚die Frau' vor den Herrn schleppen und sie mit dem geheimen Hochgefühl, daß ‚die Frau' – Gott sei Dank – doch auch nicht besser ist als sie selbst, anklagen: ‚Herr, diese Frau ist beim Ehebruch auf frischer Tat ertappt worden. Was sagst du dazu?' Und die Frau wird es nicht leugnen können. Nein, es ist ein Ärgernis. Und es gibt nichts zu beschönigen. Sie denkt an ihre Sünden, weil sie sie wirklich begangen hat, und sie vergißt darüber (wie könnte die demütige Magd anders?) die verborgene und die offenbare Herrlichkeit ihrer Heiligkeit. Und so will sie nicht leugnen. Sie ist die arme Kirche der Sünder. Ihre Demut, ohne die sie nicht heilig wäre, weiß nur von ihrer Schuld. Und sie steht vor dem, dem sie angetraut ist, vor dem, der sie geliebt und sich für sie dahingegeben hat, um sie zu heiligen, vor dem, der ihre Sünde besser kennt als ihre Ankläger. Er aber schweigt. Er schreibt ihre Sünde in den Sand der Weltgeschichte, die bald ausgelöscht sein wird und ihre Schuld mit ihr. Er schweigt eine kleine Weile, die uns Jahrtausende scheint. Und er verurteilt diese Frau nur durch das Schweigen seiner Liebe, die begnadet und freispricht. In allen Jahrhunderten stehen neue Ankläger neben ‚dieser Frau' und schleichen immer wieder davon, einer nach dem andern, von den Ältesten angefangen; denn es fand sich nie einer, der selbst ohne Sünde war. Und am Ende wird der Herr mit der Frau allein sein. Und dann wird er sich aufrichten und die Buhlerin, seine Braut anblicken und sie fragen: ‚Frau, wo sind sie, die dich anklagten? Hat keiner dich verurteilt?' Und sie wird antworten in unsagbarer Reue und Demut: ‚Keiner, Herr.' Und sie wird verwundert sein und fast bestürzt, daß keiner es getan hat. Der Herr aber wird ihr entgegengehen und sagen: ‚So will auch ich dich nicht verurteilen.' Er wird ihre Stirn küssen und sprechen: ‚Meine Braut, heilige Kirche'."[5]

(2) Das geistliche Leitmotiv: Identifikation mit der Kirche

Das leitende existentielle und geistliche Interesse dieses Kirchenbildes zielt auf die möglichst ganzheitliche Identifikation mit der Kirche. Kirche wird eben v. a. in ihrer die Sündigkeit „aufhebenden" Heiligkeit geschaut, wie sie lebt aus dem Geheimnis der Liebe Christi zu ihr. Unsere Liebe zur Kirche und unsere Freude an ihr werden von der Liebe Christi getragen; sie macht es möglich, daß sich der einzelne ganz mit der Kirche identifizieren kann, daß er in ihr erst seine eigene gläubige Identität finden kann als „anima ecclesiastica" (Origenes), als in die „Form" der Kirche, dem personalen Gegenüber zu Christus, eingefügter Mensch. Er bekommt teil an der Personalität der Kirche und wird dadurch selbst Person im Glauben.[6] Eine solche personal geprägte Kirchenfrömmigkeit beflügelt und inspiriert auch heute noch viele Menschen (gerade in Ordensgemeinschaften und geistlichen Bewegungen), die von daher auch bereit sind, für die Kirche und den Einsatz in ihr alles daranzugeben; die sich durch keine Schwächen und Verirrungen der Kirche letztlich in ihrer Liebe zu ihr verunsichern lassen. Der große Vorteil dieser Sicht von Kirche liegt zweifellos in einer auch emotional verwurzelten Beziehung zur Kirche, die sich zuweilen recht wohltuend von dem heute weithin üblichen, stark soziologisch-strategisch geprägten Sprechen über die Kirche abhebt.

(3) Die Gefahr: Spiritualisierung der strukturellen Wirklichkeit

Bei allem mystischen Reichtum dieses Kirchenbildes kann doch die Gefahr nicht geleugnet werden, daß hier leicht die konkret erfahrbare Realität der Kirche spirituell übergangen und zugunsten ihres „Mysteriums", das alles andere überstrahlt, als zweitrangig abgewertet wird. Das kritische Einfordern von Veränderungen überholter kirchlicher Strukturen und Verhaltensweisen wird von solcher Spiritualität gern als äußerlich, unwesentlich und „unfromm" abgetan. Dahinter wird vielleicht eine Art „ekklesiologischer Monophysitismus" stehen, der das Menschliche und Allzumenschliche in der Kirche so sehr von dem in ihr wirkenden Geist Gottes „aufsaugen" läßt, daß es faktisch für die geistliche Kirchenerfahrung keine Rolle mehr spielt.[7] Der tiefgreifende Unterschied im Glaubensbekenntnis zwischen dem „credo in Deum" (ich glaube *an* Gott) und dem „credo ecclesiam" (ich glaube *die* Kirche, d. h. ich glaube an die wirkende Gegenwart des Geistes Gottes in der Kirche) gilt dieser Spiritualität weniger als die Teilhabe der Kirche an der Heiligkeit und Herrlichkeit Christi, die sie fast ungebrochen widerspiegelt.

Daß eine solche Spiritualisierung auch ausgesprochen konfliktträchtig ist, zeigt sich heute besonders dann, wenn diese Symbolsprache nicht bloß von der Realität der Kirche „abgehoben", sondern, umgekehrt, methodisch unvermittelt (also ohne Berücksichtigung z. B. ihrer sozialgeschichtlichen Abhängigkeit) in die kirchlich-strukturelle Wirklichkeit übersetzt und von daher u. a. etwa begründet werden soll, daß Frauen nicht geweihte Amtsträger sein können. Denn in der

Frau stelle sich eben die empfangende Kirche im Gegenüber zum gebenden Christus dar; und diese Symbolik werde zerstört, wenn die Frau als Amtsträger „in persona Christi capitis“ handeln würde.

Ob diese Argumentation sehr überzeugend ist oder nicht, mag dahingestellt bleiben; jedenfalls entspricht diesem Kirchenbild der empfangenden (und darum auch primär gehorchenden) Frau in der Regel auch ein Gottes- und Christusbild, das einseitig von männlich-„herr“lichen Analogien her bestimmt ist: Vater, Allmächtiger, Schöpfer und Herrscher des Himmels und der Erde; bzw. Kyrios-Herr, Sohn, König, Haupt und Richter. Auch wenn die alte Symbolsprache es von ihrem ursprünglichen Sinngehalt her nicht intendierte, hat sie in der Kirchengeschichte faktisch bis heute zu der strukturellen Minderbewertung der Frau beigetragen, die als „empfangende“ ganz dem „aktiv-gebenden“ Mann untergeordnet und auf ihn hingeordnet wird (vgl. schon Eph 5,22–33; 1 Kor 11,3.7–9 u. a.). Wenn sich die Ecclesia-Symbolik von solchen Merkmalen eines androzentrischen Gottes-, Gesellschafts- und Menschenbildes freimachen könnte und das Bild der Ehe primär mit dem Bild der Freundschaft („Nicht mehr Knechte nenne ich euch, sondern Freunde“, vgl. Joh 15,15) verbinden würde, dann könnte diese Symbolik auch heute noch unsere Kirchenspiritualität sehr bereichern (z. B. Kirche als „Freundin“, als „Schwester“, als „Weggefährtin“ u. ä.).

Soweit zu diesem ersten Modell einer geistlichen Kirchenerfahrung. Was die gegenwärtige spirituelle und ekklesiologische „Landschaft“ in unserer Kirche so schwierig macht, ist die eigenartige Verbindung, die dieses Kirchenbild heute gerade bei führenden Amtsträgern der Kirche mit dem zweiten hier vorzustellenden Typos eingeht, und weniger – wie es von seinem patristischen Ursprung her eigentlich näherläge – mit dem dritten.

b) Kirche als Zufluchtsort

In den spätmittelalterlichen Streitigkeiten zwischen Kaiser und Papst ging die bislang selbstverständliche Erfahrung der Kirche als des Mysteriums der liebenden Beziehung zu Jesus Christus für immer mehr Gläubige verloren. Struktur- und Machtfragen führten zu einem Auseinanderdriften von geistlich-mystischer und dogmatisch-strukturell-rechtlicher Sicht der Kirche, worunter wir bis heute leiden. Als sich dies in der Reformation auch in einem Zerbrechen der realen kirchlichen Einheit auswirkte und zur theologischen Trennung zwischen dem geglaubten Wesen der Kirche und ihrer empirisch erfahrbaren Gestalt führte, bildete sich von der Gegenreformation an eine neue katholische Kirchenfrömmigkeit aus, die v. a. die institutionelle Seite der Kirche spirituell einzuholen versuchte. Erst das II. Vatikanische Konzil konnte die Einseitigkeiten dieses Kirchenbildes tiefgreifend relativieren; jedoch zeigen viele harte nachkonziliare Auseinandersetzungen sehr deutlich, daß es seinen Einfluß auf kirchliches Denken und Handeln wieder erheblich verstärkt.

(1) Das bestimmende Kirchenverständnis: Die Kirche als autarke Heilsvermittlerin

In dieser Kirchenerfahrung rückt die hierarchisch-sakramentale Struktur der Kirche in den Vordergrund: Die Kirche wird geschätzt und verehrt als die vollkommene „Heilsanstalt" (societas perfecta), die von Gott mit allen notwendigen „Heilsmitteln" (also besonders ihren Ämtern und Sakramenten) ausgestattet wurde. Eine klare, defensive Absetzung von der neuzeitlichen, weithin als heillos betrachteten Geschichte und von den modernen demokratischen Gesellschaften, aber auch von den anderen, als defiziente Weisen des Christseins eingestuften Konfessionen bestimmte den realen Kurs der Katholischen Kirche seit Beginn der Neuzeit: Die von Christus gestiftete, festgefügte, in sich geschlossene und autarke Katholische Kirche vermittelt ihren Mitgliedern durch die Hierarchie das übernatürliche Heil.

In der Abgrenzung von den neuzeitlichen Nationalstaaten übernimmt die Kirche jedoch für sich selbst auf vergleichbare Weise deren Selbstverständnis als souveräne Gesellschaft, wobei allerdings nicht das Volk das letzte Subjekt dieser Souveränität ist, sondern der Papst und die in ihm gipfelnde Hierarchie. Deswegen entspricht der dualistischen Sicht der Außenbeziehung „Katholische Kirche – neuzeitliche Welt" innerkirchlich eine starke theologische und faktische Unterscheidung zwischen Klerus und Laien. Den letzteren obliegt v. a. das gehorsame Entgegennehmen der vom kirchlichen Amt verwalteten Vorgabe des Heils und deren – wiederum vom Amt geleiteten – Umsetzung in den verschiedensten weltlichen Lebensbereichen.

(2) Das geistliche Leitmotiv: Integration durch Geborgenheit und Gehorsam

Das besondere existentielle Interesse dieser Sicht von Kirche liegt in der Integration: Die Kirche soll v. a. Einheit, Sicherheit und Geborgenheit bieten. Inmitten der sündigen Wirren und der verunsichernden Vielfalt der neuzeitlich-pluralen Gesellschaft wird die Kirche – bildlich gesprochen – als eine „feste Burg", als ein „Haus voll Glorie", als „Fels in der Brandung", als „Zeichen des Ewigen" gewünscht und gesucht. Sie soll angesichts der flüchtigen und feindlichen Welt die Unvergänglichkeit, Stärke und Macht Gottes widerspiegeln. Dazu braucht sie feste Strukturen und Rechtsnormen, eine straffe Ordnung, klare Gehorsamsverhältnisse und eine weitgehende Uniformität im kirchlichen Leben. Das Gottesbild, das sich häufig damit verbindet, sieht eben Gott – in der Sprache der Psalmen – besonders als „schützenden Fels, eine feste Burg, die mich rettet" (Ps 31,71), als „Schild und sicheres Heil, meine Zuflucht" (Ps 18), oder auch als den allmächtigen, alles regierenden und lenkenden Vater.

Die hervorgehobenen Symbolgestalten dieser Kirchenfrömmigkeit sind Maria und der Papst: Maria wird als zufluchtgewährende Mutter Gottes, Mutter der Gläubigen und „Mutter der Kirche" angerufen; es besteht vielfach die Tendenz, sie noch über die Kirche zu stellen, statt sie als deren „heilen Kern" (H. U. v. Balthasar) oder als ihr „Urbild" (O. Semmelroth) in die Kirche zu integrieren. Der

Papst wird in ähnlich kindlicher Zuneigung als „heiliger Vater", d. h. als Gleichnis der göttlichen Hirtensorge und seiner schützenden Macht, verehrt.

Als Beispiel für diese geistliche Kirchenerfahrung sei ein literarisch und spirituell hochstehender Text aus den „Hymnen an die Kirche" von der katholischen Dichterin Gertrud von Le Fort aus dem Jahr 1924 angeführt. Als Kind einer reformierten Hugenottenfamilie 1876 geboren und als Schülerin von Ernst Troeltsch im liberalen Protestantismus aufgewachsen, konvertierte sie 1925 in Rom zur Katholischen Kirche. Bereits ein Jahr zuvor waren ihre „Hymnen an die Kirche" erschienen, in denen sich in einer von den Psalmen und von Nietzsches „Zarathustra" inspirierten Sprache ihre Faszination durch die überirdisch-ewige Gestalt v. a. der römischen Kirche angesichts des alles relativierenden neuzeitlichen Historismus ausdrückte. Diese Hymnen manifestieren und prägen zweifellos das Kirchenbewußtsein starker innerkatholischer Strömungen bis in die frühen 60er Jahre hinein, und sie gehören wohl noch immer zu den bewegendsten geistlichen Texten über die Kirche. Wir haben die 4. Hymne aus dem 2. Teil („Heiligkeit der Kirche") ausgewählt:[8]

> „Deine Diener tragen Gewänder, die nicht alt werden, und deine Sprache ist wie das Erz deiner Glocken.
> Deine Gebete sind wie tausendjährige Eichen, und deine Psalmen haben den Atem der Meere.
> Deine Lehre ist wie eine Feste auf uneinnehmbaren Bergen.
> Wenn du Gelübde annimmst, so hallen sie bis ans Ende der Zeiten, und wenn du segnest, baust du Häuser im Himmel.
> Deine Weihen sind wie große Zeichen von Feuer auf den Stirnen, niemand kann sie auslöschen.
> Denn das Maß deiner Treue ist nicht Menschentreue, und das Maß deiner Jahre faßt keinen Herbst.
> Du bist wie eine beständige Flamme über wirbelnder Asche!
> Du bist wie ein Turm inmitten reißender Wasser!
> Darum schweigst du so tief, wenn die Tage lärmen, denn am Abend fallen sie dennoch an dein Erbarmen:
> Du bist's, die über allen Grüften betet! Wo heute ein Garten blüht, da ist morgen eine Wildnis, und wo früh ein Volk wohnt, da haust bei Nacht das Verderben.
> Du bist das einzige Zeichen des Ew'gen über dieser Erde: alles, was du nicht verwandelst, überwandelt der Tod!"

Seine Stärke zeigt dieses Kirchenbild v. a. in Situationen der gesellschaftlichen Minderheit oder der politischen Verfolgung durch kirchenfeindliche Regime: Es eint die Gläubigen zu einer geschlossenen, relativ homogenen Eigenkultur und wahrt so das, was man die traditionelle „Glaubenssubstanz" nennt, gegenüber „Aufweichungen" von außen, wie etwa in der Katholischen Kirche Deutschlands während des Kulturkampfs unter Bismarck und teilweise auch während der nationalsozialistischen Diktatur, oder in großen Teilen der osteuropäischen

Kirche in den über 40 Jahre lang kommunistisch regierten Ländern. Es ist *das* Kirchenbild der „katholischen Milieus“, die seit der ersten Hälfte des vorigen Jahrhunderts einen vor den Anfragen der Aufklärung schützenden Eigenraum katholischen Glaubenslebens boten, sich aber seit Mitte der 60er Jahre unaufhaltsam auflösen (s. o.), seit 1989 offensichtlich auch in Osteuropa.

(3) Die Gefahr: Dialogunfähigkeit gegenüber der Kultur der Moderne

Ohne diesen entsprechenden sozialen Kontext zeigt sich heute v. a. die Schwäche dieser Spiritualität sehr deutlich: In einer pluralistischen und weitgehend säkularisierten Gesellschaft führt sie unweigerlich zu einem Abbruch des ernstgemeinten, also auch selbst lern- und veränderungsfähigen Dialogs mit anderen weltanschaulichen Gruppierungen, mit anderen Religionen und mit anderen christlichen Kirchen. Sie trägt dazu bei, die Kirche in ein gesellschaftliches Ghetto einzuschließen und sich von den neuzeitlichen, fast ausschließlich negativ beurteilten Entwicklungen immer mehr abzukoppeln. Der konziliare Neuaufbruch der Kirche, die sich seitdem als „Kirche in Beziehungen“ (zum eschatologischen Reich Gottes, aber auch zur säkularen Welt, zu den Religionen und Kulturen, zum Atheismus usw.) versteht, kann von dieser Spiritualität und der von ihr gestützten Ekklesiologie nicht mitgetragen werden. Der theologische Grund dafür liegt letztlich wohl im Ausfall des *geschichtlichen* Verstehens von Glauben und Kirche: Natürlich haben diese teil an der ewigen, beständigen Treue Gottes, aber eben nur auf geschöpfliche, d. h. der Veränderung, der Gefährdung, der Sünde, dem Suchen und Fragen ausgesetzten Weise. Und das gilt auch von den amtlichen Strukturen der Kirche!

c) Kirche als Hoffnungszeichen

(1) Das bestimmende Kirchenbild: Kirche als Weggemeinschaft zum Reich Gottes

Genau an dem zuletzt genannten Punkt setzen die tiefgreifenden Korrekturen des II. Vatikanischen Konzils an den Einseitigkeiten des Kirchenbilds der letzten Jahrhunderte an. Das Konzil verhalf einer Kirchenerfahrung zum Durchbruch, die sich einerseits wieder stärker an den biblisch-patristischen Ursprüngen orientiert, und die andererseits zugleich der Realität der Kirche in unserer modernen Welt mehr gerecht werden will.

Diese nachkonziliare Kirchenspiritualität formt sich immer stärker gerade in Kirchen der sogenannten Dritten Welt aus, zumal in „Basisgemeinden“ und in den „kleinen kirchlichen Gemeinschaften“ Afrikas, aber auch weltweit in einigen neuen geistlichen Bewegungen, in lebendigen Aufbrüchen innerhalb unserer Gemeinden, unter Jugendlichen, in den Orden, auch in vielen theologischen und geistlichen Veröffentlichungen usw. Ihr geht es eindeutig um die glaubende Erfahrung von Kirche als „Communio“, als „Gemeinschaft im Glauben“. Hier sollen besonders drei inhaltliche Momente dieser geistlichen Kirchenerfahrung hervorgehoben werden.

aa) Als *pilgerndes „Volk Gottes"* ist die Kirche eine Gemeinschaft von Schwestern und Brüdern, die mit allen anderen Menschen „seiner Gnade" (vgl. Lk 2,14) zusammen auf dem Weg sind zum verheißenen Reich Gottes. Weggemeinschaft der Hoffnung inmitten und mit der großen Menschheitsfamilie zu sein – das läßt in vielen Glaubenden die Freude an der Kirche immer wieder stärker sein als das Leiden an ihr.[9] Die *Gefahr* des Verlustes von unterscheidenden Konturen bis hin zur Selbstauflösung „unter die anderen" wird durchaus gesehen; darum wächst gerade für dieses Kirchenbild die Bedeutung der gemeinsamen Eucharistiefeier als konzentrierender Mitte aller Wege zum Reich Gottes. Denn hier wird die Kirche immer neu „Volk Gottes vom Leib Christi her".[10]

bb) Die Kirche wird auf allen Ebenen als eine Gemeinschaft von *Sündern* erfahren, die mit ihrer Schwäche und Schuld das Erscheinungsbild der Kirche, ihr geistliches und menschliches „Niveau", ihre zentralen Strukturen und Selbstvollzüge mitprägen und damit zu ihrer geistgewirkten Heiligkeit stark kontrastierend wirken. Wo diese Erfahrung von Kirche in Demut und Selbstkritik gelebt wird, kann sie ein starker Damm sein gegen jedes übersteigerte, triumphalistische Selbstbewußtsein der Kirche. Aber auch hier gibt es natürlich *Gefahren:* Dieses wache Bewußtsein von der Sündigkeit der Kirche kann sich leicht in eine illusionäre und lieblose Kritiksucht verlieren, die am liebsten – unter jeweils neuen Vorzeichen – eine „Kirche der Reinen" etablieren möchte.

cc) Durch das zunehmende Gewicht der Kirchen in den südlichen Kontinenten wird die besondere Berufung der Kirche heute weltweit in ihrer *Solidarität mit den Armen* erkannt und gelebt. In der Nachfolge des „Weizenkorns, das in die Erde fällt und stirbt", teilt sie – regional sehr verschieden – auch lebensmäßig immer häufiger das Schicksal der vielen Opfer unserer Geschichte und unserer gegenwärtigen welt- und regionalpolitischen Ungerechtigkeiten. Durch die mitgehende und mitleidende „Sympathie" wächst sie an verschiedenen Orten und in verschiedenen Formen als eine Kirche unter und mit den Armen, ja als „Kirche *der* Armen", in der die Armen selbst zum hervorgehobenen Subjekt des kirchlichen Handelns werden. Je mehr sich diese Art und Weise, Communio zu leben, weltweit ausbreitet, um so eher wird die Kirche zu einem „Gleichnis des Miteinanderteilens" (Taizé) in einer zerstrittenen Menschheit. So erfüllt sie heute am überzeugendsten ihre Bestimmung, das „universale Sakrament des Heils" (LG 48), eben des Lebens-, Friedens- und Gerechtigkeitswillens Gottes und seines Reiches zu sein. Zweifellos besteht auch hier eine *Gefahr:* daß sich nämlich das soziale und politische Engagement verselbständigt und nicht mehr in den lebendig gelebten Glauben an den dreieinen Gott integriert wird.

Um auch diese Spiritualität zu veranschaulichen, sei hier ein Abschnitt aus dem 1975 verabschiedeten Grundlagentext der Synode aller (damaligen) bundesdeutschen Diözesen („Unsere Hoffnung") angeführt:

„Neue Schöpfung ist anfanghaft verwirklicht in der Gemeinschaft der Kirche (vgl. Gal 6,15f.). Diese unsere Kirche ist eine Hoffnungsgemeinschaft. Und das Gedächtnis des Herrn, in dem wir gemeinsam die wirksame Gegenwart seiner rettenden Heilstat feiern, ‚bis er wiederkommt', muß für uns und für die Welt, in der wir leben, immer wieder zur gefährlichen Erinnerung unserer Vorläufigkeit werden. Die Kirche ist nicht selbst das Reich Gottes, wohl ist dieses ‚in ihr im Mysterium schon gegenwärtig' (LG 3). Sie ist deshalb nicht eine reine Gesinnungsgemeinschaft, sie ist kein zukunftsorientierter Interessenverband. Sie gründet im Werk und auf der Stiftung Jesu Christi; sein Heiliger Geist ist der lebendige Grund ihrer Einheit. Er, der Heilige Geist des erhöhten Herrn, ist die innerste Kraft unserer Zuversicht: Christus in uns, Hoffnung auf die Herrlichkeit (vgl. Kol 1,27). Deshalb ist die Hoffnungsgemeinschaft unserer Kirche kein Verein, der sich selbst immer neu zur Disposition stellen könnte; sie ist in ihrer Gemeinschaftsform ein Volk, pilgerndes Gottesvolk, das sich dadurch identifiziert und ausweist, daß es seine Geschichte als Heilsgeschichte Gottes mit den Menschen erzählt, daß es diese Geschichte im Gottesdienst immer wieder feiert und aus ihr zu leben sucht.

Die Lebendigkeit dieses Volkes und der in ihm eingeräumten Erfahrungen von Gemeinschaft hängt freilich am Leben dieser Hoffnung selbst. Keiner hofft ja für sich allein. Denn die Hoffnung, die wir bekennen, ist nicht vage schweifende Zuversicht, ist nicht angeborener Daseinsoptimismus; sie ist so radikal und so anspruchsvoll, daß keiner sie für sich allein und nur im Blick auf sich selber hoffen könnte. Im Blick auf uns allein: Bliebe uns da am Ende wirklich mehr als Melancholie, kaum verdeckte Verzweiflung oder blinder egoistischer Optimismus? Gottes Reich zu hoffen wagen – das heißt immer, es im Blick auf die anderen zu hoffen und darin für uns selbst. Erst wo unsere Hoffnung für die anderen mithofft, wo sie also unversehens die Gestalt und die Bewegung der Liebe und der Communio annimmt, hört sie auf, klein und ängstlich zu sein und verheißungslos unseren Egoismus zu spiegeln. ‚Wir wissen, daß wir vom Tod zum Leben hinübergeschritten sind, weil wir die Brüder und Schwestern lieben. Wer nicht liebt, bleibt im Tode' (1 Joh 3,14)."[11]

(2) Das geistliche Leitmotiv: Kommunikation nach außen wie nach innen

Im Unterschied zum ersten Modell einer geistlichen Kirchenerfahrung stehen hier die gesellschaftliche Realität der Kirche und ihr theologisches Geheimnis gleichermaßen im Blick. Weil nämlich Gott selbst v. a. als „Communio" der Liebe zwischen Vater und Sohn im gemeinsamen Heiligen Geist verehrt wird, wird die Kirche als Gleichnis, als „Sakrament" dieser Communio verstanden (s. o.). Deswegen kann ihre sichtbare (auch soziologisch beschreibbare) Erscheinungsweise nicht etwas bloß Äußerliches und Zweitrangiges sein, sondern muß zeichenhaft diesen ihren theologischen Sinngehalt zur Darstellung bringen. Gehalt und Gestalt der Kirche werden darum als eine untrennbare Einheit gesehen: Sie ist nur dann wahre Communio im Glauben, wenn sie sich in all ihren Bereichen als „kommunikativer" Lebensraum des Glaubens verwirklicht. Eine hohe Sensibilität für das Zusammenstimmen von Communio-Theologie und kommunikativem Lebensstil zeichnet diese Sicht der Kirche aus.

Von daher werden das Leiden und die Kritik vieler Christen heute an eklatanten Rückfällen kirchlicher Amtsträger in überwunden geglaubte autoritäre Verhaltensmuster verständlich; steht doch das entscheidende Glaubwürdigkeitskriterium des konziliaren Neuansatzes auf dem Spiel. Um diese gesuchte Einheit von Gehalt und Gestalt der Communio besser realisieren zu können, bedarf es – im Gegensatz zum zweiten Modell – einer rechtlich gesicherten Partizipation aller dazu bereiten und fähigen Christen an allen Lebensvollzügen und Entscheidungsprozessen der Kirche. Denn *alle* Glaubenden bilden *das gemeinschaftliche Subjekt der Kirche;* mit der Rolle des „Objekts" amtlicher Leitungsfunktionen können und dürfen sich Christen dieser geistlichen Couleur nicht mehr zufriedengeben.

(3) Entschiedene Option für diese Kirchenspiritualität

Diese drei verschiedenen geistlichen Erfahrungen und Optionen von Kirche müssen von ihrem theologischen Gehalt her keineswegs unversöhnlich gegeneinanderstehen. Allerdings stehen sie auch nicht einfach gleich-gültig nebeneinander. Die heutige Situation der Kirche erfordert m. E. eine entschiedene Option für die dritte Weise einer geistlichen Kirchenerfahrung, weil der im Konzil beschrittene Weg der „kommunizierenden" Kirche der kulturellen Situation unserer Gegenwart noch am ehesten die frohe und befreiende Botschaft des Glaubens vermitteln kann. In diesem Programm der *positiven Vermittlung* besteht ja gerade das neue, für unsere Epoche verbindliche, „definitive" theologisch-pastorale Grundanliegen des II. Vatikanischen Konzils. Die beiden anderen geistlichen Kirchenerfahrungen behalten nur insofern ihre Geltung, als sie für diese neue geistliche Sicht von Kirche offen sind und sich von ihr relativieren lassen. Dann können sie auch *ihre* spezifischen Perspektiven und *ihre* Korrekturen an möglichen Einseitigkeiten des dritten Kirchenbildes befruchtend einbringen. Denn dieses ist von seinem Ansatz her darauf angelegt, sich von jeweils anderen Erfahrungen beschenken, bereichern und ausweiten zu lassen. Wo das gelingt, da bleibt die Frage, die Roger Schutz an die Kirche stellt, nicht bloß eine unbeantwortbare rhetorische Frage, sondern wird zum Ausdruck der Hoffnung – allerdings oft genug „gegen alle Hoffnung":

„Kirche, wirst du das ‚Volk der Seligpreisungen' werden, ohne andere Sicherheit als Christus: ein armes Volk, das kontemplativ lebt und Frieden schafft, das Träger der Freude und eines befreienden Festes für die Menschen ist, auch auf die Gefahr hin, daß du verfolgt wirst um der Gerechtigkeit willen?"[12]

ANMERKUNGEN

1 Ausführlicher zu diesem Thema: K. Gabriel, Christentum zwischen Tradition und Postmoderne (QD 141). Freiburg: Herder, ^{4}1995. M. Kehl, Die Kirche. Eine kath. Ekklesiologie. Würzburg: Echter, ^{3}1994, 181–188. Ders., Wohin geht die Kirche? Eine Zeitdiagnose. Freiburg: Herder, 1996.

2 Vgl. bes. H. Rahner, Symbole der Kirche. Die Ekklesiologie der Väter, Salzburg 1964; H. U. v. Balthasar, Sentire ecclesiam, a.a.O.; ders., Sponsa Verbi. Skizzen zur Theologie II, Einsiedeln 1961; H. de Lubac, Die Kirche. Eine Betrachtung, Einsiedeln 1968; G. v. Le Fort, Hymnen an die Kirche, München ^{22}1990; J. Werbick, Kirche. Ein ekklesiologischer Entwurf für Studium und Praxis, Freiburg 1994.

3 Vgl. Joh 1,12f.; 1 Kor 6,12–20; Gal 4,21–31; Eph 5,21–32; Offb 12,1–6; 19,7; 21,2.9; 22,17.

4 Vgl. H. U. v. Balthasar, Sponsa Verbi, a.a.O., 203–305.

5 K. Rahner, Kirche der Sünder, in: Schriften zur Theologie, Bd. 6. Einsiedeln, Zürich, Köln: Benziger (Patmos), ^{2}1969, 319f.

6 Vgl. H. U. v. Balthasar, Sponsa Verbi, a.a.O., 174. M. Kehl, Kirche als Institution, Frankfurt a. M. ^{2}1978, 248ff.

7 Vgl. auch I. Fr. Görres zu dieser von ihr geteilten Kirchenerfahrung: „Die Schatten und Flecken waren ja allbekannt, betrüblich und langweilig, also nicht weiter schildernswert; die Herrlichkeit dagegen war überraschend, hinreißend und nie genug zu rühmen." In: W. Dirks–E. Stammler (Hrsg.), Warum bleibe ich in der Kirche?, München 1971, 59.

8 G. v. Le Fort, Hymnen an die Kirche. München: Ehrenwirth, ^{22}1969 (zit. ^{3}1948, 28).

9 M. Kehl, Kirche für die anderen, in: Geist und Leben 49 (1976), 421–434. Vgl. Bischof W. Kempf, Für euch und für alle. Fastenhirtenbrief 1981. Limburg 1981. W. Bühlmann, Wo der Glaube lebt. Freiburg 1980. Ders., Weltkirche. Graz ^{3}1988. J. Moltmann, Kirche in der Kraft des Geistes. München, 1975. K. Rahner, Strukturwandel der Kirche als Aufgabe und Chance. Freiburg ^{3}1973. L. Boff, Und die Kirche ist Volk geworden. Düsseldorf, 1987.

10 J. Ratzinger, Das neue Volk Gottes. Düsseldorf ^{2}1970.

11 Aus: Unsere Hoffnung. Ein Bekenntnis zum Glauben in dieser Zeit, in: Gemeinsame Synode der Bistümer in der Bundesrepublik Deutschland, offizielle Gesamtausgabe, Bd. 1/Beschlüsse der Vollversammlung. Freiburg ^{7}1989, 99f.

12 Taizé und das Konzil der Jugend. Vom ersten zum zweiten Brief an das Volk Gottes. Freiburg ^{4}1979, 78.

GOTT

3.1 Der Mensch als religiöses Wesen

Dargestellt an der Frage nach dem Guten

JOSEF SCHMIDT SJ

1. Zum Verhältnis von Religion und Philosophie

Das Phänomen Religion kann man verschieden betrachten und methodisch untersuchen. So wird etwa ihre Bedeutung für das Erleben von der Psychologie oder ihre gesellschaftliche Funktion von der Soziologie behandelt. Die Philosophie schließt keinen dieser Aspekte aus. Aber sie zielt zugleich auf die Wahrheit, d. h. sie stellt die Frage, ob der Inhalt einer bestimmten Religion auch wahr sei.

Nun ist die Frage nach der Wahrheit, und zwar nicht nach irgendeiner beliebigen, sondern nach der letzten, das Leben tragenden und sinngebenden Wahrheit, charakteristisch für die Philosophie. Mit diesem Anliegen steht sie in offensichtlicher Nähe zur Religion und muß an deren Botschaften interessiert sein. Allerdings wird sich ihr Interesse nicht wahllos und in gleichem Maße auf alle Religionen beziehen, sondern vornehmlich auf solche, die nicht etwa nur für einen Stamm oder eine beschränkte Kultur Bedeutung haben, sondern deren Anspruch universal ausgerichtet ist, weil sie eine für alle Menschen gültige und lebensentscheidende Wahrheit zu besitzen glauben. Umgekehrt betreten diese Religionen, indem sie sich in einer allgemeingültigen Weise zu vermitteln suchen, diejenige Ebene, welche die Philosophie mit dem Namen Vernunft bezeichnet und die sie von Anfang an als ihre ureigenste begreift.

So ist es nicht verwunderlich, daß das junge Christentum, dessen Botschaft sich an alle Menschen richtete, in der antiken Philosophie, insofern diese als Lehre von einem allgemeinen Ursprung (arché) zum Monotheismus neigte und außerdem eine hochentwickelte Moral enthielt, einen natürlichen Gesprächspartner sah und in manchen Punkten sogar einen Verbündeten (vgl. Röm 1,19ff; 2,14f; Apg 17, 27f). Freilich bringt die christliche Botschaft eine entscheidende Aussage hinzu, die so in der Antike ganz und gar fehlte, daß nämlich der ferne und transzendente Gott in die Welt eingetreten ist und Mensch wurde. Aber diese Botschaft ist auch philosophisch von Bedeutung. Denn erweist Gott mit diesem Schritt nicht seine vollkommene, auch die Grenze zur Welt nochmals transzendierende Unendlichkeit und damit seine wahre göttliche Überlegenheit?

Der christliche Glaube versteckt sich nicht vor der Vernunft. Im Gegenteil, er wird aus seinem Universalismus heraus immer danach trachten, sich allgemein einsichtig zu explizieren, und er wird sich deshalb als die, wenn auch vielleicht überraschende und überschwengliche, Erfüllung des menschlichen Vernunftstrebens begreifen und darbieten. Im folgenden soll in diesem Geiste anhand der klassischen Frage nach dem Guten die Gottesbeziehung des Menschen, also seine religiöse Verfaßtheit, thematisiert werden.

2. Das absolut Gute als Grund unserer Zustimmung

2.1 *Wahrheit und Gutheit – (Sich-)Erkennen und (Sich-)Wollen – die Ausrichtung auf das absolut Gute*

Der Mensch ist ein Wesen, das um sich selbst weiß. Doch diese Ichgewißheit ist bei ihm stets vermittelt durch den Bezug auf anderes, von ihm Unterschiedenes. Dies macht die für ihn typische Intentionalität seiner Akte aus. Wir haben es hier mit der Subjekt-Objekt-Struktur seines Geistes zu tun. Der eigentliche Selbstbezug ist dabei immer nur indirekt vorhanden. Auch dann, wenn das Ich sich ausdrücklich auf sich zurückbezieht, sich selbst also zum Objekt macht, geht sein Beisichsein nicht in dieser Objektivierung auf, sondern ist dort aktualisiert, wo es sich von sich weg auf sein Objekt ausrichtet, das freilich in diesem Fall es selbst ist.

In die Philosophie ist dieser Sachverhalt gelangt, als Sokrates († 399 v. Chr.) den Götterspruch von Delphi: „Erkenne dich selbst!", zur Grundlage seines Fragens und Nachdenkens machte. Von ihm aus läßt sich eine große Linie über Augustinus († 430) und Descartes († 1650) bis hin zu Husserl († 1938) und zur Existenz- oder Bewußtseinsphilosophie der Gegenwart ziehen. Dabei kommt immer wieder ein Grundaspekt der Selbsterkenntnis zur Sprache, auf den schon die appellative Form jenes Götterspruches verweist. Denn mit ihr ist die Selbstgewißheit ein Tun, ein Handeln, ein Vollzug des Willens, und zwar kein beliebiger, sondern ein solcher, der unter einen Anspruch, ein Sollen, eine fordernde Bestimmung gestellt ist.

Sehen wir uns diese Intentionalstruktur des Geistes genauer an! Ihr Vollzug besteht aus Erkennen und Wollen, wobei es sich immer um *einen* Selbstvollzug handelt. Dieser ist stets auch ein Sichselbstwollen, vermittelt durch das Wollen von Inhalten und Objekten. Doch ohne Sichselbstwollen könnte es nie zum Selbstvollzug als lebendig spontanem Geschehen kommen. Wie das (Sich-)Erkennen also ein (Sich-)Wollen ist, so ist auch umgekehrt das (Sich-)Wollen ein (Sich-)Erkennen. Dies hat freilich Konsequenzen. Denn wenn das Wollen nicht nur ein blinder Vorgang ist, sondern Erkenntnisstruktur hat, so enthält es offenbar Annahmen, die zunächst wahr oder falsch sein können. Das Wollen bezieht sich auf das Gute, das zu Bejahende. Indem es aber Erkenntnisvollzug ist, bezieht es sich auf ein derart Gutes, das möglichst auch in Wahrheit gut sei und eben deshalb zu bejahen ist.

Was aber ist unter dieser Wahrheit des Guten zu verstehen? Könnte etwa lediglich die Wahrheit der Mittel gemeint sein? In diesem Fall wäre der Zweck des Strebens einer letzten Begründung entzogen. Er stünde irgendwie schon fest, entweder biologisch oder durch Konvention oder durch eine willkürliche Setzung, jedenfalls in einer für die Vernunft nicht aufhellbaren Determination. Es wäre sinnlos, nach der Wahrheit dieser Ziele zu fragen, um dann begründeterweise zu ihnen Stellung zu beziehen, modifizierend oder auch bestätigend. Denn das Fragen würde entweder durch den Hinweis auf ein bloßes Faktum, und sei es das einer Entscheidung, abgebrochen, oder es ginge immer weiter ins Unendliche. Strittig und Objekt des Wählens könnten lediglich die Mittel und Wege zu einem irrational schon vorausgesetzten Zweck sein. Die Frage nach der Wahrheit des Guten ginge auf in der nach den geeigneten Mitteln, nach ihrer Eignung und Nützlichkeit für Ziele, die unbefragbar feststünden.

Doch diese Auffassung ist unhaltbar. Denn wenn von der Gültigkeit bestimmter Ziele die Rede ist, dann sind Behauptungen im Spiel, die als solche wahr oder falsch sein können, so etwa die Meinung, die der Sophist Kallikles gegenüber Sokrates ins Gespräch bringt, daß es der Natur gemäß sei, wenn der Stärkere den Schwächeren beherrscht, und daß überhaupt das wahrhaft Gute darin bestehe, möglichst schrankenlos dem Egoismus zu leben (Gorgias, 482ff.).

Sokrates stellt den Sophisten die einfache Frage: Könnte es nicht sein, daß ihr euch über eure Ziele täuscht? (Gorgias, 500a; Politeia, 339) Wenn dies aber zugegeben werden muß (Kallikles versucht ja selbst, Sokrates von seinen Tugendillusionen zu befreien), dann ist damit auch klar, daß die als gut aufgefaßten Zielsetzungen selbst Antworten auf die Wahrheitsfrage sind, somit ihrerseits durchaus der Begründung bedürfen. Denn zweifeln und fragen kann man nur dort, wo es um Wahrheit geht.

Die Begründungsfrage hat freilich ihre eigene Dynamik. Als Frage nach dem wahren Grund des Guten kommt sie erst dort zum Abschluß, wo ein letztes Fundament erreicht ist, und dieses kann nur ein vollkommen in sich ruhendes, ein schlechthin Gutes sein. Ein anderes wäre notwendig übersteigbar und relativierbar, weil auf seine Bedingungen zu hinterfragen. Ein beschränkt Gutes, d. h. ein solches, das nur aus einem weiteren Zusammenhang als gut und wertvoll hervorgeht, hat niemals seine Rechtfertigung allein in sich, sondern erhält sie letztlich erst von jenem Fundament des unbedingt Guten.

Auf einen solchen letzten Rechtfertigungsgrund sind wir in unseren Wertungen immer bezogen. Er ist der eigentliche Maßstab und die Ermöglichung unseres Bejahens. Denn auch wenn wir die Rechtfertigung nicht in allen Schritten präsent haben, antizipieren wir sie doch immer dann, wenn wir mit Überzeugung etwas für gut halten.

Dieser höchste Maßstab des Wertens, das unbedingt Gute, kann aber nicht lediglich eine subjektive Idee sein, nicht ein bloßer Entwurf, der ja im Prinzip zurücknehmbar wäre. Ein solcher hätte klarerweise seine Bedingungen und ließe sich entsprechend hinterfragen. Spräche man ihm aber eine immerhin relative Gültigkeit zu, so würde man sich damit wiederum auf einen übergeordneten, eben den eigentlichen Maßstab des Werthaften beziehen.

Könnte ich aber nicht die Notwendigkeit jener letzten Rechtfertigung dadurch vermeiden, daß ich an allem Guten überhaupt zweifle? Diese Möglichkeit scheint sogar aus der Wahrheitsfähigkeit meiner Grundannahmen über das Gute zu folgen, von denen doch gesagt wurde, daß sie im Prinzip wahr oder falsch sein können. Und ist in der Neuzeit solch universaler Zweifel zusammen mit einer nihilistischen Leugnung von jedwedem Guten nicht kraftvoll vertreten worden?

Doch dieses totale Nein ist nicht konsistent. Die radikale Leugnung der Gutheit von allem und jedem, ja schon das Spielen mit dieser Möglichkeit gerät in einen ähnlichen Widerspruch wie die skeptische Leugnung aller Wahrheit. Bekanntlich läßt sich diese Skepsis nicht konsequent durchhalten, da auch ihr Vertreter Anspruch auf Wahrheit erhebt. Ähnlich ist es im Falle des Guten. Wird es radikal geleugnet, dann war es doch immerhin besser, diese vermeintliche Wahrheit zu erkennen, als in einer Illusion befangen zu bleiben. Aber damit hat man bereits gewertet. Nietzsche gesteht einmal, „daß auch wir Erkennenden von heute, wir Gottlosen und Antimetaphysiker, auch *unser* Feuer noch von dem Brande nehmen, den ein jahrtausendealter Glaube entzündet hat, jener Christen-Glaube, der auch der Glaube Platons war, daß Gott die Wahrheit ist, daß die Wahrheit göttlich ist" (Fröhliche Wissenschaft, § 344).

Auch liegt, tiefer betrachtet, der Leugnung alles Guten ein Bedauern, eine Trauer, sogar Verzweiflung zugrunde. Dann aber ist das Nein von einem Ja begleitet. Wenn ich nämlich zu überhaupt nichts positiv eingestellt war und bin oder niemals etwas Gutes erfahren habe, zu dem ich auch jetzt noch stehe, so ist mir ein Bedauern nicht möglich. Und wenn ich diese, mir hiermit nachgewiesene, weil ganz unvermeidliche Zustimmung im Namen meiner aufgeklärten Überzeugung ebenfalls zur Illusion erkläre, dann ist es immerhin sinnlos, hier noch von Illusion zu sprechen. Denn in diesem Begriff liegt eine Wertung: Täuschung muß überwunden werden. Aber warum eigentlich, wenn alles gleichgültig geworden ist? Nietzsche hat die Antwort darauf gegeben.

Das unbedingt Gute läßt sich im Grunde nicht bezweifeln. Schon unser Selbstvollzug ist ein Akt der Zustimmung, weil ein Sichwollen. Aber liegt damit nicht ein Zwang vor, der unsere Freiheit aufhebt? Doch auch unsere Freiheit ist unvermeidlich. Wir sind nämlich frei sogar dann, wenn wir es nicht sein wollen. Freiheit scheint ihrer Unvermeidlichkeit nicht zu widersprechen. Genauso widerspricht auch die notwendige Ausrichtung auf das Gute nicht der Einsicht in die Wahrheit eben dieser Ausrichtung. Eine Behauptung, die bloß als solche genommen wird, kann freilich wahr oder falsch sein. Hinsichtlich der Ausrichtung auf das Gute beantwortet aber unsere Einsicht die im Gestelltwerden noch offene Frage nach dem Guten im Sinne von dessen unumstößlicher Wahrheit, weil diese Wahrheit des Guten sogar unser Zweifeln nochmals ermöglicht.

Doch diese Unvermeidlichkeit hebt Freiheit und Einsicht nur deswegen nicht auf, weil es hier um die Ausrichtung auf das sozusagen in sich Unvermeidliche, das in sich Unbedingte und Absolute geht. Jede anderweitige Festlegung würde die Freiheit in der Tat aufheben und Einsicht unmöglich machen. Denn es könnte nur eine Festlegung auf Bedingtes und Hinterfragbares sein. Daß die ihrer selbst bewußte Freiheit eine solche Festlegung auf ein Beschränktes niemals befürchten muß, dafür ist die Grundausrichtung auf das Unbedingte die entscheidende Garantie. In dieser Ausrichtung nämlich ist die Freiheit allem Bedingten prinzipiell überlegen und kann es zugleich als solches erkennen, relativieren und damit auch entsprechend würdigen. Die Ausrichtung auf Gott garantiert dem Menschen also die Freiheit und ermöglicht ihm die Einsicht in die Ordnung des Guten. Diese auf dem Hintergrund des unbedingt Guten sich abzeichnende Ordnung soll im folgenden deutlicher herausgearbeitet werden. Sie wird dann aus sich selbst auf jenen göttlichen Hintergrund wiederum verweisen.

2.2 *Die Ordnung des Guten und das jenseitig Gute*

2.2.1 Die irdische Ordnung des Guten als Vermittlungszusammenhang

Wir haben von einem Rechtfertigungszusammenhang gesprochen, an dessen Ende das unbedingt Gute steht. Im folgenden soll dieser Zusammenhang in seinen wichtigsten Stationen dargestellt werden, und es wird sich zeigen, daß er als Weg der Begründung eine Ordnung des Guten sichtbar macht, die freilich wiederum ohne jenes letzte und unbedingt Gute nicht festgehalten werden kann.

Beginnen wir bei der Auffassung der schon erwähnten Sophisten. Auch sie glauben einen letzten Maßstab für ihre erkennende und wollende Intentionalität gefunden zu haben, nämlich das eigene Ich mit seinen Wünschen und Strebungen. Manche von ihnen plädieren deshalb für einen schrankenlosen Egoismus. Von der oben gewonnenen Einsicht her wäre eine solche Position rasch mit dem Argument zu erledigen, daß ein Begrenztes wie das einzelne Ich nie die Letztgröße im Sinne des schlechthin Unbedingten sein kann. Aber die Widerlegung läßt sich auch weniger spekulativ, sondern in allgemeinmenschlicher Überprüfbarkeit führen, so daß die als Alternative erscheinende Ordnungsstruktur, zusammen mit ihrem metaphysischen Abschluß, eine stärkere Erfahrungsplausibilität gewinnt.

Wir fragen also, ob ein absoluter Egoismus theoretisch haltbar und praktisch zu vollziehen ist. Die Antwort ist: nein. Denn schon die Intentionalitätsstruktur läßt strenggenommen ein Absolutsetzen des Ich nicht zu. Ist doch das Ich nie ohne den Bezug auf ein anderes, von ihm Unterschiedenes mit sich selbst vermittelt. Eben diese Vermittlungsstruktur des Subjekt-Objekt-Verhältnisses konstituiert auch die affirmative Intention, die Bejahung. Wenn also das Ich nie ohne ein Gegenüber ist und isoliert genommen entschwindet, kann es sich vernünftigerweise nur als Verhältnis, also nicht ohne ein ihm angemessenes Gegenüber bejahen. Sein Ja muß sich also auch auf das andere seiner selbst erstrecken.

Was aber ist dem Ich das angemessene andere? Wir wollen uns dies am personalen Verhältnis klarmachen. Betrachten wir dazu den Egoisten! Platon schildert (im 7. Brief) am Beispiel des Tyrannen von Syrakus einen Menschen, der nur sich und seine Größe im Auge hat und außerdem die Macht besitzt, andere zur Verehrung dieser Größe zu zwingen. Aber es zeigt sich bald, daß er nicht findet, was er sucht. Er bekommt zwar Applaus und Schmeichelei, nicht aber wirkliche Anerkennung. Diese kann er nämlich nur erfahren, wenn er die Menschen seiner Umgebung nicht zwingt, nicht zu Marionetten zu machen versucht, sondern zunächst freigibt und selbst anerkennt. Nur von solchen Menschen kann er dann auch echte Anerkennung und Liebe erfahren. Der Tyrann macht eben dies unmöglich und ist so der einsamste Mensch überhaupt. Freunde kann er nicht haben, und wenn er sie hätte, könnte er sie nicht als solche wahrnehmen. Er spürt innerlich diese Ohnmacht und sucht mit wachsender Unruhe und vermehrtem Einsatz seiner tyrannischen Macht, sich dasjenige zu verschaffen, was er auf diesem Wege prinzipiell nie erlangen kann.

Das Beispiel Platons macht folgendes klar: Die Selbstbejahung gelingt nur, wenn andere Menschen mitbejaht werden, und zwar nicht lediglich als Mittel zum Zweck, sondern in ihrem Eigensein, als „Zweck an sich" (so Kant, GMS, AA 428). Ich muß also von mir absehen, mich zurücknehmen, und zwar einfach deshalb, weil dies meinem Menschsein entspricht und weil nur dieses Entsprechende das Vernünftige und Gute ist, sowohl für mich als auch überhaupt.

Das Verhältnis, das der Mensch ist, seine Ausrichtung auf anderes, tritt in seiner Zwischenmenschlichkeit besonders deutlich zutage. Diese ist so tief in ihm verankert, daß sie schon sein Streben nach Wahrheit, also schon seine kognitive Intention, mitbestimmt. Denn Wahrheit gilt für alle. Sie ist per se allgemeingültig. Kein Einsichtiger könnte sich ihr verschließen. Wer sich also ehrlich um Erkenntnis bemüht, ist im Prinzip mit allen zur Einsicht Befähigten verbündet. Er wird außerdem das Gespräch mit ihnen suchen. Denn sie könnten ihm manches eröffnen, was ihm bisher verborgen geblieben ist. An ihrer Bestätigung wie auch Kritik muß er interessiert sein. Sogar wenn er allein nachdenkt, macht er sich Einwände und führt so ein Gespräch der Seele mit sich selbst (Platon, Theaitet 189e). Er ist also stets auf einen wirklichen Dialog eingestellt. In einem solchen aber (wie auch der Möglichkeit nach im innerseelischen) ist die Anerkennung der Partner als freie, zur Einsicht fähige Subjekte die unabdingbare Voraussetzung für das Miteinander. Deren Mitglieder zu manipulieren und von ihnen doch einen ernsthaften Beitrag zu erwarten, ist ein Widerspruch. Werden sie aber als Subjekte ernstgenommen und anerkannt, so erstreckt sich das affirmative Moment an dem den Erkenntnisprozeß begleitenden Selbstbezug auch auf sie. Ich kann also nicht ausschließlich mich selbst bejahen. Schon der Wahrheitsbezug der kognitiven Intention macht das unmöglich. Zugleich aber ist der gemeinsame Bezug auf die Wahrheit auch die Gewißheit der gemeinsamen Würde von freien und zur Einsicht fähigen Wesen.

Unsere Selbstbejahung ist also nur als Mitbejahung möglich, und diese erfüllt sich in der Zwischenmenschlichkeit. Jedoch die Mitbejahung ist nicht nur hier relevant. Sie wird sich vielmehr auch auf den Bereich der Körperlichkeit erstrekken müssen. Darauf weist schon der Leib und sein leiblich natürlicher Kontext hin. Sich als Teilsein bejahen, heißt auch den Zusammenhang bejahen, dessen Teil man ist. Dies gilt auch für die Natur, den Kosmos. Gerade heute wird die Aporie deutlich, in die man gerät, wenn die äußere Natur nur als verfügbares Material betrachtet und ihr nicht auch eine gewisse Eigenwürde zugesprochen wird. Für die Kosmos-Frömmigkeit der Antike war dies selbstverständlich, und für den Glauben an eine aus der Hand des Schöpfergottes hervorgegangene Welt ist dies sogar noch offensichtlicher (oder sollte es zumindest sein).

Die Ordnung, die sich uns nach ihrer zwischenmenschlichen und naturhaften Dimension im Umriß ergeben hat, ist keine Fiktion. Sie ist real. Freilich ist sie nicht real im Sinne eines vorliegenden Faktums. Denn die Faktizität widerspricht ihr oft. Sie ist also nur in einem tieferen, grundlegenderen Sinne seiend zu nennen. In diesem tieferen Sinn ist sie allerdings ebenso seiend wie normativ. Mit der platonisch christlichen Tradition könnte man sie ideell nennen.

2.2.2 Die Ordnung des Guten und seine Transzendenz

Ist diese Ordnung, wie sie sich ergeben hat, das unübersteigbar letzte Gute? Kann sie dies sein? Nein, falls sie in irgendeiner Hinsicht noch abhängig ist, und das ist sie, wenn sie nicht radikal und vollkommen in sich selbst gründet. Denn nur das in sich selbst Stehende kann letzter Rechtfertigungsgrund sein. Was nicht in sich selbst steht, hat sein Fundament noch außer sich und ist damit auf einen weiteren Grund und Rechtfertigungsgrund angewiesen. Vollkommen in sich selbst gründend ist aber allein der reine Selbstbezug. Irgendeine Äußerlichkeit und Abhängigkeit kann es an ihm oder innerhalb seiner nicht mehr geben. Jeder Punkt ist hier mit jedem anderen absolut identisch. Ein solcher reiner Selbstbezug, in der Tradition „actus purus" genannt, ist aber die oben beschriebene Ordnung keineswegs. Sie bleibt ein Gefüge mit wohlunterschiedenen und voneinander abhängigen Größen. Der eine Mensch ist nicht der andere, und alle zusammen sind nicht die sie umgebende Natur, in der es weitere unaufhebbare Unterschiede gibt. Das Gefüge dieser ganzen Ordnung, faktisch oder ideell genommen, ist niemals reiner Selbstbezug, denn es steht und gründet nicht absolut in sich und hängt somit notwendig von einem anderen ab. Dieses andere kann aber nicht lediglich ein weiterer, selbst abhängiger Teil eines noch umfassenderen Gefüges sein, sondern muß von ganz anderer Art sein, eben ein solches, das absolut in sich steht, das nur Selbstbezug, reines Aussichsein und um seiner selbst willen ist.

Deswegen zeichnet sich schon in der platonischen Tradition eine Transzendenz des unbedingt Guten gegenüber dem Kosmos ab, eine Transzendenz, die im jüdisch-christlichen Glauben als Transzendenz des Schöpfergottes ausgesprochen wird. Dieser Schöpfergott begründet eine Welt, die ein Ordnungsgefüge ist, welches den in ihm lebenden Wesen auch als normativ gegenübertritt. Der Mensch erfährt immer wieder den aus dieser Ordnung kommenden Anspruch des Guten, einen Anspruch, dessen letztes Woher das absolut Gute, genauer gesagt *der* absolute Gute, d. h. Gott selbst ist.

3. Das absolut Gute als Grund unseres Gewissens

3.1 *Das Woher des Gewissens*

Das absolut Gute, das sich als tragender Grund der eben beschriebenen Ordnung ergeben hat, ist freilich nicht lediglich eine ferne Ursprungsgröße, mit der wir direkt nichts zu tun haben. Im Gegenteil, dieser Grund des Guten ist in unserer Erfahrung präsent, sogar im Innersten unserer Selbsterfahrung, nämlich im Gewissen, und zwar als dessen absolute Forderung. Oben wurde das unbedingt Gute als letzter Grund unserer Zustimmung erwiesen. Seine Unbedingtheit meldet sich aber auch im Gewissen als unbedingtes Sollen, als Anspruch, dem nicht auszuweichen ist (Kant: es gebietet nicht hypothetisch, sondern kategorisch, d. h. unbedingt). Ich erfahre mich im Gewissen angesprochen und herausgefordert. Ich kann mich gegen diesen Anspruch zwar wenden, aber ich kann ihm nicht eigentlich entfliehen.

Wir beurteilen demnach das eigene Handeln und das Handeln anderer bzw. die diesem Handeln zugrundeliegende Absicht nach einem Letztmaßstab. Wir sagen: Dies ist gut oder schlecht, und zwar einfachhin, ohne einschränkend hinzuzufügen: für mich gerade jetzt, weil ich dies und das will, oder für ihn, weil es die Bedingung ist, daß er sein gestecktes Ziel erreichen kann, etwa einen Gewinn, einen Nutzen, die Vermehrung der Lust usw. In unserem Handeln und in der Weise, wie wir uns selbst zum Handeln bestimmen, wissen wir uns immer wieder mit dieser Unbedingtheit konfrontiert und stehen vor ihr in einer unaufhebbaren Verantwortung. Jede generelle Leugnung dieser Verantwortung müßten wir (ehrlichen Gewissens!) als Ausrede abweisen.

Würde ich nun sagen, diese Forderungen gingen lediglich auf mein Überich zurück (Freud), kämen also etwa nur durch Internalisierung von gewissen Forderungen etwa der Familie oder der Gesellschaft an mich zustande, so hätte ich die Unbedingtheit des Gewissensanspruches aufgelöst. Zwar mag dieser Anspruch durch soziale Instanzen vermittelt sein (etwa durch die Erziehung). Aber letztbegründet kann er durch sie nicht werden. Denn dann ginge er auf eine lediglich faktische Interessenbekundung zurück, die ich nochmals hinterfragen und in Bedingungen auflösen könnte. Er hätte dann auf keinen Fall die Kraft, absolut zu verpflichten. Ich kann also nicht (und d. h. hier: ich darf nicht) den Anspruch auf mich oder auf irgendeine Instanz der Welt, d. h. auf eine nochmals abhängige und insofern hinterfragbare Größe zurückführen. Geboten wird im Gewissen unbedingt, und diese Unbedingtheit kann nur vom Unbedingten selbst ausgehen.

Zunächst einmal muß ich dieser Unbedingtheit handelnd entsprechen. Ich muß ihr aber auch auf einer zweiten Ebene (und um sie geht es in unserer Reflexion) auch denkend entsprechen, indem ich das Woher der Forderung so auffasse, daß deren Unbedingtheit gewahrt bleibt. Würde ich jene Forderung vollständig auf eine endliche Größe, etwa auf eine Konvention oder Konstruktion, zurückführen, wäre ihre Unbedingtheit hinfällig geworden. Gewahrt werden kann sie nur, wenn sie als im unbedingt Guten gründend gedacht wird, wobei dieses auch seiner Wirklichkeit nach, d. h. ontologisch als schlechthin unbedingt und absolut zu denken ist.

Die Forderung des unbedingt Guten, die ich im Gewissen erfahre, schränkt im übrigen keineswegs meine Freiheit ein, sondern nur meine Tendenz zur Beliebigkeit. Die Freiheit ist vielmehr gerade herausgefordert. Sie wird evoziert und vom Anspruch als möglich vorausgesetzt. *Sollen* kann ich eben nur, wenn ich frei bin, und *unbedingt* sollen kann ich nur im Namen einer unbedingten Geltung, die wiederum nur vom Unbedingten selbst ausgehen kann.

3.2 *Die fordernde und bergende Macht*

Die unbedingte Forderung zu erfahren, bedeutet freilich auch eine Bestätigung und Würdigung des Subjektes, an das sie gerichtet ist. Der Mensch weiß sich durch sie angesprochen und gemeint, sogar unbedingt gemeint. Dies gibt ihm gegenüber anderen Menschen und Konventionen eine Sicherheit, die ihm sonst niemand verleihen kann. Man denke an Sokrates und an diejenigen, die sich der herrschenden Meinung entgegengestellt haben. Sokrates drückt diese Sicherheit auch als Hoffnung auf die Unsterblichkeit aus (Apol., 40/41).

Diese Bestätigung ist eine Antwort auf den Zweifel am eigenen Wert. Bei Platon ist die Selbstbejahung noch nicht in aller Schärfe problematisiert. Sie wird von ihm eher als gegeben vorausgesetzt. Aber er hat sie durch die Frage nach dem Guten immerhin mit der Wahrheitsthematik verknüpft. Diese Verknüpfung kann, wie schon angedeutet wurde, zum universalen Zweifel zugespitzt werden. In der Moderne wurde dieser Schritt im Sinne eines umfassenden Zweifels am Wert des eigenen Lebens getan. Und dies ist konsequent. Denn wenn es keine letzte Begründung von Werten gibt, alle somit aufhebbar sind, dann ist auch der Wert des Menschen nicht wirklich begründet. Er steht gleichsam zur Disposition. Es liegt dann nahe, zu sagen: Dieser Wert ist nur vorgestellt, eingebildet. In Wahrheit ist das Leben nichts anderes als ein neutrales, völlig wertfreies Faktum. Doch dieser Gedanke muß den Menschen in Verzweiflung stürzen.

Gerade die Gewissenserfahrung kann helfen, diese Verzweiflung aufzulösen. Denn wenn ich unbedingt gefordert werde, dann bin ich auch Adressat dieser Forderung. Dann bin ich somit angerufen, bin unbedingt gemeint, und zwar vom unbedingt Guten selbst, von dem die Forderung letztlich ausgeht. Ich bin von ihm gewürdigt, mich zum Guten zu entscheiden, bin als Freiheit gewollt und bestätigt. Dies bringt eine tiefe Eigenwerterfahrung mit sich, die sich der Versuchung zur Selbstaufgabe entgegenstellt.

4. Der Wert des Menschen und das in sich unbedingt Werthafte

Das Gewissen vermittelt mir also eine Eigenwerterfahrung. Doch diese ist mir, entsprechend der oben betrachteten Intentionalitätsstruktur, im Gewissensanruf indirekt gegeben, d. h. durch einen Anruf, der mich in der Regel nicht so sehr auf mich selbst blicken läßt, sondern auf die Mitmenschen verweist. Ich soll so handeln, daß ich dem Wert und der Würde meiner Mitmenschen gerecht werde.

Der Bezug zum unbedingt Guten läßt sich nun, ausgehend von dieser Erfahrung, nochmals verdeutlichen, nämlich ausgehend von der sich mir aufdrängenden Gewißheit, daß mein Mitmensch eine unantastbare und insofern unbedingte und letztbegründete Würde hat, eine Würde, die mir zwar fordernd, aber auch zur Bejahung einladend begegnet. Und da ich selbst Mitmensch bin, ergeht auch vom meinem Wert ein entsprechender Aufruf an die anderen Menschen. Die oben beschriebene Ordnung des Guten zeichnet sich somit von neuem ab.

Zunächst zum Phänomen: Der unbedingte Wert des Menschen zeigt sich zweifach, einmal als zu respektierende Eigensphäre. D. h. ich darf den Menschen nicht lediglich zum Mittel machen, ihn nicht instrumentalisieren. Ich muß ihn vielmehr in seiner Selbstzweckhaftigkeit anerkennen (Kant: als „Zweck an sich"). Damit ist das *Recht* begründet (grundlegend dafür: die Menschenrechte). Aber der andere läßt auch eine werthafte Tiefe erkennen, die dazu einlädt, auf ihn zuzugehen, sich für ihn zu interessieren, seinem Wert in seiner Fülle gerecht zu werden. Diese Hinwendung ist die *Liebe*. Während das Recht des anderen gleichsam vor seiner Eigensphäre zurückweichen läßt, besteht die Liebe in einem näheren Sicheinlassen auf ihn, um gleichsam seine Kostbarkeit möglichst auszuschöpfen. Rechtsbewußtsein und Liebe sind, jeweils eigens akzentuiert (als Minimum und Maximum), Weisen der Anerkennung der unbedingten Würde des Menschen. Nun läßt sich fragen: Woher hat der Mensch diesen ihm eigentümlichen Wert, der seine Würde ausmacht? Möglichkeiten der Antwort:

(1) Der Wert ist ihm vom Mitmenschen verliehen worden. Erhält der Mensch nicht auch tatsächlich durch die soziale Anerkennung seinen Wert? Zwar wird er sich zweifellos seines Wertes dadurch bewußt, daß dieser ihm durch die soziale Anerkennung vermittelt wird. Aber wäre sein Wert allein durch diesen Vermittlungsakt konstituiert, hätte er seinen Wert „von Gnaden" des Mitmenschen. Diese könnten im Prinzip ihre Gabe zurücknehmen. Das zeigt: Der Wert des Menschen muß seiner sozialen Anerkennung vorausgehen. Die Zustimmung zu ihm muß auf Wahrheit beruhen. Nur weil der Mensch schon wertvoll *ist*, ist seine Anerkennung durch Recht und Liebe wahrhaft begründet.

(2) Den Wert hat der Mensch durch die Gesellschaft bekommen, etwa durch entsprechende Gesetze. Das aber läßt sich auf Punkt (1) reduzieren. Auch hier liegt nämlich, vermittelt durch Institutionen, eine Verleihung des Wertes durch andere Menschen vor. Oft aber muß die Gemeinschaft, und zwar auch in ihrer rechtlichen Verfassung, ermahnt werden, den Wert des Menschen anzuerkennen. Sollte es Kritik an Staat und Gesellschaft nicht mehr geben können? Konventionalistisch läßt sich der Wert des Menschen also nicht begründen.

(3) Der Mensch hat vielleicht seinen Wert durch den eigenen Willensentschluß, durch die eigene Setzung, also dadurch, daß er kundgibt: Ich will bejaht werden! Doch nicht sein faktischer Anspruch auf Anerkennung kann seinen Wert begründen. Nur dieser Wert kann seinerseits den Anspruch begründen. Die

Würde ist schon vorgegeben, auch dem Menschen selbst. Zwar kann er in den Zustand geraten, daß er nicht mehr an sie glaubt. Dann ist er auf sie neu hinzuweisen. Er ist zu ermuntern, sie neu zu entdecken. Ansonsten wäre sein Entschluß zum eigenen Wert oder Unwert nicht mehr kritisierbar. Außerdem: Wie ist es mit Menschen, die *noch nicht* oder die *nicht mehr* diesen Willen äußern können? Hier wird deutlich: ich muß ihren Wert bereits voraussetzen, und zwar als ihrem eigenen Anerkennungsakt vorausliegend.

Der Mensch muß demnach so verstanden werden, daß er seinen Wert schon mit seiner Existenz besitzt. Da nun aber seine Existenz eine abhängige ist, bedarf sie mit ihrem werthaften Charakter zusammen der Begründung. Das Woher der faktischen Existenz des Menschen muß letztlich auch das Woher ihres Wertes sein. Damit muß dieser Ursprung selbst als wertschöpferischer Ursprung gedacht werden. Er kann dann nicht nur in einem materiellen Prozeß bestehen. Denn ein solcher brächte nur neutrale Faktizität hervor. Der Ursprung des Menschen muß aus einem existenz- und wertbegründenden Ja verstanden werden. Die Zustimmung zum eigenen Wert wie zum Wert des anderen Menschen ist dann der Mitvollzug dieses begründenden Ja.

5. Sich bejahen als bejaht, das Ur-Vertrauen

Aus diesem Zusammenhang der Eigenwerterfahrung im Gewissen und ihrer Vermittlung durch den Mitmenschen bekommt ein Gesichtspunkt Bedeutung, der von der Psychologie „Urvertrauen" genannt wird (E. H. Erikson, 62ff., vgl. W. Pannenberg, 219ff., H. Küng, 505ff.). Der Mensch gewinnt nämlich Selbstvertrauen und Vertrauen ins eigene Leben und Dasein durch die Erfahrung der Zuwendung anderer Menschen zu ihm. Im Spiegel ihres Ja kann er sich selbst bejahen und Vertrauen ins Leben fassen. Doch mit zunehmendem Alter muß ihm deutlich werden, daß die Macht anderer Menschen, sein (Selbst-)Vertrauen zu sichern, begrenzt ist. Die Selbstbejahung bleibt aber weiterhin abhängig und begründungsbedürftig. Zur persönlichen Reife gehört auch die Erkenntnis, daß niemand sich seinen Eigenwert vollkommen selbst garantieren und seinem Lebensvertrauen die letzte Grundlage geben kann. Sollen beide dennoch festgehalten werden, so kann ihre Sicherung nur von einer höheren Instanz erwartet werden, und zwar von einer solchen, die von keiner irdischen Macht ersetzbar oder auch zerstörbar ist. Diese Instanz ist das Absolute, das Göttliche. Im Bauen auf die von dort gewährte letzte Sicherheit können dann all die Menschen, durch deren Zuwendung das Selbst- und Daseinsvertrauen im Laufe des Lebens vermittelt wurde und vermittelt wird, gleichsam als die irdischen Repräsentanten jener göttlichen Zuwendung angesehen werden.

Nach Paul Tillich ist „der Mut zum Sein" (so der Titel seines Buches), also der Mut, dem eigenen Dasein zuzustimmen und es als sinnvoll zu akzeptieren, „der Mut, sich zu bejahen als bejaht" (155ff.). Das Bejahtsein aber kann letztlich nur von einer nicht mehr hinterfragbaren Macht ausgehen, und d. h.: nur vom Absoluten selbst, nur von Gott. Für Tillich bricht die Frage nach einem solchen tieferen Angenommensein vor allem dann im Menschen auf, wenn er schuldig geworden ist. Die mitmenschliche Verzeihung genügt hier nicht mehr zur Bereinigung und zum Neuanfang (sie ist vielleicht, etwa im Fall des Todes des anderen, gar nicht mehr möglich). Hier gilt es, auf ein grundsätzlicheres Angenommensein zu vertrauen trotz der eigenen „Unannehmbarkeit" (163f.). Diese wiederherstellende, einen Neubeginn des Lebens stiftende Annahme kann aber nur von jener existenz- und wertbegründenden Instanz erhofft werden, die wir Gott nennen.

6. Freiheit und praktische Gewißheit

Im eben Ausgeführten ist das Verhältnis zum Unbedingten ein Vertrauensakt. Diesen Charakter behält das Verhältnis in allen seinen Schattierungen. Zwar geht es dabei stets um das rechte Selbstverhältnis, aber wenn das Selbstverhältnis ein Akt der Freiheit ist, dann zeigt sich dieser nochmals im Wagnis des Vertrauens.

Nach Sartre gilt die Alternative: Entweder Gott oder die Freiheit (in: „Die Fliegen"). Das heißt: Erst wenn der Mensch sich selbst das Höchste ist, kann es Freiheit geben. Nach dem bisher Gesagten ist es aber so, daß der Mensch seine Freiheit verliert, wenn es kein ihn überschreitendes Unbedingtes gibt. Abhängig ist er in jedem Fall, und das Unbedingte schlechthin ist er auch nicht. Wenn es ein solches überhaupt nicht gibt, dann regieren allein die relativen Größen und Verflechtungen dieser Welt. Nur das Unbedingte kann dem Menschen eine gewisse, wenn auch nicht vollkommene, aber doch entscheidende Überlegenheit über die verschiedenen welthaften Determinationen garantieren und damit seine Freiheit sichern. Nur das in sich vollkommen Unbeschränkte vermag eine relative, endliche Unbeschränktheit zu gewähren und zu begründen. Mit der Beziehung zu diesem Unbedingten, oder anders gesagt: Mit der Präsenz dieses Unbedingten im eigenen Inneren, steht und fällt die Freiheit des Menschen. Gott ist der mir stets unendlich Überlegene, und als solcher ist er mir innerlicher, als ich mir selbst innerlich bin (Augustinus: Gott ist der „superior summo meo" und „interior intimo meo", Conf. III, 6,11).

Da dieses Verhältnis zum Unbedingten aber kein verfügendes sein kann (dies würde dem Begriff des Unbedingten widersprechen), ist es nur als ein Sich-ihm-Anvertrauen möglich. Auch die vorangegangenen Überlegungen sind keine des theoretischen Verfügens wie über ein zu erkennendes Objekt, das durch Einordnung in einen größeren Zusammenhang erfaßt und damit begrenzt (de-finiert) wird. Denn die Argumentation ruhte immer auf einer schon vollzogenen Praxis des Geistes, war also eine Analyse des bereits als sinnvoll erkannten, eigentlich sich von selbst verstehenden Tuns, welches es lediglich auszulegen galt. Nur im Mut zu dieser naheliegenden, selbstverständlichen, von jedem Menschen guten Willens gebilligten und doch ganz freien Praxis kann auch ihr tieferer Grund als ein letztlich tragender Grund erfaßt werden. Dieser aber ist so beschaffen, daß er niemals vollständig zum Objekt werden kann, sondern sich nur in uns, in unserem Tun, dabei unser Tun und Erkennen begleitend, orientierend und von innen her ermöglichend, indirekt zu erkennen gibt.

Das gewonnene Ergebnis bedeutet natürlich nicht, daß nun alle Probleme gelöst sind, die sich von unserer Thematik her stellen. Auf zwei ganz entscheidende, aber naheliegende Fragen will ich im folgenden eingehen: Wie ist das Verhältnis Gottes zur Welt zu denken? Und: Wie ist es möglich, angesichts der vielen antreffbaren Übel an einen guten Ursprung der Welt und an ein absolut Gutes zu glauben?

7. Das Verhältnis von Gott und Welt

Wenn das unbedingt Gute das wahrhaft Unendliche ist und so erst die Bezeichnung „Gott" verdient, wie kann dann sein Verhältnis zu dieser durch und durch endlichen Welt gedacht werden? Stünde Gott der Welt lediglich gegenüber, so daß diese nur das andere zu ihm wäre, so hätte er eine Beziehung zu ihr, die ihn von außen bestimmen würde, und er wäre somit endlich. Anders gesagt: Wird Gott von der Welt einfach abgegrenzt, so begrenzt sie ihrerseits ihn.

Die Gottheit Gottes, seine Absolutheit, ist nur gewahrt, wenn Gott der Welt nicht einfach gegenübersteht, sondern sie zugleich umgreift. Genau dies sagt der biblische Schöpfungsglaube. Nach ihm begründet und trägt Gott die Welt bis in ihr Innerstes. Er gibt ihr Raum und schenkt ihr die Möglichkeit zur eigenen Entfaltung. Ihre Bestimmung ist dabei die entwickelte Selbständigkeit, die Freiheit. Sie ist dort gegeben, wo das Geschöpf auf sich selbst zurückkommt. Aber dieses Sicherfassen ist wesentlich das Begreifen der eigenen Geschöpflichkeit. Insofern ist die Re-flexion zugleich die Erkenntnis der eigenen Abhängigkeit und damit die Hinwendung zum göttlichen Schöpfer und seine dankbare Anerkennung.

Die höchste Bestimmung des Geschöpfes ist also die Freiheit, und diese erfüllt sich in ihrer Selbstübergabe an Gott, in der Bereitschaft, sich von Gott vollkommen bestimmen zu lassen. Auf genau diesem Wege will Gott in seiner Schöpfung wirken. Er will in ihr „zum Tragen" kommen, indem diese sich von ihm tragen läßt. Gnade und Freiheit bilden dann zusammen eine untrennbare Einheit.

In Jesus erreicht diese Einheit ihren unüberbietbaren Höhepunkt. Gott kommt in einem Menschen, einem Geschöpf, so zum Tragen, daß er als Gott ganz präsent wird. Damit hat sich Gott radikal auf die Seite seiner Schöpfung gestellt. Der Bezug zu ihr ist in Jesus sogar zum göttlichen Selbstbezug geworden. Ein größeres Eingehen Gottes in seine Schöpfung ist nicht denkbar. Denn Gott wird hier nicht nur, wie es viele Religionen auch sagen, im Wechsel der welthaften Besonderheiten gleichermaßen gegenwärtig, ohne sich je auf eine seiner Erscheinungen ganz festzulegen. Vielmehr hat Gott es gewagt, die welthafte Besonderheit als solche, d. h. gerade ihre unwiederholbare Einmaligkeit als Weise seiner Präsenz zu wählen, indem er ein einmaliger, unwiederholbarer Mensch wurde. Aus dieser unüberbietbaren Radikalität des göttlichen Erscheinens in Jesus folgt dessen Unvergleichlichkeit. Denn in Jesus hat Gott sich in einer letzten Vorbehaltlosigkeit enthüllt. Damit aber gehört Jesus in das ewige Wesen Gottes hinein. Umgekehrt umgreift Gott nun die Welt in der Weise, daß gerade ihre höchste Eigenständigkeit ihm gegenüber zum vollen Ausdruck, zur Offenbarung seines ewigen Wesens werden konnte. Wer die Frage nach dem Gott-Welt-Verhältnis ernsthaft, und das bedeutet auch: in philosophischer Konsequenz, bedenkt, der wird sich wohl kaum über die Antwort, die ihm die Botschaft des christlichen Glaubens gibt, ohne weiteres hinwegsetzen können. Sie muß ihm vielmehr zur bleibenden Herausforderung werden.

8. Die Theodizeefrage: Wie an Gott glauben angesichts der Übel?

Ein anderes, schwerwiegendes Problem, das sich mit dem Glauben an einen guten Ursprung der Welt ergibt, ist das Übermaß an Leid und Bosheit, dem wir in der Welt allenthalben begegnen. Wie sind diese Übel mit einem ebenso machtvollen wie guten Schöpfergott vereinbar? Gibt es eine Rechtfertigung dieses Gottes? Oder besser (weil Gott nur sich selbst rechtfertigen könnte): Sind wir in der Lage, unser Reden von ihm, unseren Glauben an ihn noch zu rechtfertigen? (Theodizee als theou dike, Rechtfertigung Gottes.)

Es handelt sich freilich um ein Problem, das nicht erst Juden oder Christen bedrängt. Auch die antiken Philosophen sahen sich mit ihm konfrontiert. Das ist verständlich. Denn in dem Maße, in dem der Bereich des Göttlichen als reiner Ursprung des Guten erfaßt wird, wie etwa bei Sokrates und Platon, muß sich auch die Frage nach dem Übel neu stellen. Das Übel läßt sich dann nicht mehr etwa auf einen Streit unter den Göttern oder auf einen tragischen Grundkonflikt im Kosmos zurückführen. Denn das göttlich Gute kann nur unbedingt gebieten, wenn es in sich ungetrübt gut ist und diese Ungetrübtheit und Vollkommenheit auch als kosmische Ursprungsmacht behält.

Die Theodizeeversuche, die in der antiken Philosophie (in der platonischen und stoischen Tradition) unternommen und von den christlichen Theologen manchmal allzu bereitwillig aufgegriffen wurden, enthalten zwar bedenkenswerte Gesichtspunkte wie den, daß die physischen Leiden weitgehend eine Folge des materiellen Kosmos sind, die dessen Schönheit im ganzen nicht beeinträchtigen, oder daß sie unter Umständen als verhängte Strafe oder als Mittel zur Erziehung und zur Bewährung einen gewissen Sinn erkennen lassen oder daß Bosheit und Verbrechen in der Welt eine leider unausweichliche Möglichkeit der menschlichen Freiheit sind. Als Gesamterklärungen müssen diese Versuche aber scheitern. Stets wird man auf Fälle verweisen können, für die keine der Erklärungen passend ist. Eine solche dann trotzdem finden zu wollen, muß Widerstand auslösen, wie dies in der Neuzeit die Reaktionen auf die „Theodizee“ von Leibniz (der auch deren Begriff prägte) gezeigt haben. Wir dürften es hier mit einer Frage zu tun haben, die für uns prinzipiell offen bleibt.

Warum aber belädt man sich mit diesem Problem? Einfach deswegen, weil es aus der Option für eine gute Ursprungsmacht folgt und diese wiederum eine

Konsequenz unserer Gewissenserfahrung ist. Das Problem stellt sich nämlich unweigerlich mit dem Festhalten am Guten und dem Glauben an eine im Wesen gute Wirklichkeit. C. S. Lewis schreibt: „In gewissem Sinn wird das Problem des Schmerzes durch das Christentum eher geschaffen als gelöst; denn der Schmerz wäre kein Problem, hätten wir nicht, vergraben in unsere tagtägliche Erfahrung mit dieser schmerzerfüllten Welt, dennoch die, wie wir glauben, gültige Versicherung empfangen, die letzte Wirklichkeit sei voller Gerechtigkeit und Liebe" (Lewis, 27).

Das Problem stellt sich also zusammen mit dem Festhalten am Guten als der unbedingt gebietenden Macht. Doch, so erstaunlich es klingt: Im Prinzip ist es damit auch gelöst. Im Prinzip, nämlich insofern das Gute auf jeden Fall als die alles entscheidende Macht angesehen wird. Wäre es lediglich ein Faktor unter anderen, könnte es nicht in der Unbedingtheit gebieten, in der es gebietet. Diese prinzipielle Lösung ist freilich keine im Sinne der oben genannten Theodizeeversuche. Im Gegenteil, die klare Ausrichtung auf das Gute wird sich gegen solche glatte Lösungen stets wehren. Doch auch die kritische Offenhaltung des Problems geschieht nochmals im Namen desjenigen Guten, dem als Ursprungsmacht das letzte und entscheidende Vertrauen gilt. Dieses Vertrauen bleibt zwar ein Wagnis. Aber es ist das Wagnis unserer Freiheit.

Außerdem bleibt zu bedenken, daß auch der Protest gegen Bosheit und Leid die Macht des Guten voraussetzt. Dies muß im Blick auf eine breite religionskritische Literatur betont werden, nach welcher das Theodizeeproblem als Ausdruck jenes Protestes zwangsläufig zum Atheismus führt (G. Büchner, Stendhal, Camus, Arno Schmidt u. a.). Der Atheismus bringt das Problem einfach zum Verschwinden. Denn es ist ebenso sinnlos, gegen eine bloß faktische Macht zu protestieren wie gegen eine Gutheit ohne Macht. Doch kann das Problem so beseitigt werden? Wenn unser Klagen mehr ist als der unmittelbare Ausdruck des Schmerzes wie beim Tier, d. h. wenn es aus einer sittlichen Empörung kommt, die auch die zwischenmenschliche Ebene überschreitet (was die Empörung jener Literatur durchaus tut), dann kann das Theodizeeproblem eben nicht zum Verschwinden gebracht werden. Es bleibt. Seine Klage aber richtet sich notwendig an Gott. Sie wäre ohne Gott eine Infantilität wie die des Kindes, das den Tisch schlägt, an dem es sich gestoßen hat. Letztlich beklagen können wir uns nur bei derjenigen Instanz, die Macht und Gutheit in einem ist. Existiert sie nicht, so bleibt uns Menschen nur ein klagloses Erstarren. Das bedeutet: Nur im Glauben an Gott haben wir die Möglichkeit, wahrhaft zu klagen. In diesem Glauben müssen wir unser Leid nicht verdrängen. Wir dürfen klagen! Die Bibel gibt uns in den Psalmen sogar die Sprache dazu. Auch Goethe rührt an diese Gnade des Klagendürfens, wenn er seinen Tasso die Worte sprechen läßt: „Und wenn der Mensch in seiner Qual verstummt, gab mir ein Gott zu sagen, wie ich leide" (Tasso, 3432f.; sowie Vorspruch zu: Elegie).

Jesus stirbt am Kreuz, den großen Klagepsalm 22 betend, der mit den Worten beginnt: „Mein Gott, mein Gott, warum hast du mich verlassen?" (Mk 15,34) Jesu

Klage, sein Nichteinverstandensein ist in diesem Moment aber ebenso und zugleich höchste Selbstübereignung an den Willen Gottes (der weitere Psalmtext spricht auch vom Vertrauen). Sie ist eine sich radikal öffnende Hingabe, durch welche gleichsam Gott ganz anwesend sein konnte in diesem Jesus. Deshalb bricht der Hauptmann, der unkundige Heide, allein im Blick auf dieses menschliche Sterben in die Worte aus: „Wahrhaftig, dieser Mensch war Gottes Sohn" (Mk 15,39). Das bedeutet für uns: Jesus gehört zu Gott, in sein ewiges Wesen. Der Lanzenstoß in die Seite Jesu (Joh 19,34) hat Gott selbst getroffen. Der Auferstandene zeigt seinen Jüngern die Seitenwunde, und Thomas spricht ihn als Gott an (Joh 20,28; das einzige Mal in den Evangelien, daß Jesus Gott genannt wird). Gott hat sich von Leid und Bosheit treffen lassen. Er hat die Übel der Welt nicht nur von außen betrachtend korrigiert, sondern er hat sie aus der Perspektive seiner Geschöpfe auf sich genommen und selbst getragen. Er hat sie durchlitten und dadurch entmachtet. Denn er ist trotz ihrer furchtbaren Auswirkungen auf ihn Gott geblieben, die absolute und ungetrübte Einheit von Macht und Gutheit. Eben dies ist unsere Erlösung, weil wir unsere Identität, unser Heilsein, unsere Freiheit allein durch den Bezug zu Gott als dem in Ewigkeit machtvoll Guten besitzen. Durch diese innere Ausrichtung haben wir unseren Geist, unser Gewissen, unsere Würde und die Zuversicht auf eine bleibende Geborgenheit.

LITERATUR

Erikson, Erik H., Identität und Lebenszyklus. Frankfurt/M.: Suhrkamp, 1991.

Fischer, Norbert, Die philosophische Frage nach Gott. Ein Gang durch ihre Stationen. Paderborn: Bonifatius, 1995.

Hösle, Vittorio, Die Krise der Gegenwart und die Verantwortung der Philosophie. München: Beck, 1994.

Kant, Immanuel, Grundlegung zur Metaphysik der Sitten (GMS), Riga 1785; zit. nach Akademie-Ausgabe.

Keller, Albert, Philosophie der Freiheit. Graz, Wien, Köln: Styria, 1994.

Kern, Walter, Geist und Glaube. Fundamentaltheologische Vermittlungen. Innsbruck, Wien: Tyrolia, 1992.

Küng, Hans, Existiert Gott? Antwort auf die Gottesfrage der Neuzeit. München: Piper, 1978.

Lewis, Clive Staples, Über den Schmerz. Köln: Olten, 1954.

Muck, Otto, Philosophische Gotteslehre. Düsseldorf: Patmos, 1983.

Pannenberg, Wolfhart, Anthropologie in theologischer Perspektive. Göttingen: Vandenhoeck & Ruprecht, 1983.

Riesenhuber, Klaus, Existenzerfahrung und Religion. Mainz: Grünewald, 1968.

Schaeffler, Richard, Religionsphilosophie. Freiburg, München: Alber, 1983.

Splett, Jörg, Gotteserfahrung im Denken. Zur philosophischen Rechtfertigung des Redens von Gott. Freiburg, München: Alber, 1973, [4]1995.

Tillich, Paul, Der Mut zum Sein. Hamburg: Furche, 1965.

Verweyen, Hansjürgen, Gottes letztes Wort. Grundriß einer Fundamentaltheologie. Düsseldorf: Patmos, 1991.

Weger, Karl-Heinz (Hrsg.), Argumente für Gott. Freiburg: Herder, 1987.

Weger, Karl-Heinz (Hrsg.), Religionskritik von der Aufklärung bis zur Gegenwart. Freiburg: Herder, 1988.

Weischedel, Wilhelm, Der Gott der Philosophen. Grundlegung einer philosophischen Theologie im Zeitalter des Nihilismus. 2 Bde. München: dtv, 1979.

Weissmahr, Béla, Philosophische Gotteslehre. Grundkurs Philosophie Bd. 5. Stuttgart: Kohlhammer, 1983.

3.2 Atheismus – Agnostizismus

PETER EHLEN SJ

Was die Massenmedien und die Unterhaltungsindustrie erkennen lassen, was nicht zuletzt auch die Kunst und die Literatur der Gegenwart zum Ausdruck bringen, wird durch wissenschaftliche Meinungsumfragen bestätigt: Das Bewußtsein, daß der Mensch den Sinn und das Heil seines Lebens nur von Gott her finden kann, ist in den deutschsprachigen Ländern nur in einer Minderheit lebendig; der Atheismus ist heute ein Massenphänomen.[1] Die „Rückkehr der Religionen", von der mit Blick auf die Aktivität von Sekten gesprochen wird, tritt statistisch nicht in Erscheinung.

Entspricht dem zunehmenden Schwund des Glaubens an Gott ein im gleichen Maße wachsendes Selbstbewußtsein des Menschen? Zahlreiche Aufklärer und Freidenker hatten eben dies in der Annahme erwartet, die Aufmerksamkeit, die auf Gott gerichtet werde, sei den Menschen entzogen und werde nach der Entlarvung des Gottesglaubens als Irrtum und Illusion wieder den Menschen zugewandt. Kann die Lücke, die der Verlust des Glaubens hinterläßt, durch andere Inhalte ausgefüllt werden – oder bleibt sie unausfüllbar?

Daß in jenen Ländern, die am stärksten vom Erlöschen des religiösen Bewußtseins betroffen sind, eine Zunahme rationaler und zugleich mitmenschlicher Lebensführung zu verzeichnen wäre, ist nicht zu erkennen. Vielmehr ist vielfach eine Zunahme existentieller Ratlosigkeit zu beobachten. Der Verlust der bisherigen mit dem Gottesglauben verbundenen Sinngebung des Lebens kann zwar eine neue Suche nach Sinn auslösen; doch bei vielen Menschen bleibt sie an der Oberfläche des Bewußtseins. Insbesondere hält die Befriedigung der Sinnsuche, die mitunter durch Zuwendung zu esoterischen Praktiken erreicht wird, gewöhnlich nur für kurze Zeit an.

Der Mensch unserer Gegenwart, der immer mehr zum Teilchen einer ihn bestimmenden Produktions- und Konsumwelt geworden ist und die Fähigkeit, seine menschlichen Anlagen voll zu entfalten, immer mehr einbüßt, hat durch die Preisgabe des Gottesglaubens seine eindimensionale Daseinsweise nicht nur nicht überwunden und seine eigene Mitte und Fülle nicht nur nicht wiedergefunden, sondern scheint durch den Verlust der zweckfreien Sinngebung, die der religiöse Glaube bot, noch weiter von sich selbst entfremdet. Existentielle Erfahrungen, die zu einer Sinnfindung beitragen könnten, dringen kaum in die Tiefe des Bewußtseins ein. Die unablässig in hoher Dichte auf jeden Menschen über die Kommunikationsmedien eindringenden Informationen und Bildreize führen eher dazu, daß das Bewußtsein mit bloßen Augenblickseindrücken gesättigt wird und die Aufmerksamkeit sich immer rascher neuen Inhalten zuwendet.

Die Sprache, die sich der technisch-funktionalen Lebenswelt angepaßt hat und unter Heranwachsenden oft noch durch medial verstärkte Moden zusätzlich verstümmelt ist, besitzt kaum Mittel, um existentiell-personale Erfahrungen aufzunehmen und auszudrücken. Religiöse Erfahrungen, die vorangegangene Generationen in ihrer Sprache und ihren Gebräuchen festhielten und die so der nachfolgenden Generation die Bildung einer eigenen Erfahrungswelt erleichterten, werden von den heute Heranwachsenden kaum noch aufgenommen. Der Hilfe durch eine lebendige Tradition beraubt, müssen sie, oft ohne jede Anleitung seitens ihrer Eltern, versuchen, die in ihren eigenen Erfahrungen unentfaltet enthaltenen religiösen Inhalte als solche zu erkennen und zur eigenen wie wechselseitigen Verständigung zum Ausdruck zu bringen – eine Aufgabe, welche die Fähigkeit des einzelnen meist überfordert. Der Spracharmut, der die Verkümmerung der Erlebnisfähigkeit korrelativ ist, steht auf seiten der kirchlichen Verkündigung nicht selten eine stereotype und sterile Aussageweise religiöser Inhalte gegenüber, so daß das Heilige und Göttliche doppelt fremd und unverstanden bleibt.

1. Formen der Gott-losigkeit

So verschieden die Formen sein können, in denen an Gott geglaubt werden kann, so unterschiedlich können auch die Formen und Gründe sein, Gott zu verneinen. Da meist die gesamte Lebenssituation und, in sie eingeschlossen, auch die mitunter negative Erfahrung des in der Umgebung angetroffenen Glaubens in die Verneinung einfließen, ist der konkreten Komplexität des Phänomens eine abstrakte Definition und Gliederung niemals angemessen. Auch keineswegs alle Weisen, an Gott zu glauben wie ihn zu leugnen, sind in jeder Epoche in gleicher Stärke anzutreffen. Jede Kennzeichnung als „atheistisch" muß sich überdies auf die erkennbaren Äußerungen eines Menschen beschränken.

Meist erfolgt die Unterteilung der Atheismus-Formen nach den Gründen oder Rücksichten, die für die Bestreitung der Wirklichkeit Gottes genannt (oder vermutet) werden, gelegentlich auch nach den Konsequenzen, die aus ihr hervorgehen, oder nach den äußeren Umständen, die das Bekenntnis zum Atheismus begleiten. Eine allseitig anerkannte Systematisierung gibt es nicht. Die angegebenen Kennzeichnungen sind nicht logisch alternativ zu verstehen, sondern können sich überschneiden.

Gott-losigkeit im *weitesten* Sinne verstanden ist eine Geisteshaltung, die in *jeder* Hinsicht der Überzeugung, daß es eine göttliche Wirklichkeit gibt, entgegengesetzt ist; in sie wäre auch eine agnostische Indifferenz eingeschlossen. Oft aber wird Atheismus nur die Verneinung eines *welttranszendenten persönlichen* Gottes genannt; in dieser Hinsicht wäre auch der Pantheismus atheistisch. Manchmal wird der Begriff Atheismus auf die Leugnung einer absoluten, die Erfahrungswelt überschreitenden Wirklichkeit beschränkt; dann schließt er den Pantheismus nicht ein, denn dieser nimmt eine absolute Wirklichkeit an, die mit erfahrungsweltlichen Mitteln nicht erfaßt werden kann, meint aber, daß sie vom Weltganzen nicht substantiell unterschieden ist.

Beruft sich ein *theoretischer* Atheismus auf Argumente, über die eine Diskussion wenigstens grundsätzlich möglich ist, kann unter *praktischem* Atheismus eine diesseitige Lebensführung verstanden werden, die ganz davon absieht, die eigene Lebenseinstellung zu reflektieren und rational zu begründen. Eine solche praktisch atheistische Lebenshaltung könnte sogar mit einem oberflächlichen Gottesglauben einhergehen.

Als eine besondere Form des praktischen wird gelegentlich ein *methodischer* Atheismus genannt. Unter ihm kann man ein wissenschaftliches Herangehen an Forschungsgegenstände verstehen, das diese allein aus ihren weltlich-natürlichen Kräften zu erklären unternimmt und ganz davon abstrahiert, daß die weltliche Wirklichkeit von Gott geschaffen und erhalten wird. Dieses wissenschaftliche Verfahren ist in den Naturwissenschaften heute selbstverständlich. In manchen Humanwissenschaften, etwa bei der Erforschung psychischer Erkrankungen, könnte jedoch ein völliges Absehen davon, daß der Mensch kraft seiner Natur nach Gott fragt, die Erkenntnis von Krankheitsursachen erschweren oder verfehlen lassen.

Die Bezeichnung *negativer* Atheismus kann zur Charakterisierung einer Einstellung verwendet werden, in der die Frage, ob Gott wirklich ist, überhaupt nicht mehr gestellt wird; *positiver* Atheismus wäre dann dort gegeben, wo die Wirklichkeit Gottes ausdrücklich und gezielt bestritten wird.

Absolut ist ein Atheismus, der *jede* göttliche Wirklichkeit leugnet; sehr vielfältig kann der *relative* (oder *uneigentliche*) Atheismus sein, der nur eine *bestimmte* Vorstellung von Gott ausschließt. Ein solcher uneigentlicher Atheismus könnte den christlichen Glauben an Gott als Vater und als Schöpfer Himmels und der Erde zurückweisen, aber Gott im Sinne eines unpersönlichen philosophischen Seinsprinzips anerkennen (*philosophischer* Atheismus). So konnte der Philosoph J. G. Fichte Gott nicht als Person annehmen, weil, wie er meinte, Personalität notwendig Beschränktheit und Endlichkeit mitbesage. Der neuzeitliche Pantheismus, von B. Spinoza im 17. Jahrhundert begründet, wird oft als philosophischer Atheismus bezeichnet. Auch die „Deisten" gegen Ende des 17. Jahrhunderts, die Gott nur als Urheber des Weltmechanismus gelten ließen, waren in einem uneigentlichen, philosophischen Sinn Atheisten; daß Gott in das Weltgeschehen eingreifen, ja selbst Mensch werden könne, um den Menschen zu erlösen, widersprach ihrem mechanistischen Weltbild. Zum uneigentlichen Atheismus gehören auch Formen der sogenannten „Gott-ist-tot"-Theologie, die die „Sache Jesu" nur noch im Sinne menschlicher Solidarität verstehen wollen, weil „nach Auschwitz" das Wort „Gott" so belastet und irreführend sei, daß mit ihm keine verantwortbare Aussage über das Anliegen Jesu mehr gemacht werden könne. Als uneigentlich atheistisch können auch bestimmte Formen des Buddhismus bezeichnet werden, die keine von Mensch und Kosmos unterschiedene göttliche Wirklichkeit anerkennen; dem Zen-Buddhismus zufolge kennt der vollendete religiöse Akt der Versenkung kein göttliches Gegenüber, auf das er sich richtet.

Das Beispiel der Christen im antiken Rom des 1. und 2. Jahrhunderts, die als gottlos („atheoi“) bezeichnet wurden, weil sie die Verehrung der Staatsgötter verweigerten, zeigt besonders deutlich, wie sehr diese Kennzeichnung auch von beschränkten historischen und gesellschaftlichen Einsichten abhängt, die das konkret vorausgesetzte Gottesbild mitbestimmen, an dem Glaube oder Unglaube gemessen werden. Schon Sokrates wurde der „Gottlosigkeit“ angeklagt, weil er die athenischen Stadtgottheiten verwarf, während er selbst sich in seiner sittlichen Haltung seinem Gott (daimon) verpflichtet wußte.

Als *dogmatisch* kann ein Atheismus charakterisiert werden, der die Aussage, daß Gott nicht existiert, mit Entschiedenheit als wahr behauptet; im Unterschied hierzu wäre ein Atheismus, der bereit ist, sich selbst in Frage zu stellen und sich mit Gegenargumenten auseinanderzusetzen, ein *offener* Atheismus; er entspräche einem diskussionsbereiten Agnostizismus.

Ein dogmatischer weltanschaulicher Atheismus kann zum *militanten* Atheismus werden, wenn er religiöse Lebensäußerungen gewaltsam behindert und seine eigene Auffassung mit Gewalt anderen aufnötigt (ein Beispiel hierfür ist der „Bund kämpferischer Gottloser“, der 1925 in der Sowjetunion gegründet und staatlich gefördert wurde).

Postulatorischer Atheismus (auch *humanistischer* Atheismus) wird jener Atheismus genannt, der den Glauben an Gott des Menschen wegen zurückweist. Er geht von einem bestimmten Verständnis des Menschen aus und stellt fest, daß eine dem Menschen gegenüberstehende allmächtige göttliche Wirklichkeit den Selbstwert und die Selbstbestimmung des Menschen aufheben oder zumindest wesentlich einschränken würde. Deshalb sei zu fordern, so lautet die Folgerung, den Glauben an Gott als ein mit dem Menschenbild (das für unmittelbar einsichtig gehalten wird) nicht verträgliche Vorstellung zu entlarven. L. Feuerbach, K. Marx und später, wieder auf andere Weise, F. Nietzsche und N. Hartmann gelten als Vertreter eines postulatorischen Atheismus.

Als weitere Form findet man die Kennzeichnung als *politischer* Atheismus (auch *oppositioneller* Atheismus genannt); er richtet sich in erster Intention auf die Inanspruchnahme Gottes und religiöser Symbole (Kirche) durch Autoritäten wie Staat, Monarch und Eltern; für ihn geht die Wirklichkeit Gottes allerdings in dieser politischen Funktion der Autoritätsrechtfertigung auf; er verzichtet deshalb meist darauf, seine Leugnung Gottes eigens als solche zu begründen; oft schwankt er zwischen einem dogmatischen Atheismus und einem Agnostizismus.

2. Der Agnostizismus

Eine besonders zu berücksichtigende Form ist der *Agnostizismus*. Zunächst besagt er: Es kann kein *Wissen* von der Wirklichkeit Gottes geben. Die Begründung dieser Aussage und die Folgerungen, die aus ihr gezogen werden, können sehr unterschiedlich sein. Der Agnostizismus würde zu einem *indifferentistischen* Atheismus, wenn er die Frage nach Gott grundsätzlich für unbeantwortbar hält, etwa mit der Begründung, daß eine rational zu rechtfertigende Aussage über Gott schlechterdings unmöglich sei, seine Wirklichkeit deshalb ebenso grundlos behauptet wie bestritten werden könne. Als agnostisch kann aber auch ein Glaube an Gott bezeichnet werden, der nur jede rationale Rechtfertigung seiner selbst als letztlich verfehlt zurückweist, wohl aber ein irrationales (oder transrationales) und sich nur auf ein unbeschreibbares Gefühl gründendes Erahnen der göttlichen Wirklichkeit als möglich erachtet.

Vom Agnostizismus zu unterscheiden ist die (auf den syrischen Theologen Dionysios Areopagita, um 500) zurückgehende negative (apophatische) Theologie, die weiß, daß jede adäquat zutreffende positive Aussage über das Wie und Was der Wirklichkeit Gottes unmöglich ist, die aber negative Aussagen, welche die weltlichen Begrenzungen von Gott ausschließen („un-endlich", „un-zeitlich", „un-ergründlich") für angebracht hält und sich des analogen Charakters jeder Aussage über Gottes Eigenschaften (Liebe, Güte, Gerechtigkeit, Personalität) bewußt ist. Ähnlich wie die christliche negative Theologie lehnen die indischen Upanischaden positive Aussagen über Gott als unzutreffend ab.

Wird Agnostizismus gewöhnlich eine Auffassung genannt, die von einem religiösen Glauben herkommt und sich von ihm absetzt, so kann auch eine von einem dogmatischen Atheismus sich lösende und zum Glauben an Gott tendierende Einstellung agnostisch genannt werden – etwa, wenn die Möglichkeit nicht völlig ausgeschlossen werden soll, daß der Mensch mehr ist als das Zufallsprodukt einer sich sinnlos selbst produzierenden Natur.

Auch der Agnostizismus kann im privaten Umgang wie im öffentlichen Kulturleben militante Züge annehmen, wenn er in einem klaren Bekenntnis zu Gott eine Herausforderung der eigenen Unentschiedenheit sieht und diese für eine allgemein durchzusetzende Regel hält.

3. Begründungen und Bedeutungen des Atheismus

1. *Gott und Welt sind eins*

Der Pantheismus B. Spinozas, der den biblischen Gott zurückweist, wohl aber Gott als die „Substanz" von allem anerkennt, ging aus dem Bemühen um ein angemessenes Gottesverständnis hervor. Spinoza war zutiefst von dem in der Weltwirklichkeit wahrnehmbaren Sinngehalt beeindruckt; diesem würde man nicht gerecht werden, wollte man ihn auf einen welttranszendenten, in seinem Erschaffen freien Gott zurückführen. Der sinngebende Gott sei vielmehr als eine alle Wirklichkeit – Welt und Menschen – gleichermaßen durchdringende göttliche Natur zu verstehen. Gott legt sich diesem Pantheismus zufolge (als natura naturans) in die Gesamtheit der Naturerscheinungen (natura naturata) aus. Die

Vielfalt der Weltdinge sind als die Erscheinungsweisen zu verstehen, „durch die Gottes Attribute in gewisser und bestimmter Weise ausgedrückt werden". Sie ergeben sich aus Gott mit derselben Notwendigkeit und in derselben Weise, „wie aus der Natur des Dreiecks von Ewigkeit und in Ewigkeit folgt, daß seine Winkel gleich zwei Rechten sind".

So wenig unter dieser Voraussetzung von einer Freiheit Gottes gegenüber der Natur gesprochen werden kann, so wenig auch von der Freiheit des Menschen gegenüber Gott: Denn „die menschliche Seele ist ein Teil des unendlichen Verstandes Gottes".[2] Auch von verantwortbarer menschlicher Schuld und von Erlösung zu sprechen, ist nicht mehr möglich. Die Beziehung des Menschen zu dieser göttlichen Natur, welche die ganze Welt und jeden Menschen erfüllt, kann jedoch, sofern sie die Einzeldinge ihrem göttlichen Gehalt entsprechend betrachtet (d. h. „sub specie aeternitatis"), durchaus einen religiösen Charakter haben.

Erst eine derartige monistische Identifizierung von Welt und Gott ist *pan*theistisch, nicht aber die – die Transzendenz Gottes wahrende – Absicht christlicher Mystiker, Gott in allen Dingen zu finden (wie wir sie etwa bei Ignatius von Loyola antreffen; vgl. Paulus: „In Ihm leben wir, bewegen wir uns und sind wir", Apostelgesch. 17,28).

Der Pantheismus Spinozas, den wir später bei Goethe und manchen Naturforschern und Künstlern antreffen, unterscheidet sich von der heute vorherrschenden Naturbetrachtung durch die Überzeugung, daß Natur und Kosmos eine numinose, Ehrfurcht heischende Wirklichkeit sind. Er scheint in der Gegenwart wenig aktuell. Die moderne Beziehung zur Natur ist überwiegend kausal-analytisch und utilitaristisch; der moderne Natur- und Artenschutz entspringt vielmehr einer besonnenen Gebrauchshaltung als pantheistischer Naturfrömmigkeit.

2. *Die Welt – ein sinnfreies Faktum*

Solange die Überzeugung selbstverständlich war, daß der Mensch die Krone eines auf ihn hin geschaffenen, sinnvoll geordneten Kosmos sei, war der Gottesglaube Ausdruck dieses selbstverständlichen Sinnganzen. Durch die kopernikanische Wende zum heliozentrischen Weltbild erfuhr die Selbstverständlichkeit der kosmischen Sinnordnung eine nachhaltige Erschütterung. Immer stärker trat in das Bewußtsein des neuzeitlichen Menschen die Einsicht, daß die Welt von sich aus in ihrer objektiven Faktizität keine Antwort auf die Frage des Menschen nach seinem Daseinssinn bietet. Der Mensch muß die Welt erst zum Leuchten bringen, um in ihr Hinweise auf einen Sinn und weiter auf einen Sinngeber erkennen zu können. Die Einsicht setzte sich durch, daß die wissenschaftliche Naturerkenntnis, so sie sich innerhalb ihrer methodischen Grenzen bewegt, den Gottesglauben nicht begründen, aber auch nicht behindern kann.

Wenig später als G. Galilei, der den methodischen Grund der modernen Naturforschung gelegt hatte, betonte der Philosoph und Mathematiker B. Pascal, daß das Ausgeliefertsein an die unendlichen Weiten des Alls, das den Menschen nötigt, seinen Daseinssinn selbst zu bestimmen, auch eine neue Selbsterfahrung ermöglicht: Der Mensch wird sich bewußt, daß er sich nicht bei seiner Endlichkeit beruhigen kann, sondern unendlich über sich hinaus verwiesen ist. Die Heimatlosigkeit im Weltenganzen kann zu einer vertieften Erfahrung der für die Beziehung zu Gott wesentlichen eigenen *Freiheit* führen – und darin zur Erfahrung Gottes als das den Menschen zur Freiheit befreiende, in ihm selbst lebende und ihn zugleich übersteigende unendliche Du. Wollte der Mensch ungeachtet seines Verwiesenseins auf die Unendlichkeit Gottes dennoch versuchen, sein Leben transzendenzlos zu leben, würde er diesen Versuch mit der Verkennung der eigenen Subjektivität und Freiheit bezahlen müssen. Die so erzielte Selbstberuhigung bliebe infolge der immer wieder bewußt werdenden Fragwürdigkeit des eigenen Wesens vordergründig und brüchig.

Den mit dem Selbstbewußtsein mitgesetzten Verweis über sich hinaus hat später I. Kant in seiner praktischen Philosophie aufgenommen und gezeigt, daß sinnvolles Leben und sittliches Handeln ohne die Überzeugung von der Wirklichkeit Gottes, ohne Freiheit und ohne die Unsterblichkeit des Menschen nicht gedacht werden können.

3. *Der Mensch – das höchste Wesen für den Menschen*

Die vom Pantheismus und vom Deismus noch vorausgesetzte religiöse Grundstimmung ist im 19. Jahrhundert nicht mehr selbstverständlich. K. Marx hatte vor etwa 150 Jahren gemeint, die kommunistische Gesellschaft der Zukunft werde sich dadurch auszeichnen, daß in ihr die Frage nach Gott nicht mehr gestellt werde, weil die Menschen endlich selbst die planvoll gesellschaftlich handelnden Schöpfer ihrer Welt geworden seien; sie verdankten ihr Dasein nur noch ihrer eigenen gesellschaftlichen Kraft. Sie hätten damit die Entfremdung ihrer Schöpferkraft an ein überirdisches Wesen endgültig überwunden und endlich ein „positives, nicht mehr durch die Aufhebung der Religion vermitteltes Selbstbewußtsein des Menschen" erreicht. Aus diesem Grund, meinte Marx, habe dann auch der Atheismus „keinen Sinn mehr".[3]

Schon L. Feuerbach hatte als Erklärung für die Entstehung des Gottesglaubens angegeben: „Gott entspringt aus dem Gefühl eines Mangels." Der Mensch erfahre sich als begrenztes Individuum, sehne sich aber nach Unendlichkeit. Um die Unendlichkeit zu finden, die er als Individuum vermißt, setze er sich Gott als ein unendliches Wesen gegenüber, ohne zu erkennen, daß er als Gattungswesen diese Eigenschaft der Unendlichkeit bereits besitze. Die Religion habe also ihre Wurzel in der „Entzweiung des Menschen mit sich selbst"; in ihr würden Eigenschaften der menschlichen Gattung – grundlegend die der *Unendlichkeit* – auf Gott übertragen.[4]

Feuerbachs Zuversicht, daß mit der Überwindung der religiösen Illusion die „Weltgeschichte" eine Wende erfahren werde, weil nun „die Liebe" des Menschen, von keiner übermenschlichen Instanz mehr abgelenkt, sich ganz auf den

Menschen selbst richten und dieser allein „des Menschen Gott und Heiland" sein werde, hat ihrerseits sich als Illusion erwiesen. Auch Marx hat in der Erwartung, daß der Mensch der Zukunft ein bewußt gesellschaftlich handelndes, „allseitig entwickeltes", schöpferisches Individuum sein werde, sich gründlich getäuscht – nicht aber in der Voraussicht, daß dem Menschen der Sinn für die Frage nach Gott abhanden kommen könne.

4. *Atheismus aus Gleichgültigkeit*

Das Pathos des Marxschen und des Feuerbachschen Atheismus mit seinem Postulat „homo homini deus", das die Prädikate Gottes auf den Menschen zurückführen wollte, setzte noch ein religiöses Bewußtsein als zu negierende Antithese voraus.

Kennzeichnend für die Gegenwart ist jedoch nicht so sehr der entschiedene positive Atheismus, sondern der indifferente Atheismus der Gleichgültigkeit, der oft auf der Unfähigkeit des Menschen beruht, die Frage nach Gott als eine zu seinem eigenen Wesen gehörige Frage überhaupt noch zu verstehen.

F. Nietzsche hat diesen Menschentyp als den „letzten Menschen" vorhergesehen, der Gott zwar „getötet" hat, aber nicht begreift, was er dadurch angerichtet hat und welche Aufgabe ihm damit gestellt ist. Ihn kennzeichnet vielmehr die Gleichgültigkeit, die mit dem Verlust existentieller Tiefe einhergeht. „Es kommt die Zeit, wo der Mensch nicht mehr den Pfeil seiner Sehnsucht über den Menschen hinaus wirft, ... wo der Mensch keinen Stern mehr gebären wird. Wehe! Es kommt die Zeit des verächtlichsten Menschen, der sich selber nicht mehr verachten kann ... ‚Was ist Liebe? Was ist Schöpfung? Was ist Sehnsucht? Was ist Stern?' – so fragt der letzte Mensch und blinzelt. Die Erde ist dann klein geworden, und auf ihr hüpft der letzte Mensch, der alles klein macht. Sein Geschlecht ist unaustilgbar wie der Erdenfloh ... ‚Wir haben das Glück erfunden', sagen die letzten Menschen und blinzeln."[5]

Was S. de Beauvoir noch als Ergebnis einer Entscheidung darstellt – ist die Ausgangssituation sehr vieler Menschen der Gegenwart. „Eines Tages", schreibt sie, „habe ich die abstrakte Vorstellung von Gott irgendwo im Himmel", zu der mein Kinderglauben geworden war, „weggewischt"; „ich habe Gott nie vermißt".[6]

Die Frage nach Gott erscheint wie „weggewischt" und wird nicht vermißt. Die Wirkung eines solchen „Wegwischens" hatte Nietzsche zuvor schon in seiner „Fröhlichen Wissenschaft" (Aphorismus 125) beschrieben. Der „tolle Mensch" stürmt auf den Marktplatz und schreit seine Botschaft, daß Gott tot ist. „Wir haben ihn getötet – ihr und ich! ... Aber wie haben wir dies gemacht? Wie vermochten wir das Meer auszutrinken? Wer gab uns den Schwamm, um den ganzen Horizont wegzuwischen? ... Gibt es noch ein Oben und ein Unten? Irren wir nicht wie durch ein unendliches Nichts? Haucht uns nicht der leere Raum an? Ist es nicht kälter geworden?" Nietzsche vermerkt, daß die Leute auf dem Markt, von denen viele nicht an Gott glaubten, den „tollen Menschen" nicht verstanden und auslachten. Allein der „tolle Mensch" begriff, was geschehen war, und er erschrak abgrundtief. Den Atheismus der vielen anderen kennzeichnen einfache Gedankenlosigkeit und Leere.

Nietzsche teilte nicht Marx' Glauben, daß die Überwindung des Gottesglaubens und mit dieser die „menschliche Emanzipation" den Schritt zu einer harmonisch-freien Gesellschaftsordnung bedeute. Er erkannte, daß in der bisherigen Geschichte mit der Tötung Gottes ein Bruch geschehen ist, aus dem es keine gesellschaftliche Auferstehung gibt. Nur der einsame Prophet Zarathustra sieht die Tragweite des Geschehenen und vermag seine Konsequenz zu ziehen. Im Hinblick auf die Gesellschaft bleibt es völlig offen, ob der Typ des „letzten Menschen", dem Nietzsches ganze Verachtung gilt, den Sieg davonträgt. Nach dem Tod Gottes hat es keinen Sinn mehr, nach einem Sinn zu suchen: Er ist nirgends zu finden. Anders als Marx und Feuerbach wußte Nietzsche, daß der von Gott emanzipierte Mensch von dem ihm nun schicksalhaft auferlegten Willen zur Macht überfordert sein und der Versuchung erliegen könnte, seine Verantwortung anstelle Gottes auf eine andere übermenschliche Autorität abzuwälzen, auf die Herde, auf die Geschichte oder auch auf die abstrakte Vernunft oder die Moral. Der über sich selbst spielerisch-schöpferisch verfügende Mensch könnte zwar als Übermensch die Stelle des sinngebenden Gottes einnehmen und als freier Geist selbst einen Sinn setzen – wenn er seine Einsamkeit ertragen und jener Versuchung zu widerstehen vermöchte.

Nietzsche erkennt in hellsichtiger Verzweiflung, daß jedoch auch die Sinngebung des Übermenschen an eine unüberwindbare Grenze stößt: an die Grenze der Zeit als endlose Wiederkehr des Gleichen. Sie ist ein „Ungeheuer". Zarathustra nennt es auch das „große Jahr": „das muß sich, einer Sanduhr gleich, immer wieder von neuem umdrehen, damit es von neuem ablaufe und auslaufe".[7] Auch die Selbstbestimmung des frei gewordenen Geistes wird von dem ewig sich drehenden Rad der Zeit überrollt. Es ist der Gedanke des Nihilismus in seiner „furchtbarsten Form: Das Dasein, so wie es ist, ohne Sinn und Ziel, aber unvermeidlich wiederkehrend".[8] Wer angesichts dieses „schwersten Gedankens", meint Nietzsche, dennoch sein „Selbst in der Handlung" sucht, gewinnt die einzig wahre „Tugend".[9] Es ist das Ergreifen des Augenblicks in der Absurdität des letztendlichen Umsonst.

Daß der Mensch allein der oberste Gesetzgeber und Herr seiner Geschichte sein solle – diese Zielsetzung, die für Marx und Feuerbach selbstverständlich war und deren Verwirklichung Nietzsche wenigstens noch für möglich hielt, steht gegenwärtig nicht mehr im Vordergrund des Bewußtseins. Um das Schöpferpathos ist es still geworden. Angesichts der Aufgabe, Werte und somit Grenzen für das eigene private wie für das öffentliche Handeln zu setzen, überwiegen Ratlosigkeit und Unschlüssigkeit. Alles erscheint möglich, alles beliebig, nichts unantastbar. Das „homo homini deus" entspricht nicht mehr dem Selbstbewußtsein des heutigen Menschen.

Im Gegenteil: Der „Speciesismus"-Vorwurf eines P. Singer und extremistischer Tierschützer, es sei eine unbegründete Anmaßung, wenn der Mensch, nur weil er Mensch sei, sich einen grundsätzlich höheren Rang und exklusive Rechte gegenüber dem Tier zuspreche, macht den Wandel in der Selbsteinschätzung des Menschen überaus deutlich. Die menschliche Art (Species) sei im System der biologischen Arten eben nur eine unter anderen. „Alle Lebewesen sind gleich", lautet Singers Grundsatz. Von einer Gottebenbildlichkeit des Menschen zu sprechen, stößt hier auf völliges Unverständnis. Maßgeblich für die moralische Bewertung eines Verhaltens ist deshalb nach Singer allein, ob bei einem Lebewesen das Empfinden von Lust oder das von Schmerz gesteigert oder gemindert werde. Weil nicht allein Menschen, sondern auch Tiere Lust und Schmerz empfinden können, sei nur zu fragen, welches Lebewesen im konkreten Fall zu einem höheren Lust- oder Schmerzempfinden fähig sei. Und diese Fähigkeit könne im Einzelfall bei einem Tier höher sein als etwa bei einem Menschen, dessen Schmerzempfinden infolge einer fortgeschrittenen Alzheimer-Krankheit stark herabgesetzt sei, oder bei einem menschlichen Embryo, dessen Nervensystem noch nicht voll ausgebildet sei.[10]

Statt sich um Sinngebung zu bemühen, die aussichtslos erscheint, konzentriert und beschränkt sich das schöpferische Interesse vieler Gegenwartsmenschen darauf, die Natur (im weitesten Sinne) zu erforschen, um sie zum Wohlergehen nutzen zu können. Die hier anzuwendende Methode des naturwissenschaftlichen und funktionalen Denkens stellt nicht die Fragen „was?" und „wozu?"; sie begnügt sich mit der Frage nach den funktionalen Zusammenhängen, mit der Frage „wie?" Die Sicherheit und die Genauigkeit, die bei der Beantwortung dieser Frage gewonnen werden können, gewähren zusammen mit den nützlichen Ergebnissen ausreichende Befriedigung.

5. *Grenzüberschreitungen*

Den – berechtigten – Stolz des Naturforschers, bei der Aufstellung eines wissenschaftlichen Weltmodells nicht auf philosophische oder religiöse Vorgaben angewiesen zu sein, brachte der französische Physiker P. S. Laplace zum Ausdruck, als ihn Napoleon I. fragte, wo denn Gott in seiner „Himmelsmechanik" zu finden sei: „Sire, diese Hypothese brauche ich nicht", soll er geantwortet haben. Das innerhalb des naturwissenschaftlichen Forschens sachlich begründete methodische Prinzip, von der Wirklichkeit Gottes abzusehen, wurde aber von den mechanistischen Materialisten des 18. und 19. Jahrhunderts (P.-H. Holbach, J. O. LaMettrie, L. Büchner, E. Haeckel) zu einem philosophischen Axiom, das einen doktrinären, oft kämpferischen Atheismus einschloß, verallgemeinert.

Im 20. Jahrhundert sind zwar (durch Quantenphysik und Relativitätstheorie) die naturwissenschaftlichen Grundlagen der zur materialistischen Weltanschauung gewordenen deterministischen Mechanik einer tiefreichenden Revision unterworfen worden; die zuvor gezogenen weltanschaulichen Schlußfolgerungen sind auch in wissenschaftlicher Hinsicht außer Kraft gesetzt. Dennoch kann man nach wie vor beobachten, daß aus naturwissenschaftlichen Forschungsergebnissen, in massiver Grenzüberschreitung der wissenschaftlichen Methode, wissenschaftlich unbegründete weltanschauliche Folgerungen gezogen werden.

Die Behauptung des Nobelpreisträgers J. Monod, daß die Entstehung menschlichen geistigen Lebens wie des Lebens überhaupt einem geistlosen puren Zufall zu verdanken und deshalb jeder Glaube an ein schöpferisches Wirken Gottes animistischer Aberglaube sei, beruht auf Voraussetzungen, die durchaus nicht Ergebnis exakter Naturwissenschaft sind. „Unsere ‚Losnummer' kam beim Glücksspiel heraus", heißt es bei Monod. Und weiter: „Die ‚liberalen' Gesellschaften des Westens verkünden als Grundlage ihrer Moral nach außen immer noch eine abstoßende Mischung aus jüdisch-christlicher Religiosität, ‚wissenschaftlicher' Fortschrittsgläubigkeit, ‚natürlichen' Menschenrechten und utilitaristischem Pragmatismus." „Die Wissenschaft ... zerstört alle mythischen oder philosophischen Ontogenien, auf denen für die animistische Tradition ... die Werte, die Moral, die Pflichten, Rechte und Verbote beruhen sollten. Wenn er diese Botschaft in ihrer vollen Bedeutung aufnimmt, dann muß der Mensch endlich aus seinem tausendjährigen Traum erwachen und seine totale Verlassenheit, seine radikale Fremdheit erkennen. Er weiß nun, daß er seinen Platz wie ein Zigeuner am Rande des Universums hat, das für seine Musik taub ist und gleichgültig gegen seine Hoffnungen, Leiden oder Verbrechen."[11]

Daß der naturwissenschaftliche Materialismus auf einen weltanschaulichen Standpunkt und nicht auf die wissenschaftliche Forschung selbst zurückgeht, zeigt sich gerade dort, wo er den Menschen reduktionistisch das Zufallsprodukt einer letztlich sinnlosen Evolution sein läßt. Da die Fähigkeit, sich angesichts eines verbindlichen Sittengesetzes frei entscheiden zu können, nicht experimentell nachgewiesen werden kann, wird sie als Einbildung zurückgewiesen, und die mit ihr verknüpfte Frage nach Gott wird kurzerhand als sinnlos erklärt. Die hierbei gemachte Voraussetzung, daß die empirischen Wissenschaften mit ihren Methoden und Begriffen nicht nur einen jeweils beschränkten Ausschnitt, sondern die Gesamtheit des Wirklichen erfassen und deshalb auch über Freiheit und Sittlichkeit verbindlich urteilen können, ist eben mit den Methoden der Wissenschaften nicht zu beweisen.[12]

4. Neue agnostische Einwände

Der extreme Empirismus, der als wirklich nur gelten lassen will, was durch letztlich sinnliche Erfahrungen bestätigt werden kann, hat im Logischen Empirismus und Positivismus sowie in einigen Richtungen der sprachanalytischen Philosophie (unter dem Einfluß des frühen Wittgenstein) einen neuen Ausdruck gefunden. Damit sind auch neue Einwände bezüglich der Frage nach Gott und der Möglichkeit, sie zu beantworten, formuliert worden.

Für den Logischen Empirismus (Wiener Kreis) gelten nur solche Sätze als sinnvoll, die durch Sinnesdaten verifiziert werden können. Sehr ähnlich argumentiert der Logische Positivismus (A. F. Ayer): Jede Aussage, mit der ein Erkenntniszuwachs behauptet wird, ist zunächst als hypothetisch anzusehen; soll tatsächlich ein Erkenntnisgewinn vorliegen, soll also die Aussage als „synthetischer Satz a posteriori" ausgewiesen werden, muß gezeigt werden können, daß sie sich erfolgreich auf Tatsachen oder Erfahrungen anwenden läßt. Dazu müssen sich empirische Kriterien angeben lassen, nach denen sie als wahr oder als falsch verifiziert werden kann. Können solche Kriterien aber nicht angegeben werden, kann sie weder als wahr noch als falsch bestimmt werden, so zeigt sich, lautet die Schlußfolgerung, daß die Aussage ein Scheinsatz ist; solche Sätze aber sind sinnlos. Zu ihnen gehören Aussagen wie „Gott existiert" oder „der Mensch hat eine unsterbliche Seele", die, weil Gott und die unsterbliche Seele als solche nicht erfahrbar sind, niemals empirisch verifiziert werden können.

Die Behauptung des Empirismus, nur Sätze, die Tatsachen feststellen, seien sinnvoll, läßt sich logisch nicht rechtfertigen. Er schränkt von vornherein Wirklichkeit auf Tatsachenwirklichkeit ein.

Andere Philosophen (F. Kambartel) unterstreichen, daß Wörter eine „Bedeutung" haben müssen, soll mit ihnen etwas mitgeteilt werden. Die gemeinte Bedeutung lasse sich beim Wort „Gott" nicht wie bei den Wörtern, die Gegenstände unserer Erfahrungswelt bezeichnen, aufzeigen; doch sobald man die theologische Behauptung, daß das Wort „Gott" eine transzendente Wirklichkeit bezeichne, in eine Aussage über affektives menschliches Verhalten übersetze und die Funktion benenne, die dieses Wort im menschlichen Sprachverkehr erfüllt, zeige sich die eigentliche Bedeutung, die diesem Wort zukomme. So kann empirisch nachgewiesen werden, daß die Verwendung des Wortes „Gott" Vertrauen weckt oder die Sehnsucht nach Frieden und Geborgenheit anzeigt. Religiöse Aussagen erfüllen also in der sprachlichen Kommunikation eine *affektive* oder *moralische* Funktion, sofern sie dazu dienen, bestimmte Einstellungen und Gefühle zu bezeichnen und gegebenenfalls zu wecken. Ihre „Bedeutung" ist nach Meinung dieser Sprachanalytiker grundsätzlich „nicht-kognitiv". Das Wort „Gott" gleicht insofern einer Chiffre für bestimmte individuelle oder soziale Erfahrungen und, so lautet die Schlußfolgerung, erschöpft sich in dieser Funktion. Die in es eingeschlossene Voraussetzung einer erfahrungsjenseitigen Wirklichkeit bleibt bedeutungslos, weil sie weder als wahr noch als falsch erweisbar ist.

Ein weiterer Einwand (des sog. „kritischen Rationalismus", H. Albert) behauptet, Begründungen für philosophische und theologische Sätze verlangen entweder immer von neuem eine weitere Begründung (laufen also ins Unendliche) oder bewegen sich in einem Zirkel oder brechen mit einer dogmatischen Setzung ab (Trilemma); sie sind also nicht wirklich begründet. Da niemals ausgeschlossen werden könne, daß sich die Vernunft und auch das Gewissen irrten, seien Letztbegründungen philosophischer oder theologischer Thesen überhaupt nicht zu gewinnen. Statt des aussichtslosen Unterfangens, solche zu suchen, bestehe die einzige kritische Methode, einer Wahrheit näher zu kommen, darin, jede Aussage angesichts der „Wirklichkeit“ immer wieder der Probe des Scheiterns oder Bewährens auszusetzen, d. h. in einem „konsequenten Fallibilismus“. Weil aus prinzipiellem Mißtrauen in die Vernunft jede Gewißheit als „selbstfabriziert“ verdächtigt werden muß, ist mit dieser Methode der wiederholten Probe allerdings nur eine Annäherung an eine Wahrheit zu erreichen, aber keine gewisse Erkenntnis, letztlich nicht einmal darüber, ob überhaupt ein „Widerspruch“ zur Wirklichkeit vorliegt oder nicht. Auch diese Methode nimmt eine letztlich nicht begründbare skeptische Beschränkung der Wirklichkeit auf Erfahrungswirklichkeit vor.

Die Vielfalt der philosophischen Meinungen und Diskursarten sei, wie der französische Philosoph J.-F. Lyotard meint, das herausragende Merkmal der von ihm als „Postmoderne“ bezeichneten Gegenwart. Ihren „Widerstreit“ zu schlichten, sei ebenso unmöglich, wie eine sichere Auffassung zu vertreten. Weil es eine universale Urteilsregel nicht gebe, nach der zwischen den untereinander „inkommensurablen“ Diskursarten entschieden werden könne, ist Skepsis die einzig angemessene Haltung. Jede Denkweise hat ihr eigenes Recht; ihr „Dissens“ ist hinzunehmen. Die Unlösbarkeit ihres Widerstreits hat angesichts der Globalisierungstendenzen, die von den „großen Erzählungen“ ausgehen (an erster Stelle des Christentums, aber auch anderer Ideologien wie „Emanzipation“, „Sozialismus“, „Kapitalismus“ oder „Technik“), sogar eine besondere menschliche Bedeutung, weil sie unterstreicht, daß der Mensch nicht an eine einzige Wirklichkeitsauffassung gebunden ist. Das, worum es im Widerstreit der großen Denkweisen letztlich und eigentlich geht, kann allenfalls, weil es nicht direkt darstellbar ist, in Kunst-Ereignissen als etwas „Erhabenes“ fühlbar gemacht werden.

5. Das Theodizeeproblem

Eine besondere Stelle unter den Einwänden gegen den Gottesglauben nimmt die Erfahrung des Bösen und des Leids in der Welt ein. Hier handelt es sich nicht mehr um einen von außen kommenden erkenntniskritischen Einwand, sondern um einen, der den Glauben von innen her trifft. Wo Gott, wie im Christentum, als allwissend, allmächtig und allgütig geglaubt wird und die Erfahrung doch zeigt, daß er seine Macht und sein Wissen nicht nutzt, um den Menschen das Leiden zu ersparen, können Zweifel aufsteigen, ob der Glaube an Gottes Allmacht und Allgüte begründet, und weiter, ob Gott überhaupt wirklich ist. G. Büchner („Dantons Tod“) nannte das Problem des Bösen und des Leidens den „Fels des Atheismus“; N. Berdjaew bezeichnete es als das einzige ernstzunehmende Argument gegen Gott. Er schloß sich hier F. Dostojewskij an, der in seinem Roman „Die Brüder Karamasow“ Iwan Karamasow sagen ließ, er wolle Gott die Eintrittskarte in den Himmel angesichts des Leids, das Kindern zugefügt werde, zurückgeben. K. Rahner nannte die Gottesleugnung, die von der Ungerechtigkeit und vom Bösen in der Welt ausgeht, einen „bekümmerten“ Atheismus.

Daß Gott gleichermaßen seine Sonne aufgehen läßt über Gerechten und Ungerechten, also nicht strafend oder ausgleichend eingreift, wenn die Gerechtigkeit, die von Gottes Güte als unablösbar angesehen wird, vielfach verletzt wird, wurde auch außerhalb des biblischen Glaubens als Problem empfunden. In den Tragödien des Aischylos wird den Göttern eine Mitverantwortung für das Böse in der Welt zugeschrieben.

In der vorchristlichen biblischen Reflexion wird die Frage, wie der Glaube an den gerechten Gott mit dem Leid und dem Bösen vereinbar sei, zum unabweisbaren Thema. Das Buch Genesis gibt eine Antwort, die jedoch neue Fragen stellt, wenn es von der Verführung durch eine übermenschliche Macht des Bösen erzählt, die der Vertreibung aus dem Paradies vorausgeht, mit der Not, Elend und Brudermord ihren Anfang nahmen. Die großen Propheten des Alten Bundes sehen sich immer wieder der Frage gegenüber, warum Gott nicht das Schreien der Armen und Unterdrückten hört. Hiob wird schließlich als Beispiel für einen Glauben vorgestellt, der, obwohl durch schwerste Schicksalsschläge auf die Probe gestellt, doch nicht an Gottes Treue zweifelt.

Daß Gott stumm bleibt, nicht nur, wenn Naturkatastrophen furchtbares Leid über Menschen bringen, sondern aus der „gesellschaftlichen" Natur hervorgehende Katastrophen, eine „der menschlichen Imagination" sich entziehende „reale Hölle aus dem menschlichen Bösen" bereiten (Th. W. Adorno[13]), ist die größte Herausforderung des christlichen Glaubens an den Gott, der die Liebe sein soll.

Die klügsten Theologen haben nicht vermocht, begreiflich zu machen, wie Gottes Güte und Allmacht das Leiden unzähliger Unschuldiger, insbesondere das durch menschliche Bosheit verursachte, zulassen könne.

Theoretisch ist diese Frage nicht zu beantworten. Wo das Leiden anderer nicht aus der Distanz beobachtet wird, sondern Familienangehörige, Kinder und nächste Freunde trifft, kann diese Erfahrung zur tiefsten Krise des Glaubens an Gott bis zum verzweifelten „es kann Gott nicht geben" führen. Die Hoffnung auf eine Zukunft im Himmel, die Leid und Schmerz durch Seligkeit und Gerechtigkeit ausgleicht, wird dem hier und jetzt Leidenden ebensowenig eine befriedigende Antwort sein wie der Verweis auf die Beschränktheit seiner menschlichen Einsicht angesichts der unerforschlichen Ratschlüsse Gottes. Der Mensch, der sich fundamental als Einheit von Leib und Seele erfährt, kann sich nicht damit abfinden, daß leibliches Glück in schreiendem Mißverhältnis zur Unschuld stehen kann (ungeachtet aller Kritik an sogenannter Lohnmoral).

Dennoch zeigt die Erfahrung, daß der Glaube an Gott nicht scheitern muß. Was rational nicht erklärt werden kann, ist eine Tatsache: Nicht wenige an Gott Glaubende, bekannte Heilige und unbekannte, haben die Erfahrung bezeugt, daß *im Glauben selbst* Heil und Leiderfahrung zu einer unvergleichlichen Einheit vereint werden können. Das gänzlich transrationale Licht, das vom Kreuz des sterbenden Gottessohnes ausgeht, kann auch noch das Dunkel abgrundtiefen Leids durchdringen. Das Leid wird nicht ausgelöscht, doch kann es im Glauben, daß Gottes Liebe es mitleidet, als geheilt und heilend ertragen werden.

Auch die Philosophen sehen sich vor eine unlösbare Aufgabe gestellt, wenn sie versuchen, das Böse zu verstehen, und nicht vorziehen, es zu ignorieren. Wo sie überhaupt den Versuch unternehmen, zeigt sich, daß das Böse sich dem verstehenden Begreifen entzieht. Um anzuzeigen, daß das Böse als solches in seiner völligen Unvernünftigkeit keine reale Gegenmacht zu Gott ist, hat Thomas v. Aquin es (in Unterscheidung zu seinem Träger) als *Seinsmangel* charakterisiert. Als das „Fehlen" der eigentlich gesollten vernünftigen „Form" des Seins und des Guten ist es der Inbegriff des „Nichts" (des schlechthin Form-losen, Grund-losen, Wider-sinnigen, Chaotischen) ungeachtet der Tatsache, daß der menschliche Wille, der von dieser „Fehlform" durchdrungen ist, real ist, rational agieren und höchst reale Wirkungen hervorbringen kann.

6. Die innere Möglichkeit des Atheismus

Wo vorausgesetzt wird, daß der Mensch *kraft seines Wesens* sich selbst unendlich übersteigt (vgl. B. Pascal: „l'homme infinement surpasse l'homme"), wo m. a. W. die fragende Ausrichtung auf Gott als ein Wesensmerkmal des Menschen gilt, wird die *Leugnung* dieser Selbsttranszendenz, die in der atheistischen Bestreitung ihres „Woraufhin" gipfelt, zu einem besonderen Problem. Es stellt sich die Frage nach der inneren Möglichkeit des Atheismus.

Manche christliche Theologen von Rang (mit unterschiedlicher Begründung F. Schleiermacher, P. Tillich, K. Rahner) haben es für fraglich gehalten, daß ein Mensch in seinem *eigentlichen Lebensvollzug* Atheist sein könne – ohne selbstverständlich den faktisch anzutreffenden Atheismus zu ignorieren. Es sei möglich, daß in der begrifflichen Reflexion die Wirklichkeit jenes unendlichen Woraufhin bestritten wird, obwohl im faktischen Daseinsvollzug die Beziehung zu ihm realisiert ist; denn ein existentielles Gottesverhältnis sei nicht erst dort gegeben, wo es ausdrücklich in Begriffen zu Bewußtsein gebracht wird. Es genüge der tatsächliche Vollzug. Ein solcher sei gegeben, wo immer ein Mensch unbedingt nach Wahrheit sucht oder sich einer als unbedingt gültig erkannten sittlichen Verpflichtung unterwirft – wo immer also jemand die ihm mit seiner Befähigung zum geistigen Erkennen und zum freien Handeln (als transzendentale Bedingung) mitgegebene wesenhafte Verwiesenheit auf ein absolutes Unendliches auch in einer Freiheitstat personal-existentiell vollzieht und so gewissermaßen ratifiziert. In einer sittlichen Grundentscheidung, in der sich der Mensch dem unbedingten Anspruch des Sittlichen beugt, werde einschlußweise auch die objektive Begründung des sittlichen Gebots und darin unausdrücklich auch die Geltung eines absoluten Seins und absoluten Wertes bejaht. Die Anerkennung der absoluten Geltung des Gebots, gut zu sein, ist durchaus vereinbar mit Unsicherheit und Unschlüssigkeit bei der Antwort auf die Frage, *was* in den konkreten Umständen als „gut" zu gelten habe, also darauf, *wie* dieses Gebot zu erfüllen sei. Jene absolute Geltung sei anerkannt, wo für das sittliche Handeln nicht mehr die Beschränktheit des Nutzens, der Konvention oder des Triebhaften das letzthin

Maßgebliche ist; hier werde auch die eigene Verwiesenheit aufs Unendliche angenommen (K. Rahner[14]).

Ob die Bedingungen für ein freies personales und sittliches Handeln in einem konkreten Tun erfüllt sind, kann freilich nicht mehr an dessen äußerem Ablauf, ja nicht einmal daran, daß es die sittlichen Erwartungen der mitmenschlichen Umgebung erfüllt, abgelesen werden. Es ist nicht auszuschließen, daß viele, vielleicht sogar die meisten menschlichen Handlungen, ganz der Konvention oder dem Trieb gehorchen oder sich ausschließlich von Nützlichkeitserwägungen leiten lassen. Dennoch wird man (optimistisch) erwarten dürfen, daß die jedem Menschen mit seinem Menschsein gestellte Aufgabe, unbedingt wahrhaftig und gut zu sein, im Laufe seines Lebens auch erkannt und erfüllt wird.

Möglich ist also sowohl, (1) daß jemand atheistisch die Wirklichkeit Gottes verbal leugnet, aber dennoch in seinem personalen Begreifen und Handeln den Bezug auf einen absoluten Wert und so letztlich auf Gott realisiert; (2) daß ein Mensch in seinem Leben sich um die Erfüllung der mit seinem Wesen gestellten Aufgabe, wahrhaft und gut zu sein, redlich müht und zugleich Gott als den erkennt und bekennt, der diese Aufgabe stellt und Hilfe zu ihrer Bewältigung gibt; (3) möglich bleibt aber auch, daß jemand den wesenhaft gegebenen Bezug auf Gott trotz seines verbalen Redens von Gott nicht in personaler Freiheit vollzieht, und schließlich, (4) daß ein Mensch „in angsthaft stolzer Selbstverschließung die Transzendenz verneint und ebendieses als thematisch ausdrücklichen Atheismus reflex macht" und in einem atheistischen Lebensbekenntnis zum Ausdruck bringt (K. Rahner).

7. Konsequenzen der atheistischen Bestreitung Gottes

Der Glaube an Gott wie auch die Leugnung seiner Wirklichkeit greifen tief in das menschliche Selbstverständnis ein. Bei Gott geht es nicht um einen „jenseits" der menschlichen Welt befindlichen „Gegenstand", dessen Existenz oder Nichtexistenz diese Welt nicht weiter berühren würde (wie J.-P. Sartre behauptete).

Ohne die durch Gott garantierte „Heiligkeit" des Sittengesetzes müßte menschliches Handeln sich daran orientieren, ob es „lohnend", „angebracht" oder „zweckmäßig" sei; es hätte nur noch einen „Preis". Von einer „Würde" zu sprechen, die es gewinnt, indem es in Freiheit einem kategorisch verbindlichen Sittengesetz folgt, ist (wie I. Kant gezeigt hat) ohne die Voraussetzung Gottes nicht möglich. Auf eine „Glückseligkeit" zu hoffen, in der offenbar würde, was Gutheit und Wahrhaftigkeit als Werte bedeuten, wäre gleichfalls grundlos. Der „Lohn der Tugend" bestünde unter atheistischer Voraussetzung nicht mehr in der „Tugend selbst", sondern allein in dem geordneten und befriedigenden Dasein, das durch zweckmäßiges Handeln gefördert wird; der eigentliche Gehalt der „Tugend", der Wert des Guten, aber wäre damit verfehlt. Die unbedingten Respekt fordernde Würde eines jeden Menschen, die jede Mißachtung (sei es durch den Staat oder durch Individuen) tiefes Unrecht sein läßt, ist nur in dem wesenhaften Bezug des Menschen auf Gott als absoluten Wert begründet, nicht aber in irgendeiner Nützlichkeit oder Funktionalität seines Verhaltens.

In der Fähigkeit, sich selbst unendlich überschreiten zu können, liegt die Besonderheit des Menschen, die ihn vom Tier unterscheidet. Diese Erkenntnis ist nicht nur christlichen Philosophen und Denkern geläufig. Selbst L. Feuerbach, einer der entschiedensten atheistischen Philosophen des 19. Jahrhunderts, ging von ihr aus, behauptete dann allerdings, das Streben nach Unendlichkeit, welches das menschliche Wesen auszeichne, finde seinen einzigen angemessenen „Gegenstand" in eben dem menschlichen Gattungswesen selbst.

Daß die im Wesen der menschlichen Gattung schlummernden und in der Vielzahl und Vielgestalt der Ich-Du-Beziehungen konkret werdenden Möglichkeiten, weil sie unerschöpflich, darum auch göttlich seien, wird nach der Erfahrung des unermeßlichen Leides, das Menschen einander zufügen können, heute wohl kaum noch jemand behaupten wollen. Mit Recht wurde darauf hingewiesen, daß die Feuerbach/Marxsche Erhebung des Menschen zum „höchsten Wesen für den Menschen" mit einer wirklichkeitsblinden Verharmlosung des menschlichen Bösen bezahlt wird (K. Barth). Außerdem hat die Gattung „Mensch" einen zeitlichen Anfang und wird ein Ende haben; schon deshalb ist es sinnwidrig, göttliche Eigenschaften auf sie zu übertragen. Ein adäquates intentionales Objekt des menschlichen Unendlichkeitsstrebens kann weder die konkrete Menschheit noch sonst eine irdische Gegebenheit sein.

Dennoch: Wo die Erfahrung des eigenen Verwiesenseins aufs Unendliche nicht durch das Getriebe alltäglicher Geschäftigkeit verdunkelt wird, kann sich in ihr die Ahnung einer Wirklichkeit erschließen, die nicht „von dieser Welt" ist. Der ahnungsvolle Ausgriff auf eine unendliche Fülle ist erfahrbar – in besonderer Weise in der Ich-Du-Beziehung, vollendet in der Liebe (hierin ist Feuerbach recht zu geben).

In philosophischer Analyse kann dieser Ausgriff als transzendentale Möglichkeitsbedingung geistigen Erkennens und freien Wollens aufgewiesen werden, denn dieses kann nur vor dem Horizont des unendlichen Wahren und Guten vollzogen werden. Wer die Befähigung zum geistigen Erkennen und freien Wollen bestreitet, müßte auch die den Menschen vom Tier und von der intelligenten Maschine unterscheidende Besonderheit leugnen.

Um Gott nicht von vornherein zu verfehlen, ist es von großer praktischer Bedeutung, zu beachten, daß Gott nicht wie ein Seiendes unter anderen Seienden gegenständlich gedacht und erfahren werden kann. Wo das dennoch versucht würde, auch wenn dieses Seiende in eine transzendente „Welt" versetzt und als „Schöpfer" oder als „Vater" angesprochen würde, wird der kritisch prüfende Verstand zu Recht einwenden, daß das hierbei als Gott Vorgestellte immer nur die Gedanken des Menschen sind und insofern sein Gegenstand, nicht aber Gott selbst ist. Jeder Versuch, Gottes wie eines Gegenstandes habhaft zu werden, muß scheitern. Diese Einschränkung gilt selbstverständlich auch für die in Gott oder in das Sein sich versenkende Meditation. Gott zeigt sich nur in seiner lebendigen Beziehung zum Menschen und in dessen personaler Hinwendung zu Ihm.

Auch in dem Lebensvollzug, in dem sich die den Menschen auszeichnende Befähigung zum geistigen Erkennen und Wollen konkret vollendet, in der Liebe, wird der zugreifende Verstand die Wirklichkeit Gottes nie für sich genommen fassen können. Dennoch kann die beseligende und schöpferische Kraft der Liebe, die Unglück in Glück, die ein ganzes Leben verwandeln kann, in dieser ihrer Wirkung als eine Kraft erahnt werden, die über die stets vielfältige Bedingtheit menschlicher Liebe hinausweist. Über die Feststellung dieser *Möglichkeit* hinauszugehen, ist der philosophischen Reflexion versagt.

Im Neuen Testament wird die Liebe als die Wirklichkeit Gottes selbst bezeichnet. Welche Liebe unter der fast unendlichen Vielfalt ihrer möglichen Formen hier gemeint ist, ist am Beispiel Jesu erkennbar. Wer im Glauben annimmt, daß er selbst von dieser schöpferischen Liebe geliebt ist, wird in eben diesem Glauben ebenso auch das Aufleuchten der in der begrenzten und bruchstückhaften menschlichen Liebe wirksamen unergründlichen Wirklichkeit Gottes erkennen und erfahren. Daß hier von einer gegenständlichen Inbesitznahme Gottes nicht die Rede sein kann, zeigt sich eindringlich in dieser Erfahrung selbst.

LITERATUR

Fries, Heinrich, Abschied von Gott. Chance und Herausforderung des Glaubens. Freiburg: Herder, 1991.

Kern, Walter, Atheistische Fehlformen der Verborgenheit Gottes. In: Christlicher Glaube in moderner Gesellschaft. Teilband 22. Freiburg: Herder, 1982, S. 8–31.

Küng, Hans, 24 Thesen zur Gottesfrage. München: Piper, ^{5}1993.

Küng, Hans, Existiert Gott? Antwort auf die Gottesfrage der Neuzeit. München: Piper, ^{5}1995.

Rahner, Karl, Atheismus und implizites Christentum. In: Schriften zur Theologie VIII. Einsiedeln: Benziger, 1967, 187–212.

Rahner, Karl, Artikel „Atheismus". In: Karl Rahner, Adolf Darlapp u. a. (Hrsg.), „Sacramentum mundi", Bd. I, Sp. 372–383. Freiburg: Herder, 1967.

Rahner, Karl, Theologische Überlegungen zu Säkularisation und Atheismus. In: Schriften zur Theologie IX. Einsiedeln: Benziger, 1970, 177–196.

Ricken, Friedo, Agnostizismus in der analytischen Philosophie. In: Heinz Robert Schlette (Hrsg.), Der moderne Agnostizismus. Düsseldorf: Patmos, 1979.

Weger, Karl-Heinz (Hrsg.), Religionskritik von der Aufklärung bis zur Gegenwart. Freiburg: Herder, ^{4}1988.

Zahrnt, Heinz, Gotteswende. Christsein zwischen Atheismus und Neuer Religiosität. München: Piper, 1992.

ANMERKUNGEN

1 Nach Umfragen, die 1990–1991 durchgeführt wurden („International Social Survey Programme, 1990" und „World Values Survey, 1990–1991"), glauben in Deutschland-West (zusammengefaßt) etwa 20 Prozent der Bevölkerung nicht an Gott, weitere 22 Prozent glauben nicht an einen „persönlichen Gott", wohl aber an eine „höhere Macht"; in Deutschland-Ost beträgt die erste Gruppe 63 Prozent, die zweite 10 Prozent; „zweifelsfrei" glauben an Gott in Deutschland-West 27 Prozent, in Deutschland-Ost 9 Prozent.

Die Angaben für Deutschland-Ost stimmen ungefähr überein mit den Ergebnissen in Schweden; die Angaben für Deutschland-West mit jenen in Großbritannien. In Österreich glauben 12 Prozent nicht an Gott, 25 Prozent an eine „höhere Macht", zweifelsfrei an Gott glauben 28 Prozent.
Berücksichtigt man die Altersstruktur, ergibt sich, daß der Anteil der nicht an Gott Glaubenden unter den Jüngeren zunehmend größer wird. Der starke Schwund des religiösen Glaubens, der insgesamt in Europa festzustellen ist (allerdings mit erheblichen Unterschieden zwischen den einzelnen Ländern), läßt sich in anderen Erdteilen nicht erkennen. Nach: Mattei Dogan, The decline of religious beliefs in Western Europe. International Social Science Journal 145 (1995), S. 408–418. Nach einer anderen Umfrage (Emnid, veröffentlicht im Juni 1992) glauben in Deutschland-West 25 Prozent, in Deutschland-Ost 65 Prozent weder an Gott noch an ein „höheres Wesen". Vgl. auch Noelle-Neumann, E.; Köcher, R.: Die verletzte Nation, Stuttgart 1987.

2 Vgl. B. Spinoza: Ethik nach geometrischer Methode dargestellt. Stuttgart 1977 (Reclam) I, Lehrsatz 25; Lehrsatz 17, Anmerkung; II, Lehrsatz 11.

3 K. Marx: Ökonom.-philosoph. Manuskripte. Berlin, 1968 MEW Ergänzungsband 1, S. 544ff., 583.

4 L. Feuerbach: Das Wesen des Christentums, Stuttgart 1971 (Reclam) Kapitel 3, S. 80, und Kapitel 7, S. 134. Ferner: Kapitel 1: „Bewußtsein im strengen oder eigentlichen Sinne und Bewußtsein des Unendlichen ist untrennbar".
Kapitel 17: „Alle göttlichen Bestimmungen, alle Bestimmungen, die Gott zu Gott machen, sind Gattungsbestimmungen – Bestimmungen, die in dem Einzelnen, dem Individuum beschränkt sind, aber deren Schranken in dem Wesen der Gattung und selbst in ihrer Existenz – inwiefern sie nur in allen Menschen zusammengenommen ihre entsprechende Existenz hat – aufgehoben sind. ... Mein Leben ist an eine beschränkte Zeit gebunden, das Leben der Menschheit nicht."
Unter Feuerbachs Voraussetzungen ist nicht verwunderlich, wenn er vom Staat erklärt: „Der Staat ist erst der Mensch – der ... sich selbst bestimmende ... absolute Mensch." In: L. Feuerbach, Anthropologischer Materialismus. Ausgewählte Schriften I, S. 79, hrsg. u. eingel. von A. Schmidt. Frankfurt/Main 1985. Vgl. auch Vorläufige Thesen zur Reformation der Philosophie, in: L. Feuerbach, Ges. Werke, Berlin 1982, S. 262.

5 F. Nietzsche, Also sprach Zarathustra, Vorrede 5, (Krit. Gesamtausg. VI/1, S. 13).

6 S. de Beauvoir, Die Mandarine von Paris. München, Zürich 1960.

7 F. Nietzsche, Also sprach Zarathustra, 3. Buch, Der Genesende (Kritische Gesamtausgabe VI/1, S. 272).

8 F. Nietzsche, Nachgelassene Fragmente 1886/87, 5/71 (Kritische Gesamtausgabe VIII/1, S. 217).

9 F. Nietzsche, Also sprach Zarathustra, 2. Buch, Von den Tugendhaften (Kritische Gesamtausgabe VI/1, S. 119).

10 Vgl. P. Singer: Befreiung der Tiere. Eine neue Ethik zur Behandlung der Tiere. München 1982. Hierzu: G. Haeffner: Aufgrund wovon kommt einem Menschen die Würde einer Person zu?, in: P. Ehlen (Hg.): Der Mensch und seine Frage nach dem Absoluten. München 1994.

11 J. Monod: Zufall und Notwendigkeit, München, [8]1988 (franz.: Le hasard et la nécessité. Paris, 1970), Kap. 8 und 9. Vgl. hierzu auch H. Küng, Existiert Gott? München 1995, S. 705ff.

12 Vgl. W. Heisenberg, Physik und Philosophie. Berlin 1959.

13 T. W. Adorno: Negative Dialektik (Meditationen zur Metaphysik). Frankfurt, 1966, S. 352.

14 Vgl. K. Rahner: Atheismus und implizites Christentum, in: Schriften zur Theologie VIII. Einsiedeln, Zürich, Köln, 1967, 187–212. Ders.: Artikel „Atheismus" in Sacramentum mundi, I, Sp. 372–383. Freiburg 1967.

3.3.1 Nichtchristliche Weltreligionen

3.3.1.a Buddhismus

Hans Waldenfels SJ

1. Bezeichnung und Herkunft

Die Bezeichnung „Buddhismus“ verweist auf die Gründergestalt, den historischen Buddha, der nach unterschiedlichen Berechnungen 623–543 oder 566–486 v. Chr. in Indien gelebt hat. „Buddha“, d. h. der Erwachte oder Erleuchtete, ist der Haupttitel eines Mannes, der, im Alter von 80 Jahren gestorben, auf dem Höhepunkt seines Lebens die große „Erleuchtung“ erlangte, zu seinem wahren Sein „erwachte“, in der Sprache Indiens gesagt, ins „Nirvāna“ einging. Die für die innere Erfahrung verwendeten Worte sprechen mehr von der Schwierigkeit, das auszusagen, was dem Buddha zuteil wurde, als daß sie die Erfahrung wirklich beschreiben. Zu den wichtigsten Übersetzungen gehört die Ansage einer völligen Befreiung bzw. Freiheit, die als das Heil schlechthin zu verstehen ist.

In seinem Ursprung gehört der Buddhismus in den Zusammenhang der religiösen, generell hinduistisch zu nennenden Welt Indiens, wie sie sich in der Lebenszeit des Buddha darstellt. Dieser entspricht folglich in seinem Welt-, Menschen- und Gottesbild zunächst den indischen Grundvorstellungen bzw. kontrastiert diese. Der entscheidende Ablösungsprozeß vom Hinduismus gründete einmal darin, daß der Veda, die heiligen Schriften Indiens, seine autoritative Bedeutung in der Buddhabewegung verlor. Sodann spielte das Kastensystem für die Verwirklichung der Buddhaschaft keine Rolle. Die Absage an den Veda zeigte sich vor allem darin, daß das hinduistische Opferwesen, das Tempelritual, aber auch die Opferkundigen (= Brahmanen), schließlich das indische Pantheon in der Buddhabewegung ihre lebensbestimmende Stellung verloren. An deren Stelle trat der vom Buddha gegangene Weg der inneren und äußeren Loslösung, der letztendlich in das einmündete, was mit Nirvāna bezeichnet wird. Das alles verhinderte freilich nicht, daß der Buddhismus in seiner Wegweisung auf vielfache Weise seine Bindung an den indischen Herkunftskontext erkennen läßt und diesen widerspiegelt.

Das ist zu beachten, auch wenn der Buddhismus in der weiteren Geschichte vielfältige Wandlungen durchgemacht hat. Diese ergeben sich einmal aus der großen Weggabelung in Asien selbst, die mit den populären Namen „Kleines“ (*Hīnayāna*) und „Großes Fahrzeug“ (*Mahāyāna*) bezeichnet werden, wobei im

Mahāyāna dessen tibetische Gestalt eigens zu betonen ist, sodann in der Neuzeit aus der Verbreitung des Buddhismus in der westlichen Welt (vor allem USA, Europa). Von einem unvermittelten Vergleich mit westlichem bzw. christlichem Denken muß deshalb dringend abgeraten werden.

2. Drei Kostbarkeiten

Wer sich dem Buddhismus anschließt, nimmt die Zuflucht zu den „drei Kostbarkeiten", dem Buddha, dem historischen Gründer, dem Dharma, der Lehre, dem Samgha, der Gemeinschaft der Buddhajünger. Die Lehre, die der Buddha nach seiner Erleuchtung in Bodh-Gayā zu verkündigen begann, wird nach der Tradition in der knappen Form der „vier edlen Wahrheiten" zusammengefaßt: (1) Alles ist Leiden. (2) Es gibt einen Ursprung des Leidens. (3) Es gibt eine Überwindung des Leidens. (4) Es gibt einen achtgliedrigen Weg zur Überwindung des Leidens.

Mehr als die Befassung mit dem Samgha, der Jüngergemeinschaft, ist der Dharma, die Lehre, zu beachten, wenn man das Welt-, Menschen- und Gottesbild des Buddhismus bestimmen will. Allerdings ist die Lehre in der Rigidität ihrer ersten Gestalt weniger eine Anleitung zur theoretischen Erörterung und Spekulation über das menschliche Dasein als eine Aussage, die in der Einführung in die Praxis kulminiert. Dem widerspricht nicht die Tatsache, daß sich im Laufe der Geschichte an alle vier edle Wahrheiten auch philosophische Reflexionen angeschlossen haben. In diesen geht es dann wiederum vor allem um den Menschen und nur, insofern er in den größeren Horizont der Welt eingeordnet ist, auch um diese Welt. Da es aber um die Verbindung mit dem Ganzen der Welt geht, öffnet sich die Lehre, auch wenn es vordergründig anders aussieht, für das, was wir „Religion" nennen.

3. Ausgangspunkt: „Leiden"

Die Lehre des Buddha beginnt mit der zu allen Zeiten zu beobachtenden Erfahrung des „Leidens" (skt.= Sanskrit: *duhkha*; P.= Pali: *dukkha*). Allerdings stellt sich bei einer so umfassend vorgetragenen Leidenslehre die Frage, ob „Leiden" wirklich die geeignete Übersetzung des gemeinten Sachverhaltes ist oder ob nicht zumindest ergänzend andere Begriffe wie Vergänglichkeit, Kontingenz u. ä. hinzuzufügen sind. In der Tat nennt der Buddha in der Beschreibung der Leidenssituation (a) den Ablauf der Lebenszeit von der Geburt über das Altern zum Tod, (b) die Erfahrungen des anderen in Liebe und Lieblosigkeit, Trennung und Verbundenheit, (c) die Wirkungen der als „fünf Gruppen des Anhaftens" bezeichneten Grundmomente menschlichen Daseins. Übereinstimmend durchzieht die Beschreibung das Fehlen eines unwandelbaren, unbedingten Anhaltspunktes und in der Subjektivität des Menschen der Ausfall eines die verschiedenen Momente bündelnden „Ich-Kerns".

In der Folgezeit wird man – in westlicher Sprache gesagt – vom Ausfall des Substanzhaften wie auch des Personkerns sprechen, in der indischen Terminologie gesagt: gegen die im indischen Denken verbreitete Lehre vom *ātman* (skt.) bzw. *attā* (P.) die Lehre von dessen Leugnung (skt. *anātman*; P. *anattā*) setzen. Demgegenüber nennt das Aggregat von fünf „Daseinsgruppen" bzw. „Gruppen des Anhaftens" (skt. *skandha*; P. *khanda*) die in der Phänomenologie menschlichen Lebens faßbaren Momente Körperlichkeit, Wahrnehmung, Empfindung bzw. Gefühl, „Geistesformation" (skt. *samskāra*; P. *sankhāra*), Bewußtsein. Die genannten Momente bilden einmal den Ausgangspunkt für eine physiologisch-psychologische Betrachtung des Menschen, markieren sodann – einzeln und in Kombinationen – jene Stellen, durch die der Mensch im Kontakt steht zur Welt und zu sich selbst. Entscheidend ist allerdings, daß der Mensch in der Prozeßhaftigkeit des Umgangs mit sich und der Welt des Prozesses von immer neuem Entstehen und immer neuem Vergehen innewird und darin lernt, daß nur das Loslassen, nicht das Festhalten und Anhaften einen Lebensweg darstellt. Das aber heißt zugleich: Es kann auch kein Ich geben, an das sich der Mensch letztendlich „halten" kann.

4. Daseinsform: Samsāra

Was für den menschlichen Innenraum gilt, hat auch für das Außen seine Gültigkeit. Wie die fünf Daseinsfaktoren (wir sprechen hier vereinfachend von fünf, obwohl es in der Geschichte dann nochmals unterschiedliche Zusammenordnungen gegeben hat) miteinander gleichsam netzhaft in wechselseitiger Abhängigkeit bzw. Ursächlichkeit verknüpft sind (skt. *pratītyasamutpāda*; P. *paticcasamuppāda*), ist auch die Außenperspektive des Menschlichen in gleicher Weise zu beschreiben. Auch hier gibt es den beständigen Wechsel von Werden und Vergehen, somit den unaufhaltsamen Wandel, Unbeständigkeit und Vergänglichkeit, keinen bleibenden Kern, keine Substanz, kein Selbst. Das Dasein ist schlechthin gekennzeichnet als unbeständig, leidvoll und unpersönlich; es ist „Samsāra".

„Samsāra" ist aber dann auch der Ausdruck für den Kreislauf der Dinge bzw. für das, was für alle Bereiche des Lebendigen – eher unspezifiziert – mit „Wiedergeburt" oder „Reinkarnation" bezeichnet wird. Was sich im individuell-menschlichen Bereich als Grundgesetz des Daseins erkennen läßt, daß es sich nämlich von der Geburt zum Tod fortbewegt und dennoch darin nicht endet, wird als umfassendes Gesetz alles Lebendigen verstanden. So erscheint das Gesetz der Wiedergeburt anfangslos in den fünf Reichen der Unterwelt, der Tiere und Geister, der Menschen und der Götter wirksam zu sein.

Im Prozeß der Wiedergeburt ist aber dann das Gesetz des Werdens und Vergehens zugleich mit der ethisch verstandenen Karma-Lehre verbunden. Damit ist – für den menschlichen Bereich formuliert – gemeint: Alles, was in der sichtbaren Welt als Wirkung menschlichen Tuns zu erkennen ist, hat zugleich eine unsichtbare Seite, die den äußeren Wirkungen das Moment der Schuld oder des Verdienstes, also eine ethische Wertigkeit, verleiht. Damit wird die Unterscheidung von gutem und schlechtem Karma (= Handlung, Tun) zur Begründung für die Höhe oder Tiefe der je neuen Existenz.

Zwei Dinge seien nun zur „Wiedergeburt" nachdrücklich angefügt: (a) Im ganzen steht die „Wiedergeburt" unter dem Vorzeichen des „Leidens". Anders gesagt: Sie ist – im Gegensatz zum heute im Westen verbreiteten Verständnis – kein positiv zu bewertendes Ereignis, vielmehr läßt der Kreislauf der Dinge Ausschau halten nach Wegen seiner Überwindung. (b) Die Absage an *ātman* zugunsten von *anātman* wirft sodann erst recht die Frage nach dem auf, was sich in neuer Existenz „reinkarniert".

5. Grund des Leidens

Die Frage nach der Überwindung des Leidens ist nicht zu lösen, ohne die Frage nach dem Grund des Leidens zu beantworten. In diesem Sinne liegt es in der Logik der Sache, daß zwischen der Feststellung der leidvollen Erfahrung von Samsāra und der „Verkündigung" möglicher Befreiung aus dem Kreislauf der Dinge in der zweiten edlen Wahrheit die Frage der Ursache des Leidens behandelt wird.

Die klassische Antwort wird mit den beiden Worten „Durst" (skt. *trsnā*; P. *tanhā*) und „Unwissenheit" (skt. *avidyā*; P. *avijjā*) gegeben. Die Urkraft, die zu immer neuer Individualität hintreibt und damit zugleich die Zerstörung der ursprünglichen Einheit aller Dinge besorgt, ist der „Durst", das Verlangen, das in der Regel dreifach als Gier nach Sinnenlust, Daseinslust und Wohlseinslust beschrieben wird. Aus diesem dreifachen Verlangen entwickelt sich alles Böse in der Welt, durch die der Mensch wie alle Lebewesen in seiner verschuldeten „Unwissenheit", besser: „Blindheit" stolpert. Hier entsteht das zuvor schon genannte Netz der Ursachen, in dem alles Lebendige gefangen und befangen ist. Erst wo es gelingt, dieses Netz des „Gleichzeitig-und-bedingt-voneinander-Entstehens" zu zerreißen, kommt es zur radikalen Überwindung der Anhänglichkeiten und Verhaftungen, ereignen sich in einem zugleich die große Freiheit und die große Erleuchtung.

6. Nirvāna

Mehrere Dinge lassen sich hier, wo wir erneut auf die Heilsbotschaft des Buddhismus treffen, vorweg sagen: (a) Wenn die zu überwindende Situation der „Unwissenheit" mit Ausdrücken wie Anhänglichkeit, Gier, Durst u. ä. wiedergegeben wird, die auf sichere „Positionen" abzielen, muß jeder Ausdruck, der die Erfahrung der Befreiung und Erleuchtung „positionell" festzumachen sucht, sich nochmals als Irrtum erweisen. Daraus folgt, (b) daß die sprachliche Annäherung an die gemeinte Erfahrung nur auf dem Weg radikaler Verneinung geschehen kann. Nur das Schwert des „So nicht" kann das Dickicht zum verfolgten Ziel durchschlagen. (c) Dem widerspricht nicht die Feststellung, daß die Buddha-Erfahrung bei allem „Weder-Noch" absolut positiv zu nennen ist. (d) Schließlich ist aber zu beachten, daß es primär nicht um die Benennung der Erfahrung gehen kann, sondern um die Erfahrung selbst gehen muß, die dann ihrerseits zunächst und vor allem (Heils-)Ereignis ist.

Das Ereignis hat sich in der Folgezeit dennoch auf mehrfache Weise bis in die Sprache hinein Bahn gebrochen. *Nirvāna* (skt.; P. *nibbāna*) verbindet die Negation (*nir*) mit dem Stamm *vā* = wehen und besagt ein radikales Verwehen bzw. Verlöschen. Wo Nirvāna mit den Gründen des Leidens verbunden wird, besagt es einfachhin deren Überwindung: Ende allen Leidens, Begierdelosigkeit, Beendigung der Wiedergeburten, positiv: „Sehen", „Verkosten" (jap. *satori*).

Ausdruck und zugleich Anlaß zu tiefgreifender Reflexion wurde spätestens seit Nāgārjuna, dem großen indischen Philosophen und Mystiker des 2. nachchristlichen Jahrhunderts, das Wort *„śunya(tā)"*, „leer" bzw. „Leerheit". Was hier wie ein Begriff erscheint, ist in Wirklichkeit ein Instrument des „Umgangs" und der „Befindlichkeit" in der Wirklichkeit, wie sie wirklich ist. „Leere", besser als Nicht, Nichts und „Ver-nicht-ung", ist entsprechend genauso logisch, epistemologisch und ontologisch wie ethisch, religiös-mystisch und soteriologisch zu verstehen. „Leere" ist sowohl Denken wie Tun, auch wenn die Denker, die mit dem Wort umgehen, alles Gesagte im selben Augenblick wieder verneinen. Es nimmt kein Wunder, daß buddhistisches Denken in der westlichen Welt lange Zeit mit rein negativen Termini wie nihilistisch, pessimistisch, idealistisch u. ä. beschrieben, teilweise auch diffamiert worden ist.

Die angesichts der dezidierten Betonung des „Nicht-" bzw. der „Leerheit" entstandene Diskussion um das Sein als die umfassende, welt- und kulturverbindende Kategorie ist bis heute unabgeschlossen. Tatsächlich haben die Bemühungen um eine verbindliche, inter- bzw. transkulturelle Philosophie gerade erst begonnen. Dabei sollte heute schon klar sein, daß es zu einer verkürzten Sicht der Wirklichkeit führen muß, wenn die buddhistische „Leerheit" lediglich als eine Umkehrung des abendländischen Seinsdenkens verstanden wird. „Sein" und „Leere" sind nicht gleichsam wie zwei Seiten einer Medaille zu behandeln.

An dieser Stelle bietet es sich an, nicht genauer im Sinne der vierten edlen Wahrheit nach den praktischen Wegweisungen zum Ziel der Überwindung des Leidens zu fragen, sondern den Ansatz selbst in Beziehung zu setzen zu den heute interkulturell wie interreligiös abzufragenden Problemfeldern, die sich im Blick auf die Stellung des Menschen im Universum und vor Gott auftun. Vor allem das Thema „Gott" erscheint in der bisherigen Erörterung eher auf eigentümliche Weise ausgespart, findet aber – trotz allem – in der Rede von der „Leere" einen neuen Anknüpfungspunkt.

7. Religion?

Zu den abendländischen, im Hinblick auf den Buddhismus erörterten Fragen gehört die Frage nach der Alternative „Religion oder Philosophie?": Ist der Buddhismus als Religion anzusprechen, wenn die Rede von Gott so offensichtlich ausfällt? Reicht es aber umgekehrt aus, ihn als reine Philosophie zu behandeln, wenn die Frage nach umfassendem Heil eine so zentrale Rolle spielt? Das II. Vatikanische Konzil hat in seiner Erklärung *Nostra aetate* den Buddhismus ohne ausführlichere Diskussion wie selbstverständlich unter die Religionen eingereiht. Das wiederum war letztlich aus zwei Gründen möglich: (a) Die ausdrückliche Behandlung der Gottesfrage wurde zugunsten einer deutlichen Heilsaussage zurückgestellt. (b) Das Heil selbst aber bleibt, obwohl sich – schon infolge des Fehlens Gottes – dem neuzeitlich-westlichen Menschen sehr stark der Eindruck der Selbsterlösung aufdrängt, am Ende doch unverfügbares Geschenk.

Wenn aber das geschenkhaft vermittelte Heil zur beherrschenden Kategorie des Religionsbegriffs wird, wird dieser zwar einerseits erneut zu einem menschlichen Verhaltensbegriff, doch kann andererseits die Rede von Gott in eine implizite, jedenfalls nicht-anthropozentrische Bestimmung des letzten Grundes übergehen.

8. „Gott"

Angesichts der christlichen Erörterung der Gottesfrage ist im Hinblick auf den Buddhismus weniger von der Leugnung Gottes als von der Verweigerung jeden Bildes und Wortes von und über Gott zu sprechen. Wenn der Weg zum Heil buddhistisch wesentlich in einer unüberbietbaren, absoluten Loslösung von allem und jedem besteht, besteht die anvisierte „Leere" zugleich in einer durch nichts verstellten und begrenzten Offenheit, ja ist die radikale „Leere" nichts anderes als radikale Offenheit. Diese alles verbindende Offenheit bringt zugleich – angesichts der Vielzahl vordergründig gegebener Phänomene – einen eigentümlichen Sinn für Einheit und Fülle mit sich, die die Frage nach dem Zusammenhang von Monotheismus, Pantheismus und mystischer Einheit neu stellen läßt.

Inzwischen ist hinsichtlich der Diskussion der „Leere" nicht zu übersehen, daß, obgleich die christliche Rede von Gott = Wort-Tat bzw. Tat-Wort der „Leere" konträr gegenüberzustehen scheint, dennoch die Beschäftigung mit der mahāyānistischen „Leere" im interreligiösen Dialog ganz natürlich den Blick auf die christliche Rede von der göttlichen, in Jesus von Nazaret, seinem Leben und Kreuzessterben offenbar gewordenen Kenose (vgl. Phil 2) gezogen hat.

Daraus ergibt sich, daß das christliche Verständnis von Gott nicht mehr in einer in ihrer Betonung der universalen Gültigkeit mehr und mehr abstrakt wirkenden Erörterung gründet, sondern in einer Erinnerung, die bei einer konkreten Biographie der Menschheitsgeschichte ihren Ausgang nimmt. Die selbst Christen heute zu einem Ärgernis werdende anamnetische Anknüpfung an der Jesusgestalt führt aber dann zugleich zu einer verschärften Sicht des unterschiedlichen Angangs der beiden großen Religionen. Denn ein Lebensverhalten, das sich bis in die Diskussion um den tragenden Grund hinein jeder bildhaft-worthaften Überbrückung zu verweigern scheint, steht angesichts der dezidierten Betonung von Schöpfung und Geschichte und der damit gegebenen Forderung verantwortlichen Verhaltens vor der dringenden Einladung, das eigene Weltverhalten zu klären und zu motivieren.

9. Weltverhalten

Unbestritten ruft die buddhistische Einladung zur radikalen Ablösung mehr nach Weltflucht als nach verantwortlicher Weltzuwendung und -gestaltung. Im Vordergrund steht eher ein passives als ein aktives Weltverhalten. Das bedeutet jedoch nicht, daß das Lassen der Dinge nicht zugleich die „natürlichen" Abläufe der Dinge fördert. Dennoch hat die Menschheit in ihrem „Gebrauch" der geschöpflichen Dinge durch die Entwicklung der Wissenschaften wie der Technik einen solch hohen Grad aktiver Weltbeherrschung erreicht, daß sie stärker in ihrer umgestaltenden Mächtigkeit als in ihrer pflegerischen Sorge auffällt.

Die Sympathie westlicher (Natur-)Wissenschaftler für den Buddhismus hat entsprechend weniger mit dessen positivem Beitrag zum heutigen Weltverhalten zu tun als mit der Komplementarität, die sie in seinen spirituellen Starkseiten erkennen. Dazu gehört angesichts des verbreiteten Aktivismus und der Hektik die eher zeitlos wirkende Kraft der Stille und der Meditation, angesichts der Alltagsherrschaft des Analytischen und des Spezialistentums der Hang zur Ganzheitlichkeit, angesichts der Prädominanz der Ratio der balancierte Einsatz aller menschlichen Fakultäten, zumal auch der Emotionalität.

Genauer zu prüfen bleibt die Frage, wie asiatische Denker die Korrespondenz von heutigem naturwissenschaftlichen und buddhistischen Denken begründen. Sicherlich kommt ihnen dabei der Rekurs auf angelsächsische Formen der analytischen Philosophie in postmetaphysischer Zeit ebenso zugute wie der weitgehende Verzicht auf die Basisterminologien der klassischen abendländischen Metaphysik. Was an hermeneutischen Bemühungen um eine Verständigung zwischen Geistes- und Naturwissenschaften im abendländischen Wissenschaftsbetrieb unternommen wird, muß heute die global wirksame Ausstrahlung westlicher Technologie und Zivilisation in ihre Überlegung einbeziehen. Hier steht dann der Buddhismus zivilisatorisch vor denselben Fragen, denen sich andere Religionen wie das Christentum ihrerseits nicht entziehen können.

Grundbereiche, die nach Selbsteinschätzung buddhistischer bzw. buddhistisch orientierter Denker der besonderen Aufmerksamkeit bedürfen, sind der Umgang mit geschichtlichen Prozessen, entsprechend die Einschätzung der Geschichte selbst, in ihr aber dann die Ausbildung ethischen Denkens bzw. eines verantwortlichen Umgangs mit den Ressourcen der Natur. Die Einschätzung der Pluralität von welthaften Erscheinungsformen als vorläufig und die damit gegebene Forderung, das Hintergründige zu suchen, damit verbunden die verbreitete Erstellung einer doppelten Wahrheitsebene, bieten im interkulturellen wie interreligiösen Gespräch Ansatzpunkte zur Rückfrage, zumal viele gesellschaftliche, aber auch die ökologischen Fragestellungen heute zu globalen Anfragen an die gesamte Menschheit werden.

In diesem Zusammenhang erhält die Frage nach der Selbsteinschätzung des Menschen in der Welt der Lebewesen einen neuen Stellenwert. Die Einschätzung des Tier- und Pflanzenschutzes einerseits und der Umgang mit den Lebensrechten des Menschen, den Entstehungs- und Sterbebereich einbezogen, andererseits werden hier zusehends zu aussagekräftigen Merkposten.

10. Christliche Rückfragen

Insofern Buddhismus wie Christentum sich in ihrer je eigenen Botschaft an die gesamte Menschheit richten und dabei vordergründig einander nahezu diametral entgegengesetzt auftreten, dürfte sich in der Zukunft die Auseinandersetzung um die Gültigkeit der einen oder der anderen Option und Weltsicht zuspitzen. Dabei wird das Christentum – *theozentrisch* – unbefangener sein Verständnis von Gottes Erkenntnis aus Geschichte und Welt, damit seinen Begriff der Geschichte als einem Werdeprozeß und als fortdauernder Schöpfung in den Diskurs einbringen müssen. Es muß darauf bestehen, daß sein eigener Ursprung nicht in gedanklicher Reflexion zu suchen ist, sondern sich – ärgerlicherweise für Abendländer wie für Morgenländer – bescheiden auf Geschichte beruft und aus der Geschichte heraus bezeugt wird.

Das Christentum kommt nicht umhin, gegen die berechtigterweise aufkommenden Tendenzen nicht-anthropozentrischen Denkens – *anthropozentrisch* – die Menschwerdung bzw. die Menschlichkeit Gottes in der konkreten Gestalt des jüdischen Menschen Jesus von Nazaret in den Diskurs einzubringen und an ihm als christlicherseits entscheidendem Punkt seines Selbstverständnisses festzuhalten. Stellung und Verantwortung des Menschen in und an den Abläufen der Geschichte dürfen nicht durch einen falschen Rückzug aus der dem Menschen zugewachsenen Position in Welt und Geschichte neutralisiert werden.

In der dem Menschen von seinem Schöpfer Gott zuerkannten Verantwortung gegenüber der ganzen Schöpfung ist er freilich weder absoluter Herr noch tatenloser Zuschauer. Wenn *Kosmozentrik* einen Sinn ergeben soll, kann diese nur eine den Menschen selbst noch einmal einschließende Kosmozentrik sein. Das heißt: Der Mensch muß sich einerseits von Gott her und auf Gott hin verstehen. Er muß dies aber zugleich in und als Teil der Welt tun, so daß, wenn das Ganze auf Vollendung angelegt ist, die Erfüllung des Alls an Welt und Mensch geschieht. Anders gesagt: In das Heil der Menschen ist stets das Heil auch der Welt einbezogen.

Die aus christlicher Sicht formulierten Grundthesen zur Verbindung von Gott, Mensch und Welt sind Rückfragen an den Buddhismus, wie umgekehrt dessen Grundverkündigung zur Provokation des Christentums wird. Es zeigt sich aber sehr schnell, daß es zu den christlicherseits vorgegebenen Frageebenen nach Gott, Mensch und Welt buddhistische Entsprechungen gibt. Das spricht zunächst zugleich für Verständigungsmöglichkeiten, aber auch für Verbindung und Verbindlichkeit.

Daß es im übrigen eine wachsende Verständigung gibt, läßt sich auch der Tatsache entnehmen, daß zwischen den beiden buddhistischen Zielworten „Weisheit" (skt. *prajnā*; P. *panā*) und „Mitleiden" (skt./P. *karunā*) in den letzten

Jahrzehnten eine deutliche Neugewichtung des agapeischen Akzents zu erkennen ist. Die Betonung der Liebe als wahrem Verwirklichungsgrund religiöser Menschlichkeit erweist aber dann zugleich das Christentum als wahrhaft praktischen Weg und den Buddhismus als wahre Selbst-Losigkeit, die sich da voll verwirklicht, wo sie im Nicht-Ich ihr Ziel findet.

LITERATUR

Bareau, André, u. a., Die Religionen Indiens III. Stuttgart: Kohlhammer, 1964.
Conze, Edward, Der Buddhismus, Wesen und Entwicklung. Stuttgart: Kohlhammer, [8]1986.
Conze, Edward, Eine kurze Geschichte des Buddhismus. Frankfurt/M.: Insel, 1984.
Dumoulin, Heinrich (Hrsg.), Buddhismus der Gegenwart. Freiburg: Herder, 1970.
Dumoulin, Heinrich, Geschichte des Zen-Buddhismus. 2 Bde. Bern: Francke, 1984–1985.
Frauwallner, Erich, Die Philosophie des Buddhismus. Berlin: Akademischer Vlg., [3]1969.
Klimkeit, Hans-Joachim, Der Buddha. Leben und Lehre. Stuttgart: Kohlhammer, 1990.
Schneider, Ulrich, Einführung in den Buddhismus. Darmstadt: Wiss. Buchges., [2]1987.
Schumann, Hans Wolfgang, Buddhismus. Stifter, Schulen und Systeme. Olten–Freiburg: Walter, [5]1988.
Waldenfels, Hans, Faszination des Buddhismus. Mainz: Grünewald, 1982.
Waldenfels, Hans (Hrsg.), Lexikon der Religionen. Freiburg: Herder, 1992. S. 74–97: weitere Literaturangaben.

3.3.1.b Gott in den hinduistischen Traditionen

Francis X. D'Sa SJ

1. Einführung

Wer in einer religiösen Monokultur aufgewachsen ist, wird beim Titel dieses Aufsatzes vor keinem Problem stehen. Denn ob wir an Gott glauben oder nicht – wir wissen, worum es geht, nämlich um das höchste Wesen. Wer hingegen in einer religiös pluralistischen Welt lebt, weiß, daß dies nicht so einfach ist. Vermeintlich gemeinsame Begriffe wie „Gott" und „das höchste Wesen" sind von ihrer je eigenen Glaubenswelt geprägt, und daher ist es nicht ohne weiteres möglich, sich ihrer zu bedienen. Es ist schwer für diejenigen, die sich außerhalb dieser Glaubenswelt befinden, ohne irgendeine Vertrautheit mit dieser Glaubenswelt die Nuancen der Begriffe zu erahnen. Die Schwierigkeit der Verständigung im religiösen Bereich wird dadurch verschärft, daß der Inhalt des Glaubens mit dem Inhalt des Wissens nicht gleichgestellt werden darf. Ein hermeneutischer Versuch ist notwendig, der einerseits die Eigenart der jeweiligen Glaubenswelt aufrechterhält und andererseits eine Kommunikationsbrücke zwischen den verschiedensten Traditionen ermöglicht. Im folgenden versuchen wir, einen skizzenhaften Überblick über den Entwicklungsweg des Gottesbegriffs der hinduistischen Tradition zu geben. Dabei geht es weniger um eine geschichtliche Untersuchung als um eine inhaltliche Darstellung, die diesen beiden Anliegen gerecht wird.

2. Gott in den hinduistischen Überlieferungen

Im scharfen Gegensatz zu dem *anthropisch* bedingten christlichen Theos steht der Kosmotheos der hinduistischen Traditionen. Mit anthropisch ist gemeint, daß die Metaphern und die Beziehungen der Theos-Welt überwiegend eine anthropische Bedingtheit zeigen. Gott ist nicht nur allwissend, allsehend, allmächtig, sondern auch Vater, Mutter, Bruder, Ehemann, Freund, Richter, vorsorglicher Vorseher; Gott liebt, wird zornig, zufrieden bzw. unzufrieden, verlangt Gehorsam, schafft Frieden, Freude, Gerechtigkeit usw. Der Theismus legt mehr Wert auf den Menschen, weniger aber auf den Kosmos.

Der Kosmotheos hingegen zeigt eine auffallende *kosmische* Bedingtheit. Auch beim (seltenen) Vorkommen der Bezeichnungen Vater, Mutter, Großvater usw.

stellt man fest, daß sie nicht die Eigenart dieser Glaubenswelt ausmachen. Das Charakteristikum der hinduistischen Glaubenswelt besteht darin, daß der Kosmos die Grundmetapher ist. Ob es um das höchste Geheimnis geht, um das Menschenverständnis oder das Weltverständnis, das Universum steht immer als Grundsymbol der religiösen Sprache und des Rituals; und die Grundbeziehung ist die zwischen dem Teil und dem Ganzen. Der Kosmotheismus betont stärker den Kosmos als den Menschen. Wenn wir eine homologische Bedeutungsrichtung für Gott in diesen Traditionen suchen, so entsprechen ihm Ganzheit und Ganzes.

Die ältesten Texte (die Veden) sprechen wohl von (33) Devas (= den Leuchtenden), die üblicherweise mit ‚Göttern' übersetzt werden. In der Religion des Veda sind die Götter nicht die Mehrzahl von Gott. Götter sind die einzelnen Weltkräfte wie z. B. die Sonne, der Blitz, der Regen usw., die über einen bestimmten Bereich Macht ausüben.

Was in der vedischen Zeit homeomorphisch Gott entspricht, ist Yajña, das kosmische Opfer. Mit solchem Opfer ist die Zusammengehörigkeit von allen sichtbaren und unsichtbaren Wesen gemeint. Diese wird durch das Weltopfer deswegen symbolisiert, weil jedes Wesen erstens von allen anderen abhängt und zweitens in seinem Auflösen sich für die Ganzheit opfert. Im Laufe der Zeit wird das Symbol des Weltopfers ergänzt durch eine Gleichsetzung des Weltopfers mit der Weltperson (Purusha): Yajña ist Purusha, und Purusha ist Yajña. Das heißt: Die Zusammengehörigkeit von allen Wesen ist von dem unbegreiflichen Bewußtsein der Weltperson durchdrungen und das unbegreifbare Bewußtsein manifestiert sich gerade in dieser Zusammengehörigkeit.

Das Purusha-Lied (Rigveda 10,90), das sich als ein Grundpfeiler in der Wirkungsgeschichte dieser Traditionen stabilisiert hat, besingt die tausendköpfige, tausendäugige, tausendfüßige Weltperson, die das ganze Universum, alle Zeiten und die unsterbliche Zeitlosigkeit umfaßt. Drei Viertel von ihr sind unsichtbar; sichtbar ist nur ein Viertel, das aus einem urzeitlichen Opfer ständig entsteht. Nicht nur die irdische Schöpfung, sondern auch die vier Klassen der Menschen (die Priester sind aus dem Mund der Weltperson, die Krieger aus seinen Armen, die Produzenten wie die Landwirte aus den Schenkeln und die Hilfsarbeiter aus den Füßen entstanden) und die himmlischen Wesen (wie die Sonne und der Mond) sind Teile dieses Entstehens.

Die zwei Komponenten von Weltopfer und Weltperson scheinen die weitere Entwicklung des Gottesbegriffs in der hinduistischen Tradition bestimmt zu haben. Die Opfertradition, die von den höheren Schichten vollzogen wurde und dann allmählich ausstarb, lebte in einer ritualisierten und populären Gestalt der Volksfrömmigkeit weiter. Hingegen wurde die Purusha-Tradition in den sogenannten philosophischen Schulen weitergegeben. Die erste tat sich paradoxerweise mit den volkstümlichen Traditionen zusammen, und die zweite bestimmte bis heute die „Intellektuellen". Diese neigen dazu, auf jene herabzusehen; heute noch gilt die „volkstümliche" Richtung als die niedrigere und die intellektuelle als die erhabenere.

Die ersten Anzeichen der Personifizierung in diesem Prozeß wurden schon durch die Einführung von Purusha vollzogen. In der Zeit des Brahmanas (d. h. der Hochblüte des Opferrituals) trat Prajapati an die Stelle der Weltperson (Purusha). Dieser Prozeß wurde durch die „anthropischen" Züge des Prajapati (Herr der Geschöpfe) intensiviert. Prajapati „fühlt sich" einsam und begehrt (*kama*) für sich eine Vielfalt. Diese bringt er aus sich hervor. Aber die Schöpfung bedeutet seine Erschöpfung. Er hat sich verausgabt und muß wiederhergestellt werden. Das aber ist die Aufgabe und Kompetenz des Opferrituals. Während die Schöpfung zur Vielfalt führt, stellt das Opferritual die ursprüngliche Integration wieder her. Dadurch wird Prajapati „restauriert". Die Wichtigkeit des Prajapati ist nicht nur darin zu finden, daß er auch eine „Sie" ist (denn mit seinen Brüsten ernährt er die hungernden Geschöpfe), sondern daß er im Gegensatz zu Yajña und Purusha zum ersten Mal Eigenschaften im Purusha-Bereich offenbart, die gleichsam „persönlicher" Art sind.

Macht und mächtig sein kommen „Gott" in allen Traditionen zu. Die hinduistische Tradition macht keine Ausnahme. Immer wieder kommt das Wort *ishana* in verschiedenen Variationen wie Ishwara vor, das soviel bedeutet wie „der Macht Habende, Ausübende, der Herr". Interessant ist, daß andere Wörter mit ähnlichen Bedeutungsnuancen wie Raja (König), Pati (Herr, Meister) nicht zur Position des „Höchsten" wie das Wort Ishwara gelangen. Das Wort Ishwara bewahrt einerseits den Charakter einer sublimen Abstraktion (allmächtig, allgegenwärtig, allumfassend, ewig, höchster, Herr des Alls und der Götter, jenseits der Verblendung und Verfallenheit usw.); und andererseits besagt es konkret das Ziel und Zentrum der Religion: der Anbetungswürdige, Herr der moralischen Ordnung, der innere Lenker in allen Wesen, der die Wahrheit Offenbarende.

Obwohl mit vielen anderen Bedeutungsschattierungen versehen, ist Ishwara „Gott" sowohl der „Intellektuellen" wie auch der „einfachen Gläubigen" geworden.[1] Ishwara – in der Steigerung Parameshwara, der höchste Herr – ist somit eine der wichtigsten Bezeichnungen der indischen Geisteswelt geblieben.

Neben Ishwara und genauso wichtig und weitverbreitet wie dieser ist Bhagavan, der liebende und zu liebende Herr, der Erhabene. Der Titel Bhagavan beinhaltet eine ganz neue und im Vergleich zu der vedischen „Ritualreligion" ganz andere Eigenschaft des Göttlichen. Das Wort Bhagavan hat dieselbe Wurzel bhaj wie das Wort *bhakti*, „dienendes Verehren". Der Wind der Bhakti-Traditionen ist ein frischer, warmer, Leben und Liebe spendender Hauch. Er offenbart nicht nur eine neue Beziehungswelt, sondern vertieft sogar noch die bestehenden Beziehungen. Während die Grundsymbolik der frühvedischen eine ontologische Relation zwischen dem Teil und dem Ganzen bekundete, bekannte die Bhakti-Tradition zusätzlich eine Liebesbeziehung zwischen den beiden. Denn Bhakta ist (wörtlich) ein Teil des ihn liebenden und zu sich ziehenden All-Ganzen (= *sarva*, das etymologisch mit *salvum* = *heil* verwandt ist). Deutlich ist zu sehen, wie auch hier der Kosmos als Symbol des Ganzen beibehalten wird.

Anzufügen bleibt eine Bemerkung zur Bhagavadgita. Bhakti-Religionen, meist aus nicht-vedisierenden Kreisen, stellen einen „persönlichen" Gott vor. Das Lied des erhabenen Herrn, auch wenn nicht zum Schriftkanon gehörend, ist zur beliebtesten Schrift geworden und offenbart einen Gott, der alle Wesen gleich liebt und dem sich hinzugeben alle eingeladen werden. Fast mit johanneischem Sprachgebrauch spricht der Text vom „sie in mir" (7,12), „sie gehen in mein Wesen ein" (4,10), „sie gehen zu mir" (8,7; 18,55) und gipfelt in der einmaligen, geheimsten aller geheimen Aussagen: „Du bist mir über die Maßen teuer, deswegen sage ich, was dir zum Heile dient ..." (18, 64–66). In der Gita, wie sie populär benannt wird, wird nicht nur der nicht vedische Krishna als höchster Gott vorgestellt; sie prägte auch neue „Namen" für Gott, die in der religiösen Geschichte Indiens maßgebend geworden sind: Purushottama, der höchste Purusha, Yogeshwara, Herr des Yoga, Madhusudana, Vernichter des Dämons Madhu, Hrishikesha, populär ausgelegt als Sinnesherr, u. a. m.

Damit wird in den indischen Religionen die Liebe zwischen dem Menschen und dem höchsten Geheimnis ausbuchstabiert; dieser Weg der Thematisierung führt von der erotischen bis zur „selbstlosen" Liebe. Die Bhagavadgita ist zugleich Höhepunkt und Anfang: Sie ist der Höhepunkt der mit dem Weltopfer beginnenden und mit dem All-Ganzen endenden Suche und der Anfang der stärker persönlich werdenden Beziehung zwischen Mensch und Gott. Das Lied des Erhabenen enthält die verschiedensten Ansätze der späteren „kosmotheistischen" Entwicklung der hinduistischen Traditionen. Die persönliche Art des Liebesangebots und der Liebesbeziehung ist eine nicht bessere oder schlechtere, sondern eine andere im Vergleich zu der des christlichen Theismus.[2] Diese betont den „anthropischen" Ansatz, jene den „kosmischen"; daher die Bezeichnung Kosmotheismus.

Eine der wichtigsten kosmotheistischen Traditionen ist die Religion der Vaishnava-Gläubigen, bei denen Vishnu als höchster Gott galt und deren Überlieferung eine Art „Komposition" von einer Reihe von ähnlichen Bhakti-Traditionen (wie die des Vasudeva, des Krishna, des Vishnu und des Narayana) war. Das Gottesbild der von der Bhakti (in gewissen Kreisen weiter verfeinert als prapatti), d. h. liebenden Hingabe erfüllten Glaubenstradition der Vaishnava hat eine fünffache Charakterisierung: (a) der mit den sechs einmaligen Attributen wie Allwissenheit, Herrschaft usw. versehene transzendente Gott; (b) das sich wiederholende „Herabsteigen" (*avatara*) des Höchsten auf die Erde; (c) die Entfaltung (*vyuha*) seiner Eigenmacht, um einerseits den Kosmotheismus aufrechtzuerhalten und um andererseits die diversen Funktionen in der Schöpfung zu erklären; (d) der in allen Seienden wesende innere Lenker (*antaryami*) und (e) die Anbetung von einem Gottesbildnis (*murti*).[3]

Vishnu, der alles durchdringt, west als der innere Lenker in allen Wesen, und in der Zeit der Not steigt er immer wieder auf die Erde herab. Besonders wichtig dabei ist die Avatara-Lehre, die sich zum ersten Mal in der Bhagavadgita kundtut. Wohl bleibt der *terminus technicus avatara* unerwähnt, die Lehre jedoch ist aufs genaueste in dieser zum *locus classicus* gewordenen Stelle formuliert (4,6–9):

„Obgleich ich ungeboren bin, und mein Selbst unvergänglich ist, obgleich ich der Herr aller Geschehnisse und Geschöpfe bin, so gelange ich doch durch meine Eigenmacht zum Bereich des Werdens, indem ich mich in meinem Eigenwesen festlege. Jedesmal, wenn der Dharma im Schwinden ist und der Adharma sich erhebt, laß ich mein Selbst hervorströmen. Um die Guten zu beschützen, die Bösen zu vernichten und den Dharma wiederherzustellen, entstehe ich von Weltalter zu Weltalter. Wer so in Wahrheit meine göttliche Geburt und meine göttlichen Werke kennt, wird nicht wiedergeboren, wenn er seinen Leib verläßt, sondern kommt zu mir."

Dies ist eine ausgesprochene Hoffnungstheologie: Immer und gerade in der dunklen Zeit, wo alles zu mißlingen scheint, wird uns versichert, daß der Herr der Geschehnisse und Geschöpfe am Werk ist. Die Stunde der Not ist der Anlaß und das Anzeichen seiner Ankunft. Wer das weiß, wird nicht mehr wiedergeboren.[4]

Die Avatara-Lehre wird im Laufe der Zeit systematisiert und das zahlreiche Herabsteigen Gottes in einem Zehner-Schema untergebracht.[5] Sehr nahe verwandt mit dieser Lehre ist der sogenannte Vibhuti-Yoga, der Yoga der Offenbarung des höchsten Geheimnisses als eigentliches Wesen aller Seienden. „Ich bin der Geschmack in den Wassern, das Licht in Mond und Sonne, der jeden Sinn erhaltende Laut Om in allen Veden, der Ton im Raum und die Manneskraft der Männer; der reine Geruch der Erde. Ich bin der Glanz im Feuer, das Leben in allen Wesen; ich bin die Askese der Asketen" (7,8–9). Dies ist kein Pantheismus, sondern eine Art Panentheismus. In der indischen Kosmologie sind nämlich Geschmack, Licht, Sinn, Ton, Geruch usw. die Essenz der ewigen Dinge. Vom Standpunkt des Vaishnava-Glaubens betrachtet ist der Vibhuti-Yoga eine Art Theologie der Welt und der Geschichte.

Eine Besonderheit der hinduistischen Traditionen besteht darin, daß sie sich die göttliche Schöpferkraft (*shakti*) konkret vorstellen, und zwar als Gottesfrau. Shri-Lakshmi (die Göttin von Glück, Reichtum und von gereiftem Getreide) ist Vishnus ewige und allgegenwärtige Frau.

Genauso wichtig aber von einer anderen Art ist Shiva. Shiva bedeutet soviel wie der Wohlwollende oder Freundliche; sein anderer Name Rudra, der Heulende, Zornige, offenbart die Kehrseite seines Wesens. Der ambivalente Rudra-Shiva ist in der Tat ein Gott der Gegensätze: er ist zugleich der Freundliche und der Fürchterliche, ein Asket (*yogi*) wie ein Genießer (*bhogi*), Retter wie Zerstörer.

Er ist der Freundliche und Hilfreiche (*shambhu*), weil er der Todesüberwindende, Heil- und Lebenbringende ist. Ebenso ist er der Fürchterliche, denn er ist für Krankheit, Tod und Verderben verantwortlich.

Shiva gilt als Asket par excellence; als Herr des Yoga (*yogeshvara*) sitzt er auf dem Berg Himalaya, ungestört meditierend. Andererseits ist er auch als Genießer schlechthin bekannt, da er allein wirklich genießen kann. Nur der echte Asket ist imstande, die Dinge in ihrer Tiefe zu genießen. Die Sexualität hat hier einen erstaunlich positiven und heilsam integrierenden Stellenwert. Der stilisierte Phallus im Innern des Tempels ist das Merkmal dieser Tradition.

Shiva ist sowohl Retter wie auch Zerstörer. Das wird sehr deutlich in seinem Schöpfungstanz, auf den sein berühmter Name *nataraja* (= Natarajdscha, König des [Schöpfungs]-Tanzes) zurückgeht. Der tanzende Natarajdscha stellt Erhaltung und Zerstörung der Schöpfung auf folgende Weise dar: Die tanzende Figur hat vier Arme, zwei rechte und zwei linke. Die ausgebreitete rechte Hand hält eine Trommel, deren Urlaut an das Schöpfungswort erinnern soll; und in der ausgebreiteten linken Hand brennt eine Flamme, die das Ende (und vielleicht auch die Vollendung) der Schöpfung ins Gedächtnis rufen soll. Von den übrigen zwei Händen ähnelt die zweite linke Hand dem Elefantenrüssel; sie ist heilverheißend, eben weil sie auf den rechten vom Unheil abgehobenen Fuß zeigt. Denn der linke Fuß drückt auf eine winzige Figur des Dämons der Unkenntnis und Selbstsucht; und beide Füße zusammen erwecken den Eindruck, daß der Natarajdscha sich in Bewegung befindet. Der gehobene Fuß deutet auf die Erlösung, eben weil er vom Kontakt mit diesem Dämon „losgelöst" ist. Die zweite rechte Hand steht unbeweglich auf der Brusthöhe und zeigt dem Gläubigen die Handfläche; dies ist die berühmte „Friedensgeste", die von jeder Art von Furcht, besonders von der „großen Furcht" (vor der Wiedergeburt) befreien soll. Die ganze Figur steht auf einer stilisierten Lotosblume und wird von einem Feuerkreis umgeben. Stellt die Lotosblume den Anfang der Schöpfung dar, so bedeutet der Feuerkreis ihre Vollendung durch das Feuer der Erkenntnis.

Der tanzende Shiva ist religionsgeschichtlich eine einmalige Darstellung einer Theopoesis. Es ist nicht der Logos der Theologie, der hier spricht, sondern die Poesis (= Sinngebung) der tanzenden Gottheit, die die Gläubigen beansprucht und ihnen heilenden Sinn offenbart. Der Schöpfungstanz ist eine symbolische Vergegenwärtigung der Schöpferkraft Gottes. Die schöne, aber nichtsdestoweniger asketische Parvati als Uma (und auch als Durga) ist Shivas Shakti.

Der Tanz der Schöpfung besagt, daß alles, wirklich alles ist und sich bewegt, weil es vom Schöpfer abhängt. Auch das sogenannte Böse steht immer im Griff des Schöpfers. Die Allgegenwart und das allgegenwärtige Wirken des Mahadevas (= großen Gottes), des Mahesjwaras (= großen Herren), des Pashupati (= des Schöpfungsherrn) sollte jedem, der gläubig ihn anfleht, helfen, die Ketten (*pasha*) der Unkenntnis und Selbstsucht zu brechen. Daher gibt es keinen Grund mehr, sich zu fürchten. Furcht wird als Frucht einer inneren Gespaltenheit des Daseinskerns gesehen und auf die Blindheit des Eigenwesens zurückgeführt.

Überall, aber besonders in den ländlichen, Gebieten ist die Mutter Göttin beliebt. Je nach Zeit und Ort hat sie einen anderen Namen. Darüber hinaus gibt es eine weitverbreitete und alle Überlieferungen durchdringende Tendenz, die besonders in den sogenannten tantrischen Schulen eine wesentliche Rolle spielt, die schöpferische kosmische Energie als das höchste Weltprinzip zu betrachten. Ein sogenannter „totaler Shaktismus" identifiziert die Göttin Durga oder eine ihrer Formen mit dem Absoluten der Upanishaden und betrachtet sie als die über alle Götter erhabene Herrin der Welt. Man sagt, daß sogar Shiva ohne seine Shakti nur ein Leichnam ist. Als Mahayogini ist sie zugleich Schöpferin, Erhalterin und Zerstörerin der Welt.[6]

Die Große Mutter ist eine ewige Weltenmutter, die sich immer wieder offenbart zum Heile der Menschen und der Götter. Ihre jeweilige Offenbarung wird als Geburt gefeiert. Ihre größte Heilstat in der Form der Durga ist die Vernichtung des Dämonenkönigs Mahisha.

Auch im tantrischen Yoga der Auflösung (*layayoga*) spielt die Shakti eine wichtige Rolle. Zwischen Scheitel und Sexualorgan befinden sich sechs Zentren (*cakra*).

Im untersten schläft die Schlangenkraft (*kundalini*). Sie, die Repräsentantin der Shakti, wird durch Yoga erweckt, damit sie sich mit dem sich im Scheitel befindenden Purusha vereinigt.

Die Shakti-Traditionen heben die Heilswichtigkeit des Leibes hervor, indem sie lehren, die leiblichen Funktionen als eine Art Ritual zu vollziehen. Das ist der Weg der Entdeckung, daß der Leib und seine Funktionen in der Tat heilsam sind.

Eine religionsgeschichtlich interessante, aber theologisch wenig bedeutsame und nicht sehr alte trinitarische Lehre bieten die hinduistischen Traditionen. Die hinduistische Dreifaltigkeit (*trimurti*) bezieht sich auf drei Funktionen der Schöpfung, des Erhaltens und der Zerstörung (oder Vollendung), die den drei Göttern Brahma, Vishnu und Shiva zugeschrieben werden. Je nach der Tradition wird bestimmt, wer der höchste Gott ist, und dann werden die anderen zwei als seine Erscheinungen oder von ihm abhängig deklariert. Die Shivaiten legen die Trinität von ihrer Perspektive her aus und die Vishnuiten von der ihren. Die Rivalitäten zwischen den zwei Traditionen kommen in diesem Zusammenhang zum Vorschein.

Ganz anderer Art ist der Gott der philosophischen Systeme der hinduistischen Überlieferungen. Das Bemühen konzentriert sich darauf, zu zeigen, daß die Beziehung zwischen Welt und Gott eine notwendige Beziehung von Wirkung und Ursache ist[7], ein Argument, das die Buddhisten widerlegen.[8]

Religionsgeschichtlich gibt es diesbezüglich ein *curiosum*. Eines der sechs orthodoxen Systeme, die Mimamsa, leugnet nicht nur die Existenz Gottes, sondern stellt die herkömmlichen Gottesbeweise in Frage.[9] Auch in den anderen philosophischen Systemen außer dem Nyaya ist der personale Gott immer suspekt geblieben. Selbst wo er auftaucht, erscheint er eher als ein Deus ex machina denn als ein Gott der Liebe. Nur in den volkstümlichen Bahkti-Traditionen ereignet sich die Offenbarung des kosmotheistischen Geheimnisses, die die Ganzheitlichkeit des Menschen ernst nimmt.

ANMERKUNGEN

1 J. Gonda, The Isvara Idea, Change and Continuty in Indian Religion. London, The Hague, Paris: Mouton & Co., 1965, 131–163.

2 Siehe F. X. D'Sa, Zur Eigenart des Bhagavadgita-Theismus. In: W. Strolz und S. Veda (Hrsg.), Offenbarung als Heilserfahrung im Christentum, Hinduismus und Buddhismus. Freiburg: Herder, 1980, 97–126.

3 J. Gonda, Visnu: The Encyclopedia of Religion. Edited by Mircea Eliade.

4 Siehe F. X. D'Sa, Christian Incarnation and Hindu Avatara: Concilium 2 (April 1993), 77–85. (Auch auf Deutsch.)

5 Siehe Aurobindo, The Purpose of Avatarhood. Letters on Yoga. Pondicherry, 1970, 430.

6 J. Gonda, Die Religionen Indiens II. Der Jüngere Hinduismus. Stuttgart: Kohlhammer, 1963, 40.

7 Siehe Gerhard Oberhammer, Zum Problem des Gottesbeweises in der indischen Philosophie: Numen XII (1965), 1–34.

8 John Vattanky, Gangesa's Philosophy of God. Madras: Adyar, 1984, 3–150.

9 F. X. D'Sa, Sabdapramanyam in Sabara and Kumarila. Towards a Study of the Mimamsa Experience of Language. Vienna: De Nobili Publications, 1980, 192ff.

3.3.1.c Gott im Islam

HANS VÖCKING AFR. M.

Glauben heißt für die Muslime, Zeugnis abzulegen für den Einen und Einzigen Gott. Das Proprium des Islam ist im ersten Glaubensbekenntnis und in der ersten der Fünf Säulen formuliert: „Ich bezeuge, daß es keine Gottheit gibt außer Gott, und daß Muhammad sein Prophet ist". Der Koran, die Offenbarung oder das Wort Gottes, ist die ausführliche Verkündigung über Gott und seine ständig bestätigte transzendente Existenz. Der Koran ist auch der Beweis seiner Herrschaft über die Menschen, und durch den Koran kennen sie seine „schönen Namen", die er kundtut, wie es Ihm gefällt. Er gibt ebenfalls Auskunft, wie er mit den vernunftbegabten Menschen umgeht, denen er ein Gesetz (scharî'a) gegeben hat, und die Er am Tag des Gerichts belohnen oder bestrafen wird.

1. Der Gott der Mekkaner

Der arabische Begriff für Gott ist Allah, und er war den Mekkanern schon vor dem Islam bekannt. Grammatikalisch gesehen ist das Wort eine Zusammenziehung aus al-ilâh, d. h. „der Gott". Obwohl die Mekkaner Polytheisten waren, hatten sie z. Z. Muhammads (570–632) schon die Vorstellung von einem höchsten Gott, wenn auch nicht von einem einzigen Gott.

Die allerersten Suren bezeugen, daß die Gotteslehre Muhammads positiv ist. Gott wird als Herr, Schöpfer und Richter bestätigt, und der Polytheismus wird nicht verdammt. Die Bestätigung wird direkt vorgetragen, ohne daß Erklärungen gegeben werden. Die mekkanischen Zuhörer konnten doch die Tragweite der Verkündigung Muhammads sofort erfassen.

Bei der Verkündigung Muhammads liegt die Betonung auf der Ankunft der Stunde, d. h. auf dem Gericht; Gott ist der letzte und oberste Richter, weil er der Allmächtige und der absolute Schöpfer der Menschen ist. Er ist „der König über Leben und Tod" (Sure 92). Diese Themen, die rhythmusartig in den ältesten koranischen Texten vorgetragen werden, ziehen sich durch den ganzen Koran und werden auch in den medinischen Suren (622–632) ständig wieder aufgegriffen.

Die Lehre von der Einheit und von der Einzigkeit Gottes, die der Muslim „tawhîd" nennt, hat sich schnell durchgesetzt, denn seit der 2. mekkanischen Periode ist sie die Antwort Muhammads auf den Widerstand der Mekkaner, die ihr traditionelles Pantheon nicht missen wollten. Der Koran wendet sich nachdrücklich gegen drei Gottheiten: al-Lât (die Göttin), die in Taif verehrt wurde, al-Uzza (die Allmächtige), die von dem Stamm der Quraischiten, zu dem auch Muhammad gehört, in Nakhla verehrt wurde, und gegen al-Manât (Göttin „des Schicksals und des Todes"), die in Mekka verehrt wurde. Diese drei Göttinnen werden den „Töchtern Gottes" (banât-Allâh) gleichgesetzt, denen der Koran radikale Ablehnung entgegenbringt. Ein Grund der Anhänglichkeit der Mekkaner ihnen gegenüber war sicherlich, daß sie die Heiligtümer, in denen diese Göttinnen verehrt wurden, nicht aufgeben wollten. Aus diesem Grund wurde wahrscheinlich auch Druck auf Muhammad ausgeübt, und es mag zu den „satanischen Versen" (s. Koran 53,19–20), wie sie die islamische Tradition nennt, gekommen sein. Der islamischen Exegese zufolge hat der Satan dem Propheten „unvermerkt" einen Text „auf die Zunge gelegt", der das Eingreifen der drei Göttinnen verherrlicht. Dieser Bericht ist von Tabari (gest. 923) überliefert worden. Der Vers 52 aus Sure 22 bestätigt jedoch die Abschaffung jeder von Satan in die Botschaft der Propheten eingeflochtenen „Unreinheit" durch Gott.

Trotz der Ablehnung der Botschaft Muhammads durch die Mekkaner weist der Koran immer wieder auf die absolute Irrigkeit ihrer Glaubensüberzeugungen hin: „Und sagt: Lob sei Gott, der sich kein Kind zugelegt hat, und der keinen Teilhaber an der Herrschaft hat, und keinen Freund, (der ihn) vor Erniedrigung schützen müßte!" (17,111); oder: „(Er ist) der Schöpfer von Himmel und Erde. Wie soll er zu Kindern kommen, wo er doch keine Gefährtin hatte (die sie ihm hätte zur Welt bringen können)" (6,101). Es gibt keine Götter, die Gott zugesellt wären, keine göttlichen Vermittler zwischen den Menschen und Gott. Nur Gott allein gehört die ungeteilte Göttlichkeit: „Euer Gott ist (allein)" (37,4). Das ist der Kern der koranischen Botschaft, die Muhammad übermittelt: „Sag, Ich bin ein Mensch wie ihr, (einer) dem (als Offenbarung) eingegeben wird, daß euer Gott ein einziger Gott ist" (41,6). Die einzige Gottheit, Gott in Sich Selbst ist Einer in seiner göttlichen Natur wie es in Sure 112 heißt:

> „Im Namen des barmherzigen und gütigen Gottes.
> Sag: Er ist Gott, ein Einziger,
> Gott, der souveräne (Herrscher).
> Er hat weder Kinder gezeugt,
> noch ist er selber gezeugt worden.
> Und keiner kann sich mit ihm messen."

Wenn die erste Sure des Korans das Gebet genannt wird, das der Muslim ständig im „Herzen und auf den Lippen trägt", dann ist die Sure 112 das Zeugnis, durch das jenes ergänzt wird. Die Entstehungszeit und der Titel der Sure 112 ist umstritten. Die einen ordnen sie der mekkanischen Zeit (610–622) zu, die anderen der medinischen Zeit (622–632). Anscheinend trug sie zunächst den Titel „al-samad", das letzte Wort des 2. Verses. Heute wird die Sure gewöhnlich „ikhlâs" genannt, was Rudi Paret als „Der Glaube ohne Vorbehalt" übersetzt. Oft wird sie auch als „tawhîd" bezeichnet, d. h. die Verkündigung der Einzigkeit Gottes. Der katholische Theologe Thomas Mooren übersetzt ihn mit „Radikalmonotheismus". Der tawhîd ist Vollzug des Zeugnisses (= schahâda, d. i. die erste der Fünf Säulen) des Islam.

Die Koranexegeten haben diesen häufig kommentiert und interpretieren ihn folgendermaßen: Gott in sich Einer, Allah ahad. Diese Feststellung bricht im 1. Vers triumphierend hervor; dem steht am Ende eine Verneinung gegenüber: Kein einziger, lam ahad. Die Verbindung „Feststellung–Verneinung" beschreibt endgültig den Ort des Schöpfers und des Geschöpfes. Im arabischen Text enden die vier Verse alle auf „ad". Das Reimwort der zweiten Zeile „*samad*" ist nicht leicht zu übersetzen. *Samad* ist einer der 99 Schönen Namen (s. u.), dessen Wurzel ursprünglich „ohne Hohlheit", „Hohles", „ohne Riß" bedeutete. *Samad* ist hier gleichsam ein Kommentar zum Attribut der Einzigkeit, der wesensmäßigen Einheit Gottes in Sich. Paret übersetzt: ein Einziger; Gardet schlägt die Übersetzung „der Undurchdringliche" vor, nicht im Sinne von der „Unerkennbare", sondern um die Vorstellung dieser Dichte, dieser rißlosen Einheit zu erwecken, die tatsächlich nur auf Gott allein zutrifft. Die geläufigste Bedeutung von *samad* ist wohl „Allerhöchster Meister", denn er wird vom Tun seiner Gegner weder beunruhigt noch berührt. Der muslimische Exeget Jurjâni definiert *samad*: in dem es nichts „Hohles" gibt, der völlig unvermischt, aus einem Guß ist, bei dem nicht einmal die Möglichkeit der Spaltung, der Aufteilung besteht.

Der berühmteste Vers ist der dritte: „Er hat weder Kinder gezeugt, noch ist er (selber) gezeugt worden." Wenn der Vers zur mekkanischen Zeit gehört, so ist er eine Antwort auf das Pantheon und auf die „Töchter Gottes". Gehört der Vers zur medinischen Zeit, dann könnte er sich auch auf die christliche Lehre beziehen. Heute allerdings bedeutet dieser Vers für die Muslime die Verherrlichung des islamischen Monotheismus gegen jede Form von Götzendienst, und darüber hinaus ist er gegen den christlichen Glauben mit seinen Geheimnissen der Trinität und der Inkarnation gerichtet. Ob sich dieser Vers ursprünglich gegen die christliche Lehre gerichtet hat, bleibt eine offene Frage. Es hängt schließlich davon ab, ob der Text im naheliegenden Sinn aufgefaßt wird oder in der Interpretation der späteren Kommentare der muslimischen Exegeten. Gardet vertritt die Meinung, daß die Bekräftigung der göttlichen Einzigkeit zunächst besonders gegen das mekkanische Pantheon gerichtet ist, und daß erst später von den muslimischen Apologeten dieser Vers gegen die christliche Trinitätslehre interpretiert wurde.

Für den Muslim ist die Einheit und Einzigkeit das *Geheimnis* Gottes, denn im Koran heißt es „Gott ist Geheimnis" (2,2), und dieses ist nicht offenbart, und das in seinem inneren Leben nicht zu offenbarende Geheimnis muß der gläubige Muslim anbeten, und dafür muß er Zeugnis ablegen.

Der Islam bejaht die Transzendenz der Einheit Gottes, auch wenn die religiöse Sprache des Islam über keine genaue Entsprechung für „Transzendenz" verfügt. Gott ist und bleibt für den Muslim der Unzugängliche.

2. Der allmächtige und barmherzige Gott

Da Gott in seiner Einzigkeit unzugänglich ist, spricht er zum Menschen nur „durch Eingebung oder hinter einem Vorhang" (42,51). Doch enthüllt er nicht das Geheimnis seines Lebens, sondern er offenbart den Menschen nur das Geheimnis seines Handelns im Hinblick auf die Schöpfung, besonders auf die des Menschen.

In dieser Sicht zeigen sich die beiden Pole der koranischen Verkündigung, die als ein Ganzes genommen werden müssen, d. h. einerseits die Allmacht Gottes und andererseits seine unergründliche Barmherzigkeit. Der islamische Glaube würde verkannt, wenn man in seinem Zentrum nur einen fernen und furchtbaren Gott sehen würde, den man fürchten muß. Nach der Tradition erscheint er so lediglich den Verdammten am Tage des Gerichts. Für die „Frommen, die an sein Geheimnis glauben", ist er dagegen der „barmherzige Gott oder Wohltäter".

Die Allmacht Gottes, die immer wieder im Koran und in der Tradition aufgegriffen wird, zeigt deutlich, wie erhaben Gott über die Schöpfung und über jedes Geschöpf ist. Weil Gott „der Herr des Ostens und des Westens" ist (70,40), sieht der gläubige Muslim in Ihm seine Hilfe, die sowohl lenkt als auch verzeiht.

Die Allmacht ist allumfassend und ist der Kern der Lehre. Um die Allmacht zu verherrlichen, wird Gott ständig als der Schöpfer und als der Schöpfer aller Dinge bezeichnet. Ebenso werden die Attribute seines Wissens hervorgehoben: Der allwissende Gott weiß alles, sieht alles und hört alles. Seine Allmacht hält ihn nicht in dem abstrakten Himmel zurück, sondern seine Allmacht manifestiert sich im Gegenteil in einem vollkommenen Wissen, das die kleinsten Einzelteile eines Seins umfaßt: „Nicht ein Blatt fällt nieder, ohne daß Er es weiß; und kein Körnchen ist in der Erde Dunkel und nichts Grünes und nichts Dürres, das nicht in einem deutlichen Buch wäre" (6,59). Nach der Lehre des Koran ist Gott also gleichzeitig unzugänglich und doch ganz nah.

Unzugänglich, weil er das Geheimnis seines inneren Lebens nicht geoffenbart hat. Aber seinen Geschöpfen ist er nahe, vor allem dem Menschen, den Er geschaffen hat; denn „Er hört alles und ist (den Menschen) nahe" (34,50), „näher als die Halsschlagader" (50,16), da „doch Gott euch, und was ihr macht, geschaffen hat" (37,96).

Auf Grund seiner Allmacht, der nichts entgeht, kann Er der Barmherzige, der Nachsichtige und der Verzeihende sein. Nur einmal wird Gott im Koran „der Schreckliche" oder „der Unterdrücker" (al-dschabbar) genannt (59,23) und viermal „der unbesiegbare Beherrscher" (al-qahhâr). Häufig dagegen wird er im Koran als der allen Erschaffenen Unähnliche, als der Allerhöchste, der Erhabene, der Herrliche, der Starke, der Prächtige, der König und der König der Könige genannt und gepriesen. Noch öfters finden sich die Namen, die seine Milde und Barmherzigkeit unterstreichen: Er ist der Nachsichtige, der Verzeihende, der nicht aufhört zu vergeben, der ständig Gebende, der Großmütige, der Freund und Beschützer, der Verteiler aller Güter, der gütig Erhörende, der Führer und Lenker, der zum Mitleid Bewegte und Mitleidende, der Allergütigste und schließlich der lange mit der Strafe Wartende. Der Gläubige kann sich voller Vertrauen ganz in die Hand Gottes geben, „denn man fragt den Allerhöchsten nicht, was Er tut". Für den Gottlosen und den Heuchler ist Gott allerdings der schreckliche Beherrscher. Doch selbst die Ungläubigen, die die göttlichen Wohltaten zurückweisen, werden nach der Sure 55 dem Zorn des *Barmherzigen*, dem „Herrn der Herrlichkeit und der Großmut" überantwortet. Daran erinnert auch die *Basmala* unermüdlich. Es ist das Gebet, das alle Suren, bis auf eine, eröffnet und das im Tagesablauf jede Handlung des Muslims heiligt: „Im Namen des barmherzigen und gütigen Gottes."

Alle Namen, die Gott im Koran offenbart hat, bezeichnen und verhüllen ihn gleichzeitig. Sie bezeichnen ihn in seinem Handeln als Schöpfer und als Richter und verbergen ihn letztlich in seinem unzugänglichen Geheimnis. Gott ist „der Erste und der Letzte, (deutlich) erkennbar und (zugleich) verborgen. Er weiß über alles Bescheid" (57,3). Hinter diesen gegensätzlichen Bezeichnungen steht die typisch semitische Sprachauffassung, die die islamische Tradition „den Schleier des Namens" (hidschab al-ism) nennt. Gott allein ist der Herr darüber, und deshalb darf man ihm auch nur die Namen geben, die der Koran von Ihm bekanntgibt. Zwei treten dabei in den Vordergrund: der Barmherzige (al-rahmân) und die Wahrheit (al-haqq). Sie erscheinen gleichsam als Synonyme für Gott (Allâh).

Al-rahmân, der Barmherzige; oder im Unterschied zu *rahîm*, der Gnädige oder der Wohltäter; man kann den Namen auch mit *der Allerbarmherzige* übersetzen. Die muslimischen Lexikographen leiten sowohl *rahmân* als auch *rahîm* von derselben Wurzel *rhm*, Eingeweide, Mutterschoß und Barmherzigkeit, ab. Der Koran allerdings zählt nur *rahîm* unter den „Schönen Namen Gottes" auf und wird nur als Epitheton verwendet. Der Name *rahmân* dagegen wird immer nur mit dem Artikel (al-rahmân) gebraucht und daher wie ein Eigenname Gottes behandelt. Im Koran wird von *al-rahmân* nichts gesagt, was nicht auch von *Allâh* gesagt wird. Nach Meinung der Orientalisten war *al-rahmân* der Name des Einzigen Gottes, der vor dem Islam im Süden (Yemen) und im Zentrum Arabiens (Yamâma) verehrt wurde. Der „fremde" Ursprung war vielleicht auch der Grund, warum die Mekkaner sich diesem göttlichen Namen gegenüber so lange Zeit ablehnend verhielten. Sie weigerten sich z. B. beim Vertrag von Hudaybiyya, einen Vertrag zwischen Mekka und Muhammad im Jahr 628, die Basmala, zu unterschreiben. Nach der islamischen Tradition setzte Muhammad deshalb an Stelle der Formel *bismillah-al-rahmân-al-rahmîm* am Kopf des Vertrages die alte mekkanische Formel *bi-smika allâhumma* „in deinem Namen, o mein Gott". Was auch immer der Ursprung des Namens sein mag, so wird jedenfalls im Gebrauch der Muslime der Name zu einem Synonym für *Allâh*. Im Namen von *al-rahmân* klingt die Barmherzigkeit an, während *Allâh* das Denken auf die unergründliche Einzigkeit (tawhîd) lenkt.

Die Muslime schätzen auch den zweiten Namen *al-haqq* hoch ein. Er bedeutet gleichzeitig „der Wahre" und „die Wahrheit". Auch er wurde zu einem Synonym für *Allâh*, vor allem in den mystischen Strömungen (Sufismus) des Islam. Während sich der Name *al-rahmân* in der Meditation der „Schönsten Namen" im Anschluß an die Attribute findet, die die Milde, Wohltätigkeit und die Vergebung Gottes besingen, ist der Name *al-haqq* eher in jener Gruppe von Substantiven zu finden, die auch Namen Gottes sind wie z. B.: Friede, Licht, Licht der Lichter und Gerechtigkeit.

3. Beweise für die Existenz Gottes

Die meisten islamischen Schulen vertreten die Meinung, daß der Mensch von Gott nur das weiß, was Er Selbst offenbart hat. Die Hingabe (tafwîd) an Gott geschieht in Anlehnung an die Heilige Schrift.

Der Koran lehrt darüber hinaus auch, daß der Mensch über die „Zeichen des Universums" nachdenken soll. In ihnen lernt er die „Zeichen Gottes" zu erkennen. Von modernen muslimischen Apologeten wird diese koranische Aussage zum Nachdenken ständig unterstrichen. Sie erklären es sogar zu einer religiösen Pflicht. Aber schon die medinischen Suren weisen darauf hin: „In der Erschaffung von Himmel und Erde und im Wechsel von Tag und Nacht liegen Zeichen für diejenigen, die Verstand haben, (Leute), die im Stehen, Sitzen oder Liegen Gottes gedenken und über die Erschaffung von Himmel und Erde nachsinnen" (3,190 bis 191). Dieser Gedanke wird auch an anderen Stellen noch aufgegriffen und weitergeführt. Ebenfalls Lehre und Zeichen für den Verständigen, der sehen kann, sind das Leben der Pflanzenwelt sowie die Früchte, die zur Reife gelangen (6,99). Auch die Ordnung der Himmel, die Berge und Flüsse (13,2–3), die Wolken, der Blitz, der Hagel und das Leben der Tiere nach ihrer Art (24,43–45), und das Schiff, das das Meer durchpflügt, sowie das Wasser, das die Erde belebt, und der Flug der Winde und der Wolken (2,164). Die Verse 3–4 der Sure 67 sagen, daß die Ordnung der Welt ohne Fehl und wunderbar ihre Harmonie ist. Das arabische Wort *ayât* bezeichnet sowohl die Verse des Korans als auch diese „Zeichen Gottes" in seiner Schöpfung, denn „für den, der nachdenkt", sind auch sie eine göttliche Verkündigung.

Die Schöpfung Gottes, die von diesen Zeichen geprägt ist, ist so schön, daß der Mensch, wenn er nicht von Gott erleuchtet wäre, Gefahr liefe, sie anzubeten. Der Koran bringt in 6,75–79 einen Beweis für die Existenz Gottes. Es sind die berühmten Verse, die Ibrahims (Abraham) Glauben an den Einen und Einzigen besingen: „Und so zeigten wir dem Abraham die Herrschaft (Gottes) über Himmel und Erde. Und er sollte einer von denen sein, die (von der Wahrheit) überzeugt sind. Als nun die Nacht über ihn gekommen war, sah er einen Stern. Er sagte: ‚Das ist (wohl) mein Herr.' Als er aber (am Horizont) verschwand, sagte er: ‚Ich liebe die nicht, die verschwinden.' Als er dann den Mond aufgehen sah, sagte er: ‚Das ist mein Herr.' Als er aber (am Horizont) verschwand, sagte er: ‚Wenn mein Herr mich nicht rechtleitet, werde ich zum Volk derer gehören, die irregehen.' Und als er die Sonne aufgehen sah, sagte er: ‚Das ist mein Herr. Der ist größer (als Mond und Sterne).' Als sie aber (am Horizont) verschwand, sagte er: ‚Leute! Ich bin unschuldig an dem, was ihr (dem einen Gott an anderen Göttern) beigesellt.'"

Ibrahim verstand die „Zeichen des Universums" zu interpretieren. Von Gott erleuchtet, legte er in einer blitzhaften Einsicht, die mit einem Blick alles umfaßt, was vor Ihm, der fortdauert und vorüberzieht, Zeugnis für den Schöpfergott ab. Der Gläubige braucht nicht die Herrlichkeit und Harmonie der Erde und des Himmels, des Ostens und des Westens abzulehnen. Er muß nur in dieser Schönheit auch ihre Hinfälligkeit sehen. „Alles ist dem Untergang geweiht, nur Er nicht. Ihm steht die Entscheidung zu" (28,88). Nur Gott allein gebührt der Name *al-qayyûm*, der Selbstbestehende.

4. Die Attribute Gottes

Der Koran verkündet die Existenz Gottes und kann also, wie es dort heißt, von der Vernunft des Menschen als Zeichen erkannt werden. Darüber sind sich die Muslime einig. Die strikteste theologische Schule, die der Aschariten, betont allerdings noch, daß die Vernunft dazu nicht imstande gewesen wäre, wenn Gott sie nicht durch den Koran selbst dazu angeregt hätte.

Die muslimischen Scholastiker haben versucht, den All-Gegenwärtigen in einem Netz theologischer Bestimmungen zu definieren. Die Schule der Sanusiyya, die seit dem 15. Jahrhundert einen wichtigen Teil der Ausbildung darstellt, versucht Gott mit 41 Definitionen zu schildern. Ihm kommen notwendigerweise 20 Attribute zu, deren Gegensätze unmöglich sind: Existenz, Uranfänglichkeit, Dauer, Verschiedenheit vom Gewordenen, Bestehen durch sich selbst, Einzigkeit, Macht, Wille, Wissen, Leben, Hören, die Rede. Dazu kommen ferner sieben akzidentelle Eigenschaften: sein Mächtigsein, Wollendsein, Wissendsein, Lebendsein, Hörendsein, Sehendsein und Redendsein.

Drei Attribute entziehen sich nach der islamischen Scholastik dem Zugriff der Vernunft: das Sehendsein (basar), das Hörendsein (sam') und das Redendsein (kalâm = Wort), das mit keinem anderen Namen im engen Sinn verbunden ist. Der Koran bringt aber häufig den Ausdruck *kalâm Allâh* oder *kalimat Allâh*, das Wort Gottes. Oft heißt es im Heiligen Buch auch: „Gott hat gesprochen."

Die drei Attribute werden von den Muslimen buchstäblich und somit in einem mysteriösen Sinn aufgefaßt. Bestimmte theologische Richtungen im Islam schlugen vor, Gehör und Gesicht Gottes als Metapher seiner Allwissenheit und Allmacht zu verstehen. Die vorherrschende Tradition der Aschariten sah aber darin Attribute, die ohne Entsprechung in der Schöpfung und ohne erkennbaren Daseinsgrund sind. Das Attribut des „Wortes" gehört dagegen zu den wichtigsten Vorstellungen des islamischen Glaubens. Durch das „Wort" hat Gott die Welt (2,117) und den Adam erschaffen (3,59), und „durch sein ‚Wort', das er der Maria entboten hat", schuf er Isa' (Jesus) (4,171). Sein „Wort", im Sinne von Verdikt, gegen die Ungläubigen „steigt" auf die Propheten herab. Die Thora, das Evangelium und der Koran sind „Wort" Gottes, wie es die hanbalistische Schule sagt. Daran schloß sich in den ersten Jahrhunderten der islamischen Geschichte die große Auseinandersetzung über den „erschaffenen" oder „unerschaffenen" Koran.

Der Eine und durch sich selbst seiende Gott ist demnach der Lebendige, der zu den Menschen spricht. Stark betont wird die trennende Unzugänglichkeit der göttlichen Natur. So kann der allwissende, allmächtige und „nahe" Gott nur durch sein „Wort", durch die Namen, Attribute und Handlungen seiner souveränen Herrschaft, die Er selbst offenbart, erkannt werden.

5. Die 99 „Schönen Namen"

Schon sehr bald haben die Muslime die 99 „Schönen Namen" Gottes in eine Ordnung gebracht, damit sie mit Hilfe einer Gebetskette rezitiert werden können. Die meisten Namen sind dem Koran entnommen und einige der Sunna, der Überlieferung Muhammads. Die Zahl 99 geht auf ein Hadith zurück: „Gott hat 99 Namen. Hundert weniger einen; denn Er, der Ungerade (= der Einzige) liebt es, mit diesen Namen einen um den anderen bezeichnet zu werden; wer die 99 Namen kennt, kommt ins Paradies."

Die aufgestellten Listen weichen voneinander ab. Manchmal wird *Allâh* als der hundertste Name aufgeführt, häufiger als der erste, und der hundertste wird dann als unaussprechlich erklärt. Hier nun ein solches Schema nach der Ordnung von Tirmidhi in der Übersetzung von Helga Venzlaff (1985, 47–49):

1. der, außer dem es keinen Gott gibt
2. der Erbarmer
3. der Barmherzige
4. der König
5. der Heilige
6. das Heil
7. der Getreue
8. der Beschützer
9. der Mächtige
10. der Allgewaltige
11. der Überragende
12. der Schöpfer
13. der Bildner
14. der Former
15. der Verzeiher
16. der Bezwinger
17. der Schenker
18. der Versorger
19. der Öffner
20. der Allwissende
21. der Beschränkende
22. der Freigebige
23. der Erniedrigende
24. der Erhebende
25. der Ehrende
26. der Demütigende
27. der Hörende
28. der Sehende
29. der Richter
30. der Gerechte
31. der Gütige
32. der Kundige
33. der Sanftmütige
34. der Erhabene
35. der Nachsichtige
36. der Danknehmende
37. der Hohe
38. der Große
39. der Bewahrer
40. der Ernährer
41. der Berechner
42. der Hoheitsvolle
43. der Edelmütige
44. der Hüter
45. der Erhörende
46. der Allumfassende
47. der Weise
48. der Liebende
49. der Ruhmreiche
50. der Wiedererwecker
51. der Bezeugende
52. der Wahrhaftige
53. der Treuhänder
54. der Starke
55. der Feste
56. der Helfer
57. der Lobenswerte
58. der Anrechner
59. der Erschaffer

60. der Wiederhersteller
61. der Lebenspender
62. der Todgebende
63. der Lebendige
64. der Unwandelbare
65. der Findende
66. der Edle
67. der Alleinige
68. der Ewige
69. der Machtvolle
70. der Allmächtige
71. der Befördernde
72. der Zurückstellende
73. der Erste
74. der Letzte
75. der Offenbare
76. der Verborgene
77. der Herrscher
78. der Hocherhabene
79. der Quell der Güte
80. der Langmütige
81. der Rächer
82. der Vergebende
83. der Mitleidsvolle
84. der Besitzer unbeschränkter Herrschaft
85. der Herr der Herrlichkeit und Gabenfülle
86. der Unparteiische
87. der Versammler
88. der Reiche
89. der Bereichernde
90. der Verhindernde
91. der Betrübende
92. der Gunsterweisende
93. das Licht
94. der Führer
95. der Urheber
96. der Ewigwährende
97. der Beerbende
98. der Rechtleitende
99. der Geduldige

LITERATUR

Ayoub, Cheich Hassan, Clarification de la foi musulmane. Paris: Edit. OKAD, 1991.
Bali, Smail, Ruf vom Minarett. Hamburg: E. B. Verlag Rissen, 1979.
Gardet, Louis, Allâh. In EI, Bd. I. Leiden: E. J. Brill, 1975.
Gimaret, Daniel, Les noms divins en Islam. Paris: Edit. du CERF, 1988.
Macdonald, Duncan, Black, Aspects of Islam. New York: The Macmillan Company, 1911.
Mooren, Thomas, Macht und Einsamkeit Gottes: Dialog mit dem islamischen Radikal-Monotheismus. Würzburg: Echter OROS, 1991.
Nagel, Tilman, Geschichte der islamischen Theologie. München: C.-H. Beck, 1994.
Paret, Rudi, Der Koran. Stuttgart, Berlin, Köln, Mainz: Kohlhammer, 1962.
Venzlaff, Helga, Der islamische Rosenkranz. Stuttgart: Franz Steiner, 1985.

3.3.1.d Der eifersüchtige Gott Israels

Zum Wandel des jüdischen Gottesbildes

Daniel Krochmalnik

1. Der Gott des Alten Testaments

Das Gottesbild in zentralen Texten der Bibel wie den Zehn Geboten ist ganz anders als in der Attributenlehre der Theologien. Hier erscheint Gott nicht als erhabenes höchstes Wesen, sondern als eifersüchtiger Gott, als EL KANA. Im zweiten Gebot stellt sich Gott folgendermaßen vor: *„Ich, JHWH, dein Gott, bin ein eifersüchtiger Gott"* (1 Mose 20,5; 5 Mose 5, 9). An anderer Stelle heißt es von ihm noch deutlicher: *„JHWH – Eiferer ist sein Name, ein eifersüchtiger Gott ist er"* (1 Mose 34, 14). Die Eifersucht ist nicht etwa ein archaisches Attribut, das allmählich aus dem biblischen Gottesbild ausgeschieden wurde, sondern das eigentliche Proprium Gottes und das Charakteristikum seiner Herrschaft. Die Eifersucht ist in der biblischen Geschichtstheologie das Motiv für die Bestrafung des untreuen Gottesvolkes durch dazu von Gott ermächtigte Völker, für die Bestrafung der Völker und ihrer Götter und für die Wiederherstellung des Gottesvolkes. Die Eifersucht spielt daher im prophetischen Gottesbild eine entscheidende Rolle. Diesem Affekt Gottes verdankt sich das leidenschaftliche Pathos und die Symbolik eines Hosea. Er stellt ähnlich wie der Mythos das Verhältnis von Gott zum Gottesvolk als Ehebund dar. In dieser monogamen Ehe wacht der Ehemann eifersüchtig über seine Gattin und verstößt sie zornig, wenn sie sich Nebenbuhlern hingibt. In der Schelte Hoseas und anderer Propheten (Jer 3,11; Ez 16,23) wird diese Hurerei des Volkes angeprangert. Ganz treffend hat Morton Smith die Ausbrüche verletzlicher, in der Tat verletzter und verletzender göttlicher Leidenschaft mit den Tiraden von Shakespeares Othello verglichen. Nur eine der von der Verehrung aller anderen Götter absehende Gattin konnte die rasende Leidenschaft dieses Gatten beruhigen, und nur unnachsichtige Eiferer wie der Prophet Elias und Pinchas seinen Ansprüchen genügen. Es gibt kaum eine biblische Eigenschaft Gottes, die nicht auch auf andere Götter des Vorderen Orients übertragbar wäre, aber die shakespearesche Eifersucht JHWHs scheint ihm eigen und bildet den eigentlichen Sinngehalt des Monotheismus.[1]

Die monotheistischen Theologen neigen mit ihrem philosophisch geläuterten Gottesbegriff dazu, die prophetische Bildersprache als mythologischen Rückstand abzutun. Wenn man aber die Leidenschaft aus dem Herzen JHWHs und aus dem Herzen seiner Eiferer entfernt, dann bleibt vom lebendigen Gott der Bibel nichts als eine kalte Abstraktion übrig. Genau das ist in den philosophischen Theologien der monotheistischen Religionen geschehen.

Die Attribute des biblischen Gottes, die das aufgeklärte Heidentum am meisten störte, war der Zorn (CHAMA) und die Eifersucht (KINA). Die philosophische Theologie der Griechen erwartete von Gott wie vom Philosophen eine vollkommene Gemütsruhe. Xenophanes hat gegen die unwürdigen Affekte der olympischen Götter die Apathie Gottes gesetzt. Platons typoi peri theologias (hier wird zum ersten Mal der Begriff „Theologie" verwendet, 379a) sind Gebote über das gottgeziemende Reden, im Unterschied zum unangemessenen mythologischen Sprechen von Gott. Das zweite Gebot lautet hier, daß Gott einfach und unwandelbar ist (381c, 383a). Ein leidenschaftlich bewegter, gar eifersüchtiger Gott ist unter solchen Voraussetzungen undenkbar. Im Timaios heißt es ausdrücklich: „Er war gut, und in einem Guten entsteht niemals Neid" (29e). Der „erste unbewegte Beweger" (proton kinun akineton) des Aristoteles bleibt per definitionem ungerührt (Metaphysik XII, 7, 1072a). Das Gottesbild der Stoiker und Epikuräer entsprach ihrem Idealbild des Weisen, den vor allem seine Leidenschaftslosigkeit (Apathie) und Gemütsruhe (Ataraxie) auszeichnet. Das wird besonders in der Gotteslehre der Schule Epikurs deutlich, die die rabbinische Tradition als Antipode betrachtete (Sprüche der Väter 2,14). Der erste Satz des epikuräischen Katechismus lautet: „Ein seliges und unvergängliches Wesen (die Gottheit) trägt weder selbst Mühsal, noch belädt es ein anderes Wesen damit. Darum kennt es weder Zorn noch Wohlwollen. Dergleichen gibt es nur bei einem schwachen Wesen." Die Epikuräer sind keine Atheisten; sie leugnen keineswegs die von aller Welt anerkannte Existenz der Götter (Cicero, De natura deorum I,17). Sie entmachteten und drängen die Götter aber an den Rand der Wirklichkeit, damit sie den Seelenfrieden der Menschen nicht stören (Cicero, ebd. I,20; Lukrez, De rerum natura I,64). Die Götter leben zurückgezogen, selbstgenügsam und glücklich im Raum zwischen den Welten, den „Intermundien", und kümmern sich nicht um die Menschen – eine Teilnahmslosigkeit, die auch den Weisen empfohlen wird (Lukrez, ebd. I,44–49). Die Maxime: „Lebe im Verborgenen!" wird erst von den Weisen auf die Götter und dann von den Göttern auf die Weisen übertragen.

Insgesamt gibt es also einen überwältigenden, alle philosophischen Schulen übergreifenden Konsens in der philosophischen Theologie der Griechen, die die Rede vom leidenschaftlichen Zorn und der Eifersucht Gottes ächtet. Diesem Maßstab mußte sich jede biblische Theologie stellen. Der Gnostiker Marcion wandte die aufklärerische Kritik der göttlichen Affekte gegen den Gott des Alten Testaments und prägte den unsterblichen Gemeinplatz vom jüdischen Zornes- und Rachegott.[2] Die meisten christlichen Kirchenväter haben trotz der Passion die Apathie als Maßstab gottgeziemender Rede anerkannt. Laktanz erblickte dagegen im Affekt Gottes gerade das Unterscheidungsmerkmal zwischen dem kalten Deus philosophorum und dem warmen biblischen Deus vivus.

2. Der Gott der Philosophen

Die philosophische Überformung des biblischen Gottesbildes soll hier an drei jüdischen Religionsphilosophen aus der Antike, dem Mittelalter und der Neuzeit dargestellt werden.

1. *Philo von Alexandrien* (ca. 20 v.–40. n.), das geistige Oberhaupt der größten Diasporagemeinde seiner Zeit, orientiert sich in seiner Auslegung der Bibel an der philosophischen Theologie der Griechen und faßt alle allzumenschlichen, für den Gott der Philosophen unpassenden Leidenschaften allegorisch auf. In einer Schrift mit dem bezeichnenden Titel: *Über die Unveränderlichkeit Gottes* (Kap. 8 und 9) stellt sich Philo die Frage, warum Moses Gott eifersüchtig, zornig, wütend darstellt. In bezug auf 1 Mose 6, 7 heißt es: „Wieder glauben einige, wenn sie diese Worte hören, daß das Sein wütend und zornig werde. Es kann aber überhaupt von keinem Affekt ergriffen werden. Menschlicher Schwachheit ist es eigen, zu zürnen, Gott aber besitzt weder die unvernünftigen Leidenschaften der Seele, noch überhaupt die Teile und Glieder des Körpers. Nichtsdestoweniger werden von dem Gesetzgeber dergleichen Dinge ausgesprochen, soweit sie einführender Belehrung dienen, um nämlich denen eine Lehre zu geben, die auf andere Weise nicht zur Vernunft kommen." Die biblischen Anthropopathismen sind mit anderen Worten nur ein Erziehungsmittel für ungebildete und ungehorsame Menschen, die einen schrecklichen Herrn brauchen und eher durch Drohungen als durch Einsicht weise werden. In Wahrheit habe aber Gott sowenig unvernünftige Leidenschaften wie er einen Körper habe. Eine wortwörtliche Auffassung der biblischen Anthropomorphismen und -pathismen hieße, Gott menschlichen Leidenschaften zu unterwerfen. Wie der Weise und der Gott der Stoiker ist der Gott Philos apathisch!

2. *Moses Maimonides* (1138–1204), die größte religionsphilosophische und rabbinische Autorität des Mittelalters, hat eine ganz ähnliche Meinung vertreten. Im Anschluß an die philosophische Theologie des Aristoteles betrachtet Maimonides Gott als den unbewegten Beweger des Kosmos, der natürlich auch nicht durch Gefühle bewegt wird, geschweige denn sich zu leidenschaftlichen Gefühlsausbrüchen hinreißen läßt. Daher muß er die zahllosen biblischen Stellen über die Leidenschaft Gottes allegorisch erklären. In seinem philosophischen Hauptwerk *Führer der Verirrten* (I,54) führt er aus, daß die göttliche Eifersucht bloß ein Herrschaftsmittel und kein Affekt sei. In Wirklichkeit handelt Gott niemals leidenschaftlich, sondern immer vernünftig. Wenn uns manche göttliche Handlungen wie Eifersuchtsanfälle oder Zornausbrüche erscheinen, dann liegt das daran, daß wir von unseren Gemütszuständen auf Gott schließen. „Eifersüchtig" wird Gott infolge von Wirkungen genannt, „wie sie von gleicher Art bei uns von einem Seelenzustande wie Eifersucht (...) herrühren". Der äquivoke Ausdruck „Eifersucht" ist auf Gott bezogen, eine metonymia causae pro effectu (Umbenennung der Ursache für die Wirkung): ira steht statt poena. Gott läßt sich durch die Sünden des Menschen nicht zum Zorn hinreißen, er bestraft ihn vielmehr sine ira et

studio nach dem strengen Maß der Gerechtigkeit. Bei Gott kommen Wirkungen, die auf Eifersucht schließen lassen, „den zur Strafe von ihnen Betroffenen nur ihrem Verschulden gemäß zu, nicht infolge einer Einwirkung, die auf Gott, den über jede Mangelhaftigkeit Erhabenen, in irgendeiner Weise geschehen könnte". Gott wird mit anderen Worten von der Untreue der Menschen nicht bewegt und zum Zorn gereizt, sondern wie zur gerechten Strafe veranlaßt. Dieser apathische Gott ist nach Maimonides auch Vorbild für den weisen Staatsmann, der imstande sein muß, „über jemand den Feuertod zu verhängen, ohne ihm zu zürnen, ohne ihn zu hassen oder zu verachten, sondern weil er sieht, daß er sich des Todes schuldig gemacht hat und darauf Rücksicht nimmt, welchen großen Nutzen diese Tat einem zahlreichen Volke bringen könnte" (!). Äußerlich betrachtet, scheinen zwar die Resultate passiver Gefühlswallungen und vernünftiger Tätigkeit dieselben zu sein, doch unterscheiden sie sich nach den Motiven wie Geist und Körper, Vernunft und Gefühl, Gott und Mensch. Die biblischen Ausdrücke für die göttlichen Leidenschaften sind nach Maimonides als homonyme Ausdrücke aufzufassen, die in bezug auf Mensch und Gott einen ganz anderen Sinn haben. Der leidenschaftslose Gott des Maimonides hat mit dem leidenschaftlichen Gott der Bibel nur noch den Namen gemein.

3. Eine ganz ähnliche Meinung vertritt schließlich *Baruch Spinoza* (1632–1677), der aus der jüdischen Gemeinde ausgeschlossen wurde. In seiner *Ethica more geometrico demonstrata* schreibt er: „Gott kennt keine Leidenschaften und wird von keinerlei Affekt der Freude oder Trauer gerührt" (Theorem 17). Daraus folgt: „Wer Gott liebt, kann nicht danach streben, daß Gott ihn wiederliebt" (Theorem 19). Das impliziert, daß „diese Liebe zu Gott weder durch den Affekt des Neides, noch durch den Affekt der Eifersucht getrübt werden kann" (Theorem 20).

Im philosophischen Gottesbild, das so verschiedene Denker wie Philo, Maimonides und Spinoza verbindet, tritt an die Stelle des pathetischen Gottes Abrahams der apathische Gott der Philosophen. Den gegensätzlichen Gottesbildern entsprechen auch entgegengesetzte religiöse Motivationen. Jehuda Halevi (1075–1141) hat diese berühmte Antithese in seinem Buch Kusari (4,16) formuliert: „Nun habe ich den wirklichen Unterschied zwischen dem Gott des Abraham und dem Gott des Aristoteles erfaßt. Nach dem einen sehnen sich die Seelen durch Gefühl und Anschauung, der andere aber ist lediglich das Ziel klügelnder Spekulation." Immerhin konnte das philosophische Gottesbild durch den großen Einfluß, den Maimonides im Unterschied zu Philo und Spinoza auf das rabbinische Judentum übte, das religiöse Gottesbild nachhaltig prägen und über seine 13 Glaubensartikel sogar Eingang in die Liturgie finden – wenn sein Gott auch kaum der Adressat der Gebete gewesen sein dürfte.

3. Der Gott der Rabbinen

Eine andere Welt betreten wir, wenn wir von der philosophischen zur rabbinischen Theologie übergehen – und das wird gelegentlich auch ausdrücklich reflektiert. In einem rabbinischen Midrasch zu Exodus (Mechilta) heißt es im Zusammenhang mit der oben zitierten Selbstaussage Gottes in den Zehn Geboten:

„*‚Denn ich, der Herr, dein Gott, bin ein Gott, ein Eiferer'* (2 Mose 20, 5). Ich herrsche über den Eifer, aber der Eifer herrscht nicht über mich. Ich herrsche über den Schlummer, aber der Schlummer herrscht nicht über mich, denn es heißt: *‚Siehe, nicht schlummert und nicht schläft der Hüter Israels'* (Ps 121,4). (1)

‚Ich, der Ewige, dein Gott, bin ein Gott, ein Eiferer', d. i. mit Eifer mache ich mich bezahlt am Götzendienst, aber barmherzig und gnädig bin ich in anderen Dingen. (2)

Ein Philosoph fragte den Rabban Gamliel: Es steht in eurer Thora geschrieben: *‚denn der Herr, dein Gott, ist ein verzehrendes Feuer, ein eifernder Gott'* (5 M 4, 24), ist denn im Götzen Kraft, um sich gegen ihn zu ereifern? Ein Starker ereifert sich gegen einen Starken, ein Weiser ereifert sich gegen einen Weisen, ein Reicher ereifert sich gegen einen Reichen, aber ist denn im Götzen Kraft, sich gegen ihn zu ereifern? (3)"

Der rabbinische Midrasch ist offenbar durch den göttlichen Affekt der Eifersucht ebenso beunruhigt wie die philosophische Theologie, die hier jedoch als Antagonist erscheint. Wir müssen versuchen, die Lösungen dieses Midraschs nachzuvollziehen.

A. Der Midrasch deutet zunächst (1) die reflexive Aussage des Verses: Gott sagt von sich selber aus, daß er der Herr ist, und dann, daß er ein eifernder Gott ist. Daraus schließt der Midrasch: „Ich herrsche über den Eifer, aber der Eifer herrscht nicht über mich." Wie jeder echte Herrscher, so beherrscht sich Gott nach dem stoischen Paradox, das sich auch in den *Sprüchen der Väter* (4,2) wiederfindet, in erster Linie selber. Diese Selbstbeschreibung impliziert die Überlegenheit Gottes über die eigenen Gefühle. Diese Deutung von 2 Mose 20,5 zeigt, daß auch die Rabbinen Schwierigkeiten mit der Unbeherrschtheit Gottes hatten. Die polemische Antithese: „Gott der Philosophen und Gott der Väter" ist nicht deckungsgleich mit dem Gegensatz Philosophen und Rabbinen. Auch Maimonides konnte sich für seine Anthropopathismuskritik auf derartige Stellen der rabbinischen Literatur stützen. Der Midrasch fährt sehr subtil im gleichen Zusammenhang fort: „Ich herrsche über den Schlummer, aber der Schlummer herrscht nicht über mich." So wenig sich Gott vom Zorn, so wenig läßt er sich vom Schlaf übermannen. Der Schlummer ist das genaue Gegenteil vom Zorn. Ein Gott, der seinen Zorn beherrscht, könnte als abwesender Gott, als Deus otiosus erscheinen. Aber Gott kontrolliert auch seine Absenzen, die ja gerade die Strafen sind, die man gewöhnlich seinem Zorn zurechnet.

B. Die nächste Erklärung (2) des Midrasch zum Vers versucht, das göttliche Attribut des Eifers auf eine für die rabbinische Literatur sehr typische Weise zu entschärfen. Sie bezieht sich auf die rabbinische und später kabbalistische Vorstellung von den beiden Seiten der Gottheit, der Attribute der Strenge (MIDAT HADIN) und Barmherzigkeit (MIDAT HARACHAMIM), zurück und schränkt die göttliche Eifersucht auf den Fall ein, daß Israel mit anderen Göttern fremdgeht: „Mit Eifer mache ich mich bezahlt am Götzendienst, aber barmherzig und gnädig bin ich in anderen Dingen." Diese Erklärung, die sich ja auch aus dem Kontext der Zehn Gebote ergibt, begrenzt das beanstandete Attribut gleichsam quantitativ. Gott verliert nur die Nerven, wenn er betrogen wird; ansonsten ist er überwiegend freundlich. Dieser Lösung folgt die kanonische Glosse zur Thora des Kommentators R. Schlomo ben Jizchak (gen. Raschi, 1040–1107): Die Verse: *„Ich, JHWH, dein Gott, bin ein eifersüchtiger Gott, ich ahnde die Schuld der Väter an den Kindern, an dem dritten und vierten Geschlecht, an denen, die mich hassen* (20,5). *Aber Gnade erweise ich bis ins tausendste Geschlecht denen, die mich lieben und meine Gebote halten* (20,6)", kommentiert er folgendermaßen: „‚*Eifersüchtiger Gott*': Er eifert, zu bestrafen, und gibt nicht nach, Götzendienst zu verzeihen. Überall bedeutet KANA: er richtet sein Herz darauf, zu strafen. ‚*Denen, die mich hassen*': Wie die aramäische Übersetzung (Targum Onkelos) sagt: wenn sie mit ihren Händen an den Werken ihrer Väter festhalten. ‚Aber Gnade erweise ich': Den Lohn der Frömmigkeit, die der Mensch übt, bezahlt er bis zu zweitausend Geschlechtern; daraus ergibt sich, daß die Eigenschaft Gottes, zu belohnen 500mal größer ist als seine Eigenschaft, zu strafen; denn die letztere erstreckt sich nur auf vier Geschlechter und jene auf zweitausend." Aber diese quantitative Relativierung des alttestamentarischen Rache- und Zorngottes reicht nicht, um einen Philosophen zu besänftigen.

C. Der Philosoph fragt (3) den Patriarchen Rabban Gamliel (1.–2. Jh. n.) im Anschluß an 5 Mose 4,24, ob nicht die Eifersucht Gottes auf andere Götzen ein Beweis für die Ebenbürtigkeit der Götzen sei. Die gleiche Frage in einer leicht veränderten Konstellation kehrt im Babylonischen Talmud wieder, und diese Version wollen wir hier heranziehen:

„Der Feldherr Agrippa fragte Rabban Gamliel: Es heißt in eurer Gesetzeslehre: ‚*denn der Herr, dein Gott, ist ein verzehrendes Feuer, ein eifernder Gott*' (5 M 4,24). Es ist ja eifersüchtig nur ein Weiser auf einen Weisen, ein Held auf einen Helden, oder ein Reicher auf einen Reichen! (1)

Dieser (R.) erwiderte: Ich will dir ein Gleichnis sagen, dies ist mit folgendem zu vergleichen: Wenn jemand neben seiner Frau noch eine andere nimmt, so ist jene nicht eifersüchtig, wenn diese besser ist als sie, wenn sie aber geringer ist als sie, so ist sie eifersüchtig" (2). (Babylonischer Talmud (=b) Awoda Sara 55a)

Die Frage des Philosophen bzw. Feldherrn hat mehrere Aspekte:

a) Wenn die Götzen Nichtse sind, warum ist Gott dann eifersüchtig auf sie? Im Talmud ist es nicht ein Philosoph, sondern bezeichnenderweise ein römischer Feldherr – Adel verpflichtet –, der diese Frage, wiederum in bezug auf 5 Mose 4,24, stellt: Seine Frage kann man erst einmal als den Versuch der Aufwertung der Götter verstehen. Wenn Gott auf die Götter eifersüchtig ist, dann erkennt er sie als seinesgleichen an. Man kann sie aber auch als aristokratische Verachtung des Judengottes auffassen. Dürfen die Götter für einen allmächtigen Gott überhaupt satisfaktionsfähig sein? Und ist die Tatsache, daß der Judengott trotzdem auf sie eifersüchtig ist, nicht ein Zeichen mangelnder Souveränität und beißenden Ressentiments? Ist der Judengott, mit Nietzsche zu sprechen, nicht ein Gott der Sklaven, der Geschlagenen und Schwachen, der ihre Rachegefühle gegenüber den Siegern und Starken vertritt?

b) Abgesehen vom aristokratischen Naserümpfen klingt hier aber auch der Einwand der philosophischen Theologie an, den wir oben kennengelernt haben. Ist das Attribut der Eifersucht für einen allmächtigen Gott nicht ein Widerspruch in sich selbst? Ist es darüber hinaus eines Gottes würdig? Widerspricht es nicht der Theoprepes?[3] Rabban Gamliel erwidert auf den philosophischen Einwand mit einem Gleichnis (2). Die Wahl des Gleichnisses ist bezeichnend. Die Eifersucht wird erst einmal ihrem natürlichen Kontext, nämlich der Liebesbeziehung, zugeordnet. Wer nicht haßt, sagte Laktanz, der liebt auch nicht (qui non odit, nec diligit). Ähnlich heißt es im Sohar zum Hohelied 8,6: „‚*Denn Liebe ist stark wie der Tod, und ihr Eifer ist fest wie die Hölle*', ein Liebender, der nicht eifersüchtig ist, ist kein Liebender" (Sohar I,244b–245a). Für den einsamen Philosophen mag die Eifersucht einen Charakterdefekt darstellen, in der Liebesbeziehung ist er aber ein notwendiger Affekt. Wie schon die Propheten, so vergleicht auch Rabban Gamliel den Bund Gottes mit seinem Volk mit einem Ehebund, wobei aber in seinem Bild von der polygamen Ehe Israel der Mann und Gott bzw. die anderen Götter die Frauen sind. Die Eifersucht Gottes bezieht sich nicht direkt auf andere konkurrierende Götter, sondern auf Israel und nur indirekt auf die von Israel gewählten und vorgezogenen Götter. Dabei ist die Eifersucht nicht Ausdruck eines krankhaften Besitzstrebens, sondern der Enttäuschung darüber, daß Israel den einzigartigen Wert seiner Partnerin verkennt und mit irgendwelchen billigen Dirnen verkehren will. Die Eifersucht Gottes, das ist die mehrschichtige Antwort Rabban Gamliels auf die theologische Frage von vorhin, darf nicht als eine Aufwertung der Götter, als Konkurrenz mit den Göttern, als Minderwertigkeitskomplex, als Charakterdefekt usw. gedeutet werden; Gott will Israel aus Liebe von seiner Liebenswürdigkeit überzeugen. Auch der Gott der Philosophen ist liebenswürdig, aber er liebt nicht, und es geht ihn nichts an, ob man ihn wiederliebt. Und wie umgekehrt Baruch Spinoza im 19. Lehrsatz des 5. Buches seiner Ethica schrieb und damit den Dichter inspirierte: „Wer Gott liebt, kann nicht danach streben, daß er ihn wiederliebt." Da ist ein Unterschied.

D. In der rabbinischen Literatur hat sich, wie schon die Erklärung der göttlichen Eifersucht zeigt, die Stimmung Gottes geändert. Nicht etwa, weil den Rabbinen derartige Anthropopathismen eines Gottes unwürdig schienen, sondern weil sie durch eine andere Dominante im Gefühlshaushalt Gottes relativiert werden. Peter Kuhn hat in seinem kostbaren Buch (1978) gezeigt: „Während im AT allgemein der Zorn Gottes als eine (nicht die einzige!) dominierende Gemütsstimmung Gottes erscheint, tritt in der rabbinischen Überlieferung, die sich doch sonst gewiß nicht scheut, Gott menschliche Züge in sehr großer Fülle und Intensität zuzuschreiben, wenigstens in bezug auf Israel Gottes Zorn völlig zurück hinter den Gemütsstimmungen, in denen sich seine Liebe zeigt."[4] Es ist, als ob sich die Eifersucht und der Zorn Gottes nach innen gewandt und in Schmerz und

Trauer über die Folgen dieser Affekte, nämlich über die Verstoßung seines Volkes, gewandelt hätten. Gott triumphiert nicht, sondern teilt das Leiden seines Volkes. Eine Aggada beschreibt die Trauer Gottes nach der Zerstörung des Tempels durch die Römer: „Aus drei Nachtwachen besteht die Nacht, und in jeder einzelnen Nachtwache sitzt der Heilige, gepriesen sei er, da und brüllt wie ein Löwe und spricht: ‚Weh mir, daß ich mein Haus zerstört, meinen Tempel verbrannt und meine Kinder unter die Weltvölker ins Exil geführt habe!" In einer anderen Variante dieser Geschichte, in der Gottes Seufzen wie das Gurren der Taube in den Ruinen Jerusalems wiederhallt, wird die Klage Gottes noch ausführlicher beschrieben: „In der Stunde, da die Israeliten den Willen des Allumfassenden tun und in die Synagogen und Lehrhäuser eintreten und respondieren: Amen, Sein großer Name sei gespriesen! – da schüttelt der Heilige, gepriesen sei er, sein Haupt und spricht: Wohl dem König, den man so in seinem Hause preist! Doch wehe dem Vater, der seine Kinder ins Exil geführt hat, und wehe den Kindern, die vom Tische des Vaters weg ins Exil geführt wurden" (b Brachot 3a). Die biblischen Belege, die die Rabbinen für derartige Klagen Gottes beibringen, sind meist kühn auf Gott zurückbezogene Jeremiaden. Der Klage des Volkes antwortet also keine rechthaberische Mahnrede und Verheißung mehr, sondern die Klage Gottes. Gott leidet mit seinem Volk wie auch das Volk, das diese Midraschim und Aggadot hört, mit Gott. Die Leiden des Gottesvolkes werden von Gott gleichsam internalisiert.

Dafür haben die Rabbinen das große Symbol der Leiden der Schchina geprägt, die im wörtlichsten Sinn die Verstoßung des Volkes erleidet. Denn Gott ist nicht nur im Himmel, er wohnt (SCHACHAN) auch im Heiligtum mitten unter seinem Volk (2 Mose 25,8). Der Terminus technicus für die „Einwohnung" Gottes in der rabbinischen Literatur heißt: Schchina. Sie zieht nach der Zerstörung des Heiligtums mit dem Volk ins Exil. So ist also das Exil des Volkes nicht mehr nur eine Strafe, sondern auch ein Exil Gottes bzw. seiner Schchina (GALUT HASCHCHINA). „Rabbi Schimon bar Jochai sagte: Komm und sieh, wie beliebt die Israeliten sind beim Heiligen, gesegnet sei er, denn wohin sie auch verbannt wurden, war die Schchina immer bei ihnen. Wurden sie nach Ägypten verbannt, war die Schchina bei ihnen, denn es heißt: *‚denn ich habe mich deinem Vaterhaus offenbart, als sie in Ägypten waren'* (1 Sam 2,27). Wurden sie nach Babylonien verbannt, war die Schchina bei ihnen, denn es heißt: *‚Um euretwillen habe ich nach Babel entsendet'* (Jes 43,14). Wurden sie nach Edom (= Rom) verbannt, war die Schchina bei ihnen, denn es heißt: *‚Wer kommt da aus Edom, in hochroten Kleidern aus Bozra? Dieser da, prächtig geschmückt'* (Jes 63,1). Und auch wenn sie dereinst erlöst werden, wird die Göttlichkeit bei ihnen sein, denn es heißt: *‚Der Herr, dein Gott wird deine Gefangenschaft zurückkehren'* (5 Mose 30,3); es heißt nicht *‚zurückbringen'*, sondern *‚zurückkehren'*, und dies lehrt, daß der Heilige, gesegnet sei er, mit ihnen aus dem Exil zurückkehren wird" (b Megilla 29a). Den Wandel des Schchina-Motivs in der rabbinischen und kabbalistischen Literatur haben Arnold M. Goldberg und G. Scholem untersucht.[5] Wir wollen nur einige Züge der Schchina hervorheben.

Das Genus der Schchina ist weiblich; sie ist eine Allegorie des Gottesreiches (MALCHUT) bzw. der Gemeinschaft; sie gewinnt besonders in der kabbalistischen Literatur zunehmend die Züge einer weiblichen Person der Gottheit. Für uns ist vor allem wichtig, daß die biblischen Gefühlsausbrüche Gottes in der rabbinischen und der späteren kabbalistischen Literatur zu Vorgängen im innergöttlichen Leben werden.

4. Der Gott der Kabbalisten

Der Roman über das Liebes- und Eifersuchtsverhältnis von Gott und Israel ist nach rabbinischer Auffassung das Hohelied. Bei der Kanonisierung dieser Sammlung von Liebes- und Sehnsuchtsliedern, in denen Gott überhaupt nicht vorkommt, gab es Schwierigkeiten. R. Akiba (2. Jh. n.) begründete die Heiligkeit des Buches damit, daß dieser althebräische Minnesang nichts anderes sei als eine bildliche Darstellung der Liebe Gottes zu seinem Volk; folglich sei es nicht nur ein heiliges, sondern das heiligste Buch der Bibel, und er untersagte eine profane Auslegung dieser Schrift. Im Grunde beruht diese Allegorese der lyrischen Bilder der Sehnsucht und Vereinigung des Bräutigams (DOD) und der Braut (KALA) auf einer Anwendung der prophetischen Bundessymbolik auf das Hohelied. In der Folge hat die rabbinische Exegese das Hohelied als Kompendium der gesamten Bundesgeschichte aufgefaßt und ihre zahlreichen Wechselfälle in die lyrischen Details der Gedichte hinein- und aus ihnen herausgedeutet. Das Hohelied ist ferner einer der biblischen Basistexte der jüdischen Mystik.

A. Die Kabbala, die im 12. und 13. Jh. in der Provence und Katalonien aufkommt, hat das Hohelied als ein innergöttliches Geschehen gedeutet, wobei der königliche Bräutigam als eine Personifikation der männlichen und die Braut als eine Personifikation der weiblichen Seite der Gottheit, der Schchina, aufgefaßt wurde. Im Hohelied-Kommentar des Kabbalisten Ezra von Gerona werden die Verse: „*‚Schwarz bin ich, aber lieblich, ihr Töchter Jerusalems. (...) / Schaut mich nicht an, weil ich schwarz bin, denn die Sonne hat mich verbrannt‘* (1,5.6) der Schchina, die nun eine eigene Stimme hat, in den Mund gelegt und im Anschluß an die oben zitierte Talmudstelle kommentiert. *‚Schwarz bin ich‘* – Worte der Schchina, die mit Jakob nach Ägypten hinabgezogen ist: *‚Ich werde mit dir nach Ägypten hinabziehen‘* (1 Mose 46,4), und sein Exil geteilt hat. Wie unsere Weisen lehren: Wurden sie nach Ägypten verbannt, war die Schchina bei ihnen, denn es heißt: *‚denn ich habe mich deinem Vaterhaus offenbart, als sie in Ägypten waren‘* (1 Sam 2,27). Die Schchina beklagt sich also, sie bedauert es, im Exil zu sein und dunkel zwischen den Völkermächten zu ziehen. Sie schreit: *‚Schwarz bin ich‘* – vom Exil verdunkelt (...) *‚Schaut mich nicht an‘*, verachtet mich nicht, *‚weil ich schwarz bin, denn die Sonne hat mich verbrannt‘*. Sie will sagen: Ich wohne mit meinen geknechteten Kindern, die der Fron und der Zwangsarbeit auf dem Lande unterworfen sind.“[6]

B. In der späteren Kabbala wird die GALUT HASCHCHINA als eine Art Familienroman dargestellt. Im Zorn verstößt Gottvater seine ungehorsamen Kinder. Seine Frau verläßt ihn daraufhin ihren Kindern zuliebe und wandert mit ihnen von einer Verbannung zur nächsten, bis sie Buße getan haben und die Familie wiedervereint wird. Diese theosophische Darstellung des Schicksals Gottes bzw. Israels setzt voraus, daß innergöttliche Vorgänge durch das religiöse Verhalten Israels positiv oder negativ beeinflußt werden können. Der Gott der Kabbalisten ist sowenig wie der Gott der Rabbinen oder der Gott der Bibel eine apathische Substanz, er reagiert vielmehr höchst sensibel auf Einwirkungen von Seiten des Menschen. Es steht in der Macht des Menschen, die Einung (JICHUD) der getrennten männlichen und weiblichen Personen der Gottheit, die heilige Hochzeit (ZWUG HAKADOSCH) in Gott zu bewirken, und zwar durch Akte der Einung (JICHUDIM), d. s. die üblichen religiösen Werke, die mit der ausdrücklichen Absicht (KAWANA) vollzogen werden, „um die Vereinigung des Heiligen, gelobt sei er, mit seiner Schchina" (die aramäische Formel dafür lautet: LESCHEM JICHUD KUDSCHA BRICHHU USCHCHINTE) zu bewirken. Die revolutionäre Bedeutung dieser kabbalistischen Konzeptionen für die jüdische Religiosität kann gar nicht überschätzt werden. Es ist nicht Gott, der das Volk aus seiner selbstverschuldeten Gefangenschaft befreit, sondern umgekehrt das Volk, das Gott bzw. die Schchina aus dem Exil und mithin sich selbst erlösen muß.

C. Dem Leiden Gottes antwortet jetzt das Mitleiden des Volkes. Wenn er, wie wir in der rabbinischen Literatur gesehen haben, in der Mitternacht in den Tempelruinen klagt, erhebt sich auch sein Volk, um das Los der Schchina zu beweinen. Dieser TIKUN CHAZOT genannte Brauch wurde von Kabbalisten aus Zfat in Galiläa eingeführt.[7] Ein Bericht erzählt von einem Ausrufer. „Jede Mitternacht pflegte er sich zu erheben und die Runde durch alle Straßen zu machen und seine Stimme zu erheben und laut klagend zu rufen: ‚Erhebet euch zu Ehren des gesegneten Namens, denn die Schchina ist in Verbannung, unser heiliger Tempel wurde vom Feuer verzehrt, und Israel ist in tiefer Not.' Und viele Dinge dieser Art pflegte er auszurufen und jeden Gelehrten und Weisen bei Namen zu rufen und sich nicht vom Fenster zu rühren, bis er sah, daß er sich vom Bett erhoben hatte. Und um ein Uhr nach Mitternacht hallte die ganze Stadt wider von den Stimmen derer, die sich in Mischna, Sohar und die Midraschim, die Psalmen und Propheten und Hymnen und Bittgebete vertieften." Dieser Brauch ist vom Chassidismus in Osteuropa verbreitet worden. Über einen chassidischen Führer wird berichtet: „Sobald die Mitternachtsstunde schlägt, erwachen sie am ganzen Leib zitternd aus dem Schlaf, kauern, Asche auf den Häuptern, auf dem Boden nieder und wehklagen gebrochenen Herzens über das Exil der Schchina, die Leiden Israels, das Joch des Galut und die Gewaltmaßnahmen des Königs."

Die Frömmigkeit, die sich auf die Leiden und die Erlösung der Schchina aus dem Exil bezieht, ist zweifellos von ganz anderer Art als die Verehrung, die dem allmächtigen Vater im Himmel entgegengebracht wird. Die frommen Werke werden nicht mehr als Huldigungen an einen absoluten Herrscher, sondern als Unterhalt für die verstoßene Mutter, die Schchina, durch die Söhne begriffen. „Die Menschen müssen sie stützen, daß sie nicht fällt, da sie die ‚verfallene Hütte

Davids' ist, die Tag für Tag sehr verfällt, und das alles aufgrund unserer Verfehlungen, wie es in der Schrift geschrieben steht: ‚*Und wegen eurer Übertretungen wurde eure Mutter fortgeschickt.*' Denn durch Frevel fällt sie, durch gute Taten wird sie gestützt und erhalten (...). Da dem so ist, daß die Schchina die Kinder Israel bittet, sie zu stützen, ist es an uns, sie zu erhalten, nämlich durch Jichudim in unserem Gebet und Studium der Thora, die ihr Hilfe und Stütze sind." Die um die Leiden der Schchina kreisende Frömmigkeit hat die religiöse Sensibilität und Aktivität der Juden ganz entscheidend geprägt. Diese Religiosität nimmt gelegentlich die Züge einer sentimentalen Klagereligion an. Diese leidende, hilfsbedürftige Mutter Israels (der Archetypus der „*jiddischen Mame*") führt zu einem Frömmigkeitstypus, der mit der Marienverehrung im Katholizismus vergleichbar ist.

D. Die geschilderten affektiven Vorgänge in Gott dürfen freilich nicht aus dem Zusammenhang des integrierten kabbalistischen Gottesbildes herausgelöst werden. Die verschiedenen Sphären göttlichen Denkens, Wollens, Handelns und Fühlens werden in der kabbalistischen Theologie als SFIROT bezeichnet und werden nach Aretalogien der Schrift wie 1 Chronik 29,11 und Prov 3,19 benannt. Die – nach Sprüche der Väter 5,1 – zehn SFIROT werden nach einem Schema in Form eines Baumes oder Menschen angeordnet. Sie sind in drei vertikale und fünf horizontale Linien gegliedert. Die vertikalen Linien der linken und rechten Seite enthalten jeweils die Eigenschaften der göttlichen Barmherzigkeit (MIDAT HARACHAMIM) und der göttlichen Gerechtigkeit (MIDAT HADIN) und sind dem männlichen und dem weiblichen Genus zugeordnet.

Die Eigenschaften auf der rechten, männlichen Seite der göttlichen Güte und der linken, weiblichen Seite der göttlichen Strenge werden in den Eigenschaften der mittleren Linie vermittelt, so daß die Gottheit insgesamt als Ausgleich der Gegensätze erscheint. Die Einseitigkeit, vor allem das Überwiegen der linken Seite der strengen Gerechtigkeit wird – fiat iustitia, pereat mundus – als Grund des Übels betrachtet. Das Übel wird von einem durch menschliche Verfehlungen verschuldeten Ungleichgewichtszustand im göttlichen Organismus verursacht. Gott wendet dem Menschen seine linke „*andere Seite*" (SITRA ACHRA) zu. Nun kommt es darauf an, durch geeignete Werke den innergöttlichen Gleichgewichtszustand wiederherzustellen, indem die Sfira der strengen Gerechtigkeit (GWURA oder DIN) auf der linken Seite der Gottheit mit der Sfira der Barmherzigkeit (GDULA oder CHESSED) auf der rechten Seite vermittels der mittleren Sfira der Schönheit oder Herrlichkeit (TIFERET) ausgeglichen wird und eine harmonisch ausgewogene Proportion von strenger Gerechtigkeit und Milde ergibt. Die mittlere vertikale Linie ist aber nicht nur die Vermittlung der rechten und linken Seite der Gottheit, sondern selbst wieder in Sfirot verschiedenen Geschlechts unterschieden und im Bild der heiligen Hochzeit in sich selbst vermittelt. Die männlichen Eigenschaften reichen vom Kopf bzw. von der Krone (KETER, 1. Sfira) über das Brustbein (TIFERET, 6. Sfira) zum Phallus (JESSOD, 9. Sfira) des den erscheinenden Gott darstellenden Makroanthropos. Die letzte, die zehnte Sfira der mittleren Vertikalen ist nun die Schchina, die alle göttlichen Emanationen empfängt, filtert und an die Schöpfung weiterleitet. Wenn wir diesen Sfirotischen Organismus der Gottheit zugrunde legen, dann können wir die GALUT HASCHCHINA als Trennung der männlichen von den weiblichen Sefirot der mittleren Vertikalen darstellen. Die Sünde bewirkt im göttlichen Organismus die Trennung (PERUD) der produktiven und rezeptiven Organe, und die Folge davon ist, daß die zerstörerischen Emanationen der linken Seite der Gottheit unvermischt die Schöpfung erreichen und zerstören. Der kabbalistische Sinn des Rituals und der Werke ist die Wiederherstellung des innergöttlichen Gleichgewichts. Der Mystiker muß mithin das Gleichgewicht der Welt verantworten.

E. Die GALUT HASCHCHINA für die Leiden Gottes im Exil wird in der Kabbala, die im 16. Jh. in Zfat unter dem Eindruck einer der schwersten Katastrophen des jüdischen Volkes vor dem Holocaust, der Vertreibung und der endlosen Odyssee der Juden aus Spanien, entstand, noch überboten. Ihr liegt nicht, wie der älteren Kabbala, die Erfahrung göttlicher Fülle, sondern göttlichen Mangels in allen Wesen zugrunde. Der erste Akt göttlichen Lebens ist hier nicht ein überfließender Lichterguß, sondern ein Rückzug der göttlichen Fülle in sich selbst. Dieser erste göttliche Akt heißt in der Kabbala Isaak Lurias (1534–1572) ZIMZUM. Ursprünglich wurde damit die Kontraktion und Konzentration der göttlichen Gegenwart im Stiftszelt bezeichnet. Hier bedeutet der gleiche Terminus eigentlich das Gegenteil, denn durch die Konzentration zieht sich Gott zurück und hinterläßt in sich einen gottverlassenen Urraum. Damit wird die paradoxe Formulierung der „Schöpfung aus dem Nichts" (BRIA JESCH MEAJIN) durch einen innergöttlichen Prozeß erklärt, der das Nichts durch Selbstbegrenzung erst hervorbringt und damit die Möglichkeit zu einem außergöttlichen Dasein schafft. In der Kabbala Lurias ist aber nicht das begrenzte, endliche Geschöpf, sondern die unbegrenzte göttliche Fülle vor der Schöpfung das Gute; die Begrenzung ist dagegen Mangel und Übel. So setzt sich bereits im ersten Schöpfungsakt des ZIMZUM das Prinzip der Strenge gegen das Prinzip der Güte durch. Der ZIMZUM ist als der Anfang der Schöpfung zugleich der Anfang des KILKUL, der Zerstörung. Wir wollen hier nur einige Stationen dieses komplexen Schöpfungs- und Erlösungsprozesses der lurianischen Kabbala nachzeichnen.[8] Zunächst beginnt im gottverlassenen Urraum der Schöpfungsprozeß als „operatio ad extra". Ein göttlicher Strahl bildet den anthropomorphen Prototypus der Schöpfung, den ADAM KADMON, der das göttliche Licht empfangen und weiterleiten soll. Anstatt das Lichtfluidum überall gleichmäßig durchscheinen zu lassen, atomisiert er das Licht, das aus seinen Augen strömt, und sondert – der eigentliche Sündenfall – es ab. Und das ist nur die erste Panne in diesem seltsam pannenreichen Schöpfungsprozeß. Die Gefäße, die die aus dem Adam Kadmon herausströmenden Lichtflüsse und die zerstreuten Lichtkörner auffangen sollen, bersten unter dem Druck der plötzlich hervorbrechenden Lichtkatarakte: der *„Bruch der Gefäße"* (SCHWIRAT HAKELIM). Die schon zuvor nicht mehr ganz intakte Lichtwelt geht nun vollends zu Bruch, und die an den Scherben haftenden *„Funken"* (NIZOZOT) stieben auseinander und sind fortan in diesen „*Schalen*" (KLIPOT) gefangen. Die aus der strengen Abgrenzung und Abschottung des göttlichen Lichts bestehende Welt ist eine von vornherein böse, erlösungsbedürftige Welt. Von da an, bevor die Schöpfung im biblischen Sinn überhaupt begonnen hat, verändert der Schöpfungs- oder besser Zerstörungsprozeß bereits seine Richtung und wird zu einem Heilungsprozeß, in dem die ursprüngliche Lichtwelt wiederhergestellt (TIKUN) wird. Erneut bricht ein Strahl aus dem Adam Kadmon hervor und bildet die verschiedenen Weltstufen, die in die Tiefe führen, um dort die in den Schalen gefangenen Funken zu heben (HAALAT HANIZOZOT). Dieser Prozeß wird auf jeder Stufe von weiteren Unfällen begleitet, zuletzt vom Fall Adams, der als Messias den Restaurationsprozeß abschließen sollte. Seine Seele wird in den Schalen der Leiber verstreut, wo sie durch asketische Bußübungen wieder herausgeläutert werden muß. Im allgemeinen besteht die religiöse Aufgabe der Menschen nach der lurianischen Kabbala darin, die Lichtfunken aus ihren Umschalungen zu lösen und sie zu ihrer Quelle zurückzuführen. Diese kabbalistische Prozeßtheologie Lurias entspricht der katastrophalen Geschichte des Volkes. Der Rückzug Gottes aus dem gottverlassenen Raum der Schöpfung, das Mißlingen und die Wiederherstellung der Schöpfung von Anbeginn und die langwierige Befreiungsaktion des göttlichen Lichtes aus der Gefangenschaft – das ist ein theosophischer Mythos, der die bedrückende Situation der Juden und der Welt reflektiert und artikuliert. Dieser Mythos hat eine missionarische Pointe. So wie es als Aufgabe der Frommen betrachtet wurde, die Schchina aus dem Staub zu heben und heimzuführen, so ist es nach diesem Mythos ihre Aufgabe, die göttlichen Funken aus dem Exil zu erlösen und zu ihrer Quelle zurückzuführen. Nicht Gott ist es, der Israel aus der Zerstreuung erlöst, sondern die Frommen Israels müssen in universeller Verantwortung überall auf der Welt den zerstreuten Gott sammeln und in seiner Einheit wiederherstellen – der Monotheismus ist keine Tatsache, sondern ein Prozeß und ein Ziel. In der Wiedervereinigung Gottes mit sich selbst liegt die messianische Rechtfertigung des Exils und die mystische Interpretation des Rituals und des Gottesdienstes.

Die Erlösung Gottes aus dem Exil ist mit verschiedenen Mitteln ausprobiert worden. Die lurianische Mystik war zunächst die Sache einer asketischen Bußbewegung, die das göttliche Fünklein im Menschen und in den Dingen durch strenge Bußübungen läutern und heben wollte. Die großen, von der Kabbala beeinflußten messianischen Bewegungen des 16. und 17. Jahrhunderts gingen dagegen von der Vorstellung aus, daß ein Erlöser in die Unterwelt hinabsteigen müsse, um die letzten gefangenen Funken zu befreien.[9] Nach den katastrophalen messianischen Fehlschlägen hat der chassidische Pietismus in Osteuropa in langsamer Erlösungsarbeit durch enthusiastisches Entbrennen (HITLAHAWUT) die Schalen der Dinge zu durchschmelzen versucht. Die universalistische Mission Israels, Gott in allem und überall zu befreien und zu sammeln, ist auch noch im Verantwortungsgefühl der in den säkularisierten messianischen Bewegungen des 19. und 20. Jahrhunderts engagierten Juden spürbar.

(Abbildung aus: Wolfgang Böhme [Hrsg.], Zu Dir hin. Frankfurt/M.: Insel, 1987.)

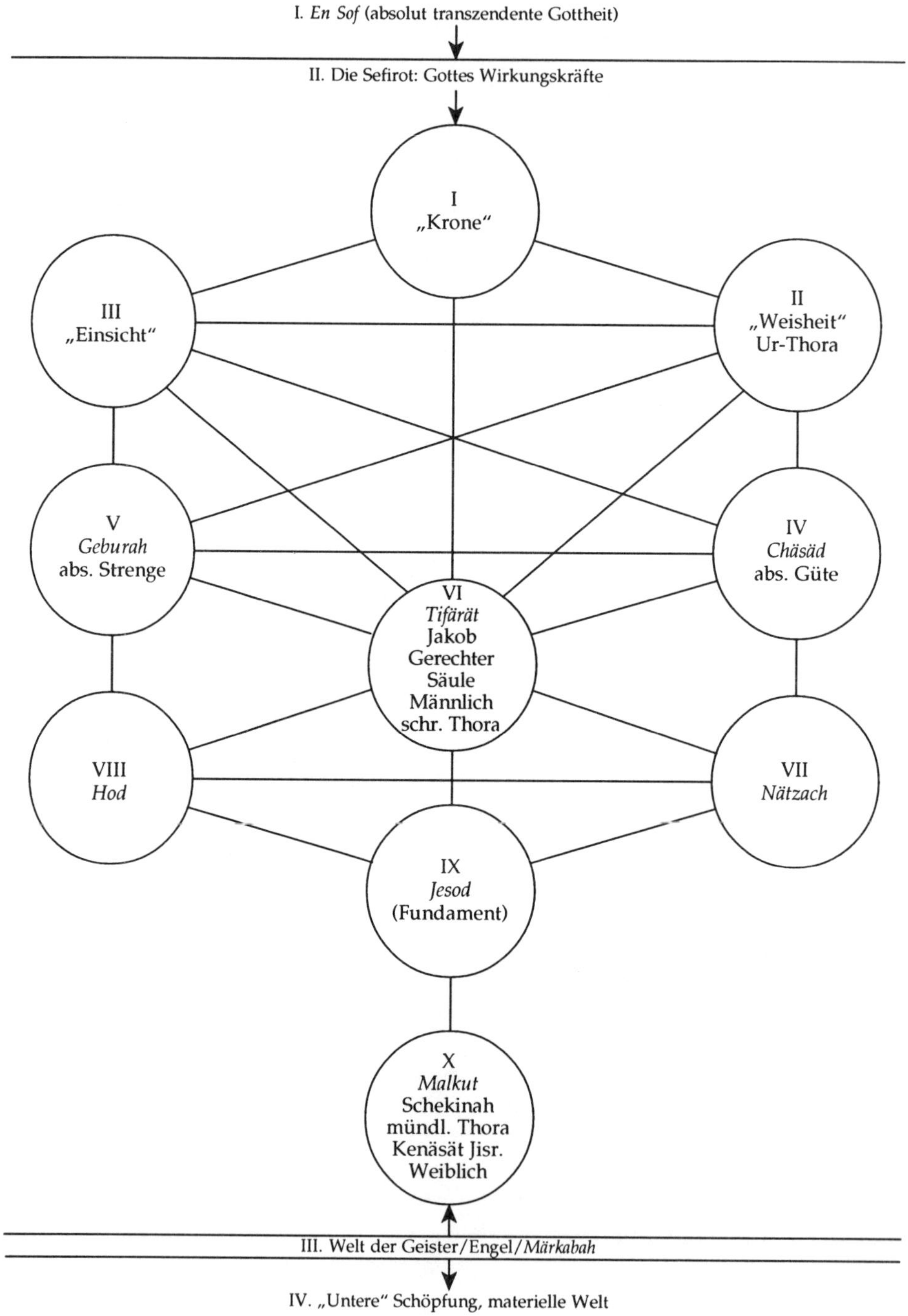

ANMERKUNGEN

1 Vgl. Bernhard Lang (Hrsg.), Der einzige Gott. Die Geburt des Biblischen Monotheismus. München: Kösel, 1981. Hier ist auch der Beitrag von Morton Smith, Religiöse Parteien bei den Israeliten vor 587 (1971), abgedruckt.

2 Vgl. Abraham Heschel, Die Prophetie. Dissertation. Krakau 1936, 147–152.

3 Oskar Dreyer, Untersuchungen zum Begriff des Gottgeziemenden in der Antike. Mit besonderer Berücksichtigung Philons von Alexandrien. Dissertation. (SPUDASMATA XXIV) Hildesheim 1970.

4 Peter Kuhn, Gottes Trauer und Klage in der rabbinischen Überlieferung (Talmud und Midrasch). Leiden: Brill, 1978, 482.

5 Arnold M. Goldberg, Untersuchungen über die Vorstellung von der Schekhinah in der frühen rabbinischen Literatur. Berlin: de Gruyter, 1969. Gershom Scholem, Schechina; das passiv-weibliche Moment in der Schöpfung. In: Ders., Von der mystischen Gestalt der Gottheit. Frankfurt/M.: Suhrkamp, 1977, 135–191.

6 Georges Vadja, Le commentaire d'Ezra de Gérone sur le cantique des cantiques. Paris, 1969, 58f.

7 R. J. Zwi Werblowsky, The Safed Revival and its Aftermath, in: Arthur Green (Hrsg.), Jewish Spirituality, Bd. 2. New York 1989, 7–33. Die folgenden Texte sind zitiert nach: Haim Hillel Ben-Sasson, Geschichte des jüdischen Volkes. Vom 7.–17. Jahrhundert. Das Mittelalter, Modeste zu Nedden Pferdekamp (Üb.). München 1979, 377–384.

8 Vgl. Gershom Scholem, Die jüdische Mystik in ihren Hauptströmungen. Frankfurt/M.: Suhrkamp, 1967, 267–314.

9 Gershom Scholem, Sabbatai Zwi. Der mystische Messias. Frankfurt/M.: Jüdischer Vlg., 1992.

3.3.2 Das Christentum

3.3.2.a Der Gott der Offenbarung

ERHARD KUNZ SJ

Kann der Mensch Gott erkennen und in Gemeinschaft mit ihm gelangen? Und: Auf welchem Weg ist dies möglich? Diese Grundfragen des nach Gott suchenden Menschen greift das Christentum auf und beantwortet sie durch die zentrale Aussage, Gott selbst habe sich in unableitbarer Freiheit der Welt in geschichtlichen Ereignissen offenbart und erschlossen. Nach dem Zweiten Vatikanum redet in der Offenbarung „der unsichtbare Gott aus überströmender Liebe die Menschen wie Freunde an und verkehrt mit ihnen, um sie in seine Gemeinschaft einzuladen und aufzunehmen".[1] Wie läßt sich diese Aussage über Gottes Nähe zum Menschen und seine Gegenwart in der Geschichte angesichts heutiger Schwierigkeiten verstehen und verantworten? Zu dieser Frage sollen im folgenden einige Gedanken vorgelegt werden.

1. Der Einwand des geschichtlichen Denkens gegen das christliche Offenbarungs- und Gottesverständnis

Das II. Vatikanum hat sich bemüht, gegenüber einem intellektualistischen und statischen Offenbarungsbegriff wieder das „personalistische, dynamische und geschichtliche" Verständnis der Bibel zurückzugewinnen.[2] Offenbarung wird als ein personales Geschehen verstanden, in dem Gott selbst in und durch geschichtliche Ereignisse dem Menschen begegnet. Gott teilt sich dem Menschen in geschichtlichem Wort und geschichtlicher Tat mit, und zwar so, daß das „Tat-Wort" der Offenbarung nicht ein bloß punktuelles Ereignis ist, sondern eine geschichtliche Erstreckung hat. Die eine Selbstmitteilung Gottes legt sich in einer Offenbarungsgeschichte aus, deren Mitte und Höhepunkt Jesus von Nazaret ist. In ihm ist Gott selbst in die Geschichte eingetreten und hat selbst Geschichte erlitten.

Der entscheidende Einwand gegen dieses „geschichtliche" Offenbarungsverständnis wird nun paradoxerweise vom Wesen der Geschichte her erhoben. Denn als in der Geschichte lebende Menschen, so der Einwand, leben wir im Vorläufigen, Unfertigen, Unabgeschlossenen. Wir überblicken und besitzen niemals das Ganze, sondern in unserer geschichtlichen Erfahrung ist uns immer nur ein Teil, ein Fragment, erschlossen. Und selbst die Sicht und das Verständnis dieses Teiles sind nicht endgültig, sondern nur vorläufig; denn jede neu gewonnene Erkenntnis kann auch neues Licht auf den schon erkannten Teil werfen und so sein Verständnis und seine Deutung verändern. Wegen der Wandelbarkeit und Vorläufigkeit aller geschichtlichen Deutungen besitzt der Mensch nicht *die* Wahrheit; denn die Wahrheit kann nur im Ganzen liegen. Solange dieses nicht gegeben ist, kann der geschichtliche Mensch höchstens auf dem Weg zur Wahrheit sein; nie aber kann er beanspruchen, die endgültige Wahrheit gefunden zu haben. Er kann immer nur sagen, was ihm heute aufgrund seiner zugegebenermaßen begrenzten Erfahrung sinnvoll erscheint. Morgen wird sich vielleicht aufgrund neuer Erfahrung etwas anderes als sinnvoll erweisen; dann muß das heutige Verständnis aufgegeben werden. Menschliche Erkenntnis kann daher nur geschichtlich wahr sein, wenn sie zugleich als überholbar anerkannt wird. Es ist dem Menschen in der Geschichte folglich auferlegt, auf eine „abschließende Sicht der Totalität"[3] zu verzichten und die Erfahrung der radikalen Fraglichkeit und Bedingtheit aller Gegebenheiten auszuhalten. Wir besitzen kein „Wissen vom Ganzen, von der Totalität, vom Unendlichen"; daher „darf kein Satz die Würde vollendeter Erkenntnis beanspruchen".[4] Unsere Situation in der Geschichte verlangt, daß wir ins Offene hinein leben und uns nicht definitiv auf etwas festlegen, was nur ein Teilaspekt sein kann. Geschichtliches Denken glaubt, jeden Unfehlbarkeitsanspruch in der Geschichte zurückweisen zu müssen. Es nimmt dagegen um seiner ihm eigenen Wahrheit willen die „permanente Ungewißheit" in Kauf und ist bereit, jeweils alles kritisch zu prüfen.[5]

Wer zu solchem, je neuem kritischen Fragen und Suchen nicht bereit ist, sondern irgendwelche Überzeugungen oder Deutungen durch Dogmatisierung gegen Kritik immunisiert, fällt nach Auffassung der Vertreter des geschichtlichen Denkens aus der Bewegung der Wahrheitssuche heraus und wird nur allzu leicht das Opfer von Täuschungen und Illusionen; er verfällt dem Fanatismus und der Intoleranz und hemmt den Fortschritt der Menschheit, der nur durch ständiges kritisches Suchen und Experimentieren erreicht werden kann.

Diesem in der heutigen Philosophie sehr verbreiteten und auch in der gegenwärtigen pluralistischen Religionstheologie (etwa bei John Hick) enorm einflußreichen geschichtlichen Denken muß das traditionelle christliche Offenbarungs- und Gottesverständnis als Anmaßung und Täuschung erscheinen; denn hier wird gerade behauptet, daß in bestimmten geschichtlichen Gegebenheiten (Worten, Taten, Personen) Gott – und das heißt eben doch auch der Sinn des Ganzen – anwesend sei. Es wird eine definitiv gemeinte Aussage über das Ganze der Geschichte gemacht; denn christlicher Glaube bekennt, daß die Geschichte als ganze von jemandem getragen und erfüllt sei, der Liebe ist und der jeden einzelnen bejaht. Durch dieses Bekenntnis scheint die Offenheit, die für geschichtliches Denken kennzeichnend ist, geschlossen zu werden, indem das Letztgültige sehr bestimmt und entschieden festgelegt wird.

Geschichtliches Denken wird nicht leugnen, daß es Phänomene in der Welt gibt, die leicht den Eindruck erwecken können, die Geschichte stehe unter der sorgenden Liebe eines Vatergottes. Es gibt Erfahrungen von Sinn und Glück, in denen wir uns beschenkt und umsorgt glauben und die auf einen persönlichen Urgrund des Lebens und der Welt hinzuweisen scheinen. Aber diese Erfahrungen werden immer wieder von negativen Erlebnissen durchkreuzt und aufgehoben, die eher auf ein unpersönliches und am Menschen nicht interessiertes Prinzip hindeuten. Die Geschichte vermittelt uns also sehr zwiespältige und widersprüchliche Erfahrungen; aber sie gibt uns den Schlüssel zur Lösung des Rätsels nicht in die Hand. Solange wir in der Geschichte sind, kann die Frage nach dem letzten bestimmenden Grund der Geschichte offenbar nicht entschieden werden.[6]

Nach Auffassung der Vertreter des geschichtlichen Denkens hält der Offenbarungsglaube die uns auferlegte Ungewißheit nicht aus. Aus Angst oder einem allzu menschlichen Wunschdenken heraus behauptet er gegen die negative Bilanz unserer geschichtlichen Erfahrung, daß Gott als Liebe doch in der Geschichte anwesend und wirksam sei. Dieser Glaube an die Gegenwart Gottes erscheint von unserer Erfahrung her heute vielen Menschen nicht mehr gerechtfertigt.

2. Diskussion einiger nicht ausreichender Antworten

In der heutigen Theologie werden verschiedene Wege beschritten, um auf die beschriebene Denkweise zu antworten. Drei Antworten sollen hier kurz vorgestellt und geprüft werden. Keine der Antworten kann als einfach falsch bezeichnet werden. Jede enthält durchaus Richtiges, genügt aber wohl nicht ganz.

2.1 *Unmittelbare Erfahrung des gegenwärtigen Gottes*

Um in unserer geschichtlichen Welt von persönlicher Gegenwart Gottes sprechen zu können, muß man versuchen, auf unmittelbare Gotteserfahrungen zu rekurrieren. Hat es im Laufe der Geschichte bis in unsere Zeit hinein nicht immer wieder Menschen gegeben, die in mystischer Ergriffenheit Gott als unmittelbar gegenwärtig erlebt haben? Es sei nur an den französischen Journalisten André Frossard erinnert, der als Atheist aufwuchs und durch eine mystische Erleuchtung zum Glauben geführt wurde.[7] Er beschreibt sein Bekehrungserlebnis als eine völlig unerwartete, äußerst intensive Erfahrung: vor ihm und in ihm, dem Atheisten, teilt sich „der Vorhang dieser Welt“[8]; der Himmel tritt in ihn ein[9]; er erfährt die Gegenwart Gottes als Milde, Freundschaft, Liebe. „Alles ist beherrscht von der einen Gegenwart, der zugleich jenseitigen und in unser aller ... Mitte weilenden Gegenwart des Einen, dessen Namen ich nie mehr werde schreiben können, ohne daß mich die Sorge überfällt, seine Liebe zu verletzen, vor der ich stehe als ein Kind, dem das Glück zuteil geworden ist, Verzeihung zu finden, und das erwacht, um zu erfahren, daß alles Geschenk ist“?[10]

Ist hier nicht in der Erfahrung eines Menschen genau das verwirklicht, was das II. Vatikanum als Offenbarung Gottes bezeichnet: „Der unsichtbare Gott spricht aus überströmender Liebe die Menschen wie Freunde an und verkehrt mit ihnen?" Die Zweideutigkeit und Ungewißheit unserer geschichtlichen Erkenntnis wird in diesem Erlebnis offenbar überwunden, und zwar dadurch, daß der Mensch unmittelbar erfahrbaren Kontakt mit Gott selbst erhält. Nur aufgrund solch unmittelbarer Begegnung (wenn sie vielleicht auch weniger intensiv ist als in dem beschriebenen Fall) scheint in der Geschichte Letztgültiges erkannt werden zu können.

Nun dürfen religiöses Erleben, Gebetserfahrung und Mystik in ihrer positiven Bedeutung nicht unterschätzt werden. Ohne wenigstens anfängliche Erfahrungen in diesem Bereich wird ein gefestigter persönlicher Glaube kaum möglich sein. Die Frage ist jedoch, was hier wirklich *unmittelbar* erfahren wird und was menschliche und folglich geschichtliche *Deutung* ist. Diese schwierige Frage kann hier nicht ausführlich diskutiert werden. Man wird aber in aller Kürze sagen können, daß das Bewußtsein unmittelbarer Begegnung mit dem „Heiligen" immer zugleich auch geschichtlich vermittelt ist. „Entgegen allem Anschein gibt es keine reine religiöse Erfahrung. Sie impliziert immer ethische, metaphysische und mystische Elemente, ist immer in eine Geschichte und in Institutionen eingebettet. Sie realisiert sich gewöhnlich in einem bestimmten Denk- und Lebenshorizont und noch einmal quer durch alle diese Bereiche hindurch in verschiedenen Modifikationen. Denn der religiöse Mensch steht immer in einer bestimmten Tradition (ethnischer, kultischer, religiöser Art), auch wo er diese Abhängigkeit nicht realisiert."[11] Der „Horizont", in dem religiöse Erfahrung möglich ist und der die für solche Erfahrung notwendigen Deutekategorien liefert, ist durch die menschliche Gemeinschaft und die jeweilige geschichtliche Situation mitgebildet.[12] Religiöse Erfahrungen sind daher immer schon gedeutete Erfahrungen. Wenn dies so ist, dann müssen auch religiöse Erfahrungen für weitere kritische Reflexion und Prüfung offen sein. Denn der geschichtliche Horizont, der die Erfahrung bestimmt, ist vielleicht zu eng; dann wäre die entsprechende Erfahrung begrenzt und überholbar; sie müßte durch andere Erfahrungen modifiziert werden. Religiöse Erfahrungen müssen daher mit anderen geschichtlichen Erfahrungen und Deutungen konfrontiert werden, um dabei bestätigt und vertieft oder aber korrigiert und vielleicht sogar als Täuschung abgewiesen zu werden. Sie sind nur dann wahr und menschlich befreiend, wenn sie den Menschen für weitere Erfahrungen in der Geschichte öffnen.[13] Man kann daher bei der Frage, ob und wie Gott in der Geschichte zugänglich wird, nicht bei dem Bewußtsein unmittelbar erfahrener Begegnung mit Gott stehen bleiben, sondern muß zeigen, wie dieses Bewußtsein in der Geschichte der gesamten menschlichen Erfahrung steht und wie es sich darin bewährt. Die bloße Berufung auf unmittelbare Erfahrung genügt nicht. Mit anderen Worten: Offenbarung Gottes kann sich nicht ausschließlich in einem bestimmten Erlebnis ereignen, sondern nur in einer Geschichte, in der allerdings einzelne religiöse Erlebnisse durchaus ihre Bedeutung haben.

2.2 *Reiner Glaube an die Gegenwart der Liebe Gottes aufgrund des Wortes der christlichen Verkündigung*

Wenn uns unsere Erfahrung nicht aus der Vorläufigkeit und der Verhülltheit der Geschichte herausnimmt, dann scheint man die Gegenwart der Liebe Gottes nur noch gegen alle Einwände der Erfahrung „glauben" zu können: Das Wort des Evangeliums verkündet uns Gott als Liebe. Dieses Wort kann von unserer Erfahrung her weder streng bewiesen noch irgendwie als berechtigt aufgewiesen, sondern nur in reinem Glauben angenommen werden. Offenbarung ist dann das Ereignis, in dem Gott im Wort des Evangeliums seine Liebe zu unserer Welterfahrung hinzusagt. Offenbarung ist „Wortgeschehen". Gerade weil das Wort von der Liebe Gottes von unserer Welterfahrung her nicht ableitbar und nicht zu bestätigen ist, ruft es uns auf, uns über alle Erfahrung hinaus zu öffnen. Es fordert uns zur Entscheidung auf, unsere erfahrbare Welt und unser weltliches Denken nicht absolut zu setzen, sondern den Grund unserer Existenz in den zu verlegen, der sich im Wort als Liebe ankündigt. Wer es wagt, diesem Wort zu vertrauen und gegen allen Anschein unserer grausamen Welt an die Liebe Gottes zu glauben, der wird dadurch frei, nun seinerseits in unserer Welt zu lieben. Der Glaube setzt also innerweltliche Tat und Erfahrung frei; er baut aber nicht auf ihr auf. – Diese Erklärung von Offenbarung und Glaube ist im evangelischen Raum, vor allem von der Dialektischen Theologie, entfaltet worden. Sie ist aber auch in der katholischen Theologie wirksam.

Auch dieses Verständnis enthält wichtige Elemente. Als Ganzes wirkt es jedoch zu ungeschichtlich. Das Wort des Evangeliums von der Liebe Gottes sprengt nicht bloß den Rahmen unserer geschichtlichen Erfahrung; es steht nicht nur in dialektischer Spannung zu ihr, sondern es ist auch selbst in diese Erfahrung verwoben und entspringt ihr in gewisser Hinsicht. Es ereignet sich in solcher Erfahrung. Die Erwartungen, Enttäuschungen, Hoffnungen und die Liebe der Menschen gehören nach biblischer Auffassung zum Offenbarungsgeschehen selbst hinzu. Die Erklärung der Offenbarung als Wortgeschehen, das in reinem Glauben beantwortet werden muß, wirkt dieser geschichtlichen Konkretion gegenüber leicht als Reduktion und Verarmung. Außerdem wird durch diese Erklärung die im ersten Teil genannte Schwierigkeit wohl kaum gelöst. Denn menschliches Denken muß nach der Glaubwürdigkeit des Wortes von der Liebe fragen. Wenn zur Beantwortung in keiner Weise auf geschichtliche Erfahrung verwiesen werden kann, wenn also nur der „reine Glaube" bleibt, wird kritisches Denken kaum zu überzeugen sein.

2.3 *Glaube als innerweltliche Praxis unter Verzicht auf jede Aussage über Transzendenz*

Bei dieser Lösung nimmt man unsere geschichtliche Situation so ernst, daß man jede Aussage, die unsere weltliche Aussage transzendiert, für unmöglich hält:

Über das Ganze der Welt und folglich über Gott können wir nichts aussagen. Man vertritt also einen metaphysischen Agnostizismus. Jedoch will man dabei dem christlichen Glauben durchaus einen Sinn belassen: Der christliche Glaube gibt einen Weg an, wie man in der Geschichte Sinn verwirklichen kann, nämlich den Weg zwischenmenschlicher Liebe, wie Jesus ihn gegangen ist. War diese Position vor einigen Jahren noch primär auf die Veränderung der sozialen und ökonomischen Ungerechtigkeit bedacht, konzentriert sich das heutige Interesse vieler Menschen mehr auf den privaten emotionalen Bereich. Der Glaube soll durch seine Symbole und Riten einen Weg der persönlichen Selbstfindung ermöglichen, ohne daß die „theoretischen" Momente, d. h. die Lehrsätze des herkömmlichen Glaubens, in ihrem Wahrheitsanspruch noch interessant oder akzeptiert wären. Das, was allein zählt, ist die subjektive Erlebniskomponente, also das, was man momentan als für sich hilfreich empfindet.

Diese „Lösung" scheint einerseits von vielen schwierigen theoretischen Fragen zu befreien und andererseits dem christlichen Glauben doch eine Bedeutung in der Geschichte zu sichern. Jedoch genügt auch diese Lösung in vieler Hinsicht nicht. Nur zwei Gesichtspunkte seien hier angedeutet. Zunächst läßt sich auch in dieser Lösung eine Antwort auf die Frage nach dem Sinn des Ganzen nicht umgehen, sofern man wirklich der Liebe im christlichen Verständnis entscheidende Bedeutung zuerkennen und an ihrem sittlichen Verpflichtungscharakter festhalten will. Indem man die Liebe (und nicht eine andere mögliche Grundhaltung) für entscheidend hält – und zwar so entscheidend, daß man bereit sein muß, für sie zu sterben, wie Jesus es tat –, sagt man, daß man die Liebe im Ganzen der Geschichte für entscheidend hält: in ihr glaubt man den Sinn des Lebens in der Geschichte am tiefsten verwirklicht. Man trifft also tatsächlich, wenn auch nicht notwendig in theoretischer Reflexion, eine Entscheidung über die Geschichte als ganze. Man glaubt, durch die Liebe der Wirklichkeit als ganzer am ehesten gerecht zu werden.

Wie rechtfertigt sich dieser Glaube angesichts der Unabgeschlossenheit und Begrenztheit unseres Erkennens? Man steht wiederum vor der Schwierigkeit des ersten Teiles, die man vermeiden wollte. Sodann läßt sich die Liebe im christlichen Verständnis von der Dimension der Transzendenz oder der Beziehung zu Gott nicht lösen. Denn sie erkennt den anderen nicht nur als Mittel im Dienst der Evolution und nicht nur wegen seiner geschichtlichen Nützlichkeit an, sondern weil der andere in sich selbst Anerkennung und Liebe verdient. Die christliche Liebe weist damit über den Prozeß der Geschichte hinaus; sie setzt wahre Transzendenz voraus, von der allein her der einzelne letztlich mehr sein kann als eine Funktion im Dienste der Entwicklung oder der Gattung. Wenn man diese Tiefe der Liebe aufgibt, sollte man nicht mehr von *christlicher* Liebe sprechen.

Gibt es nun über die genannten Antworten hinaus ein Verständnis der christlichen Offenbarung, das der dargelegten Problematik gerecht wird, ohne das traditionelle Verständnis wesentlich zu verkürzen?

3. Offenbarung als Eröffnung eines Weges zu Gott in der Geschichte

Eine befriedigende Antwort auf die uns bewegende Schwierigkeit wird man schwerlich finden, wenn man nicht das wirklich geschichtliche Offenbarungsverständnis zurückgewinnt, das in der Heiligen Schrift grundgelegt ist. Nach biblischem Verständnis teilt Gott sich dem Menschen dadurch mit, daß dem Menschen in seiner Erfahrung und seiner Geschichte ein Weg sichtbar wird, auf dem er Zugang zu Gott erhält. Selbstverständlich wird Offenbarung als ein Vorgang gesehen, in dem *Gott* auf den Menschen zukommt: *Gott* spricht den Menschen an. Aber dieses Zukommen und Sprechen Gottes ist von uns direkt nicht in sich selbst erkennbar, sondern nur in der Wirkung, die es in unserer Geschichte und Erfahrung auslöst. Die Wirkung besteht nun aber darin, daß es *dem Menschen* gegeben wird, seine zwiespältigen und vieldeutigen Erfahrungen in einer solchen Einheit zusammenzuschauen, daß sie als *Weg zu Gott* verstehbar werden. Auf diesem Weg, der nicht außerhalb der menschlichen Erfahrung in der Geschichte verläuft, sondern diese Erfahrungen umfassend integriert, geht der Mensch auf Gott zu und erhält so in der Geschichte Zugang zu Gott.

Wer den eröffneten Weg zu Gott geht, erkennt dabei Gott und nimmt so die Offenbarung Gottes an. Die Eröffnung des Weges zu Gott *ist* die Offenbarung Gottes. Das wird zum Beispiel im Alten Testament am Exodusgeschehen deutlich, das als Offenbarung Gottes verstanden wird. Zu diesem Geschehen, in dem Jahwe sich als Gott seines Volkes zu erkennen gibt, gehören die Sehnsucht des unterdrückten Volkes nach Freiheit, die Berufung des Moses zum Führer, der erfolgreiche Auszug, die Prüfungen in der Wüste, der Einzug in das gelobte Land innerlich hinzu. In all diesen positiven und negativen Erfahrungen lernt das Volk Jahwe kennen. Das Offenbarungsgeschehen nimmt das Hell-Dunkel unserer geschichtlichen Erfahrung in sich auf und zeigt den Menschen darin, also in der Geschichte, einen Weg, wie sie sich orientieren können. Auf diesem Weg lernen die Menschen, die Fraglichkeit und Vorläufigkeit der Geschichte positiv zu bewältigen, ohne sie einfach zu überwinden und hinter sich zu lassen.

Das Geschehen, in dem der Mensch seine Erfahrung als Weg zu Gott verstehen lernt und in dem er Zu-gang zu Gott erhält, kann im einzelnen sehr verschiedene Dichte und Intensität haben. Es kann ein langsamer Wachstumsprozeß ohne besonders auffällige innere Erlebnisse sein. Es kann aber auch eine außergewöhnliche (mystische oder prophetische) Erleuchtung sein, in der dem Menschen in einer besonderen inneren Erfahrung zugleich mit einer neuen Sicht der bisherigen Erfahrung ein intensiver Zu-gang zu Gott geschenkt wird. Auch eine solche Erleuchtung ist also nicht geschichtslos; sie integriert die bisherigen Erfahrungen und muß sich an den künftigen bewähren.

Läßt sich nun der Weg, der dem Menschen in der Offenbarung eröffnet ist, näher bestimmen? Man könnte die Geschichte Jesu von Nazaret beschreiben. Er ist ja „der Weg" (Joh 14,4–6). Auch in ihm ereignet sich Offenbarung nicht nur in einem einmaligen Erlebnis oder nur in einem Wort, sondern in einer Geschichte mit mehreren Etappen und Dimensionen. Hier soll jedoch auf den konkreten Inhalt und die Sonderstellung der Offenbarung in Jesus Christus noch nicht eingegangen werden. Dies wird vor allem im folgenden Teil (Kap. 3.3.2.b) geschehen. An dieser Stelle versuchen wir nur, die formale Struktur des Zugangs zu Gott aufzuzeigen. Dabei soll auch deutlich werden, wie die Problematik des ersten Teiles eine Antwort finden kann.

In einzelnen Punkten sollen die Etappen oder Elemente des Weges zu Gott genannt werden:

3.1 *Aufgreifen positiver Erfahrungen und der durch sie geweckten Fragen und Erwartungen*

Es gibt in unserer verworrenen und fraglichen Geschichte – trotz allem – doch positive Erfahrungen, in denen dem Menschen anfanghaft Sinn und Heil erschlossen sind. Wenn zum Beispiel jemand in einer Gemeinschaft steht, die ihn anerkennt und in seiner Eigenart und auch in seiner Begrenztheit achtet und in der er selbst die anderen achtet und dienend anerkennt, und wenn diese Gemeinschaft sich bemüht, aufbauend und positiv zur Welt und zur Menschheit zu stehen, dann erfährt der Mensch in solcher Gemeinschaft etwas von Glück. Er erfährt etwas, das „gelungen", „ganz" und „heil" ist. In dieser Erfahrung kann er sagen: „So sollte es eigentlich sein!" Er erfährt Freiheit, einen Zustand, in dem die Selbstentfremdung des Menschen aufgehoben ist. In solcher Gemeinschaft weiß sich der einzelne von den anderen beschenkt. Zugleich wissen sich alle gemeinsam beschenkt. Sie können sagen: „Das Leben, das solche Erfahrungen ermöglicht, ist gut." Man fühlt sich befreit zu danken – einander und zugleich der Macht des Lebens (oder wie man es nennen will), der diese Erfahrung entspringt.

Zugleich mit dieser positiven Erfahrung wird das Verlangen und die Erwartung geweckt, daß *alles* so gelungen, heil und ganz sei; daß der Sinn, der hier als gegeben erfahren wird, die *ganze* Geschichte erfülle, so daß man nicht mehr nur für dies und jenes, sondern schließlich für alles danken könne. Man erwartet, daß der einzelne nicht nur in dieser Gemeinschaft, sondern *im Ganzen* bejaht und angenommen sei. Mit anderen Worten: Man erwartet, daß die Geschichte nicht nur ein blinder Prozeß sei, der nach Zufall einmal Gutes und einmal Schlechtes hervorbringt und am Ende alles wieder zerstört, sondern daß sie ein einheitliches, sinnvolles Geschehen sei, das als ganzes von einem Prinzip der Bejahung, der Liebe, der Freiheit erfüllt ist. Dieses Prinzip, welches das Ganze erfüllt und zugleich dem einzelnen im Ganzen seinen Sinn gibt, muß im Ganzen der Geschichte wirksam sein und doch zugleich den Prozeß der Geschichte transzendieren, weil es ihn sonst nicht zu einem einheitlichen, sinnvollen Ganzen gestalten könnte. Von positiven Erfahrungen aus geschieht also in der Erwartung ein Ausgriff auf ein transzendent-immanentes Prinzip der Bejahung und der Liebe in der Geschichte. Hier ist der Ort, wo das Wort „Gott" von unserer geschichtlichen Erfahrung her einen Sinn erhält.

Ohne diesen erwartenden Ausgriff auf Gott ist Geschichte als sinnvolles Geschehen kaum zu denken. Die „Sehnsucht nach dem anderen" (M. Horkheimer) ist letztlich notwendig, wenn der Mensch nicht seinen personalen Wert und seine Freiheit in der Geschichte verlieren soll, wenn der einzelne nicht vom Kampf der Evolution verschlungen und die Geschichte nicht zu einem sinnlosen Prozeß werden soll.

Das Offenbarungsgeschehen setzt damit ein, daß Menschen die hier angedeuteten Sinnerfahrungen und Sinnerwartungen realisieren: Sie machen selbst positive Erfahrungen und lassen die Erinnerung an solche Erfahrungen in sich lebendig werden; die entsprechenden Erwartungen treten ins Bewußtsein und werden aus der Vergessenheit und Verdrängung hervorgeholt. Die Öffnung zum „Reiche Gottes" hin ist der Ausgangspunkt der Offenbarungsbewegung (vgl. den Beginn der Verkündigung Jesu).

3.2 *Die Krise der Erwartungen*

Auf dem Weg der Offenbarung wird zwar durch die einzelnen Sinnerfahrungen die Erwartung des immanent-transzendenten Prinzips der Liebe geweckt, aber diese ins Universale geweitete Erwartung gerät angesichts der leidvollen Realität der Welt in eine tiefe Krise. In unsere Welt bricht immer wieder das Sinnlose ein, das nicht integrierbare Leid, das Scheitern, die Verfehlungen und Enttäuschungen, die den Menschen in Verzweiflung stürzen können. Die Offenbarungsbewegung schließt diese negativen Erfahrungen nun gerade nicht aus, sondern nimmt sie in sich auf. Ebensowenig wie die menschlichen Erwartungen verdrängt der Offenbarungsvorgang die schmerzvollen Dimensionen unserer Existenz, die diese Erwartungen anfechten. Das Negative wird durch die Offenbarung nicht nur nicht verdrängt, sie bringt es vielmehr ungeschminkt zur Sprache. Das Alte Testament berichtet ganz zu Beginn von der Grundverfehlung des Menschen, wie Gott sein zu wollen; eine Schuld, die sich sogleich im ersten Brudermord der Geschichte manifestiert und sich durch alle Zeiten fortsetzt. Die Untreue des Volkes, die daraus folgenden Wirren und Leiden, aber auch die persönlichen Nöte des Menschen, all das verschweigt das Alte Testament nicht. Und das Neue Testament führt diese klare Benennung des physischen und moralischen Unheils durch die Predigt, das Leben und Leiden Jesu fort. Jesus deckt die menschlichen Fehlhaltungen furchtlos auf und wird deswegen vom Haß der kritisierten Menschen verfolgt und schließlich getötet. Er weint über den Tod seines Freundes Lazarus, er leidet mit den Menschen und teilt ihre Situation der Gottverlassenheit. Die Offenbarung kämpft also gegen die Verschleierung des Negativen, wie vor allem das Kreuz Jesu unmißverständlich zeigt.

3.3 *Kritik der vom Menschen entworfenen Lösungen und Antworten*

Für den Menschen besteht die Versuchung, sich angesichts der Krise seiner Erwartungen dadurch zu beruhigen, daß er eigene, kurzfristige und ungenügende

Antworten konstruiert. Auf dem Weg zu Gott werden solche Lösungsversuche als Fluchtversuche kritisiert und abgewiesen. Die Offenbarungsbewegung stellt den Menschen wieder ins Ungesicherte hinein und ermutigt ihn, seine unabgeschlossene Geschichtlichkeit und die Offenheit seiner Existenz zu akzeptieren. Exemplarisch beschreibt die Bibel diesen Vorgang in der Wüstenwanderung Israels. Das Volk erfährt sich in der Wüste bedroht. Um sich zu sichern, baut es sich eigene Götter, die seinen Bedürfnissen scheinbar besser entsprechen. Diese Versuche werden als nichtige Irrwege zurückgewiesen (vgl. die Götzenkritik der Propheten).

3.4 *Die Beantwortung der Krise in der Hoffnung*

Nicht Sicherung durch selbstentworfene Lösungen, aber auch nicht Resignation und Verzweiflung sind nach biblischem Offenbarungsverständnis die sachgemäße Antwort auf die Krise der Erwartungen. Den Menschen wird in der Offenbarungsgeschichte vielmehr der Weg der Hoffnung, einer „Hoffnung wider alle Hoffnung" (Röm 4,18), gewiesen. Dabei erweist sich gerade die Hoffnung als der Weg, der unserer *geschichtlichen* Situation am angemessensten ist. Denn gerade weil wir das Ganze der Welt und der Geschichte nicht wissend überschauen, sondern noch im Vorläufigen und Unabgeschlossenen leben, können wir nicht sagen, daß unsere Erwartung unerfüllbar sei. Wir müssen tatsächlich ins Offene hinein denken und leben. Dann aber können wir die Erwartung, die uns aufgrund positiver Erfahrung gegeben ist, als *Hoffnung* in das Offene hinein durchhalten. Flucht oder Resignation würde dagegen die uns in der Geschichte gebotene Offenheit nicht zur Auswirkung kommen lassen. Eine „Hoffnung wider alle Hoffnung" widerspricht also unserer geschichtlichen Situation keineswegs. Sie nimmt im Gegenteil die Vorläufigkeit der Geschichte ganz ernst.

3.5 *Die aus der Hoffnung entspringende Tat, in der sich die Hoffnung selbst als begründet erweist*

Die Hoffnung des Menschen bestimmt sein Tun. Wer darauf hofft, daß die Geschichte vom Gott der Liebe getragen sei, wird selbst anfangen, in Tat und Wahrheit zu lieben. Die Tat, in der es dem Menschen gegeben wird, jetzt schon in der Geschichte am Reich der Liebe mitzuwirken, gehört deshalb zur Offenbarungsbewegung selbst hinzu. Das Verhalten Jesu zu den Armen, Kranken und Sündern und seine Treue zum Auftrag der Liebe bis zum letzten sind in das Offenbarungsgeschehen selbst integriert und haben Offenbarungsqualität. Im Tun der Liebe, das der Hoffnung entspringt und durch das Menschen zur Freiheit geführt werden, erweist sich in unserer Erfahrung die Fruchtbarkeit der Hoffnung. In der aufbauenden schöpferischen Tat der Liebe wird deutlich, daß die Hoffnung der Wirklichkeit unserer Welt und Geschichte angemessen ist und ihr am tiefsten entspricht. So erhält die Hoffnung in der Liebe ein Zeichen ihrer Berechtigung. Sie wird zur begründeten Hoffnung. Allerdings gibt diese Begründung keine abschließende Sicherheit. Eine solche ist uns wegen der Vorläufigkeit aller unserer Erkenntnis in der Geschichte tatsächlich nicht möglich. Wohl aber gibt sie eine solche Gewißheit, daß wir mit Recht, auch vor den Ansprüchen unserer Vernunft, hoffen.

3.6 *Dank für Gottes Gegenwart in unserer Geschichte*

Der biblische Offenbarungsvorgang ermutigt nicht nur, sich in Hoffnung und Liebe auf die Zu-kunft Gottes auszurichten, sie führt den Menschen auch dahin, die Gegenwart Gottes in der Geschichte dankend zu bekennen. Denn unsere erwartende Hoffnung richtet sich auf den Gott der Liebe, der den Prozeß der Geschichte transzendiert, der aber zugleich in Welt und Geschichte wirksam ist, um sie zu einem sinnerfüllten Ganzen, zu einem Reich der Liebe zu gestalten (vgl. oben 3.1). Insofern nun unsere Hoffnung auf diesen Gott im angegebenen Sinn begründet ist, ist es auch begründet, zu sagen, daß der transzendente Gott bereits in der Welt am Werke ist, um in ihr das Reich der Liebe vorzubereiten. Wo aber sollte er am Werke sein, wenn nicht in der Liebe der Menschen, die auf den Gott der Liebe hoffen und aus dieser Hoffnung heraus tätig werden? Wie sollte er das Reich der Liebe in der Welt anders aufbauen als dadurch, daß Menschen aus der Ausrichtung auf Gott heraus anfangen, einander zu lieben? Wenn die Hoffnung auf Gott überhaupt berechtigt ist, muß daher die Liebe der Menschen zueinander als der Beginn des vollendenden Wirkens Gottes angesehen werden. In dieser Liebe beginnt Gott bereits, das Reich der Liebe heraufzuführen. In der befreienden Tat der Liebe stößt das Reich Gottes bereits zu uns vor (Lk 11,20). Diese Aussage ist empirisch (etwa durch psychologische Analyse) nicht zu verifizieren. Sie ist nur möglich und sinnvoll für denjenigen, der sich in begründeter Hoffnung auf Gott ausgerichtet hat. Nur im Horizont begründeter Hoffnung (oder – was dasselbe ist – im Horizont des Glaubens) kann man Gott in der Liebe der Menschen in unserer Geschichte als gegenwärtig anerkennen. In diesem Horizont allerdings muß man dankend bekennen, daß Gott bereits vorläufig in der Geschichte gegenwärtig und wirksam ist. Da dieses Bekenntnis im Horizont begründeter Hoffnung steht, da es also selbst Hoffnungsaussage ist und nur thematisiert, was die Hoffnung selbst enthält, widerspricht es unserer geschichtlichen Situation ebensowenig wie die Hoffnung selbst. Es wahrt die Vorläufigkeit unseres Erkennens, und zwar in doppeltem Sinn: Es bleibt erstens in den Grenzen unserer Vorläufigkeit und gibt uns noch kein abschließendes Wissen vom Ganzen, da es ja an dem Wagnischarakter partizipiert, welcher der Hoffnung als solcher eigen ist. Und es hilft uns zweitens, unsere Vorläufigkeit und Unabgeschlossenheit zu wahren und durchzuhalten; denn in dem Bekenntnis von Gottes vorläufiger Gegenwart in der Geschichte wird die Hoffnung ganz ernst genommen und zu Ende gedacht; ohne Hoffnung aber können wir unsere geschichtliche Unabgeschlossenheit kaum aushalten, sondern stehen in ständiger Versuchung, ihr auf diese oder jene Weise zu entfliehen.

In der Liebe, die der Hoffnung entspringt und die zum dankenden Bekenntnis der Gegenwart Gottes hinführt, wird wiederum anfanghaft Heil erfahren. Daraus wächst die Erwartung, die durch die Realität der Welt in die Krise gerät. Es beginnt ein neuer Schritt auf dem Weg, der uns in der Offenbarung eröffnet ist. So stellt uns das Offenbarungsgeschehen in einen dynamischen, ständig fortschreitenden Prozeß, der andauert, solange Geschichte ist, der sich aber in ihr nicht vollendet.

Gott, das sollten diese Überlegungen zeigen, macht sich selbst den Menschen innerhalb eines strukturierenden Prozesses zugänglich. Er eröffnet uns gerade durch und in unseren eigenen Erfahrungen einen Weg zu sich, der mit der Schöpfung selbst begonnen hat, eine neue heilsgeschichtliche Qualität in der biblischen Geschichte erreicht und in Jesus Christus seinen Höhepunkt und seine Vollendung findet. Daher ist dieser ganze Prozeß von der Gnade Christi stets schon getragen und lebt immer schon von diesem Ziel, das von uns dennoch nicht abgeleitet oder eingefordert werden kann. Welchen Gott dieser Offenbarungsvorgang nun inhaltlich genau bezeugt und was er uns in der Geschichte aus Gnade zugänglich macht, soll im folgenden Kapitel (3.3.2.b) dargestellt werden.

ANMERKUNGEN

1 Konstitution über die göttliche Offenbarung, Nr. 2.
2 Vgl. H. Waldenfels, Offenbarung. München 1969, 132.
3 M. Horkheimer, Kritische Theorie. Eine Dokumentation, hrsg. von A. Schmidt, Bd. I. Frankfurt/M. 1968, 19.
4 Ebd. 48.
5 Vgl. H. Albert, Traktat über kritische Vernunft. Tübingen, 1968, 33.
6 W. Müller-Lauter bezeichnet das „Schweben in der Fraglichkeit" (W. Weischedel) als letzte Konsequenz des Nihilismus: W. Müller-Lauter, Zarathustras Schatten hat lange Beine ..., in: J. Salaquarda (Hrsg.), Philosophische Theologie im Schatten des Nihilismus. Berlin 1971, 88–112.
7 Vgl. A. Frossard, Gott existiert. Ich bin ihm begegnet. Freiburg 1970.
8 Ebd. 9.
9 Ebd. 136.
10 Ebd. 138.
11 J. Mouroux, Art. „Erfahrung, religiöse", in: Sacramentum Mundi, Bd. I. Freiburg, 1967, 1124.
12 Vgl. J. Splett, Die Rede vom Heiligen. Freiburg, München, 1971, 261f. – Die Vermittlung ließe sich auch bei A. Frossard zeigen: Dem von ihm geschilderten Erlebnis gehen lange und intensive Gespräche über Gott mit einem Freund voraus.
13 Die Öffnung zur Gemeinschaft hin und die „Demut", sich der Kritik anderer auszusetzen, galten in der Kirche immer als Kriterium der Echtheit religiöser Erfahrung.

3.3.2.b Der Gott Jesu Christi

THOMAS RUTTE SJ

1. Notwendigkeit und Qual der Gottesfrage des Menschen

Die Gottesfrage gehört wesentlich zum Menschsein des Menschen. Schon ein Blick in die Geschichte zeigt nachdrücklich, daß – wie immer man das Phänomen sekundär auch interpretieren mag – der Mensch unausrottbar religiös, ein leidenschaftlicher Transzendenzsucher ist. Und noch dort, wo diese Suchbewegung als theoretischer oder praktischer Atheismus geleugnet und verdrängt wird, sucht sie sich ihren Ersatz, der, allemal wäßriger, als Ersatz zumeist krankmachend und, sich praktisch seiner eigenen Unangemessenheit überführend, selbst noch auf diese Weise das unersetzliche Original bezeugt. Der Mensch will Begründung, umfassenden Horizont, er sucht etwas, das seinem Leben Mitte und Sinn geben kann. Und er erfährt schmerzlich, daß die nichtabsoluten Sinngebungen bis hin zur beglückendsten menschlichen Beziehung und zur ergreifendsten Utopie spätestens im Angesicht des alles verschlingenden Todes sich als zu kurzgriffig und nicht tragfähig erweisen. Sie leisten nicht das Erhoffte. Alle innerweltlichen „Hoffnungsbilder gegen den Tod" (Ernst Bloch) werden von diesem selbst hoffnungslos überholt. Zudem ist dieser Vorgang, endliche Werte und Güter zu Transzendenzsubstituten, letztgültigen Sinnvermittlungsinstanzen hochzustilisieren, von einer bedrohlichen Dialektik gezeichnet: Er wird zerstörerisch und untergräbt gerade das Ersehnte. Die Dinge werden mit den an sie herangetragenen Erwartungen gnadenlos überfordert, der lebensbegierige Mensch blutet sich, seine Beziehungen und seine Welt aus, wenn er von ihr das will, was nur Gott zu geben vermöchte: „Wer das Leben gewinnen will, wird es verlieren" (Mk 8,35). Lebenswert und liebenswürdig bleibt doch nur die Welt, die Welt sein und bleiben darf und der nicht das Joch des „Wie-Gott-sein-Müssens" auf ihre dazu viel zu schmalen Schultern gelegt wird.

Und so bleibt dem vergänglichen und wesenhaft religiösen Menschen, will er sich selbst gegenüber gehorsam sein und sich nicht in falsche Bescheidenheit kleiden, doch nichts anderes als der suchende Ausgriff nach Gott. Diese Suche aber bringt den Menschen, wenngleich sie die zentrale anthropologische Dimension, die im geheimen alles organisierende Mitte des Menschlichen ist, zugleich in seine größte Verlegenheit. Er, endliches Subjekt, grundsätzlichen Erkenntnisbeschränkungen und konkreten geschichtlichen Verstehensbedingungen unterworfen, stellt, ja ist die Frage nach dem, was gerade alles Endliche unendlich überschreitet, was sich menschlichem Begreifen und Bemächtigen prinzipiell entzieht. Wer also ist Gott, wie kann man ihn erkennen und angemessen von ihm sprechen, und, noch dringlicher, wie kann man zu ihm gelangen?

An Tastversuchen des menschlichen Geistes hat es in der Menschheitsgeschichte nicht gefehlt. Alle großen Denk- und Religionssysteme kreisen um diese Fragen, mühen sich um sie und versuchen, die Grundfrage des Menschen wenigstens als Frage zu hören, erkenntnistheoretisch, ontologisch und unter der Rücksicht ihrer ethischen und lebenspraktischen Relevanz zu bedenken und vielleicht auch theoretisch und praktisch zu beantworten.

Für das Verständnis des Christentums, seiner geschichtlich gewachsenen Begriffe und Vollzüge, ist es hilfreich, aus dem gewaltigen Spektrum aller vorliegenden Theorien zumindest in groben Strichen jene für die Entwicklung des christlichen Glaubens besonders bedeutsamen Entwürfe anzudeuten, auf die das Christentum in seinen ersten Jahrhunderten stieß, mit denen es sich kritisch auseinandersetzen, in deren Kritik es seine eigenen Positionen formulieren mußte und die oft in modifizierter und hintergründiger Weise noch bis in das moderne philosophische, religiöse und alltägliche Bewußtsein hineinragen.

Der entscheidende Schritt, der die Denk- und Lebensgeschichte Europas maßgeblich geprägt hat, liegt im Aufbruch der griechischen Metaphysik aus der Welt des Mythos. Diese Wende ist die geistige Geburtsstunde des Abendlandes. Götter und Menschen, Sein und Nichtsein, Leben und Tod werden nun nicht mehr ungeschieden aneinander verklammert, auseinander entwickelt und als Momente einer einzigen großen, letztlich unbegreiflichen Gesamtbewegung verstanden. Das Denken beginnt onto-logisch zu unterscheiden. Die fundamentale Klärung bezieht sich auf das Verhältnis von Unbedingtem und Bedingtem, von Sein und Werden. Das Seiende ist als Seiendes „ungebärlich und unzerstörlich, es ist ganz gefügt und unerschüttert, und nichts an ihm bleibt zu vollenden. Weder je war es noch wird es sein, da es jetzt zusammen ganz ist" (Parmenides). Das Seiende ist, sofern es ist, unwandelbar, ungeschieden, eines. Alle maßgeblichen Nachfolger des Parmenides, vor allem Platon, Aristoteles, auch Plotin, gründen in dieser entscheidenden Grundeinsicht: Das Eine ist nicht das Viele, das Sein ist unwandelbar, ungeworden und unvergänglich, die Sphäre des Vergänglichen, Zusammengesetzten, Wandelbaren ist ihm wesenhaft fremd, bestenfalls sind Schattenrisse, blasse Entsprechungen des unwandelbar Einen im Weltlichen auffindbar, im platonischen Schöpfungsmythos dadurch, daß der Weltverfertiger die vergänglichen Dinge im Blick auf das Ewige machte, „gebaut nach dem Bilde dessen, was sich immer gleichbleibt". In Platons „Staat" erscheint Gott als der absolut Gute, dessen notwendige Unveränderlichkeit und Unberührbarkeit daher rühren, daß er vollkommen in sich selbst ruht, als der Gute gänzlich sich selbst genügt, und dessen Veränderung nur eine Wandlung zum Schlechteren darstellen könnte. Nur ein Gott, so der Spätplatonismus, der aufgrund seiner sittlichen Vollkommenheit nicht durch menschliche Einrede umgestimmt werden kann, vermag überhaupt menschliches Vertrauen zu begründen. „Nötig ist nach meiner Meinung, zuerst folgendes zu unterscheiden: Was ist das immer Seiende, das kein Werden hat, und was das immer Werdende, niemals aber Seiende? Das eine wird vom Denken erfaßt gemäß vernünftiger Rede: das, Was immer in gleicher Weise ist. Das andere wird von der Meinung gemeint gemäß vernunftloser Sinnesempfindung: das, was wird und niemals wahrhaft ist" (Platon, Timaios, 27d). Für Aristoteles ist Gott ein unumgängliches Prinzip der Naturphilosophie: Nur der unbewegte Beweger erklärt die stetige, sich immer gleichbleibende Kreisbewegung des „ersten Himmels". Soll es in der Ursachenfolge des sich bewegenden Kosmos nicht einen regressus ad infinitum geben, muß eine erste Ursache angenommen werden, die ihrerseits nicht wieder verursacht sein kann. Der unbewegte Beweger muß demnach unabhängig sein von allem Bewegten, die Fülle des Seins in sich und aus sich als reiner Akt verwirklichen. Er schließt jede, wieder Bewegung bedeutende Potentialität wesenhaft von sich aus, und er kann nicht zusammengesetzt, teilbar sein, denn Teilbarkeit bedeutet Wandelbarkeit – das Charakteristikum der zerfallenden Materie. Gott also ist „das, wiewohl es nicht bewegt wird, [das] anderes bewegt, also etwas, das ewig ist, ein Wesen und eine Verwirklichung" (Metaphysik, XII. Buch, 7). Dieses höchste Wesen ist „mit Notwendigkeit Seiend" (ebd.), von ihm „hängt der Himmel ab und die Natur" (ebd.), es ist sich selbst denkendes Denken, in ihm sind „Vernunft und Gedachtes dasselbe" (ebd.), „und auch Leben kommt ihm zu; denn die Verwirklichung der Vernunft ist Leben, jener aber ist die Verwirklichung. (...) Wir sagen also, daß der Gott ein lebendiges, ewiges und bestes Wesen sei. Dem Gott kommt demnach ununterbrochenes, fortdauerndes und ewiges Leben zu; denn das ist eben der Gott" (ebd.).

Nunmehr also fragt die Philosophie nach dem unwandelbar Seienden. Jedoch: Wenn Seiendes als solches unwandelbar ist, dann ist Wandelbares nicht-seiend. Wie haben wir uns dann aber diesen Gegenstand des „bloßen Meinens", die werdende und vergehende Welt zu denken, in welchem Verhältnis steht sie zum Ungewordenen der „vernünftigen Rede", wie läßt sich das Viele angesichts der Einheit des Einen denken? Und umgekehrt: Wenn das Eine totale Identität mit sich, gegensatzlos ist, wie kann ihm etwas – nämlich unsere faktische Welt – entgegengesetzt sein?

Um diese Frage zu lösen, lassen sich drei Grundansätze ausmachen, die sich trotz ihrer Unterschiedlichkeit doch wieder berühren und in ihren Radikalformen ineinander umschlagen können.

Der erste Ansatz erklärt das Verhältnis des Einen zum Nichteinen durch das Verhältnis von Sein und Schein. Die werdende und sich verändernde Welt ist im wahren Sinne gar nicht, sie scheint nur zu sein, gaukelt das Sein lediglich vor. Das allerdings so überzeugend, daß die Erkenntnis- und Überzeugungsarbeit des Philosophen und der Religion darin bestehen muß, diesen Schein als Schein mühsam durch die Einsicht aufzudecken, daß das welthafte „Ich" im tiefsten gar kein „Eigenes“ und „Anderes“ ist, sondern das Eine selbst. Die Aufgabe ist demnach, den im Schein befangenen Menschen zum wahren Sein zurückzuführen, zu seiner Selbsterfüllung im Untergang seines Scheinselbst – ein Untergang, der, als Zerplatzen einer Seifenblase durchschaut, nicht mehr schmerzen soll. Dieser alle welthafte Einzelheit zerstörende, die Geschichte radikal relativierende Gedanke besitzt signifikanterweise gerade heute große Faszination; der Buddhismus ist in der modernen postchristlichen Welt der Statthalter dieser alten Idee, die auch im Abendland gedacht und einflußreich geworden ist. In Hermann Hesses Erzählung „Indischer Lebenslauf“ trifft die Hauptfigur, Dasa, ein gebürtiger Prinz, der durch hartes Schicksal zum Hirten geworden ist, zufällig auf einen im Wald lebenden Yogin, dem er sein leiderfülltes Leben in einem erschütternden Klageausbruch offenlegt: „Der Yogin hatte dem Ausbruch ruhig mit niedergeschlagenen Augen zugehört. Jetzt schlug er sie auf und richtete seinen Blick auf Dasas Gesicht, einen hellen, durchdringenden, gesammelten Blick, und während er Dasas Gesicht betrachtete und seiner hastigen Erzählung nachdachte, verzog sein Mund sich langsam zu einem Lächeln und zu einem Lachen, mit lautlosem Lachen schüttelte er den Kopf und sagte lachend: Maya, Maya!“ Dieses Lachen des Weisen läßt Dasa erkennen: „Maya, das war Dasas Leben, Dasas süßes Glück und bitteres Elend, Maya war die Liebe und ihre Lust, Maya das ganze Leben. Dasas und aller Menschen Leben, alles war in den Augen dieses alten Yogin Maya, war etwas wie eine Kinderei, ein Nichts in bunter Haut, war etwas, worüber man mit einem gewissen Entzücken lachen und was man zugleich verachten, keinesfalls aber ernst nehmen konnte.“ Dieser Erkenntnis entsprechend begibt auch Dasa sich auf den Erleuchtungsweg des Yogin, damit auch ihm „die ganze Welt um ihn her Oberfläche und bedeutungslos“ werde, „nur Windhauch und Wellengekräusel über unbekannten Tiefen“, und auch er „durch die Oberflächenwelt“ hinabtauche „in den Grund des Seienden, ins Geheimnis aller Dinge, festgewurzelt im Wesentlichen und Wandellosen“. Daß diese eigentümlich berührende und in Bann schlagende Vorstellung allerdings um einen hohen Preis erkauft und der christlichen Grundoption diametral entgegengesetzt ist, wird gerade der Blick auf den Gott Jesu Christi und das von hierher sich ergebende Seinsverständnis zeigen.

Der zweite Weg greift zur Erklärung des Anders-Seins auf die Schuld zurück, durch die das Viele aus der ursprünglichen Heimat des Einen herausgefallen ist und das nun versuchen muß, sich zur Einheit des Einen wieder emporzuläutern, sich als Vieles zu verwinden, die Daseinsschuld abzutragen. Doch wer ist das Subjekt solcher Schuld, wenn doch im Ursprung nur das ungeschieden Eine war? Weil es dieser Theorie kaum möglich ist, einen Schuldigen auszumachen, dessen Existenz durch die Schuld ja allererst erklärt werden soll, fällt diese Vorstellung – etwa in den Äonenspekulationen der Gnosis – immer wieder in die mythologische Dialektik zurück, sofern doch im Einen von diesem selber die „schuldige“ Andersheit, zumindest deren Möglichkeitsbedingung, hervorgebracht wird. Aber wenn das Eine seine eigene Andersheit gebiert, dann ist es eben nicht mehr das ungeschieden Eine. Die Schuldtheorie hebt ihre eigene Voraussetzung, das Eine, selbst auf.

Die dritte – faktisch bedeutsamste – Möglichkeit, die Entgegensetzung von absolutem und endlichem Sein zu erklären, ist die Annahme, das Eine müsse sich, um überhaupt ein wahres, seiner selbst bewußtes und für sich lebendiges Eines zu werden, die Vielheit in sich erzeugen. Das ist „der Gang Gottes in die Welt" (Hegel), ein Gang, den, um weiter mit Hegel zu sprechen, die absolute Substanz zum Zwecke ihrer Subjektwerdung unternimmt, den „unendlichen Entzweiungsschmerz" erleidend, um durch diesen Abstieg ins Viele und Einzelne sich selbst als Einheit zu begreifen und zu besitzen. Damit aber ist das Anders-Sein das Anders-Sein des Einen selbst. Das Eine enthält das Andere seiner selbst als solches je schon aufgehoben in sich, es handelt sich somit nur um „ein Spiel des Unterscheidens, mit dem es kein Ernst ist". Die Wahrheit besitzt nur das Eine, das Viele ist trotz seiner Bedeutsamkeit für das Eine letztlich bloßes Reflexionsmoment, und die Aufgabe des Teiles besteht – analog zur ersten Position – darin, sich in seiner Wahrheit, Moment des Ganzen und darum in diesem Ganzen immer schon enthalten und integriert zu sein, zu erkennen und sich – in Analogie zur zweiten Position – dementsprechend zu verhalten. Für Plotin und den Neuplatonismus ist, in enger Verwandtschaft zum gerade Gesagten, das Eine zwar in absoluter Un- und Überweltlichkeit gedacht, es entläßt aber – in Fortführung des stoischen Gedankens des „göttlichen Urfeuers" – doch zugleich die niedrigeren Seinsebenen mit innerer Notwendigkeit aus sich, die, aufgrund dieser Notwendigkeit, nicht bloße Maya sind. Gemeint ist hier ein Emanationsprozeß, der „in gewissermaßen konzentrischer Ausstrahlung von Stufe zu Stufe erkaltend und, festere, ... starrere Formen und Gestalten annehmend, in einem stufenweisen Abstieg ... bis herunter zum äußerst Erdhaften" (Endre v. Ivánka, 1990, 72) reicht und von dort wieder emporstrebt zum Licht, dessen Verschattung er ist. Das wahrhaft Seiende depotenziert sich selbst, der wesenhaft göttliche Seinskern überkleidet sich stufenweise mit den verschiedenen Hüllen der Endlichkeit. Er erniedrigt sich innerhalb einer Kette auseinander hervorgehender, sich ineinander spiegelnder je niedrigerer Seinsgrade. „Dementsprechend vollzieht sich auch ... der Wiederaufstieg zum Einen auf die Weise, daß das abgestiegene Wesen diese Qualitäten stufenweise wieder ablegt, und zwar dadurch, daß es sich auf sein eigentliches Wesen besinnt. ... Erkennt es einmal, daß seine wahre Wesenheit eigentlich sein Daseinskern ist und nicht das Fremde, sein eigenes Wesen Bedeckende, dann ... läßt es diese Verhüllung als etwas ihm Fremdes zurück. (...) Denn im Grunde bedeutet dieses Zurückkehren nicht, daß es wird, was es vorher nicht gewesen ist, sondern daß es erkennt, was es immer schon war" (ders., 76). Damit aber muß das Einzelding einsehen, daß sein partikulares „Selbstsein" eben genau das ist, was es aus der reinen Fülle des Seins absondert und Erlösung in der Aufhebung jener Absonderung besteht, vermittelt durch die Erkenntnis der Nichtigkeit dieses Unterschieds, der nur gesetzt ist innerhalb eines ewigen Kreislaufes der Selbstentfaltung Gottes. Die neuplatonische Erklärung des Gegensatzes

Gott–Welt führt somit – im Widerspruch zur betonten Transzendenz des Einen – „zu einem Begriff von Gott und ... Kreatürlichkeit, der, in seinen Konsequenzen zu Ende gedacht, sowohl die wahre Transzendenz Gottes ausschließt als auch den echten Begriff der Kreatürlichkeit entwertet, weil sie das Geschöpf gleichzeitig zu hoch ansetzt ... und zu niedrig ... und dadurch die geschaffene Welt zugleich vergöttert und verlästert ..." (ders., 88).

Alle diese Wege haben, abgesehen von ihrem oft gegensinnigen Verlauf, ihre Entstehungsbedingung in der Grundannahme der Metaphysik, das wahrhaft Seiende müsse als Seiendes ein unwandelbares, mit sich ununterschieden identisches Eines sein, so daß die faktische Gleichzeitigkeit des gegensatzlosen Einen und eines ihm Entgegengesetzten als erklärungsbedürftiger Widerspruch erschien. Der Begriff der Einheit als unterschiedslose Identität ist also das Problem, von ihm her bricht der garstige Graben auf. Selbst dem Alten Testament ist diese Schwierigkeit nicht völlig fremd. Zwar durchkreuzt der jüdische Glaube die soeben skizzierten – nahezu notwendig aporetischen – philosophischen Positionen, indem er an die Stelle des abstrakten Einen, des unbedingten und mit sich identischen Seins den freien, unbedürftigen und allmächtigen, also auch geschichtsmächtigen Gott setzt, der in unableitbar freier Initiative erwählt und begnadet, lenkt und schützt, sein Volk und – von der Bundeserfahrung her reflektiert – alle Welt ins Dasein ruft, „aus nichts", voraussetzungslos und ohne jeden inneren oder äußeren Zwang. Aber dennoch: Israel bleibt „dieses Gegenüber von gegensatzlosem Gott und ihm entgegengesetzter Kreatur ... ein schroffes Paradox, das im unreflektierten Glauben hingenommen ... werden konnte. Israel ... definiert sich durch sein reines Bezogensein auf den schaffenden und erwählenden Gott: das Hauptgebot ist Ausdruck dieser absoluten Bezogenheit als Vorziehen, als Liebe. Dagegen besteht naturgemäß eine gewisse Scheu, dem gegensatzlosen Einen – trotz seiner vorziehenden, freien Erwählung und seiner Gerechtigkeit und Treue dem Erwählten gegenüber – das Attribut Liebe zuzulegen, das Gott scheinbar in eine notwendige Beziehung zum Anderen, zur erwählten Kreatur, in eine Abhängigkeit von ihr gebracht hätte" (Hans Urs v. Balthasar, 1974, 31). Zwar lichtet sich das Dunkel im Vorraum des Christlichen zusehends, dennoch bleibt die grundsätzliche Gemeinschaft des Hebräers mit dem griechischen Gottesdenken in der bohrenden Unsicherheit, wie die Einheit des Absoluten mit der Existenz des danach Fragenden selber vereinbart werden könne.

2. Jesus Christus als Selbstmitteilung Gottes

Das Christentum greift in der Interpretation und Artikulation seiner Botschaft auf viele dieser geistigen Annäherungen zurück, zuvorderst auf den Glauben Israels, der nicht nur bloßer Durchgang, sondern bleibendes Erbe ist – unbeschadet der Notwendigkeit, dieses Erbe zugleich zu reinigen und zu ergänzen. Der Neue Bund ist die Erfüllung des Alten Bundes, den dieser, von der bleibenden Freiheit Gottes gewollt und ermöglicht, aus sich als seine eigene Vollendung hervorgebracht hat. Die Israel geschenkte Verheißung, Gott werde seinem Volk den Messias senden, sieht die Kirche in Jesus Christus realisiert. Er ist das entscheidende Erkenntnisprinzip, das alles, auch seine eigenen historischen Hinwege, normiert und damit auch den vieldeutigen Messiasbegriff selber endgültig klärt. Denn in ihm, so glauben die Christen, hat Gott nicht nur sein bis dahin immer in Dunkel und Ambivalenzen gehülltes Angesicht entborgen, in ihm hat der ewige Gott den Alten Bund mit den Juden insofern überbietend vollendet, als er nun in Christus, über die kühnsten Erwartungen hinaus, allen Menschen sein eigenes Leben zugänglich gemacht und geschenkt, sich selbst im radikalen Sinn mitgeteilt hat.

Hier bricht der im Alten Bund schon ansetzende Vernunftskandal vollends auf: eine konkrete, geschichtlich fixierbare, menschliche Gestalt soll definitive und unüberbietbare Offenbarung jenes Gottes sein, nach dem der Mensch immer schon fragte und dessen Wesen von der Metaphysik in Abstreifung aller endlichen Unvollkommenheiten und unendlicher Überhöhung welthafter Vollkommenheitsansätze als unwandelbares, mit sich identisches Selbstdenken, als höchste Einheit des Seins gefaßt worden war. Das Ewige, Allumfassende soll greifbar werden, sich artikulieren in einem historischen Hier und Jetzt: „Was ihr verehrt, ohne es zu kennen, das verkündige ich euch. (...) Das Menschengeschlecht sollte Gott suchen, ob sie ihn ertasten und finden könnten; denn keinem von uns ist er fern. Denn in ihm leben wir, bewegen wir uns und sind wir. (...) Gott, der über die Zeiten der Unwissenheit hinweggesehen hat, läßt jetzt den Menschen verkünden, daß überall alle umkehren sollen. Denn er hat einen Tag festgesetzt, an dem er den Erdkreis in Gerechtigkeit richten wird, durch einen Mann, den er dazu bestimmt und vor allen Menschen dadurch ausgewiesen hat, daß er ihn von den Toten auferweckte" (Apg 17,23ff.). Die Rede des Paulus vor den Athenern, in der er das Evangelium Jesu Christi, den von ihm her erkannten Gott bezeugt, stößt wegen dieser philosophischen Ungeheuerlichkeit bei den Gebildeten auf Unverständnis. Und doch ist es so, daß gerade dieses Ungeheuerliche Perspektiven und Einsichten aufzureißen vermag, die dem Denken bislang verborgen geblieben sind. Die wirklichkeitserschließende Kraft des Christentums ist größer als die jener Ansätze, an denen gemessen sich der christliche Glaube zunächst wie eine große Naivität ausnehmen muß.

Dieser Skandal bestünde allerdings zu Recht, wenn Jesus Christus, wiewohl angeblich die letztgültige Offenbarung und Selbstmitteilung Gottes, doch nur ein Mensch wäre und in der Reihe der großen Religionsstifter, Erleuchteten und Propheten stünde. Nicht nur wäre dann seine persönliche Unüberholbarkeit nicht mehr begründet, es handelte sich dann tatsächlich nicht um die – an der äußersten Grenze des in der Weltzeit überhaupt Möglichen stehende – Selbstartikulation Gottes. Wenn Gott als er selber sichtbar werden und für uns zugänglich werden will, dann ist eine solche Offenbarung als Selbstmitteilung überhaupt nur dann wirklich denkbar und gegeben, wenn die offenbarende und mitteilende Menschheit Jesu die Menschheit Gottes selbst ist. Nur wenn Jesus Christus zugleich, unvermischt und ungetrennt, Mensch und Gott ist, wenn beides, göttliches und menschliches Sein in ihm in der Einheit einer Person konkurrenzlos beieinander sind, ist der Mensch Jesus die authentische Erscheinung Gottes. Das könnte ein bloß kreatürliches Medium des Göttlichen, so hoch es von Gott auch erhoben und befähigt worden wäre, prinzipiell nicht leisten. Einen bloßen Menschen mit den Prädikaten und der Offenbarungsqualität auszustatten, die die Kirche in Jesus Christus als dem menschgewordenen Gott realisiert sieht, verdiente völlig zu Recht das Gelächter der Athener. Wenn überhaupt, dann ist der Anspruch Jesu Christi, in seiner konkreten Gestalt sei Gott selbst in die Sprach- und Lebensgemeinschaft der Menschen eingetreten und habe sich erkenntnis- und seinsmäßig mitgeteilt, nur innerhalb des Modells der Hypostatischen Union, d. h. der Einigung beider Naturen in der Person des Logos, denkbar. Darum hat die frühe Kirche alle Versuche modalistischer (Gott nimmt im Umgang mit uns nur verschiedene Rollen an) oder subordinatianischer Art (Sohn und Geist sind dem Vater untergeordnet, von ihm als seine Medien geschaffen), das wahre Gottsein Christi zu relativieren, vor allem unter heilstheologischer Rücksicht zurückgewiesen: wenn in Jesus Christus nicht Gott selbst tatsächlich Mensch geworden wäre, begegnete er uns in dieser Menschheit auch nicht als er selber und hätte das Sprechen, Handeln, Leiden und Sterben dieses Menschen keine heil-, nämlich gottbringende Funktion.

An dieser Stelle fallen alle Würfel. Was es mit dem Glauben der Jünger, dem Heilsanspruch der Kirche und ihrer sakramentalen Vollzüge, vor allem und zuerst: Was es mit Gott selbst auf sich hat, das entscheidet sich an der Frage: Wer ist Jesus Christus? Die skizzierte Antwort steht allerdings im Blick auf das Gottesproblem in einem unaufhebbaren Zirkel. Denn obgleich sich erst an der Frage nach dem Sein Jesu Christi die Frage klärt, wer denn Gott selbst sei, so kann das Verständnis der Person Jesu letztlich doch wieder nur von Gott her gewonnen werden. Das eine erhellt sich nicht ohne das andere, dürfte es auch nicht, wenn denn Jesus Christus tatsächlich Gottes Selbstmitteilung an uns sein soll.

Ausgangspunkt der Erkenntnis und des Verständnisses der Wirklichkeit Gottes soll nach dem Willen Gottes der Mensch Jesus von Nazaret sein. Diese Aussage, die allerdings schon im Glauben getroffen ist, wird für die Jünger von der Erfahrung der Auferstehung her möglich. Faktisch sind jedenfalls von diesem bezeugten Ereignis her die ganzen neutestamentlichen Christologien entstanden. Gott, das begreifen die ersten Christen im österlichen Licht, hat durch die Auferstehung den gestorbenen Jesus als seinen wahrhaftigen Zeugen beglaubigt, den Selbstanspruch Jesu legitimiert und sein äußerlich als bloßes Scheitern erscheinendes Leiden und seinen Tod als Heilsereignis enthüllt: „Ihn hat Gott, der Vater, mit seinem Siegel beglaubigt" (Joh 6,27). Jesu ganzes Leben hat vollständig offenbarungstheologische Qualität. Jetzt ist klar: Wer Gott in sich selbst ist, erscheint in dieser Person, in Jesus dem Christus. „Niemand kennt den Vater als allein der Sohn und wem es der Sohn offenbaren will" (Mt 11,27). Nur wer ihn kennt, kennt den Vater (Joh 8,19), denn niemand kommt zum Vater außer durch ihn (Joh 14,6).

In der nachösterlich einsetzenden Reflexion wird darum vor allem sein Verhältnis zu Gott bedeutsam, zum Willen dessen, den er seinen Vater nannte und dessen anbrechendes Reich er ausrief und in Gleichnissen verkündete. Er unterstellte seine ganze Existenz diesem Willen, in guten und in bösen Tagen, er unterwarf sich dem Vater bedingungslos, wollte seinen Namen unter den Menschen bekanntmachen und nur ihn, nicht sich selber verherrlichen, bedeutsamerweise gerade durch seinen Tod. Dennoch band er den Anbruch des Reiches Gottes in unerhörter Weise an seine Person, so daß die Annahme des Gottesreiches sich an der Haltung zu ihm zu entscheiden hatte. Daß nur er der Statthalter des Vaters ist, der ihn zur Erfüllung der alttestamentlichen Verheißung gesandt hat, war zweifellos sein eigenes skandalöses Selbstbewußtsein. Er vergab Sünden und machte, etwa im Gleichnis vom verlorenen Sohn, seinen Umgang mit den Sündern zur Darstellung der Barmherzigkeit Gottes. Von Gott sprach er als dem liebenden Vater, auf den unbedingt im Leben und im Tod Verlaß ist und dem zu gehorchen nicht Sklaverei, sondern höchste Freiheit bedeutet, der in ihm die Welt mit sich versöhnen und Frieden stiften will. Und diesem Zeugnis blieb er selbst noch dort treu, wo die Sendung des Vaters für ihn den Weg in den Tod bedeutete.

All das, die ganze Logik des menschlichen Verhaltens Jesu und hier noch einmal in besonderer Relevanz sein Tod, mit dem der ewige Gott sich selbst identifiziert und sich so an einem Toten in seiner Göttlichkeit definiert, wird nun im österlichen Rückblick zum entscheidenden Blick nach vorn, in das Geheimnis Gottes. Denn die in der Geschichte vollzogene Hingabebeziehung Jesu zum Vater, die Jesus als den Sohn – zunächst freilich als Prädikat seiner Menschheit – erkennen läßt, und die Beziehung Gottes zu ihm, die Gott vor allem durch die Auferstehung als treuen Vater erweist, enthüllt sich gerade in dieser „wechselseitigen Selbstunterscheidung und Identifizierung von Vater und Sohn" (Wolfhart Pannenberg) als die ins Welthafte hinein weitergeschriebene Beziehung, die sie von Ewigkeit her haben. Und eben deswegen ist das Verhältnis des Menschen Jesus von Nazaret zum himmlischen Vater die Sichtbarwerdung und Eröffnung Gottes selbst, seines eigenen Lebens, wahrhaftig seine Selbstmitteilung an uns.

3. Der lebendige Gott: Trinitätslehre als konkreter Monotheismus

Wenn Gott als er selbst in der wechselseitigen Unterscheidungs- und Identifikationsbeziehung von Jesus und göttlichem Vater gegenwärtig ist, dann heißt das, daß Gott in sich selbst wesenhaft Geschehen der Liebe, wechselseitiges Selbstunterscheidungs- und Identifizierungsgeschehen unterschiedener Partner sein muß. Und dieses ewige Sein Gottes ist damit die ontologische Bedingung der Möglichkeit dafür, daß es in der Geschichte überhaupt diese Beziehung des Menschen Jesus von Nazaret zum Vater und des Vaters zu ihm und – in und durch Jesus vermittelt – zur ganzen Welt geben kann. Die Gotteslehre ist damit der große Horizont, der uns, wenngleich unserem Blick erst durch Jesus Christus geschichtlich eröffnet, wiederum die Wirklichkeit Christi und das Verständnis der Heilsökonomie, d. h. des Heilshandelns Gottes in der Welt vollends erschließt. Die Gotteslehre aber entfaltet sich von Jesus Christus her konkret als Trinitätslehre: „Die Trinitätslehre ist der unerläßlich schwierige Ausdruck der einfachen Wahrheit, daß Gott lebt, weil Gott als Liebe lebt" (E. Jüngel, 1980, 265). Diese vom geschichtlichen Heilsereignis Jesu herstammende Einsicht in das Wesen Gottes revolutioniert nun aber alles, was jemals zuvor über Gott und die nichtgöttliche Wirklichkeit und deren Relation gedacht worden ist: Die alte Frage, wie dem gegensatzlosen Einen die vielfältige Endlichkeit entgegengesetzt sein könne, beantwortet sich im Lebensgeheimnis des dreipersönlichen Gottes, ohne daß diese Antwort doch wieder nur eine Spielform der hergebrachten metaphysischen Versuche darstellt. Die große Naivität des Christlichen enthüllt sich damit als jener Zugang zur Wirklichkeit, zum Sein des Seienden, der die natürlichen Phänomene selber in einen sie adäquater erhellenden und würdigenderen Interpretationszusammenhang hineinstellt.

„Gott ist die Liebe" (1 Joh 4,8). In diesem einfachen Satz ist die Wahrheit des Seins enthalten. Gott ist als Liebe das Geschehen von Hingabe und Entgegennahme, von Unterscheidung, Anerkennung dieses Unterschieds und gleichzeitiger Einheit mit dem Unterschiedenen. Die erste Person der Gottheit, metaphorisch: der Vater, der die unendliche Fülle des göttlichen Seins in sich enthält und verwirklicht, drückt diese Totalität seines wissenden Beisichseins in der Hervorbringung der zweiten Person der Gottheit, metaphorisch: im Sohn, aus. Der Vater gibt alles, was er besitzt, seine ganze göttliche Natur, dem Sohn, verschenkt sich selbst, macht sich zum Unterpfand des anderen als anderen. Der Vater will die göttliche Natur nicht monadenhaft nur in sich selbst vollziehen, er will nur Gott in der rückhaltlosen Gemeinschaft mit dem Sohn sein. Der Sohn, vollendeter Selbstausdruck des Vaters, nimmt seinerseits die geschenkte väterliche Natur entgegen, empfängt den Vater und läßt den Vater in sich Vater sein. Er anerkennt die Väterlichkeit des Vaters gerade dadurch, daß er nicht bloße passive Geworfenheit durch den Vater ist, sondern an der Selbstmitteilung des Vaters aktiven Anteil nimmt, sie geschehen läßt. So sehr der Sohn sich dem Vater als Sohn verdankt, so sehr verdankt sich der Vater dem Sohn, der ihn als Vater liebend anerkennt und ihn sich aussagen läßt. Der Sohn behält nun die ihm aktiv-passiv zuteil gewordene Natur des Vaters nicht für sich, hortet sie nicht wie einen Raub, sondern schenkt die entgegengenommene Natur dem Geber zurück, der sich wieder, ermöglicht durch sein eigenes Weggeben, zu einem leeren Raum des Empfangens macht, den Sohn in der geschenkt-wiedergeschenkten göttlichen Natur entgegennimmt und sich vom Geber her erneut Geber sein läßt.

In der theologischen Tradition hat es mehrere Modelle gegeben, Gottes Sein als differenziertes Geschehen begreiflich zu machen. In der westlichen Theologie ist – bis hin zu Karl Rahners Trinitätslehre – die sogenannte psychologische Trinitätslehre dominant geworden, die Augustinus entwickelt hat. Das innergöttliche Leben wird in diesem Modell in Analogie zum Selbstvollzug des menschlichen Geistes gedacht. Die beiden entscheidenden Prozesse des endlichen Geistes sind zum einen die durch die Erkenntnis geschehende Erzeugung des inneren Wortes, in dem das erkennende Subjekt sich selbst ausdrückt und gegenwärtig wird und zum anderen die willentliche Bejahung des so Erfaßten, durch die der menschliche Geist erst vollends bei sich ist. Ohne die grundsätzliche Tauglichkeit des geistigen Selbstvollzugs in Erkenntnis und Wille für die analoge Erschließung des trinitarischen Geschehens zu leugnen, ist die Gefahr in der Anwendung auf Gott doch kaum übersehbar: Wenn der Sohn nur das innere Wort des Vaters zu dessen eigener Selbstdurchmessung ist, ist der Sohn für den Vater bloß Mittel bzw. Funktion des väterlichen Zusichkommens. Eine wechselseitige Beziehung der Liebe ist von hierher kaum denkbar, weil der Vater dieser Selbstartikulation um seiner selbst willen bedürftig ist und sich im erzeugten Wort eigentlich nur zu sich selbst verhält. Person ist im psychologischen Modell im Grunde nur der eine Gott, seine Differenzierungen sind eben nur seine notwendigen Differenzierungen – sofern man eine solche a-dialogische Wirklichkeit sinnvollerweise noch Person nennen kann, zu der doch wesentlich das Gegenüber, das Leben in Beziehung gehört. Darum kann Karl Rahner konsequenterweise auch sagen, daß es in Gott kein Du gebe. Wenn aber in Gott keine interpersonalen Vollzüge, sondern nur noch Selbstvermittlungen des absoluten Geistes in Selbstaussage (Logos) und zu sich zurückkehrender Selbstbejahung (Geist) gegeben sind, dann entspricht die geschichtliche Beziehung der wechselseitigen Liebe des irdischen Jesus und seines himmlischen Vaters nicht mehr der innergöttlichen Realität, die Entsprechung dieser Beziehung zur behaupteten innergöttlichen Beziehung ist in Frage gestellt. Rahner ist auch hier konsequent, indem er sagt, das von Jesus an Gott gerichtete „Du“ habe seinen Ansatz nur in der Menschheit Jesu – sie spiegele keine korrespondierende göttliche interpersonale Wirklichkeit. Demgegenüber muß gerade vom Wesen der Liebe her geltend gemacht werden: „Die Beziehungen der ... göttlichen Personen zueinander sind keine Beziehungen der Bedürftigkeit (nach einer Ergänzung), keine Beziehungen, in denen die Beziehungsträger ... mehr würden; sie sind vielmehr Beziehungen, die nicht im Mangel, sondern in der Fülle ihren Grund haben, in denen die göttlichen Personen die überströmende Fülle einander mitteilen“ (J. Werbick, 1992, 556). Darum ist die Bedürftigkeit Gottes nicht nur im Blick auf die Erschaffung der Welt auszuschließen, sie ist auch in Gott selbst mit dem Wesen der Liebe als selbstlosem Unterscheidungsgeschehen, das gerade die dauerhafte und gleichrangige Verschiedenheit der Verschiedenen will, nicht vereinbar.

Von daher ist es notwendig, die Hervorbringung des Sohnes als Selbstausdruck der immer schon vollendeten Selbsterkenntnis des Vaters zu verstehen, die dieser aus Liebe in seinem Wort ausspricht, um den Sohn diesen Selbstausdruck der väterlichen Fülle sein zu lassen. Und erst dann wird auch einsehbar, daß der Sohn, wie Bonaventura in seiner Trinitätslehre nachdrücklich betont, an seiner eigenen Zeugung als gleichewiges Du des Vaters immer schon beteiligt ist. Es ist zwar möglich, Gottes trinitarisches Leben als Selbstvollzug des göttlichen Geistes zu bezeichnen, die Analogie muß aber hier als immer mitenthaltene je größere

Unähnlichkeit zum endlichen Geistsubjekt bewußt bleiben. Wird das Leben Gottes in der Ausfaltung des Johannesbriefsatzes konsequent als Liebe und d. h. als personales Geschehen begriffen, dann stehen wir in Gott vor dem spannungsvollen und nicht noch einmal in einer höheren Synthesis auflösbaren Phänomen, daß die wechselseitige, im Vater ihren Ursprung nehmende innergöttliche Selbstmitteilung die Existenz der beteiligten Partner setzt, aber sie doch so setzt, daß die göttlichen Personen nicht erst im Ereignis der Selbstmitteilung des anderen sie selbst werden, erst hier zu ihrem spezifischen Beisichsein sich finden, sondern sie selbst immer schon sind und von daher die den je anderen zugleich immer schon Empfangenden sein können.

Wählt man schwerpunktmäßig einen interpersonalen Zugang zum Verstehen des göttlichen Lebens (als Erweiterung des innerpersonalen Ansatzes der psychologischen Trinitätslehre durch das Verständnis des geistigen Wortereignisses als liebende Selbstmitteilung an den anderen als anderen), dann wird das nicht nur der geschichtlichen Selbstdarstellung Gottes gerechter, dann erschließt sich auch das bislang noch nicht thematisierte Geheimnis des Heiligen Geistes in einer größeren Klarheit, der im Kontext eines bloß innerpersonalen Modells nicht besonders profiliert hervortritt und in der lateinischen Theologie auch tatsächlich immer merkwürdig blaß geblieben ist. Wenn Gott das Beziehungsgeschehen seinlassender und seinsschenkender Liebe ist, dann drängt diese Liebe nicht nur den je einzelnen über sich hinaus zum anderen hin, so daß der eine er selber nur im anderen sein möchte, dann übersteigt sich auch noch einmal die Beziehung von Vater und Sohn in den „Mitgeliebten" („condilectus": Richard v. St. Victor). In diesem Dritten manifestieren Vater und Sohn ihre Beziehung, sie nehmen ihn hinein in ihre Liebe und verwirklichen darin die Selbstlosigkeit der Liebe vollkommen. Der Heilige Geist ist die Objektivität der Liebe von Vater und Sohn, die ohne eine solche die bloße Zweieinigkeit transzendierende Objektivierung nicht die totale Beziehungswilligkeit wäre. Die Logik der Liebe läßt einsehen, warum der Heilige Geist hervorgebracht wird in der Gemeinsamkeit von Vater und Sohn. Wenn nur der Vater durch den Sohn hindurch den Geist hervorbrächte, wäre nicht nur formal das spezifische Eigensein des Geistes im Unterschied zum ebenfalls vom Vater hervorgebrachten Sohn kaum noch angebbar, vor allem aber widerspräche es dem Wesen der Liebe, die gerade über sich hinaus will, nie stehenbleibt im gefundenen Glück, sondern vollständige Teilgabe erstrebt und genau erst in dieser vollendeten Selbstlosigkeit ihre Identität und Seligkeit findet. Und so wollen Vater und Sohn den Geist als weiteren Träger ihrer aneinander hingegebenen göttlichen Natur. Sie wollen nur Vater und Sohn in der Gemeinschaft mit dem Geist sein, der darum tatsächlich die persongewordene Liebe, das ewig gültige Denkmal ihrer Verbindung, Geschenk als Person ist. Als Frucht der Liebe von Vater und Sohn ist er damit aber zugleich diese Liebe selber, er ist die Verbindung von Vater und Sohn, deren selbstloses Bei- und Ineinandersein, das „Band der Liebe" („vinculum caritatis": Richard v. St. Victor). Das umstrittene „filioque" (der Geist geht nicht nur vom Vater, sondern gemeinsam vom Vater und vom Sohn aus) ist nicht nur ein bloß terminologisches Problem, es bringt eine unverzichtbare Wahrheit zur Sprache. Von daher ist die Bezeichnung des Heiligen Geistes als persongewordene Liebe durchaus vereinbar mit der Liebe, die Vater und Sohn selbst schon in ihrer Hingabe aneinander sind: der Geist ist innergöttlich keineswegs eine Tautologie, er geht aus dem gemeinsamen Liebeswillen von Vater und Sohn hervor, um ihn durch die Ewigkeit hin mit seiner personalen Existenz zu bezeugen. Im Sinne dieser aus dem gemeinsamen Liebeswillen von Vater und Sohn hervorgehenden Liebeszeugenschaft ist der Geist die von der psychologischen Trinitätslehre formulierte Frucht des Willens, in der Gott sich zur Erkenntnis seiner selbst, Liebe zu sein, affirmativ verhält und so sein vollendetes Beisichsein ist: Gott will Liebe sein, und er will überhaupt nichts anderes sein. Mit diesem im Heiligen Geist erreichten inneren Ziel göttlichen Seinsvollzugs, ewige Offenheit der Liebe zu sein, zeigt sich die christliche Gotteslehre als konkreter Monotheismus. Konkret im zweifachen Sinn: erstens, weil der dreifaltige Gott allererst im historischen Ereignis Jesu von Nazaret als solcher offenbar wird, und zweitens, weil das eine ungeteilte Gottsein nur trinitarisch verwirklicht ist.

Allerdings wirft die geschilderte Dynamik des göttlichen Seins doch die Frage auf, wieweit in Gott überhaupt angemessen von „Person" gesprochen werden könne. Denn offensichtlich muß von göttlichen Personen a) jedes Ergänzungsverhältnis ausgeschlossen werden, das menschliche (Inter-)Personalität unausweichlich charakterisiert, sodann b) kann der Gegenüberstand der göttlichen Personen keine numerische Vielheit bzw. eine dreimalige göttliche Substantialität bedeuten, deren Annahme in den Tritheismus abgleiten müßte, und c), damit eng zusammenhängend, können Vater, Sohn und Geist aufgrund ihrer Einheit in der einen und selben göttlichen Natur keine je autonomen Akt- und Willenszentren sein, wie dies jedenfalls dem neuzeitlichen Personenbegriff entspricht. Vom Menschen aus gesehen kann Gott dementsprechend nur analog als Person bezeichnet werden, insofern die genannten Charakteristika menschlichen Personseins nicht vorbehaltlos auf Gott übertragen werden dürfen. Daraus muß aber keinesfalls, wie häufiger mit Verweis auf das Personverständnis der Neuzeit behauptet, ein generelles Verbot folgen, von Gott als dreipersonalem zu sprechen. Trotz aller Differenzen gibt es entscheidende Entsprechungen, die Gott selber als Urwirklichkeit der Personalität, als ontisch absoluten Vollzug des Person- und Gemeinschaftseins erkennen lassen, so daß von ihm her das Urteil umgekehrt werden müßte: Der Mensch ist nur im analogen Sinn Person, aber er ragt doch so weit an das Personsein heran, entspricht doch so weit der Personalität Gottes, daß es in der Geschichte personale Gemeinschaft der Menschen mit Gott geben kann, die in ihrer reinsten und menschlichsten Form dort verwirklicht ist, wo Jesus „Abba" sagte und, aufgrund seiner bleibenden Menschheit, dies in Ewigkeit spricht.

Göttliches Personsein, Personsein in seiner Eigentlichkeit also, bedeutet, daß das Selbst- und Eigensein nicht zu unterscheiden ist vom Vollzug der Liebe in Hingabe und Empfängnis. Der Vater ist er selbst gerade in seiner Relation zum

Sohn, durch die er als Vater konstituiert wird. Sein Zeugen, sein vom Sohn mitgetragenes und empfangenes Aussprechen ist er. Und auch der Sohn ist er selbst nur in dieser spezifischen Relation zum Vater, dessen Entgegennahme und Rückgabe ihn zum Sohn macht. Und Vater und Sohn sind sie selber in ihrer gemeinsamen Selbstübergabe an den Geist, der konstituiert wird als diese Gemeinsamkeit der liebenden Selbsttranszendenz von Vater und Sohn. Selbststand ist genau in der Hingabe, in der Relation verwirklicht, ist dem Mit- und Insein nicht vorgängig oder nachfolgend, wie die alte an der dinglichen Substanzerfahrung orientierte Metaphysik dachte, denken mußte. Von daher ist der neuzeitliche, die alte substanzontologische Abkapselungstendenz noch verstärkende Personbegriff gewiß nicht nur ein Fortschritt in der Wesenserkenntnis des Personseins. Und die Theologie sollte diese in ihrem Schattenwurf immer stärker erfahrbare narzißtische Verengung des neuzeitlichen Personenverständnisses nicht noch dadurch faktisch befördern, daß sie sich von diesem Begriff ihr Reden von Gott diktieren läßt: Nicht Vermeidung der Personprädikation ist im Blick auf Gott sinnvoll, sondern die – schon in den ersten Jahrhunderten erfolgreich praktizierte – theo-logische Kritik entgegenstehender Vorstellungen göttlichen und menschlichen Personseins. Die Theologie sollte gerade als Theologie den Mut haben, das Faktische nicht nur zu denken, sondern auch selbstbewußt das Wirklichkeitsverständnis zu prägen.

In Gott – und so natürlich exklusiv – ist Person kein selbstbezügliches Insichsein, sondern eine „relatio subsistens“ (Thomas v. Aquin), eine streng relational konstituierte Wirklichkeit, die aber darin eine Wirklichkeit so absoluten Selbststandes ist, wie es eine menschliche Person ebenfalls niemals zu sein vermag. Die Liebe setzt den anderen eben gerade in seiner Andersheit frei, will ihn nur in dieser Unterschiedenheit und fördert mit aller Kraft genau die Verschiedenheit, die durch die Verschenkung der Einheit der göttlichen Natur zustande kommt. Insofern ist es sicher richtig, in Gott ein Bewußtsein, einen Willen und eine einzige Wirkweise ins Außergöttliche hinein anzunehmen. Dies aber doch so, daß am „Entstehen“ und Vollzug dieses einen Bewußtseins, Willens und Wirkens die in definitiver Unterschiedenheit existierenden dreifachen Verwirklichungen bzw. Träger derselben Natur in ihrer je eigenen, unaustauschbaren und einzigartigen Weise, eben als Vater, Sohn und Geist, beteiligt sind. Sie sind so unvorstellbar eins, daß sie als Verschiedene dennoch einen Willen, ein Bewußtsein und eine gemeinsame Tätigkeit haben: zu lieben.

4. Entsprechung in Schöpfung und Heilsökonomie

Welche Antwort kann die Trinitätslehre als konkreter Monotheismus auf die ontologische Leitfrage geben, wie sich das Eine mit dem Auseinander der endlichen Welt zusammendenken läßt? Wenn sich die Vielheit ursprünglich im Einen selbst ereignet, ohne einerseits die Einheit des Einen zu zerstören und andererseits die Vielen als bloße Momente oder Durchgangsstadien der sich zu sich vermittelnden Einheit aufzuheben, werden Einheit und Vielheit also erstmalig nicht mehr konkurrierend oder dialektisch einander zugeordnet. Sie werden vielmehr als Geschehen jener Liebe begriffen, in der Gott sich, die Einheit seiner absoluten, unbedürftigen, vollkommen gelichteten Natur mitteilt an den gleichwesentlichen Anderen um dessen Eigenseins willen, damit der Andere im Besitz derselben Fülle sei. Damit wird aber zugleich auch denkbar, daß es nicht nur innergöttliche, sondern ebenfalls nichtgöttliche Vielheit geben kann. Das Nichtsein der Unterscheidung (der Vater ist nicht der Sohn, Gott ist nicht die Welt) ist folglich nicht mehr Seinsmangel oder kurzfristig etablierte Nichtidentität, es erscheint vielmehr als personale Selbstzurücknahme und Selbsthingabe, als Wille zur Existenz des Geliebten. Die Aporien der Metaphysik existieren so nicht mehr: der Einheit ist die Vielheit nicht wesensfremd, sie entspricht ihr gerade, weil sie die Einheit der Liebe ist. Die Relation ist der Substanz kein Akzidens, nicht die „geringste aller Kategorien" (Aristoteles). Das Eigene ist gerade in der Beziehung verwirklicht, das Selbst empfängt sich im Geben und Hinnehmen und Überschreiten in unverwechselbarer Identität. Ich, Du und Wir entspringen je gegenläufig in- und füreinander, keines ist das andere und ist doch nur im und mit dem anderen: „Wenn ... Liebe das Bleibende, Von-sich-weg das Zu-sich, wenn Entäußerung der Aufgang des Wesens ist, dann gehören die je unableitbaren Pole zueinander, ohne sich gegenseitig zu nivellieren. (...) Wenn ... Sich-Geben der reine Anfang ist, dann lösen sich falsche Alternativen. Sich-Geben ist Aufbruch, ist Weg-Sein von sich selbst. Darin aber hat Sich-Geben gerade seine Identität, darin bleibt es. Sein Verschenken ist sein Wahren. (...) Nur in der Selbigkeit kann Neues sich bewähren; Selbigkeit aber hat ihren Ursprung im Ereignis, in der Neuheit des Sich-Gebens" (K. Hemmerle, 1992, 61f.).

Von daher kann man es eine große Tragik nennen, daß dieses neue trinitarische Seinsverständnis auch in der Theologie selber nie voll entfaltet und konsequent wirksam wurde – entweder dominierte unter platonisch-aristotelischem Einfluß die Einheit, die Substanz als erstes Prinzip oder im plotinisch-idealistischen Gefolge zerrann die Einheit zum Selbstvermittlungsprozeß, der mit der Einheit auch das Viele gefährdete und die trinitarische Logik der Liebe so ebenfalls nicht einholen konnte.

Die Aufgabe, die der Theologie und Philosophie im Wahren des göttlichen Lebens zufallen, sind darum zum einen die kritische Wiederaufnahme der philosophischen Gotteslehre bzw. der klassischen Theo-logie, der Lehre von den Eigenschaften Gottes vor allem, dessen Einheit, Allmacht und Leidunfähigkeit konsequent im Kontext einer trinitarischen Ontologie reformuliert werden müssen, und zum anderen die Ausziehung der trinitätstheologischen Einsichten ins Verständnis des ganzen welthaften, personalen und sozialen Seins. Die traditionelle Theologie entwickelte aufgrund ihrer starken Abhängigkeit vom metaphysischen Gottesbegriff, der um die Absolutheit Gottes überaus besorgt war, eine Gotteslehre, „laut welcher Gott vor lauter Aseität, Einfachheit, Unveränderlichkeit, Unendlichkeit usw. eigentlich alles, nur kein lebendiger ... Gott sein durfte"

(K. Barth, 1988, 85). Das Versäumnis einer wirklich durchgreifenden trinitätstheologischen Prägung der Gotteslehre, die Gott von Jesus Christus her als Liebe begreift, die den anderen freiläßt und sich selbst zurücknimmt, die mit dem Menschen leidet und stirbt und sich darin als eine der Ohnmacht mächtige und erst so siegreiche Liebe erweist, hat sich gerade für den christlichen Glauben selber verhängnisvoll ausgewirkt. Darum kann Heribert Mühlen feststellen, daß „diese Lehre von der absoluten Absolutheit Gottes ... die eigentliche Wurzel des modernen Atheismus geworden [ist]. Gott wird als so übermächtig und allmächtig empfunden, daß kein Raum mehr bleibt für die menschliche Freiheit und Spontaneität. So kommt es dann zum Aufstand des menschlichen Subjekts gegen diesen übermächtigen Gott, gegen den man sich letztlich nur dadurch wehren kann, daß man sich selbst jene Absolutheit zuschreibt, von der man sich bedroht fühlt. (...) Wenn Thomas von Aquin das Wort ‚Gott' gebraucht, dann meint er damit ... jene unbestimmte Gott-Person, die wir als den Schöpfer erkennen können, nicht aber im biblischen Sinn den Vater unseres Herrn Jesus Christus. Der allererste Ansatz der Theologie des Thomas von Aquin ist nicht trinitarisch, sondern von der Schöpfungstheologie her bestimmt. (...) So ist es eigentlich bis heute geblieben. (...) Die Vorstellung von dem einen göttlichen Subjekt führt notwendigerweise auch zu der theologischen Lehre von der Allwirksamkeit Gottes, wie sie bei Thomas von Aquin deutlich ausgearbeitet ist. (...) Alles, was in der Schöpfungs- und Gnadenordnung geschieht, geht zurück auf dieses eine göttliche Subjekt ... das alles in allem wirkt. (...) Der unbegreiflichen und unzugänglichen, absoluten Absolutheit Gottes gegenüber bleibt dem Menschen nur der Rückzug in die Absolutheit seiner selbst. (...) Die Vorstellung von der göttlichen Absolutheit senkt sich wie ein verdüsternder Schatten, ja, wie ein lähmender Zwang auf das menschliche Herz" (1974, 51f.). Die Absolutheit, die der Mensch in der Abwehr des erdrückenden Gottes nun meint sich selbst zusprechen zu müssen, wirkt sich allerdings nicht weniger verhängnisvoll aus. „Der lange Zeit als großartige Selbstbefreiung gepriesene Schritt des mittelalterlichen Menschen in die Neuzeit war im Grunde eine neurotische Flucht aus narzißtischer Ohnmacht in die Illusion narzißtischer Allmacht. Der psychische Hintergrund unserer so imposant scheinenden neueren Zivilisation ist nichts anderes als ein von tiefen unbewältigten Ängsten genährter infantiler Größenwahn. Wie das Kind, das sich illusionär ... selbst in eine allmächtige Elternfigur verwandelt, um seinen unverläßlichen Eltern nicht länger wehrlos ausgeliefert zu sein, trägt unsere Zivilisation seit damals zahlreiche Merkmale einer krampfhaften Selbstüberforderung" (H. E. Richter, 1982, 29). Diese geistesgeschichtliche Entwicklung, die zu der beschriebenen menschlichen Selbstüberforderung des Absolut-sein-Wollens geführt hat und die mittlerweile die Fortexistenz der Menschheit selbst gefährdet, ist wesentlich durch den zugrundeliegenden Gottesbegriff mitverursacht worden. Hätte der Mensch seine metaphysischen Kategorien für das Verständnis Gottes konsequent von Jesus Christus her gewonnen und Gott exklusiv als dreifaltige Liebe gedacht, wäre dieses folgenschwere Mißverständnis der „absoluten Absolutheit" Gottes sicher so nicht entstanden. Denn der dreifaltige Gott ist nicht übermächtiger Konkurrent des Menschen, er bedroht uns und unsere Freiheit gerade nicht, sondern setzt uns allererst in unser Eigenes frei und ermöglicht unser Menschsein. Der genuin christliche Gottesbegriff macht verständlich, warum der Aufstand gegen Gott das Humanum nicht etwa zu größeren Ehren bringt, sondern im Gegenteil zerstört.

Die trinitätstheologische Einsicht also gilt es für das ganze Seinsverständnis fruchtbar zu machen, daß Gott, weil er Liebe ist, in sich selbst den lichtvollen Abgrund des Nichtseins will, die Nichtidentität der Persondifferenzen. Und er will diese Differenzen als unaufgehoben ewige, ein Spiel des Unterscheidens, mit dem es Ernst ist, weil sonst die Liebe nicht Liebe wäre. Und obgleich er in dem Spiel dieser Liebe unendlich selig ist, will er doch, daß nicht nur Gott, sondern durch die Schöpfung noch einmal die Differenz des Nichtseins sei. Analogie von absolutem und endlichem Sein bedeutet darum liebende „Verfremdung", Übereignung des göttlichen Selbstseins ins Anderssein. Gott transzendiert sich nicht nur in sich selbst, er transzendiert sich im ewigen Einverständnis aller göttlichen Personen noch einmal derart, daß endliche Subjekte von allen drei Personen gemeinsam mit ihrer unendlichen Liebesglut geliebt werden sollen. Unausdenkbares Geheimnis: Die drei göttlichen Personen meinen in ihrer eigenen vollkommenen Liebe zueinander – uns.

Obwohl es der absoluten Liebe Gottes also zutiefst entspricht, auch Nichtgöttlichem Sein und göttliches Leben zu schenken, also universale Teilgabe am eigenen Glück zu gewähren, bedeutet die unbegrenzte Beziehungswilligkeit Gottes für Gott dennoch keine innere Notwendigkeit, aus der Totalität dieser Liebe heraus die Schöpfung hervorbringen zu müssen: „Dieser Entschluß ... ist immer schon durch die innergöttliche Freiheit entwerfenden Denkens, erwählender Ideation, ermöglichender Entäußerung und Komposition ... vermittelt, so daß er als ein einiger, ewig schöpferischer, erlösender und begeisternder Wesensakt waltet und die Bedingung für sein Erscheinen in der Zeit selbst setzt und enthält. Was aber immer hervortritt und zeitgeschichtlich geschieht, hat keinen Logos der Notwendigkeit des Seins, sondern der Freiheit und des des Nichtseins mächtigen Geistes und der Liebe" (G. Siewerth, 1959, 289). Der göttliche Wille zur Welt kann von uns aus innergöttlichen Wesensgründen heraus keinesfalls abgeleitet werden. Aber angesichts der Schöpfungsrealität erscheint dieser faktische Wille Gottes zur Welt als vollkommene Entsprechung zu seiner grenzenlosen Liebe, die er als Dreifaltiger in sich selbst ist und die er auch auf Nichtgöttliches ausgießen will.

Und weil wir auf die Mitteilung dieser Liebe hin geschaffen sind, ist alle spätbarocke und neuscholastische Spekulation über eine innere natürliche Vollendung der geschaffenen Natur um der bleibenden Gratuität der Gnade willen vielleicht hilfreich als heuristisches Prinzip, angesichts der Realität des göttlichen Selbstmitteilungs- und unbändigen Liebeswillens allerdings erscheint sie als beschämender Gedanke eines zu ängstlich auf seinen Selbststand fixierten Ichs, das seinen kleinen Freiheitsbegriff auf Gott projiziert. Der Gedanke des trinitarischen

Seins ist hier nämlich nur unvollständig gedacht. Der Mensch ist nicht nur die Frage nach Gott im allgemeinen, er ist – gerade in der natürlichen Unkenntlichkeit – wesenhaft die Suche nach Gott als dreifaltigem, sofern Gott selbst ihn als möglichen Partner und Erben des göttlichen Lebens gebildet hat.

Daß wir auf die trinitarische Gemeinschaft hin entworfen sind, ist schöpfungstheologisch dadurch begründet, daß der Vater uns in der Konstitution seines ersten Nichtseins, des ewigen Sohnes, mitsetzt: in ihm soll es auch uns als Nichtgöttliches, als von Gott Unterschiedenes geben. Der Vater möchte uns mit und in Christus lieben, wie er seinen ewigen Sohn liebt. Und nicht nur den Menschen – alle Welt wird im Logos geboren als Mit- und Umwelt des geliebten Menschen, auf uns hin ist alles, was ist, geworden. Das Verschiedensein der Weltdinge wird erstmals begreifbar: sie sind nicht wieder abzustreifende Abschattungen des Einen, sie sind auch nicht Maya, sondern Artikulationen göttlicher Liebe für uns, gestufte, unterscheidende Anteil-gabe am Sein – analogia entis als Liebesgeschehen.

Unser endliches Selbstsein entsteht im Selbst des ewigen Wortes. Partizipation der Kreatur am absoluten Sein ist daher präzise Partizipation an der dem Sohn hingegebenen Natur des Vaters (und insofern der Sohn uns darin sein läßt, schafft er uns gemeinsam mit dem Vater), in seiner Zeugung werden wir geschaffen. Die ontologische Bedingung der Möglichkeit welthafter Verschiedenheit von Gott liegt in dieser aus Liebe hervortretenden Urverschiedenheit des Sohnes vom Vater, ist umfaßt von der innertrinitarischen Differenz, die eine unüberbietbare Verschiedenheit in unüberbietbarer Einheit und Nähe bedeutet. Die Bildung der im Sohn und auf ihn hin vom Vater gewollten Schöpfung geschieht jedoch in der Kraft des Geistes, der als personale Liebe von Vater und Sohn zugleich Zeugnis und Vermittler ihrer absoluten Beziehungswilligkeit ins Nichtgöttliche hinein ist. Dem grenzenlosen Liebes-, d. h. Teilgabewillen des Vaters und Sohnes folgend, formt der Geist, der diesen Willen ja verkörpert, die Welt als Gleichnis des Sohnes, schenkt ihr fortwährend das aus Gott hervorströmende Leben und stiftet der Welt ihre konkrete Dynamik auf den Sohn ein.

Weil also der Mensch durch den göttlichen Geist im unendlichen Gegenüber des Vaters geschaffen ist, ist er auch Analogie zum väterlichen Ursprung in dessen gleichwesentlichem Urbild und deshalb dem Urbild als Bild ähnlich, wir sind in unserem gesamten geist-leiblichen Personsein logosförmig und als solche taugliche Hinweise auf Gott in seinem dreifaltigen Selbstvollzug. Als solche sollen wir nun auch unser im Logos vermitteltes Eigenes wie der Sohn vollziehen – als Rückgabe. „Nur wer sein Leben um meinetwillen verliert, wird es gewinnen" (Mk 8,35), behaltenes Leben verödet, es blüht nur trinitarisch. Allein trinitarisches Leben entspricht unserer eigenen Natur.

An dieser Stelle kann die Tragik der *Schuld* einsichtig werden. Schuld ist im entscheidenden Kern nicht eine Banalität, das bloße Übertreten von Geboten, die Gott willkürlich erlassen hat, um unsere Gehorsamsbereitschaft zu prüfen und im Modus der Einschränkung seine Herrschaft und unsere Abhängigkeit zu demonstrieren. Sie ist vielmehr Weigerung, die Selbstempfängnis und Hingabe des Sohnes kreatürlich mitzuvollziehen. Und damit ist sie die Weigerung des in Christus auf die trinitarische Gemeinschaft hin geschaffenen Menschen, sein eigenes Sein zu praktizieren. Sünde ist Ungehorsam des Menschen sich selbst gegenüber. Für den Menschen, dem Gott sich in Christus noch nicht als er selbst mitgeteilt, den er noch nicht in das eigene göttliche Leben gnadenhaft selbst hineingenommen, sondern erst – als Natur – daraufhin entworfen hat, bedeutet kreatürlicher Mitvollzug der trinitarischen Liebe, sich für den Empfang des göttlichen Lebens offenzuhalten. Er bedeutet die Bereitschaft, das eigene natürliche Leben nicht verkrampft besitzen zu wollen, um es wie Gott zu verehren und ängstlich zu horten, sondern wieder freizugeben an Gott und den anderen Menschen. Denn erst diese Freigabe des Eigenen stellt den Leerraum dar, in den der andere, der Mensch und schließlich Gott selbst, sich einzeichnen kann. Die Unterscheidung von Natur und Gnade bzw. die Aussage, daß Gott dem Menschen, wiewohl er ihn schon in Christus geschaffen hat, nicht sofort das göttliche Leben schenkt, stellt sich so nicht als spröde Gegenüberstellung von Natur und Übernatur, als Behauptung einer eigensinnigen, auf die eigene Souveränität pochenden Herauszögerung der Begnadung durch Gott dar, sondern bringt das Geschehen der Liebe freier Personen zur Sprache: Gott zwingt nicht, er wartet darauf, daß der Mensch ihm sein in Christus geschenktes eigenes Leben zurückschenkt, damit durch diese Rück-gabe jene wartende Leere entstehe, in die Gott sich dann mit seiner Gabe, die er selbst ist, eingießen kann.

Die dem Durchschnittsbewußtsein dunkel anmutende Radikalität der Mystiker kommt daher, daß sie, aus eigener Erfahrung, die Bestimmung des Menschen und seine inadäquate Lebensweise ungetrübt wahrgenommen und sich nicht dem Wahn überlassen haben, es sei schon alles im großen und ganzen in Ordnung: Der Geist des Menschen, seine Seelenkräfte „sind in dem Maße tief, wie sie für große Güter aufnahmefähig sind. Denn durch nichts werden sie ausgefüllt, es sei denn durch Unendliches. An dem, was sie leiden, wenn sie leer sind, läßt sich in etwa ermessen, wie beseligt sie sind, wenn ihr Gott sie ausfüllt. (...) Wenn [sie] nicht leer ... sind, dann empfinden sie nicht die gähnende Leere ihrer Aufnahmefähigkeit. Denn in diesem Leben genügt jede sich darin einnistende Kleinigkeit, um sie ... so zu betäuben, daß sie ihren Verlust nicht empfinden und ebensowenig die ihnen bestimmten grenzenlosen Güter vermissen, noch sich ihrer Aufnahmefähigkeit bewußt werden. Und es ist erstaunlich, daß sie, die unendliche Güter aufnehmen können, schon vom Geringfügigsten versperrt und für solche Güter unzugänglich gemacht werden können, so lange, bis sie gänzlich ausgeleert werden. Allein wenn [sie] leer ... sind, dann wird das Dürsten und Schmachten des geisthaften Sinnes unerträglich; denn [er ist] tief und leide[t] darum tief, wie auch die Speise, die [ihm] mangelt, tief ist: Gott selbst" (Johannes v. Kreuz, 1993, 74). Die wesensgemäße Haltung des Menschen als Menschen ist das liebende Warten auf jene Selbsterfüllung, die das Selbst sich doch nicht selber geben kann. Darin ist der Mensch Analogie zum trinitarischen Leben. Und genau das macht, jedenfalls für Johannes vom Kreuz, die Würde des Menschen aus: so hoch zu stehen, daß nur Gott selber die Erfüllung des Menschseins des Menschen sein kann. „Der Mensch übersteigt den Menschen um ein Unendliches" (Blaise Pascal). Schuld weigert sich, diesen Satz anzuerkennen, weil sie nicht „dürsten und schmachten" will. Der Mensch will das schon geschenkte Leben festhalten, besitzen, nicht in der entgegennehmenden Leere des Von-sich-weg-Seins erst das Bei-sich-Sein durch den empfangenen Gott erhalten. Und so entwirft er seine Welt unerbittlich nach diesem Gesetz der Beziehungslosigkeit, dessen Frucht nicht „Geist", Leben, sondern Sterilität, Verendung, Tod ist – „Kampf aller gegen alle", „Klassenkampf", „Aggression", „splendid isolation" sind die leitenden Parameter der antitrinitarisch gebauten Geschichte: „Denn der Lohn der Sünde ist der Tod" (Röm 6,23), ihr Trachten „führt zum Tod, das Trachten des Geistes aber zu Leben und Frieden" (Röm 8,6). Die nicht mehr auf Gott wartende, dem Geist der Liebe sich verschließende Welt hat sich damit zugleich um ihre eigene Zukunft gebracht.

Die Erfüllung der Hinordnung des Menschen auf den Gott der dreifaltigen Liebe kann darum von Gott nur unter den konkreten Bedingungen der Sünde, d. h. der fehlenden Offenheit und also der existierenden Selbstentfremdung des Menschen geschehen. Die Selbstmitteilung göttlichen Lebens trifft auf diesen paralysierten Adressaten, der Gottes Selbstmitteilung, die er wesenhaft ersehnt, doch nicht will: Sünde ist „mysterium iniquitatis", unbegreifliches Paradox. Wenn es sie nicht gäbe, würde man sie für unmöglich halten. Angesichts unserer Realität bedeutet Gottes Selbstöffnung, die Begegnung mit dem Menschen, für ihn das Kreuz. In Christus, der die innergöttliche Selbstaussage des Vaters ist und in dem wir schon geschaffen wurden auf diese Gemeinschaft von Vater und Sohn im Heiligen Geist hin, wird Gott Mensch. Die schon angedeutete Verengung der psychologischen Trinitätslehre wird an dieser Stelle noch einmal pointiert sichtbar: nach Augustinus kann eigentlich jede der drei göttlichen Personen Mensch werden, weil die Unterschiedenheit der Personen angesichts der sich in ihnen vollziehenden Einheit für ihr Wirken nach außen keine in ihnen selbst fundierten unvertauschbaren personalen Besonderungen beinhaltet. Nimmt man den interpersonalen Zugang jedoch ernst, entspricht genau die Menschwerdung des Logos, und nur sie, dem innergöttlichen Liebesgeschehen. Der Vater sendet den – sich im freien Gehorsam senden lassenden – Sohn in die Welt, damit wir in Gemeinschaft mit ihm, der ja schon unser Schöpfungsprinzip ist, hineingelangen in die Liebe von Vater und Sohn, mit dem Sohn vereint vor unseren Vater hintreten und mit ihm leben können. In seinem ewigen Sohn schenkt sich uns der Vater ganz und nimmt uns ganz bei sich entgegen. Beides muß vollständig ernstgenommen werden: Gott gibt sich ganz, sein Leben wird unser Leben, in Christus kommt Gott mit der ungeschmälerten Realität seines Beziehungsreichtums von Vater und Sohn, so daß wir nun aufgenommen sind in diese ewige Beziehung. Und der Mensch wird ganz entgegengenommen, Maria gibt ihm unser Menschsein – stellvertretend im Blick auf unsere je eigene Einholung ihres „Fiat" –, und er empfängt uns ohne Abstriche bei sich. Annahme der menschlichen Natur ist nicht ein Vorgang in abstrakter Sterilität, sie ist das Ja zur konsequenten Anteilnahme an der konkreten Lebensrealität des Geliebten, das Erleiden seines Leidens, das Sterben seines Todes, das Aushalten seiner Schuld und Fremde. Diese bis zum letzten teilnehmende Liebe Gottes erlöst den Menschen zugleich: Begnadung mit dem göttlichen Leben und Erlösung von der Sünde und dem Bösen sind in Christus ein einziger Vorgang. Indem Gott in Christus unser Nein und dessen Folgen liebend annimmt und erleidet, überholt er es zugleich, ohne es doch ungeschehen zu machen oder gewaltsam in ein Ja umzubiegen. In der gehorsamen Übernahme unserer Schuld, unserer Verweigerung, wird dieses Nein eben durch diese ertragende Liebe des Herrn ein Ja, eine Überantwortung an den Vater. Das Kreuz ist der Gang des Gottessohnes in die äußerste Entfremdung der Schuld von Gott, die „totale Verhältnislosigkeit" (Eberhard Jüngel), deren Erscheinung der Tod ist. Und damit ist Gott selbst durch den Liebesgehorsam des Sohnes in diesem Widerspruch zu sich, er ist tatsächlich alles geworden: „Eigentlich sind der Schmerz und der Tod nicht das, was Gott will: Aber wenn der ... Geliebte weit weg ist, dann geht die Liebe dorthin. Sie teilt den Schmerz und die Last, auch die Sündenlast, und macht sie sich zu eigen. Und so ... wird das Einsteigen in diese Welt des Nein zum größten Ja, zur größten Liebe. (...) Da wird plötzlich das, was von Gott trennt, zu dem, was mit Gott verbindet, ... da wird alles verwandelt in reine Liebe. (...) Wenn Gott in der Geschichte etwas wirken will, kann er unter uns nichts Größeres wirken als einfach dieses, daß er dorthin geht, wo Gott nicht ist (...), dann ist er im Grunde erst dort alles in allem, wo er auch im Gegenteil von sich selber, in der größten Entfernung von sich selber alles ist" (K. Hemmerle, 1995, 150f.). Die Wirklichkeit der Schuld wird darin von innen umgeformt in die Offenheit zu Gott, der sich in dieser ihm nun entgegengebrachten Offenheit sogleich mit seinem ewigen Leben ganz gibt: die Auferstehung des Gekreuzigten.

Das Heilshandeln Gottes vollbringt damit das Unvorstellbare, daß gerade durch das Kreuz des Sohnes, in dem Gott selber das zutiefst Gottwidrige der Schuld und ihrer tödlichen Folgen erleidet, eben diese von Gott angenommene Gottfremde zum Ereignis der Selbstoffenbarung Gottes, der Selbstdefinition seiner Gottheit wird und zugleich zur möglichen Weise unserer eigenen Liebeshingabe an Gott.

Das Kreuz wird zur entscheidenden Selbstoffenbarung des göttlichen Wesens, sofern der ewige Vater sich durch die Identifikation mit dem sterbenden und toten Jesus als ein des Gegensatzes, des Ganges in seine radikale Verneinung mächtiger Gott erweist. Daß er dieses Ganges mächtig ist, bedeutet, daß seine absolute Göttlichkeit, seine Einheit und Allmacht nicht durch unbewegliches Beisichsein charakterisiert sind, sondern daß seine Göttlichkeit sich dieser Fremde und Verhältnislosigkeit des Todes auszusetzen vermag, daß sie die Lebendigkeit und Beweglichkeit besitzt, leiden, mitleiden, schwach werden und sterben zu können. Zugleich aber bedeutet Mächtigkeit Gottes auch, daß er sich eben als zuhöchst lebendiger Gott im Kreuz Jesu dem Leiden und Sterben aussetzt und dadurch, daß er unser Leiden und Sterben in sein ewiges Leben aufnimmt, besiegt. In Gott hat der Tod seine Macht der Verhältnislosigkeit eingebüßt: wer stirbt, stirbt jetzt in Gott selbst hinein, der Tod eröffnet das Leben. Das bedeutet „nichts anderes, als daß der Tod Gottes, indem er das Sein Gottes bestimmt, den Tod verändert. Im Ereignis des Todes Gottes läßt Gott den Tod das Sein Gottes bestimmen und hat damit schon über den Tod bestimmt. Im Ereignis des Todes Gottes wird der Tod dazu bestimmt, ein Gottesphänomen zu werden. (...) So tötet Gott den Tod" (E. Jüngel, 1988, 123).

Ineins damit kann nun durch das Kreuz unsere Unheilssituation, da sie von Gott in sein Leben aufgenommen und darin von innen verwandelt worden ist, für uns zur Weise unserer Hingabe an ihn werden. So wie Gott uns die Schöpfung als Material unserer Freiheit schenkt, so schenkt er uns durch sein Heilshandeln die durch unsere schuldig gewordene Freiheit korrumpierte Welt erneut als Material unserer sich bekehrenden und so zur Erlösung gelangenden Freiheit. Unsere Ohnmacht, unser Leiden und Sterben, all das, was die Einheit und das harmonische Gefüge unseres Lebens natürlicherweise bedroht, kann nun im Einstimmen in das Ja des Gekreuzigten zur liebenden Selbstübergabe des Menschen an Gott, zu einer neuen Freiheit werden, die sich zur Liebe bestimmt. Die Erlösung hebt das trinitarische Grundgesetz göttlichen Handelns, den anderen als von ihm definitiv Verschiedenen zu dessen eigener Freiheit freizusetzen, nicht auf, sondern reproduziert es auf höherer Ebene. Gott liebt den Menschen so grenzenlos, daß er ihn noch als Sünder im Heilshandeln partnerschaftlich achtet, ihn überhaupt erst als Partner wiederherstellt und ihn seine Erlösung ganz mitwirken läßt. Die Endlichkeit und Vergeblichkeit des Daseins sind, wenn sie vom Menschen in liebender Freiheit angenommen werden, die Selbstübergabe des ehemals in sich verschlossenen Sünders an den Vater: „Wer mein Jünger sein will, nehme sein Kreuz auf sich und folge mir nach!" (Mk 8,34) Und damit wird die Nachfolge Christi, verstanden als einstimmendes Ertragen und Erleiden der Schuld und ihrer Folgen, zur Weise der Leerwerdung des sich verweigernden Menschen Gott gegenüber, zum sich in der Nachfolge des Gekreuzigten eröffnenden Ja zu Gottes angebotener Selbstmitteilung und damit zum Eintreten des Menschen in die Liebesgemeinschaft von Vater und Sohn im Heiligen Geist, deren universale Realität der Christ für die ganze Geschichte erwartet und erhofft.

Für die Frage der Entsprechung von heilsökonomischer und immanenter Trinität bedeutet dies, daß das in der Geschichte einheitlich, aber eben als Vater, Sohn und Geist in der Einheit der Liebe sich ergebende Wirken Gottes in völliger Korrespondenz dessen innergöttliche dreipersonale Wirklichkeit darstellt. Der Vater sendet seinen eingeborenen Sohn in der Vermittlung des Geistes, er zeugt ihn in die Welt hinein aus, um das Reich des Vaters zu begründen. Der Sohn läßt sich im Heiligen Geist in Liebe zum Vater und zu uns senden, führen und dazuhin über sich verfügen, den Vater zu verkünden und die Lebensgemeinschaft mit ihm durch seinen Tod zu eröffnen, um dem Vater das Heilswerk in der Geistaushauchung am Kreuz wieder zu übergeben: die Verherrlichung des Vaters. Der

Vater empfängt die Lebensgabe seines Sohnes und schenkt sie ihm im Heiligen Geist wieder, indem er ihn durch die Auferstehung beglaubigt und erhöht: die Verherrlichung des Sohnes. Und beide, der Vater und sein erhöhter Sohn, überlassen nun gemeinsam dem Heiligen Geist die Vollendung der Erlösung, d. h. die Einbeziehung der Kreatur in Christi ewiges Verhältnis zum Vater. Der Geist aber nimmt trotz seiner universalen Freiheit nichts zurück von der konkreten Gestalt Christi, er will in reiner Selbstlosigkeit nicht aus dem Seinigen nehmen, sondern nur zum Herrn hinführen, will uns mit ihm zur Kirche verbinden (weshalb die konkret gestaltete Kirche kein Widerspruch zur Wirklichkeit des Heiligen Geistes ist), ihn also in dessen Vaterbeziehung erschließen und so heilsökonomisch das realisieren, was er als Dritter auch innergöttlich ist: Gottes Gabesein, Gottes Sich-Überschreiten der Liebe, Zeuge und personaler Vollzug der Verbindung von Vater und Sohn – deren gemeinsame Verherrlichung. Die drei göttlichen Personen sind auch in ihrer Beziehung zu uns das, was sie in sich sind: liebendes Aufeinanderbezogensein, wechselseitige Verherrlichung, Aufgang des einen im anderen und beider im Wir, Beisichsein im Wegsein. Und weil sie bei und für uns nichts anderes sind als das, was sie sind, darum leben wir in und aus Gottes Selbstmitteilung.

Welche Konsequenzen ergeben sich praktisch daraus? Immanuel Kants berühmter Satz, daß man mit der Trinitätslehre schlechterdings nichts fürs Praktische machen könne und es dem Bäckerlehrling ganz unerheblich sei, wieviel Personen nun in Gott angenommen werden müssen, mag vielleicht auf den einen oder anderen Bäckerlehrling zutreffen, richtig ist das Urteil über die praktische Bedeutungslosigkeit der Trinitätslehre dennoch nicht. Zwar hat die Trinitätslehre im Raum der Theologie selber die ihr zukommende zentrale strukturierende und sachliche Rolle längst nicht immer gespielt. Sie war zumindest lange Zeiten hindurch eher ein Wetterwinkel auch des konkreten Glaubens und ein Glasperlenspiel einiger Gelehrter, aber das ist gerade ein grobes und folgenschweres Versäumnis gewesen. Der Glaube daran, daß der eine Gott dreifaltig und nur als dreifaltiger überhaupt der eine Gott ist, verändert eben, wie gesehen, doch alles. Er zeigt sich als Lösung alter Aporien und stellt das allein angemessene Verständnis des Seins, vor allem der Wirklichkeit des Menschen dar, der Person ist und als Person das Bild des Dreifaltigen schon in sich trägt, der zwischenmenschlich zum Leben der trinitarischen Logik gerufen ist und der die Durchkreuzung seines eigenen Seinsanrufes bitter bezahlen muß. Die Trinitätslehre bringt aber nicht nur die dialogische Wirklichkeit der Schöpfung und ihre sündige Entstellung auf den Begriff, sondern formuliert die tiefe Sehnsucht der Menschheit, einen Zustand zu erreichen, in dem jeder unverstellt und ganz er selber ist und zugleich ebenso unverstellt und ganz in der Einheit mit allem, was ist, leben darf. Die Sehnsucht danach, aus der schuldhaften Zersplitterung in die Einheit der Liebe Gottes zurückzukehren, in der erst wieder die ursprüngliche Güte der Vielheit erfahren werden kann, weil die die Vielheit schmerzhaft machenden Antagonismen und Selbstabsolutsetzungen in der Liebe gefallen sind. Unser ständig erlebtes Grundproblem, wie wir persönlich und kollektiv, psychologisch und soziologisch Einheit und Vielheit, Selbstsein und Beim-anderen-Sein, Selbstand und Abgrenzung, Privatinteresse und Gemeinwohl harmonisch vermitteln können, findet im Verweis des Glaubens auf die Urwirklichkeit des dreifaltigen Gottes, der zugleich Ursprung und Ziel der Welt ist, eine befreiende und alles umfassende Antwort, die unter den Bedingungen der konkreten Geschichte allerdings für unsere normale Erfahrung noch antizipatorischen Charakter hat. Freilich nicht in dem Sinne antizipatorisch, als sei unsere reale Teilnahme am Leben des trinitarischen Gottes allererst zeichenhaft in Aussicht gestellt und lediglich im Modus des bloßen Verweises präsent. Das Reich Gottes ist durch die Verkündigung Jesu und seine Auferstehung in die Unmittelbarkeit Gottes hinein schon angebrochen, wir sind durch Christus und unsere im Heiligen Geist vermittelte eucharistische Gemeinschaft mit ihm hineingetragen in seine Vaterbeziehung. Schon können und dürfen wir in und mit Christus „Abba" rufen. Aber all das noch unter den Bedingungen der Sündenzeit, d. h. noch nicht geschaut und in Herrlichkeit offenbar. Der das zwar angebrochene, aber noch nicht in Herrlichkeit offenbare Reich Gottes sehnsüchtig erwartende Glaube schläft aber dennoch nicht: Die bleibende Sendung des vom Vater für die Welt hingegebenen Sohnes mitlebend, drängen die Christen schon jetzt zur Errichtung einer neuen Gesellschaft, die sich in der Liebe vollzieht. Der trinitarische Glaube erstrebt eine Gesellschaft, die nicht kollektivistisch vereinnahmt, die aber auch nicht der bloßen Kultivierung des Eigennutzes dient und darin letztlich nur die Einsamkeit des Egoismus und die Kälte der Funktionalität erzeugt, die vielmehr das Eigensein jeder einzelnen Person und das Ganze der Gemeinschaft in ihrer unauflösbaren Bezogenheit sieht: „Das trinitarische Modell allein ermöglicht es, daß jeder einzelne auf seine Weise Ursprung der Gesellschaft ist und die Gesellschaft doch mehr ist als die Summe der einzelnen, daß die Gesellschaft ein eines, gemeinsames Leben hat und dieses doch das Leben eines jeden einzelnen ist. Ich, der Andere und das Ganze werden je zum Ausgang, zum Ziel und zur Mitte der Bewegung" (K. Hemmerle, 1992, 68). Der Glaube an den dreifaltigen Gott will, daß Gott alles in allem werde, daß wir das geschenkte dreifaltige Leben Gottes auch tatsächlich gemeinsam leben und miteinander teilen: im familiären Zusammensein von Eltern und Kindern, Lehrern und Schülern, im wirtschaftlichen, politischen und akademischen Leben, vor allem in der Kirche selber soll die Selbstmitteilung des trinitarischen Gottes dazu führen, daß Menschen ihr unverwechselbar Eigenes, ihre Begabungen, Interessen, Ideen und Aufgaben, ihren ganzen geistigen, emotionalen und materiellen Besitz als Dienst an der Förderung des anderen begreifen, zu seiner „Verherrlichung" weggeben, um sich gerade darin selbst erneut zu empfangen und zu finden. Alle Herrschaft und Macht, der Besitz und die Produktionsmittel, jedes Amt und jede Position werden so nicht zum Mittel des Triumphes, den die kämpfenden Individuen übereinander erringen wollen. Sie können Ausdruck jener Liebe sein, in der Menschen sich beschenken und einander helfen, daß das Leben des je anderen, das der Gemeinschaft und so auch das eigene gelingt, letztlich dadurch, daß sich alle noch einmal auf den Geber des neuen Lebens überschreiten und ihn die Mitte der Wirklichkeit sein lassen. Das erstrebt der Glaube, aber er will es nicht militant, in einer utopischen Haltung, die die unmittelbaren Schritte der Liebe und damit die konkrete Menschlichkeit im Blick auf den großen Entwurf übersieht und darin unmenschlich und ganz und gar ungöttlich wird. Die Trinitätslehre artikuliert die Hoffnung des Glaubenden, daß Gott selber unsere bescheidenen innerweltlichen Ansätze aufgreifen und vollenden wird und daß diese Vollendung nur noch das universale Zuendekommen, die Sichtbarwerdung der alles in Gerechtigkeit und Liebe hinüberführenden Gottesgemeinschaft ist, die der Vater uns durch Christus im Heiligen Geist schon längst geschenkt hat. Damit formuliert die Trinitätslehre die in der Selbstmitteilung Gottes begründete Freiheit und Gelassenheit des Christen, der tut, was ihm möglich ist, dessen Rolle sich aber oftmals darauf beschränken muß, unsere sich gern selbst betrügende Welt furchtlos wahrzunehmen und zu beschreiben, wie sie ist, ähnlich dem Mädchen in Andersens Märchen, die als einzige lauthals ausrief, was sie sah, daß nämlich der Kaiser keine Kleider anhat.

LITERATUR

Balthasar, Hans Urs von, Das unterscheidend Christliche der Gotteserfahrung, in: ders., Skizzen zur Theologie, Bd. IV. Einsiedeln: Johannes Vlg., 1974. S. 26–37.

Balthasar, Hans Urs von, Theodramatik, Bde. 2–3. Einsiedeln: Johannes Vlg., 1978–1980.

Barth, Karl, Die Lehre von Gott, in: Kirchliche Dogmatik, Bde. II,1/2. Zürich: Theologischer Vlg., 1988.

Hemmerle, Klaus, Leben aus der Einheit. Freiburg: Herder, 1995.

Hemmerle, Klaus, Thesen zu einer trinitarischen Ontologie. Einsiedeln: Johannes Vlg., ²1992.

Ivánka, Endre von, Plato Christianus. Einsiedeln: Johannes Vlg., 1990.

Johannes vom Kreuz, Die lebendige Flamme, in: ders., Sämtl. Werke, Bd. 4. Einsiedeln: Johannes Vlg., 1993.

Jüngel, Eberhard, Das Verhältnis von ökonomischer und immanenter Trinität, in: Entsprechungen: Gott – Wahrheit – Mensch. München: Kaiser, 1980. S. 265–276.

Jüngel, Eberhard, Vom Tod des lebendigen Gottes, in: Unterwegs zur Sache. München: Kaiser, 1988. S. 105–126.

Kasper, Walter, Der Gott Jesu Christi. Mainz: Grünewald, 1982.

Mühlen, Heribert, Die Erneuerung des christlichen Glaubens. München: Don Bosco, 1974.

Pannenberg, Wolfhart, Systematische Theologie, Bd. 1. Göttingen: Vandenhoeck & Ruprecht, 1988.

Rahner, Karl, Bemerkungen zum Traktat „De trinitate", in: Schriften zur Theologie, Bd. 4. Einsiedeln, Zürich, Köln: Benziger, 1960, 103–133.

Rahner, Karl, Der dreifaltige Gott als transzendenter Urgrund der Heilsgeschichte, in: Mysterium salutis. Hrsg. v. J. Feiner u. M. Löhrer, Bd. 2. Einsiedeln: Benziger, 1967, 317–345.

Richter, Horst Eberhard, Der Gotteskomplex. Hamburg: Rowohlt, 1982.

Siewerth, Gustav, Das Schicksal der Metaphysik von Thomas zu Heidegger. Einsiedeln: Johannes Vlg., 1959.

Werbick, Jürgen, Trinitätslehre, in: Handbuch der Dogmatik, Bd. 2, hrsg. v. Theodor Schneider. Düsseldorf: Patmos, 1992, 481–575.

AUTORENVERZEICHNIS

Baumert, Norbert, SJ, geb. 1932, Dr. phil., Lic. theol., Professor für Neues Testament, speziell für die Paulusbriefe. Philosophisch-Theologische Hochschule Sankt Georgen, Offenbacher Landstr. 224, 60599 Frankfurt/M.

Brieskorn, Norbert, S.J., geb. 1944, Dr. jur. utr., Professor für Sozial- und Rechtsphilosophie. Hochschule für Philosophie, Kaulbachstr. 33, 80539 München.

D'Sa, Francis X., SJ, geb. 1936, Dr. theol., Professor am Inana-Deepa Vidyapeeth, Institute for the Study of Religion. De Nobili College, Pune, Indien. Lehrbeauftragter für Theologie der Weltreligionen (Hinduismus) an der Philosophisch-Theologischen Hochschule Sankt Georgen, 60599 Frankfurt/M.

Ehlen, Peter, SJ, geb. 1934, Dr. phil., Professor für Geschichte der Philosophie. Hochschule für Philosophie, Kaulbachstr. 33, 80539 München.

Goller, Hans, SJ, geb. 1942, Dr. phil., Professor für Psychologische Anthropologie. Hochschule für Philosophie, Kaulbachstr. 33, 80539 München.

Groß, Walter, geb. 1941, Dr. theol., Lic. bibl., Prof. für Altes Testament an der Eberhard-Karls-Universität Tübingen. Liebermeisterstr. 12, 72076 Tübingen.

Kehl, Medard, SJ, geb. 1942, Dr. theol., Professor für Dogmatik und Fundamentaltheologie. Philosophisch-Theologische Hochschule Sankt Georgen, Offenbacher Landstr. 224, 60599 Frankfurt/M.

Koltermann, Rainer, SJ, geb. 1931, Dr. rer. nat. habil., Lic. phil., Lic. theol., Professor für Naturphilosophie an der Philosophisch-Theologischen Hochschule Sankt Georgen, Offenbacher Landstr. 224, 60599 Frankfurt/M. und Professor für Zoologie an der Johannes-Gutenberg-Universität Mainz.

Krochmalnik, Daniel, geb. 1956, Dr. phil., Dozent für Philosophie und Geistesgeschichte an der Hochschule für Jüdische Studien, Friedrichstr. 9, 60117 Heidelberg. Lehrbeauftragter für Phänomenologie und Theologie der Religionen (Judentum) an der Philosophisch-Theologischen Hochschule Sankt Georgen, Frankfurt/M.

Kunz, Erhard, SJ, geb. 1934, Dr. theol., Professor für Dogmatik. Philosophisch-Theologische Hochschule Sankt Georgen, Offenbacher Landstr. 224, 60599 Frankfurt/M.

Mutschler, Hans-Dieter, geb. 1946, Dipl. theol., Dr. phil. habil., Lehrbeauftragter an der Johann-Wolfgang-Goethe-Universität Frankfurt/M., Leerbachstr. 50, 60322 Frankfurt/M.

Ricken, Friedo, SJ, geb. 1934, Dr. phil., Dr. theol., Professor für Geschichte der Philosophie und Ethik. Hochschule für Philosophie, Kaulbachstr. 33, 80539 München.

Rutte, Thomas, SJ, geb. 1963, Dipl. theol., promoviert in systematicher Theologie an der Johannes-Gutenberg-Universität Mainz. – Bismarckstr. 59, 76133 Karlsruhe.

Schmidt, Josef, SJ, geb. 1946, Dr. phil., Professor für Philosophische Gotteslehre und Geschichte der Philosophie. Hochschule für Philosophie, Kaulbachstr. 33, 80539 München.

Schöndorf, Harald, SJ, geb. 1944, Dr. phil., Professor für Erkenntnislehre und Geschichte der Philosophie. Hochschule für Philosophie, Kaulbachstr. 33, 80539 München.

Sievernich, Michael, SJ, geb. 1945, Dr. theol., Professor für Pastoraltheologie. Philosophisch-Theologische Hochschule Sankt Georgen, Offenbacher Landstr. 224, 60599 Frankfurt/M.

Vöcking, Hans, Afr. M., geb. 1940, Lehrbeauftragter für Theologie der Weltreligionen (Islam) an der Philosophisch-Theologischen Hochschule Sankt Georgen, Frankfurt/M. – Guiollettstraße 35, 60325 Frankfurt/M.

Waldenfels, Hans, SJ, geb. 1931, Dr. theol., Dr. phil., Professor für Fundamentaltheologie und Theologie der Religionen. Rheinische Friedrich-Wilhelm-Universität Bonn. – Grenzweg 2, 40489 Düsseldorf.

Weissmahr, Béla, SJ, geb. 1929, Dr. theol., Professor für Metaphysik und Philosophische Gotteslehre. Hochschule für Philosophie, Kaulbachstr. 33, 80539 München.

Zenger, Erich, geb. 1939, Dr. theol., Professor für Zeit- und Religionsgeschichte des Alten Testaments. Westfälische Wilhelms-Universität, Johannisstr. 8–10, 48143 Münster

NAMENSVERZEICHNIS

STICHWORTVERZEICHNIS

Philosophische Werke

Albert Keller
PHILOSOPHIE DER FREIHEIT
ISBN 3-222-12294-6

Hermann Lübbe
RELIGION NACH DER AUFKLÄRUNG
ISBN 3-222-11722-5

Anton Grabner-Haider
KRITISCHE RELIGIONSPHILOSOPHIE
Europäische und außereuropäische Kulturen
ISBN 3-222-12200-8

im Verlag Styria

Die Druckerlaubnis wird erteilt
Köln, den 10. Juni 1996
P. Götz Werner SJ
Provinzial der
Norddeutschen Provinz SJ

Die Deutsche Bibliothek – CIP-Einheitsaufnahme

Universum – Mensch – Gott: der Mensch vor den Fragen der Zeit / Rainer Koltermann (Hrsg.). –
Graz ; Wien ; Köln : Verlag Styria, 1997
ISBN 3-222-12490-6

NE: Koltermann, Rainer [Hrsg.]

Printed in Austria
Umschlagbild: Bildagentur Mauritius, Wien
Umschlaggestaltung: Peter Salmutter, Graz
Satz: Weitzer & Partner GmbH, Graz
Druck und Bindung: Wiener Verlag, Himberg
ISBN 3-222-12490-6